윌리엄 셰익스피어(1564~1616) 포드 매독스 브라운. 1849.

연극 〈티레의 왕자, 페리클레스〉 쥘 윌콕스(사이자 역, 왼쪽), 마이클 스톤 포레스트(시모니데스 역, 오른쪽). 노이즈 위드인 극장. 2113~14.

《페리클레스》 5막 1장, 페리클레스 앞에서 노래하는 마리나 토머스 스토타드. 1825.

연극 〈페리클레스〉 포스터 샘 케슬러 연출·출연, 아멜리아 두들리 출연. 2014.

《심벨린》 포스트무스 역 윌리엄 파월 프렌시스 휘틀리. 1765.

《심벨린》이모젠 빌헬름 페르디낭 소슝. 1872.
이아치모가 이모젠의 침실에서 그녀의 가슴 아래 나 있는 점을 보았다고 증언한다.

《심벨린》벨로리우스의 동굴에서 죽은 모습으로 발견된 이모젠 조지 다우. 1809.

《심벨린》 포스트무스와 이모젠 존 파에드. 1865.

《겨울 이야기》아우토리쿠스를 연기하는 존 포셋 토머스 찰스 와게먼. 1828.

《겨울 이야기》 페르디타와 공기의 요정 아리엘 하인리히 퓌슬리

《겨울 이야기》 페르디타 역의 메어리 앤더슨 1885.

《폭풍우》미란다(부분) 존 윌리엄 워터하우스. 1916.

《폭풍우》 프로스페로와 아리엘 윌리엄 헤밀턴. 1797.
요정 아리엘은 프로스페로를 위해 일하는 요정. 자유자재로 모습을 바꿀 수 있으며 황홀한 음악으로 인간을 유혹할
수도 있다.

《폭풍우》 프로스페로의 마술로 무장해제당하는 퍼디난드 윌리엄 해밀턴

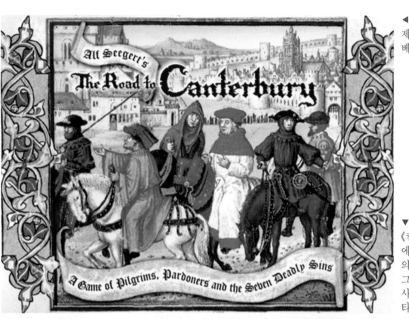

◀《두 귀족 친척》
제프리 초서의 《캔터
베리 이야기》 삽화

▼《두 귀족 친척》
《캔터베리 이야기》
에서 〈기사 이야기〉
의 한 장면(1387). 이
그림은 팔라몬과 아
사이트의 결전을 나
타내고 있다.

연극 〈두 귀족 친척〉 다르코 트레스냑 연출, '에밀리아' 역 카렌 지플러, 그레이엄 헤밀턴(뒤 왼쪽)·브라이언 스감바티(뒤 오른쪽). 로웰 데이비스 페스티벌 극장. 2004.

연극 〈두 귀족 친척〉 다르코 트레스냑 연출, 앞쪽 카렌 지플러·브라이언 스감바티(뒤 왼쪽)·랜 스누크(가운데)· 그레이엄 헤밀턴(오른쪽). 로웰 데이비스 페스티벌 극장. 2004.

World Book 288

셰익스피어전집 7 [낭만극]

William Shakespeare

PERICLES, PRINCE OF TYRE/CYMBELINE/WINTER'S TALE
THE TEMPEST/THE TWO NOBLE KINSMEN

페리클레스/심벨린/겨울 이야기
폭풍우/두 귀족 친척

셰익스피어/신상웅 옮김

동서문화사

디자인 : 동서랑 미술팀

셰익스피어전집 7 [낭만극]
페리클레스/심벨린/겨울 이야기
폭풍우/두 귀족 친척
차례

[컬러화보]

Pericles, Prince of Tyre
페리클레스

[등장인물]

안티오코스 안티오크의 왕

페리클레스 티레의 왕자이며 영주

공주 안티오코스의 딸

탈리아드 안티오크의 귀족

헬리카누스
에스카네스 } 티레의 귀족

클레온 타르수스의 영주

디오니자 클레온의 아내

시모니데스 펜타폴리스의 왕

리시마코스 미틸레네의 영주

세리몬 에페수스의 귀족

필레몬 세리몬의 하인

레오닌 디오니자의 하인

의전관

판더 매음굴 포주

볼트 포주의 하인

타이사 시모니데스의 딸, 나중에 페리클레스의 아내

마리나 페리클레스와 타이사의 딸

리코리다 마리나의 유모

보드 판더의 아내

디아나 여신

가워 시인, 여는말 담당

그 밖에 귀족들, 귀부인들, 기사들, 신사들, 시종들, 선원들, 해적들, 어부들, 사자(使者)들, 사제들

[장소]
동부 지중해 여러 나라

페리클레스

〔제1막 막을 올리는말〕

안티오크의 궁전 앞.
가워 등장.

가워   옛날에 불렀던 노래를 부르기 위해
유해(遺骸)만 남은
옛날 시인 가우어*¹가
여러분의 귀와 눈을
즐겁게 해드리기 위해서
평범한 사람의 모습으로
되살아나서 다시 돌아왔습니다.
단식제 전날 저녁이나
성스러운 축일
등의 잔치 때 불려왔으며,
귀족들과 귀부인들은 당신들이
삶을 살아가는 동안에 위안으로 삼고자
읽어왔던 것입니다.
이 이야기를 읽으면 사람들이 고귀해진다고 합니다.
'좋은 것은 오래 묵을수록 더 좋다'고 합니다.
재치가 더욱 무르익은 뒷날에 태어난 여러분이
저의 시가(詩歌)를 받아주셔서

---

*1 존 가우어(John Gower, 1330~1408). 영국 시인. 〈사랑의 고백(Confessio Amantis)〉·〈인류의 거울 (Mirour de l'Omme)〉·〈벌판에서 외치는 소리(Vox Clamantis)〉 등의 작품이 전해 내려오고 있다.

나이 든 사람의 노래를 듣고서
여러분의 바람에 즐거움을 가져다줄 수 있다면
저는 평생 동안 여러분을 위해서
촛불처럼 태워도 좋을 것입니다.
그리고 안티오코스 대제(大帝)가
가장 중요한 도시로 세운 이 안티오크 시는
시리아 전역에서 가장 아름다운 도시입니다.
제가 말한 것은 제가 가지고 있는 책에도 씌어 있습니다.
안티오코스 왕은 왕비를 맞이하였으나
왕비께서는 공주 한 분을 후사로 남겨두시고는 일찍이 돌아가셨습니다.
공주는 몸매가 풍만하고 쾌활하였으며, 얼굴은 복스러웠으니
하늘은 공주에게 모든 은총을 내린 듯싶었습니다.
공주의 아버지는 딸을 좋아한 나머지
근친상간의 죄를 저지르고 말았습니다.
딸이 몹쓸 자식이었으나
더 몹쓸 쪽은 아비였습니다.
친딸을 꾀어서 어느 누구도 하지 않는
나쁜 짓을 저질렀던 것입니다.
그러나 그들에 의해 시작된 것이
관습적으로 오랫동안 이어지면서
죄로도 받아들여지지 않게 되었습니다.
이 죄 많은 아가씨의 아름다움에 홀려서
많은 왕자들이 이곳으로 찾아와서는
공주를 잠자리 동무로,
결혼을 통해 부부 사이의
즐거움을 찾고자 하였던 것입니다
그런데 왕은 공주를 내주지 않으려고,
또한 사람들이 자신을 두려워하는 마음을
품도록 만들기 위해서
공주를 자신의 짝으로 맞이할 수 있도록

티레 유적 레바논 남서부 지중해 해안 도시. 유네스코 세계문화유산(1984).

윤허해 달라는 사람들에게
수수께끼를 내어서 풀지 못하면
목숨을 거두어들이겠다는 법을 만들었습니다.
그래서 많은 사람들이 죽어서 귀신이 되었으니
저기 음산한 곳이 그런 사실을 증명합니다.
앞으로 일어날 일에 대해서는 여러분이
눈으로 보시고 판단하시기 바랍니다.
제가 왜 이런 이야기를 하는지는
여러분이 가장 정확하게 판단하실 것입니다. (퇴장)

안티오크. 왕궁의 한 방.
안티오코스 왕, 티레의 젊은 영주 페리클레스, 시종들 등장.

안티오코스 티레의 젊은 영주, 경이 하려는 일이 얼마나 위험한지는 충분히 아시겠지?

페리클레스 알고 있습니다, 안티오코스 왕이시여. 칭송이 드높은 공주마마를 영혼의 짝으로 맞아들이기 위해, 모험과도 같은 이번 일을 시작하면서 죽음도 위험한 것으로 여기지 않는 대담한 마음도 함께 품고 왔습니다.

안티오코스 (시종에게) 공주를 데려오너라. 유피테르 신이 신부로 맞아들이더라도 부끄럽지 않게 신부의 옷을 입혀라. (시종 퇴장) 나의 딸이 잉태될 때 출산의 여신 루키나가 다스리며, 자연은 공주를 가장 완전한 미인으로 꾸며 놓으려고, 하늘의 별들을 한자리에 모아 매우 아름다운 빛을 비추게 했소.

공주 등장.

페리클레스 (혼잣말로) 봄처럼 상큼하게 차려입은 공주가 오는구나. 아름다움의 여신 그라티아이도 공주에게는 시녀일 뿐이니, 공주는 남자에게 명예를 주는 모든 덕의 군주다! 공주의 얼굴은 놀라운 기쁨들을 적어 놓은 찬미의 책이며, 슬픈 일을 썼다가 지워 버린 흔적은 없다. 저 부드러운 여인은 성급히 화를 내는 일이 결코 없었으리라. 나를 사나이로 태어나게 하고, 사랑을 알게 하여, 저 신성한 나무 열매를 맛보기 위해 모험을 무릅쓰도록 이 가슴에 정념의 불을 지피신 신들이여, 당신의 아들이며 종인 나를 도우시어 그 무한한 행복을 얻을 수 있도록 해주소서.

안티오코스 페리클레스 왕자……

페리클레스 간절히 바라옵건대, 사위라고 불러주셨으면 합니다.

안티오코스 경 바로 앞에, 저토록 아름다운 헤스페리데스 정원이 황금의 과일을 가득 달고 서 있기는 하나, 만지면 위험하오. 죽음의 신 같은 용이 경을 매몰차게 위협하고 있으니까. 천상의 아름다움을 지닌 공주가 경의 눈을 유혹하고 있으나, 저 가엾는 영광을 차지하려면 그만한 자격이 있어야 하오. 그만한 자격도 없이 분수도 모르고 욕망을 품는다면, 경은 죽임을 당할 수밖에 없소. 저기 (잘라 둔 머리들을 가리키며) 한때는 유명했던 군주들도 경처럼 소문을 듣고 정념에 불타 모험을 감행했으나, 오늘은 저 별들로 가득 찬 하늘을 지붕 삼아 허허벌판에서 사랑의 순교자가 되어, 창백한 얼굴에 말없는 혀로 도저히 맞설 수 없는 죽음의 그물에 걸려들지 말라고 경에게 충고하고 있소.

페리클레스 전하, 저에게 삶의 덧없음을 가르쳐 주시고, 이들 무시무시한 머리들을 보여주심으로써 그들처럼 죽음을 각오하게 해주신 것에는 감사드립니다. 죽음은 거울과 같은 것이며, 삶이란 한낱 입김에 지나지 않으니, 오직 살기만을 바라는 것은 잘못임을 가르쳐 줍니다. 그러니 현세의 삶을 살아가면서 천국은 다만 멀리 있는 듯이 여겼던 사람이 이제 임종을 앞두게 되어, 지난날처럼 뜬세상의 쾌락을 구하지 않고 조용히 앞날을 준비할 때처럼 유언을 남기겠습니다. 저는 모든 군주들이 마땅히 그래야 하듯이 전하를 비롯하여 모든 선량한 분들에게, 즐거움으로 가득한 평화를 바칩니다. 그리고 저의 재산은 그 근원인 땅으로 돌려보내겠습니다. (공주를 바라보며) 그러나 공주님에게는, 티끌만큼도 때 묻지 않은, 사랑의 불꽃을 드립니다. 삶과 죽음의 어느 길을 가게 되든지, 아무리 큰 타격이라도 받아들일 각오가 되어 있습니다.

안티오코스 충고를 무시하는군요. 그럼 수수께끼를 읽고서 풀지 못하면, 법에 따라 당신도 저 사람들처럼 피를 흘리게 될 것이오.

공주 (혼잣말로) 이제까지 많은 사람들의 시도가 헛된 것이 되었지만, 당신만은 성공하기를! 당신에게 행운이 깃들기를!

페리클레스 용감한 전사답게 시험장에 들어가겠습니다. 믿을 것은 오로지 성실과 용기뿐, 다른 의견이나 충고는 필요 없습니다. (수수께끼를 읽는다)

나는 살모사는 아니나,
나를 길러준 어미 살을 먹고 있네.
나는 남편을 찾으려 애쓰다가,

그 사랑을 아비에게서 찾았네.

그 남자는 아비이고, 아들이고, 남편이며,

나는 어미이고, 부인이고, 자식이라네.

그대, 살기를 바란다면,

어찌하여 이 여섯이 둘이 될 수 있는지

이 수수께끼를 풀지어다.

(혼잣말로) 독약, 그러니까 죽음이 마지막 구절이구나. 오, 인간의 행위를 살 펴려고 수많은 눈동자를 반짝이며 지켜보시는 신들이여, 읽기만 해도 피를 마르게 하는 이 수수께끼가 사실이라면, 왜 그 눈을 영원히 가려 놓으시지 않나이까? (공주에게) 아름다운 빛의 천사인 그대여, 나는 당신을 사랑했소. 아니, 그 빛나는 육체 속에 더러운 죄가 들어 있지 않다면, 지금이라도 사랑할 수 있소. 그러나 이젠 나의 생각이 달라졌다고 말할 수밖에요. 그 안에 죄악이 있음을 알면서도 그 문에 손을 대려 하는 자는 미덕을 갖추었다고는 할 수 없기 때문이오. 당신은 훌륭한 비올라, 그대의 감각은 악기의 줄이라오. 그 줄을 울려 남자의 바른 음악을 만들면 세상에 천국을 끌어와 신들도 귀 기울일 테지만, 너무 일찍 손을 탔기에 그 황폐한 소리에는 지옥의 악귀들만 즐거이 춤출 것이오. 그러니 이제는 당신을 사랑하지 않소.

안티오코스 페리클레스, 거기에 손대지 마시오. 손만 대면 법률에 따라 경의 목숨이 사라지게 될 테니. 이제는 시간이 다 지났소. 곧 수수께끼를 풀든지, 선고를 받든지 하시오.

페리클레스 대왕, 사람은 자기가 좋아서 저지르는 죄악일지라도, 보통은 그 이야기를 듣고 싶어하지 않습니다. 제가 그 수수께끼를 푼다면 대왕을 심하게 질책하게 될 테니까요. 군주의 소행을 낱낱이 써 놓은 책을 가지고 계신다면, 읽지 말고 덮어 두는 게 자신을 위해서도 더 안전합니다. 악덕이 세상에 드러난다면 변덕쟁이 바람과 같이 되어버릴 테니까요. 바람은 정처 없이 불다가 사람들의 눈에 흙먼지를 불어 넣지요. 그러나 그 결과로 먼지를 날리는 바람이 지나간 뒤에는 아픈 눈으로, 다시 자신들을 괴롭힐지 모를 바람을 바라보며 피하게 되는 것입니다. 앞을 못 보는 두더지가 작은 둔

1막 1장, 페리클레스와 안티오코스　헨리 코트니 셀루스 그림, 프레데릭 웬트워스 판화

덕을 쌓아 올리는 것은 지상의 인간이 휘두르는 횡포를 호소하기 위한 것이나, 그 때문에 자기 목숨을 잃게 되는 것과 같은 것입니다. 왕은 지상의 신입니다. 그 왕이 나쁘면 법률을 자기 마음대로 휘두를 것입니다. 유피테르 신이 나쁜 짓을 한다고 해서, 그것을 탄핵할 자가 어디 있겠습니까? 알고 계시다면 그것으로 충분합니다. 세상에 알리어 더 나빠지게 된다면 말하지 않는 게 좋습니다. 하긴 누구나 자기를 낳아 준 모태(母胎)를 소중히 여기지요. 저의 혀도, 함부로 지껄이다가 그 모태라 할 수 있는 제 머리가 화를 입게 되는 것을 바라지 않습니다.

안티오코스　(혼잣말로) 아! 지금 당장 너의 머리를 베고 싶구나! 그 뜻을 알아냈나 보군. 그렇지만 얼버무려 두지. 티레의 젊은 영주, 나의 엄중한 법령대로라면 영주의 그 풀이는 틀렸으니 바로 사형에 처해도 좋겠으나, 영주 같은 훌륭한 젊은 나무에서 훌륭한 답이 나올 듯하니, 앞으로 40일 동안 유예 기간을 주리다. 그사이에 수수께끼를 풀면 기꺼이 내 아들로 받아들이겠다는 것이, 이 유예가 베푸는 자비요. 그때까지는 나의 명예와 당신의 신분에 어울리도록 대접하겠소. (페리클레스만 남고, 모두 퇴장)

페리클레스 겉으로만 예의를 다하는 척하며 자신의 죄를 숨기려 하는 것이 위선자의 행동이며, 겉으로만 선량한 척하고 있다! 내 풀이가 틀렸다면 분명히 너는 더러운 근친상간으로 영혼까지 더럽히는 나쁜 놈은 아니겠으나, 지금 너의 자식과 패륜을 저지르고 있으니 아비인 동시에 사위이기도 하다. 그것은 남편 된 자의 쾌락이지, 아비의 정은 되지 못한다. 또한 어미의 잠자리를 더럽힌 그 딸은 어미의 살을 먹는 독사로구나. 아니, 둘 다 독사 같아. 그들은 세상에서 가장 아름다운 꽃을 먹고 살지만 독을 만들어 내고 있어. 안티오크여, 잘 있거라! 지혜로운 자들은 알고 있지, 암흑보다도 더 나쁜 짓거리를 하면서 부끄러움을 전혀 알지 못하는 무리들이 자기들의 개짓거리가 폭로되지 않도록 어떠한 수단도 가리지 않는다는 것을. 하나의 죄악은 또 다른 죄악을 부르지. 살인과 색욕은 불꽃과 연기처럼 관계가 아주 가깝다. 독살과 배신은 죄악의 두 손과 같으니, 아, 이것은 치욕을 막으려는 방패가 되리라. 너희들을 깨끗이 보이기 위해서 나의 목을 베려고 할 테니, 빨리 달아나서 이 위험을 피하련다. (퇴장)

안티오코스 다시 등장.

안티오코스 그자가 비밀을 알아냈으니, 그자의 목을 베어야겠다. 그자를 살려 두면 나의 나쁜 행실을 드러내어, 안티오코스가 더러운 죄악을 저지르고 있다고 떠들어댈 테니 가만두어서는 안 된다. 서둘러 저 영주를 죽여버려야 해. 저놈을 없애면 나의 높은 명예도 지킬 수 있으니까. 거기 누구 없느냐?

탈리아드 등장.

탈리아드 전하, 부르셨나이까?

안티오코스 탈리아드, 경은 내가 믿는 심복이므로, 마음속 비밀까지 털어놓고 상의하겠다. 충성을 다하면 지위도 올려주지. 탈리아드, 보아라. 이것은 독약이고, 이것은 돈이다. 나는 저 티레의 영주를 아주 싫어한다. 경이 그놈을 죽여라. 이유를 물어서는 안 된다. 명령이다. 알겠느냐?

페리클레스 전하, 분부대로 하겠나이다.

안티오코스 좋아.

사자 등장.

안티오코스 한숨 돌렸으면, 어떻게 됐는지 말해 보아라.

사자 전하, 페리클레스가 달아났습니다. (퇴장)

안티오코스 (탈리아드에게) 살고 싶다면 어서 뒤쫓아 가라. 노련한 궁수가 쏜 화살이 과녁에 명중하듯 페리클레스 영주가 죽었다고 말할 수 있을 때까지는 돌아오지 말라.

탈리아드 전하, 저의 총알이 닿는 사정권 안이라면 충분히 해치울 수 있습니다. 그럼, 다녀오겠나이다.

안티오코스 탈리아드, 잘 다녀오너라. (탈리아드 퇴장) 페리클레스가 죽을 때까지는 내 마음은 결코 편치 못할 거야. (퇴장)

〔제1막 제2장〕

티레. 왕궁의 한 방.
페리클레스, 시종과 함께 등장.

페리클레스 아무도 방해하지 않도록 조치하라. (시종 퇴장) 왜 이렇게 되었지? 왜 이런 음침한 눈길을 한 우울증이라는 불청객이 들어오게 된 거지? 밝은 대낮에 산책할 때에도, 슬픔이 잠드는 무덤인 고요한 밤에도, 한 순간도 마음이 편칠 않다. 온갖 쾌락이 나의 눈을 유혹해 와도 내 눈은 그것들을 피하기만 하는구나. 내가 두려워하는 것은 안티오크에 있다. 그 악마 같은 손길이 여기까지 닿을 리는 없어. 하지만 그 어떤 것도 이 마음을 즐겁게 해

주지 못하고, 위험에서 멀어졌다는 사실도 위로가 되지 않는다. 그건 바로 이런 거지. 먼저 불안을 느끼고 공포의 씨가 싹트게 되면, 그것은 곧 근심 걱정이란 영양분을 받아먹고 쑥쑥 자라는 거야. 처음에는 해칠지도 모른다는 걱정에 지나지 않던 것이, 시간이 지나면서 차츰 커져서, 마침내 그것을 막아야겠다며 예방책을 찾게 되는 거지. 내 경우가 바로 그렇다. 안티오코스 대왕은 자기 뜻을 곧 행동으로 옮길 수 있을 만큼 권력이 강력한 것에 비하면 나는 힘이 너무도 약하여 맞설 수도 없어. 내가 아무리 침묵을 지킬 것을 맹세한다 해도, 그자는 내가 세상에 떠들어대리라고 생각할 것이다. 그의 불명예를 드러낼지 모른다고 의심받고 있으니, 내가 그를 존경한다고 말하더라도 헛된 일이지. 소문이 퍼져 나가 낯이 뜨거워질 것을 생각하면, 어떻게 해서든지 그것을 막아보려고 할 거야. 그가 대군을 이끌고 이 나라에 쳐들어와 어마어마한 위력을 보이면, 모두들 놀라서 용기를 잃고, 나의 부하들은 싸워 보기도 전에 패배하고 말 것이며, 죄 없는 많은 사람들이 비참하게 벌을 받게 될 것이다. 이는 나 자신의 안위 때문이 아니라, 백성들의 앞날이 걱정되어서다. 나는 나무의 가지에 지나지 않아. 가지는 뿌리가 있어 자라는 것이니, 그 뿌리를 덮어서 보호해 주는 게 내가 해야 하는 일이다. 그 뿌리인 백성들의 앞날을 생각하니, 나의 몸과 마음이 고뇌에 빠져, 적이 쳐들어와 고통을 주기도 전에 이미 스스로 자신을 고통에 빠뜨리고 마는구나.

헬리카누스와 다른 귀족들 등장.

귀족 1 신성한 전하의 가슴에, 기쁨과 위안이 깃들기를!

귀족 2 전하께서 귀국하실 때까지 마음이 평안하시기를!

헬리카누스 쉿, 조용히! 경험 많은 이 늙은 혀에게 말할 기회를 주시오. 전하께 아첨하면 도리어 그분을 어려움에 빠뜨리게 된다오. 아첨은 죄악을 불러일으키는 풀무나 다름없습니다. 아첨받은 자가 죄악의 불꽃에 지나지 않는다 해도, 바람을 보내면 불길이 활활 타오르고 말지요. 그러나 존경과 예의를 갖춘 간언은 반드시 필요합니다. 군주도 인간이기에 잘못을 저지를 수 있으니까요. (페리클레스에게) 아첨을 밥 먹듯이 하는 신하가 태평성대를 알릴 때, 그는 전하께 드리는 간언을 막고, 전하의 생명에 전쟁을 걸어오는 것입니다. (무릎을 꿇는다) 전하, 저를 너그러이 용서해 주시든지, 곤장을 치시든지 좋으실 대로 해주십시오. 이렇게 무릎 꿇고 간청하나이다.

페리클레스 이 사람만 남고, 다들 물러가라. 그리고 항구에 어떤 배와 화물들이 와 있는지 살펴보아라. (귀족들 퇴장) 헬리카누스, 그대의 말은 무엄하구려. 내 낯빛이 어떻다고 했던가?

헬리카누스 전하의 진노하신 얼굴이 두렵나이다.

페리클레스 군주의 찌푸린 얼굴이 그토록 두려운 거라면, 왜 그리 무엄한 말을 하는가?

헬리카누스 식물은 하늘로부터 양분을 받아먹기는 하나, 감히 하늘을 쳐다보지 않습니까?

페리클레스 경의 목숨은 나에게 달려 있다는 것을 알고 있겠지.

헬리카누스 (무릎을 꿇으며) 도끼는 제가 스스로 갈아 두었으니, 전하께서는 어서 제 목을 치십시오.

페리클레스 어서 일어나 앉게. 그대는 아첨하지 않는 사람이지. 경의 간언, 참으로 고맙군. 오, 하늘이시여, 왕들이 자기 과오를 감추기 위해 스스로 귀를 틀어막는 일이 없게 해주소서! 그대는 나의 신하이면서 나보다 지혜가 뛰어나니, 경과 같은 사람이야말로 나에게는 훌륭한 고문관이며 신하라고 할 수 있지. 나는 앞으로 어떻게 하면 좋겠나?

헬리카누스 전하께서 스스로 짊어지신 고뇌이니, 스스로 참고 견디시는 수밖에 없습니다.

페리클레스 헬리카누스, 경은 의사처럼 말을 하지만, 내가 권하는 그 약을 그대가 마시게 되면 벌벌 떨 걸세. 자, 잘 들으라. 경도 알다시피 나는 안티오크로 가서, 목숨을 걸고 명예로운 미녀를 아내로 맞아들여, 군주에게는 믿고 의지할 수 있는 방패와 성도 되고, 백성에게는 기쁨의 원천이 될 수 있는 자식을 낳으려고 했네. 과연 만나 보니 공주는 빼어나게 아름다웠지. 그러나 그 얼굴 뒤에는 파렴치한 근친상간이 도사리고 있었어. 그 사실을 내가 알아내자, 큰 죄악을 저지른 공주의 부왕은 감히 나를 해치려 들지 않고 도리어 아첨을 했네. 그러나 알다시피, 폭군이 두려운 것은 그가 키스하려는 듯 호의를 보이며 다가올 때지. 그런 공포가 내 안에서 자라났기 때문에 나는 애써 나를 감싸주는 듯한 어둠의 보호를 받으며, 이곳으로 도망쳐 왔다. 여기 와서는 지나간 일과 앞으로 일어날지도 모르는 일에 대해 곰곰이 생각해 보았지. 그자는 폭군이야. 폭군들의 불안은 차츰 커갈 뿐, 줄어들지는 않는 법이지. 이미 의심을 품은 이상, 그가 간음의 잠자리를 숨기려고 수많은 이름난 군주들을 죽인 사실을, 내가 귀를 기울이고 있는 공기에 퍼뜨리지나 않을까 의심하고 있을 테니, 그 의심을 없애기 위해서 틀림없이 쳐들어올 것이네. 그러고는 내가 자신을 해치려 들었다고 말할 거야. 그렇게 되면 나의 죄 때문에—그것을 죄라고 말할 수 있다면—모든 백성들이 전쟁의 화를 입게 될 것이다. 전쟁은 죄 없는 자도 가리지 않으니까. 그 백성들을 위해서—방금 이 일로 나를 질책한 그대도 바로 그 가운데 한 사람이오…….

헬리카누스 아! 가슴이 아픕니다.

페리클레스 나의 눈에서는 잠이 사라지고, 뺨에서는 핏기가 가셨네. 어찌하면 이 폭풍을 미리 막을 수 있을까, 헤아릴 수도 없이 궁리해 보았으나, 백성들을 구해 낼 방법을 찾지 못하고 있으니, 그들의 운명을 슬퍼하는 것만이 영주가 베풀 수 있는 자비라고 생각했다.

헬리카누스 전하, 말씀 올리는 것을 허락하셨으니, 서슴지 않고 아뢰나이다. 안티오코스를 두려워하심은 마땅한 일입니다. 아마도 그자는 병력을 이끌고 보란 듯이 쳐들어오거나, 또는 남몰래 간사한 흉계를 꾸미면서 전하의 목숨을 빼앗으려 할 것입니다. 그러니 전하께서는 그자의 분노가 사그라들 때까지, 그렇지 않으면 운명의 신이 그자의 명줄을 끊을 때까지만이라도 잠시 이 나라를 떠나시는 게 좋겠습니다. 나랏일은 다른 사람에게 맡기십시오. 만일 저에게 맡겨주신다면, 태양이 밝게 비추듯 틀림없이 충성을 다하겠나이다.

페리클레스 그대의 충성은 의심하지 않지만 내가 없는 동안 그자가 나의 권리를 해치는 일이 일어나기라도 하면?

헬리카누스 저희들은 다 함께 모태인 이 땅에 피를 흘리겠나이다.

페리클레스 내 나라 티레여, 그렇다면 나는 잠시 너를 떠나 타르수스로 여행을 가련다. 그곳으로 편지를 보내게. 그 편지에 따라 행동을 취하리다. 백성들에 대한 근심과 걱정은 그대에게 모두 맡기겠네. 그대는 지혜로우니 그

임무를 잘 감당할 거야. 오늘 그대가 한 말을 믿고, 따로 맹세를 요구하지는 않겠다. 약속을 지키지 않을 사람이라면, 신의도 맹세도 깨뜨리고 말 테니까. 우리 두 사람은 자신의 위치에서 별 탈 없이 안전하게 살아갈 것이며, 세월이 흘러도 우리 사이의 이 진실은 절대로 깨어지지 않을 것이네. 그대는 충신으로서, 나는 참된 군주로서 그 명예로운 빛을 내리라는 이 진실은. (모두 퇴장)

〔제1막 제3장〕

같은 곳. 왕궁의 한 방.
탈리아드 등장.

탈리아드 그러니까 여기가 티레, 여기가 궁전이렷다. 여기서 페리클레스를 꼭 죽여야 한다. 만약 죽이지 않고 돌아가면, 나는 교수형을 당하고 말 거야. 그야말로 위험한 일이지. 그 옛날 왕이 무엇이든 원하는 것을 말하라고 했을 때, 전하의 비밀을 알고 싶지 않다고 간청한 놈은 참으로 분별 있는 영리한 자였다. 그렇게 말할 만한 이유가 무엇인지 이제야 알겠구나. 왕이 어느 놈에게 나쁜 짓을 하도록 명령했다면, 군신의 맹세에 따라 그는 나쁜 놈이 될 수밖에 없으니 말이야. 가만있자! 티레의 귀족들이 오는군. (한쪽으로 비켜선다)

헬리카누스, 에스카네스, 그리고 다른 귀족들 등장.

헬리카누스 티레의 동료 귀족들이여, 그대들은 전하께서 여행을 떠나신 데 대해서는 더는 물을 필요가 없을 줄 아오. 나에게 맡기신, 전하의 옥새가 찍힌 위임장이 충분히 대변해 주고 있으니까요.
탈리아드 (혼잣말로) 어찌 된 일이지? 전하께서 떠나시다니!
헬리카누스 왜 여러분들과 의논 한마디 없이 전하께서 그처럼 떠나시게 되었는지 알고 싶다면, 좀더 설명해 드릴 수는 있습니다. 전하께서는 안티오크에 머무르시던 중에……

탈리아드 (혼잣말로) 안티오크에서 어떻게 했다고?

헬리카누스 전하께서는 안티오코스 왕이 이유는 알 수 없으나, 전하께 어떤 불쾌한 감정을 가지고 있었다고 판단하셨지요. 그래서 전하께서는 혹시 어떤 잘못을 저지른 게 아닐까 생각하시고, 뉘우치기 위해 스스로 벌을 받으시려는 겁니다. 그래서 순간순간마다 삶과 죽음의 갈림길에 있는 뱃사람의 고행에 몸을 맡기시게 되었습니다.

탈리아드 (혼잣말로) 자, 그렇다면 교수형은 받고 싶어도 받을 것 같지 않구나. 그가 뭍에서 도망쳤으니 바다의 제물이 될 거라고 전해 드리면, 전하께서는 틀림없이 기뻐하실 거다. 어디 가까이 가보자. 티레의 귀족 여러분, 안녕하십니까?

헬리카누스 경은 안티오코스 대왕의 심부름으로 오셨나요?

탈리아드 대왕께서 전해드리라는 말씀을 받들어 이곳으로 왔는데, 뭍에 오른 뒤에 듣자 하니, 페리클레스 전하께서는 어디론가 여행을 떠나셨나 봅니다. 말씀을 전해 드리지도 못하고 돌아가야겠군요.

헬리카누스 전하께 전하시는 거라면, 저희가 굳이 받지는 않겠습니다. 하지만 돌아가시기 전에, 안티오크의 우방으로서 저희가 당신을 위해 연회를 베풀고자 하니, 참석해 주시면 감사하겠습니다. (모두 퇴장)

〔제1막 제4장〕

타르수스. 영주 저택의 한 방.
클레온, 디오니자, 그리고 시종들 등장.

클레온 디오니자, 이곳에서 쉬면서 다른 사람들의 불행에 대해 이야기를 나누면, 우리 자신의 불행을 잊게 되지 않을까?

디오니자 그것은 불을 끄려다가 오히려 부채질을 하게 되는 것과 다름없는 일이에요. 언덕이 높다 하여 그 흙을 파내면, 파낸 흙이 쌓여 다른 곳에 더 높은 언덕을 만들게 되지요. 오, 여보, 우리의 불행도 그런 게 아닐까요! 지금은 그저 보통으로 느낄 뿐이지만, 불운의 눈으로 본다면 가지를 쳐낸 숲처럼 전보다 더 커지게 되지요.

클레온 오, 디오니자, 배가 고픈데 아무 말 못하고 굶어 죽을 때까지 배고픔을 숨길 자가 어디 있겠소? 눈으로는 눈물을 흘리고, 혀로는 슬픈 소리를 냅시다. 그리하여 허파가 헐떡이며 한층 더 높은 소리로 심각한 불행을 울려 퍼지게 하여, 허공에 알리도록 합시다. 백성이 이토록 굶주리고 있는데 만일 하늘이 잠자코 계시다면, 눈을 떠서 도움을 주시도록 말이오. 벌써 몇 해 동안 이어진 이 재앙을 말하려는데, 내가 입김이 모자라니 당신은 말하기 싫으면 옆에서 눈물이라도 흘려 힘을 보태시오.

디오니자 그렇게 하지요.

클레온 내가 다스리는 타르수스는 매우 풍요로운 도시로서, 재물은 거리에 널려 있고, 높은 건물들이 구름과 맞닿을 만큼 머리를 높이 쳐들고 있었기에, 이곳을 처음 찾은 사람들은 누구나 이 광경을 보고 놀랐소. 시민들은 서로를 거울로 삼아, 경쟁하듯 화려하게 차려입고 우쭐대며 거리를 걸어다녔다오. 식탁에는 영양이 풍부한 음식보다는 보기 좋은 음식을 올려놓았으며, 모든 가난은 멸시받았고, 모두가 자존심이 대단했기에 도움이란 말은 입에 담는 것조차 부끄럽게 여겼지.

디오니자 오! 정말 그랬어요.

클레온 그러나 이렇게 바뀌었으니, 사람이 어떻게 해볼 수 없는 게 바로 하늘의 뜻이오. 얼마 전까지 육지와 바다와 하늘이 풍부하게 식량을 공급해 주었음에도 늘 불만투성이었던 이 입은 마침내 사람이 살지 않아 먼지가 쌓인 집처럼, 일할 필요가 없어져서 말라버렸소. 2년 전만 해도 식탁 위에 올라오는 새로운 요리를 통해서 미각을 즐기던 이 혓바닥이, 요즘은 빵 조각이라도 고맙게 받아먹겠다는 형편이오. 자기 자식들을 기르기 위해서는 어떠한 것도 아깝게 여기지 않던 어머니가 이제는 사랑하던 아이를 잡아먹기까지 하니 말이오. 부부가 자기들 가운데 한 사람을 살리기 위해 먼저 죽을 쪽을 결정하려고 제비뽑기를 할 만큼 굶주림의 이빨이 날카롭구려. 여기서는 한 귀족이 우두커니 서 있고, 저만치서 한 귀부인이 울고 있소. 수많은 사람들이 이처럼 죽어가고 있으나 쓰러지는 것을 지켜보는 사람에게도 죽은 사람을 묻어 줄 힘조차 남아 있지 않으니…… 그렇지 않소?

디오니자 우리의 야윈 뺨과 움푹 들어간 눈이 바로 그 증거입니다.

클레온 오! 풍요로운 술잔을 기울이며 번영의 기쁨을 마음껏 맛보고 있는 모든 도시들이여, 그 아낌없는 향연을 즐기고 있을 동안 우리가 어떤 슬픔을 겪고 있는지 들어보라. 타르수스의 이 불행이 언제 그대들의 불행이 될지 모르니.

귀족 한 사람 등장.

귀족 영주님께서는 어디에 계십니까?

클레온 여기 있네. 그렇게 성급히 가져온 슬픈 소식이 무엇인지, 어서 말해 보게. 이제 위안 같은 건 아예 바라지도 않으니.

귀족 이 근처 바닷가로, 훌륭한 선박들이 여러 척 다가오고 있습니다.

클레온 그런 일일 거라고 짐작했네. 불행은 홀로 오지 않고 반드시 그 후계자를 데리고 오는 법이니까. 우리의 경우가 그렇지. 틀림없이 어느 이웃 나라가 우리의 재난과 불행을 기회로 삼아, 그들의 선박에 병사들을 잔뜩 싣고 와서 우리를 쳐부수려는 거겠지. 이미 쓰러져 버린 우리를 말이야. 불행한 우리 백성들을 정복해서 무슨 명예를 얻겠다고.

귀족 그런 걱정은 하시지 않아도 됩니다. 흰 깃발을 달고 있으니, 적으로 오는 게 아니라 평화의 사자로서 오는 것 같습니다.

클레온 그대는 '가장 공정하게 보이는 자가 가장 잘 속이는 자'란 옛말을 아직도 배우지 못했군. 그렇지만 그자들이 무슨 속셈으로 왔는지는 몰라도, 두려워할 건 없네. 그래 봐야 무덤 밑바닥이겠지. 어차피 무덤의 절반쯤은 들어와 있으니. 가서 그들의 지휘관에게 무엇 때문에, 어디에서, 무엇을 요구하러 왔는지 내가 알고 싶어한다고 전하게.

귀족 그렇게 하겠습니다. (퇴장)

클레온 평화를 목적으로 왔다면 환영이지. 하지만 전쟁을 하려고 왔다면 도저히 막을 길이 없어.

페리클레스, 시종을 데리고 등장.

페리클레스 당신이 이 도시의 영주라고 들었습니다. 내가 이끌고 온 선박들과 부하들은 당신들에게 전쟁을 알리기 위한 봉화는 아닙니다. 우리는 멀리 티레에서 당신들의 비참한 소식을 전해 들었으며, 도시가 얼마나 황폐해져 있는지도 직접 보았습니다. 우리는 당신들의 눈물에 새로운 슬픔을 보태려 온 것이 아니라, 무거운 짐을 조금이나마 덜어드리려고 왔습니다. 혹시라도 우리의 배들을, 당신 나라를 멸망시키기 위해 피에 굶주린 병사들을 숨겨 놓은 '트로이의 목마'처럼 생각하실지 모르지만, 사실은 당신들에게 필요한 빵을 만들 곡식이 담겨 있습니다. 굶어 죽어가는 사람들에게 나눠 주어 생기를 불어넣으십시오.

모두 아, 그리스의 신들이 당신을 보호해 주시기를 기원합니다. 당신을 위해 기도드리겠습니다. (무릎 꿇고 기도한다)

페리클레스 일어나십시오, 제발 일어나세요. 우리가 바라는 것은 존경의 뜻이 아니라, 나와 선박과 선원들이 잠시 머무를 수 있도록 허락해 주시는 친절한 마음씨뿐입니다.

클레온 그 요구에 불만을 품는다거나, 마음속으로나마 높으신 은혜를 잊어 버리는 자가 있다면, 비록 그것이 저희의 아내나 자식이라 할지라도, 하늘과 인간의 저주를 잇따라 내려주소서! 그런 일은 결코 없으리라고 믿습니다. 저와 도시 전체가 당신을 환영합니다.

페리클레스 그 환영을 기꺼이 받아들여 잠시 이곳에서 쉬어 가겠습니다. 찌 푸린 얼굴을 한 우리 운명의 별들이 미소를 지어 보일 때까지. (모두 퇴장)

〔제2막 막을 올리는말〕

가워 등장.

가워 이제까지는 강력한 권한을 지닌 한 나라의 왕이
자기 딸과 불륜을 맺은 이야기와,
그리고 말과 행동에서 존경받을 만한,
인자한 한 영주에 대한 이야기를 보여드렸습니다.
앞으로는 이 영주가 불운을 견디어 내는
모습을 묵묵히 바라봐 주십시오.
고난은 인간을 태산처럼 훌륭하게 만든다고 하니,

그가 어려움을 헤쳐 나가는 모습을 보여드리지요.
우리가 축복을 아끼지 않는 착한 페리클레스는
아직 타르수스에 머무르고 있습니다.
그곳 사람들은 그의 입에서 나온 말이라면
무조건 성전(聖典)처럼 따르면서,
그의 덕행을 후세에 영원히 전하려고
그의 동상까지 세웠답니다.
그러나 갑자기 나쁜 소식이 날아왔으니,
제 입으로 말씀드릴 필요는 없을 것 같습니다.
지금 여러분이 직접 보시지요.

무언극이 시작된다.

페리클레스, 영주 클레온과 이야기하면서 한쪽 문으로 등장. 시종들이 그 뒤를 따른다. 다른 쪽 문으로는 한 신사가 페리클레스에게 전할 편지를 들고 등장. 페리클레스는 그것을 받아 들고 클레온에게 보인다. 페리클레스가 사자에게 보상과 기사작위를 내려준다. 페리클레스가 한쪽 문으로 퇴장. 클레온과 시종들, 다른 쪽 문으로 퇴장.

충신 헬리카누스는 자기 나라에 남아서,
다른 이들이 땀 흘려 얻은 꿀을 빨아먹는
게으름뱅이 수벌처럼 살아서는 안 된다면서,
악은 제거하고, 선은 권장하려 혼신의 힘을 다했습니다.
또한 영주의 바람대로 티레에서 일어난
모든 일들을 남김없이 전했습니다.
탈리아드가 잔뜩 나쁜 마음을 품고
영주를 죽이려고 온 사실,
페리클레스가 타르수스에 더 오래
머무르지 않는 게 좋겠다는 간언도.
영주는 이 말을 전해 듣고 다시 바다로 나갔습니다.

그런데 그곳 바다도 그에게는 평온한 곳이 아니었습니다.
바다에 나가자 바람이 불기 시작합니다.
위에서는 천둥이 아래에서는 바다가 요동을 치니,
영주를 지켜주던 그 배는 산산조각이 나고 말았지요.
어진 영주는 모든 것을 잃고,
파도에 밀려 이리저리 떠다니다가,
사람도 재물도 어디론가 모두 사라지고,
이제 홀로 남게 되었습니다.
운명의 신도 못된 장난에 지쳤는지, 마침내
그를 어느 바닷가로 떠밀어 목숨을 구해 주었지요.
아, 그가 이리로 오는군요. 다음에는 무슨 일이 일어날까요?
그것은 늙은 가워가 말하지 않아도 곧 아시게 됩니다. (퇴장)

〔제2막 제1장〕

펜타폴리스. 어느 바닷가.
바닷물에 젖은 페리클레스 등장.

페리클레스 분노를 멈추어 다오, 하늘의 성난 별들이여! 바람이여, 비여, 천둥이여, 기억하라. 이 지상에 있는 인간은 그대들에게 맞설 힘이 없다. 그러니 나도 약한 인간답게 머리 숙여 그대들에게 항복한다. 아! 바다가 나를 바위 위로 던져버리고, 바닷가로 이리저리 떠밀고 다녀서, 이제 나에게는 눈앞에 닥친 죽음을 의식할 정도의 기력만 남았다. 한 나라의 군주에게서 모든 행운을 빼앗고, 그대들의 위대한 힘을 보여주었으니, 이것으로 만족해 다오. 바다 밑바닥에서 나를 건져 올렸으니, 여기서 편히 죽게 해다오. 내가 바라는 것은 이것뿐이다.

어부 셋 등장.

어부 1 뭐해, 필치(홑잠바)!

어부 2 이봐, 빨리 그물을 걷어 오게.

어부 1 여보게, 패치 브리치(누더기 옷)!

어부 3 왜 그래요, 선장님?

어부 1 무얼 그리 꾸물거리고 있어! 빨리 오지 않으면 혼쭐을 내주겠네.

어부 3 지금 막 우리 앞에 떠내려간 불쌍한 사람들을 생각하고 있었어요.

어부 1 아, 정말 안됐어. 살려 달라고 애원하는 소리를 들으니, 어찌나 가슴
이 아프던지. 그렇지만 우리도 위험한 상황이었지 않은가.

어부 3 글쎄, 선장님, 돌고래가 위로 솟아오르는 걸 보고, 제가 말하지 않았
던가요? 그놈들은 절반은 물고기고, 절반은 짐승이라 들었다고요? 나쁜 놈
들! 놈들이 나타나기만 하면 흠뻑 젖는단 말야. 선장님, 물고기들은 어떻게
바닷속에서도 살아가는지 놀랍군요.

어부 1 사람이 땅에서 사는 모습과 뭐가 다르겠어! 큰 놈이 작은 놈을 잡아
먹는 거야. 고래는 돈 많은 욕심쟁이와 같지. 뒹굴뒹굴 놀면서, 가엾은 조그
만 물고기들을 따라다니며 장난치다가, 그대로 한입에 꿀꺽 삼켜버리니. 그
런 큰 고래가 뭍에도 있어. 그놈은 마을의 교구든, 교회든, 뾰족탑이든, 종
(鐘)이든 모두 통째로 삼켜버리기 전에는 절대로 입을 다물지 않는다고.

페리클레스 (혼잣말로) 멋진 비유로군.

어부 3 그렇지만 선장님, 제가 만일 교회 머슴이라면, 그럴 때는 종루 속에
들어가 있겠어요.

어부 2 그건 왜?

어부 3 그렇게 되면 저까지 함께 삼켜버릴 테니까요. 그래서 제가 그 배때기
속으로 들어가면, 그 종을 사정없이 치겠어요. 그러면 그놈은 종이든, 탑이
든, 교회든, 교구든 삼켰던 물건을 모두 토하지 않고는 못 배길걸요. 그런데
이곳 시모니데스 왕께서 저와 같은 마음이시라면……

페리클레스 (혼잣말로) 시모니데스?

어부 3 꿀벌의 꿀을 빼앗아 가는 수벌을 이 땅에서 쫓아낼 거예요.

페리클레스 (혼잣말로) 바다 생물들을 결함투성이의 인간과 비교하며, 칭찬도
하고 흠도 찾아내는 어부들의 말솜씨가 놀랍구나! (큰 소리로) 수고들 하셨
소, 정직한 어부 나리들!

2막 1장, **폭풍 속의 페리클레스** H.C. 셀루스 그림, 프레데릭 웬트위스 판화

어부 2　정직하다니! 이 사람아, 그게 무슨 소리요? 그것이 당신의 운수 좋은 날이라면 달력에서 찾아 떼어버리라고. 아무도 그런 것을 바라지 않을 테니.

페리클레스　보다시피, 거친 바다가 나를 이 바닷가에 던져 놓았소.

어부 2　바다가 많이 취했나 보오. 이런 곳에 당신을 토해 놓은 걸 보니.

페리클레스　저 드넓은 테니스장에서 파도와 바람에게 테니스공 취급을 당한 내가 이렇게 당신들에게 동정을 구하고 있소. 한 번도 구걸해 본 일은 없으나 부탁하오.

어부 1　아니 이 친구, 구걸을 못 한다고? 이 그리스에서는 우리처럼 일하는 것보다 구걸하는 편이 훨씬 낫소.

어부 2　그럼, 고기는 잡을 수 있소?

페리클레스 한 번도 잡아본 적이 없어요.

어부 2 그렇다면 당신은 굶어 죽게 되오. 요즘 여기서는 고기를 잡을 줄 모르면 아무것도 구할 수 없으니까.

페리클레스 지난날 나의 신분이 무엇이었든지, 오늘 이 상황은 너무나 절박하고 고통스럽군요. 추위와 배고픔으로 감각은 마비되고, 핏줄은 얼어붙어 겨우 살려 달라고 애원할 만큼의 따뜻한 기운만을 이 혀에 남겨 놓았소. 당신들이 살려 주지 않으면 나는 죽게 될 것이오. 내가 죽거든 나도 사람이니 땅에 묻어나 주시오.

어부 1 죽는다고? 신께서 그냥 두실 리가 없지! 여기 웃옷이 있으니, 어서 입고 몸을 녹이시오. (자기 옷을 벗어 페리클레스에게 입혀 주며) 이렇게 가까이서 보니, 정말 멋진 친구로군. 자, 집으로 갑시다. 쉬는 날에는 고기를, 고기를 금한 날에는 생선을 먹을 수 있소. 그리고 푸딩과 비스킷도 내놓고 손님으로 대접하리다.

페리클레스 정말 고맙소.

어부 2 아니, 이 친구, 구걸을 못 한다더니.

페리클레스 구걸이 아니라, 간청을 드린 것뿐입니다.

어부 2 간청을 한 거라고? 그럼 나도 간청을 하면 곤장을 면할 수 있겠소?

페리클레스 그럼, 이 나라에서는 구걸하는 사람은 매를 맞나요?

어부 2 아니, 전부는 아니오. 구걸하는 사람이 모두 매를 맞는다면, 나는 누구보다도 먼저 포졸이 되겠소. 그러나 저러나 선장님, 저는 가서 그물을 끌어올려야겠습니다. (어부 3과 함께 퇴장)

페리클레스 저 솔직한 농담이 저들이 하는 일에 아주 잘 어울리는군요!

어부 1 이봐요, 여기가 어딘지 알고 있소?

페리클레스 잘 모르겠는데요.

어부 1 그렇다면 알려 주지. 여기는 펜타폴리스라고 하는 곳인데, 우리 왕은 시모니데스 선왕(善王)이라오.

페리클레스 시모니데스 선왕이라고 부르나요?

어부 1 그렇소. 그렇게 부르는 게 마땅하오. 나랏일을 평화롭게 잘 다스리시니까.

페리클레스 나라를 잘 다스려 선왕의 칭호를 백성들에게 받고 계시니 행복하신 왕입니다. 이 바닷가에서 왕궁까지는 거리가 얼마나 됩니까?

어부 1 아마 한나절은 걸릴 것이오. 말이 났으니 말이지, 왕에게는 예쁜 따님이 있는데, 바로 내일이 공주님 생일이오. 그 공주님의 사랑을 얻기 위해, 모든 나라에서 왕자님과 기사들이 모여들어 창술(槍術) 겨루기 대회를 열게 되어 있소.

페리클레스 내 신세가 이렇지만 않다면, 나도 그 가운데 낄 수 있을 텐데.

어부 1 오, 이보시오! 세상일은 그렇게 마음대로 되는 게 아니라오. 분수에 맞지 않는 걸 탐냈다간 자기 마누라의 영혼마저 팔아 치울지도 몰라요.

어부 2, 3이 그물을 들고 다시 등장.

어부 2 선장님, 좀 거들어 주십시오! 물고기가 그물에 걸렸나 본데, 끌어낼 수가 있어야죠. 가난한 놈이 법망에 걸렸을 때처럼, 이놈의 권리를 주장할 수가 없군요. 뭐야! 이 빌어먹을! 잡았다고 좋아라 했는데, 이건 녹슨 갑옷이잖아.

페리클레스 갑옷이라고요? 내게 좀 보여주시오. (혼잣말로) 아, 운명의 신이시여, 나에게 온갖 시련을 겪게 하신 뒤에 다시 회복할 길을 열어주시니 감사합니다! 이것은 아버지께서 돌아가실 때 내게 유산의 일부로서 남겨주신 갑옷이다. 아버지께서는 "페리클레스, 이것은 나를 죽음에서 구해 준 무기이니 잘 보관해 두어라" 엄중히 말씀하시고, 이 갑옷의 팔을 가리키며 "이 팔이 나를 구해 주었으니 소중히 보관하거라. 그러한 위기에 처했을 때 신들이 너를 보호해 주시기를!" 이렇게 유언하셨지. 그래서 이 갑옷을 소중히 여기며 늘 가지고 다녔는데, 저 거친 파도가 인정사정없이 빼앗아가 버리더니, 잠잠해진 이제야 돌려주는구나. (어부들에게) 이것을 찾아주어 고맙소. 이렇게 아버지의 유품이 돌아왔으니, 파도를 원망하지도 않으리다.

어부 1 무슨 말이오?

페리클레스 고마운 친구들이여, 이 귀한 갑옷을 내게 양보해 주시오. 이것이 어느 나라 왕의 갑옷이었음은 이 표시가 말해 주고 있습니다. 그 왕께서는 나를 무척 아끼셨죠. 그러한 은혜를 입었으므로 이 갑옷을 꼭 갖고 싶습니다. 당신들의 왕이 계신 곳으로 나를 안내해 줄 수 있는지요? 그곳에서 이것을 입으면 나의 신분이 높아 보일 것이오. 그렇게 해서 나의 쇠잔한 운이 조금이나마 회복되면, 당신들에게 기꺼이 보답하겠소. 그때까지만 여러분에게 빚진 자가 되게 해주시오.

어부 1 그럼, 당신도 공주 때문에 그 대회에 참가할 생각이오?

페리클레스 내가 그동안 갈고닦아 온 창술 솜씨를 보여주겠소.

어부 1 자, 갑옷을 받으시오. 신께서 이것으로 당신에게 행운을 주시기를!

어부 2 그렇지만 기억해 주오. 거친 물결을 헤치고 이 물건을 찾아낸 건 바로 우리들이오. 위로금이나 사례금 같은 건 있겠지요? 만일 그것으로 출세한다면, 어떻게 해서 그것을 얻게 되었는지 잊지 말기를 바라오.

페리클레스 반드시 그리하겠소. 여러분들 덕택에 갑옷을 다시 입게 되었으니까요. 바다가 미친 듯이 요동쳤건만, 이 보물은 그대로 내 팔 위에 남아 있구나. 너의 가치에 알맞게 될 수 있는 대로 훌륭한 말[馬]을 타겠다. 그 당당한 걸음을, 사람들이 환호를 보낼 말. 그런데 나에게는 갑옷 속에 걸칠 덮개가 없군요.

어부 2 우리가 기꺼이 준비해 주겠소. 나의 웃옷 가운데 가장 좋은 것을 팔면 마련할 수 있을 거요. 왕궁까지 내가 안내하리다.

페리클레스 이제는 소원대로 명예를 얻는 일만 남았습니다. 오늘 나는 다시 일어서거나, 아니면 영영 쓰러지게 될 것이오. (모두 퇴장)

〔제2막 제2장〕

같은 곳. 대회장 입구.
나팔 소리. 시모니데스 왕, 공주, 귀부인들, 신사들, 시종들 등장.

시모니데스 기사들은 대회 준비가 다 되어 있느냐?

귀족 1 예, 전하, 모든 준비를 마치고, 전하께서 오시기만을 기다리고 있었습니다.

시모니데스 이쪽도 준비가 다 되었다고 전하라. (공주에게) 애야, 오늘 창술 겨루기 대회는 너의 생일을 축하하기 위한 것이니, 자, 여기에 앉아라. 자연이 사람들에게 경탄을 자아내도록 창조한 아름다움의 자식처럼 앉아 있는 거

다. (귀족 한 사람 퇴장)

타이사   아버님, 지나친 칭찬이십니다. 저는 그런 칭찬을 받을 자격이 없습니다.

시모니데스   아니다, 너는 그러한 칭찬을 받을 만하다. 왕족이란 하늘이 자신의 모습대로 만들어 놓은 존재란다. 보석은 닦지 않으면 빛을 잃는 법, 왕족도 존경받지 못하면 명예를 잃게 된단다. 그러니 애야, 기사들이 저마다 가져오는 방패의 휘장을 설명하는 일은 네가 맡도록 해라.

타이사   저의 명예를 위해서 그 일을 맡겠습니다.

첫 번째 기사가 등장해 무대를 지나간다. 그의 시종이 기사의 방패를 받들어 공주에게 보인다.

시모니데스   맨 처음 들어온 기사는 누구냐?

타이사   아버님, 스파르타의 기사입니다. 그 방패의 도안은 태양을 향해 손을 뻗고 있는 에티오피아 흑인입니다. 표어는 "그대의 빛은 나의 생명"입니다.

시모니데스   음, 너를 사랑하고 있는 남자로다. 너를 생명으로 여긴다는 뜻이 겠지.

두 번째 기사가 지나간다.

시모니데스   두 번째 들어온 기사는 누구냐?

타이사   아버님, 마케도니아의 영주입니다. 그 방패의 휘장은 무장한 기사 하나가 한 부인에게 정복당하는 그림입니다. 표어는 스페인어로 "부드러운 것이 강한 것을 이긴다"입니다.

세 번째 기사가 지나간다.

시모니데스   세 번째는 누구냐?

타이사   세 번째는 안티오크에서 온 기사입니다. 그 도안은 기사도를 상징한 화환(花環)입니다. 표어는 "명예의 관이 나를 이끌어"입니다.

네 번째 기사가 지나간다.

시모니데스 네 번째는?

타이사 거꾸로 세운 횃불입니다. 표어는 "나에게 빛을 주는 자가 곧 나를 소멸시키리라"입니다.

시모니데스 아름다움은 사람의 마음을 태우기도 하고, 죽이기도 하지. 그러한 힘과 의지를 갖고 있다는 뜻이리라.

다섯 번째 기사가 지나간다.

타이사 다섯 번째는 구름에 에워싸인 손입니다. 이 손은 시금석으로 다듬어진 황금을 들고 있으며, 표어는 "진실은 이렇게 시험해야 하리"입니다.

여섯 번째로 페리클레스가 지나간다.

시모니데스 저 사람은…… 여섯 번째 마지막 사람은 대체 누구이기에 저토록 반듯한 예절을 보여주느냐?

타이사 처음 보는 기사인 것 같습니다. 도안은 끝만 푸르고 시들어 버린 나뭇가지입니다. 표어는 "이 희망 속에 나는 사노라"입니다.

시모니데스 좋은 교훈이다. 시들어 있으나 너에게 희망을 걸고, 스러져 가는 자기 운을 회복하려는 것이다.

귀족 1 저 사람은 보이는 것보다 더 높은 뜻을 가진 사람인 것 같습니다. 차림새는 아무리 보아도 칭찬할 수 없으니까요. 저 녹슨 방패를 보니, 창칼보다는 말채찍을 휘두르는 사람 같습니다.

귀족 2 이상야릇한 차림새로 보아, 그는 아마도 이방인인 듯합니다. 대회에 참가하는 사람치고는 복장이 너무나 이상하군요.

귀족 3 일부러 그의 갑옷을 녹슬게 두었을 겁니다. 어차피 흙먼지 속에 쓰러지게 될 테니까요.

시모니데스 겉모습으로 사람을 판단하는 것은 어리석은 일이네. 이제 곧 기사들이 오겠지. 우리는 관중석으로 물러갑시다. (모두 퇴장)

2막 2장, 우승자 진출전, 시모니데스와 타이사   H.C. 셀루스

무대 뒤에서 크게 손뼉을 치는 소리 들려온다. "초라한 기사다!"라고 외치는 소리가 들린다.

〔제2막 제3장〕

같은 곳. 왕궁 대연회장.
시모니데스, 타이사, 의전관, 귀부인들, 귀족들, 창술 겨루기 대회를 마친 기사들, 시종들 등장.

시모니데스 기사들이여, 이제 와서 새삼스레 환영사를 늘어놓지는 않으리다. 여러분의 무예를 실제로 보고 난 뒤에, 다시 그에 대해 칭찬을 늘어놓는다면 속표지와 본문의 순서를 뒤바꾸듯, 여러분의 기대에 어긋나는 일이 되겠지요. 모든 진실은 스스로 드러나기 마련이오. 자, 신나게 즐기시오. 잔치는 즐거워야 하오. 여러분은 나의 손님입니다.

타이사 당신이야말로 오늘 저의 기사이며 손님입니다. 이 승리의 월계관을 당신에게 드리고, 당신을 오늘의 '행복한 왕'이라 부르겠습니다. (페리클레스에게 월계관을 씌워준다)

페리클레스 오늘 저의 성공은 저 자신의 실력보다는 행운의 신이 도와주신 덕분이라고 생각합니다.

시모니데스 행운이든 무엇이든 그대가 승리한 것이오. 그리고 이 자리에는, 그것을 시기하는 자는 없을 것이오. 기예(技藝)의 여신이 그 제자들을 키울 때, 어떤 자는 보통으로 만들고 어떤 자는 뛰어나게 만드는 것은 정해진 법칙이오. 그대는 기예의 여신이 온 힘을 기울이고 공을 들여 만든 작품이오. 자, 이 잔치의 여왕인 타이사, 이리 오너라. 와서 남은 손님들을 작위에 따라 자리에 모셔라.

기사들 모두 이처럼 전하의 환대를 받으니, 큰 명예로 여기나이다.

시모니데스 그대들이 나와 자리를 함께해 주니, 기쁘기 그지없소. 나는 명예를 소중히 여기오. 명예를 증오함은 하늘의 신들을 증오하는 것이나 다름없기 때문이오.

의전관 (페리클레스에게) 경의 자리는 저쪽입니다.

페리클레스 다른 분에게 더 어울릴 것 같은데요.

기사 1 사양하지 마시오. 우리들은 신사이니 속으로나 겉으로나 자신보다 뛰어난 자를 시기하지도, 뒤떨어지는 자를 멸시하지도 않을 것이오.

페리클레스 참으로 정중한 기사로군요.

시모니데스 자, 어서 앉으시오.

페리클레스 (혼잣말로) 인간의 생각을 지배하는 유피테르 신께 맹세코, 정말 이상하군. 아무리 맛있는 음식도 맛을 느낄 수 없고, 저 공주의 모습만 눈앞에 어른거리는구나.

타이사 (혼잣말로) 결혼의 신에게 맹세코 정말 무엇을 먹어도 맛이 없구나. 그저 저분이 모두 드셨으면 하고 바랄 뿐이다. (왕에게) 틀림없이 저분은 훌륭한 신사로 보입니다.

시모니데스 시골뜨기 신사일 뿐이지, 다른 기사들과 다를 게 없단다. 창 한두 개 부러뜨렸을 뿐이니 어디 더 두고 보자.

타이사 (혼잣말로) 내 눈에 저분은 유리잔 속에 담긴 다이아몬드처럼 보이는구나.

페리클레스 (혼잣말로) 나에게 저 왕은 돌아가신 부왕처럼 보이는구나. 지난날 아버지께서도 저토록 훌륭한 분이었다는 사실은, 부왕의 초상화를 보면 알 수 있어. 귀족들이 무수한 별들처럼 부왕 주위에 둘러앉아 머리를 조아렸고, 부왕은 태양처럼 그들의 존경을 한 몸에 받으셨지. 태양을 우러러보는 작은 별빛처럼, 부왕의 위엄 앞에서 고개를 숙이지 않은 자가 없었어. 그런데 그의 아들인 나는 반딧불이처럼 어둠 속에서는 빛을 내지만 밝음 속에서는 빛을 내지 못하는구나. 그러고 보면 인간을 지배하는 것은 세월이다. 세월은 인간의 어버이도 되고 무덤도 되며, 자기가 주고 싶은 대로 아무거나 주면서 이쪽에서 간절히 바라는 것은 주지 않는다.

시모니데스 어떻습니까, 기사 여러분? 즐거우신가요?

기사 1 전하 앞에서 이런 후한 대접을 받는데, 즐겁지 않을 자가 어디 있겠습니까?

시모니데스 여기 가득 채워진 술잔을 들고—여러분은 저마다 사랑하는 이의 입술을 위하여 잔을 비우시오—나는 그대들의 건강을 빌며 잔을 비우겠소.

기사 모두 은혜에 감사드립니다.

시모니데스 그런데 잠깐만. 저 기사 분은 이 궁중의 대접이 만족스럽지 않다는 듯이 너무 침울하게 앉아 계시군. 타이사, 너는 그리 생각하지 않느냐?

타이사 아버님, 그것이 저와 무슨 상관이라도 있습니까?

시모니데스 오! 그렇지만 애야, 잘 들어보아라. 무릇 왕이 된 자들은 이 지상에서 하늘의 신들처럼 살고 있느니라. 존경하는 뜻을 표현하려고 온 자들에게는 인색하지 않게 마음껏 대접해야 한다. 그렇지 못한 왕들은 큰소리만 치다가 죽임을 당한 뒤에는, 사람들이 경시하는 각다귀와 다를 바 없게 되지. 그러니 왕이 참석한 자리를 더욱 유쾌하게 빛내기 위해, 내가 이 포도주가 든 술잔을 그를 위해 마신다고 전해라.

타이사 하지만 아버님! 처음 보는 분에게 어떻게 그런 말까지 할 수 있나요? 남자들은 여자가 선물을 주면 부끄러움을 모르는 여자로 여긴다던데, 제가 먼저 말을 걸면 당돌하다고 생각할지도 모릅니다.

시모니데스 어째서 그렇단 말이냐! 시키는 대로만 해라. 그렇지 않으면 화를 내겠다.

타이사 (혼잣말로) 오, 신들이여, 이보다 더 신이 날 수는 없을 거예요!

시모니데스 그리고 고향과 이름, 집안을 내가 알고 싶어한다고 전하거라.

타이사 (페리클레스에게 가서 시모니데스의 말을 전한다) 부왕께서 당신을 위해 잔을 비우시겠다 하십니다.

페리클레스 전하께 감사드립니다.

타이사 당신의 건강을 빕니다.

페리클레스 두 분께 감사드리며 저도 전하를 위해 잔을 비우겠습니다. (술잔을 비운다)

타이사 그리고 부왕께서는 당신의 고향과 이름, 집안에 대해 알고 싶어하십니다.

페리클레스 이름은 페리클레스, 티레의 신사로서 문예와 무술 교육을 받았습니다. 세계 여행을 하려다가 사나운 바다에게 배도 사람도 모두 잃고, 이곳 바닷가에 이렇게 떠밀려 온 것입니다.

타이사 (자신의 자리로 돌아와 부왕에게 아뢴다) 전하께 감사드린다면서 이름은 페리클레스, 티레의 한 신사이고, 바다에서 배와 사람을 모두 잃고, 이곳 바닷가에 떠밀려 왔다고 합니다.

시모니데스　참으로 가슴 아픈 일이구나. 그럼 그의 우울한 마음을 내가 풀어 주어야겠다. 자, 여러분, 차린 것도 변변치 않은데 식탁 앞에만 앉아 있으면 시간만 낭비하게 됩니다. 무엇인가 다른 오락거리를 찾아봅시다. 마침 갑옷을 입고 있으니, 옷차림에 맞게 기사의 춤을 추어 보는 게 어떻겠소? 방패끼리 부딪치는 소리가 부인들 귀에 거슬린다는 핑계는 듣지 않겠소. 여자들은 침대뿐만이 아니라, 무장한 사나이의 팔에 안기기를 좋아하니까. (음악. 기사들 춤을 춘다) 이런 제안을 하길 잘했군. 저렇게들 춤을 잘 추니. (페리클레스에게) 자, 여기에도 춤추고 싶어하는 숙녀가 있소. 티레의 기사들은 숙녀들을 춤추게 하는 재주가 뛰어나고, 장엄한 궁정 춤도 훌륭하다고 들었소.

페리클레스　그런 사람들도 있습니다만……

시모니데스　오! 그렇게 겸손하게 피하려 들지 마오. (음악이 흐르고, 페리클레스는 왕의 권유에 따라 타이사의 손을 잡고 춤을 춘다. 다른 기사들도 다른 부인들의 손을 잡고 춤춘다) 자, 이제 그만 손을 놓읍시다. 여러분 고맙소. 모두들 춤을 잘 추시는군요. (페리클레스에게) 그러나 그대가 최고였소. 시동들은 불을 켜 들고 기사분들을 침실로 안내하라! (페리클레스에게) 당신의 방은 바로 내 옆방으로 준비하라고 했으니, 그리 아시오.

페리클레스　뜻대로 하십시오.

시모니데스　여러분, 사랑을 이야기하기에는 밤이 너무 깊었군요. 오늘 밤은 이만 쉬고, 아쉽지만 내일 다시 합시다. (모두 퇴장)

〔제2막 제4장〕

티레. 영주 저택의 한 방.
헬리카누스와 에스카네스 등장.

헬리카누스　아니, 에스카네스, 내 말 좀 들어 보오. 근친상간을 저지른 안티오코스는 벌을 피할 수 없었소. 그자의 극악무도한 범죄를 처벌하지 않고 참아 오던 높으신 하늘의 신들은 더는 그를 그대로 둘 수 없었지요. 그래서 그자가 온갖 부귀영화를 누리며 더할 나위 없이 훌륭한 마차에 딸을 태우고 외출했을 때, 하늘에서 벼락을 내려 그들 부녀의 몸을 숯덩이처럼 태워버렸단 말이오. 시체는 구토가 날 만큼 냄새가 고약해서, 이제까지 존경하던 신하들도 고개를 돌리며 땅 밑에 묻으려고도 하지 않았답니다.

에스카네스 기이한 일이군요.

헬리카누스 마땅한 대가지요. 그는 위대한 왕이었으나, 그것만으로는 하늘의 화살을 막을 방패가 되지 못하니, 그 대가로 벌을 받은 거지요.

에스카네스 그렇군요.

귀족 두세 명 등장.

귀족 1 보세요, 저분과 은밀히 이야기를 하거나, 간언을 해주는 사람이 어디 있습니까? 단 한 사람만 빼놓고.

귀족 2 언제까지나 참고 있을 수는 없소.

귀족 3 그 말에 찬성하지 않는 자는 저주받을 것이오.

귀족 1 자, 그럼 따라들 오시오. (헬리카누스에게 가까이 다가가서) 헬리카누스 경, 잠깐만.

헬리카누스 나 말입니까? 안녕들 하시오! 행복한 날이구려, 여러분.

귀족 1 저희들의 불만은 절정에 달했습니다. 이젠 막을 길이 없습니다.

헬리카누스 당신들의 불만이라니! 무엇 때문이오? 설마 우리가 모시는 영주님을 모욕하는 일은 아니겠지요?

귀족 1 헬리카누스 경, 그렇다면 스스로를 욕되게 하는 일은 하지 마시오. 영주님께서 아직 살아 계신다면 저희들도 문안드리게 해주시오. 또 어느 나라 백성들이 지금 영주님의 숨결로 행복하게 살아가고 있는지도 알려주시오. 영주님께서 이 세상에 살아 계신다면 찾아뵙겠습니다. 무덤에서 쉬고 계신다면 거기에 가보겠습니다. 살아 계신다면 이 나라를 다스리시든지, 이미 돌아가셨다면 장례를 치른 다음 저희들의 뜻에 따라 새 영주님을 뽑든지 결정을 해야겠습니다.

귀족 2 저희들은 영주님께서 돌아가셨다고 확신하고 있습니다. 지금 이 왕국에는 통치자가 없습니다. 훌륭한 건물에 지붕이 없는 것과 같으니, 얼마 지나지 않아 무너질 것입니다. 그러므로 풍부한 경험으로 나라를 다스리는

2막 4장, 안티오코스와 딸 H.C. 셀루스

법을 가장 잘 체득한 경을 저희들은 (무릎을 꿇으면서) 이처럼 복종하고 저희들의 영주로 섬기겠습니다.

모두 헬리카누스 전하, 만세!

헬리카누스 내 명예를 걸고 여러분의 제안을 거부하겠소. 페리클레스 전하를 존경한다면, 제발 그만두시오. 내가 여러분의 뜻을 받아들인다면, 안락함이라고는 없는 고통의 바닷속으로 스스로 뛰어드는 것입니다. 앞으로 1년만 더 참아주시오. 그 기간이 지나도 영주님이 돌아오지 않으시면, 이 늙은 몸으로 그 무거운 멍에를 지지요. 이렇게 말해도 들어주지 않는다면, 다음에는 충성스런 신하답게 여러 나라를 다니며 영주님을 찾겠습니다. 다행히 영주님을 찾아서 모시고 돌아오면, 여러분은 왕관을 장식하는 다이아몬드처럼 빛나게 될 것입니다.

귀족 1 똑똑한 자의 가르침을 따르지 않는 자는 바보입니다. 헬리카누스 경의 말씀이니 여러 나라를 돌며 영주님을 찾아보겠습니다.

헬리카누스 그렇다면 우리는 서로 동의한 거요. 자, 악수를 합시다. 귀족들이 이렇게 하나로 뭉치면 이 나라는 언제나 태평성대를 누리게 될 것이오. (모두 퇴장)

〔제2막 제5장〕

펜타폴리스. 궁중의 한 방.
시모니데스 왕이 편지를 읽으면서 한쪽 문에서 등장. 기사 셋이 왕에게 인사한다.

기사 1 시모니데스 전하, 아침 인사를 올립니다.

시모니데스 여러분, 공주가 쓴 편지 내용을 알려주겠소. 그 아이는 앞으로 1년 동안은 결혼할 생각이 없다는군요. 그 이유는 당사자만 알 뿐, 나 또한 도저히 알 길이 없소.

기사 2 전하, 공주님을 만나뵐 수는 없는지요?

시모니데스 맹세코 만날 수 없소. 자기 방에만 틀어박혀 있으니까요. 12개월 동안 디아나 여신의 제복을 입기로 킨티아*² 여신의 눈에 걸고 맹세했으니,

---

*2 Cynthia. 달의 여신 디아나(Diana)의 다른 이름.

처녀의 절개를 걸고 결코 깨뜨리지 않을 것이오.

기사 3   그럼, 헤어지기 싫으나 떠나야겠습니다. (기사들 퇴장)

시모니데스   자, 그들을 떼어 냈으니 이제 딸의 편지나 읽어야겠다. 그 아이는 처음 본 그 기사와 결혼하고 싶다고, 그와 결혼하지 못하면 더는 햇빛을 보지 않겠다고 하는군. 좋아. 나의 선택도 너와 같으니 잘됐다. (다시 편지를 읽으며) 그런데 이 아비의 뜻은 묻지도 않고, 자기 마음대로 정해 버리다니! 그래도 신랑감은 잘 골랐으니 허락해 주고, 지체 없이 일을 진행해야겠다. 가만있자, 그가 오는군. 시치미를 떼야지.

페리클레스 등장.

페리클레스   시모니데스 전하께 모든 행운이 함께하기를 빕니다!

시모니데스   그대에게도 행운이 깃들기를! 어젯밤에는 즐거운 음악을 들려주어 고마웠소. 그렇게 재미있고 즐거운 음악은 처음 들었소.

페리클레스   그토록 칭찬해 주심은 저에 대한 전하의 기쁨을 보여주시는 것으로, 저의 공은 아닌 줄 압니다.

시모니데스   아니오, 그대는 음악의 거장이라고 해도 좋겠소.

페리클레스   그렇지 않습니다. 제가 가장 부족한 사람입니다.

시모니데스   하나 물어볼 게 있는데, 내 딸을 어떻게 생각하는지?

페리클레스   더할 나위 없는 고결한 공주님입니다.

시모니데스   그리고 아름답지 않소?

페리클레스   맑은 여름날처럼 눈이 부시도록 아름다운 분입니다.

시모니데스   내 딸은 그대를 아주 좋은 사람으로 생각하고 있어요. 스승으로 모시고 가르침을 받고 싶다고 하니, 잘 부탁하오.

페리클레스   저는 공주님을 가르칠 자격이 없습니다.

시모니데스   그 아이는 그리 생각하지 않소. 믿지 못하겠으면 이 편지를 읽어 보오.

페리클레스   (편지를 읽고 놀라며, 혼잣말로) 이게 어떻게 된 거지? 티레의 기사를 사랑한다는 연애편지로군! 이것은 나의 목숨을 빼앗으려는 왕의 책략이다. (시모니데스에게) 오! 인자하신 전하, 불행한 이 이방인을 함정에 빠뜨리지 마십시오. 저는 공주님을 흠모하나, 공주님을 사랑하려는 야심은 조금도 없습니다.

시모니데스 너는 내 딸을 홀려 놓았어, 이 악당아.

페리클레스 아닙니다, 절대로 그렇지 않습니다. 나쁜 생각은 품어본 적도 없습니다.

시모니데스 이 반역자, 거짓말 마라!

페리클레스 반역자라고요?

시모니데스 그렇다, 반역자다.

페리클레스 (혼잣말로) 나를 반역자라고 부른 자가 왕만 아니었다면, 그자의 목구멍에다 그 거짓말을 도로 집어넣어 줄 텐데.

시모니데스 (혼잣말로) 용기는 칭찬할 만하군.

페리클레스 저의 행동은 제 생각만큼 고결합니다. 저는 아직 그런 비열한 마음을 품어본 적이 없습니다. 이 궁정에는 명예를 얻으려고 온 것이지, 명예를 배반하려고 온 것은 아닙니다. 그렇지 않다고 저를 무고하는 자가 있다면, 그자가 명예의 숙적임을 이 칼로 증명하겠습니다.

시모니데스 반역자가 아니라고? 내 딸이 오는구나. 저 아이가 증인이 되어 줄 거다.

타이사 등장.

페리클레스 (타이사에게) 공주님은 아름다울 뿐만 아니라, 또한 정직한 분이라고 저는 믿습니다. 부디 부왕의 화를 풀어주십시오. 제가 공주님을 사랑한다는 표시를 입으로나 글로 드러낸 적이 있었나요?

타이사 아니, 왜 그러시죠? 그런 말을 하셨다고 한들, 제가 좋다는데 누가 화를 내겠어요?

시모니데스 애야, 왜 그렇게 네 멋대로 말을 하느냐? (혼잣말로) 아니, 나는 너무나 기쁘단다. (큰 소리로) 너를 혼내서 내 말에 복종하게 만들겠다. 내 허락도 받지 않고 이방인을 좋아하고 사랑하겠단 말이냐? (혼잣말로) 저 젊은이는 내가 보는 바로는 나만큼 훌륭한 신분의 사람이다. (큰 소리로) 그러니 내 말을 잘 들어라. (페리클레스에게) 그대도 내 말을 잘 들어야 하네. 그렇지 않으면 너희 둘을 부부로 만들어 버리겠다. 아니, 안 되겠군. 이제 두 사람은 손을 잡고 입을 맞추어라. (페리클레스와 타이사를 포옹하게 하고) 이렇게 결합해 버리면 너희들의 희망은 깨어지고 만다. 그리고 더 큰 슬픔을 위해······ (혼잣말로) 신이여, 이들에게 기쁨을 주소서! 아니, 너희 둘 다 그것으로 만족한다는 뜻이냐?

타이사 예. (페리클레스에게) 당신이 나를 사랑해 주신다면요.

페리클레스 이 목숨처럼, 그리고 이 목숨을 이어주는 이 몸속의 피처럼 공주님을 사랑합니다.

시모니데스 자, 그렇다면 둘 다 약속한 것이냐?

두 사람 그렇습니다, 전하의 뜻에 어긋나지 않는다면요.

시모니데스 나는 매우 기쁘다. 그러니 곧 둘을 결혼시키고 싶구나. 어서 서둘러 결혼식을 올리도록 해야겠다. (모두 퇴장)

〔제3막 막을 올리는말〕

가위 등장.

가위 떠들썩한 결혼식이 끝나고
모두가 잠들어 왕궁은 고요하니,
들리는 것은 결혼 잔치에서 배불리 먹은
사람들의 코 고는 소리뿐.
고양이는 이글이글 석탄 같은 눈동자로
쥐구멍 앞에 몸을 웅크리고,
귀뚜라미는 가마솥 언저리에서
목마름을 호소하며 노래하네.
혼인의 신 히멘은 신부를 잠자리로 데려가,
처녀성을 잃게 하고,
잉태하게 했소. 당부 드리오니,
이렇게 눈 깜짝할 사이에 지나쳐 버린 시간들은
여러분의 뛰어난 상상력으로 채워 주시길 바랍니다.

무언극이 끝난 뒤에 다시 설명해 드리겠습니다.

무언극이 시작된다.

페리클레스와 시모니데스가 시종들을 거느리고 한쪽 문에서 등장. 한 사자가 도착해 무릎을 꿇고, 페리클레스에게 편지를 전한다. 페리클레스는 편지를 한 번 읽은 뒤, 시모니데스에게 보인다. 그와 동시에 귀족들이 페리클레스에게 무릎을 꿇고 존경의 뜻을 나타낸다. 이때 임신 중인 타이사가 유모 리코리다와 함께 등장. 시모니데스가 딸에게 편지를 보이니, 타이사는 기뻐한다. 마침내 타이사와 페리클레스는 시모니데스에게 작별 인사를 하고, 리코리다와 시종들을 거느리고 떠난다. 시모니데스와 그의 시종들도 퇴장.

쓸쓸하고 고된 여행길을 헤매며,
페리클레스의 자취를 찾아다녔다오.
동서남북 구석구석 빼놓지 않고,
부지런히 배를 타고 말을 달리며
많은 돈의 힘을 빌려
살피고 다녔소. 마침내는 티레로부터—
펜타폴리스에 있다는 소문이 전해져—
시모니데스 왕의 궁전으로
편지가 도착했다오. 그 내용은
안티오코스와 그의 딸은 죽고,
티레 사람들은 헬리카누스에게
티레의 왕관을 씌우려 하나,
그는 왕위에 오르려 하지 않고,
소란들을 진정시키려 애쓰면서,
만일 페리클레스 왕께서
1년 안에 돌아오지 않으시면 운명에 따라
왕관을 받아들이겠다고 약속했다 하오.
이러한 소식이 전해지자,

온 나라가 떠들썩할 만큼 모두 기뻐하며
한목소리로 이렇게 말했소.
"이 나라를 계승할 분이 국왕이었다니!
그 누가 꿈에라도 상상했을까?"
이제 그는 빨리 고국인 티레로 돌아가야 했소.
임신 중인 왕비도 가기를 원했으니,
아, 누가 감히 막을 수 있으리오!
눈물과 한숨 섞인 작별 인사는 생략하겠소.
그리하여 유모인 리코리다를 데리고,
그녀는 바다로 나아갔소.
그들이 탄 배가 높은 파도에 흔들리며
간신히 바다 한가운데로 나아가자,
운명의 신이 다시 변덕을 부려,
북풍이 사납게 휘몰아치며 태풍을 일으키니,
가엾게도 배는 열심히 물질하는 오리처럼,
위아래로 오르내리며 파도를 헤쳐 나갔지요.
왕비는 파랗게 질려 비명을 질렀소. 그리고
가엾게도 그 때문인지 진통을 시작했소.
이 잔인한 폭풍 속에서 일어날 일들은
곧 무대에서 보시게 됩니다.
연출되지 않은 내용만 말씀드리며,
나머지 부분은 무대에서 전해 드리지요.
이 무대를 배라고 상상해 주시길 바랍니다.
바다의 바람과 파도에 시달린
페리클레스가 이 배의 갑판 위에 나타나서 말할 것입니다. (퇴장)

〔제3막 제1장〕

바다 위.

페리클레스가 갑판 위에 등장.

페리클레스　드넓은 바다를 지배하는 신이여, 천국도 지옥도 씻어버리려는 이
거센 파도를 꾸짖어 주시오. 바람을 주관하는 신이여, 당신이 저 깊은 지옥
에서 불러낸 이놈들을 놋쇠 동굴 속에 가두어 주시오. 오, 무섭게 울려 퍼
지는 천둥이여, 침묵해 주시오, 고막이 찢어질 것만 같으니. 유황 냄새 풍기
는 날쌘 섬광이여, 그 빛을 살며시 꺼주시오! 오! 리코리다, 왕비는 어떻게
되었소? 그대, 심술궂은 폭풍이여, 내키는 대로 다 퍼부을 셈이오? 저 선원
의 호각 소리는 죽은 사람의 귀에나 속삭이는 것인가? 내 귀에는 들려오지
않는구나. 리코리다! 오, 루키나여! 신성한 보호신이여, 밤에 소리치는 여인
들을 돕는 조산사여! 이 춤추는 배에 찾아와 내 아내의 진통을 빨리 멈추
어 주시오.

유모 리코리다, 왕비가 낳은 아기를 안고 등장.

페리클레스　어찌 됐는가, 리코리다!
리코리다　갓난아기는 이런 곳에서는 살 수 없습니다. 만일 분별력만 있다면
죽고 싶을 것입니다. 저도 마찬가지이니까요. 돌아가신 왕비께서 남기신 이
아기를 안으십시오.
페리클레스　뭐라고?
리코리다　진정하세요. 폭풍을 돕지는 마십시오. 왕비님께서 남기신 유일한
것은 이 조그마한 공주님뿐입니다. 공주님을 위해서라도 사나이답게 힘을
내십시오.
페리클레스　오, 신들이여, 우리에게 주신 훌륭한 선물을 왜 이리도 빨리 빼
앗아 가시나이까? 우리 인간들은 남에게 준 것을 도로 찾아가는 일은 하
지 않습니다. 그 점은 우리 인간들이 그대들보다 더 훌륭할지도 모릅니다.
리코리다　어린 생명을 생각해서라도 진정하십시오.
페리클레스　(아기를 안고) 이제는 너의 삶이 평온하기만을 빌겠다! 이렇게도
시끄러운 가운데 세상에 나온 아이는 없을 테니. 너의 성품은 조용하고 부
드러워야 하느니라! 신분이 귀한 공주가 태어나면서, 이토록 난폭한 대접을

받은 적이 어디 있단 말이냐! 부디 앞날은 행복하기를! 너의 탄생을 알리려는 걸까? 불, 바람, 물, 땅, 하늘이 이렇게 미쳐 날뛰며 소리치고 있으니. 아, 너는 날 때부터 큰 손해를 보는구나. 네 삶의 항로에서 어떤 좋은 이익을 얻게 되더라도 이 손해에 비길 수는 없다. 아, 선량한 신들이여, 이 모습을 어질고 자애로운 눈으로 바라보소서.

선원 두 사람 등장.

선원 1   그래도 용기가 남아 있으십니까? 신께서 전하를 굽어보시기를!

페리클레스   용기라면 충분히 있다. 폭풍우 따위는 두렵지 않다. 최악의 상황을 겪었으니 이보다 더한 일이야 일어나겠는가! 그러나 바다에서 태어난 이 가엾은 아이를 위해, 어서 폭풍이 가라앉아 주면 좋겠다.

선원 1   거기, 돛줄 좀 늦춰라! 음, 할 수 없다는 건가? 바람아, 어디 불 테면 불어라, 네 목이 갈라질 때까지.

선원 2   그저 배를 움직일 수 있게만 해다오. 그러면 구름 같은 파도가 달에 키스한들, 무슨 상관이리오.

선원 1   왕비 전하의 시신은 바다에 장사 지내야 할 것 같습니다. 파도는 높고 바람은 세니, 시신을 배에서 치울 때까지는 잠잠해지지 않으려나 봅니다.

페리클레스   그것은 미신일 뿐이다.

선원 1   죄송합니다만, 바다에서는 언제나 그렇게 해왔습니다. 관습을 깨뜨릴 수는 없습니다. 제발 빨리 넘겨주십시오. 곧 던져야 합니다.

페리클레스   그렇다면 할 수 없지. 참으로 불쌍한 왕비로다!

리코리다   왕비 전하는 여기 누워 계십니다.

페리클레스   여보, 당신은 저 무서운, 빛도 없고 불도 없는 곳에서 아이를 낳았구려. 무자비한 불, 물, 바람, 땅, 하늘은 당신을 완전히 잊었구려. 이제 당신을 장사 지내려는데, 장례식을 올릴 틈도 없소. 당신을 관에도 넣지 못하고 곧바로 바다에 던져 깊이를 알 수 없는 진흙 속에 묻어야 하오. 유골 위에는 비석을 세우고 영원한 등불을 달아야 하지만, 당신의 유해는 보잘것없는 조개껍데기들과 나란히 누워, 바닷물을 내뿜는 고래나 출렁이는 바닷물에 눌려서 지내야만 한다오. 오, 리코리다, 네스토르에게 향료, 잉크, 종이, 보석 상자를 가져오라고 해요. 그리고 니칸데르에게는 비단으로 감싼 상자를 가져오라 하고. 아이는 머리맡에 누이고. 자, 어서 해요. 그동안 내가 성직자를 대신해서 작별 인사를 할 테니. 자, 빨리. (리코리다 퇴장)

선원 2 갑판 밑에 큰 상자가 있는데, 틈도 메워져 있고, 역청(瀝靑)도 발라져 있어서 물이 새지 않을 것 같습니다.

페리클레스 고맙네. 여보게, 여기는 도대체 어느 바닷가인가?

선원 2 타르수스 부근입니다.

페리클레스 그곳으로 가주게, 티레로 가는 것은 그만두고. 언제쯤 도착할 수 있는가?

선원 2 바람만 잦아들면 날이 샐 즈음에 도착할 수 있습니다.

페리클레스 오! 타르수스로 가세. 그곳에서 클레온을 찾아가야지. 아무래도 티레까지는 아이를 데리고 갈 수 없으니, 클레온에게 아이를 맡겨야겠다. 여보게, 그대로 일을 진행하게. 시신은 지금 곧 가지고 올 테니. (모두 퇴장)

〔제3막 제2장〕

에페수스. 세리몬 저택의 한 방.
세리몬 경과 하인 두 명, 조난한 사람들 등장.

세리몬 이봐, 필레몬!

필레몬 등장.

필레몬 부르셨습니까?

세리몬 이 불쌍한 사람들을 위해 불과 고기를 가져오게. 지난밤에 폭풍이 너무 심하게 몰아치더군. (필레몬 퇴장)

하인 1 저도 온갖 일을 다 겪으며 살아왔지만, 그런 밤은 처음입니다.

세리몬 이러다간 너의 주인은 네가 돌아가기도 전에 죽겠구나. 그 병을 치료할 약제가 없으니. (또 다른 하인에게) 이것을 약사에게 가지고 가서 효능을

연극 〈페리클레스〉 3막 1장, 아내 타이사가 난산으로 죽었다고 생각하여 슬퍼하는 페리클레스   런던 상
연. 2003.

조사해 달라고 해라. (하인들 퇴장)

두 신사 등장.

신사 1   밤새 안녕하셨습니까?

신사 2   각하, 안녕하십니까?

세리몬   왜들 이렇게 일찍 나왔습니까?

신사 1   저희들 집은 바닷가의 바람받이에 서 있는데, 마치 지진이 일어난 듯
집이 크게 흔들렸습니다. 대들보까지도 곧 내려앉을 것만 같아 놀라서 뛰쳐
나왔습니다.

신사 2   아침 일찍부터 폐를 끼치게 된 것은 바로 그 때문이지, 결코 부지런
해서가 아니랍니다.

세리몬   오, 그랬군요?

신사 1   하지만 아무것도 아쉬울 게 없으신 각하께서, 이렇게 일찍 황금 같은
단잠을 떨쳐내고 외출하시게 된 건 어인 일입니까? 그러실 필요도 없는데,

이렇게까지 자진해서 수고를 하시다니요.

세리몬 나는 늘 미덕과 재능을 작위나 재물보다 귀하게 여기오. 작위와 재물은 그 계승자가 조심하지 않으면 곧 낭비되고 말지만, 미덕과 재능은 인간을 불멸의 신으로 만드는 것이오. 당신들도 알다시피, 나는 그동안 의학 연구에 몰두해 오며, 옛날과 지금의 의술서들을 두루 읽고 그 책들에 쓰인 대로 실험도 하면서, 그 비법으로 식물, 광물, 돌 등에 들어 있는 귀중한 힘을 알아내어 의술에 적용하고 있소. 그래서 나는 자연이 어떻게 해서 인간에게 질병을 일으키며, 또 그 병을 낫게 하는지 설명할 수 있게 되었소. 그것이 내게는 가장 기쁘고 만족스러운 것이라오. 언제 잃을지 모르는 명예를 갈망하거나 비단 돈주머니에 집착해 봐야 광대들과 죽음의 신의 조롱거리가 될 뿐이지요.

신사 2 각하께서는 여러 해 동안 이곳 에페수스에서 인술을 베푸셨으므로, 병에서 회복된 수많은 사람들이 각하를 생명의 은인이라 부르고 있습니다. 진찰을 하시는 것뿐만이 아니라 몸소 치료도 해주시고, 돈지갑까지 털어주시니, 세리몬 각하의 명성은 아주 단단하여 언제까지나 사라지지 않을 것입니다.

하인 두세 명이 큰 상자를 들고 등장.

하인 1 그렇지, 그쪽을 들어라.

세리몬 그건 무엇이냐?

하인 1 나리, 방금 파도에 밀려 들어온 것입니다. 난파선의 화물이겠지요.

세리몬 내려놓아라. 어디 좀 보자.

신사 2 관처럼 보이는데요.

세리몬 (조금 흔들어 보며) 무엇인지 모르겠으나 굉장히 무겁소. 어서 열어봅시다. 만일 바다가 배 속에 황금을 가득 삼키고 있다가 그 무게를 견디지 못하여 토해 낸 거라면, 그야말로 운수 대통이겠구려.

신사 2 그렇고말고요.

세리몬 구멍도 틀어막고 역청도 발라져 있소! (하인에게) 이것이 바닷물에 밀려왔느냐?

하인 1 예, 저는 그렇게 큰 파도를 본 적이 없습니다. 이 상자를 바닷가로 밀어 올린 그런 파도는요.

세리몬 자, 열어보아라. 잠깐! 아주 좋은 냄새가 나는데.

신사 2 훌륭한 냄새입니다.

세리몬 이런 냄새는 맡아본 적이 없소. (하인에게) 자, 뚜껑을 열어라. (안을 들여다보고 놀라서) 오, 전능하신 신들이여! 이게 대체 어떻게 된 거지? 송장이오!

신사 1 참으로 이상한 일이군요.

세리몬 좋은 천으로 싸여 있구려. 가득 채운 향료 주머니들을 넣어, 마치 보물 다루듯이 했소! 오, 편지도 들어 있어요! 아폴로 신이여! 여기 쓴 글들을 제가 해독할 수 있게 해주소서! (시신과 함께 넣은 편지를 꺼내 읽는다)

이 관이 뭍에 가 닿을지도 모른다고 생각하여, 여기에 알려 두니, 나, 페리클레스 왕은 태풍으로 왕비를 잃었노라. 이 세상 어느 것과도 바꿀 수 없는 왕비를. 이 시신을 발견한 이는 부디 묻어 주오. 왕비는 어느 나라의 공주였소. 이 보물이 그 자비에 대한 보답이며, 여러 신들의 축복이 따르기를 기원하오.

아, 페리클레스 전하! 당신이 아직 살아 계시다면, 심장이 터질 듯 가슴이 아프시겠군요! 지난밤 이 일을 겪으셨을 테니.

신사 2 그런 것 같군요.

세리몬 그렇소, 틀림없이 지난밤 일이오. 얼굴에 핏기가 아직 남아 있소. 왕비 시신을 바다에 던지다니, 너무 가혹한 짓이오. (하인에게) 불을 피워라. 그리고 내 방에 가서 약상자를 가져오너라. (하인 한 명 퇴장) 육체가 죽음의 상태로 여러 시간 동안 있었다 해도, 생명의 불꽃은 억눌려 있던 영혼을 다시금 불러일으키는 일이 있죠. 어느 이집트 사람은 아홉 시간이나 숨이 끊어져 있었으나, 훌륭한 의술 덕분에 되살아난 일이 있었다고 하오.

하인이 약 상자와 수건, 불을 가지고 다시 등장.

세리몬 수고했다, 수고했어. 불과 수건을 이리 주게. 자, 장엄하고 슬픈 음악
을 울리게 하라. (음악이 연주된다) 향수병을 하나 더…… 어서 가져오라니까!
자, 음악을! 왕비에게 온기를 더 가게 하라. (신사들에게) 여러분, 이 왕비는
살아날 것이오. 생기가 돌기 시작하오. 몸이 따뜻해지고 있어요. 실신한 지
다섯 시간이 채 되지 않았소. 삶의 꽃이 다시 피어나기 시작하고 있어요.

신사 1 하늘의 신들이 당신을 통해서 우리에게 기적을 보여주고 있습니다.
경의 명성은 영원히 전해질 것입니다.

세리몬 살아나셨소! 보시오, 페리클레스 전하께서 잃어버린 귀중한 두 개의
보석 상자라 할 수 있는 왕비의 두 눈꺼풀이 열리고 있으니, 빛나는 금실의
가장자리 장식이 위아래로 움직이며, 이 세상을 두 배로 아름답게 하기 위
해 가장 아름답게 빛나는 두 다이아몬드가 모습을 드러내고 있소. 아, 더없
이 아름다운 왕비여! 다시 일어나 그대가 겪었던 힘들고 어려웠던 일에 대
해 들려 주시고, 우리를 눈물 흘리게 해주소서. (타이사가 몸을 움직인다)

타이사 오, 디아나 여신이여! 지금 내가 있는 곳은 어디죠? 내 남편은 어디에
있나요? 도대체 여기는 어디죠?

신사 2 참으로 이상한 일이군요.

신사 1 있을 수 없는 일입니다.

세리몬 쉿, 조용히! 두 분, 손 좀 빌립시다. 옆방으로 모셔 가야겠습니다. (하
인들에게) 어서 마대를 가져오게. 신경 써서 돌봐 드려야 하네. 다시 정신을
잃게 되면 이번에는 목숨을 잃으실 거야. 자, 어서! 아스클레피오스 신이여,
저희들을 이끌어 주소서. (모두 타이사를 부축하여 퇴장)

〔제3막 제3장〕

타르수스. 클레온 저택의 한 방.
페리클레스, 클레온, 디오니자, 마리나를 안은 리코리다 등장.

페리클레스 클레온 공, 나는 이제 떠나야겠소. 이곳에 머무른 지도 12개월이
나 되어 가니, 티레의 안위가 몹시 염려됩니다. 클레온 공과 부인께는 진심
으로 감사드립니다. 나머지는 신께서 보답해 주시리라 믿습니다.

3막 2장, 관 속의 타이사   H.C. 셀루스

클레온   전하에게 치명상을 입힌 운명의 화살은 저희들에게도 깊은 상처를 남겼습니다.

디오니자   오, 전하의 사랑스러운 왕비여! 비정한 운명의 신만 아니었다면, 두 분을 함께 뵙는 기쁨을 저의 눈이 가질 수 있었을 텐데요!

페리클레스   우리는 하늘의 신들에게 복종할 수밖에 없지요. 저 거친 바다가 그랬듯이, 나 또한 죽은 아내가 잠겨 있는 저 바다를 바라보며 미친 듯이 소리쳐 보았자 결과는 달라지지 않을 테니까요. 바다에서 태어났으므로 마리나라고 이름 지은 이 딸을 자애로운 두 분에게 맡기니, 돌보아 주시기를 부탁드립니다. 부디 이 아이가 공주답게, 자신의 혈통에 어울리는 품위를 지니도록 가르쳐 주십시오.

클레온   염려 마십시오, 전하. 곡식을 나눠 주시어 이 나라를 구해 주신 전하께 온 백성이 오늘도 감사의 기도를 드리고 있습니다. 공주님을 전하와 다름없이 소중히 여기겠습니다. 만일 제게 소홀함이 있다면, 전하의 은혜를 입은 백성들이 들고일어나 저를 꾸짖을 것입니다. 그러나 제가 그렇게까지 된다면 오, 신들이여, 저와 저의 일가를 자손 대대로 벌하소서!

페리클레스   그 말씀을 믿겠소. 당신은 명예를 귀히 여기는 분이시니 맹세는 필요 없습니다. 부인, 이 아이가 결혼할 때까지는 우리가 숭배하는 디아나 신에게 맹세코, 보기 흉하더라도 나의 머리카락에 가위질을 하지 않겠습니다. 그럼 떠나야겠습니다. 부인, 간절히 부탁드립니다. 이 아이를 잘 길러주십시오.

디오니자   저에게도 딸이 하나 있으나, 그 아이를 이 아이보다 더 귀여워하는 일은 없을 것입니다.

페리클레스   감사합니다.

클레온   저희 모두 바닷가까지 전하를 전송해 드리겠습니다. 그리고 나서 저 가면을 쓴 바다의 신 넵투누스와, 하늘이 보내주시는 부드러운 바람에게 전하를 맡기겠습니다.

페리클레스   그 친절한 마음 씀씀이에 감사드립니다. 존경하는 부인. 오, 울지 마오, 리코리다, 울어서는 안 돼요. 어린 공주를 보살펴 주오. 그러면 언젠 가 이 아이에게 의지할 날이 올 거요. (클레온 경에게) 자, 그럼, 안녕히. (모두 퇴장)

에페수스. 세리몬 저택의 한 방.
세리몬과 타이사 등장.

세리몬 왕비마마, 이 편지와 약간의 보석들이 전하를 모신 관 속에 함께 들어 있었나이다. 이 모든 것은 전하의 것입니다. 이 편지의 글씨체를 알아 보시겠는지요?

타이사 저의 남편이 쓴 것입니다. 배를 타고 바다로 나간 일은 잘 기억하고 있어요. 그때 바로 산고(産苦)가 있었는데, 무사히 아이를 낳았는지는 전혀 기억나지 않습니다. 그러나 이제 저의 남편인 페리클레스 전하를 다시는 못 만나게 되었으니, 앞으로 한평생 순결하게, 뜬세상의 즐거움을 끊고 살아가렵니다.

세리몬 마마의 뜻이 그러시다면 다행히 여기서 멀지 않은 곳에 있는 디아나 신전으로 모셔다 드리지요. 그곳이라면 남은 생애를 맡기셔도 괜찮을 겁니다. 허락하신다면 저의 조카가 마마의 시중을 들 수도 있습니다.

타이사 고맙다는 말밖에는 보답할 길이 없군요. 드릴 것은 별로 없으나, 고마움의 마음은 태산과 같습니다. (모두 퇴장)

〔제4막 막을 올리는말〕

가워 등장.

가워 페리클레스는 티레에 도착하여
사람들의 환영을 받으며,
바라던 대로 자리를 잡았다고 상상해 주십시오.
불행한 왕비는 에페수스에 홀로 남아
디아나 여신을 섬기는 사제가 되었습니다.
이제부터 재빨리 전개되는 무대는
곧 마리나 공주를 등장시키게 될 것입니다.

공주는 타르수스에서, 클레온의 가르침을 받으며,
음악과 문학 등 여러 교양을 배워
공주로서의 품위를 갖추고,
세상 사람들을 놀라게 하여
온갖 칭송을 한 몸에 받으며 살고 있습니다.
그러나 아, 슬프도다!
모처럼 성취한 명예를 파괴하려는
질투의 괴물이 배신의 칼날을 세워
마리나의 목숨을 빼앗으려 합니다.
페리클레스와 마찬가지로
클레온에게도 딸이 하나 있었으니,
이미 성장하여 결혼할 나이에 이르렀습니다.
그 처녀 이름은 필로텐이라 하는데,
전하는 이야기로는, 마리나를 굉장히 따르며
언제나 마리나와 함께 있었다고 합니다.
마리나가 가냘픈 우윳빛 손가락으로
비단을 짜고 있을 때에나
뾰족한 바늘로 하얀 삼베를 찔러 상처 낼 때에도,
또는 비파 소리에 맞춰 노래를 불러
나이팅게일도 소리를 잃고
가만히 듣고 있을 때에도,
풍부하고 그칠 줄 모르는 펜으로
디아나 여신을 칭송할 때에도,
모든 면에서 뛰어난 마리나 옆에서,
필로텐은 언제나 재주를 다투었습니다.
이는 까마귀가 파포스의 비둘기와
깃털의 흰빛을 겨루는 것과 같았으니,
칭찬은 언제나 마리나에게 돌아갔습니다.
필로텐에게도 아름다운 면들이 많이 있었으나
마리나 때문에 필로텐의 아름다움이 빛을 잃게 되자,

질투심 많은 클레온의 아내는,
사람을 시켜 마리나를 죽이려 합니다.
그리하여 자신의 딸 필로텐이
가장 뛰어나 보이게 하려는 것입니다.
마침 그때 엎친 데 덮친 격으로
유모 리코리다가 갑자기 죽고 말았습니다.
저주받은 디오니자는
분노의 흉기를 준비하여
일격을 가하라 명령하오.
그 결과는 무대를 보시고 즐기시길 바랍니다.
그저 이 사람은 서투른 말솜씨로
시간의 흐름을 알려드릴 뿐입니다.
그사이에 일어난 일들을 모두 전할 수는 없으니,
나머지는 여러분의 상상력에 맡기겠습니다.
지금 디오니자가 살인자 레오닌과
함께 오고 있습니다. (퇴장)

[제4막 제1장]

타르수스. 바닷가 근처의 평야.
디오니자와 레오닌 등장.

디오니자 그대가 한 맹세를 잊지 말게, 반드시 하겠다고 한 그 맹세를. 단 한 번이면 끝나지. 절대로 사람들이 알게 해서는 안 돼. 세상에 그렇게 손쉬운 벌이는 없을 걸세. 그대의 양심일랑 싸늘하게 식혀 버리게. 불타는 사랑의 노예가 되어서도 안 되네. 여자들까지도 흔히 내팽개쳐 버리는 자비심에 이끌려, 마음이 약해져선 안 돼. 반드시 자네의 임무를 다하게.

레오닌 그렇게 하겠습니다. 하지만 그분은 더없이 훌륭한 공주입니다.

디오니자 그러니 신에게 바치기에는 딱 알맞지. 아, 저기에 그 아이가 오고

있네. 자신이 유일하게 의지했던 단 한 사람, 유모의 죽음을 서러워하면서
말이야. 각오는 돼 있겠지?

레오닌 예, 돼 있습니다.

마리나, 꽃바구니를 들고 등장.

마리나 아닙니다, 대지의 여신 텔루스의 옷을 훔쳐서라도 유모가 누워 있는
무덤가에 꽃을 뿌리겠어요. 노란 꽃, 푸른 꽃 또는 자줏빛 제비꽃이나 금잔
화들이, 여름 내내 당신의 무덤 위에 꽃양탄자처럼 펼쳐지게 하겠어요. 아,
불쌍한 나! 비참하게도 폭풍우 속에 태어나, 세상 밖에 나왔을 때에는 이
미 어머니는 돌아가시고 내 곁에 안 계셨지. 이제 이 세상은 언제나 그리운
사람들을 멀리 날려버리는 폭풍우라는 생각만 드는구나.

디오니자 어떻게 된 거죠, 마리나 공주님? 왜 홀로 계시죠? 제 딸과 함께 오
시지 않았나요? 그렇게 슬퍼하시면 몸에 해롭습니다. 제가 유모가 되어드리
죠. 아니, 얼굴빛이 말이 아니시네요. 쓸데없는 슬픔에 잠기시다니! 바닷바
람에 시들기 전에 어서 그 꽃을 제게 주세요. 레오닌과 함께 산책이나 하세
요. 저쪽 공기는 산뜻하니 기분도 좋아지고 건강에도 좋을 겁니다. 레오닌,
아가씨 팔을 잡고 함께 산책을 하게.

마리나 아니에요, 그댁 하인을 데리고 가고 싶진 않아요.

디오니자 어서요. 저희들은 공주님의 아버님이나 공주님을 동족이나 다름없
이 아끼고 사랑한답니다. 저희들은 날마다 공주님의 아버님을 기다리고 있
어요. 그분이 돌아오셔서, 평판이 자자한 공주님이 이토록 야위신 걸 보시
면 머나먼 바다 건너 계셨던 걸 후회하시며, 저희들이 공주님을 제대로 보
살펴 드리지 못했다고 노여워하실 겁니다. 자, 어서 산책이라도 하셔서, 즐
거운 기분이 되어 보세요. 모든 사람들이 부러워하는 아름다운 얼굴이 상
하지 않게요. 제 일은 걱정하지 마십시오. 저는 혼자 돌아갈 수 있으니까요.

마리나 그럼, 산책하러 가겠어요. (혼잣말로) 별로 가고 싶은 생각은 없지만.

디오니자 어서요, 틀림없이 기분이 좋아지실 겁니다. 레오닌, 적어도 반 시간
은 걷게. 내가 한 말은 잘 기억하고 있겠지?

레오닌 걱정 마십시오, 마님.

디오니자 그럼, 공주님, 잠시 뒤에 뵙도록 하겠습니다. 부디 천천히 걸으세요. 너무 힘들이지 마시고요. 이보게, 잘 보살펴 드리게.

마리나 감사합니다. (디오니자 퇴장) 지금 불어오는 바람은 하늬바람인가?

레오닌 갈마바람입니다.

마리나 내가 태어날 때는 된바람이 불었지.

레오닌 그랬습니까?

마리나 유모 말에 따르면 아버지께서는 그때 조금도 두려워하지 않으셨다는 구나. 왕의 신분이면서도 손바닥이 벗겨지도록 몸소 밧줄을 당기시면서, "선원들, 힘을 내요" 이렇게 말씀하시며 사람들을 격려하셨다지. 거의 반 이상 난파된 배 위에서 돛대를 붙잡고 계시면서도 말야.

레오닌 그게 언제 일입니까?

마리나 내가 태어날 때 일이었어. 그렇게 사나운 파도나 바람은 본 적이 없었대. 돛을 조종하는 선원이 줄사다리에서 파도에 휩쓸려 바다로 떨어지니까 "이봐, 정신 차려!" 이렇게 소리치는 선원도 있었고, 사람들은 흠뻑 젖은 생쥐 꼴로 이물에서 고물로 뛰어다니고, 갑판장은 호각을 불고, 선장은 고함을 지르고, 그야말로 아수라장이었다고 하더군.

레오닌 자, 기도를 드리시지요. (칼을 뽑는다)

마리나 뭐하는 거야?

레오닌 기도 드릴 시간이 필요하다면 주겠으니 빨리 하시오. 신들은 곧 알아들으니까요. 빨리 해치우겠다고 맹세까지 했으니.

마리나 (놀라면서) 왜 나를 죽이려고 하지?

레오닌 주인마님의 명령이니까요.

마리나 왜 부인이 나를 죽이려고 하지? 나는 아무리 생각해 봐도 그분을 해치려고 한 적이 없는데 말이야. 나는 누구에게든 나쁜 말을 한 적도 없고, 나쁜 짓을 한 적도 없어. 정말이야, 나는 쥐나 파리 한 마리도 죽이지 않았어. 어쩌다 나 자신도 모르게 벌레만 밟아도 눈물을 흘렸어. 그런데 내가 무슨 잘못을 저질렀지? 내가 죽지 않으면 그분에게 좋지 않고 위험해질 만한 일이라도 있는 거야?

레오닌 이 일을 실행하라는 명령만 받았지 그 까닭을 설명하라는 명령은 받지 않았소.

마리나 그렇다고 그 명령을 실행에 옮기려는 건 설마 아니겠지? 너의 얼굴은 무섭지도 않고, 마음씨도 부드러운 것처럼 보여. 얼마 전에 두 사람이 싸우는 걸 말리다가 다친 적이 있지? 그때는 정말 훌륭해 보였어. 오늘도 그때처럼 일 처리를 해줘. 부인이 나를 죽이려고 하면, 네가 와서 힘없는 나를 살려줘.

레오닌 맹세한 이상, 하지 않을 수 없소. (달려들어 마리나를 붙잡는다)

해적들 등장.

해적 1 꼼짝 마라, 이놈! (레오닌, 급히 도망친다)
해적 2 (달려가 마리나를 붙잡으며) 횡재다! 횡재!
해적 3 반씩 나누어 갖는 거다, 반씩. 자, 빨리 배에 싣자. (해적들, 마리나를 끌고 퇴장)
레오닌 저 불한당 놈들은 발데스라는 이름난 해적의 부하들인데, 마리나를 끌고 가버렸군. 그냥 내버려 두자. 어차피 돌아올 가능성은 없으니 말이야. 죽여서 바다에 내던졌다고 큰소리치면 돼. 그렇지만 좀더 살펴봐야겠다. 어쩌면 납치해서 육욕만 채우고는, 배에는 태우지 않을지도 모르니까. 강간한 뒤에 버리고 가면 내 손으로 죽여야겠다. (퇴장)

〔제4막 제2장〕

미틸레네. 매음굴의 한 방.
판더, 보드 및 그들의 하인 볼트 등장.

판더 볼트!
볼트 예?
판더 시장을 샅샅이 뒤져 보게. 미틸레네에는 한량들이 많은데, 색시가 모자라니 이번 장사는 큰 손해를 봤네.
보드 이렇게 계집들이 부족한 적은 처음이에요. 보잘것없는 계집 셋밖에 없는 데다, 그것들 하는 짓이 뻔하죠. 하도 써먹어서 낡아빠진 것들뿐이니.

4막 1장, 해적들과 마리나 H.C. 셀루스

판더 그러니 아무리 비싸더라도 새것들을 쓰잔 말이야. 무슨 장사든 양심적
으로 하지 않으면 성공할 수 없다고.

보드 정말 그래요. 그렇다고 이제부터 사생아들을 주워다 기르자니 너무 늦
고…… 그럭저럭 열하나까지는 길러낸 것 같은데.

볼트 그렇지요, 열한 살까지는. 그러고는 다 써버렸지요. 제가 시장에 나가서
찾아볼까요?

보드 이봐, 무슨 좋은 수가 있어? 우리가 갖고 있는 것들은 바람만 세차게
불어도 날아가 바스러질 판이야. 어찌나 써먹었는지 쭉정이가 돼버렸다고.

판더 사실 그래. 상태가 너무 안 좋아서 양심에 찔린다고. 꼬마 갈보와 잤던
트란실바니아 사람은 불쌍하게도 죽고 말았다지 뭔가.

볼트 그래요. 그 아이가 재빨리 그놈을 침몰시켜서, 구더기 밥으로 만들어

버렸죠. 그나저나 시장에 가서 찾아보겠습니다. (퇴장)

판더 3, 4천 체킨만 있으면, 이런 짓 안 하고도 조용히 살 수 있을 텐데.

보드 왜 그만둬요? 늙어서 돈 버는 게 뭐, 부끄러운 건가요?

판더 아니야! 이런 장사라는 게 돈벌이는 돼도, 어디, 세상에서 알아주기나 하는 직업인가? 돈을 번다고 해도, 거기에 따르는 위험에 비하면 아무것도 아니지. 그러니 젊어서 어느 정도 재산을 모으게 되면, 일찌감치 문을 닫는 게 좋아. 게다가 신들의 기분을 상하게 한다는 사실도, 이런 일을 그만두는 게 좋은 중요한 이유지.

보드 이봐요, 다른 사람들도 우리와 다를 게 없다고요.

판더 우리와 다를 게 없지! 그래도 우리보다는 훨씬 낫지. 우리가 하는 일은 더 나빠. 이런 걸 가지고는 장사라고 할 수 없지. 더군다나 천직이라고도 부를 수 없고 말이야. 저기 볼트가 오는군.

볼트, 해적들과 마리나를 데리고 다시 등장.

볼트 자, 이리로 와봐요. (해적들에게) 진짜 처녀라고 했겠다?

해적 1 아, 정말이오, 틀림없다니까요.

볼트 나리, 이 여자를 사기로 흥정했습니다. 마음에 드시면 사시고, 마음에 안 드시면 제 계약금만 날리게 됩니다.

보드 볼트, 그 여자한테 좋은 점이 뭐가 있지?

볼트 얼굴도 예쁜 데다, 말씨도 곱고, 입은 옷도 훌륭합니다. 어디를 보나 나무랄 데가 없죠.

보드 값은 얼만데?

볼트 천 냥에서 한 푼도 깎을 수가 있어야죠.

판더 좋다, 그럼 모두들 나를 따라오게. 곧 값을 치를 테니. 여보, 이 색시를 집으로 데려가서, 손님들을 상대할 때 서툴게 대하지 않게 잘 가르쳐. (해적들과 함께 퇴장)

보드 볼트, 저 색시의 특징을 잘 기억해 두게. 저 색시가 숫처녀란 사실을 사람들에게 알리고 색시의 특징, 머리 빛깔, 얼굴색, 키, 나이 등을 말한 뒤에 "돈을 가장 많이 내는 사람이 먼저 그녀를 차지한다"고 외치게나. 사내들이란 이런 숫처녀에게는 선뜻 비싼 값을 치르려고 할 테니 말이야. 어서 가서 시킨 대로 하게.

볼트 그렇게 하겠습니다. (퇴장)

마리나 아, 슬프다! 레오닌이 그때 좀더 빨리 나를 죽여주었더라면 좋았을걸. 차라리 아무 말도 하지 않고 단번에 죽어줄 걸 그랬어. 그렇지 않으면 해적들이 좀더 야만스럽게 이 몸을 바다에 던졌더라면, 지금쯤 어머니 계신 곳을 찾아갔을 텐데!

보드 왜 울지, 예쁜 색시?

마리나 예쁘게 태어났으니까요.

보드 이봐, 그건 신들이 베풀어 준 은혜라고!

마리나 신을 원망하는 건 아니에요.

보드 이렇게 내 손에 들어왔으니, 이제부터 너는 이곳에서 살아야 해.

마리나 그 사람 손에서 벗어나게 된 게 불행이지요. 거기서 죽었어야 했는데.

보드 앞으로 즐겁게 살아갈 수 있을 텐데, 뭘 그래.

마리나 그럴 리가 없어요.

보드 아니, 정말이야. 온갖 신사들을 다 맛볼 수 있지. 편안하게 살면서, 흰둥이고 검둥이고 다 경험할 수 있어. 아니, 왜 귀를 막는 거지?

마리나 당신도 여자예요?

보드 내가 여자가 아니라면, 뭐라면 좋겠니?

마리나 여자라면 올바른 여자가 되어야죠.

보드 아니, 요것 봐라! 따끔한 맛을 보여줘야겠군. 이 애송이 바보야, 내가 시키는 대로 구부리라면 구부려야 하는 거야.

마리나 오, 신이여, 저를 보호해 주소서!

보드 흥, 신들이 사내들에게 너를 보호해 주라고 말하면, 그 사내들은 틀림없이 네년을 위로도 해주고, 먹여도 주고, 뒤흔들어 주기도 할 테니, 몹시 바빠질 거다. 저기, 볼트가 돌아왔구나.

볼트 다시 등장.

보드 시장을 돌아다니며 외쳤느냐?

볼트 이 색시 머리카락 수만큼이나 외치고 돌아다녔지요.

보드 그래, 반응이 어땠지? 특히 젊은 사람들에게 말이야.

볼트 꼭 자기 아버지 유언을 듣는 것처럼 귀를 귀울였습니다. 한 스페인 나리는 색시 이야기만 듣고도 침을 삼키면서, 잠자리를 서두르는 판이지요.

보드 그렇다면 그 사람이 내일 훌륭한 주름 옷깃을 세우고 나타나겠구나.

볼트 내일이 아니라 오늘 밤에 올 겁니다. 그런데 마님, 오금을 움츠리고 걸어다니는 그 프랑스 기사 나리를 기억하세요?

보드 누구? 베롤레 씨 말인가?

볼트 예, 그분은 제 말을 듣고는 좋아서 이리 뛰고 저리 뛰고 하면서 신음 소리를 내더니 내일 꼭 오시겠다고 하던데요.

보드 그래, 그분으로 말하면 매독을 이리로 옮긴 사람이지. 이제 겨우 나아지려는 참인데. 그래, 그분이 햇빛 속에 빛나는 그분의 황금들을 우리집 그늘 아래 뿌리고 가겠단 말이지?

볼트 어느 나라 사람이라도, 이런 간판만 달려 있다면 묵으려고 하지 않을 사람이 어디 있겠어요?

보드 (마리나에게) 자, 잠깐 이리와 봐. 너는 이제 팔자가 늘어지게 됐으니 잘 들어라. 너는 아무리 좋아도 일부러 무서운 척해야 한다. 그리고 돈을 왕창 긁어내려면 돈 따위는 아예 관심 없는 것처럼 보여야 해. 지금 네가 하는 것처럼 이런 짓을 하는 게 싫은 듯이 신세 타령을 늘어놓으면, 사내들은 틀림없이 너를 불쌍히 여길 거다. 그런 동정을 받으면 너의 인기가 오르게 되고, 인기가 오르면 너는 큰돈을 벌 수 있단다.

마리나 무슨 뜻인지 모르겠어요.

볼트 아! 마님, 집으로 데리고 가세요, 집으로. 실습을 좀 시켜서 부끄러워하는 마음을 없애버려야 해요.

보드 정말 그래야겠는걸. 마땅히 할 짓을 하러 가는 신부도 흔히 수줍어하며 가니 말이다.

볼트 그러게요. 수줍어하는 계집도 있고, 수줍어하지 않는 계집도 있다던데. 그러니 마님, 제게도 수고한 대가를 좀······.

보드 그래, 너도 한입 맛보게 해주지.

볼트 저도요?

4막 2장, 보드와 마리나 H.C. 셀루스

보드 물론이지. 이봐 색시, 그 옷맵시가 좋군.

볼트 정말 그래요. 그러니 얼마 동안은 바꾸지 않는 게 좋겠어요.

보드 볼트, 시내로 나가서 그 혓바닥을 아낌없이 놀리게. 어떤 사람들이 묵고 있는가도 잘 살펴보고! 단골손님을 하나라도 놓쳐선 안 되네. 이 색시가 오고 나서부터 자네는 운이 트인 거야. 그러니 색시가 얼마나 예쁜지 입이 닳아 빠지도록 떠들고 다니게. 그러면 자네 수입도 짭짤할 테니 말이야.

볼트 마님, 염려 마십쇼. 색시가 얼마나 예쁜지 제가 입 밖에 내기만 하면, 천둥소리에 놀란 뱀장어가 진창 바닥에서 튀어나오듯이 여기저기서 색골들이 나타날 테니까요. 오늘 밤에라도 당장 누구든 데려오겠어요.

보드 그럼, 어서 가보게. (마리나에게) 색시는 나를 따라와.

마리나 뜨거운 불과 예리한 칼과 깊은 물이 있는 한, 이 순결한 처녀의 정조를 그대로 간직하리라. 디아나 신이여, 저를 도와주소서!

보드 디아나가 무슨 소용 있어? 자, 어서 가자. (모두 퇴장)

〔제4막 제3장〕

타르수스. 클레온 저택의 한 방.
클레온과 디오니자 등장.

디오니자 이런, 당신 바보군요? 이미 지난 일을 되돌릴 수는 없잖아요?

클레온 오, 디오니자! 그런 끔찍한 살육은 저 하늘의 해도 달도 이제까지 본 적이 없을 것이오!

디오니자 당신은 어린애 같은 말씀만 하시는군요!

클레온 이 넓은 세상이 모두 내 것이라 해도, 공주를 살릴 수만 있다면 그것을 모두 내놓겠소. 오, 부인! 미덕이 혈통보다 뛰어난 공주라는 사실만으로, 지상의 어느 왕에 비해서도 손색없는 아가씨였는데! 오! 사악한 레오닌! 당신은 그놈까지도 독살했지. 차라리 당신이 그놈으로 하여금 스스로 독을 마시게 했더라면, 그것이 당신의 체면에 잘 어울리는 친절함의 표시라도 되었을 텐데. 페리클레스 전하가 돌아오셔서 공주가 어디에 있느냐 물으시면 무어라 대답할 셈이오?

디오니자 죽었다고 하지요. 보모는 운명의 여신이 아니니, 길러줄 수는 있으나 수명을 보증할 수는 없으니까요. 밤중에 죽었다고 하면 누가 의심하겠어요? 당신이 경건하고 정직한 사람인 체하며 "공주님은 억울하게 죽었습니다" 이렇게 말하지만 않는다면요.

클레온 오, 이제 그만하시오. 아무튼 하늘 아래 저지르는 모든 죄악들 가운데, 신들은 이런 것을 가장 증오하오.

디오니자 아직도 타르수스의 굴뚝새가 날아가, 이 일을 페리클레스에게 알릴 거라고 생각하시는군요. 훌륭한 혈통을 이어받은 분이 그렇게까지 겁을 먹고 두려워하다니, 당신이 정말 부끄러워요.

클레온 그런 나쁜 짓거리에 동조하지 않았다 해도 나중에 묵인해 버리는 것은 결코 훌륭한 집안의 사람이 할 짓은 아니오.

디오니자 그건 그렇다고 합시다. 하지만 그 아이가 왜 죽었는지 아는 사람은 당신뿐이에요. 그리고 레오닌이 죽고 없으니, 이젠 아무도 알 길이 없지요. 생각해 보세요, 그 아이는 내 딸을 보기 싫은 여자애로 만들고, 앞길을 망쳐버렸어요. 아무도 내 딸은 쳐다보려고도 하지 않고, 마리나의 얼굴만 바라보았으니까요. 내 딸은 언제나 무시만 당하며, 인사조차 받을 가치도 없는 비천한 아이 대접을 받았지요. 당신은 내가 인간으로서 도리에 어긋나는 일을 저질렀다고 하지만, 당신이 자신의 딸을 아버지답게 사랑하지 않으니까 내가 대신 하나밖에 없는 딸을 위해 그렇게 한 거라고요.

클레온 하늘이여, 용서해 주소서!

디오니자 그리고 페리클레스 전하 말인데, 그분이 뭐라고 하겠어요? 영구차를 보내고 울면서, 지금도 애도하고 있지 않나요? 묘비는 거의 완성되었고, 그 아이를 칭찬하는 비문도 반짝이는 금으로 새겨 넣었으니, 이 모든 것이 우리가 그 아이를 잘 돌봐주었다는 증거가 되지요.

클레온 당신은 반은 인간이고 반은 새의 모습을 한 하르퓌아 같구려. 그 천사 같은 얼굴이 언제라도 가면을 벗고 무서운 발톱으로 덮칠 것만 같소.

디오니자 당신은 미신에 사로잡혀 신들에게 호소하는 사람 같아요. 파리를 죽여 놓고, 추운 겨울이 와서 가엾게도 파리가 죽었다고 말하는 사람 말이에요. 그래 봤자 어차피 내가 시키는 대로 하시겠지만요. (모두 퇴장)

타르수스. 마리나의 무덤 앞.
가워 등장.

가워　이렇게 우리는 시간을 건너뛰고
　먼 거리를 좁혀 가며,
　작은 배로 바다를 건너 소원을 이루고
　이 나라에서 저 나라로, 이 땅에서 저 땅으로,
　상상의 나래를 펼치며, 여행을 계속했습니다.
　저마다 풍토가 다른 곳을 다니면서도
　무대 위에서 한 가지 언어만 말하는 것을
　너그러이 용서해 주시기를 바랍니다.
　이 막간을 이용해서 여러분에게
　이야기의 줄거리를 말해 드리지요. 페리클레스는
　이제 다시 변덕스러운 바다를 건너고 있습니다.
　많은 귀족과 기사들을 거느리고,
　자기 목숨처럼 사랑하는 공주를 만나기 위해서랍니다.
　늙은 헬리카누스도 함께 가고 있습니다.
　기억하십시오, 헬리카누스가 비운 자리에는
　늙은 에스카네스가 통치자로서 남아 있는데,
　헬리카누스의 뜻에 따라 높은 지위에 오르게 된 것입니다.
　순풍을 타고 배는 벌써 타르수스에 도착했습니다.
　왕의 키잡이가 얼마나 빠른지는, 그의 속도에 맞추어
　여러분의 상상력도 함께 따라가시기를 바랄 뿐입니다.
　그러나 왕이 도착했을 때, 공주는 이미 떠나고 없었습니다.
　잠시 지켜보십시오, 사람들이 티끌처럼, 그림자처럼 움직이는 모습을.
　여러분이 보고 들으신 것에 대해서,
　나중에 다시 설명해 드리겠습니다.

4막 3장, 클레온과 디오니자   H.C. 셀루스

무언극이 시작된다.

페리클레스가 한쪽 문에서 수행원들을 데리고 등장. 다른 쪽 문으로 클레온과 디
오니자가 상복 차림으로 등장. 클레온은 마리나의 무덤이 있는 곳으로 페리클레스
를 안내한다. 페리클레스는 슬피 울다가, 삼베옷을 걸치고 비탄에 잠긴 채 떠난다.
이어서 클레온과 디오니자가 퇴장.

믿음이 천박한 허세 때문에 얼마나 고통을 받는지를 보십시오!
이런 거짓 슬픔이 오래 참아 온 참된 슬픔으로 보이는군요.
페리클레스는 비탄에 잠긴 채, 한숨 쉬면서
큰 눈물방울을 뚝뚝 떨어뜨리며,

타르수스를 떠나, 다시 배에 오르며 맹세한답니다.
앞으로는 얼굴도 씻지 않고, 머리도 깎지 않겠다고.
그는 삼베옷을 걸치고 바다로 나갔지요.
연약한 그의 몸을 잡아채 갈 듯한 태풍을
이를 악물고 이겨냈습니다.
간악한 디오니자가 마리나를 위해 쓴
비문을 여기에 소개해 드리지요.
(마리나의 묘비에 새겨진 비문을 읽는다)

"가장 아름답고, 가장 상냥하며, 가장 선한 이가
인생의 봄철에 시들어 여기에 잠들어 있네.
티레 왕의 공주이신 이분을,
불경한 죽음의 신이 살해했다네.
이름은 마리나. 태어날 때에는
오만한 바다의 여신 테티스가
대지의 한쪽을 삼킬 듯했네.
이에 대지는 바다가 두려워
테티스가 낳은 자식을 하늘로 보냈네.
그러자 테티스가 노하여 거친 파도를 보내며,
해안가 바위를 내리치기만 하는구나."

부드럽고 상냥한 아첨의 가면만큼,
검은 흉계에 잘 어울리는 것은 없습니다.
페리클레스에게는 잠시 딸의 죽음을 믿게 하고,
그의 앞날은 운명의 여신에게 맡깁시다.
그사이에 무대는 바뀌어, 더러운 소굴에서
비탄에 빠진 공주의 모습을 보여드립니다.
여러분은 이제 미틸레네에 와 있다고 생각해 주십시오. (퇴장)

미틸레니. 매음굴 앞의 길.
매음굴에서 두 신사 등장.

신사 1 이런 이야기를 들어본 적이 있나?

신사 2 이런 곳에서는 없었고, 앞으로도 없을 걸세, 저 여자만 가고 나면.

신사 1 그렇지만 갈보집에서 신성한 설교라니! 이런 일을 꿈에서라도 본 적이 있는가?

신사 2 없지, 없어. 이젠 갈보집은 그만 다녀야겠네. 사제들의 노래나 들으러 갈까?

신사 1 앞으로는 올바른 일만 하고 살아야지. 나는 이제부터 오입질에서 발을 빼겠네. (모두 퇴장)

〔제4막 제6장〕

같은 곳. 매음굴의 한 방.
판더, 보드, 볼트 등장.

판더 그 계집의 두 배 값을 치르더라도, 그년을 여기에 데려오지 않았어야 했어.

보드 에잇, 꼴 보기 싫은 년! 그년은 생식력의 신 프리아포스도 얼어붙게 해서 씨를 말릴 거예요. 강간하게 하든지, 없애버리든지 해야겠어요. 손님을 접대해서 돈벌이를 해줄 생각은 않고 이 핑계, 저 핑계, 그럴듯하게 이치를 따져 가며, 기도하고 무릎을 꿇는다니까요. 악마라도 그년과 키스 한 번이라도 흥정하게 되면, 청교도가 되고 말 거예요.

볼트 정말이지, 제가 강간이라도 해야겠어요. 그렇지 않으면 돈푼께나 있는 멋쟁이들은 모두 떨어져 나가고, 아무리 욕쟁이라도 모두 사제로 만들어 버릴 거예요.

판더 그년 매독에나 걸려라!

보드 처치할 길이 없으니 정말 매독에라도 걸려 버리든지…… 오, 저기 리시
　　　마코스 나리가 변장을 하고 오시네.

볼트 나리고 나발이고, 저 고집불통 계집이 손님만 받아들이면 다 우리 고
　　　객이 될 텐데 말이죠.

　　리시마코스 등장.

리시마코스 (변장을 벗는다) 이보게! 숫처녀 한 다스에 얼마나 가지?

보드 안녕하십니까?

볼트 건강하신 모습을 뵈니 기쁩니다.

리시마코스 그렇겠지, 찾아오는 손님들이 건강해야 당신들에게 좋을 테니.
　　　어떤가? 건강한 색시가 있는가? 무슨 짓을 해도 나중에 외과의사가 필요없
　　　는 색시 말야.

보드 예, 꼭 한 명 있지요. 만일 그 계집이…… 그런 계집은 미틸레네에서는
　　　처음 보실 겁니다.

리시마코스 그 계집이 밤일을 싫어한단 말인가?

보드 예, 제가 말씀드리지 않아도 다 아시는 일이지요.

리시마코스 좋아, 어서 불러오게, 어서. (판더 퇴장)

볼트 나리, 몸은 정말이지 백장미, 홍장미입니다. 장미꽃 봉오리인데, 다
　　　만…….

리시마코스 그래, 다만 어쨌다는 거야?

볼트 오! 나리, 그건 좀 말씀드리기가…….

리시마코스 그래, 갈보집 판더도 점잖게 만든단 말이지? 어쨌든 세상에는 그
　　　렇게 깨끗해 보이는 것들이 많이 있으니까.

　　볼트, 퇴장하여 마리나를 데리고 다시 등장.

보드 저기 오고 있습니다. 줄기에 달린 꽃봉오리 그대로죠. 그건 틀림없이
　　　제가 보증합니다. 정말 예쁘지 않습니까?

리시마코스 정말 그렇군. 긴 항해를 마친 뒤에 제격이겠는걸. 자, 이건 그대들

에게. (금화를 보드에게 건넨다) 그럼 다들 가보게.

보드 나리, 잠깐만요. 이 아이에게 한마디 해야겠습니다. 곧 끝납니다.

리시마코스 응, 그렇게 하게.

보드 (마리나에게) 내 말을 명심해라. 저분은 훌륭한 분이니 잘 모셔야 해.

마리나 제발 그러면 좋겠습니다. 제가 존경할 수 있는 분이기를.

보드 그리고 저분은 이곳의 영주이시다. 그러니 나는 그분에게 신세를 지고 있는 몸이지.

마리나 영주이시라면 그렇겠군요. 하지만 존경할 만한 분인지 아닌지, 저는 모릅니다.

보드 제발, 더 이상 순결 어쩌고저쩌고 하지 말고, 저분에게 친절히 대하란 말이다. 돈은 너의 앞치마에 얼마든지 던져줄 테니, 알았느냐?

마리나 깨끗한 돈이라면 감사히 받지요.

리시마코스 아직도 멀었나?

보드 나리, 아직 미숙해서 다루기가 힘드실 겁니다. 자, 그럼 저희는 이만 나가보겠습니다.

리시마코스 그렇게 하게. (판더, 보드, 볼트 퇴장) 아, 예쁜 아가씨, 이런 장사를 한 지는 얼마나 됐지?

마리나 무슨 장사 말씀이시죠?

리시마코스 그걸 내가 꼭 입으로 말해야 하겠느냐?

마리나 제가 하고 있는 장사에 대해 말씀하신다고 해서 기분 나쁠 건 없습니다. 어서 말씀해 보세요.

리시마코스 이 직업을 갖게 된 지 얼마나 되었느냔 말이다.

마리나 제가 기억할 수 있을 때부터죠.

리시마코스 그래, 그렇게 어릴 때부터란 말이냐? 그럼 다섯 살? 아니면 일곱 살쯤부터 논다니가 되었단 말이지?

마리나 그보다 전부터입니다. 만일 제가 그런 여자라면요.

리시마코스 이 집에 살고 있으니 너를 논다니라 부르는 건 마땅하겠지.

마리나 그렇다면 당신은 이 집이 어떤 곳인지 알면서도 오신 건가요? 당신은 지위가 높으신, 이곳 영주님이 아니십니까?

리시마코스 아니, 너의 학교장이 그런 것까지 너에게 알려주더냐?

마리나 제 학교장이라니 누구 말씀입니까?

리시마코스 뭐, 농사꾼 아주머니 말이다. 치욕의 씨를 뿌리고, 죄악의 뿌리를 심는 그 여자 말이야. 아! 나의 신분에 대해 듣고 나서, 내 진심을 알아보려고 일부러 수줍은 체하는 거로구나. 예쁜 아가씨, 걱정하지 않아도 돼. 나는 너희들이 하는 일을 못 본 체하든지, 친절하게 보호해 주겠다. 자, 어서 나를 아무도 없는 곳으로 안내하거라, 어서.

마리나 영주님께서 태어나실 때부터 명예 있는 가문 출신이셨다면 제게 그 증거를 보여주세요. 만일 태어나신 다음에 그러한 명예를 얻게 되신 거라면, 당신을 존경하며 따르는 사람들을 실망시키는 행동은 하지 않으시기를 바랍니다.

리시마코스 아니, 이게 어떻게 된 거지? 응, 어떻게 된 거야? (비웃으며) 어디 좀더 해보시지! 논다니 주제에, 성인(聖人)이 되려고 하는구나.

마리나 저는 순결한 처녀입니다. 냉혹한 운명으로 약보다 병(病)이 더 비싸게 팔리는 이 더러운 소굴에 들어오게 되었지만요. 오, 신들이여, 부디 이 더러운 곳에서 저를 구해 주십시오. 깨끗한 곳으로 날아갈 수 있다면, 보잘것없는 새가 되어도 좋습니다!

리시마코스 아가씨는 말도 참 잘하는군. 아가씨가 그런 말을 할 수 있으리라고는 꿈에도 생각지 못했소. 나는 더러운 마음으로 여기 왔지만 아가씨의 말에 마음이 바뀌었소. 자, 이 돈을 받으시오. 아가씨가 걷는 그 순결한 길을, 앞으로도 계속 걸어가시오. 신들이 그대에게 힘을 불어넣어 주시기를!

마리나 경께도 신들의 가호가 있으시기를!

리시마코스 내가 결코 나쁜 목적을 가지고 이곳에 온 게 아니라고 생각해 주오. 이 문들과 저 창들이 이제 내게는 모두 더럽게만 느껴지니 말이오. 잘 있어요. 아가씨는 훌륭한 교육을 받은 숙녀임에 틀림없소. 이거 받으시오. 돈을 좀더 주리다. 그대의 순결한 영혼을 **빼앗으려는** 놈은 도둑처럼 저주를 받고 지옥에 떨어질 것이오. 앞으로 내게서 무슨 소식이 오면, 그것은 그대를 위한 거라 생각해 주오.

볼트 다시 등장.

연극 〈페리클레스〉 오니 우히아라(마리나 역)·린다 버셋(보드 역) 출연. 스트랫퍼드어폰에이번 공연. 2006.

볼트 나리, 제게도 하나 주십시오.

리시마코스 썩 물러가라! 이 더러운 뚜쟁이 놈! 이렇게 깨끗한 처녀가 이 집의 기둥이 되어주지 않았다면, 이곳은 벌써 무너져서 아마 지금쯤 너희들은 깔려 죽었을 거다. 썩 물러가! (퇴장)

볼트 어떻게 된 거지? 이쯤 되면 너에 대해서 다른 수를 써야겠다. 그런 바보 같은 순결이 다 뭐람! 가장 보잘것없는 나라의 싸구려 아침 식사만도 못한 순결을 가지고, 그래, 너는 이 집안 전체를 망쳐버릴 셈이냐! 그럴 바에는 차라리 스패니얼 개처럼 나를 거세하라지. 이리 따라와.

마리나 어디로 데려가려는 거지?

볼트 그놈의 처녀성을 내가 떼어주겠다. 그렇지 않으면 망나니 손을 빌려야지. 자, 따라와. 손님을 쫓아내게 내버려 둘 순 없어. 어서 오라니까.

보드와 판더 등장.

보드 아니, 어떻게 된 거야?

볼트 마님, 갈수록 태산이라더니 리시마코스 나리께도 설교를 했답니다.

보드 오! 지독한 년!

볼트 우리 장사를 저 계집이 신들 앞에서는 얼굴도 내밀지 못하게 만들어 버렸다니까요!

보드 저런! 그년의 목을 영원히 매달아 버려.

볼트 나리께서는 나리답게 저 계집을 다루려 하셨지만, 저것이 그분을 눈덩 이처럼 쌀쌀맞게 쫓아버렸지 뭡니까. 기도까지 드리시게 하고 말이에요.

보드 볼트, 자네가 그 계집을 데려가서 마음대로 하게. 처녀의 거울인지 뭔 지를 깨뜨려 버려. 마음대로 쓸 수 있게 말야.

볼트 아무리 가시밭이라도 쟁기로 깊숙이 갈아내겠습니다.

마리나 오, 신들이여, 들어주소서.

보드 기도를 하는군. 어서 데려가! 데려오지 말걸. 에잇, 고약한 년! 우리를 망하게 하려고 태어난 년인가 봐. (마리나에게) 여자의 길을 걷지 않겠다고? 이 나쁜 년, 로즈메리와 월계수로 치장한 순결한 접시 같은 년. (퇴장)

볼트 이봐, 색시, 나를 따라오라고.

마리나 나를 어떻게 하려는 거죠?

볼트 그렇게도 소중히 여기는 너의 보석을 빼앗으러 가는 거지.

마리나 부탁이니, 먼저 한 가지만 대답해 주세요.

볼트 어서 말해 봐, 그 한 가지가 뭔지.

마리나 당신은 자신이 미워하는 원수를 욕할 때 무엇이 되라고 하죠?

볼트 글쎄, 나는 그 사람에게 이 집 주인이 되라고 해도 좋겠지만, 이 집 마 님처럼 되라고 하는 게 더 좋겠는걸.

마리나 아니오, 둘 다 당신보다는 낫지요. 어쨌든 그들은 주인으로서 명령을 할 수 있으니 당신보다 낫다고요. 지옥에서 가장 심한 고통을 겪는 악마라 하더라도, 당신과는 직업을 바꾸려 들지 않을 겁니다. 당신은 마부같이 비 천한 사람들을 논다니에게 소개하는 더러운 뚜쟁이니까요. 가장 비천한 사 람이라도 화가 나면 당신의 뺨을 치겠지요. 당신은 폐병 환자들이 토해 놓은 음식 찌꺼기를 먹고 있는 거나 다름없어요.

볼트 그럼, 나더러 뭘 하라는 거지? 전쟁터에라도 가란 말이냐? 전쟁에 나가서 7년을 복무하다 다리 하나를 잃고도, 끝내는 나무로 된 의족 하나 사지 못하는 신세가 되라는 거냐?

마리나 뭐라도 좋으니, 이 직업만은 버리세요. 낡은 쓰레기통이나 하수처리장을 치우거나 비천한 교수형 집행인 아래서 일하는 게 차라리 낫죠. 무엇을 하더라도 이보다는 나을 겁니다. 오늘 당신이 하는 일은 하찮은 원숭이라도 만일 말만 할 수 있다면 싫다고 할 거예요. 오! 신들께서 나를 이곳에서 구해 주신다면! 자, 이 돈을 당신에게 주겠어요. 그 대신 당신 주인이 나에게 돈벌이를 시키겠다고 하면, 내가 노래나 뜨개질, 재봉, 춤 같은 것을 할 수 있다고 말해 주세요. 자랑하려는 건 아니지만 그렇게 전해 줘요. 그리고 그런 거라면 무엇이든 가르칠 수 있다고 말해 주세요. 이곳은 번화한 도시이니 배우려는 사람들은 얼마든지 있을 거예요.

볼트 그렇지만 이 모든 것을 혼자서 다 가르칠 수 있을까?

마리나 만일 못 가르치면 나를 다시 데려와서, 당신들 집에 자주 드나드는 가장 천한 손님에게 몸을 팔게 하세요.

볼트 그렇다면 마땅한 자리를 알아봐 주겠네.

마리나 하지만 정숙한 여자들만 있는 곳이라야 돼요.

볼트 글쎄, 나는 그런 사람들을 잘 모르는데. 그건 그렇다 치고 너는 이 집에 팔린 몸이니, 먼저 여기 주인님과 마님께 허락을 받아야 해. 그러니 내가 그분들에게 네 의견을 말해 보겠네. 그러나 별문제 없을 거야. 내가 할 수 있는 데까지 해보지. 자, 따라와. (모두 퇴장)

〔제5막 막을 올리는말〕

가위 등장.

가위 이렇게 해서 마리나는 매음굴을 벗어나
운 좋게도 어엿한 집에 머무를 수 있게 되었습니다.
그녀는 불멸의 여신처럼 노래 부르면서

그 경이로운 노래에 맞춰 우아하게 춤을 추었지요.
그리고 제아무리 학식이 뛰어난 학자도
그녀 앞에서는 말문이 막혔지요.
또 그녀가 바늘을 들어 꽃, 새, 나뭇가지, 열매 등을 수놓으면
살아 숨 쉬는 자연 그대로의 장미들과 나란히 조화를 이루며
비단실로 짜 내려간 자수는 홍옥 같은 버찌와 짝을 이루니
신분 높은 집안의 자녀들이 그녀의 제자가 되어 아낌없이 사례했는데,
그녀는 그 소득을 그 저주받을 보드에게 바쳤습니다.
이제 마리나에 대한 이야기는 이만하고,
다시 페리클레스 왕의 이야기로,
바다 위에 남겨진 그녀의 아버지에 대한 이야기로 돌아가겠습니다.
그가 바람의 신에게 이리저리 내몰리다가,
지금 그의 딸이 살고 있는 곳에 도착하여
이 바닷가에 닻을 내렸다고 상상해 보십시오.
그 도시가 넵투누스의 제례일을 축하하고 있을 때,
영주 리시마코스가 티레의 배를 발견했습니다.
검은 조기를 내건 호화롭게 장식된 그 배를 보고
그는 서둘러 거룻배를 타고 가보았지요.
여러분은 수심에 잠긴 페리클레스의 모습을 떠올려 보십시오.
이 배 위에서 일어나는 일들을 충실히 보여드리겠습니다.
어서 자리에 앉아 관람해 주십시오. (퇴장)

〔제5막 제1장〕

미틸레네의 바닷가 근처. 페리클레스가 탄 배의 갑판.
갑판 위에 커튼으로 가려진 천막이 있고, 그 안에서 페리클레스가 긴 의자에 기대
어 멍하니 앉아 있다. 이 티레의 배 옆에는 거룻배(미틸레네의 배)가 하나 떠 있다.
선원 두 명 등장. 한 사람은 티레 배의 선원이며, 또 한 사람은 거룻배의 선원이다.
잠시 뒤에 헬리카누스 등장.

티레의 선원 (미틸레네의 배 선원에게) 헬리카누스 경은 어디 계시지요? 그분에게 물어보면 다 알 수 있을 텐데. 오! 여기 오시는군요. 나리, 미틸레네의 배가 왔는데, 그 배에 타고 계신 영주 리시마코스 경께서 우리 배에 오르고 싶어하십니다. 어떻게 할까요?

헬리카누스 좋다. 오르시게 해라. (미틸레네의 배 선원 퇴장) 기사들을 좀 불러 주게.

티레의 선원 여보세요, 기사님들! 경께서 부르십니다.

기사 두세 명 등장.

기사 1 부르셨습니까?

헬리카누스 귀빈께서 배에 오르시니, 그대들이 정중히 맞이하게.

기사들과 선원들, 갑판 아래로 내려가 거룻배에 오른다.
그 배에서 리시마코스, 귀족들, 신사들과 선원 두 사람 등장.

티레의 선원 무엇이든 여쭈어 보시면 이분께서 알려드릴 겁니다.

리시마코스 당신에게 신의 가호가 있기를 빕니다.

헬리카누스 당신도요. 저보다 오래 사시다가, 저도 늘 소망하는 편안한 죽음을 맞이하시기를!

리시마코스 친절한 마음 씀씀이에 감사드립니다. 저는 바다의 신께 제례를 올리고 있었는데, 이 훌륭한 배가 바닷가로 다가오는 것을 보고, 궁금해서 여쭈어 보려고 왔습니다.

헬리카누스 실례지만 당신은 누구입니까?

리시마코스 바로 눈앞에 보이는 이 땅의 영주입니다.

헬리카누스 이 배는 티레에서 왔는데, 왕께서 타고 계십니다. 석 달 동안 그 누구와도 말씀을 안 하시고, 음식도 슬픔을 지탱할 수 있는 만큼만 드실 뿐, 거의 드시지 않고 계십니다.

리시마코스 왜 그렇게 슬퍼하시는 거죠?

헬리카누스 말씀을 드리자면 너무 길어 다할 수 없습니다만, 가장 큰 원인은 사랑하는 왕비와 공주를 여의셨다는 사실입니다.

리시마코스 제가 한번 뵐 수 있을까요?

헬리카누스 만나뵐 수는 있으나, 그래도 소용이 없을 겁니다. 누구와도 말씀을 하지 않으시니까요.

리시마코스 어쨌든 뵙고 싶습니다.

헬리카누스 저기에 계십니다.

페리클레스가 보인다.

헬리카누스 훌륭한 분이셨는데, 불행한 하룻밤의 재난으로 저렇게 되시고 말았지요.

리시마코스 (페리클레스에게 다가가서) 전하, 인사드립니다! 신들께서 전하를 지켜주시기를 빕니다. 이곳을 찾아주시니 저희로서는 그저 무한한 영광입니다.

헬리카누스 소용없습니다. 대답하지 않으십니다.

귀족 1 (헬리카누스에게) 이 땅 미틸레네에는 이상한 처녀가 한 명 있습니다. 그 처녀라면, 전하께서 무슨 말씀이고 틀림없이 하게 되실 것입니다.

리시마코스 좋은 생각이오. 그 처녀라면 틀림없이 아름다운 노래와 뛰어난 매력으로, 이제는 막혀버린 그 귀를 열어 전하의 마음을 움직일 것입니다. 그 처녀는 너무나 아름다울 뿐만 아니라 성격도 매우 밝답니다. 지금 이 섬 한쪽 숲 그늘에서 다른 처녀들과 함께 있습니다. (귀족 1에게 무언가를 속삭인다. 귀족 1, 리시마코스의 거룻배를 타고 나간다)

헬리카누스 무엇을 해봐도 모두 소용없습니다. 그렇지만 그토록 회복을 장담하시는데, 해보지 않고 그냥 넘어갈 수는 없지요. 베풀어 주시는 친절에 힘을 얻어 한 가지 더 간청드릴 게 있습니다. 돈은 충분히 드릴 테니 먹을 양식을 내어주실 수 있는지요? 우리에게도 아직 양식이 남아 있으나, 너무 오래되어 맛이 변해 먹고 싶은 생각이 들지 않습니다.

리시마코스 오! 그 청을 거절한다면, 정의로운 신들께서 이 땅의 모든 새싹에 해충을 보내어 흉작의 화를 내리실 겁니다. 그런데 좀더 상세히 그 슬픔의 원인을 알려주십시오.

헬리카누스 그럼 앉으시지요, 말씀드리겠습니다. 그런데 누가 오는군요.

거룻배로부터 귀족, 마리나, 다른 처녀 한 명 등장.

리시마코스 오! 데리러 보낸 그 처녀가 오고 있습니다. 아가씨, 어서 오시오! 보세요, 아름다운 처녀가 아닌가요?

헬리카누스 말씀하신 대로 정말 아름다운 처녀로군요.

리시마코스 그렇습니다. 만일 이 처녀가 훌륭한 집안 출신이라는 사실만 밝혀진다면, 배우자로서 좀처럼 만나기 어려운 사람으로 알고 결혼할 생각까지 하고 있습니다. (마리나에게) 이곳 왕께서는 병환으로 자리에 누워 계시오. 아름다움 못지않게 온갖 미덕을 지닌 그대에게 부탁이 있소. 그대의 뛰어난 재주로 왕에게서 단 한 마디라도 들을 수 있다면, 그 신성한 치료에 대해 그대가 바라는 대로 보답하겠소.

마리나 그분을 회복시키기 위해서 최선을 다하겠습니다. 그러나 저와 제 친구만 남게 하고, 다른 분들은 모두 멀리 떨어져 계십시오.

리시마코스 자, 모두 물러납시다. 여러 신들이여, 부디 성공하게 해주소서! (마리나가 노래한다) 아가씨의 노래를 들으시는 것 같았소?

마리나 아닙니다. 저희들을 바라보지도 않으셨습니다.

리시마코스 (헬리카누스에게) 보십시오. 처녀가 전하께 말하려고 합니다.

마리나 옥체 평안하십니까? 전하, 전하께 여쭐 게 있습니다.

페리클레스 (마리나를 거칠게 밀어내며) 아니, 정말 귀찮게 구는구나!

마리나 전하, 저는 한 번도 스스로 다른 사람들에게 저를 보아 달라고 한 적은 없으나, 언제나 혜성처럼 뭇사람들의 시선을 받아온 처녀입니다. 전하, 그 처녀가 말씀드리고 있는 것입니다. 아마도 전하께서 겪으신 것과 같은 슬픔을 저도 겪어왔다고 감히 말씀드릴 수 있습니다. 변덕스런 운명으로 비참한 신세가 되어버렸지만, 저의 혈통은 강대한 왕들과 같은 신분이었습니다. 그러나 무정한 세월 때문에 아버지를 잃고 저는 이렇게 버림받은 몸이 되었습니다. (혼잣말로) 이제 그만두자. 그렇지만 무엇인가가 나의 얼굴을 갑자기 달아오르게 하며, "저쪽에서 말을 걸어올 때까지 계속하라"고 내 귓가에 속삭이는 것만 같아.

페리클레스 변덕스런 운명—혈통—왕들과 같은 신분—내가 겪은 것과 같은!—지금, 이렇게 말했느냐?

마리나 예, 전하께서 저의 혈통을 아시게 된다면, 그처럼 난폭하게 행동하시지는 않을 거라고 말씀 올렸습니다.

페리클레스 그런 것 같구나. 이쪽으로 얼굴을 돌려보아라. 너는 누구를 꼭 닮았구나. 어느 나라 사람이지? 이곳 사람이냐?

마리나 아닙니다, 이곳 사람은 아닙니다. 하지만 보시는 대로 평범한 사람입니다.

페리클레스 너를 보니 너무 슬퍼서 눈물을 멈출 수가 없구나. 내 사랑하는 왕비가 이 처녀를 꼭 닮았었다. 딸아이가 살아 있다면, 꼭 이만했을 텐데. 왕비와 같은 넓은 이마에, 키도 왕비와 같이 늘씬하구나. 은방울 같은 목소리, 반짝이는 보석 같은 그 눈도 그에 못지않은 훌륭한 보석 상자 속에 담겨 있구나. 걸음걸이는 주노 신과 같고, 그 목소리는 들을수록 듣고 싶고, 네가 말을 할수록 더욱더 말을 시키고 싶어진다. 너는 어디에 사느냐?

마리나 저는 낯선 곳에서 온 이방인이지만, 이 갑판에서 보이는 저곳에 살고 있습니다.

페리클레스 어디서 자랐느냐? 그런 재주들을 어떻게 배우고 익혔지? 네가 가지고 있어 더욱 빛이 나는 그 재주들을 말이다.

마리나 저의 이야기를 말씀드리면, 전하께서는 거짓말이라고 하시며 저를 비웃게 되실 겁니다.

페리클레스 어서 말해 보아라. 너의 입에서 거짓말이 나올 리가 없다. 너는 정의의 화신처럼 예의 바르고, 마치 진실의 왕이 사는 궁전과 같다. 너의 이야기를 믿겠다. 있을 수 없는 이야기라 해도, 나의 감각들로 하여금 믿게 만들겠다. 너는 내가 사랑하던 사람을 너무나 닮았구나. 너의 친척은 누구지? 내가 너를 밀어냈을 때—그때 처음으로 나는 눈을 뜨고 너를 보았지—너는 훌륭한 혈통을 이어받았다고 하지 않았느냐?

마리나 네, 분명히 그렇게 말씀드렸습니다.

페리클레스 너의 부모에 대해 말해 보아라. 여러 어려움들을 겪었다고 말했고, 그것은 나의 경험에 못지않다고 했지.

마리나 네, 그렇게 말씀드렸습니다. 하지만 터무니없는 말씀을 드린 것은 아넙니다.

페리클레스 그 이야기를 해보아라. 네가 겪은 어려움들이 내가 겪은 것의 천
분의 일만 되어도, 너는 훌륭한 사나이처럼 잘 참아왔으며, 나는 소녀처럼
두려움에 떨었다고 말하리라. 아, 너는 왕들의 무덤을 바라보면서, 어떠한
어려움을 만나도 웃어넘기는 인내, 그 자체의 모습을 지녔구나. 너의 친척
은 누구였지? 너의 이름은 무엇이냐? 어서 말해 다오. 자, 여기 내 옆에 앉
아라.

마리나 제 이름은 '마리나'입니다.

페리클레스 오! 나를 놀리는구나! 어느 심술궂은 신이 너를 보내어, 세상 사
람들 앞에서 나를 놀리도록 시키나 보다!

마리나 전하, 듣지 않으시면 그만두겠습니다.

페리클레스 아니, 들으련다. 너로서는 이해할 수 없겠지만, 네가 마리나라고
했을 때 나는 몹시 놀랐단다.

마리나 이 이름을 지어주신 분은 저의 아버지였는데, 한때는 막강한 권력을
가진 국왕이었습니다.

페리클레스 뭐라고? 아버지가 왕이었다고? 그리고 네 이름은 마리나?

마리나 전하께서는 제가 아뢰는 것은 무엇이든 믿어주겠다고 하셨지요. 그러
나 지금이라도 그만두라고 하시면 그만두겠습니다.

페리클레스 너는 진정, 살아 있는 인간이 맞느냐? 너의 맥박은 뛰고 있느냐?
너는 요정은 아니더냐? 몸을 움직여 보아라! 됐다. 말을 계속해라. 너는 어
디서 태어났지? 어떻게 해서 마리나라는 이름을 갖게 되었느냐?

마리나 바다에서 태어났기 때문입니다.

페리클레스 바다에서! 어머니는 누구였느냐?

마리나 어머니는 어느 나라의 공주였습니다. 제가 태어났을 때 돌아가셨다
고 들었습니다. 저의 유모 리코리다가 가끔 눈물을 흘리면서 이런 이야기들
을 저에게 해주었습니다.

페리클레스 오! 잠깐만 기다려라. (혼잣말로) 이것은 너무나 이상한 꿈이다. 슬
픔에 잠겨 바보가 되었다면, 선잠이 들어 어리석은 꿈을 꿀 수도 있겠지만,
이런 일은 있을 수 없다. 딸은 이미 땅속에 묻혔다. 그럼, 너는 어디서 자랐
지? 네 이야기가 끝날 때까지 들어보겠다. 다시는 방해하지 않으마.

마리나 저를 비웃고 계시는군요. 제 말을 믿지 않으시나 봅니다. 이제 그만두 겠습니다.

페리클레스 아니다, 네 말을 하나도 빼놓지 않고 다 믿겠다. 그러니 좀더 이야기해 다오. 너는 어떻게 이곳으로 오게 되었느냐? 어디서 자랐지?

마리나 부왕께서는 저를 타르수스에 남겨 두고 떠나셨습니다. 그런데 클레온 이라는 잔인한 남자가 그의 간악한 아내와 함께 음모를 꾸며서, 저를 죽이 려고 했습니다. 그러나 그들의 하인이 칼을 뽑아 저를 죽이려는 순간, 해적 들이 나타나 저를 붙잡아서 이곳 미틸레네까지 데려왔습니다. 그렇지만 전 하, 어디까지 말을 시키시렵니까? 왜 우시나이까? 혹시 제가 거짓말을 한 다고 생각하시나요? 아닙니다, 사실입니다. 저는 틀림없이 페리클레스 왕의 딸입니다.

페리클레스 오, 헬리카누스!

헬리카누스 전하, 부르셨나이까?

페리클레스 그대는 충직한 고문관으로서, 분별력이 뛰어난 사람이니, 어서 말해 주오. 이 처녀는—나를 이렇게 울리는 이 처녀는—도대체 누구인지, 잘 모르겠다면 누구처럼 보이는지라도.

헬리카누스 저는 알지 못하나 이곳에 미틸레네 영주가 계십니다. 영주께서는 이 처녀를 입에 침이 마르도록 칭찬하셨습니다.

리시마코스 그 처녀는 자신의 부모에 대해 이야기한 적이 없습니다. 물어보 면 늘 앉아서 울기만 했습니다.

페리클레스 오, 헬리카누스! 명예를 귀히 여긴다면, 나를 한 대 쳐주오. 내게 큰 상처를 입혀서 지금 바로 고통을 느끼게 해주오. 그렇게 하지 않으면 이 바닷물 같은 기쁨이 한꺼번에 밀려들어와, 내 생명의 해안을 덮쳐 나를 행 복의 소용돌이 속에 빠져 죽게 할 것만 같으니. (마리나에게) 오! 이리 오너 라. 너는 바다에서 태어나, 타르수스에서 매장됐다가, 다시 바다에서 살아 난 것이다. 너는 너를 낳아준 아비를 다시 태어나게 하는구나. 오, 헬리카누 스! 무릎을 꿇고 신성한 신들에게 우리를 위협하는 천둥보다 더 큰 소리로 감사드리시오. 이 처녀가 마리나요. (마리나에게) 너의 어머니 이름이 뭐지? 그것만 말해 다오. 의심은 사라졌다만 진실은 얼마든지 확인해도 좋은 것 이니.

BBC DVD 〈페리클레스〉 데이비드 휴 존스 감독, 마이크 그윌림(페리클레스 역)·아만다 레드먼
(마리나 역) 출연. 1984.

마리나 먼저 전하의 존함을 제게 알려주셨으면 합니다.

페리클레스 나는 티레의 왕 페리클레스다. (마리나, 무릎을 꿇는다) 이미 세상
을 떠난 왕비의 이름을 어서 말해 다오. 네가 말한 모든 것이 정확하게 일
치한다. 너는 나의 후계자이며, 너의 아버지인 이 페리클레스의 또 다른 생
명이란다.

마리나 전하의 딸이 되기 위해서는 저의 어머니 이름이 타이사라는 사실만
말씀드리면 되나요? 타이사는 제가 태어날 때 돌아가신 어머니의 이름입
니다.

페리클레스 오, 너에게 신의 은총이 깃들기를! 일어나거라. 너는 내 딸이다.
여봐라, 공주가 입을 새 옷을 가져오너라! 헬리카누스, 이 아이는 내 딸이
오. 타르수스에서 잔인한 클레온에게 살해될 뻔했으나, 다행히 죽지 않았
소. 상세한 것은 이 아이에게 물어보오. 그러면 경도 무릎을 꿇고 이 아이
가 공주라는 사실을 받아들이게 될 것이오. (리시마코스를 보자) 이분은?

헬리카누스 이분은 미틸레네의 영주이시며, 전하의 우울증에 대해 들으시고
는 직접 뵈러 오셨습니다.

페리클레스 고맙군요.—예복을 다오. (페리클레스가 예복을 입는다) 눈으로 보고 있어도 너무나 놀랍기만 하니, 믿어지지 않는구나. 오, 하늘이시여! 내 딸에게 축복을 내려주소서! (음악 소리) 아니, 이건 무슨 음악이지? 마리나, 헬리카누스 경에게 상세한 이야기를 들려주어라. 저 사람은 아직도 네가 나의 딸이라는 사실을 믿지 못하는 것 같구나. 그런데 저건 무슨 음악이지?

헬리카누스 전하, 아무 소리도 들리지 않습니다.

페리클레스 아무 소리도 안 들린다니! 하늘에서 들려오는 소리로구나! 마리나, 들어보아라.

리시마코스 (마리나에게) 거역하지 말고, 그대로 가만히 계십시오.

페리클레스 멋진 소리다! (리시마코스에게) 경은 들리지 않소?

리시마코스 들립니다.

페리클레스 하늘에서 내려오는 신성한 음악이다. 듣고 있으니 황홀해지며 눈꺼풀이 무거워지고 잠이 오는구나. 나를 쉬게 해다오. (잠든다)

리시마코스 어서 베개를. 전하를 이렇게 모셔 두고 모두들 물러갑시다. 여러분, 만일 이 현실이 지금 내가 믿고 있는 그대로라면, 오래도록 여러분을 잊지 못할 것입니다. (페리클레스만 남고, 모두 퇴장)

디아나 신이 페리클레스의 꿈속에 나타난다.

디아나 나의 신전은 에페수스에 있다. 서둘러 그곳으로 가서, 나의 제단에 제물을 바쳐라. 그리고 나를 받드는 사제들이 나타날 때까지 기다렸다가, 네가 바다에서 아내를 잃은 사실을 알려라. 그대가 겪은 어려움과 딸의 불행을 슬퍼하며, 그 사건들에 대해 상세히 큰 소리로 말하라. 내 명령을 따르라. 그렇지 않으면 남은 생도 슬픔 속에 살게 되리라. 꼭 그렇게 하라. 그러면 모두가 행복하게 살리라. 나의 은빛 활을 걸고서 말하느니라. 이제 깨어나라. 그리고 너의 꿈 이야기를 하여라! (사라진다)

페리클레스 천상의 신 디아나여, 은빛 활의 여신이여! 그 뜻을 따르겠나이다. 헬리카누스!

리시마코스, 헬리카누스, 마리나 다시 등장.

연극 〈페리클레스〉 5막 1장, 페리클레스와 마리나 마크 윙 데이비 연출, 데이비드 발로우(페리클레스 역)·안나푸르나 스리람(마리나 역) 출연. 버클리 레퍼토리 극장. 2013.

헬리카누스 부르셨습니까, 전하?

페리클레스 나는 배신자 클레온을 혼내주기 위해 타르수스로 가려 했으나 먼저 할 일이 있으니, 에페수스로 뱃길을 돌리시오. 이유는 나중에 말하겠소. (리시마코스에게) 경의 영지에 속한 이 바닷가에서 잠시 쉬면서, 다음 항해에 필요한 식량을 구할 수 있도록 허락해 주겠습니까?

리시마코스 기꺼이 모시겠습니다. 하오나 뭍에 오르시면, 저도 한 가지 간청을 올리겠습니다.

페리클레스 좋소! 공주를 달라고 하신다 해도 들어주리다. 경은 공주에게 큰 은혜를 베풀어 준 것 같군요.

리시마코스 전하, 제가 부축해 드리겠습니다.

페리클레스 가자, 나의 마리나. (모두 퇴장)

〔제5막 제2장〕

에페수스. 디아나 신전 앞.

가위 등장.

가위 이제 우리(모래시계)의 모래는 거의 사라져 버렸습니다. 조금만 더 말하면 저도 더는 할 말이 없습니다. 제 임무를 마칠 수 있도록, 마지막 친절한 마음 씀씀이를 저에게 베풀어 주십시오. 그것은 바로 미틸레네에서 영주가 페리클레스 왕을 환영하기 위해 화려한 행렬, 연회, 공연, 음악 등 즐거운 행사를 열었음을 여러분께서 상상해 달라는 것입니다. 그리하여 영주는 왕의 마음에 들게 되었고, 왕은 여신 디아나의 명령대로 제물을 올린 다음, 영주가 마리나를 아내로 맞이하도록 허락했습니다. 모두가 그곳으로 향하니, 그사이에 일어난 모든 일은 여러분의 상상에 맡기겠습니다. 순풍에 돛을 단 배는 날개가 달린 듯 빠르게 달려, 모든 것이 뜻대로 되었지요. 이렇게 하여 신전이 있는 에페수스에 왕과 그 일행이 도착했으니, 그렇게도 빨리 그곳에 갈 수 있었던 것은 모두 여러분의 상상 덕분이지요. (퇴장)

〔제5막 제3장〕

에페수스. 디아나 신전.
타이사가 사제장으로서 제단 가까이 서 있고, 다른 많은 사제들이 좌우에 서 있다.
세리몬을 비롯하여 에페수스 사람들이 시중들고 있다.
페리클레스, 리시마코스, 헬리카누스, 마리나, 한 소녀 및 시종들 등장.

페리클레스 디아나여! 존귀하신 이름을 받들어 여기에 티레의 왕이 예를 올리나이다. 저는 위험에 처하게 되자 고국을 떠나 펜타폴리스에서 타이사와 결혼하게 되었습니다. 제 아내는 바다에서 딸아이 마리나를 낳자마자 죽었습니다. 오, 여신이여! 그 딸은 아직도 당신의 은빛 사제복을 입고 있나이다. 그 딸은 타르수스에서 클레온이란 자의 집에서 자랐고, 열네 살 때 그자에게 살해당할 뻔했으나, 다행히도 그의 손아귀에서 벗어나 미틸레네로 가 있다가, 제가 그곳 바닷가에 정박해 있을 때 뜻밖에도 서로 만나게 되었는데, 그녀의 지난 이야기들을 듣고는 제 딸임을 알게 되었습니다.

타이사 저 목소리, 저 얼굴! 오, 당신은…… 페리클레스 왕! (기절한다)

연극 〈페리클레스〉 5막 1장, 페리클레스와 마리나의 재회 레이 피어론(페리클레스 역)·카나누 키리미(마리나 역) 출연. 런던 로열셰익스피어 극단 공연. 2002.

페리클레스 어찌 된 일이지, 저 사제는? 저러다 죽을지도 몰라! 어서 누가 좀 도와다오!

세리몬 전하, 방금 디아나 신의 제단 앞에서 하신 말씀이 사실이라면, 이 사제는 전하의 아내이십니다.

페리클레스 존경할 만한 분의 말씀이나, 그것은 당치도 않습니다. 내 아내의 주검은 바로 이 손으로 바닷속에 넣어 장사를 지냈으니까요.

세리몬 그것은 이 바닷가 근처에서 있었던 일이지요?

페리클레스 그렇소.

세리몬 어쨌든 저 부인을 보살펴 주십시오, 오! 너무 기뻐서 잠시 정신을 잃으신 것뿐입니다. 폭풍우가 심하게 몰아치던 어느 날 새벽 무렵, 왕비께서는 이곳 바닷가로 밀려오셨습니다. 관을 열어 보니, 여러 보물들이 나왔습니다. 저는 부인을 되살린 뒤에 디아나 신전에 머무르시게 했습니다.

페리클레스 그 보물들을 볼 수 있을까요?

세리몬 전하, 저의 집으로 오십시오. 기꺼이 그것들을 보여드리지요. 아, 보십시오! 왕비께서 깨어나셨습니다. (타이사가 자리에서 일어난다)

타이사 오! 저의 눈으로 확인하게 해주십시오. 만일 저분이 제 남편이 아니라면, 성스러운 자리에 있는 저로서는 지금 느끼는 이 감정들을 음란하다고 생각하여 아예 무시하며 억눌렀을 것입니다. 오! 전하, 당신은 페리클레스 전하가 아니십니까? 그 목소리도, 그 모습도, 그렇게밖에 생각되지 않습니다. 당신은 방금 폭풍, 해산, 죽음에 대해 말씀하지 않으셨나요?

페리클레스 (놀라면서) 죽은 타이사의 목소리다!

타이사 네, 제가 바로 죽어서 바닷속에 넣어 장사지냈다고 생각하시는 타이사입니다.

페리클레스 아, 불멸의 디아나 신이여!

타이사 당신이 저의 남편이란 걸 더 증명해 드릴 수 있습니다. 우리가 눈물을 흘리며 펜타폴리스를 떠날 때, 저의 부왕께서 이런 반지를 당신에게 주셨지요? (끼고 있던 반지를 보여준다)

페리클레스 (끼고 있던 반지를 보이며) 이것, 이것을 보시오. 오, 신들이여, 이것만으로 만족하나이다! 지금 베풀어 주시는 은혜로 지난날 모든 불행은 물거품처럼 사라졌습니다. 그녀의 입술이 닿는 순간 이 몸이 그대로 녹아 없어진다 해도 결코 원망하지 않겠나이다. 오! 타이사, 다시 한 번 이 품에 안기시오. (타이사를 껴안는다. 이때 마리나가 다가가 타이사 앞에 무릎을 꿇는다)

마리나 저의 심장도 어머니 품에 안기고 싶어, 이렇게 뛰고 있습니다.

페리클레스 보시오! 이 무릎 꿇은 처녀를. 타이사, 이 아이는 당신이 바다에서 낳은 우리의 딸이오. 바다에서 태어났다고 해서 이름을 '마리나'라고 지었소.

타이사 오, 내 딸 마리나, 너에게 신의 축복이 함께하기를!

헬리카누스 인사 드립니다, 왕비마마!

타이사 누구신지…….

페리클레스 내가 티레를 탈출했을 때, 나의 빈자리를 대신하도록 어느 신하를 남겨두고 왔다고 하지 않았소. 내가 가끔 말하던 그 사람 이름을 기억

Gower. New joy wait on you! Here our play has ending.
Act V. Scene III.

5막 3장, 존 가워 H.C. 셀루스

하오?

타이사 그때 헬리카누스라 하셨지요.

페리클레스 더욱 확실해졌군! 타이사, 이 사람이 바로 헬리카누스요. 이제 나는 당신이 어떻게 발견되어, 어떻게 살아나게 되었는지 듣고 싶소. 또 이 큰 기적에 대해서는, 여러 신들 말고 또 어떤 분에게 감사드려야 하는지도 알고 싶구려.

타이사 세리몬 경에게 감사를 드리십시오. 바로 이분입니다. 신들은 이분을 통해서 자신들의 힘을 보여주셨습니다. 이 일의 자초지종은 모두 이분이 알고 계십니다.

페리클레스 세리몬 경, 인간 세상에서 신들의 일을 맡아 하시는 분들 가운데, 아마도 당신만큼 성스러운 분은 없을 것입니다. 죽었다고 생각한 왕비가 어떻게 해서 다시 살아나게 되었는지 말씀해 주시겠습니까?

세리몬 말씀 올리지요. 먼저 저의 집으로 가서, 왕비마마와 함께 발견된 것들을 모두 보십시오. 어떻게 해서 왕비께서 이 신전에 오시게 되었는지, 모든 일들을 남김없이 말씀드리겠습니다.

페리클레스 순결하신 디아나 여신이여! 저의 꿈속에 찾아와 주셔서 감사합니다. 밤마다 당신께 제물을 올려 감사드리겠습니다. 타이사, (리시마코스를 소개하며) 이 영주는, 딸과 결혼을 약속한 우리의 사윗감이오. 두 사람은 펜타폴리스에서 결혼식을 올릴 거요. (길게 자란 머리카락과 수염을 만지면서) 그나저나 나의 이 장식품은 그대로 두면 너무 우울해 보일 테니, 어서 깎아야겠군. 지난 14년 동안 다듬지 않고 그대로 두었으나, 너희 결혼식을 축하하는 뜻에서 깨끗이 자르고 정리하겠다.

타이사 세리몬 경에게 들어온 믿을 만한 소식에 따르면, 저의 부왕께서는 돌아가셨다고 합니다.

페리클레스 하늘의 신들이여, 그분의 영혼이 하늘로 올라가 별이 되어 빛나게 해주소서! 왕비, 어쨌든 펜타폴리스에서 결혼식을 치러줍시다. 그리고 우리도 그곳에서 남은 생을 보냈으면 하오. 티레는 사위와 딸이 다스리게 합시다. 세리몬 경, 우리가 잠시 이 땅에 머무르는 동안, 아직 듣지 못한 이야기들을 마저 듣고 싶소. 그럼 안내하여 주시오. (모두 퇴장)

가워 등장.

가워 안티오코스와 그의 딸은 듣자 하니, 사악한 행위들에 대한 마땅하고 정당한 응분의 대가를 치렀다고 하지요. 페리클레스와 왕비와 공주에게는 한때 사납고도 매서운 악운이 덮쳐왔으나, 이들이 보여준 미덕은 잔인한 파괴력을 가진 삶의 거친 비바람에서 살아남아, 마침내 하늘의 인도를 받으며 큰 기쁨을 누리게 되었습니다. 그리고 헬리카누스에게서는 진실, 신의, 충성심, 바로 그 자체들을 볼 수가 있었습니다. 세리몬 경에게서는 학식과 자애로움을 모두 갖춘 이가 지니고 있는 덕을 볼 수 있었습니다. 페리클레스의 명성이 알려짐과 동시에, 간악한 클레온 부부의 저주받을 악행이 세상에 널리 퍼지게 되자, 사람들은 분노하여 그들의 저택을 습격해 불태워 버렸다고 합니다. 이를 통해 우리는 비록 실패했으나 살인의 뜻을 품은 것만으로도, 신들은 응징하심을 알 수 있습니다. 오랫동안 이 연극을 관람해 주신 여러분께 감사드립니다. 늘 기쁨이 함께하시기를 바라며, 이만 연극을 마치겠습니다. (퇴장)

Cymbeline
심벨린

[등장인물]

심벨린 브리튼의 왕

왕비 심벨린의 두 번째 아내

이모젠 심벨린의 첫째 왕비의 딸

포스트무스 레오나투스 이모젠의 남편

클로텐 왕비의 전(前)남편의 아들

벨라리우스(가짜 이름은 모건) 추방된 귀족

기데리우스(가짜 이름은 폴리도어) 심벨린의 첫째 아들. 벨라리우스를 친아버지로 믿고 살
　　아옴.

아르비라구스(가짜 이름은 캐드월) 심벨린의 둘째 아들. 벨라리우스를 친아버지로 믿고 살
　　아옴.

필라리오 포스트무스의 친구

이아치모 필라리오의 친구

피사니오 포스트무스의 하인

카이우스 루키우스 로마의 사신. 뒤에 로마군 장군

코넬리우스 의사

심벨린 조정의 귀족 둘

심벨린 조정의 신사 둘

브리튼 부대장 둘

로마 부대장

프랑스인 필라리오의 친구

교도관 둘

헬렌 이모젠의 시녀

그 밖에 귀족들과 귀부인들, 로마 원로원 의원들과 호민관들, 점쟁이, 네덜란드인, 스페인인, 악사
들, 시종들, 시녀들, 장교들, 병사들, 사자들, 그리고 망령으로 유피테르, 시칠리우스 레오나투스
(포스트무스의 아버지), **포스트무스의 어머니, 포스트무스의 두 형**

[장소]

브리튼과 로마

심벨린

브리튼. 심벨린 왕궁의 정원.
신사 둘 등장.

신사 1 만나는 사람마다 잔뜩 찌푸리고 있으니. 인간의 성품이란 하늘의 섭리에 따르기 마련이나, 우리 신하들은 모두 전하의 기분에 따라야 하는 것 같소.

신사 2 무슨 일인데 그러시오?

신사 1 국왕 전하는 얼마 전, 후계자인 공주님을 새 왕비님과 전남편 사이의 아들, 이제는 전하의 맏아들인 분과 혼인시킬 예정이었으나, 공주님은 다른 사람과 결혼을 하고 말았소. 그 사람은 가난하지만 훌륭한 신사지요. 그래서 공주님의 남편은 추방되고, 공주는 감옥에 갇혔답니다. 그러니 궁중에서는 모두들 슬픈 얼굴을 하고 있고, 전하는 마음속으로 분노하고 계실 것이오.

신사 2 전하 말고 또 누가 상심을 하겠소?

신사 1 공주님을 빼앗긴 공주님의 남편이 그렇지요. 또 왕비님도 그렇고요. 그 결혼을 가장 열망한 분이셨으니까요. 그러나 신하들은 비록 겉으로는 전하처럼 상심한 듯이 우울한 표정을 짓고 있지만, 속으로는 좋아하지 않은 이가 없을 거요.

신사 2 그건 또 왜 그렇소?

신사 1 공주를 놓친 그 사람은 소문처럼 아주 나쁜 인간이고, 공주를 얻은 사람, 즉 공주님과 결혼한 사람은 훌륭한 분이거든요. 그러니까 추방을 당했단 말이오. 그런 분은 이 세상 어디에서도 찾아볼 수 없을 거요. 외모로 보나 그 성품으로 보나, 그분처럼 훌륭한 사람은 본 일이 없습니다.

신사 2 과장이 심하시오.

신사 1 나는 있는 그대로를 말한 것뿐이오. 그분의 미덕을 말하면 끝이 없을 테니, 줄였으면 줄였지 조금도 늘이지 않았소.

신사 2 그의 이름은 뭐고, 가문은 어떤가요?

신사 1 나는 그분의 조상에 대해서는 잘 모르지만, 그의 아버지는 시칠리우스라고 하는 사람이라오. 시칠리우스는 카시벨라누스 왕 아래서, 로마와 싸워 승리를 거두었소. 그 뒤 테난티우스 선왕에게서 레오나투스라는 영예로운 작위를 받았다오. 그리고 공주님과 결혼한 그 아들 말고 다른 두 아들은 전쟁터에서 용감하게 전사했지요. 그들은 숨이 끊어질 때까지 손에서 창을 놓지 않았다고 하오. 그들 아버지는 사랑하는 두 아들의 죽음을 슬퍼한 나머지 돌아가시고 말았다는군요. 그때 그의 아내 배 속에 아이가 있었는데, 오늘 우리가 이야기하는 젊은이가 바로 그 유복자로 태어난 아들이라오. 그래서 전하께서 그 아이를 거두어, 포스트무스 레오나투스라고 부르셨소. 그 젊은이는 전하의 총애 아래에서 가장 훌륭한 교육을 받았지요. 매우 총명한 그는, 마치 우리가 공기를 호흡하듯 가르치는 대로 받아들여, 아직 인생의 봄이지만 이미 수확을 거두게 된 거라오. 어디 그뿐인가요? 궁중에서 살면서 드물게 칭찬받고 사랑을 받아, 젊은이들에게는 본보기가 되며, 어른들에게는 그들을 비춰 주는 거울이 되고, 몸이 불편한 늙은이들에게는 자식이 되어주는 분이에요. 비록 이제는 추방된 몸이나, 높은 지위에 계시는 공주님이 그를 선택한 것으로 보아도, 그에 대한 생각이 어느 정도였는지 증명할 수 있겠지요.

신사 2 당신 이야기만 듣고도 그분을 존경하게 되는군요. 그런데 한 가지 더 묻겠는데, 전하의 자손은 공주님 한 분뿐인가요?

신사 1 무남독녀라오. 사실 전하께는 아드님이 둘 있었소. 이 이야기를 듣고 싶다면 해드리리다. 큰 왕자님은 세 살 때, 작은 왕자님은 아직 포대기에 싸여 있을 때 아기 방에서 실종되었다오. 그런데 아직까지 소식을 모른답니다. 어디로 어떻게 사라졌는지 알 길이 없단 말이오.

신사 2 그게 언제 일이오?

신사 1 20년쯤 되었지요.

심벨린 왕궁의 배경이라고 생각되는 잉글랜드 노스 요크셔의 나스보로성 유적

신사 2 한 나라의 왕자님들인데 그토록 어이없이 납치되다니, 어찌 그리 경
호가 허술할 수가 있소? 그리고 아직도 찾지를 못하다니!
신사 1 참으로 이상한 일이오. 그렇게 쉽게 잃어버리고, 이제껏 찾지도 못한
다니, 웃음거리가 될 만하죠. 그러나 그것이 사실이오.
신사 2 당신의 말씀이니 믿겠소.
신사 1 자, 이제 그 이야기는 그만합시다. 저기 그 젊은 분과 왕비님, 공주님
이 오십니다. (신사 2와 함께 퇴장)

왕비, 포스트무스, 이모젠 등장.

왕비 공주, 걱정하지 마라. 나는 보통 새어머니들처럼 너를 모질게 대하는 일은 절대로 없을 테니 말이다. 지금 너는 나의 감시를 받는 죄수의 몸이지만, 너의 교도관인 내가 이 감옥의 열쇠를 너에게 주겠다. 그리고 포스트무스, 그대에 대한 왕의 화가 풀리시는 대로 내가 그대를 위해 변호하겠네. 하지만 지금은 전하의 노기가 불꽃처럼 타오르니, 지혜롭게 모든 것을 참아내며 전하 뜻을 따르는 게 좋을 것 같네.

포스트무스 왕비마마, 그 뜻을 받들어 오늘 이곳을 떠나겠습니다.

왕비 위험이 따르리라는 것을 알고 있겠지. 내가 정원을 잠시 걷고 있을 테니, 금지된 사랑을 슬퍼하게. 사실 전하께서는 두 사람이 서로 만나지 못하게 하도록 명하셨지만 말이야. (퇴장)

이모젠 친절한 체하지만 모두 거짓말이에요. 상처를 내고 다시 긁어주는 폭군이죠. 왠지 아버지의 진노는 염려되는군요. 하지만 걱정 마세요. 아버지가 노하셔서 저에게 무슨 일을 하시든지, 저는 아버지께 절대로 불효가 될 일은 하지 않을 테니까요. 당신은 어서 가세요. 저는 여기 남아서 아버지의 화난 눈초리를 대하며 살겠어요. 물론 사는 것 같지 않겠지만, 언젠가는 제 보물인 당신을 만날 수 있기를 바라며, 그 기다림만을 오직 하나의 즐거움으로 삼으면서 지내겠어요.

포스트무스 오, 나의 여왕, 나의 아내인 당신! 슬퍼하지 말아요. 당신이 슬퍼하면 내 마음도 슬퍼지고, 그러면 사람들이 나에게 사나이답지 못하다고 말할 거요. 나는 언제까지나 당신의 충실한 남편으로 살아갈 것을 약속하오. 로마에 가면 내 아버지의 친구분인 필라리오게 가겠소. 한 번도 만난 적은 없으나, 편지로 서로 알고 있는 사이니까. 나의 여왕이여, 그리로 편지를 해요! 그러면 당신이 쓴 글씨를 나의 눈으로 마시면서 살아가겠소. 비록 그 글씨를 쓴 잉크가 쓸개즙으로 만들어진 것일지라도.

왕비 다시 등장.

왕비 제발 간단히 해라. 전하께서 오시면 또 얼마나 화를 내실지 모르니. (혼잣말로) 전하께서 이리 걸어오시도록 해야겠다. 내가 아무리 잘못을 해도 전하께서는 용서해 주시거든. 아니, 오히려 내가 그이의 기분을 상하게 하

1막 1장, 포스트무스와 이모젠 헨리 코트니 셀루스 그림, 프레데릭 웬트워스 판화

면 내게 상을 주시지. (퇴장)

포스트무스 우리의 생명이 다하도록 헤어짐을 아쉬워한다 해도, 헤어짐은
우리를 더욱 서럽게 할 뿐이오. 자, 안녕히!

이모젠 아니요, 좀더 머물러 주세요. 당신이 잠깐 말을 타고 산책을 다녀오신
다 해도, 이렇게 헤어질 순 없을 거예요. 이것 좀 보세요. 저의 어머니께서
가지고 계시던 다이아몬드 반지예요. 제가 사랑하는 당신이 이걸 가져가세
요. 이 반지는, 이모젠이 죽어서 당신이 다른 아내를 맞기 전까지는 꼭 지니
고 있어야 해요.

포스트무스 뭐라고? 다른 아내라고? 아, 은혜로우신 신들이여, 제가 이 한
여자만을 아내로 삼게 하소서. 죽음의 계약서만이 다른 아내를 맞게 하소
서. (반지를 끼면서) 내 생명이 붙어 있는 동안 여기에 영원히 머무르거라. 아

름다운 내 아내, 사랑하는 내 아내여, 부족한 나를 그대의 남편으로 맞이한 것이 당신에게는 커다란 손실이오. 하지만 아주 작은 일에서도, 언제나 나는 당신 때문에 덕을 보고 있소. 나를 생각해서 이것을 가져주오. 사랑의 예속물로 받아주오. 아름다운 죄수에게 이렇게 채워 주겠소. (팔찌를 이모젠의 팔목에 끼워 준다)

이모젠 오! 신들이여! 저희는 언제 다시 만나게 될까요?

심벨린과 시종들 등장.

포스트무스 아! 저기, 전하께서 오십니다.

심벨린 에잇, 고약한 것, 어서 물러나지 못하겠느냐! 앞으로 또다시 나를 괴롭히면, 그때는 너를 살려두지 않겠다. 어서 가거라! 너는 내 피를 해치는 독이야!

포스트무스 신들께서 전하를 지켜주시기를 비옵니다. 여기 남아 있는 그녀에게 복을 내리소서. 저는 물러가겠나이다. (퇴장)

이모젠 죽음도 이렇게 고통스럽지는 않을 거예요!

심벨린 에잇, 불효막심한 것! 나를 한 살이라도 더 젊게 해주어야 할 네가, 나를 더 늙게 만드는구나.

이모젠 아버지, 그토록 진노하시면 몸에 해롭습니다. 저는 아버지가 왜 그리 화가 나셨는지 알 길이 없나이다. 포스트무스와의 이별이 너무도 가슴이 아파, 이제는 어떠한 슬픔도 두려움도 느낄 수 없게 되었습니다.

심벨린 너의 온화함은 어디로 갔지? 순종하는 마음은?

이모젠 저에게는 희망도 없고 오직 절망뿐입니다. 그리고 절망 속에 온순함도 사라져 버리고 말았지요.

심벨린 왕비와 외아들에게 너를 주려고 했는데!

이모젠 그렇게 안 된 것이 얼마나 다행인지요! 저는 솔개를 버리고 독수리를 택한 거예요.

심벨린 너는 거지를 택했어. 내 왕관을 천한 진흙으로 발라 놓을 뻔했다.

이모젠 아니요, 오히려 빛을 더해 주었지요.

심벨린 에잇, 고약한 것!

이모젠 아버지! 제가 포스트무스를 사랑하게 된 것은, 아버지께도 책임이 있어요. 아버지께서는 그이를 저의 소꿉동무로 길러주셨잖아요. 어떤 여자에게도 잘 어울릴 그이는, 제게는 오히려 과분한 사람이지요.

심벨린 뭐라고? 네가 미쳤느냐?

이모젠 네, 거의 미쳐 가고 있습니다. 하늘이시여, 저를 제정신으로 돌아오게 해주소서. 제가 차라리 농부의 딸이고, 레오나투스가 옆집 양치기의 아들이라면 얼마나 좋을까요!

심벨린 에잇, 어리석은 것!

왕비 다시 등장.

심벨린 이 두 사람이 또 만나고 있었소. 당신은 내 말대로 하지 않았소? 공주를 어서 가두시오.

왕비 고정하십시오, 전하. 사랑하는 공주, 좀 조용히 하거라. (왕에게) 전하, 이일은 저희끼리 해결하도록 놓아두시고, 잠시 진정하십시오.

심벨린 그 아이는 날마다 피를 한 방울씩 짜내어, 늙어 죽게 만들어야 해. (시종들과 함께 퇴장)

왕비 너도 참, 아버지께 네가 양보를 해야지.

피사니오 등장.

왕비 저기 너의 하인이 온다. (피사니오에게) 그래, 무슨 일이냐?

피사니오 왕비마마, 아드님께서 저희 주인에게 싸움을 걸어오셨습니다.

왕비 뭐라고! 어디 다친 곳은 없느냐?

피사니오 다치셨을지도 모릅니다만, 저희 주인은 싸우기보다는 장난하는 듯이 맞서주셨기 때문에 무사하셨지요. 그다지 노하지도 않으셨고요. 지나가던 신사들이 말려서 싸움은 중지됐습니다.

왕비 다행이구나.

이모젠 그 아드님은 내 아버지 편이니까요. 그렇다고 추방당해 가는 사람에게 결투를 걸다니! 참, 용감한 분이군요! 아프리카 사막에서 두 분이 만났다면 좋았을 것을. 내가 옆에 있었다면 뒷걸음치는 자를 바늘로 찔러주었을 텐데. 그런데 너는 왜 그분을 떠나왔지?

피사니오 나리의 명령을 받고 왔습니다. 나리께서는 부두까지 제가 전송하는 것을 허락지 않으시고, 정성껏 공주님을 모시라면서 이 편지를 가지고 가라고 하셨습니다.

왕비 이 사람은 이제까지 너의 충직한 하인이었지. 앞으로도 그러리라고 믿는다.

피사니오 왕비마마, 감사합니다.

왕비 잠시 저기에 가 있어라.

이모젠 반 시간쯤 뒤에 너에게 할 말이 있으니, 그동안 나리께서 배를 타시는 것을 보고 오너라. 지금은 물러가 있거라. (모두 퇴장)

〔제1막 제2장〕

같은 곳. 빈터.
클로텐과 두 귀족 등장.

귀족 1 나리, 셔츠를 갈아입으시는 게 좋겠습니다. 그렇게 격한 행동을 하시니, 마치 제물(祭物)에서 김이 오르는 것 같습니다. 몸속의 뜨거운 공기가 빠져나가는 곳으로, 다시 바깥 공기가 스며들게 마련이니까요. 바깥 공기는 나리의 몸에서 발산하는 공기보다 더 깨끗하지는 못합니다.

클로텐 내 셔츠가 피투성이라면 바꿔 입지. 그자도 다쳤나?

귀족 2 (혼잣말로) 천만에, 그의 인내심이나 좀 다쳤을까.

귀족 1 다쳤냐고요! 그자가 다치지 않았다면 그자는 구멍 뚫린 시체일 겁니다. 상처를 입지 않았다면 아마 강철이라도 자유롭게 지나갈 수 있는 몸이겠지요.

귀족 2 (혼잣말로) 그자의 강철은 엉터리였나 보군. 아니면 검은 빚을 져서 소송을 당할까 봐 꽁무니를 뺐거나.

클로텐 그 망할 놈은 나를 당해 내지 못할 거야.

귀족 2 (혼잣말로) 암, 그럴 테지. 그렇지만 그는 앞으로만 도망쳤지. 지금쯤 당신 코앞까지 왔을걸.

귀족 1 당해 내다니요? 나리는 나리의 땅을 넉넉히 가지고 있는데, 그자는 거기에다 더 보태주기까지 하지 않았습니까. (혼잣말로) 자기들이 드넓은 바다를 가진 것처럼 생각하지만, 몇 치에 지나지 않지. 풋내기들 같으니!

클로텐 그자들이 말리지 않았더라면 좋았을 텐데.

귀족 2 (혼잣말로) 그럼 당신은 땅바닥에 널브러져, 자신이 얼마나 어리석었는지 재어보았을 텐데.

클로텐 그런데 그녀는 그런 자를 사랑하고 나를 차버리다니!

귀족 2 (혼잣말로) 올바른 선택을 하는 게 죄가 된다면, 공주님은 저주를 받게 될 거야.

귀족 1 제가 늘 말씀드렸듯이, 그녀의 아름다움과 지혜는 같지가 않습니다. 그녀는 외모만 아름다웠지, 지혜라고는 전혀 찾아볼 수가 없지요.

귀족 2 (혼잣말로) 공주님이 저런 바보들을 비춰 주다간, 그 그림자에 오히려 공주님이 해를 입게 될걸.

클로텐 내 방으로 가세. 그놈이 좀 다쳤으면 좋았을 것을!

귀족 2 (혼잣말로) 그럴 리가! 당나귀 같은 멍청한 놈이라면 몰라도, 그다지 상처를 입진 않았을걸.

클로텐 자네들, 나와 함께 가지 않겠나?

귀족 1 예, 함께 가겠습니다.

클로텐 이봐, 함께 가세.

귀족 2 예, 가겠습니다. (모두 퇴장)

〔제1막 제3장〕

심벨린 왕궁의 한 방.
이모젠과 피사니오 등장.

이모젠 부두에 바짝 붙어 서서, 배들마다 모두 물어보았더라면 좋았을 걸 그랬구나. 그분이 쓰신 편지가 내 손에 들어오지 않은 건, 죄인에게 특사를 내린 서류가 없어진 거나 마찬가지지 뭔가. 나리께서 너에게 마지막으로 하신 말씀이 뭐였지?

피사니오 "나의 여왕! 나의 여왕!"이라는 말씀이었지요.

이모젠 그러고는 손수건을 흔드시던가?

피사니오 그리고 그 손수건에 입을 맞추셨습니다, 공주님.

이모젠 아무 감각도 없는 그 손수건이 나보다 더 행복하구나. 그뿐인가?

피사니오 아뇨, 공주님. 저의 이 두 눈과 귀로 확인할 수 있을 때까지, 나리께서는 갑판 위에 서서 오랫동안 장갑과 모자, 손수건을 흔들어 보이셨습니다. 아마도 배는 빨리 떠나가고 있지만 마음은 얼마나 천천히 가고 있는가를 알리기 위해 그렇게 하셨을 겁니다.

이모젠 그분의 모습이 까마귀처럼, 아니 까마귀보다 더 작게 보일 때까지 그분을 전송하지 그랬느냐.

피사니오 물론 그랬지요.

이모젠 내가 거기 있었다면, 눈 근육이 끊어질 때까지 바라봤을 거야. 아주 멀리, 그분이 바늘 끝만큼 가늘어져서 흐릿하게 보일 때까지. 아니, 모기처럼 작아지면서 마침내 공기 속에서 사라질 때까지 바라봤을 거야. 그러다가 그분이 보이지 않게 되면, 나는 눈을 돌려서 서럽게 울었을 거야. 그런데 피사니오, 언제나 다시 그분의 소식을 들을 수 있을까?

피사니오 나리께서는 기회가 생기면 언제든지 소식을 전해 주실 겁니다.

이모젠 내가 그분과 헤어질 때 하고 싶었던 아름다운 말들이 많이 있었는데, 글쎄 못하고 말았지 뭐냐. 내가 어느 시간에 그분에 대해 어떠한 생각들을 하게 될지, 그리고 우리 둘의 관계나 명예에 금이 가게 할 이탈리아 여자들을 조심하라고, 또 아침 일곱 시, 정오, 자정이면 기도를 통해 서로 만나자고 말씀드렸어야 했는데, 아무 말도 못 했단다. 어디 그뿐이더냐. 이별의 키스를 할 사이도 없이, 아버지가 불쑥 나타나셨지 뭐야. 사나운 폭풍과도 같이, 이제 막 피어오르는 어린 꽃봉오리를 흔들어 버렸어.

시녀 한 사람 등장.

시녀 공주님, 왕비님께서 찾으십니다.

이모젠 (피사니오에게) 내가 이른 대로 빨리 하도록 해. 왕비님께 곧 가겠다고

이모젠 역의 비올라 알렌 19세기 후반 20세기 초

전해라.

시녀 네, 그리 전하겠습니다. (모두 퇴장)

로마. 필라리오의 집.
필라리오, 이아치모, 프랑스인, 네덜란드인, 스페인인 등장.

이아치모 나는 분명히 그 사람을 브리튼에서 보았소. 그 무렵 그 사람은 평
판이 나날이 높아가고 있었죠. 그때부터 오늘의 명성을 기약했다고나 할까
요. 그러나 나는 옆에서 그저 물끄러미 바라만 봤소. 그의 재능들이 목록처
럼 펼쳐지는 것을 하나하나 지켜보면서도 그리 감탄은 하지 않았지요.

필라리오 그건 아마도 그 사람이 육체적으로나 정신적으로, 지금만큼 성숙
하지 않았던 때 이야기겠죠.

프랑스인 나는 그를 프랑스에서 만났습니다만, 그처럼 해를 똑바로 바라보
며 눈씨름을 할 만한 사람이야 우리 프랑스에도 얼마든지 있지요.

이아치모 그자가 그러한 명성을 얻게 된 것은, 그가 잘났다기보다는 오히려
공주와 결혼한 몸이기 때문일 거요. 그것은 또한 틀림없이 문제를 일으켰을
겁니다.

프랑스인 그래서 쫓겨났겠지요.

이아치모 그렇게 공주와 떨어지게 된 가슴 아픈 사연 때문에, 그를 좋아하
던 사람들은 차츰 더 그를 좋게 말하며, 공주가 선택을 잘한 것이라고들 생
각했지요. 그렇지 않았다면 공주가 변변치 못한 사람에게 홀려, 가난뱅이와
결혼했다는 말들을 했을 테니까요. 그런데 어떻게 해서 그가 당신 집에 머
무르게 되었죠? 그 사람을 어떻게 알게 되었나요?

필라리오 그 사람의 아버지와 나는 군대에 함께 있었는데, 그분이 내 목숨
을 몇 번이나 구해 주셨소. 아, 저기 그 브리튼 사람이 오는군요. 서로들 어
색하지 않게 잘 지냈으면 좋겠소. 또 그대들은 저 사람을 이미 알고 있으니,
나의 귀한 손님으로 맞아주오.

포스트무스 등장.

필라리오 여러분, 이분은 내가 존경하는 친구요. 잘 부탁하오. 이분이 얼마

나 훌륭한 신사인지는, 내가 말하지 않아도 여러분이 직접 보고 알게 될 겁니다.

프랑스인　우리는 오를레앙에서 알게 됐지요.

포스트무스　갚고 또 갚아도 끝이 없을 만큼, 나는 당신의 은혜를 입은 사람입니다.

프랑스인　별말씀을 다 하시는군요. 그리 대단한 일도 아닌데요. 그때 나는 함께 있던 친구들과 그 싸움을 말리길 잘했다고 생각했지요. 별것도 아닌 일을 가지고 그렇게 결사적으로 싸우는 것은 참 딱한 일이었습니다.

포스트무스　그때 나는 풋내기 여행자였으므로, 경험 많은 사람들의 충고를 받아들였어야 하는 처지임에도, 그저 누구에게나 반항하는 듯한 태도를 보였으니까요. 그런데 이제 와 생각해 보니, 듣기 좀 거북하실지 모르나, 그 싸움이 나에게는 그리 사소한 일은 아니었다는 생각이 드는군요.

프랑스인　하지만 그렇게 결투를 하게 되면 둘 중 어느 한쪽이 쓰러지거나, 아니면 둘 다 목숨을 잃게 되지요.

이아치모　미안하지만, 무슨 이야기인지 우리에게도 좀 들려주지 않겠습니까?

프랑스인　이야기해도 괜찮겠죠. 그것은 보란 듯이 드러내 놓고 했던 논쟁이었으니까요. 이를테면 엊저녁에 우리가 한 토론과 비슷한 것이었지요. 저마다 자기 나라 여인이 더 좋다는 칭찬을 했었는데, 이분은 그때 우리 프랑스의 어느 훌륭한 여자도 따라갈 수 없을 만큼 자기 여자가 더 아름답고, 덕이 있으며, 지혜롭고, 순결하며, 변함없고, 어떠한 유혹에도 흔들리지 않는다고 했습니다.

이아치모　그 여인은 지금은 살아 있지 않을 겁니다. 아니면 이제는 달라졌겠지요.

포스트무스　그 여인은 아직도 부덕을 간직하고 있습니다. 내 마음도 변함이 없고요.

이아치모　우리 이탈리아 여인들 앞에서는 그렇지 못할 거요.

포스트무스　프랑스에서도 모두들 그렇게 말했었지요. 그러나 그녀의 됨됨이는 그 누가 뭐래도 조금도 낮게 평가될 수 없다고 확신합니다. 나는 그녀를 사랑한다기보다는 존경한다고 말할 수 있습니다.

이아치모 아름답고 선하다는 말은 브리튼 여인들에게 곧잘 함께 쓰이지만, 어느 여인들에 대해서는 지나친 말이 아닐까요? 지금 당신이 손가락에 끼고 있는 그 다이아몬드가 내가 이제까지 본 보석 가운데 가장 빛나듯이, 당신 부인이 내가 일찍이 본 수많은 여인들보다 훌륭하더라도 말입니다. 내가 이제까지 가장 귀중한 보석을 본 일이 없듯이, 당신도 오늘까지 그런 여인을 본 일은 없을 겁니다.

포스트무스 나는 그녀에 대해 내가 본 그대로 이야기했으며, 나의 보석도 마찬가지입니다.

이아치모 그럼, 어떻게 평가한다는 거죠?

포스트무스 세상 사람들이 좋아하는 그 어느 것보다도 더 훌륭하지요.

이아치모 그대가 그렇게 비교할 수 없을 만큼 훌륭하다는 그 여인은 죽었든지, 아니면 조금 과대평가를 한 것이오.

포스트무스 천만에요. 살 수 있거나 선물할 수 있는 것도 있으나, 너무 소중해서 사거나 팔 수도 없고, 오직 신만이 선물로 줄 수 있는 그런 것이 있지요.

이아치모 그렇다면 그 여인은 신이 그대에게 준 선물이란 말인가요?

포스트무스 신의 은혜로 간직해야 할 여인이지요.

이아치모 그대는 소유자라는 이름만을 갖게 될 거요. 그러나 가까운 연못에 낯선 새가 날아와 그대의 반지를 잃게 될 수도 있죠. 어디 그뿐인가요? 그대가 가장 소중히 여기는 두 가지를 바람기와 실수 때문에 잃어버릴 수도 있지요. 교활한 도둑이나 그런 일에 이골이 난 오입쟁이라면, 두 가지를 다 얻으려 할 거요.

포스트무스 당신네 이탈리아의 오입쟁이들 가운데 어느 누구도, 내 여인의 명예를 빼앗을 수는 없을 겁니다. 당신은 정조를 지키느냐 아니냐에 대해 그녀를 대수롭지 않게 생각하고 있지만, 이 나라에 아무리 도둑이 많아도 나는 겁나지 않소. 이 반지를 아무도 훔쳐 내지는 못할 겁니다.

필라리오 두 분, 이제 그만하고 갑시다.

포스트무스 예, 좋습니다. 여기 이 신사분에게 감사를 드립니다. 이분이 나를 낯선 이방인으로 대하지 않아서 처음부터 서로 친숙하니 말입니다.

이아치모 이런 이야기를 다섯 번만 듣는다면, 당신의 그 아름다운 여인에 대

1막 4장, 포스트무스와 이아치모 H.C. 셀루스 그림, 프레데릭 웬트워스 판화

해 충분히 알 수 있겠지요. 그런 다음 그녀에게 다가갈 기회만 얻게 된다면, 그녀를 설득하여 꺾을 수 있을 거요.

포스트무스 천만에요! 그렇게는 안될 겁니다.

이아치모 그렇다면 내 재산의 반을 당신의 그 반지에 걸고서 그녀를 굴복시켜 보이겠소. 내 재산의 반이 아마 당신의 반지보다는 값이 더 나갈 것이오. 하지만 당신이 그녀를 너무 과대평가하는 것 같아서, 그 점을 공격하기 위해 이런 제안을 하는 겁니다. 나는 어느 여자에게나 같은 생각을 하고 있으니까요.

포스트무스 그렇게 큰소리를 치다가는 큰코다칠 거요. 그런 무모한 시도를 하면 큰 손해를 보게 될 겁니다.

이아치모 그건 무슨 뜻이죠?

포스트무스 실패할 게 뻔하니 말이오. 하기야 당신이 말하는 그 시도라는
게, 그것만으로도 벌을 받아 마땅하지요.

필라리오 신사분들, 이젠 그만하오. 이렇게 만나자마자 말다툼을 벌이다
니…… 이젠 그만두고, 서로 의좋게 지내도록 하오.

이아치모 지금 이야기한 것을 증명하기 위해서라면, 내 재산은 물론 이웃 사
람의 재산까지도 걸어볼 만합니다.

포스트무스 그 상대로는 어느 여인을 택하겠소?

이아치모 당신의 여인이지요. 당신이 한결같이 믿는 당신 아내 말이오. 당신
반지에 1만 더컷을 걸겠소. 당신 아내가 있는 그 궁으로 나를 데려가서, 그
녀를 만날 기회만 만들어 준다면, 두 번만에 그대가 그처럼 믿는 그녀의 정
절을 꺾어 보이리다.

포스트무스 나도 당신의 금화에 나의 반지를 걸겠소. 이 반지는, 내 손가락
이나 다름없는 소중한 나의 일부이니.

이아치모 그래야지요. 여인의 살은 한 모금에 1백만 더컷을 주고 산대도, 그
걸 썩지 못하게 할 수는 없으니까요. 두려워하는 걸 보니 당신은 아직도 양
심이 있군요.

포스트무스 그건 당신의 입버릇에 불과한 말일 테고, 마음속으로는 좀더 진
지한 것을 생각하고 있을 거요.

이아치모 나는 내 말에 책임지는 사람이오. 내가 말한 대로 반드시 실행하고
야 말겠소.

포스트무스 그래요? 당신이 브리튼에 다녀올 동안만 이 반지를 빌려주겠소.
그럼 계약서를 씁시다. 내가 사랑하는 여인은, 당신의 터무니없는 생각과는
비교할 수 없는 훌륭한 사람이지요. 나는 자신 있게 이 내기에 응하겠소.
자, 여기에 반지가 있습니다.

필라리오 나는 그런 내기에는 끼어들고 싶지 않소.

이아치모 신께 맹세코, 이 한 가지 조건을 걸죠. 만일 내가 당신 아내의 몸
가운데 가장 소중한 부분을 침범한 증거를 가져오지 못한다면, 나의 1만 더
컷은 그대 것이오. 그 반대의 경우에, 그대의 반지는 내 것이오. 당신이 믿
는 대로 그녀의 명예가 지켜진다면 그대의 아내라는 보석도, 이 반지라는
보석도, 나의 돈도 모두 그대 것이오. 그런데 한 가지, 내가 그녀를 자유롭

게 만날 수 있도록 추천장을 써주어야 하오.

포스트무스 그 조건들을 받아들이지요. 계약서를 교환합시다. 하지만 이것만은 대답을 해줘야겠소. 그대가 이긴다면 나에게 곧바로 증거를 제시해 주오. 그리되면 그대와 나는 원수가 될 필요도 없소. 그렇게 쉽게 유혹에 떨어지는 여인이라면, 싸울 만한 가치도 없으니까요. 그러나 그 반대로, 그대의 터무니없는 주장이 실패로 돌아가 나의 아내가 그대에게 유혹당하지 않았다면, 그대는 나와 결투로 대결해야 합니다.

이아치모 자, 약속의 악수를 나눕시다. 우리는 변호인의 공증 아래 계약을 합시다. 그럼 나는 곧 브리튼으로 떠나겠소. 이 내기가 식어 시들해지기 전에—모처럼의 내기가 감기에 걸리거나 굶주리기 전에—돈을 가져오리다. 내기할 물건을 등록해 둡시다.

포스트무스 좋소. (이아치모와 함께 퇴장)

프랑스인 이대로 실행될까요?

필라리오 이아치모는 물러서지 않을 거요. 어디, 따라가 봅시다. (모두 퇴장)

〔제1막 제5장〕

브리튼. 심벨린 왕궁의 한 방.
왕비, 시녀들, 코넬리우스 등장.

왕비 아직 이슬이 맺혀 있을 때 꽃을 꺾어야 한다. 어서 서둘러라. 목록은 누가 가졌지?

시녀 1 제가 가졌사옵니다.

왕비 어서 가져오너라. (시녀들 퇴장) 그 약은 가져왔나요?

코넬리우스 왕비마마, 여기 있습니다. (작은 상자를 왕비에게 내준다) 그런데 마마, 제가 양심에 거리껴 묻사온데, 이렇게 지독한 독약을 어디에 쓰시려고 저에게 구해 오라 명하셨는지요? 이 약은 효능은 느리지만 사람을 마르고 쇠약하게 만들어서 끝내 죽음에 이르게 하는 것입니다.

왕비 왜 그런 걸 묻는 거죠? 나는 선생의 제자가 아니었나요? 선생은 나에게 향수 만드는 법, 증류하는 법, 저장하는 법 등을 가르쳐 주었지요. 그래서 전하께서는 가끔 나에게 약을 만들어 달라고 청하신답니다. 그러니 나를 나쁘게 생각하지 않는 한, 내가 온갖 실험을 하여 의학적 지식을 넓히려 한다는 사실을 알겠죠? 나는 선생이 만든 그 약의 효력을 사형 선고를 내릴 가치조차 없는 동물들에게 시험해 보고, 그 독을 없앨 수 있는 약도 연구하려는 거예요. 그렇게 해서 그 약의 효능과 효력을 알아보려는 거죠.

코넬리우스 그런 실험을 하시면 왕비님의 마음이 돌처럼 차가워질 수도 있으며, 그 효력을 찾는 과정에서 건강에도 해를 끼칠까 염려되옵니다.

왕비 걱정하지 마오.

피사니오 등장.

왕비 (혼잣말로) 저기 간사한 놈이 오는군. 저놈부터 시험해 봐야겠다. 저놈은 제 주인 편이고, 그 주인 놈은 내 아들의 원수이니 말야. 피사니오, 잘 지냈느냐? 의사 선생, 오늘은 이만하고 가도 됩니다.

코넬리우스 (혼잣말로) 이 여인은 어쩐지 수상하다. 하지만 그 약으로는 어떤 해도 주지 못할걸.

왕비 (피사니오에게) 너에게 잠깐 할 말이 있다.

코넬리우스 (혼잣말로) 도무지 호감이라고는 가지 않는 여자야. 아마도 그녀는 그 약에 서서히 사람을 죽게 하는 독이 들어 있다고 생각하겠지. 나는 그녀의 마음보를 잘 알고 있어. 그런 독약을 주었다가는 무슨 나쁜 짓을 할지 알 수 없는 사람이지. 반드시 그녀는 개나 고양이에게 먼저 시험해 볼테지. 처음에는 정신이 좀 몽롱해지고 감각이 둔해질 테지만, 죽을 만큼 위험하지는 않아. 잠시 감각을 마비시켜 정신을 가두는 셈으로, 다시 깨어날 때는 더 생생해질 테니까. 이 잘못된 효과로 그녀는 낭패를 보게 될 것이고, 그녀를 속이는 것은 옳은 일이지.

왕비 선생이 할 일은 끝났습니다. 다른 일이 생기면 또 사람을 보내지요.

코넬리우스 그럼 이만 물러가겠습니다. (퇴장)

왕비 공주가 아직도 울고 있다고? 시간이 지나면 그 아이도 사랑을 포기하고, 전하의 뜻을 따르지 않을까? 네가 어떻게 좀 해보지 않겠나? 그 애가 내 아들을 사랑한다는 소식만 가져오면, 그 즉시 너를 네 주인만큼 높은 사

1막 5장, 왕비, 피사니오와 코넬리우스 H.C. 셀루스

람이 되게 해주지. 아니, 그자의 재산은 그때쯤은 아무 소용이 없어질 테니, 오히려 네 주인보다 더 대단한 사람이 될 수도 있을 거야. 그자는 돌아오지도 못할 테고, 지금 있는 곳에도 계속 머무르지 못하게 될걸. 사는 곳을 옮긴다 해도 불행이 꼬리를 물고 일어나, 날이 갈수록 더 비참해지기만 할 거야. 그렇게 자꾸 무너져 가는 사람에게 어떻게 의지할 텐가? 다시 일어날 수도 없고, 친구도 없고, 가진 거라곤 몸뚱이밖에 없는 그런 자에게 어떻게 기대겠느냐 말일세. (상자를 떨어뜨린다. 피사니오가 그 상자를 집는다) 너는 무엇인지 알지도 못하면서 그것을 집어 들었지만, 그 집어 든 대가로 그것을 갖게. 내가 만든 건데, 전하께서 돌아가실 뻔했을 때 그것으로 다섯 번이나 되살려 드렸지. 나는 그보다 더 잘 듣는 약을 이제까지 본 적이 없어. 어쨌든 그 약을 가지고 가게. 앞으로 너에게 훨씬 더 많은 것들을 줄 테니, 공주에게 가서 이 상황을 잘 설명하란 말이야. 그러나 네 생각인 것처럼 말해야 돼. 그렇게 하면 너의 운명이 바뀌게 될 것을 생각하라고. 그리고 물론 공주를 계속해서 섬길 수도 있어. 그건 내 아들이 알아서 처리할 테니 걱정하지 않아도 돼. 또 전하께 잘 말씀드려서, 네가 바라는 직위에 앉혀주겠다. 너에게 이렇듯 수고를 끼치는 대가로, 나는 모른 체하지 않고 네가 잘되도록 최선을 다할 거야. 시녀들을 불러주게. 내 말을 잘 새겨듣게나. (피사니오 퇴장) 능청스럽고 한결같은 놈이군. 여간해서 흔들리지 않거든. 제 주인의 대리 역할을 톡톡히 해서, 두 사람이 결혼한 사실을 늘 일깨워 준단 말이야. 내가 그놈에게 준 것을 먹기만 하면, 그 계집애를 돌봐줄 사람도 사라질 테지. 그래도 그애가 심술을 부리면, 그 계집애에게도 이 약을 먹여야겠어.

피사니오와 시녀들 다시 등장.

왕비 그래, 수고들 했구나. 제비꽃, 노란 앵초, 달맞이꽃들을 내 방으로 가져오너라. 피사니오, 잘 가게. 내가 한 말을 잘 기억해야 하네. (시녀들과 함께 퇴장)
피사니오 잘 알았습니다. (혼잣말로) 그러나 주인께 조금이라도 불충한 일을 저지르게 되면, 그때는 이 목숨도 끝이야. 내가 할 수 있는 건 오직 그뿐이지. (퇴장)

같은 곳. 궁중의 다른 방.
이모젠 등장.

이모젠   잔인한 아버지와 못된 계모, 결혼한 여인에게 청혼하는 파렴치한 구혼자라니! 그래서 그녀의 남편은 쫓겨나고 말았지. 아, 그 남편은 나를 끝도 없는 슬픔으로 이끌고, 나를 괴롭히는 일들도 끝없이 일어나는구나! 차라리 나도 두 오빠처럼 납치나 되었더라면 좋았을걸! 명예를 귀히 여겨야 하는 공주가 세상에서 가장 불행해. 신분 낮은 여인네들은 얼마나 행복할까? 계절이 베풀어 주는 혜택을 누리며 정직하게 농사나 짓고 살아가는 촌사람들이 부럽구나. 그런데 저건 누구지? 아니!

피사니오와 이아치모 등장.

피사니오   공주님, 어느 신사분이 로마에서 나리 편지를 가지고 오셨습니다.
이아치모   놀라실 것 없습니다. 고귀하신 레오나투스 경은 무사하십니다. 공주님께 문안 인사를 드립니다. (편지를 이모젠에게 내어준다)
이모젠   감사합니다. 이렇게 만나뵙게 되어 반갑습니다.
이아치모   (혼잣말로) 말 그대로 외모는 참으로 아름답구나. 그 마음도 이렇게 훌륭하다면, 그녀는 아라비아의 불사조라고 할밖에. 그러면 나는 내기로 건 돈을 모두 잃게 되겠지. 그러니 대담해져야 한다. 머리에서 발끝까지 뱃심으로 두둑이 무장을 해야지! 그렇지 못할 바에는 차라리 파르티아인처럼 활을 쏘면서 달아나는 편이 낫겠다. 아니, 바로 도망쳐 버릴까?
이모젠   (편지를 읽는다)

이 편지를 가지고 가는 이는 고귀한 인품을 지닌 분으로, 내게 많은 친절을 베풀어 주었소. 그러니 당신도 그에게 보답하는 뜻에서, 그대가 사랑하는 나를 대하듯 친절히 대해 주시오. 레오나투스로부터!

여기까지 저는 큰 소리로 읽었어요. 나머지는 제 마음속 깊이 따뜻함을 느끼게 해주는 글들이군요. 이 편지를 가져오신 데 대해 더없이 감사드립니다. 저의 말뿐만이 아니라, 제 모든 힘을 다해서 당신을 대접하겠습니다.

이아치모 감사합니다, 아름다운 공주님. (혼잣말로) 자연은 사람들에게 아치 모양의 하늘과, 바다와 육지의 풍부한 산물들을 볼 수 있는 눈을 갖게 했지. 그래서 우리는 보석처럼 빛나는 하늘을, 바닷가의 쌍둥이 바위들을 뚜렷하게 바라볼 수 있다. 그러나 어째서 인간은 아름다운 것과 추한 것을 구별할 수 있는 눈을 갖지 못한 것일까?

이모젠 무엇을 그리도 감탄하고 계시죠?

이아치모 (혼잣말로) 원숭이나 바보라도 이렇게 아름다운 여인을 보게 되면 칭찬을 아끼지 않으며, 다른 추한 여인들을 보고 멸시하는 마음을 갖지 않을 수 없을 거다. 바보라 하더라도 이런 아름다운 여인에 대해서는 지혜로운 판단을 하게 될걸. 욕정 때문은 아니지. 이처럼 고결한 아름다움 앞에서는 굶주린 욕정조차 물리치게 되며, 조그만 유혹도 사라지고 말 거야.

이모젠 무슨 일이죠? 말씀해 주세요.

이아치모 (혼잣말로) 욕정이 강한 사람은 늘 만족을 모르지. 그래서 순진한 양을 건드린 다음, 다시 게걸스럽게 찌꺼기로 눈을 돌리는 거야.

이모젠 왜 넋이 나간 분처럼 그러시죠? 어디가 불편하신지요?

이아치모 괜찮습니다, 공주님. (피사니오에게) 자네는 내 숙소로 가서, 내가 데리고 온 하인을 좀 돌봐주게. 그놈은 여기가 영 낯설고 어리둥절할 테니까.

피사니오 그렇잖아도 저도 그럴 생각이었습니다. (퇴장)

이모젠 제 남편은 잘 지내시나요? 건강은 괜찮으신지요?

이아치모 잘 지내십니다.

이모젠 그리고 즐겁게 지내시는지요? 그러시면 좋겠습니다만.

이아치모 아주 재미있게 지내십니다. 그곳에서 누구와도 잘 어울리며 놀기 좋아하시고, 늘 즐겁게 지내시기 때문에, 브리튼의 호탕아라고 불리지요.

이모젠 그분이 여기 계실 때는 언제나 슬퍼하셨는데, 때로는 그 까닭조차 알 길이 없었답니다.

이아치모 저는 그분이 슬퍼하는 모습을 한 번도 본 적이 없는걸요. 그에게는 프랑스인 친구가 하나 있습니다. 그 프랑스인은 고향에 있는 한 여인을 사

연극 〈심벨린〉 스텔라 히스(이모젠 역) 출연, 마틴셰익스피어 극단. 2015.

랑하여, 그 여인을 그리워하며 한숨을 쉬곤 한답니다. 그러면 공주님의 남편인 브리튼 신사분은 아주 통쾌하게 웃으며 이렇게 말하곤 하지요. "오, 기가 막히는군. 여성이 어떤 존재인지, 역사나 기록에서, 또 자신의 경험으로 여자란 선택할 수 있는 존재가 아니란 걸 알면서도 결혼했거나 약혼했다고 해서, 그 여자에 얽매어 그렇게 땅이 꺼져라 한숨을 몰아쉴 게 뭐람" 하고요.

이모젠 제 남편이 그렇게 말씀하셨다고요?

이아치모 그럼요. 너무 웃어서 눈에서 눈물이 날 정도지요. 그분이 그 프랑스인을 놀리시는 걸 보는 게 우리들 사이에서는 하나의 재밋거리가 되었으니까요. 하느님도 무심하시지, 세상에 그렇게 무정한 사람이 있다니요.

이모젠 제 남편은 그러실 분이 아니에요.

이아치모 그렇겠지요. 그러나 그분은 하늘이 내리신 복을 좀더 은혜롭게 사용하셔야 하는데, 유감입니다. 그분 자신에게는 이러한 복이 너무 과하지요. 당신처럼 모든 것을 갖추신 분을 아내로 맞아들이다니 말입니다. 저는 놀라면서도, 한편으로는 가여운 생각까지 든답니다.

이모젠 뭐가 그렇게 가여운가요?

이아치모 두 분 다 말입니다.

이모젠 제가 그 둘 가운데 하나란 말씀인가요? 저를 그렇게 뚫어지게 바라 보시니 말입니다. 손님께서 가엾게 여기셔야 할 까닭이 무엇인가요?

이아치모 그야말로 통탄할 일이지요! 밝게 빛나는 태양을 피해 어두운 지하 토굴 속에서 촛불을 켜고 계시니 말입니다.

이모젠 제발 좀더 확실하게 말씀해 주세요, 부탁입니다! 왜 저를 가엾게 여기시는지요?

이아치모 다른 사람들은 다들 그렇게 하니까요. 저는 그저 공주님도 마음껏 즐기시라고 말씀드리고 싶을 뿐입니다. 그러나 신이 갚아주실 일이지, 제가 이래라저래라 말씀드릴 수 있는 게 아니니까요.

이모젠 당신은 저와 관련된 어떤 일을 아시나 본데, 부디 저에게 바로 말씀 해 주세요. 의심은 악을 낳으며, 때로는 사람에게 해를 끼치기도 하지요. 너 무 늦어버린 게 아니라면 해결 방법이 있을지도 모르니까요. 그렇게 반쯤은 가리고 반쯤만 알려주시지 말고, 부디 있는 그대로 말씀해 주세요.

이아치모 (혼잣말처럼) 이 뺨에 입 맞추고, 이 손을 잡게 된다면, 자신의 영혼 을 걸고 맹세하지 않을 수 없으리라. 한번 보기만 해도 정신을 잃게 만드는 이 여인에게 이토록 매혹되면서도, 신전의 계단처럼 누구나 오르내릴 수 있 는 흔해 빠진 입술들을 탐하거나, 거짓을 밥 먹듯이 하는 굳어진 음란한 손들을 잡든지, 비린내 나는 쇠기름 등불처럼 흐릿하고 천한 눈길에 곁눈질 하기라도 한다면, 그런 몹쓸 자식은 온갖 돌림병에 걸려 지옥에나 떨어져야 한다고.

이모젠 제 남편이 브리튼을 잊으신 건 아니겠지요?

이아치모 브리튼은 물론, 그 자신도 잊고 말았지요. 사실 이런 소식은 전하 지 말라고 부탁받았지만, 공주님을 뵙고 나니 저의 양심이 진실을 말하지 않을 수 없군요.

이모젠 이젠 그만하세요. 더는 듣지 않겠어요.

이아치모 오, 측은하기도 하시지. 그 뜻을 충분히 알 것 같습니다. 제 가슴이 너무나 아파오는군요. 이토록 아름다우신 공주님이라면 어떠한 왕에게든 두 배의 힘을 실어 드릴 수 있었을 텐데 그런 건달을 만나시다니, 안타까운 일입니다. 그는 공주님이 주신 돈으로 음탕한 짓을 하고 다닌답니다. 고질병

연극 〈심벨린〉 폴 프리먼(이아치모 역)·조안 피어스(이모젠 역) 출연. 로열셰익스피어 극단. 런던, 워싱턴, 뉴욕 상연. 1997~98.

에 걸려 비싼 값을 치르고 약을 사들이고, 매독균이 득실거리는 그런 인간들과 어울리는 그자에게 복수를 해야 합니다. 한 나라의 공주로서 그 혈통을 명예롭게 여기신다면 말입니다.

이모젠 복수를 하라고요! 어떻게요? 지금 말씀하시는 게 모두 사실이라면, 물론 이 두 귀로만 들은 걸 성급히 믿어버릴 수는 없지만, 만일 그게 사실이라면 어떻게 복수를 해야 하죠?

이아치모 디아나 신전의 무녀처럼 싸늘한 홑이불을 쓰고 덧없이 살아야 할 까닭이 하나도 없지요. 공주님이 주신 돈으로 그자는 숱한 매춘부들의 뒤 꽁무니나 쫓아다니니, 그에게 똑같이 되갚아 주셔야 합니다. 저는 공주님께 충성을 다하겠습니다. 공주님의 침실을 더럽힌 그자보다는 제가 훨씬 고귀하죠. 은밀히 온 마음을 다해 언제나 공주님을 사랑할 테니까요.

이모젠 뭐라고요? 오, 피사니오, 이리 좀 와봐!

이아치모　공주님 입술 위에, 저의 충성을 다하게 해주십시오.

이모젠　어서 물러가요! 이제까지 묵묵히 당신의 이야기를 들어준 이 귀가 너무 원망스럽군요. 당신이 만일 점잖은 분이라면, 선의에서 우러나오는 이야기를 한다면 몰라도, 그렇게 천한 짓을 하려고 그런 엉뚱한 말씀을 하다니요. 당신은 도무지 체면이라고는 없는 분이군요. 점잖은 제 남편을 중상모략하고는, 당신과 악마를 똑같이 경멸하는 저를 유혹하려 드는군요. 이리 좀 와봐, 피사니오! (이아치모에게) 당신의 이 무모한 행동을 부왕께 알리겠어요. 마치 로마의 유곽처럼 뻔뻔스럽고도 대담하게, 구역질 나는 말들을 서슴없이 해대는 당신을 만일 전하께서 용서하신다면 전하께서는 이 궁을 소중히 여기지 않으시며, 딸인 나를 가벼이 여기시는 거라고밖에는 생각할 수 없겠지요! 어서 와, 피사니오!

이아치모　(혼잣말로) 오, 레오나투스, 그대는 행복한 자로군. 그대가 그대 부인을 그토록 믿는 까닭을 이제야 알겠네. 그대의 가장 완전한 선(善)은, 그녀의 믿음을 확고하게 만들었어. 그대는 이 하늘의 혜택을 오래도록 누리리라. (이모젠에게) 이 나라에서 일찍이 보지 못한 가장 훌륭한 신사분의 아내인 공주님 또한 말할 필요도 없이 훌륭한 분이십니다. 용서하십시오. 제가 그런 말씀을 드리게 된 것은 그저 공주님의 신념이 얼마나 깊은지 시험해 보기 위한 것이었습니다. 또 공주님의 남편분이 더 존경받도록 하기 위한 일이고요. 사실 그분은 참으로 진실하시지요. 세상 사람들이 너나 할 것 없이 모두 입에 침이 마르도록 칭찬하는, 바로 그런 분입니다.

이모젠　이제는 말씀을 바꾸시는군요.

이아치모　그분이 사람들 사이에 앉아 있으면, 마치 하늘에서 내려온 신처럼 두드러져 보이지요. 유한한 삶을 살아가는 인간들에게서는 찾아보기 어려운, 한층 빛나는 명예가 그분을 받쳐주고 있습니다. 고귀하신 공주님, 제가 거짓 보고를 드린 데 대해 부디 화내지 마십시오. 사실 저의 그런 시험으로, 그토록 훌륭한 분을 남편으로 선택하신 공주님의 뛰어난 판단력이 증명되었습니다. 그분을 아끼는 마음에서 그렇게 한 것입니다만, 공주님이 고결하신 분으로 증명되었으니, 부디 저를 용서해 주시기 바랍니다.

이모젠　좋습니다. 저의 권한으로 이 궁중을 자유롭게 다니게 해드리지요.

이아치모　감사합니다. 아, 깜빡 잊었군요. 매우 사소하지만, 꼭 들어주셨으면 하는 간청이 하나 있습니다. 그것은 그분은 물론, 저와 또 다른 훌륭한 친구들이 함께 관련된 일입니다.

이모젠 무엇이지요?

이아치모 신분이 높은 열두서너 명의 로마인들이—공주님의 남편분도 함께—자금을 모았습니다. 그 자금은 황제께 드릴 예물을 사기 위한 것입니다. 그 책임을 제가 맡았는데, 물건은 프랑스에서 이미 샀습니다. 그것은 아주 훌륭한 보석과 희귀한 모양을 한 접시입니다. 이곳이 저에게는 낯선 데다, 그 물건은 아주 귀한 것이어서 여간 조심스럽지가 않습니다. 그러니 공주님이 그것을 좀 맡아주실 수 있는지요?

이모젠 맡아 드리지요. 제 명예를 걸고 그 물건을 잘 보관하겠습니다. 저의 남편도 함께 참여하시는 거라니, 제 침실에 보관해 두지요.

이아치모 그 물건은 짐 가방 안에 있는데, 제 하인이 지키고 있습니다. 오늘 밤만 맡아주십시오. 저는 내일 떠나니까요.

이모젠 그렇게 빨리 가시나요?

이아치모 네, 늦게 돌아가면 약속을 어기게 되기 때문입니다. 이토록 귀하신 공주님을 뵙기 위해, 이렇게 갈리아로부터 바다를 건너 다녀가기로 약속을 했거든요.

이모젠 이렇게 일부러 찾아와 주시니 감사할 따름입니다. 그러니 내일은 가지 마세요.

이아치모 아뇨, 꼭 떠나야 합니다. 남편분에게 전하실 말씀이 있으면 오늘 저녁에 써 두십시오. 그렇지 않아도 예정 시간이 지체되었답니다. 진상이 늦어지면 곤란하므로, 내일은 꼭 떠나야 합니다.

이모젠 편지를 쓰지요. 저에게 맡기신다는 가방을 보내세요. 잘 보관해 두었다가, 꼭 돌려드리겠습니다. 이렇게 와주셔서 감사합니다. (모두 퇴장)

〔제2막 제1장〕

브리튼. 심벨린 왕궁 앞.
클로텐과 귀족 둘 등장.

클로텐 그자, 어지간히 운이 좋더구먼. 아, 내가 던진 공이 막 그자의 공을 맞히려는 순간, 빌어먹을 그자의 공에 툭 채이지 않았겠나. 1백 파운드나 잃고 말았지. 어디 그뿐인가, 그래 놓고는 마치 내가 제 욕을 꿔 오기나 한 듯 마구 욕을 퍼부어대지 뭔가.

귀족 1 나리의 공이 그자의 머리통을 갈기지 않았습니까? 그자는 어떻게 됐죠?

귀족 2 (혼잣말로) 그자의 꾀가, 때린 놈의 꾀와 매한가지였다면 모두 흘러나왔을 거야.

클로텐 신사가 맹세를 하려는데, 구경꾼이 그것을 막을 수 있겠나?

귀족 2 없지요. (혼잣말로) 하지만 귀를 기울일 리도 없지.

클로텐 그놈이 나와 신분만 같다면 결투를 했을 텐데.

귀족 2 (혼잣말로) 얼마나 못났나 보게 말이지.

클로텐 화가 나 죽겠네. 염병에나 걸려라! 차라리 신분이 낮았으면 좋을걸. 왕비의 아들이라고 그놈들, 내게 감히 덤비지도 못하니. 시시한 놈들도 얼마든지 결투를 하는데, 나는 이게 뭐람. 수탉처럼 아무리 헤매고 다녀도 도무지 덤비는 놈이 없으니.

귀족 2 (혼잣말로) 수탉이지만 거세한 수탉이지. 그뿐인가, 허세 부리는 꼴은 꼭 벼슬 달린 까마귀 같군.

클로텐 뭐라고 했지?

귀족 2 나리를 화나게 하는 자들과 일일이 맞서 싸우시면 안 된다는 거지요.

클로텐 나도 그건 잘 알고 있어. 그래서 나보다 천한 자들과는 상대를 안 하지 않나?

귀족 2 그야 그러셔야죠.

클로텐 그렇다고 하잖나.

귀족 1 오늘 저녁, 왕궁에 외국 손님이 오신 것을 알고 계시는지요?

클로텐 외국 손님? 나는 모르는데.

귀족 2 (혼잣말로) 자기가 더 외국인인 주제에, 그걸 모르다니!

귀족 1 이탈리아 사람이 왔지요. 레오나투스의 친구인 것 같습니다만.

클로텐 레오나투스! 추방당한 그 악당 놈. 그 친구란 자도 똑같은 놈이겠군. 그 외국인이 왔다는 소식은 어디서 들었나?

귀족 1 나리의 시종 하나가 그러더군요.

클로텐 내가 가서 그자를 만나봐도 괜찮을까? 그렇게 한다고 내 위엄이 깎이진 않겠지?

귀족 1 나리의 위엄이 어떻게 깎이겠습니까?

클로텐 그렇게 쉽게 깎일 수는 없겠지.

귀족 2 (혼잣말로) 그대는 타고난 바보가 아닌가. 그러니 무슨 짓을 하든 깎이고 말고 할 것조차 없다네.

클로텐 그 이탈리아 사람을 만나러 가세. 오늘 공 시합에서 졌으니 그자에게나 이겨 볼까. 자, 가세.

귀족 2 네, 곧 가겠습니다. (클로텐과 귀족 1 퇴장) 어머니는 그토록 교활한데, 아들은 이토록 바보구나. 어머니는 잔꾀로 모든 이들을 꺾어 누르는데, 그 아들은 스물에서 둘을 떼면 열여덟이 된다는 것조차 모르는 바보니 말이야. 이모젠 공주님도 참 불쌍하시지. 아버지와 변덕스런 계모 사이에서 견디고 사셔야 하는 신세라니. 더군다나 저 지긋지긋한 바보가 청혼을 한다고 덤벼드니, 정말 참을 수 없는 노릇이지. 그 인간 때문에 남편은 쫓겨나 부부가 서로 생이별을 해야 하니까. 공주님, 하늘은 당신의 거룩한 명예를 흔들림 없이 굳게 지켜주실 겁니다. 당신을 받쳐주는 그 아름다운 마음의 성전은 아무 때고 추방당하신 남편과 다시 만나 행복을 누리며, 이 왕국을 꼭 차지하게 해주실 겁니다. (퇴장)

〔제2막 제2장〕

심벨린 왕궁. 이모젠의 침실.
이모젠은 침대에 누워 책을 읽고 있고, 곁에서 시녀가 시중을 들고 있다. 방 한구석에는 커다란 짐 가방이 놓여 있다.

이모젠 누구지? 헬렌?

시녀 네, 저예요.

이모젠 지금 몇 시지?

시녀 자정이 가까웠습니다.

이모젠 세 시간이나 책을 읽었더니 눈이 침침하구나. 내가 읽던 책장을 접어서 덮어 놓아라. 너도 어서 가서 자. 촛불은 끄지 말고 그대로 두어라. 4시에도 깨지 않거든 나를 불러서 깨워야 한다. 너무 졸리구나. (시녀 퇴장) 신이여, 저를 지켜주소서. 요정들과 밤의 유혹으로부터 저를 지켜주소서. (잠든다)

이아치모, 짐 가방 밖으로 나온다.

이아치모 귀뚜라미 울고 인간의 지친 감각이 깊은 휴식에 빠져드는 밤, 타르퀴니우스가 루크레티아의 순결을 깨뜨리기 전에, 이렇게 살금살금 골풀 위를 걸어갔겠지. 오! 베누스여! 이 침대에 어울리는, 이 얼마나 아름다운 여신인가! 청초한 백합이여! 그 깨끗함이여, 만져볼 수 있다면! 한 번만, 오직 한 번만이라도 입 맞출 수 있다면! 그 붉은 입술은 루비와도 비할 수가 없구나! 이 방이 이토록 향기로운 건 그녀의 숨결로 가득하기 때문일 거야. 타오르는 촛불도 그녀를 향해 너울거리며, 눈꺼풀 속에 감춰진 푸른빛 하늘 담은 눈동자를 몰래 보고 있구나. 그러나 나는 이 방을 잘 살펴보지 않으면 안 돼. 하나하나 빠짐없이 적어 두어야지. 어떠어떠한 그림들이 있고, 어디에 창문이 있고, 침대 장식이며, 벽걸이와 난로 장식, 그 무늬, 그리고 가구가 어떠한 것이 있는지. 아, 그녀 몸의 타고난 특징들을 적어 가면, 하찮은 수만 가지 장식물보다 더 확실한 증거가 될 텐데. 죽음과도 같은 잠이여, 그녀를 무겁게 내리눌러라. 교회의 조각처럼 아무 감각도 없이 누워 있거라. 어서 벗겨라. (이모젠의 팔찌를 벗긴다) 알렉산더 대왕이 잘라버렸다는 그 어려운 고르디우스의 매듭보다는 쉽게 풀리는구나. 이건 이제 내 것, 이것은 훌륭한 증거가 될 거야. 그녀의 남편을 미치게 만들걸! 그녀 왼쪽 가슴에는 점이 다섯 개 있구나. 마치 앵초 꽃잎 아래 박힌 진홍빛 점들 같다. 이거야말로 법률에서 제시하는 그 어떤 증거보다 더 확실한 보증이 되겠는걸! 이런 비밀을 알고 있으니, 그자는 내가 그녀를 침범해서 순결을 꺾었다고 믿지 않을 수 없을 거야. 이쯤 해두자. 이걸 모두 적어 갈 필요는 없지. 이미 내 기억 속에 생생하게 새겨졌으니. 그녀는 늦도록 잠들지 않고 테레우스의 이야기를 읽었군. 여기 필로멜라가 단념한 이 부분을 접어 놓았군. 이 정도 증거면 충분해. 가방 안으로 다시 들어가 뚜껑을 덮어야지. 까마귀 눈을 뜨

2막 2장, 이아치모와 이모젠 H.C. 셀루스

게 하는 밤의 사자여, 빨리빨리 하거라. 나는 두려움 속에 이 밤을 지내야 한다. 천사가 있는 것은 좋으나, 이 가방 안은 지옥임에 틀림없어. (시계 소리) 하나, 둘, 셋. 시간이 됐다. (짐 가방 속으로 들어간다)

2장의 막이 내린다.

〔제2막 제3장〕

이모젠의 침실 옆방.
클로텐과 귀족들 등장.

귀족 1 나리는 가장 참을성이 많은 분이시군요. 주사위 숫자가 가장 작게 나와도 그렇게 눈 하나 까딱하지 않으시니 말입니다.
클로텐 그야 노름판에서 지면 누구든지 꼼짝 못 하고 얼어붙게 되지.
귀족 1 그러나 나리만큼 태연자약하신 분도 없을 겁니다. 또 이기실 때는 누구보다도 좋아하시며 펄펄 뛰시니까요.
클로텐 이기면 누구나 다 그렇게 되지. 내가 바보 같은 이모젠만 얻게 되면 돈이야 얼마든지 생길 텐데. 아침은 거의 다 됐지?
귀족 1 한낮입니다, 나리.
클로텐 악사들이 어서 와야 하는데…… 아침마다 그녀에게 음악을 들려주라고 했어. 음악이 그녀의 마음을 움직일 수 있을 거라고 말이야.

악사들 등장.

클로텐 어서들 와서 음악을 연주하게. 그대들의 손가락을 움직여서 그녀의 마음을 움직일 수 있다면 얼마나 좋겠는가. 노래도 불러야 하네. 둘 다 실패하면 어쩔 수 없지. 그러나 절대로 포기하지 않을 거야. 처음에는 아주 환상적인 분위기로, 다음에는 아주 달콤한 말들을 붙여서 해주게. 그러면 그녀도 다시 생각해 보겠지.

악사들 (노래한다)

하늘 문에 다다른 종달새 노래에,
태양신이 듣고 얼굴을 내미네.
수레 끄는 그의 말은 꽃잎 위에 맺힌
아침 이슬로 타는 목을 적시네.
금잔화도 졸린 금빛 눈을
빼꼼히 열어 바라보네.
아름다운 것은 모두 눈을 떴으니,
나의 달콤한 사랑이여,
어서 일어나세요.

클로텐 자, 그만하면 됐으니 돌아가게. 그 노래가 그녀의 마음에 가닿을 수
있다면, 그대들의 음악이 훌륭한 것임을 인정해 주겠네. 그렇지 못하면 그
녀의 귀가 잘못된 거겠지. 온갖 현악기와 거세당한 자의 목소리도 소용이
없다면 말이야. (악사들 퇴장)

귀족 2 저기 전하께서 오십니다.

클로텐 늦도록 잠을 자지 않아 다행이군. 내가 일찍 일어났다고 할 수 있을
테니, 이렇게 하는 것을 보시고 부왕께서 좋아하실 거야.

심벨린과 왕비 등장.

클로텐 전하, 안녕히 주무셨습니까? 존귀하신 왕비께서도요.

심벨린 고집 센 내 딸아이의 방 앞에 와 있구나! 그 아이가 나오지 않더냐?

클로텐 음악으로 공주를 설득해 보았습니다만, 응답해 주지 않습니다.

심벨린 좋아하던 남자가 추방된 지 얼마 지나지 않았으니 아직도 그놈을 잊
지 못하고 있을 거다. 시간이 흐르면 기억 속에서 차츰 사라져, 언젠가는
네 차지가 될 테니 너무 염려하지 말아라.

왕비 전하의 처분만을 기다려라. 전하께서는 따님을 너에게 주시기 위해 어
떤 일이라도 하실 테니 말이다. 그러니 언제든지 기회가 오면 놓치지 않도

록, 늘 공주에게 간청할 준비를 하고 있으란 말이다. 거절당할수록 더 잘해야 한다. 공주를 위해서라면 모든 의무를 아낌없이 하는 것처럼 보여야 하느니라. 또 어떤 일이든지 그녀에게 복종하는 태도를 보여야 한단 말이다. 그러나 공주가 너에게 가라고 하는 말만은 멍청이처럼 못 들은 체하거라.

클로텐 멍청이처럼 굴라고요? 저는 멍청이가 아닌데요.

사자(使者) 등장.

사자 아뢰옵니다. 로마에서 사절이 도착했사오며, 대표는 카이우스 루키우스라고 합니다.

심벨린 훌륭한 분이다. 아마도 좋지 못한 일로 왔을 거다. 그러나 보낸 이의 체면을 생각해서 만나야겠지. 과거에는 우리와 좋은 사이였으니까. 사랑하는 아들아, 그 아이에게 아침 인사를 하고 나서 우리에게 오너라. 로마 사람을 만나는 데 너의 도움이 필요하다. 왕비도 함께 갑시다. (클로텐만 남고, 모두 퇴장)

클로텐 그녀가 깨어 있으면 이야기를 좀 해봐야지. 일어나지 않았으면 그대로 꿈나라에 있게 하자. 실례합니다. (문을 두드린다) 그녀에게는 시녀들이 있으니, 그 시녀들 손에 이 돈을 슬쩍 쥐어주면 되겠지? 돈만 있으면 들어갈 수 있을 거야. 늘 그런 거지. 그래, 디아나의 시녀인 님프들도 자신들의 임무를 저버리고, 소중한 사슴을 도둑에게 넘겨주곤 했지. 어쨌든 진실한 사람을 죽이고 도둑놈을 살리는 것도 돈이란 말야. 또 진실한 사람을 도둑놈과 함께 죽이기도 하지. 사람을 죽이고 살리고 하는 것도 모두 돈이 하는 일이다. 그녀의 시녀 하나를 내 편으로 끌어들여야지. 사실 나는 이런 일에 대해 잘 모르니까. 실례합니다! (문을 두드린다)

시녀 등장.

시녀 누구시죠?
클로텐 신사다.
시녀 그뿐인가요?

클로텐 귀부인의 아들이지.

시녀 (혼잣말로) 다른 사람들보다 좀더 차려입었다고 해서 뽐내고 다닐 건 못 돼지. 당신의 재봉사도 그쯤은 뽐낼 수 있을 테니까. 무슨 일로 그러시죠?

클로텐 공주님을 뵙고 싶은데, 지금 만나뵐 수 있겠느냐?

시녀 그런데 공주님은 아직 주무십니다.

클로텐 자, 여기 돈이 있으니, 나를 좀 도와 좋은 소식을 전해 주게.

시녀 어떻게요? 저의 좋은 이름을 알려드려요? 아니면 제가 좋게 생각하는 소식을 전해 드릴까요? 공주님이 오시네요! (퇴장)

이모젠 등장.

클로텐 안녕, 가장 아름다운 아가씨, 그리고 내 누이여, 그 아름다운 손을.

이모젠 안녕하세요. 귀찮은 일로 헛수고만 하시는군요. 저로서는 감사를 드릴 수도 없으며, 감사할 마음도 들지 않습니다.

클로텐 그래도 나는 그대를 사랑할 것을 맹세하오.

이모젠 저를 정말 사랑하시는 것처럼 말씀하시는군요. 하지만 그런 맹세에 대해, 저는 조금도 관심이 없다고 말씀드릴 수밖에 없습니다.

클로텐 그건 대답이 아니오.

이모젠 제가 잠자코 있으면 마치 승낙한 듯이 생각하실 테니 말씀드리는 것뿐입니다. 제발 저를 그냥 내버려 두세요. 당신이 친절하게 대할수록, 저는 더 무례하게 대하겠어요. 당신의 그 위대한 지성이, 자제하라고 일러주었을 텐데요.

클로텐 미친 것을 보고도 그대로 두고 간다면 죄가 될 테니, 나는 여기에 있 겠소.

이모젠 어릿광대는 미치지 않았나요?

클로텐 내가 어릿광대라고?

이모젠 제가 미쳤다니, 그렇게 생각할 수밖에요. 당신이 귀찮게 굴지만 않으면 저는 미치지 않을 거예요. 저를 미치지 않게 하고, 당신을 어릿광대가 되지 않게 하려면 그 방법밖에는 없어요. 죄송한 말씀이지만 저는 당신을 보면 말이 많아지고, 여인의 체면도 모두 잊게 되는군요. 분명히 말씀드리지요. 저는 당신이 정말 미워요. 제가 이렇게 말하기 전에 당신이 먼저 눈치를 채면 좋겠네요.

클로텐 당신은 부왕께 불효를 하는군요. 당신이 남편이라고 생각하는 그놈은 부모도 없이, 부왕 전하 식탁 위에 남은 찌꺼기를 먹고 자란 천한 인간이오. 포스트무스 같은 놈이나 그보다 더 천한 인간들과 결혼하면, 의지할 데라고는 자식들과 가난밖에는 없소. 그러나 그대는 왕관을 이어받을 몸이니, 그런 천한 놈과 인연을 맺어 그 귀한 신분을 더럽혀서는 안 되오. 그 작자는 기껏해야 지방 관리의 제복을 입게 되거나, 궁중의 하찮은 부엌데기밖에 되지 못할 테니까.

이모젠 이 더러운 작자! 유피테르 신의 아들이라 해도 오늘 당신 같은 주제로는 제 남편의 마부도 될 자격이 없어요. 인품으로 본다면 제 남편은 국왕이고, 당신은 기껏해야 그의 왕국에서 죄인의 목을 베는 망나니의 부하나 할 만한 사람이죠. 그것도 너무 과분한 자리라며 사람들에게 미움이나 받겠지요.

클로텐 열풍과 불행을 몰고 오는 남풍이여, 포스트무스를 썩어 문드러지게 하라.

이모젠 지금 당신 때문에 받는 이 불행보다 더한 것은 없을 거예요. 그이 몸에 걸친 허름한 누더기도 당신의 숱한 머리털보다는 한결 깨끗하기 때문에, 저는 그이를 존경해요. 당신의 머리털이 하나하나 변해서, 모두 당신과 같은 인간이 된다 해도 저는 그들을 모두 경멸할 거예요. 이봐, 피사니오!

피사니오 등장.

클로텐 그자의 누더기라고! 에잇, 빌어먹을!

이모젠 저의 시녀 도로시에게나 어서 가보세요.

클로텐 그자의 누더기라고!

이모젠 나는 이 바보한테 시달려서 화가 머리끝까지 올랐어. 도로시에게 가서 내 왼팔에 끼고 있던 팔찌를 좀 잘 찾아보라고 일러줘. 나리께 받은 그 팔찌가 없어져서 꺼림칙해 죽겠어. 유럽의 어떤 왕국과도 바꿀 수 없는 건데 말이야. 오늘 아침에도 본 것 같은데…… 엊저녁만 해도 분명히 내 팔에

2막 3장, 클로텐과 이모젠 H.C. 셀루스

끼고 있었어. 나는 그 팔찌에 키스를 했거든. 그분 말고는 어느 누구에게도 키스하지 말라고, 그 팔찌가 없어진 게 아닌가 몰라.

피사니오 그 팔찌가 없어졌을 리가 없습니다.

이모젠 나도 그러길 바란단다. 어서 가서 찾아보렴. (피사니오 퇴장)

클로텐 그대는 나를 모욕하는군요. 그 작자의 허름한 누더기 옷과 비교를 하다니!

이모젠 그래요, 그렇게 말했어요. 법에 호소하시려면 증인을 세우시죠.

클로텐 당신 아버지께 이 일을 고하겠소.

이모젠 당신 어머니께도 고하시지요. 그분은 저를 몹시도 애지중지하시면서, 저에게서 결점만을 찾아내려고 하시는 분이니까요. 저는 이제 그만 가겠어요. (퇴장)

클로텐 어디 가만 놔두나 봐라! 그 작자의 허름한 누더기라! 흥! (퇴장)

로마. 필라리오의 집.
포스트무스, 필라리오 등장.

포스트무스 걱정 마세요. 아내는 자신의 명예를 굳게 지킬 것입니다.

필라리오 그에게 어떤 방법을 쓸 작정이오?

포스트무스 아무 방법도 없습니다. 그저 때를 기다려 볼 뿐이지요. 아직은
겨울이니, 추위 속에 떨며 따뜻한 봄이 오기만을 기다려야 할 것 같습니다.
이렇게 막연히 기다리기만 하다가는, 당신의 은혜를 어떻게 갚아야 할지도
모르겠습니다. 이러다 죽기라도 하면 영원히 은혜를 빚진 자가 될 것입니다.

필라리오 그대처럼 인품 있는 사람을 만날 수 있다는 것만으로도, 내가 한
일의 몇 배의 보상이 된다오. 지금쯤은 그대의 국왕께서 아우구스투스 대
왕에 대해 들으셨을 것이오. 카이우스 루키우스가 자기의 사명을 다했을
테니까. 그는 이 기회에 밀린 공물들을 바치게 될 것이오. 그 고통스러운 기
억이 아직도 생생할 테니, 우리 로마 사람들과 앞으로 잘 지내려고 할 것입
니다.

포스트무스 저는 정치가도 그 무엇도 아닙니다만, 제 생각에 그들은 공물을
바치지 않을 것입니다. 얼마 지나지 않아 갈리아 지역에 두려움을 모르는
브리튼 사람들이 상륙하게 될 테니 두고 보십시오. 율리우스 카이사르가
브리튼 사람들의 기술을 비웃으며 오히려 그들의 용맹을 높이 평가했던 시
대와 달리, 지금 브리튼 사람들은 훈련이 매우 잘되어 있습니다. 이제 그들
은 용맹함과 군사력을 함께 갖추고 있기 때문에, 그들을 제대로 평가한다
면 그들의 가치를 다시 한 번 생각하게 될 것입니다.

이아치모 등장.

필라리오 이봐! 이아치모!

포스트무스 이렇게 빨리 돌아오시다니, 아마도 모든 바람이 당신이 탄 배를
빠르게 몰아주었나 보군요.

필라리오 어서 오시오.

포스트무스 아마도 당신이 띠고 간 임무가 쉽게 끝이 났나 보군요.

이아치모 당신 부인은 과연 내가 이제까지 본 적 없는 아름다운 여인이었소.

포스트무스 그녀는 정숙하기로도 최고지요. 그렇지 못하다면 그녀의 아름다움은 창밖으로 지나가는 사람들을 유혹하는 창부와도 같이, 잘못된 심장을 가진 사람들을 그릇되게 유혹할 밖에요.

이아치모 여기 편지를 가져왔소.

포스트무스 좋은 소식이 담겨 있겠지요.

이아치모 그럴 겁니다.

필라리오 카이우스 루키우스가 그곳에 갔던가요?

이아치모 그가 오리라고 모두들 기대하고 있더군요. 하지만 도착하는 것은 보지 못하고 떠났습니다.

포스트무스 아직 별일 없나 보오. 언제나 마찬가지로 반지는 빛나고 있겠죠? 아니면 빛을 잃어, 이젠 싫증이라도 난 건가요?

이아치모 내가 그 반지를 빼앗게 되면 내 돈도 빼앗게 되는 거지요. 그러나 그 반지는 내 것이 되었으니, 나는 다시 브리튼으로 갈 예정이오. 비록 짧았으나 그 달콤한 밤을 다시 한 번 즐기려고 말입니다.

포스트무스 그 보석은 너무 단단해서 낄 수 없었을 겁니다.

이아치모 천만에, 당신 부인은 아주 다루기 쉽더군요.

포스트무스 내기에 져 놓고 그렇게 이긴 것처럼 농담하지 마시오. 우리는 이제 더는 친구로 지낼 수 없다는 것을 말해 둡니다.

이아치모 물론 당신이 약속을 지킨다면 우리는 친구가 될 수밖에 없겠지요. 내가 당신 아내를 차지했다는 증거를 가지고 오지 않았다면 결투로써 끝장을 봤겠지만, 내가 그녀의 명예를 빼앗았으니 이제 당신의 반지는 내 것입니다. 그건 절대로 내가 당신이나 당신 부인에게서 빼앗은 게 아니라, 당신들의 의지와 약속에 따르는 것임을 밝혀 둡니다.

포스트무스 그대가 만일 내 아내와 잠자리를 함께했다는 확실한 증거만 보여준다면, 내 반지는 그대의 것이오. 하지만 그 반대라면, 당신이 내 아내에 대해 옳지 못한 생각을 한 데 대한 보상으로, 우리 둘은 결투를 해야 합니다. 결투에서 당신이 지든지 내가 쓰러지든지, 아니면 둘 다 쓰러져서 주인

없는 칼만이 땅바닥에 구르게 될 것이오.

이아치모 내가 이제부터 말하는 것은 모두 진실이니, 당신도 믿게 될 거요. 내가 신에게 맹세한다고 해도 당신은 그럴 필요까지는 없다고 하겠죠. 내 이야기를 들어보면 그럴 필요도 없음을 알게 될 거요.

포스트무스 어서 말하시오.

이아치모 먼저 그녀의 침실을 설명하겠소. 사실 나는 잠도 자지 않고 하나하나 살펴보았지요. 비단에 은빛 수를 놓은 벽걸이가 걸려 있었소. 그 벽걸이는 콧대 높은 클레오파트라가 안토니우스와 만나는 이야기를 수놓은 것인데, 키드노스 강물은 수많은 배들 때문인지, 아니면 그녀의 자만심 때문인지 강둑 위에까지 넘쳐흐르고 있었지요. 아주 대담하고 풍부하게 표현된 작품으로, 그 솜씨뿐만 아니라 재료도 매우 값진 것이었습니다. 어찌나 섬세하고 훌륭한 작품이었는지, 내 눈을 의심할 정도였소.

포스트무스 그건 사실이오. 하지만 그런 정도의 정보라면 다른 사람에게 들어서도 충분히 알 수 있지요.

이아치모 좀더 상세히 이야기하면, 나의 말이 거짓이 아님을 확실히 증명할 수 있겠지요.

포스트무스 물론 좀더 확실해야지요. 아니면 그대의 명예는 바닥으로 떨어질 것이오.

이아치모 벽난로는 남쪽에 있었고, 그 벽난로 위 선반에 순결한 디아나가 목욕을 하는 조각이 있더군요. 마치 말을 걸어올 것처럼 생생해서 나는 진짜 여신이 나타나는 줄로만 알았소. 그것을 조각한 이는 제2의 자연이라고나 할까요. 다만 말을 못하고 움직이지 못할 뿐이지, 살아 숨 쉬고 있는 것만 같았답니다.

포스트무스 그런 것도 다른 사람에게서 얼마든지 얻어들을 수 있지요. 모두들 그렇게 이야기하니까요.

이아치모 침실 천장은 금빛으로 귀여운 천사를 새겼더군요. 벽난로의 받침쇠에 대한 것은 잘 기억나지 않는데, 은으로 된 한 쌍의 큐피드가 횃불에 기대어 한 발로 서 있었던 것 같군요. 그 위에 장작이 놓여 있었고요.

포스트무스 그러한 것들이 내 아내의 명예라는 거요! 그것을 모두 보고 기억해 낸 것은 칭찬할 만한 일이군요. 그러나 내 아내의 침실을 자세히 설명했

2막 4장, 이아치모, 포스트무스와 필라리오 H.C. 셀루스

다고 해서 내기에 이겼다고는 말할 수 없소.

이아치모 그렇다면 어디 이것으로도 (팔찌를 보여준다) 그대의 낯빛이 변하지 않을 수 있을까요? 자, 이렇게 들어올려 보여주겠소. 자, 보시오. 이것은 반지와 한 쌍이 되는 물건이니, 내가 보관하지요.

포스트무스 아, 이럴 수가! 다시 한 번 보여주시오. 내가 아내에게 끼워 주고 온 그 팔찌란 말이오?

이아치모 물론이지요. 나는 당신 부인에게 감사해야겠소. 그녀는 자기 팔에서 이것을 풀었죠. 나는 아직도 그 모습을 이 눈으로 보고 있는 듯하오. 그 모습이 어찌나 아리따웠는지, 이 팔찌가 더 귀하게 보이는군요. 그녀는 이것을 내게 건네주면서, 한때는 이것이 그녀에게 가장 귀한 것이었다고 말했습니다.

포스트무스 내게 보내기 위해서 그것을 풀었는지도 모르지요.

이아치모 부인이 그렇게 편지에 썼나요?

포스트무스 아뇨, 그렇지는 않습니다. 정말이군요. 자, 이것도 가지시오. (반지를 준다) 그것은 바실리스크처럼 보이니, 보는 것만으로도 목숨을 잃을 것만 같소! 아름다움은 정조를 지킬 수 없고, 겉이 화려한 사랑은 진실이 없으며, 다른 남성이 있는 곳에 사랑은 있을 수 없는 것인가. 여자의 맹세는 도덕이란 것도 없이, 만나는 사람마다 새로운 맹세를 하는 것인가. 에잇, 말할 가치도 없는 더러운 것!

필라리오 참으시오. 그리고 그 반지를 도로 가져가오. 아직 승부는 판가름 나지 않았소. 그 팔찌를 자네 부인이 잃어버렸거나, 어쩌면 저 사람의 부탁으로 시녀들 가운데 누군가가 훔쳐 냈을지도 모르지 않소?

포스트무스 참, 그렇겠군요. 그렇게 해서 그 팔찌를 손에 넣었는지도 모르겠군요. 그 반지를 도로 주시오. 그녀의 몸에 있는 것으로 증거를 대시오. 그 팔찌보다는 좀더 확실한 증거를 말이오. 그것은 훔쳤을지도 모르니까요.

이아치모 신에게 맹세코, 이것은 그녀가 자신의 팔에서 풀어준 것을 직접 받은 것이오.

포스트무스 들으셨지요? 신께 맹세합니다. 그건 사실이에요. 반지는 그대로 가지시오. 그녀가 그것을 잃어버렸을 리가 없소. 그녀의 시녀들은 모두 충직하니, 훔쳐 냈을 리가 없소. 돈에 넘어가서 훔치다니요! 더구나 외국인에게 말이오. 이자는 그녀와 재미를 본 게 틀림없소. 이것은 그 여자가 자제력이 없었다는 증거입니다. 그렇게 값비싸게 창녀라는 이름을 사다니, 지옥의 모든 악마들이 너희 두 사람에게 씌워라.

필라리오 참아요. 그것만으로는 도저히 믿을 수 없소. 그만큼 믿을 만한 분이지 않습니까.

포스트무스 더는 말씀하지 마세요. 그 여자는 이 사람에게 농락당한 게 틀림없습니다.

이아치모 좀더 정확한 증거를 바란다면 말하지요. 그녀의 토실토실한 젖가슴 밑에는 점이 있더군요. 아주 당당하게 자리잡고 있었지요. 나는 거기에 키스했죠, 아주 만족스러울 만큼. 아무리 키스해도 다시 하고 싶더군요. 그녀 몸에 그런 점이 있다는 걸 기억하나요?

포스트무스 기억하오. 그 점이 지옥을 다 채우고도 남을 만한 오점을 남겼군요.

이아치모 더 들으시겠소?

포스트무스 그렇게 늘어놓을 필요는 없소. 한 가지나 백만 가지나 마찬가지니까.

이아치모 맹세코……

포스트무스 이제 그만! 맹세도 그만하오. 다시 맹세를 한다면 그것은 거짓말이지, 실제로 한 것이 아닐 거요. 나를 이렇게 머저리로 만들어 놓고도 그것을 부정한다면 그대를 죽여버리겠소.

이아치모 부정하지 않겠소.

포스트무스 그녀가 여기 있었다면, 뼈다귀 하나 추스리지 못했을 거요. 브리튼으로 돌아가서 그녀를 처리해 버려야겠소. 그것도 그녀 아버지가 보는 앞에서 말이오. 반드시 하고야 말겠소. (퇴장)

필라리오 걷잡을 수 없이 화가 났군그래. 그대가 이겼소. 어서 가서 그의 화를 좀 풀어주도록 하오. 그자는 자신을 스스로 망쳐버렸구려.

이아치모 말씀대로 하지요. (모두 퇴장)

필라리오 집의 다른 방.
포스트무스 등장.

포스트무스 여인의 힘을 빌리지 않고는 인간이 태어날 수 없는 것일까? 우리는 모두 사생아야. 내가 존경하는 내 아버지도 어디서 어떻게 나를 낳게 되었는지 알게 뭐야. 그러니 나는 누군가에 의해 만들어진 위조 화폐 같은 존재일 거야. 그래도 내 어머니는 디아나처럼 가장 순결한 여인으로 가장했을 테지. 내 아내가 비할 데 없는 정숙한 여인이듯이. 원수를 갚아야 해! 원수를! 그녀는 내게도 법과 도리를 주장하며 억제를 시키더니…… 그래서 나는 그녀를 더럽혀지지 않은 눈처럼 순결하다고 생각했었지. 늙은 사투르누스 신도 사랑을 느낄 만큼, 그렇게 수줍어하며 얼굴을 장밋빛으로 물들이던 사랑스러운 그녀였는데. 아, 이 악마들아! 이 빌어먹을 이아치모 놈이 한 시간도 채 안 되어—아니, 그게 아니지?—아주 눈깜짝할 사이에?—처음부터?—아마도 아무 말도 없이, 그 도토리 대가리를 한 독일 멧돼지 같은 놈이 "오" 하며 올라타자, 아무 거부감도 없이 처음에만 저항하는 척하다가 그대로 좋아라 받아들였을 테지. 내 안에도 여성에게서 받은 성품이 있을까? 남자에게서는 그런 부도덕한 점은 찾아볼 수 없으니, 만약 있다면 그건 틀림없이 여성의 소유물이리라. 거짓말도 여성이 하는 것, 아첨도 여성이 하는 것, 속임수도 여성이 하는 짓, 음란하고 천한 생각도 여성에게서 온 것이다. 복수도 여성, 야심도 탐욕도 변덕도, 경멸도, 탐욕스런 물욕도, 남을 중상하는 것도, 이랬다저랬다 하는 것, 이런 온갖 결점들은, 아니 지옥이 알고 있는 죄악들은 대부분, 아니 모두 여성에게 속하는 거야. 그런 죄악마저도 한 가지를 오래 지속하지 못하고, 시시때때로 변하는 것이 여성이지. 나는 글을 써서 여자들을 욕하고 저주하리라. 하지만 그렇게 하려면 대단한 기술이 필요하니까, 차라리 자기들 마음대로 하게 내버려 두는 게 더 나을지도 몰라. 아무리 고약한 악마라도 그것들을 괴롭힐 수는 없을 테니 말이야. (퇴장)

브리튼. 심벨린 궁전의 홀.

무대 한쪽으로 심벨린, 왕비, 클로텐, 귀족들 등장. 다른 쪽으로는 카이우스 루키우스와 그의 시종들 등장.

심벨린 아우구스투스 카이사르의 전갈은 무엇인가요?

루키우스 아직도 사람들의 눈에 생생하며, 귀와 입으로 이야깃거리가 되어 전해 오는, 우리 율리우스 카이사르 왕이 브리튼을 정복하셨을 때, 전하의 숙부이신 카시벨라누스 왕은 뛰어난 공적으로 카이사르 왕을 감탄하게 하셨지요. 그분은 또한 대대로 로마에 해마다 3천 파운드의 공물을 바치기로 하셨습니다. 그러나 요즈음 제대로 시행되고 있지 않으니, 어찌 된 일입니까?

왕비 그에 대한 대답으로, 앞으로도 계속해서 공물을 보내지 않을 것이오.

클로텐 또 다른 율리우스가 나오기 전에, 대대로 수많은 카이사르가 나오겠지요. 브리튼은 독립 국가입니다. 우리의 코를 보전하기 위해 그 대가를 지불할 까닭은 없을 것이오.

왕비 그때 우리에게서 그들이 빼앗아 간 것들을 되찾을 기회가 이제 왔습니다. 전하, 역대 선왕들이 이루신 업적과 이 섬나라가 자연의 요새임을 잊지 마십시오. 이 나라는 바다의 신 넵투누스의 비호를 받아, 깎아지른 듯한 절벽과 거친 파도가 포효하는 바다로 둘러싸여 있으며, 적의 배를 완전히 침몰시키고 그 돛대마저 빨아들일 수 있는 모래사장이 있습니다. 지금 카이사르는 이런 요구를 할 수 있을는지는 모르나, "왔노라, 보았노라, 이겼노라" 따위의 호언장담은 더는 하지 못할 것입니다. 그는 그때까지 겪어본 적 없는 가장 큰 수모를 당하며 우리 해안에서 두 번이나 패하여 물러갔는데, 지형도 모른 채 무모한 항해를 감행한 그의 함선들은 장난감과도 같았습니다. 그 배들은 파도에 밀려 달걀 껍질처럼 바위에 부딪쳐 산산조각이 나 버렸으니까요. 용맹을 떨치신 카시벨라누스 왕께서는 카이사르와 맞서 싸워 그를 물리치려 하셨는데―아, 변덕스런 운명의 여신이여―안타깝게도 놓치고 말았지요. 전쟁의 승리를 축하하는 불꽃들이 런던 시내를 대낮처럼 밝혔으며, 사람들은 의기충천하여 거리를 활보하고 다녔다고 합니다.

클로텐 앞으로는 공물 따위는 바치지 않을 것이오. 우리 브리튼은 그때보다 훨씬 더 강한 나라가 되었고, 이미 말했듯이 당신네 나라에는 이제 카이사르 같은 사람은 나타나지도 않을 거요. 매부리코를 가진 다른 카이사르들이 나타날지는 몰라도, 아마 그렇게 강한 팔뚝을 가진 카이사르는 앞으로는 없을 거요.

심벨린 아들아, 너의 어머니가 끝을 맺게 하거라.

클로텐 우리에게는 카시벨라누스만큼 막강한 권력을 가진 사람들이 얼마든지 있소. 내가 그런 사람이라는 것은 아니오. 그러나 나는 그런 손을 가졌죠. 공물이라니요? 우리가 왜 공물을 바쳐야 합니까? 만일 카이사르가 해를 감춘다든지, 달을 떼어 자기 호주머니에 넣어버린다면 빛을 되찾기 위해 공물을 낼지도 모르지요. 그렇지만 앞으로 그럴 일은 절대로 일어나지 않을 거요.

심벨린 이 사실을 알아두오. 괘씸한 로마인들이 우리에게서 공물을 강제로 빼앗아 가기 전까지는, 우리 브리튼은 자유로운 나라였소. 카이사르의 야망은 온 세계를 거의 집어삼켰고, 그 덕에 부당하게도 우리에게 그런 멍에가 씌워졌던 것이오. 그러나 용맹무쌍하다고 스스로 자부하는 우리는, 그 멍에를 기어이 떨쳐버리고 말겠소.

클로텐과 귀족들 옳으신 말씀입니다.

심벨린 카이사르에게 전하시오. 우리의 조상 몰무티우스 왕께서는 이 나라 법을 제정하셨는데, 카이사르의 칼이 그것을 여지없이 부숴 버렸소. 이제 우리는 잃었던 권리를 우리 자신의 힘으로 되찾아 자유롭게 시행하려는 것이오. 이 때문에 로마가 분노해도 상관없소. 국법을 제정하신 몰무티우스 왕께서 황금 왕관을 쓰시고 이 나라 브리튼의 첫 왕이 되신 것이오.

루키우스 심벨린 전하, 유감스러운 일이지만 저는 아우구스투스 카이사르 황제의 명령을 전하는 것뿐입니다. 황제께서는, 전하의 신하들보다 훨씬 더 많은 국왕들을 부하로 거느리고 계십니다. 이런 분을 당신이 적으로 삼게 되는 것임을 기억해 두십시오. 자, 이 선언을 받으시지요. 저는 아우구스투스 카이사르 황제의 이름으로 전쟁과 파멸을 선포합니다. 당신의 힘으로는 저항할 수 없는 성난 파도와 같은 로마 군대를 기대하십시오. 이처럼 저를 모독하신 데 대한 보상이 따를 것입니다.

심벨린 어쨌든 카이우스, 환영하오. 그대의 카이사르는 내게 기사 작위를 주었소. 나는 젊은 시절 그의 밑에서 오래 지내봤소. 그에게서 받은 영예를 다시 빼앗아 가려 한다면, 나는 한사코 지켜내야겠습니다. 정확한 정보에 따르면, 판노니아족과 달마티아족도 자유를 위해 전쟁을 일으켰다고 하지요. 브리튼인들은 무시를 당해도 화낼 줄 모르며 냉정하거나 무감각하다는 생각을, 이번에야말로 고쳐주도록 하겠습니다.

루키우스 사실로 증명해 보이십시오.

클로텐 전하께서는 당신을 환영한다고 하셨으니 한 이틀, 아니 좀더 쉬었다 가시오. 뒤에 다른 조건으로 우리를 찾으신다면, 그때는 바다를 허리띠 삼아 응전하겠소. 당신이 우리를 쓰러뜨린다면 승리는 당신의 것이 되지만, 만일 당신이 그 모험에서 지게 되면 당신들은 이 나라의 까마귀 밥이 되고 말 것이니 그리 아시오.

루키우스 그렇겠군요.

심벨린 로마 황제의 뜻을 잘 알았소. 그분도 내 뜻을 알 것이오. 어찌 됐든 그대는 환영하오. (모두 퇴장)

〔제3막 제2장〕

왕궁의 다른 방.
피사니오, 편지를 들고 등장.

피사니오 뭐? 매춘부라고? 어느 괴물딱지가 공주님을 모함했다는 말은 왜 쓰지 않으셨죠? 레오나투스 나리! 나리 귀에 어떤 고약한 말이 들어갔기에 이런 말들을 써 보내시나요? 그 이탈리아 놈이 당신의 여린 귀에 어떤 독설을 퍼부었기에 그러십니까? 부정하다고요? 천만에요! 공주님은 너무 정숙하시기 때문에 벌을 받으시는 거죠. 공주님은 보통 여인네들이 가지는 어진 마음이나 정조보다 훨씬 더 훌륭한―아내라기보다는 거의 여신과 같은― 덕을 갖추신 분이거든요. 나리! 지금 당신의 마음은, 예전에 당신의 신분이 그랬듯이 아주 보잘것없고 비천하시군요. 뭐라고요? 나더러 공주님을 죽이라고요? 당신에게 온 마음으로 충성을 다하겠다고 한 나의 서약을 따르라고요? 내가, 공주님을요? 그분의 피를? 그것이 내가 바쳐야 할 충성이라면 나는 절대로 충성하지 않겠습니다. 이런 일을 저지를 만큼 내가 비정한 놈으로 보였단 말이오? (편지를 읽는다)

그렇게 하거라. 그 여자가 그토록 기다리던 편지를 보낸다. 그 여자가 편지를 읽고 나면 너에게 기회가 올 것이니, 바로 실행에 옮겨라.

아, 저주스런 종이쪽지! 너의 위에 글씨를 쓴 그 먹과 같이 검구나! 이 작은 종이쪽지가, 처녀처럼 순결해 보이는 이 종이가 사람을 죽이는 사명을 띠다니! 아, 저기 공주님이 오시는구나! 이런 명령은 무시해 버릴 테야.

이모젠 등장.

이모젠 피사니오.
피사니오 공주님! 나리께서 보내신 편지가 여기 있습니다.
이모젠 뭐? 나리? 그래, 내 남편인 레오나투스께서? 내가 그분의 글씨를 알아볼 수 있는 정도로 별들을 알아맞힐 수 있는 천문학자가 있다면, 그는 미래에 대해 무슨 예언이라도 할 수 있을 거야. 신이여, 부디 이 종이 위에 달콤한 사랑과, 그분의 건강과 행복에 대한 이야기만 쓰여 있게 하소서. 서로 떨어져 있는 슬픔만은 그분이 맛보게 하소서. 때로는 슬픔이 약이 될 때도 있으니까요. 이 슬픔 또한 그러하리니, 슬픔은 사랑을 키워 줄 거야. 나는 그분을 기쁘게 하는 것 말고는 아무것도 바라지 않아. 이 편지를 봉해 준 밀초, 이 비밀의 자물쇠를 만들어 준 너희 벌들에게 축복이 있기를! 이렇게 비밀을 지켜주어 고맙구나! 연인들과 보석금의 계약을 하는 사람들은 다른 기도를 하겠지. 계약서에 서명을 하고 어기면 투옥되지만, 밀초 너 때문에 큐피드의 비밀이 지켜지니 고맙구나. 제발 좋은 소식이 적혀 있기를! (편지를 읽는다)

내가 만일 그대를 한 번 만날 수만 있다면, 그대 아버지께서 내게 하신 일

연극 〈심벨린〉 멜리 스틸 감독, 길기안 베반(심벨린 역)·비단 클리난(이모젠 역) 출연. 로열셰익스피어 극단 공연. 2016.

이 모두 보상될 텐데. 나는 밀포드-헤이븐의 켐브리아에 있소. 오, 부디 그대의 사랑이 이끄는 대로 따르시오. 그는 언제나 그대의 행복을 빌어주며, 그 사랑의 서약을 충실히 따를 것이니, 그대 향한 사랑도 나날이 더해 갈 것이오. 레오나투스 포스트무스.

아, 날개 달린 말이 있다면! 피사니오! 들었어? 나리는 밀포드-헤이븐 항구에 계시다는구나. 이곳이 어디쯤 있는지 지도를 찾아서 좀 보여주렴. 그다지 중요치 않은 일로 터벅터벅 걸어갈 수 있는 곳이라면, 나는 아마 하루면 달려가게 될 거야. 충성스러운 피사니오, 너도 나처럼 나리가 너무나 보고 싶겠지? 너의 그 충성스런 마음을 감히 누가 따라갈 수 있겠어! 하지만

나하고는 비교도 안 될걸. 내가 그분을 그리워하는 마음은, 그 누구도 헤아릴 수 없는 거란다. 어서 말해 보렴. 사랑의 충고자는 연인들의 귀에 쉴 새 없이 말을 퍼부어서, 숨이 막힐 지경으로 해주어야 하는 거야. 그 축복받은 밀포드까지는 여기서 얼마나 멀지? 밀포드처럼 축복받은 항구가, 어떻게 웨일스에 있게 되었는지 말해 줘. 그런데 여기서 어떻게 빠져나갈 수 있는지, 무슨 핑계를 대어서 그곳으로 갈 수 있을지 생각해 내야 해. 아니, 무엇보다도 어떻게 이곳을 빠져나갈 것인가가 문제야. 핑계는 나가면서 생각해도 돼. 그건 나중에 이야기하기로 하고, 한 시간에 몇 마일이나 달릴 수 있지?

피사니오 해가 떴다가 질 때까지 20마일은 달려야죠. 공주님께는 좀 무리예요.

이모젠 사형장으로 가는 사람도, 그렇게 느리게 달려가지는 않을걸. 듣자 하니 경마장에서는 모래시계의 모래알이 움직이는 것보다 더 빨리 뛰는 말이 있다던데. 이렇게 꾸물대고 있을 때가 아니지. 어서 내 시녀에게 가서, 아프다는 핑계를 대고 자기 집으로 가라고 일러라. 그리고 농부의 아내에게나 어울릴 만한 승마복을 빨리 구해 오라고 해줘.

피사니오 공주님, 잘 생각하셔야 합니다.

이모젠 나는 앞만 바라보고 있어. 그러나 지금으로서는, 여기저기 안개가 낀 것처럼 아무것도 보이지 않는구나. 어서 가서 내가 하라는 대로 해줘. 더는 말하지 마. 지금 내가 갈 길은 밀포드로 가는 길밖에는 없어. (모두 퇴장)

〔제3막 제3장〕

웨일스. 산속에 있는 동굴 앞.
벨라리우스, 기데리우스, 아르비라구스 등장.

벨라리우스 이렇게 지붕이 낮은 동굴집에 들어앉아 있기에는 너무 좋은 날씨로군. 얘들아, 몸을 낮추어라. 이 문은 신들을 경외하며 아침 예배를 드리는 법을 가르쳐 주는구나! 그러나 군주들의 문은 아주 높은 아치로 되어 있기 때문에, 거인들이 거들먹거리면서 태양을 향해 아침 인사도 하지 않고, 이교도의 두건을 건드리지 않고 지나다닐 수 있다. 오, 찬란한 하늘이여! 우리는 비록 이렇게 바위틈에서 살지만, 오만한 난봉꾼들이 하듯 당신을 모독하지는 않습니다.

벨라리우스 오, 하늘이여!

아르비라구스 오, 하늘이여!

벨라리우스 자, 이제부터 산으로 사냥하러 가자. 너희들은 젊고 다리가 튼튼하니, 내가 여기 평평한 길로 가겠다. 너희들이 올라가서 내려다보면, 내가 까마귀처럼 작게 보일 거야. 사물이 작거나 크게 보이는 것도 보는 위치에 달린 거지. 너희들은 내가 이야기해 준 것을 잘 생각하란 말이야. 궁정, 공작들, 그리고 전쟁 책략에 대한 이야기들을 들려주지 않았더냐? 그런 높은 곳에서 아무리 충성을 다해도 인정을 받지 못하면 모두가 헛일이란다. 그렇게 생각해 보면 우리는 모든 일에서 이득을 보는 셈이지. 또 훌륭한 날개를 가진 독수리보다는, 작은 날개를 반짝이는 풍뎅이가 안전하다고 생각되는 때가 많아. 마찬가지지, 우리의 이 생활이 궁중에서 관직을 갖고도 제대로 행세하지 못하는 자들보다는 훨씬 낫다. 허드렛일 말고는 할 게 없는 사람들보다 한층 풍부한 삶이란 말이다. 값도 치르지 못한 비단옷을 걸치고 다니는 자들보다는 차라리 우리가 낫지. 그런 인간들은 재단사 덕분에 옷은 훌륭한 걸 걸쳤어도, 빚을 져서 채권자 목록에 들어가 있으니, 우리의 삶보다 훨씬 못한 거지.

기데리우스 그것은 경험에서 하시는 말씀이지만 아직 털도 나지 않은 저희는 이 둥지에서 떠나 본 일도 없으니, 세상이 어떤 곳인지도 모릅니다. 조용한 삶을 좋아하는 사람들에게는 이런 생활이 가장 좋을지 모르겠지만—아버지는 험한 생활을 해오셨으니까요—저희에게 이런 삶은 무지의 소굴이며, 무의미한 꿈일 뿐입니다. 마음껏 뜻을 펼칠 수 없는 채무자의 감옥이지요.

아르비라구스 저희가 아버지처럼 나이 들었을 때, 저희에게는 이야깃거리가 없지 않을까요? 비바람 부는 추운 겨울날, 이 캄캄한 동굴 속에 들어앉아 무슨 이야기를 하라는 겁니까? 저희는 아무것도 본 게 없어요. 저희는 짐승과 다를 바 없죠. 여우처럼 먹이나 구하러 다니고, 늑대처럼 먹을 것을 두고 싸우죠. 날짐승이나 쫓으면서 겨우 저희의 용맹을, 새장 속에 갇힌 새처럼 자유롭게 날지 못하는 저희의 굴레를 노래할 뿐이죠.

벨라리우스 바보 같은 소리를 하는구나! 너희들이 도시의 지독한 고리대금업의 횡포를 맛보거나 궁중에서의 삶을 이해하게 된다면, 그런 소리는 하지 않을 거야. 궁중에서는 자신의 지위를 유지하는 일도 그만두는 일도 다 같이 어렵기 때문에 지위가 올라가면 반드시 떨어지게 마련이며, 떨어지지 않더라도 미끄러지게 되어 있지. 그런 일들이 일어날까 두려워하는 것이 떨어져 버리는 것보다 더 고통스럽단다. 전쟁의 고통 또한 마찬가지야. 그것은 명예와 영광이란 이름 아래 위험을 찾아 나서는 일이지. 그러나 좋은 일을 한 대가로 중상모략하는 비문(碑文)이 남게 될지 알게 뭐냐. 좋은 일을 하고도 비난을 듣게 마련이란다. 그보다도 더한 것은, 억울하게 오명을 뒤집어쓰는 거야. 애들아, 이 이야기는 나 자신에 대한 거란다. 내 몸에는 로마인의 칼에 찔린 자국이 있는데, 나에 대한 평판은 한때는 아주 칭찬받을 만한 것이었다. 심벨린 왕은 나를 너무나 아껴주셨지. 용감한 장수에 대한 이야기가 주제로 떠오를 때면, 내 이름도 빠지지 않았었다. 그 무렵 나는 열매가 주렁주렁 달린 나무처럼 가지가 휘도록 번성했지만, 그 잘 익은 열매들은 하룻밤 사이에 몽땅 떨어져 버렸단다, 그 잎사귀들까지 말이다. 그래서 나는 이렇게 알몸뚱이 신세가 되고 말았지.

기데리우스 왕의 총애도 믿을 만한 것은 못되나 보죠?

벨라리우스 전에도 너희들에게 말했듯이, 내가 잘못한 일은 없었단다. 악당 두 놈이—사악한 놈들이 내뱉은 거짓 맹세가 나의 진실한 마음보다 더 진실하게 들렸는지—심벨린 왕에게 내가 로마에 가담했다고 터무니없는 거짓말을 했지. 그래서 나는 추방당했고, 그 뒤로 20년 동안 이 바위산 주변의 세계를 내 영토로 삼아 정직하고 자유롭게, 하늘에 빚진 것을 이전의 삶보다 더 경건하게 바치며 살아올 수 있었다. 내게는 지금의 삶이 더 자유로워. 자, 어서 산으로 사냥을 가자! 이제까지 한 이야기는 사냥꾼들에게는 어울리지 않아. 사슴을 먼저 때려잡는 사람이 오늘 잔치의 두목이 되는 거다. 나머지 두 사람은 그의 시중을 드는 거야. 이보다 훌륭한 식탁에서 으레 그렇듯, 이곳에서는 독살을 두려워하지 않아도 된다. 산골짜기에서 만나자. (기데리우스와 아르비라구스 퇴장) 자연의 빛을 가리는 것은 얼마나 어려운 일인가! 이 아이들은 자신들이 왕자라는 사실을 전혀 모르고 있어. 심벨린도 자

3막 3장, 벨라리우스, 기데리우스와 아르비라구스 H.C. 셀루스

기 아들들이 살아 있음을 꿈에도 모르고 있겠지. 이 아이들은 나를 친아버
지로 알고 있어. 나는 아이들과 함께 동굴에 살면서, 기어서 다니게 할 만
큼 천하게 길렀건만, 아이들의 생각은 왕궁의 천장을 치오르고 있단 말야.
보통 아이들과 달리, 이 아이들에게는 왕자다운 기개나 기품을 찾아볼 수
있거든. 심벨린 왕의 적자요, 브리튼을 이어 나갈 폴리도어는, 그 부왕이 기
데리우스라고 불렀었지. 아, 피는 속일 수 없구나! 내가 의자에 앉아 내 무
용담을 들려주면, 그 아이는 내 이야기에 빠져들곤 했지. "이렇게 해서 적
이 쓰러지고, 나는 이렇게 발로 그놈의 목을 짓눌렀단다" 말하면, 그의 뺨
을 왕자답게 붉게 물들이며 내 이야기를 그대로 흉내 내면서, 땀을 흘리며
긴장하곤 했지. 전에 아르비라구스라고 불렀던 동생 캐드월도, 내 이야기에
귀를 기울이며 자기 상상을 덧붙여 그럴듯하게 흉내를 내곤 했어. 저 소리!

사냥이 시작됐군. 오, 심벨린 왕이여, 나를 이렇게 추방한 것이 공정치 못하다는 사실을 하늘은 아실 거요. 나는 그대가 나의 땅을 빼앗듯이, 그대의 후손을 없애기 위해 두 왕자를, 하나는 세 살 때, 또 하나는 두 살 때 유괴했소. 유리필레는 아이들의 유모였는데 아이들은 그녀를 친어머니로 알고 있소. 그녀가 죽은 지금, 그들은 날마다 그녀의 무덤에 가서 절을 하오. 나는 모건이라고 불리지만 사실은 벨라리우스이며, 그들은 나를 친아버지로 생각하고 있소. 이제 사냥이 끝났나 보군. (퇴장)

〔제3막 제4장〕

밀포드─헤이븐 근처의 시골.
피사니오, 이모젠 등장.

이모젠 말에서 내려 걷기 시작했을 때, 너는 조금만 가면 된다고 하지 않았느냐. 어머니께서 나를 처음 낳으실 때도, 이처럼 안타깝게 기다리지는 않으셨을 거다. 피사니오, 포스트무스는 어디 계시지? 너는 도대체 무슨 생각을 하는 거야? 나를 왜 그렇게 뚫어지게 바라보느냐? 왜 그리 깊은 한숨을 쉬는 거야? 그런 표정은 그림이라고 해도 말 못할 고민이 있음을 알겠구나. 더는 나를 두렵게 하지 말아라. 내가 이성을 잃고 미치는 것을 보기 전에 말이다. 무슨 일이야? 왜 그렇게 주고 싶지 않은 듯이 억지로 그 편지를 건네는 거야? 그 편지가 여름같이 뜨거운 소식이거든 내게 주기 전에 미소를 지어 보이고, 그것이 겨울처럼 차갑고 쌀쌀맞은 것이거든 그대로 굳은 표정을 하고 있어. 내 남편의 편지구나! 독살로 악명을 떨치는 이탈리아가 아무래도 내 남편을 어떤 술책에 빠뜨렸나 봐. 그래서 그이가 곤경에라도 빠진 건 아닐까? 이봐 피사니오, 어서 말을 해줘. 가장 끔찍한 소식이라도 네가 말로 하면 읽는 것보다 좀더 부드러워질지도 모르니, 어서.
피사니오 부디 공주님께서 읽어주십시오. 그러면 제가 얼마나 고약하고 경멸해야 할 놈인가를 아시게 될 겁니다.
이모젠 (읽는다)

너의 여주인은 부정한 짓으로 나의 침대를 더럽혔다. 그것에 대한 증거들이 내 피를 끓어오르게 했다. 절대로 억측이거나 미약한 근거에 따른 것이 아니라, 그 증거가 확실하므로 내 고통은 너무나 컸고, 복수할 결심도 그만큼 강하다. 너의 정직함과 충성심이 그 화냥년에게 물들지만 않았다면, 나의 복수를 거들어 주어야겠다. 밀포드-헤이븐에서 기회를 줄 테니 너의 손으로 그녀를 죽여라. 그녀에게 쓴 편지는 그녀를 유혹하기 위한 것이었다. 네가 만일 그녀를 죽이는 것을 두려워하거나 내게 확실한 소식을 보내주지 않으면, 너는 매음굴의 포주이자 그녀의 부정을 도와주는 것이니, 너도 그녀처럼 나를 배신하는 것이다.

피사니오 제가 칼을 뽑아 뭣하겠어요? 편지가 이미 공주님의 목을 잘랐는데 말이죠. 그것은 칼보다도 더 날카로운 중상모략으로, 나일강의 독사보다도 더 빨리 퍼지는 독을 뿜어, 세상 어디라도 스며들겠지요. 왕들도, 왕비들도, 정치가들도, 처녀들이나 부인들도, 아니 무덤 구석구석까지, 그 어디라도 이 독사 같은 비난은 스며든단 말입니다. 공주님! 정신 차리세요.

이모젠 그의 침대를 더럽혔다고? 더럽힌다는 것이 무엇이기에? 밤새도록 뜬 눈으로 지새우며 그이를 생각한 것이 더럽힌 거란 말인가? 시간마다 시계 소리를 들으면서 눈물을 흘린 것이 더럽힌 거란 말인가? 가끔 잠이 들 때도, 그분에 대해 무서운 꿈을 꾸고는 깨어나는 것이 그렇단 말인가? 그래, 그것이 그이의 침대를 더럽힌 것이란 말이야?

피사니오 아, 불쌍한 공주님.

이모젠 내가 부정하다고? 너에게도 양심이 있으니, 나의 증인이 되어 주렴. 이아치모! 네가 무절제한 말들로 그이를 괴롭혔구나. 그 허울 좋은 얼굴을 한 너는 악마였구나. 이탈리아의 매춘부가 그놈을 속였는지도 몰라! 어릴 때부터 얼굴에 분칠을 하고 살아온 그런 갈보가 말야. 유행에 뒤떨어진 케케묵은 옷 같은 내 신세, 벽에 걸어 놓기에는 너무 과분하니 떼어버려야 해. 아니, 갈기갈기 찢어버리는 게 차라리 나아. 갈가리 찢긴 내 신세. 사내들의 맹세란 여자들을 능욕하는 덫이야. 아, 내 남편이 이렇게 나를 저버리다니. 남자가 점잖은 것은 어떤 나쁜 목적을 위해 꾸며낸 것이라고 생각할 수밖에는 없어. 자연스러운 게 아니라 오직 여자를 유혹하여 농락하기 위한 수

단일 따름이지.

피사니오 공주님! 제 말 좀 들어보세요.

이모젠 과부 디도를 유혹한 아이네이아스의 불의 때문에 그 시절에는 정직한 이들의 말도 부정한 것처럼 취급됐고, 트로이를 공격한 시논의 거짓 눈물로 수많은 깨끗한 눈물들이 더럽혀지고, 동정받아야 할 사람들도 억울하게 냉대를 받았지. 포스트무스, 그대의 부당한 짓으로 정당한 사람들도 썩은 인간처럼 보이는군요. 그대의 배반으로 선하고 씩씩한 남자들도 부정한 위선자처럼 생각되는군요. 자, 피사니오, 어서 너의 주인이 시키는 대로 하렴. 내가 얼마나 순수했는지 나리에게 말해 줘. 자, 이렇게 내가 칼을 뽑겠다. 어서 이것을 받아라. 내 사랑의 순결한 집인 이 가슴을, 두려워하지 말고 어서 찔러라. 이 가슴에는 슬픔 말고는 이제 아무것도 남은 게 없다. 전에는 이 가슴에 너의 주인이 있었지만, 이젠 그가 떠나 텅 비어버렸단다. 어서 그의 명령대로 해라. 어서 찔러라. 옳은 일이라면 용감하게 뛰어들던 네가 왜 지금은 겁쟁이가 되었느냐?

피사니오 그런 저주받을 물건으로 제 손을 더럽히지 마세요.

이모젠 나는 죽어야 해. 너의 손으로 나를 죽이지 않으면, 너는 네 주인을 저버리는 거란다. 내 연약한 손으로는 도저히 찌를 용기가 나지 않으니, 자, 어서 내 가슴을 찔러라. 아, 여기 뭔가가 있어…… 잠깐만 기다려라. 방해물이 있어선 안 돼. 칼이 칼집에 쏙 들어가야지. 그런데 이게 뭐지? 성스런 말들이 쓰인 레오나투스의 편지다. 이제는 악마의 책과 다름없이 된 이것, 내 신의를 저버린 것, 없어지거라. 너는 이미 내게는 소용없으니. 가짜 스승을 믿는 어리석은 자들이 세상에는 얼마든지 있어. 배반당한 자보다 배반한 자가 더 무서운 고통을 겪는다고 하지. 포스트무스! 그대는 나에게 부왕의 뜻을 거스르고, 평민인 그대를 쫓아 왕족의 지위마저 버리게 했지요. 그러나 그것이 평범한 행동이 아닌, 비장한 결의가 필요한 일임을 언젠가는 알게 될 거예요. 지금은 만족스러워도 나중에 내 일을 기억하고 고통받게 될 당신의 모습이 나를 괴롭힙니다. 자, 피사니오, 어서 나를 죽여라. 어린 양이 이렇게 도살자에게 간청하고 있지 않느냐? 칼은 어디에 있지? 너는 왜 주인의 명령을 이행하지 않는 거냐? 너의 주인뿐만 아니라 나도 이렇게 바라지 않느냐?

〈심벨린〉 3막 4장, 피사니오와 이모젠 존 호프너 그림, 로버트 듀 에칭. 1801.

피사니오 공주님! 저는 이 일로 한숨도 잠을 이루지 못했습니다.

이모젠 그럼, 어서 나를 찌르고 나서 잠을 자도록 해라.

피사니오 먼저 이 눈을 멀게 하겠습니다.

이모젠 눈이 멀면 나를 어떻게 죽이려고? 왜 진작 하지 않고 여기까지 나를
데리고 왔지? 나나 너나 또 저 말이나 모두 수고스럽게, 왜 여기까지 왔느
냐 말이다. 시간도 충분하지 않았느냐. 내가 사라져서 발칵 뒤집혔을 궁정
으로는 돌아갈 수도 없어. 나는 그곳에는 영원히 돌아갈 수 없다. 너는 왜
주인의 명령을 거스르면서까지 이 일을 실행하지 않는 거지? 선택된 제물
인 사슴이 네 앞에 있는데?

피사니오 시간을 끌면서 하기 싫은 일을 피해 보려고 그랬지요. 그런데 좋은
생각이 떠올랐습니다. 공주님, 진정하시고 저의 말을 좀 들어주세요.

이모젠 그래, 너의 혀가 지칠 때까지 말해 보렴. 나는 매춘부라는 소리까지
들었으니, 어떠한 거짓말로도 내 귀가 그보다 더 큰 상처를 입을 일은 없을
거야. 자, 어서 말해 봐.

피사니오 그럼 말씀드리지요. 돌아가시지 않는 게 좋을 것 같습니다.

이모젠 그야 그렇겠지, 나를 죽이려고 여기까지 끌어냈으니 말야.

피사니오 그게 아니라, 제가 정직한 것만큼 지혜로우면 얼마나 좋겠습니까? 제 생각을 바로 전할 수 있을 테니까요. 나리께서도 틀림없이 어떤 자에게 속아 넘어가신 겁니다. 속임수에 뛰어난, 어떤 교활한 놈에게 말입니다. 그래서 두 분 모두 자신들이 배반당했다고 생각하시고, 고통스러워하시는 거지요.

이모젠 그건 로마의 어떤 매춘부일 거야.

피사니오 아뇨, 절대로 그럴 리가 없습니다. 공주님이 돌아가셨다고 말씀드리고, 그 증거로 피 묻은 옷을 나리께 보내겠습니다. 그렇게 하라고 명령하셨으니까요. 공주님이 궁에 나타나지만 않으시면, 모든 게 그럴듯하게 들어맞게 되지요.

이모젠 그건 그렇다만, 그동안 나는 어디서 무엇을 하며 살아야 하지? 어디로 가지? 어떻게 살아야 해? 남편에게는 이미 죽은 사람이 되어버린 내가, 앞으로 무슨 기쁨으로 살아간단 말이냐?

피사니오 하지만 궁으로 돌아가시게 되면…….

이모젠 왕궁도 싫고, 아버지도 싫어. 그 끔찍한 클로텐이 졸라대는 꼴을 지켜보는 것은, 전쟁에서 포위 공격을 당하는 것보다 훨씬 더 몸서리치는 일이라고.

피사니오 왕궁이 아니면, 브리튼에서는 공주님이 계실 곳이 없습니다.

이모젠 그러면 어디로 가야 하지? 해가 비치는 곳이 브리튼만 있는 것은 아니지? 낮과 밤이 있는 건 브리튼뿐만이 아니겠지? 브리튼은 이 넓은 세상의 한 부분이긴 하지만, 그 안에 함께 있는 것 같지는 않아. 큰 연못에 사는 백조처럼 말이다. 그렇지만 브리튼 말고도 사람이 살고 있겠지, 안 그래?

피사니오 그렇게 생각하시니 다행입니다. 로마의 사신 루키우스가 내일 밀포드-헤이븐에 도착한답니다. 공주님의 운명이 이렇게 어두워졌으니, 위험으로부터 스스로를 보호하기 위해 마음도 어둡게 가장하시고, 앞으로 하실 만한 일을 찾아 어떤 길이라도 가셔야 합니다. 포스트무스 나리가 계신 곳 가까이 머무르시는 게 좋겠지요. 그러면 비록 나리의 모습을 직접 볼 수는 없어도, 그분의 소식이라도 자주 들으실 수 있을 테니까요.

이모젠 오, 그럴 수만 있다면! 나의 자존심이 상처받는 일이기는 하나, 그 정도 모험이라면 시도해 보겠다.

피사니오 자, 그럼 요점을 말씀드리지요. 공주님은 이제 자신이 여자라는 사실을 잊으셔야 합니다. 순종적이며 겁 많고 부드러운 여인의 성질―아니, 그보다도 여성의 아름다움을 완전히 버리셔야 합니다. 대신에 재치 있고 용감하며, 욕도 거침없이 내뱉을 줄 알고 말도 잘하며, 아주 대담하고 족제비처럼 싸움도 잘하는, 그런 남자처럼 행동하셔야 합니다. 공주님의 그 아름다운 뺨을 햇빛에 그을리게 하셔야 합니다. 아, 가슴이 아프지만 그 방법밖에는 없습니다. 그 아름다운 얼굴을 거인 티탄 같은 햇빛의 탐욕스러운 키스에 내맡기셔야 합니다. 유노 여신도 시샘하게 만든 그 고운 옷들도 잊으세요!

이모젠 무슨 말인지 알겠으니, 이제 그만해라. 나는 벌써 남자가 된 것 같구나.

피사니오 먼저 남자 옷으로 바꿔 입으셔야 합니다. 이런 때를 대비해서, 제가 여기 주머니 속에 모자와 윗옷과 양말을 챙겨 왔지요. 그 밖에 필요한 것도 가져왔습니다. 공주님 나이에 어울리는 젊은 남자 차림을 하시고, 점잖은 루키우스를 만나러 가십시오. 그분을 만나면 인사하시고, 노래와 음악으로 즐겁게 해드리겠다고 말씀하십시오. 그러면 인정 많은 그분은 틀림없이 공주님을 반길 것입니다. 외국으로 가시는 데 필요한 돈은 충분히 가져왔으니 아무 염려 마십시오. 앞으로도 돈 걱정은 하지 않으셔도 됩니다.

이모젠 너는 나에게 모든 위안이 되어주는구나. 신들께서 너를 보내주셨나 보다. 자, 어서 가자. 일이 순조롭게 된다 해도, 생각해야 할 일들이 아직 많아. 군인처럼 씩씩하게, 왕자의 용기로써 어떠한 어려움도 끝까지 헤쳐 나가겠다. 자, 어서 가자.

피사니오 그런데 공주님, 잠시 우리는 떨어져 있어야 합니다. 공주님께서 실종되신 일에 대해, 궁에서는 모두들 저를 의심하고 있을 겁니다. 자, 여기 이 상자를 받으십시오. 이것은 왕비가 주신 건데, 아주 귀한 약이라고 합니다. 배를 타고 여행하시는 중에 혹시라도 몸이 편찮으시면, 이 약 한 방울이 큰 도움이 될 겁니다. 어디 보이지 않는 곳에서 남자 옷으로 바꿔 입으십시오. 신들이 공주님을 보호해 주시기를.

이모젠 아멘. 정말 고맙다. (모두 퇴장)

〔제3막 제5장〕

심벨린 왕궁의 한 방.
심벨린, 왕비, 클로텐, 루키우스 그리고 귀족들 등장.

심벨린 그럼 안녕히 가시오.

루키우스 전하, 감사합니다. 황제께서 어서 돌아오라는 편지를 보내셨습니다. 전하를 우리 황제의 적으로 부르게 되어 유감입니다.

심벨린 백성들은 그의 멍에를 견디지 못할 거요. 내가 국왕으로서 그들만 못해서야 어찌 왕의 위엄을 지킬 수 있겠소?

루키우스 바라건대 밀포드–헤이븐까지 안내해 주십시오. 왕비님, 안녕히 계십시오.

왕비 안녕히 가세요!

심벨린 경들! 이분을 잘 모시도록 하오. 잘 가오, 루키우스!

루키우스 경! 당신의 손을.

클로텐 (악수를 하며) 오늘은 친구로 대하지만, 나중에 만나면 적으로 대할 수밖에 없소.

루키우스 그다음은 누가 이기느냐에 달려 있지요. 안녕히 계십시오.

심벨린 경들, 루키우스 경이 세 번 강을 건널 때까지 잘 모시도록 하오. (루키우스와 귀족들 퇴장)

왕비 그자는 얼굴을 찌푸리며 떠났습니다. 하지만 우리의 주장을 분명히 한 것은 명예로운 일이지요.

클로텐 어쨌든 잘됐습니다. 브리튼 백성들이 늘 바라던 일이니까요.

심벨린 루키우스는 벌써 황제에게 여기에서 일어난 일을 보고했을 거다. 이제 우리의 전차와 기병대를 배치해야 할 때가 온 거지. 그는 프랑스에 머물러 있던 군대를 이끌고 곧 브리튼으로 쳐들어올 거야.

왕비 우물쭈물할 때가 아닙니다. 어서 서둘러야만 해요. 아주 강력한 군사력으로요.

심벨린 이렇게 예측하고 준비할 수 있으니 다행이오. 그런데 왕비, 공주는 어디 있소? 로마 사신 앞에 한 번도 나타나지 않고, 우리에게 아침 인사도 하지 않았으니 어찌 된 일이오? 그 애는 우리에게 효심보다는 미움이 더 많은 것 같군. 꼭 그렇게 보인단 말이야. 공주를 불러 오너라. 우리가 그 아이에게 너무 관대했어. (시종 한 사람 퇴장)

왕비 전하! 포스트무스가 추방된 뒤로, 그 아이는 자기 방에만 틀어박혀 있습니다. 시간이 지나야 고쳐지리라 생각됩니다. 그러니 너무 나무라지 마십시오. 그 애는 성품이 예민해서 꾸지람을 들으면 충격을 받아, 거의 죽을 것만 같을 거랍니다.

시종 다시 등장.

심벨린 공주가 뭐라고 대답하더냐?

시종 전하! 공주님 방은 잠겨 있었습니다. 큰 소리로 불러도 안에서는 아무 대답이 없었습니다.

왕비 전하, 제가 그 애를 만났을 때 방문을 꼭 닫고 있겠다고 하더군요. 몸이 불편해서 아버지께 날마다 드리는 문안 인사도 하기 어려운가 봅니다. 아버지께 잘 말씀드려 달라고 한 것을, 손님도 오시고 하여 바쁘다 보니 제가 깜빡 잊었습니다.

심벨린 방문이 잠겨 있다고? 누구도 본 사람이 없단 말이냐? 무슨 일이라도 있는 건 아닌지 걱정되는군. (퇴장)

왕비 클로텐, 전하를 따라가 보아라.

클로텐 공주의 하인 피사니오도 이틀간 보지 못했습니다.

왕비 가서 찾아보아라. (클로텐 퇴장) 포스트무스에게 그토록 충직한 피사니오가 보이지 않는다고? 귀한 약으로 알고 있는 그것을 먹은 게 아닐까? 공주는 어디 갔지? 그 애는 너무 슬퍼서 스스로 목숨을 끊은 게 아닐까? 아니면 그토록 열렬히 사랑하는 포스트무스에게로 날아갔나? 그것이 죽었든 달아났든, 어찌 됐건 내게는 그리 나쁠 건 없지. 그 애만 없으면 브리튼의 왕관은 내 것이 될 테니까.

클로텐 다시 등장.

왕비 그래, 어찌 되었느냐?

클로텐 공주가 도망간 건 틀림없어요. 전하께 가서서 위로해 드리세요. 전하께서는 몹시 진노하셔서 누구도 감히 가까이 갈 수가 없습니다.

왕비 (혼잣말로) 더 잘됐군, 그렇게 화가 나서 오늘 저녁에라도 숨이 끊어질지 모르니. (퇴장)

클로텐 나는 공주를 사랑하기도 하지만, 공주가 너무나 밉기도 해. 그녀는 아름다울 뿐만 아니라 기품이 있거든. 어느 여인보다도 어느 귀족 부인보다도 아름답고 귀한 존재지. 모든 여성의 장점을 두루 갖춘, 어디 하나 나무랄 데 없는 여자야. 그러니 사랑하지 않을 수 없어. 하지만 나를 거부하고, 그 비렁뱅이 포스트무스를 좋아하니 미워하지 않을 수 없어. 그 작자에게 푹 빠져서 공주의 장점들이 모두 질식해 버리고 말았다. 어쨌든 복수해야 해, 아무리 바보라도…….

피사니오 등장.

클로텐 이게 누구야? 이봐, 무슨 음모를 꾸미는 거지? 이리와, 뚜쟁이, 훌륭한 악당, 네 주인 아가씨는 어디 있지? 한마디로 대답하지 않으면 네 목숨은 없는 거다.

피사니오 뭐라고요?

클로텐 네 여주인은 어디 있느냐 말이다. 더는 묻지 않겠다, 이 음흉한 놈아. 내가 기어이 알아내고 말 테니. 네가 말을 하지 않으면 너의 심장을 도려내겠다. 그녀는 포스트무스와 함께 있지? 털끝만큼도 쓸모없는 그 비천하고 야비한 놈에게 네가 빼돌렸지?

피사니오 어떻게 공주님이 나리께 가실 수가 있단 말입니까? 공주님은 언제 실종되셨죠? 서방님은 로마에 계신데요.

클로텐 그녀가 어디 있느냐 말야? 좀더 가까이 오너라. 그렇게 멀리서 머뭇거리지 말고. 똑바로 말해라. 네 안주인은 어떻게 됐지?

피사니오 오, 훌륭하신 나리!

클로텐 못돼 먹은 놈! 네 여주인이 어디 있는지 당장 대란 말야. '나리'는 집어치우고. 어서 말하지 못하겠느냐! 그렇게 입을 꼭 다물고 있으면 너를 죽여 버리겠다.

피사니오 그러시면 이 편지를 보십시오. 제가 아는 거라고는 이 편지에 써 있는 내용뿐이니까요. (편지를 건네준다)

클로텐 어디 보자! 로마로 갔대도 상관없어. 그녀를 차지하기 위해서라면 아우구스투스의 옥좌까지라도 쫓아갈 테다.

피사니오 (혼잣말로) 이렇게 하지 않으면 나는 파멸이야. 공주님은 이미 멀리 가셨을 테고, 이 편지를 읽고 쫓아간대도 위험해지시지는 않을 거야.

클로텐 (편지를 읽으며) 흠!

피사니오 (혼잣말로) 주인 나리께 공주님이 돌아가셨다고 편지를 해야지. 아, 이모젠 공주님! 부디 무사히 여행을 마치고, 아무 탈 없이 돌아오시기를 빕니다!

클로텐 이 사람아! 이 편지가 사실인가?

피사니오 그런 것 같습니다.

클로텐 이것은 포스트무스의 글씨야, 나는 알 수 있지. 여봐라, 네가 악한이 아니거든 내게 충성을 다하거라. 내가 어떤 나쁜 일을 하라고 명령해도, 내가 하라는 대로만 하면 너는 정직한 놈이 되는 거야. 그러면 돈도 달라는 대로 주겠다. 관직이라도 한자리 차지하고 싶다면 내가 거들어 주지.

피사니오 황송합니다, 나리!

클로텐 그래, 내가 하는 일을 도와주겠나? 네가 포스트무스를 섬길 때 보수도 받지 못하고 그토록 충직하게 일을 했으니, 나도 분명히 잘 섬길 거라고 믿는다. 나는 네가 수고한 대가는 단단히 치러줄 테니까. 그래, 나를 위해서 일을 할 텐가?

피사니오 하겠습니다.

클로텐 그러면 손을 이리 주게. 자, 여기 내 돈주머니를 받게. 그런데 혹시 전 주인이 입던 옷을 가지고 있나?

피사니오 있습니다. 공주님과 헤어질 때 입으셨던 옷이 제 방에 있습니다.

클로텐 그렇다면 네가 나를 위해서 할 첫 번째 일은, 바로 그 옷을 내게 가지고 오는 거야. 그게 너의 첫 임무이니, 어서 다녀오너라.

피사니오 분부대로 하겠습니다. (퇴장)

클로텐 밀포드-헤이븐에 가서 만나기로 하지! 아차, 한 가지를 깜박했군. 거기 가면 잊지 말고 꼭 말을 해야지. 못된 포스트무스, 이놈, 너를 죽여버릴 테다. 옷을 가져오기만 하면 꼭 실행할 테야. 언젠가 그녀가 내게 이런 말을 했었지. 나의 고귀한 신분이나 훌륭한 인품보다는, 그놈의 옷을 오히려 존경한다고…… 지금도 그 말만 생각하면 분통이 터지는구나. 내가 그놈의 옷을 대신 걸치고 그녀를 약탈한 다음, 그녀가 보는 앞에서 그놈을 처치해 버려야지. 그녀는 내가 얼마나 용맹한지 보게 될 거야. 나를 멸시한 대가로, 그녀를 실컷 골탕 먹여야지. 그놈을 때려눕힌 다음, 땅바닥에 쓰러진 그놈의 시체에 대고 모욕적인 말을 던져줄 테야. 그다음에는 그녀에게서 나의 정욕을 마음껏 채울 테야. 나보다 그놈의 옷이 더 고귀하다고 했으니, 그놈의 옷을 걸치고 그녀를 정복해야지. 그러고 나서 궁으로 그녀를 질질 끌고 오겠다. 나를 놀리고 비웃었으니, 나도 그녀에게 즐겁게 갚아줘야지.

피사니오, 옷을 들고 다시 등장.

클로텐 그게 바로 네 주인 옷이냐?

피사니오 그렇습니다, 나리!

클로텐 그래, 공주가 밀포드-헤이븐으로 떠난 게 언제였지?

피사니오 공주님은 아직 그곳에 도착하지 못하셨을 겁니다.

클로텐 이 옷을 내 방으로 가져오너라. 이게 너에게 명령하는 두 번째 임무다. 세 번째 임무는, 이 일을 절대로 입 밖에 내지 말라는 거야. 충실히 따르기만 하면 좋은 관직을 주겠다. 이제 밀포드에서 복수하는 일만 남았다. 날개가 돋쳐 빨리 따라잡을 수 있다면 얼마나 좋을까! 자, 어서 가자. 충성을 다해야 하느니라. (퇴장)

피사니오 그대가 명령하는 대로 했다간, 내게는 큰 손해가 되지. 그대에게 충성을 다한다는 건 새빨간 거짓말, 나는 절대로 그렇게 할 수 없어! 밀포드에 가 보라지, 공주님을 찾지는 못할 테니까. 아, 하늘이시여, 공주님에게 모든 은총을 내려주소서. 그 바보가 서둘러 가는 길을 꼭꼭 가로막아, 느리고 힘겨운 여행이 되게 해주소서. (퇴장)

3막 5장, 피사니오와 클로텐 H.C. 셀루스

〔제3막 제6장〕

웨일스. 벨라리우스의 동굴 앞.
남장한 이모젠 등장.

이모젠 남자의 생활이란 참 지겹고 답답한 것이로군. 이렇게 남장을 하고서
이틀 밤이나 길 위에서 잤더니 피곤해 죽겠네. 결심이 강하지 못하다면 병
이 나고 말 거야. 밀포드는 피사니오가 산 위에서 어디라고 가리켜 줄 때는
보이더니, 지금 여기서는 보이지 않는구나. 아, 신이여, 당신의 사랑이 베풀
어 주신 터전을, 자비의 손길이 뻗친 그곳을 비껴가시나이까! 틀림없이 밀
포드를 볼 수 있다고 거지 두 사람이 내게 말해 줬는데. 가난한 사람들도

거짓말을 하나? 거짓말은 괴로움과 벌을 불러온다는 사실을 잘 알 텐데. 부자들은 진실을 이야기할 때가 드물지만 가난한 사람들은 그렇지 않지. 부자들이 거짓말을 하는 건, 가난한 사람들이 필요에 의해 거짓말하는 것보다 훨씬 더 고통스러운 일이야. 거지가 거짓말할 때보다 왕이 거짓말을 할 때가 훨씬 더 나빠. 포스트무스, 당신도 그 거짓말쟁이들 가운데 한 사람이에요. 지금 나는 당신을 생각해요. 배고픈 것도 지나갔으니까요. 아니, 배가 고파지기 전에도 나는 당신을 생각했어요. 하지만 이제 와서 그게 무슨 소용이 있나요? 여기 길이 있구나. 이건 야만인의 소굴이 아닐까? 누가 있나 물어보지 않는 게 나을 거야. 그러나 굶주림은 용기를 불러일으키며, 넉넉하고 편안한 것은 비겁함을 낳게 하는 것이 자연이야. 그러니 가난은 언제나 용감함의 어머니라고 말할 수 있지. 여기 누가 있나요? 조금이라도 예의를 아는 분이라면 대답해 주세요. 야만인이라면 뺏든지 주든지, 어떻게 하겠지, 아무래도 괜찮아. 어! 대답이 없네. 그럼 들어가 볼까? 칼을 빼 들고 가야지. 적이 나처럼 칼을 무서워한다면, 내게 함부로 하지 못할 거야. 제발 그런 적이기를! (동굴 속으로 들어간다)

벨라리우스, 기데리우스, 아르비라구스 등장.

벨라리우스 폴리도어, 오늘 너는 사냥꾼으로서 가장 훌륭한 솜씨를 보여줬다. 그러니 오늘은 네가 두목이 되어라. 약속대로 캐드월과 나는 너의 요리사가 되고, 심부름꾼이 되겠다. 수고스럽게 흘리는 땀은 곧 마르고 사라진단다. 그러나 그에 따른 대가가 주어질 거야. 자, 어서 먹자. 배가 고프면 거친 음식도 맛있는 법이다. 피곤할 때는 돌 위에서 자도 코를 고는 법이지. 그러나 게으름뱅이에게는 부드러운 깃털 베개도 딱딱하게만 느껴진단다. (동굴 앞에 이르러) 이곳에 평화가 깃들기를, 돌보아 줄 이 없는 가난한 집이지만.

기데리우스 저는 너무 지쳤어요.

아르비라구스 저는 사냥으로 힘이 다 빠져버렸어요. 배가 너무 고파서 빨리 저녁을 먹고 싶어요.

기데리우스 동굴 속에 식은 고기가 있다. 오늘 잡은 것을 요리할 동안 그것을 조금 먹도록 해라.

벨라리우스 (동굴 속을 들여다보며) 들어오지 말고 잠깐 기다려라. 음식을 먹지 않았다면 요정이라고 하겠지만.

기데리우스 아버지, 무슨 일이죠?

벨라리우스 오, 저건 분명히 천사야! 아니면 절세미인이거나! 저 성스러운 모습을 보아라! 신과 같은 소년의 모습을.

이모젠, 동굴 속에서 나온다.

이모젠 여보세요, 저를 해치지 마세요. 여기 들어오기 전에 저는 여러 번 소리쳐 불렀어요. 먹을 것을 청하거나, 돈을 주고 살 생각이었죠. 사실 저는 아무것도 훔치지 않았습니다. 금덩이가 굴러다닌다 해도 훔칠 생각은 없으니까요. 제가 먹은 고깃값이 여기 있어요. 사실 저는 이 동굴 주인을 위해 축복의 기도를 드린 뒤에, 이 돈을 놓아두고 갈 생각이었어요.

기데리우스 돈이라고?

아르비라구스 금과 은은 모두 흙으로 변해 버리는 게 차라리 낫지. 그런 것들은 그런 더러운 것을 신성한 것처럼 숭배하는 자들에게나 필요한 것이오. 우리에게는 그런 것은 아무 의미가 없소.

이모젠 화가 나셨나 보군요. 제 잘못을 탓하여 죽이시기 전에, 먼저 이 말을 들어주세요. 저는 이 음식을 먹지 못했다면 벌써 죽었을지도 몰라요.

벨라리우스 어디로 가던 길이었나?

이모젠 밀포드-헤이븐으로요.

벨라리우스 이름은?

이모젠 피델레라고 합니다. 이탈리아로 갈 친척이 그곳에 있거든요. 밀포드에서 함께 배를 탈 사람을 만나러 가던 길인데, 배가 너무 고파서 이런 무례한 짓을 저지르고 말았습니다.

벨라리우스 우리를 나쁜 사람들이라고 생각하지 말게. 이런 데서 살고 있다고 해서 우리의 마음까지도 거칠다고 생각하면 안 되네. 그보다도, 우리는 젊은이를 환영하네. 밤도 가까워졌는데, 떠나기 전에 함께 식사하며 즐거운 시간을 보내도록 하세. 얘들아, 손님을 잘 대접하도록 해라.

기데리우스 젊은이, 만일 그대가 여자라면 나는 청혼했을 겁니다. 솔직히 말해, 돈으로 살 수 있다면 사려고 했을 거요.

아르비라구스 나는 그런 쓸데없는 생각은 하지 않겠어. 그는 남자니까, 나는 내 형제처럼 생각할 테야. 오래간만에 만난 형제를 맞이하듯, 그런 반가운 인사를 하겠어. 자, 사이좋은 형제처럼 즐겁게 지냅시다.

이모젠 사이좋은 형제처럼 지내자고요? (혼잣말로) 이들이 내 아버지의 아들들이라면! 그러면 외동딸인 나의 신분도 낮아지고, 그러면 포스트무스와도 좀더 어울리는 동등한 위치에 있었을 텐데.

벨라리우스 어째서 이토록 슬픈 낯빛을 하고 있는 걸까!

기데리우스 그 슬픔을 없애줄 수 있다면!

아르비라구스 왜 그런지 몰라도, 어떻게 해서든지 도와주고 싶어.

벨라리우스 내 말을 들어라. (기데리우스와 아르비라구스에게 귓속말을 한다)

이모젠 훌륭한 사람들이야. 이 동굴을 자기들의 왕국 삼아, 자기들 일을 스스로 처리해 나가는 착한 사람들이야. 양심을 지키고 살면서 아랫사람들의 아첨이나 아부 같은 것도 필요 없는 이 사람들은 부러워할 만해. 신들이여, 제가 이렇게 남자 행세를 하는 것을 용서해 주세요. 레오나투스가 배반을 했기 때문이에요.

벨라리우스 그래, 그렇게 하자. 애들아, 사냥해 온 것을 요리하자. 젊은이, 이리 들어오게. 배고플 때는 이야기하는 것도 귀찮은 법이니, 저녁을 먹고 나서 천천히 그대의 이야기를 듣기로 하지. 이야기를 해도 괜찮다면 말이야.

기데리우스 이리 가까이 와요.

아르비라구스 부엉이가 밤을, 종달새가 아침을 반기는 것 이상으로 그대를 환영하겠소.

이모젠 고맙습니다.

아르비라구스 자, 이리 가까이 와요. (모두 퇴장)

〔제3막 제7장〕

로마. 광장.
원로원 의원 두 명과, 호민관들 등장.

3막 6장, 이모젠 H.C. 셀루스

원로 1 이것이 황제 폐하의 교지 내용이오. 평민들은 지금 판노니아인과 달마티아인에 맞서 싸우고 있으며, 프랑스에 주둔한 부대는 브리튼의 반란군을 진압하기에는 힘이 너무 미약하오. 그래서 귀족들을 설득해 이 일에 가담케 하라는 명령이오. 또 황제께서는 루키우스를 지방 총독으로 임명하셨소. 호민관들은 황제의 권리를 대행하여, 즉시 군대를 모집하도록 하시오. 카이사르 만세!

호민관 1 루키우스가 총지휘관입니까?

원로 2 그렇소.

호민관 1 지금 프랑스에 남아 있습니까?

원로 1 방금 내가 말한 그 프랑스 주둔군을 통솔하고 있지요. 여러분이 모집한 군대는 그곳에 보내질 지원군이오. 군대의 수와 출발 날짜는 위임장에 적혀 있는 대로 따르시오.

호민관 우리의 의무를 다하겠습니다. (모두 퇴장)

〔제4막 제1장〕

웨일스. 벨라리우스의 동굴 근처.
클로텐 등장.

클로텐 피사니오가 지도에서 일러준 대로라면, 그것들이 만나기로 한 장소에 거의 온 것 같군. 그놈의 옷이 내게도 썩 잘 맞는구나! 이 옷을 만든 재단사나 그 여자나 모두 같은 신이 만들었으니, 그녀도 내게 딱 맞지 않을까? "여자란 그때그때 기분에 따라 변하는 존재들"이라고 했으니 내게도 희망은 있어. 거기서는 나도 솜씨를 좀 발휘해야지. 어디 나 자신에게 묻고 답해 보기로 하지. 거울을 들여다보고 스스로 이야기하는 것이, 뭐 그리 수치스러울 것도 없는 일이니 말이야. 다시 말해 나의 몸이 그놈보다 못할 게 하나도 없다는 거지. 젊음으로 보나 힘으로 보나, 재산을 따져 봐도 내가 떨어지는 건 없지. 출생이나 신분은 내가 훨씬 높고, 전쟁에 나간 경험은 거의 비슷하지만, 어떤 싸움에서 이름을 떨친 것으로 본다면 내가 더 앞선다고. 이렇게 모든 점에서 그놈보다 나은데도, 그 바보 계집은 그놈을 사랑한다니…… 인간이란 참으로 어리석은 존재라니까! 포스트무스, 지금은 네 머리가 네 어깨 위에 놓여 있지만, 몇 시간 뒤면 땅바닥에서 뒹굴고 있을 거다. 너의 계집은 강간당할 것이고, 너의 옷은 그년 앞에서 갈가리 찢길 테지. 그 뒤에는 그녀를 질질 끌고 자기 아버지에게 데려가야지. 아버지는 내가 한 일에 대해서 화를 좀 내겠지만, 어머니는 오히려 나를 두둔하며 아버지를 적당히 주무르실 거다. 그러면 마침내 모든 것은 나의 공로로 돌아가겠지. 나의 말은 안전하게 매여 있으니, 이제 칼을 뽑자. 이 칼로 참혹한 일을 하는 거다. 운명이여, 그 두 사람을 내 손아귀에 들어오게 해다오! 이곳이 바로 그것들이 만나기로 한 장소가 틀림없으렷다. 피사니오란 놈, 설마 나를 속이지는 않았을 테지. (퇴장)

〔제4막 제2장〕

벨라리우스의 동굴 앞.
벨라리우스, 기데리우스, 아르비라구스, 이모젠, 동굴에서 나온다.

벨라리우스 (이모젠에게) 몸이 불편한가 보군. 여기 굴속에 이대로 머물러 있게, 우리가 사냥을 해올 테니.

아르비라구스 (이모젠에게) 동생, 여기 머물러 있어. 우리는 형제가 아닌가?

이모젠 (혼잣말로) 남자와 남자 사이라면 그렇겠지. 그러나 진흙 덩어리가 부서져 흙이 되기 전에는, 절대로 같을 수가 없어. 사람들은 살아서는 서로 다르지만, 죽으면 다 같이 땅속에 묻혀 흙으로 돌아가니까.—몸이 좀 아프군요.

기데리우스 저는 남아서 저 애를 돌봐 주겠어요.

이모젠 그렇게까지 아픈 건 아닙니다. 그저 기분이 좀 좋지 않은 정도지요. 죽을 만큼 아픈 것도 아닌데 죽는 시늉을 하는 그런 나약한 놈은 아니니, 너무 걱정하지 마십시오. 어서 아침 일들을 하러 가세요. 습관을 깨뜨리는 것은 모든 것을 깨뜨리는 것이니까요. 이렇게 남아 계신다고 해서 제가 아픈 게 낫는 것도 아니고요. 사교성이 떨어지는 사람에게는 사회란 위로가 될 수는 없는 거랍니다. 이렇게 말을 할 수 있으니 몹시 아픈 것도 아니지요. 제발 저를 혼자 있게 내버려 두세요. 아무 걱정 마시고요. 저는 훔칠 줄도 모릅니다. 제 자신이나 훔쳐서 죽게 될지는 몰라도. 죽게 된다 해도 어쩔 수 없는 일이니, 그냥 놓아두세요.

기데리우스 나는 너를 사랑해. 아버지를 사랑하는 만큼 너를 사랑한단다.

벨라리우스 뭐라고! 어떻게 그런 말을 하느냐!

아르비라구스 그렇게 말하는 게 죄가 된다 해도, 저도 형님과 같은 죄를 짓겠어요. 왠지 모르지만 저는 피델레가 좋아요. 아버지는 늘 말씀하셨죠? "사랑에는 이유가 없다"고요. 관을 문 앞에 놓고 누가 죽어야겠느냐 묻는다면 "피델레보다는 아버지"라고 할 거예요.

벨라리우스 (혼잣말로) 아, 피는 속일 수 없어. 오, 자연의 고귀함이여! 혈통의 위대함이여! 비겁함은 비겁한 것을 낳고, 비천함은 비천한 것을 낳는 법. 자연은 곡식의 알갱이나 겨도, 천한 것도 고귀한 것도 모두 만들어 내지. 나는 저 애들의 아버지가 아니야. 그런데 이 젊은이는 도대체 누구이기에, 이 애들이 나보다 더 좋아하는 걸까? (큰 소리로) 아홉 시다.

아르비라구스 피델레, 잘 있어.

이모젠 사냥이 잘되길 바랍니다.

아르비라구스 어서 회복되기를. 그럼, 가시죠, 아버지.

이모젠 (혼잣말로) 참 친절한 사람들이야. 나는 이제까지 얼마나 많은 거짓말들을 들어왔던가. 귀족들은 궁에 사는 사람들 말고는 모두 다 야만인이라고 했지. 하지만 나는 이번 경험으로 그 말이 헛소리라는 걸 알았어. 험한 바다는 괴물을 낳지만, 물이 그리 많지 않은 강물에서는 맛있는 물고기가 나오지. 아직도 가슴이 아프구나, 이 가슴이. 피사니오, 네가 준 약을 먹어야겠다. (약을 조금 삼킨다)

기데리우스 저 애는 자기 이야기를 절대로 하지 않는군. 자신이 귀하게 태어났으나 불행해졌다는 말만 하고. 정직한 것처럼 보이지는 않는데 정직하거든.

아르비라구스 그 아이는 나에게 앞으로 조금씩 알게 될 거라고 했어.

벨라리우스 자, 어서 사냥을 나가자. (이모젠에게) 너는 들어가서 쉬어라.

아르비라구스 그리 오래 걸리지 않을 거야. 곧 돌아올게.

벨라리우스 어서 낫거라. 너는 우리에게 밥을 해줘야 하니 말이다.

이모젠 아프든지 낫든지, 여기 머물러 있겠습니다. (동굴 속으로 퇴장)

벨라리우스 아, 언제까지나 있어라. 이 젊은이는 분명히 고귀한 신분일 거야, 지금은 저렇게 어려운 상황에 빠졌지만.

아르비라구스 그 애가 노래하는 모습은 천사 같아.

기데리우스 요리 솜씨는 또 어떻고? 풀뿌리를 알맞게 잘라 넣어, 고깃국도 아주 감칠맛 나게 끓이거든. 유노 여신이 아프기라도 해서 정성 들여 음식을 준비하는 것처럼 말야.

아르비라구스 한숨을 쉬면서도 참고 웃어 보이는 모습이 더없이 존귀해 보여. 탄식은 미소에게 지기 위해서 나오기라도 하는 것처럼. 미소는 그 고귀한 몸으로 날아가, 뱃사람들이 저주하는 바람과 어울리려 한다고 한숨을 비웃는 것 같아.

기데리우스 나도 알아차렸다. 슬픔과 인내심을 모두 가지고 있어서, 그 두 가지가 그의 가슴에 뿌리박고 있나 봐.

아르비라구스 인내의 뿌리여, 쑥쑥 자라거라! 고약한 악취를 내뿜는 말오줌 나무와 같이, 슬픔의 독뿌리를 떼어 말라죽게 하라.

벨라리우스 벌써 늦었구나. 돌아가자. ─거기 누구요?

클로텐 등장.

클로텐 도망친 것들은 대체 어디 있는 거지? 아무래도 그놈이 나를 속였나 보군. 고얀 놈, 나를 골탕 먹이다니.

벨라리우스 "도망친 것들"이라! 우리를 말하는 게 아닐까? 나는 저놈이 누구인지 알아. 저놈은 왕비의 아들 클로텐이지. 부하들을 어디에 숨겨 놓은 게 아닐까? 여러 해 동안 저놈을 보지 못했지만, 저건 틀림없이 클로텐이야. 우리는 추방된 죄인의 몸이니, 어서 도망을 가자.

기데리우스 저자는 혼자인 것 같아요. 아버지는 캐드월과 함께 근처를 살펴보세요, 저놈에게 동행이 있는지. 어서 가보세요. 저는 여기 남아 저자의 동정을 살피겠어요. (벨라리우스와 아르비라구스 퇴장)

클로텐 이봐, 기다려! 너는 누구기에 나를 피해 도망치지? 너는 산적이 아니냐? 그런 소문을 들은 적 있다. 너는 어떤 놈이지?

기데리우스 어떤 놈이냐고? 그런 소리를 듣고도 너 같은 놈에게 주먹으로 대답하지 못할 그런 비천한 인간은 아니지.

클로텐 너는 도둑이로구나. 범법자, 악당, 항복해라, 이 도둑놈아.

기데리우스 누구에게 하는 소리지? 바로 너에게 하는 소리겠지? 너야말로 어떤 놈이냐? 내 팔이 네 팔보다 짧은 줄 아느냐? 내 심장이 네 것만 못한 줄 아느냐? 입만은 네가 더 커 보이는구나. 나는 입속에 칼을 품지 않았으니 말이다. 네가 누구인지 말해라. 내가 왜 너에게 항복을 해야 하지?

클로텐 이 비천한 놈아, 이 옷을 보고도 내가 누구인지 모른단 말이냐?

기데리우스 모른다, 이놈아. 그 옷을 만든 재단사도 모른다. 물론 네 할아비가 만들었겠지. 네 할아비가 네게 입힌 그 옷으로 네놈이 된 모양인데, 나는 그놈도 모르고 네놈도 몰라.

클로텐 이런 무례한 놈이 있나! 이 옷은 나의 재단사가 지은 옷이 아냐.

기데리우스 그럼, 돌아가서 그 옷을 네게 준 자에게 감사나 하렴. 너는 틀림없이 바보야. 그러니 너 같은 놈은 때리고 싶지도 않다.

클로텐 에잇! 이 무례한 도둑놈 같으니. 내 이름을 알고 나면 네놈은 두려워서 벌벌 떨게 될걸.

기데리우스 대체 네 이름이 뭔데?

클로텐 클로텐이시다.

기데리우스 네 이름이 클로텐이라면 악한 중에서도 악한이겠구나. 벌벌 떤다고? 천만에, 두꺼비나 살모사나 독거미라고 하면 좀 떨릴지도 모르지.

클로텐 그렇다면 좀더 떨게 해줄까? 아니, 그보다도 너를 깜짝 놀라게 해줄테니, 잘 들어라. 나는 왕비의 아들이다.

기데리우스 안된 말이지만, 네 꼬락서니로는 도저히 그렇게 보이지 않는걸.

클로텐 그래, 너는 내가 두렵지 않단 말이냐?

기데리우스 내가 존경하고 두려워하는 사람은, 슬기롭고 현명한 사람이야. 바보를 보면 우습기만 하지, 두렵진 않아.

클로텐 너를 죽여버리겠다! 내 손으로 너를 죽이고, 아까 달아난 두 놈도 쫓아가서 죽인 다음, 럿즈타운 성문에다 너희들 모가지를 매달아 놓겠다. 어서 항복해, 이 시골뜨기 산적 놈아. (기데리우스와 싸우면서 퇴장)

벨라리우스와 아르비라구스 다시 등장.

벨라리우스　함께 온 패거리들은 없나 보지?

아르비라구스　아무도 없어요. 아버지가 잘못 보신 것 같아요.

벨라리우스　잘못 봤다 해도 무리는 아니지, 그놈을 본 지도 오래되었으니까. 하지만 아무리 세월이 흘렀다 해도, 그때 내가 본 모습이 그대로 남아 있는 걸. 내가 말한 그 작자가 틀림없어. 게다가 급하게 퍼붓는 말투까지, 확실히 그놈은 클로텐이야.

아르비라구스　여기가 아까 그놈을 형에게 맡겨 놓고 간 곳이에요. 형이 놈을 잘 해치웠다면 좋겠는데. 아버지는 그놈이 아주 포악하다고 하셨죠?

벨라리우스　그때는 그놈이 아직 어른이 되기 전이었는데, 세상 두려운 줄 모르고 이리저리 날뛰었지. 흔히 분별이 없는 놈들은 무엇을 두려워해야 하는 지도 모르지. 저기, 네 형이 온다.

기데리우스가 클로텐의 머리를 들고 등장.

기데리우스　이 클로텐이란 놈은 진짜 바보더군요. 머릿속이 텅텅 비어 있었 어요. 헤라클레스라도 이놈 머리통에서는 아무것도 꺼낼 수 없었을 겁니다. 제가 이놈 머리를 이렇게 베지 않았다면, 날 때부터 바보인 이놈이 제 머리 를 이렇게 했을 거예요.

벨라리우스　네가 무슨 짓을 했느냐?

기데리우스　이유는 확실합니다. 이놈 말이, 자기가 왕비의 아들이라나요. 그 러면서 저더러 범법자니 산적이니 떠들어대면서, 우리를 죽여서 럿즈타운 성문에 머리를 매달아 놓겠다고 하더군요.

벨라리우스　이제 우리는 파멸이다.

기데리우스　아버지, 그게 무슨 말씀이에요? 이놈이 먼저 우리를 죽이겠다고 해서 이렇게 된 건데, 파멸이고 뭐고, 어쩔 수 없는 것 아닌가요? 우리는 법 의 혜택을 입은 일이 없어요. 건방진 놈이 이러니저러니 위협한다고 해서, 왜 우리가 벌벌 떨어야 하나요? 재판장이든 사형집행인이든 자기들끼리 실 컷 연극이나 하라죠. 우리가 법을 두려워할 까닭이 어디 있습니까? 그놈의 패거리라도 어디 있었나요?

벨라리우스 한 놈도 없었다. 그러나 이놈이 시종 하나 없이 혼자 왔다는 게 미심쩍어서 그러는 거야. 비록 이랬다저랬다 종잡을 수 없는 놈인 데다 아무리 정신 나간 놈이기로서니, 이렇게 홀로 헤매다가 여기까지 왔다는 게 도무지 믿기지 않으니 말이다. 추방된 자들이 이곳 동굴에서 사냥하면서 살고 있으며, 그들이 얼마 안 있어 반역을 할지도 모른다는 소문이 조정에 들어갔다면, 이 클로텐이란 놈이 자기가 나서서 잡아오겠다고 큰소리쳤을지도 모르지. 하지만 그가 혼자 왔다는 게 이상하지 않으냐. 이놈 꼬리가 그 머리보다 더 두려운 거란다.

아르비라구스 하늘이 예정하신 일이라면 어쩔 수 없지요. 어쨌든 형이 그놈의 목을 벤 것은 아주 잘한 일이에요.

벨라리우스 오늘 사냥은 다 틀렸다. 피델레의 병은 아무래도 오래갈 것 같다.

기데리우스 그놈이 자기 칼을 빼 들고 제 목을 치려고 덤벼들어서, 하는 수 없이 그 칼을 빼앗아 그놈 목을 베었죠. 그놈 머리를, 저 바위 뒤에 흐르는 냇물에 던져서 바다로 흘러가게 해야겠어요. 그놈이 물고기들에게 자기가 왕비의 아들이라고 큰소리치게 말이에요. 이제 더는 이놈에 대해 아무런 관심도 없어요. (퇴장)

벨라리우스 복수할까 봐 걱정이란 말이다, 폴리도어. 네가 그 짓만 안 했다면 좋았을 텐데. 네가 보여준 용기는 훌륭한 것이었다만.

아르비라구스 제가 했으면 좋았을걸요! 그러면 복수를 당하는 건 저 혼자뿐일 텐데. 형! 나는 형이 좋지만, 형에게 나의 공적을 빼앗겨서 속상해. 인간의 힘으로 맞설 복수라면, 언제라도 좋아, 얼마든지 응해 주겠어.

벨라리우스 다 끝난 일이니, 이제 그만하거라. 오늘 사냥은 이것으로 끝내겠다. 이득이 없는 모험은 할 필요가 없는 거야. 너는 동굴로 들어가라. 피델레와 함께 식사 준비나 하거라. 나는 성질 급한 폴리도어가 돌아올 때까지 여기 남아 있겠다. 그 애가 오면 함께 점심 식사를 하러 들어가마.

아르비라구스 가엾은 피델레, 몸이 그렇게 아프다니, 어서 들어가서 돌봐 줘야지. 피델레를 회복시키기 위해서라면, 클로텐 같은 놈의 피는 얼마든지 흘리게 해도 돼. 그를 위해 자선을 베풀었다고 할 수 있지. (퇴장)

벨라리우스 그대 여신들이여, 신성한 자연이여, 어찌 이리도 멋지게 지으셨는지요! 이 두 왕자의 성품은, 제비꽃 아래를 지나며 그 연약한 머리조차 흔들지 않는 봄날의 산들바람처럼 부드러우면서도, 화가 나면 산꼭대기에 우뚝 솟은 소나무를 흔들어 골짜기에 쓰러뜨리는 세찬 바람처럼 격렬해지니, 참으로 놀랍구나. 보지도 배우지도 않았건만 그 혈통을 그대로 드러내고 있구나. 그 패기와 왕자다운 기품, 예의 바름, 용맹함, 이 모든 것을 다 갖추었으니. 그런데 클로텐이 여기 와서 죽게 된 게 아무래도 꺼림칙하다. 무슨 좋지 못한 일이 일어날 전조가 아니라면 좋겠어.

기데리우스 다시 등장.

기데리우스 동생은 어디 있어요? 클로텐의 먹통 대가리는 강물에 띄워 보냈어요. 몸뚱이는 찾으러 올 때가지 볼모로 잡아 두겠어요.
벨라리우스 (엄숙한 음악 소리) 내가 만든 악기다! 폴리도어, 저 음악을 잘 들어봐라. 그런데 캐드월이 왜 저 악기를 울리는지 모르겠구나. 자, 잘 들어라.
기데리우스 그 애는 집에 있나요?
벨라리우스 이제 막 돌아왔다.
기데리우스 왜 저 음악을 연주하는 걸까요? 어머니께서 돌아가신 뒤로는, 한 번도 저 악기를 사용한 적이 없었는데. 엄숙한 음악은 엄숙할 때 연주하는 법인데 웬일이죠? 바보 같은 클로텐이 죽었다고 해서, 저렇게 엄숙한 음악을 켤 이유는 없잖아요. 오히려 가볍고 즐거운 음악이 어울렸을 거예요. 저 애가 정신이 나갔나?

아르비라구스, 죽은 이모젠을 안고 다시 등장.

벨라리우스 캐드월이 나오는구나. 그런데 무슨 일이지? 그 팔에, 슬프게도 그 팔에 안긴 것은? 저 애가 엄숙한 음악을 연주한 것은 이 때문이었구나.
아르비라구스 우리가 그토록 사랑하던 새는 죽고 말았어요. 이 일을 겪으니, 차라리 열여섯 살에서 예순 살로 껑충 시간을 뛰어넘어, 지팡이를 짚고 다니는 신세가 되어버리는 게 나을 겁니다.
기데리우스 오, 사랑스럽고 아름다운 백합! 동생 품에 안긴 너의 죽은 모습은, 네가 홀로 자랐을 때보다 한층 못하구나.

벨라리우스 비통하여라. 너의 가슴속 깊은 곳까지 누가 살펴보았겠느냐? 뱃사람들이 부두에 배를 댈 때, 물속 깊은 곳의 개흙까지 살펴보는 사람이 어디 있더냐? 가여운 것! 네가 얼마나 훌륭한 사람이 될지, 신께서도 아셨을 텐데. 그토록 천사 같던 너는 슬픔에 묻혀 죽고 말았구나. 그래, 애가 어떻게 돼 있더냐?

아르비라구스 이렇게 뻣뻣하게 굳어 있었어요. 죽음의 독화살이 아니라, 마치 파리가 날아와 잠자는 피델레를 간질이기라도 하는 듯이, 이렇게 생긋이 웃으면서요. 베개 위에 오른쪽 빰을 대고서 누워 있었지요.

기데리우스 어디?

아르비라구스 바닥에서 이렇게 두 팔을 앞으로 모으고 있어서, 저는 피델레가 자는 줄로만 알았죠. 그래서 징이 많이 박힌 이 신을 벗으려고 했어요. 소리가 나면 깰까 봐서요.

기데리우스 마치 잠이 든 것처럼 보이는군. 죽어서 무덤이 너의 침대가 된다면 요정들이 찾아와 너를 지켜줄 거다, 구더기들이 근처에 얼씬도 못하게.

아르비라구스 내가 여기 사는 동안은 여름 내내 아름다운 꽃들로 너의 슬픈 무덤을 장식해 주련다. 네 얼굴을 닮은 꽃들이 쉼 없이 피고 지게 하리라. 창백한 앵초꽃도, 네 핏줄처럼 연푸른 초롱꽃도, 그리고 들장미도. 물론 들장미는 너의 숨결만큼 향기롭진 못하리라. 하지만 콩새가 그 부드러운 부리로 그 꽃들을 물어다 주리라. 많은 재산을 물려받은 부잣집 아들이, 죽은 아버지 무덤에 비석을 세우지 않은 걸 부끄럽게 해준다는 그 부리로! 꽃이 피지 않는 겨울에는 너의 무덤 위에 푹신한 이끼를 물어다 덮어주리라.

기데리우스 그만하면 됐다. 이 엄숙한 장면에서 여자처럼 그렇게 침울한 말들을 늘어놓지 말아라. 한탄만 하느라 너무 늦어지면 안 되니 이젠 묻으러 가자. 자, 무덤으로.

아르비라구스 어디에 묻으실 건데요?

기데리우스 어머니 유리필레 무덤 옆에.

아르비라구스 그렇게 하는 게 좋겠어요. 그리고 폴리도어 형, 우리 목소리가 변성기라 그렇게 듣기 좋은 건 아니라도, 묻어줄 때 함께 노래를 부르자. 어머니가 돌아가셨을 때 불렀던 노래 말이야. 이름을 유리필레 대신 피델레로

4막 2장, 벨라리우스, 기데리우스, 아르비라구스와 클로텐의 잘린 머리   H.C. 셀루스

바꿔서 부르기로 해.

기데리우스   캐드월, 나는 노래를 부르지 않고, 차라리 실컷 울기나 해야겠다. 슬퍼서 부르는 노래는 목소리가 흔들려서 우습게 들리기만 할 거야. 거짓말쟁이 사제의 말이나 의미 없는 묘비명처럼.

아르비라구스   그럼, 말하는 것처럼 하자.

벨라리우스   큰 슬픔은 그보다 작은 고통을 달래주나 보다. 클로텐의 일을 잊어버렸으니 말이야. 그자는 왕비의 아들이다. 나의 원수이긴 하나, 그 정도면 충분히 벌을 받았다. 비천한 사람이나 권력 있는 사람이나, 죽으면 다 같이 흙으로 돌아가는 것. 예절이라는 지상의 천사가 높고 낮음의 분별을 만든 것뿐. 원수이기 때문에 죽이기는 했으나, 왕족이니 왕족답게 장례를 치러주자.

기데리우스 시신을 이리 가져오세요. 죽은 뒤에는 어릿광대 테르시테스의 몸이나 영웅 아이아스의 몸이나 다 똑같아요.

아르비라구스 아버지가 그 시신을 가져오시는 동안, 저희는 노래를 부르겠어요. (벨라리우스 퇴장)

기데리우스 (이모젠의 시신을 누이고 있는 아우에게) 캐드월, 머리를 동쪽으로 향하게 해. 아버지가 하신 말씀이니, 무슨 이유가 있을 거야.

아르비라구스 아, 그렇지.

기데리우스 이제 시신을 옮기자.

아르비라구스 자, 시작하자.

노래

기데리우스 뜨거운 태양도 매서운 겨울 추위도 이제는 두려울 것 없네.
이 세상에서 그대의 시련도 끝이 나 고향으로 가는 여행길에 올랐으니.
부자이거나 가난하거나, 죽으면 모두 흙으로 돌아가리라.

아르비라구스 폭군의 찌푸린 얼굴도 질책도 두려울 것 없네.
입을 것도 먹을 것도 걱정 없네.
갈대도 참나무도 다를 것 없네.
왕이나 학자나 의사나, 다 같이 흙이 되리니.

기데리우스 번개도 두려울 것 없네.

아르비라구스 천둥도 두렵지 않네.

기데리우스 중상이나 비난도 없는 곳.

아르비라구스 기쁨도 고통도 모두 끝났네.

기데리우스와 아르비라구스 젊은 연인들도 언젠가는,
그대를 따라 흙으로 가리라.

기데리우스 마술사도 괴롭히지 않네.

아르비라구스 마녀도 유혹하지 않네.

기데리우스 유령도 그대로 두리라.

아르비라구스 액운도 멀리하리.

기데리우스와 아르비라구스 우리 동생 고요히 잠들라,

4막 2장, 벨라리우스, 기데리우스, 아르비라구스와 이모젠 H.C. 셀루스

그 무덤에 영광 있으라.

벨라리우스, 클로텐의 시체를 끌고 다시 등장.

기데리우스 장례식이 끝났습니다. 그의 시신을 여기 놓으세요.

벨라리우스 여기에 꽃이 몇 송이밖에 없으니, 밤에 좀더 꺾어 와야지. 무덤 위로 밤새 차가운 이슬이 내릴 거야. 그러니 그 얼굴 위에 꽃들을 뿌려주자. 이제는 시들었지만 너는 꽃처럼 어여뻤느니라. 네 얼굴에 뿌리는 이 꽃들도 머지않아 시들고 말리라. 자, 다들 무릎을 꿇자, 그들이 돌아간 이 땅 위에. 이 땅의 기쁨은 사라졌으나, 마침내 고통도 사라졌다. (기데리우스, 아르비라구스와 함께 퇴장)

이모젠 (깨어난다) 네, 밀포드-헤이븐으로요. 어디로 가야 하죠? 저기 저 숲 속이라고요? 여기서 얼마나 되나요? 어머나, 아직도 6마일이나 더 가야 한다고요? 저는 밤새 걸었어요. 아, 누워서 좀 자야겠다. 아니요, 함께 잘 수는 없어요. 아, 모든 신들이여! (클로텐의 시체를 본다) 이 꽃들은 이 세상의 기쁨을, 여기 피투성이가 된 사람은 세상의 고통을 말해 주는구나. 내가 꿈을 꾸고 있는 거야! 나는 동굴지기가 되어, 정직한 사람들의 밥을 지어주고 있는 줄로만 알았는데, 그것은 허공에 쏜 화살처럼 머릿속에서 날아가 버린, 한갓 꿈에 지나지 않는 걸까? 인간의 판단이 그러하듯, 우리의 눈도 때로는 믿을 것이 못 되는구나. 나는 아직도 두려움으로 이렇게 떨고 있어. 신이시여, 털끝만큼이라도 저를 불쌍히 여기신다면, 부디 저를 돌보아 주세요…… 아직도 나는 꿈을 꾸고 있나 봐. 깨어 있건만, 내 안에도 밖에도 꿈 그대로야. 상상이 아니라 만져지네. 머리 없는 시신이로구나! 이건 포스트무스의 옷이야! 그분의 다리 모양을 나는 잘 알아. 이건 그의 손, 메르쿠리우스 같은 그 발, 마르스 같은 그 허벅다리, 헤라클레스 같은 그 팔의 근육, 그런데 유피테르 같은 그 얼굴은? 아! 누가 죽였구나, 그분은 죽었어! 피사니오, 너를 저주하리라. 트로이가 포위당했을 때 왕비 헤카베가 그리스 사람을 저주하듯 너를 저주하리라. 잔인무도한 클로텐과 짜고, 나의 남편을 죽였구나. 편지란 믿을 수 없는 것. 고약한 피사니오, 거짓 편지로 속여 그 용감한 몸에서 머리를 없애버리다니. 아, 악마 같은 놈! 오, 포스트무스, 당신의 머리는 어디 갔나요? 네? 아, 머리는 어디 있지? 피사니오란 놈, 차라리 가슴을 찌르고 머리는 놓아둘 것이지. 도대체 이게 어떻게 된 거지? 피사니오가 그 랬을까? 클로텐과 짜고? 증오심과 욕심 때문에 그랬겠지. 틀림없어, 그게 확 실해. 그놈이 좋은 약이라면서 준 그 약을 먹고 내가 죽었었지. 그것만 봐 도 알 수 있어. 이건 확실히 피사니오가 클로텐과 짜고 꾸민 짓이야. 아, 당 신의 피로 내 뺨을 물들여 주소서. 누가 와서 보면 무섭게만 보일 이 뺨을. (시체 위에 쓰러진다)

루키우스, 부대장 및 다른 장교들과 점쟁이 등장.

부대장   거기에다 프랑스에 주둔하고 있던 군대가 각하의 명령을 따르기 위
해, 이미 바다 건너 밀포드 항구에 들어와, 각하가 이끄시는 군대와 합류하
려고 지금 기다리고 있습니다. 전투 준비는 다 되어 있습니다.

루키우스   로마에서 온 소식은?

부대장   원로원은 이탈리아 백성들과 귀족들에게 호소하여 군대를 모집하기
로 했는데, 시에나 공(公)의 동생인 이아치모라는 용감한 사람이 지휘관으
로서 군대를 이끌게 되었답니다.

루키우스   언제 그들이 오나?

부대장   다음 순풍이 불기만 하면 곧 올 수 있습니다.

루키우스   일이 이처럼 빠르게 진행되니 매우 전망이 밝군. 장교들에게 일러
서 병사들을 소집하게. 이 전쟁에 대해 최근 점괘가 어떻게 나왔지?

점쟁이   지난밤 저는 단식을 하고 신들에게 기도를 올리는 동안 환상을 보았
사옵니다. 유피테르 신의 전령인 로마의 독수리가, 남쪽 하늘에서 구름 사
이로 솟아올라 서쪽으로 날아왔습니다. 그러고는 사라졌지요. 저의 죄가
제 점괘를 방해하지 않았다면 이것은 로마의 승리를 뜻하는 것입니다.

루키우스   앞으로 그런 꿈만 자주 꾸고, 또 점괘대로 들어맞기만 한다면 좋겠
구나. 잠깐, 이게 뭐지? 머리 없는 몸뚱이가 아니냐? 그 옷차림으로 보아, 신
분이 높은 사람이었던 것 같다. 그런데 이건 또 뭐지? 시종이 그의 몸 위에
죽어 있는 것인가, 아니면 자고 있는 것인가? 죽은 것 같다. 죽은 자를 침대
로 삼아 그 위에서 잠을 잘 리가 없지. 소년의 얼굴을 좀 보자.

부대장 각하, 그는 살아 있습니다.

루키우스 그 소년은 죽은 사람에 대해 말할 수 있을 테지. 애야, 도대체 무슨 일이 일어난 거지? 이 광경을 보니 물어보지 않을 수 없구나. 네가 베고 자는 이 피 묻은 시체는 누구냐? 아니, 누구였지? 신이 지으신 존엄한 인간을 누가 이토록 함부로 죽였느냐? 이 죽음과 너는 무슨 관계가 있는 거지? 어찌 이런 일이 일어났느냐? 누가 그런 거지? 또 너는 누구냐?

이모젠 저는 그 무엇도 아니옵니다. 또 무엇이 되고 싶은 마음조차 없는 사람이지요. 이 사람은 저의 주인이었습니다. 아주 용감하고 선량한 브리튼 사람이었지요. 그런데 산적이 이렇게 죽였습니다. 아! 그렇게 좋은 주인은 없습니다. 세상 어디를 가도, 그처럼 좋은 주인을 다시는 찾아볼 수 없을 겁니다.

루키우스 그것참 안됐구나! 피 흘린 시신을 보고 있는 것만도 측은한데, 네가 그토록 슬퍼하니 더 가엾구나! 그의 이름이 뭐지?

이모젠 리처드 뒤 샹프입니다. (혼잣말로) 해가 되지 않는 거짓말이라면, 신께서 들으셔도 용서해 주시길 빕니다. 뭐라고 하셨죠?

루키우스 네 이름이 뭐냔 말이다?

이모젠 피델레라고 합니다.

루키우스 너는 바로 너의 이름 그대로구나! 너의 이름은 너의 충성스러움에, 너의 충성스러움은 너의 이름에 매우 잘 어울린다. 이제부터는 내 밑에서 일하는 게 어떠냐? 네가 주인을 아주 잘 만난 거라고 장담할 순 없지만, 전 주인 못지않게 나의 귀염을 받게 될 거다. 너의 충성된 행동은 황제의 추천보다 못하지 않으니 말이다. 그러니 나를 따라오너라.

이모젠 따라가겠습니다. 그러나 간청이 하나 있습니다. 주인의 시신에 파리가 모여들지 않게, 이 시신을 치워 놓고 가도록 허락해 주십시오. 저의 이 연약한 손가락으로 흙을 파서 시신을 묻고, 그 위에 나무 잎사귀와 풀잎들을 흩뿌려 놓겠습니다. 그러고 나서 오랫동안 기도를 올리고 탄식하겠습니다. 그 뒤에 이곳을 떠나 당신을 섬기겠습니다. 그래도 저를 시종으로 받아 주신다면요.

루키우스 물론이지! 착한 아이야, 내가 너의 주인이 아니라, 너의 아버지가 되어주마. 친구들이여, 이 소년은 우리에게 인간의 의무가 무엇인지 가르쳐 주었다. 들국화가 가장 많이 피어 있는 햇볕 드는 곳을 찾아, 우리의 뾰족한 창으로 그 주인의 무덤을 만들어 주도록 하세. 그 시체를 부축해 주게. 애야, 네 덕분에 너의 주인이 군인의 예우를 받으며 장엄하게 장례식을 치르게 되었다. 그러니 어서 기운을 내고, 눈물을 닦아라. 절망 뒤에는 기쁨이 찾아오는 법이란다. (모두 퇴장)

[제4막 제3장]

심벨린 왕궁의 한 방.
심벨린, 피사니오, 귀족들, 시종들 등장.

심벨린　왕비가 어떤지 다시 한 번 알아보고 오너라. (시종 한 사람 퇴장) 아들이 없어져서 열병이 난 왕비는 거의 제정신이 아니니, 이러다간 죽을지도 모른다. 신들이시여, 어찌하여 저에게 이토록 많은 고통을 한꺼번에 주시나이까? 내게 큰 위로가 되었던 이모젠은 떠나고, 왕비는 앓아누워 회복될 희망도 없는데, 바로 눈앞에서 전쟁이 나를 위협하는구나. 그녀의 아들이—이토록 필요한 때에—사라지고 없으니, 어쩌면 좋지? 이 불행을 위로받을 길이 없구나. 피사니오, 너는 공주가 어디로 갔는지 알 텐데 끝까지 모른 척하니, 고문을 해서라도 자백을 받아내리라.

피사니오　전하, 이 목숨은 전하의 것이오니, 전하 앞에 이렇게 저를 바치나이다. 공주님에 대해서는 어디로 가셨는지, 왜 떠나셨는지, 또 언제 돌아오시는지, 아는 바가 전혀 없사옵니다. 바라옵건대 전하, 소인을 믿어주소서.

귀족 1　전하, 공주님이 행방불명되신 날, 저자는 여기 궁궐에 있었습니다. 제가 보건대 매우 충직하며 믿을 수 있는 자 같습니다. 클로텐 공에 대해서는 철저히 조사를 하고 있으니, 반드시 밝혀지리라 믿습니다.

심벨린　왜 이리도 세상이 시끄러운지! (피사니오에게) 이젠 가도 좋다. 그러나 의심이 모두 풀린 건 아니야.

귀족 1　전하, 프랑스에 머물던 로마 군대가, 로마 귀족들의 지원병들로 더욱 강력해져서 이 나라 해안에 상륙했다 합니다.

심벨린　클로텐과 왕비가 곁에 있었다면 큰 도움이 됐을 텐데. 갑자기 이런 일을 당하니 당혹스럽구나.

귀족 1 전하, 전하의 군대는 지금 들으신 적의 병력에 결코 뒤지지 않습니다. 얼마든지 오라고 하십시오. 이쪽은 모든 준비가 되어 있습니다. 다만 우리 편 군대를 움직이게 하려면 시간이 걸릴 테니, 그것이 걱정될 따름입니다.

심벨린 고맙소. 안으로 들어가서 대응책을 찾아봅시다. 나는 이탈리아가 흥분하는 것은 두렵지 않으나, 오히려 나의 신변에서 일어난 일들이 걱정이오. 자, 어서 갑시다. (피사니오만 남고, 모두 퇴장)

피사니오 공주님이 칼에 찔려 돌아가셨다는 편지를 보낸 뒤로 나리에게서 아무 소식이 없으니, 어찌 된 일일까? 공주님도 소식이 없으시고. 자주 소식을 전해 주시겠다더니…… 클로텐이 어떻게 되었는지도 알 수 없고, 모두가 오리무중이니 걱정이 돼서 견딜 수가 있나. 이젠 신들에게 맡기는 수밖에. 내가 거짓을 말하는 것은 정직하기 때문이고, 진실하지 않은 것은 진실한 것을 지키기 위해서야. 이번 전쟁에서 나의 애국심을 전하께 보여드려야지. 그렇게 하지 못할 바에야 전쟁터에서 죽음을 택하리라. 다른 모든 의심들은 시간이 지나면 밝혀질 거야. 운명이란 뜻밖에 행운을 실어다 주는 수도 있으니까. (퇴장)

〔제4막 제4장〕

웨일스. 벨라리우스의 동굴 앞.
벨라리우스, 기데리우스, 아르비라구스 등장.

기데리우스 소란한 소리는 이 근처에서 들려오는데요.

벨라리우스 달아나자.

아르비라구스 아버지, 모험을 두려워하여 행동하지 않는다면 우리 삶이 무슨 가치가 있습니까?

기데리우스 그보다도, 달아나면 우리에게 희망은 있나요? 이렇게 살다 보면 로마 사람들은 브리튼인이라고 죽일 것이고, 그렇지 않다 해도 우리를 야만스럽고 무모한 반역자들이라고 하여, 자기 편으로 끌어들여 실컷 이용한 뒤에 죽이려고 할 거예요.

4막 3장, 심벨린과 피사니오 H.C. 셀루스

벨라리우스 얘들아, 먼저 산으로 올라가서 안전한 방법을 찾아보자. 클로텐을 죽였으니 궁궐 쪽으로는 절대로 가서는 안 된다. 우리는 세상에 알려져 있지도 않고 군대에 소집된 것도 아니지만, 클로텐을 죽인 사실이 알려지기라도 하면 틀림없이 고통받다가 죽게 될 것이다.

기데리우스 이런 때 그런 걱정을 하시다니, 아버지답지 않으십니다. 또 이해할 수도 없고요.

아르비라구스 맞아요. 로마 군대가 말발굽 소리를 내며 잔뜩 긴장해서 야영을 하고 있는데, 우리를 다그칠 겨를이 어디 있겠어요?

벨라리우스 군대에는 내가 아는 사람들이 많이 있단다. 클로텐을 어릴 때 보고 몇 해 만에 만났어도 내가 그를 알아볼 수 있었던 것처럼, 그들 또한 틀림없이 나를 알아볼 거다. 더욱이 나는 추방당한 몸이라, 너희들을 교육도 못 시키고 이렇게 고립된 삶을 살아오게 할 수밖에 없었단다. 앞으로도 너희들은, 요람에서부터 그랬듯이 여름의 불볕더위와 겨울의 살을 에는 추위를 견디면서 살아야 한다.

기데리우스 그럼 이젠 그런 생활을 끝내는 게 좋지 않을까요? 아버지, 제발 우리가 군대에 가도록 허락해 주세요. 아버지는 수염이 자라 얼굴을 뒤덮고 있으니 그들이 알아보지 못할 거예요. 또 그 사람들이 우리 형제를 모를 테니 걱정하지 않아도 될 거예요.

아르비라구스 저 빛나는 해에 걸고, 저는 나갈 겁니다. 이제까지 사람이 죽는 것을 본 적이 없어요! 겁 많은 토끼나 정욕을 품은 산양이나 산돼지 같은 짐승들을 잡아본 것 말고는 피를 보지 못했어요! 쇠발굽도 바퀴도 달지 않은 말만 탔을 뿐, 군마는 타보지 못한 게 부끄러워요. 저 성스러운 해를 올려다볼 낯이 없어요. 그 햇살의 은혜를 입은 우리가 이렇게 누구도 알지 못하는 하찮은 존재로 살아가는 게 부끄럽기만 합니다.

기데리우스 하늘에 맹세코 저는 가겠어요. 아버지, 저를 축복해 주시고 군대에 가도록 허락해 주시면, 더욱 몸조심을 하며 살겠습니다. 허락하지 않으시면, 저는 자포자기한 채로 로마인들 손에 죽는 길을 택하겠어요.

아르비라구스 저도 그렇게 하겠어요, 아멘.

벨라리우스 나도 어쩔 수 없구나. 너희들 스스로 목숨을 그렇게 가벼이 여기는데, 다 되어가는 내 목숨을 더 아껴 무엇하겠느냐. 너희들 마음대로 해라. 너희가 전사한다면, 너희가 목숨을 잃은 그곳이 내 잠자리가 될 것이다. 자, 가자. (혼잣말로) 아주 오랫동안 고귀한 혈통이 모욕을 당했다는 듯이, 이제는 뛰어나가 자신들의 기개를 펼쳐 보이려 하는구나. (모두 퇴장)

〔제5막 제1장〕

브리튼. 로마군의 군막.
피 묻은 손수건을 들고 포스트무스 등장.

포스트무스 피 묻은 헝겊아, 너를 잘 간직하련다. 네가 이렇게 피로 물들기

5막 1장, 포스트무스 H.C. 셀루스

를, 나는 간절히 바랐거든. 결혼한 사람들아, 모든 남자가 사소한 일로 이런
짓을 해야 한다면, 자기보다 잘난 아내를 몇십 명이고 죽여야 할걸! 피사니
오! 제아무리 충직한 하인이라도 주인의 명령을 모두 따르지는 않는 법이란
다. 옳은 명령에나 충직해야지. 신들이여, 저의 잘못을 꾸짖으실 바에는, 이
런 일을 하지 못하도록 저를 이렇게 오래 살려두지 마셨어야죠. 고귀한 이
모젠에게도 좀더 후회할 시간을 주실 걸 그랬습니다. 오히려 제게 벌을 주
시지는 않고. 그러나 슬프게도 당신은 대수롭지 않은 잘못을 가지고, 이렇
게도 무참히 목숨을 거두어 가버리셨습니다. 다시는 잘못을 저지르지 못하
게 하려는, 그 사랑 때문이었지요. 그러면서 어떤 사람에게는 계속해서 악
을 따르게 하시는군요. 갈수록 더 나쁜 짓을 저지르게 합니다. 그리고 그들
에게 두려움을 주시니, 그건 그들에게 이득이 되는 것이지요. 이모젠은 당

신의 것, 당신 뜻대로 하소서. 저로 하여금 복종하게 하소서. 여기 이탈리아 귀족들 사이에 끼여 제 아내의 나라와 적이 되어 싸우려고 했습니다. 하지만 브리튼이여, 나는 그대의 공주를 죽인 것만으로 족하니, 이젠 너의 평화를 해치지 않으리라. 하늘이여, 저의 계획을 잘 들어보소서. 저는 이탈리아 옷을 브리튼 농부의 옷으로 바꿔 입고, 이탈리아에 맞서 싸우겠습니다. 오, 이모젠, 나는 그대를 위해 죽겠소. 그대를 생각하니 살아 숨 쉬는 순간들이 죽음과도 같구려. 그래서 이렇게 이름 없는 병사로, 누가 불쌍하게 여기지도 않고, 미워하지도 않는 신세로, 싸움터에서 싸우다 죽기로 결심했소. 보기보다는 훨씬 용감했음을 세상에 보여주겠소. 신들이여, 레오나투스 가문의 힘을 제 안에서 끌어내 주소서! 세상 사람들의 생각을 바꾸어 놓기 위해, 저는 외적인 것보다 내적인 것이 더 중요하다는 사실을 드러내 보이겠습니다. (퇴장)

〔제5막 제2장〕

브리튼군과 로마군 사이의 전쟁터.
무대 한쪽으로 루키우스, 이아치모, 이모젠, 로마 군인들이 나타나, 행진하면서 반대 방향으로 퇴장. 다른 쪽으로 브리튼 군인들과 포스트무스 레오나투스가 초라한 병사 차림으로 그들을 뒤쫓으며 등장, 그들도 행진하면서 퇴장.
얼마 지나지 않아 이아치모와 포스트무스가 맹렬히 쫓고 쫓기면서 등장. 포스트무스가 이아치모에게 일격을 가하자, 이아치모는 칼을 떨어뜨리며 쓰러지고, 포스트무스는 퇴장.

이아치모 내 무거운 죄가 이 가슴을 짓눌러, 나의 용기를 꺾어버리는구나. 나는 이 나라의 공주를 속였어. 이곳 공기마저도 나를 원수로 대하며 맞서는 것만 같다. 농부에 지나지 않는 저 사람이, 훈련된 군인인 나를 이토록 쉽게 때려눕히는구나. 기사 작위를 받은 내가, 그 작위가 부끄럽게 이런 모욕을 당하다니. 브리튼이여, 만일 네 나라의 귀족들이 오늘 나를 패배시킨 이 농부보다 훌륭하다면, 우리는 인간 이하가 되고, 그대들은 신이라고 불릴 수 있으리라. (퇴장)

전쟁은 계속된다. 브리튼군들이 쫓겨간다. 심벨린, 포로가 되어 등장. 잠시 뒤에 벨라리우스, 기데리우스, 아르비라구스 세 사람이 왕을 구하려고 등장.

벨라리우스 멈춰 서라. 이곳에서는 우리가 유리하다. 이 골짜기는 우리가 완전히 에워싸고 있단 말이다. 우리가 겁쟁이만 아니라면 이기게 되어 있다.

기데리우스와 아르비라구스 멈춰 서라. 싸움으로 승부를 겨루자.

포스트무스 다시 등장, 브리튼군에 가담하여 심벨린을 구한 뒤, 네 사람 퇴장. 잠시 뒤에 루키우스, 이모젠, 이아치모 등장.

루키우스 애야! 너는 우리 군대를 벗어나 네 목숨을 지켜라. 전투가 어지럽게 이어지면 아군끼리도 서로 못 알아보고 죽이기도 한단다.

이아치모 지금 브리튼군은 새로운 지원군이 합류했습니다.

루키우스 오늘 싸움은 이상하게 역전되어 버렸군. 빨리 지원군을 청하든지, 아니면 후퇴할 수밖에 없다. (모두 퇴장)

〔제5막 제3장〕

전쟁터의 다른 곳.
포스트무스와 브리튼 귀족 등장.

귀족 그대는 그들이 머무르는 진영에서 왔소?

포스트무스 네, 그렇습니다. 당신은 달아난 자들 사이에서 오신 것 같은데요?

귀족 그렇소.

포스트무스 당신을 탓하지는 않겠습니다. 완전히 패했었으니까요. 그러나 하늘이 도우신 것 같습니다. 전하께서도 양쪽 날개를 잃으셨고, 브리튼 병사들은 등을 보이며 좁은 외길로 줄행랑치고 있었으니까요. 적은 신이 나서 닥치는 대로 무기를 휘두르며 아군을 쓰러뜨렸습니다. 죽어 넘어지기도 하고 더러는 가볍게 상처를 입고, 더러는 겁에 질려서 땅에 주저앉기도 하니,

골짜기는 죽은 사람들과 죽어서까지도 부끄러워해야 할 겁쟁이들로 가득 차 있었지요.

귀족 그 골짜기란 곳이 어디지요?

포스트무스 전쟁터 부근으로, 깎아지른 절벽으로 둘러싸인 골짜기입니다. 그런데 거기는 한 늙은 병사에게 유리해진 곳이지요. 머리가 하얀 그 병사는 나라에 대한 충성심이 대단했는데, 전에는 신분도 그리 낮지 않은 사람 같았습니다. 그에게는 두 아들이 있었습니다. 그들은 사람을 죽일 수 있는 자들이라기보다는 순박한 시골 젊은이들로 보였습니다. 마치 살결을 보호하기 위해서, 또 부끄러움으로 붉어지는 두 볼을 감추기 위해서 얼굴을 가린 여성들 같은 그런 아름다운 젊은이들이었죠. 도망치는 병사들을 향해서 "브리튼 사람들이 아니라 브리튼 사슴들이 뛰어가는구나. 뒷걸음질 치는 겁쟁이들아, 지옥에나 떨어져라. 거기 서라. 그렇게 짐승처럼 달아나면 우리가 로마인들 대신 죽여버리겠다. 그러나 용기를 내어 맞서 싸운다면 살려주마. 멈춰 서!" 외치곤 했습니다. 이 세 사람은 병사 3천 명 몫의 자신감을 갖고 병사 3천이 싸우는 듯이 적군에 맞서 싸웠습니다. 이 세 사람이 군대의 전부였습니다. "멈춰 서라"는 외침과 유리한 지형 덕분에 세 사람은 전투에서 승리를 거두었습니다. 여성처럼 가냘픈 얼굴을 한 그들의 놀랄 만한 용맹은, 비겁한 자들의 창백해진 얼굴에 혈색이 돌게 해주었습니다. 처음에 도망간 것들이 몹쓸 죄인들이었지요. 이렇게 세 사람이 본보기를 보이니, 달아나려던 병사들도 결심을 새로이 하여, 이를 악물면서 징 박은 신발로 쿵쿵 소리를 내며 사냥꾼처럼 반격을 시작했습니다. 그러자 뒤쫓아오던 적들이 되돌아서서 도망치기 시작했지요. 먹이를 낚아채려는 독수리처럼 돌격해 오던 놈들이 병아리들처럼 줄지어 달아나지 뭡니까. 적은 승리자로서 지나오던 그 길을, 도망가는 노예처럼 혼비백산하여 돌아갔지요. 그러자 아군의 겁쟁이들도 난파된 배의 파편처럼 살아남기 위해 몸부림치기 시작했습니다. 등을 보이며 달아나는 적을 마구잡이로 죽이기 시작했지요. 이미 죽은 병사들과 죽어가는 병사들도 있었고, 땅 위에 쓰러져 있는 아군을 죽이기도 하며, 그야말로 아수라장이었습니다. 한 사람의 적에게 쫓기던 열 명이, 사태가 뒤바뀌어 이젠 혼자서 스무 명의 적을 해치웠습니다. 죽어가던 자들이 아주 무서운 전사들로 돌변했으니까요.

귀족 그건 참으로 이상한 일이었소. 좁은 골짜기, 노인, 그리고 두 젊은이.

포스트무스 그렇게 놀라실 건 하나도 없습니다. 당신은 그런 이야기를 들어 보기만 하고, 실제로 해본 경험이 없으신가 보군요. 그래서 당신은 시로 써서 세상에 알리고 비웃으시렵니까? 이렇게 말입니다. "두 젊은이와 노인, 좁은 골짜기에서 브리튼을 구하고 로마를 패망시키다!"

귀족 그렇게 화내지 마시오.

포스트무스 왜요? 적과 맞서 싸우지 못하는 비겁자라면 저의 친구가 될 수 있습니다. 그런 기상을 타고나, 그 기상대로 행하는 자라면 친구로 삼고 싶어도 바쁘게 달아나 버릴 테니까요. 당신은 저를 시인으로 만드시는군요.

귀족 그대는 화가 났으니, 나는 이만 가겠소. (퇴장)

포스트무스 아직도 도망을 가는 건가? 그러고도 자기가 귀족이라는 거야? 흥! 꼴불견이군! 전쟁터에 있었으면서 "무슨 일이 있었느냐?" 묻는 위인, 오늘 많은 위인들이 제 몸뚱이를 시체가 되지 않도록 지키기 위해 영예를 얻었겠지. '걸음아, 날 살려라' 달렸지만, 죽은 자들도 많아. 나는 어떤 이상한 힘 때문에 죽임을 당하지 못하고 말았어. 죽음의 신음 소리는 들었지만, 어디 하나 다친 곳조차 찾을 수가 없었어. 추악한 모습을 한 죽음의 신이건만, 이상하게도 향기로운 찻잔이나 부드러운 침대, 아름다운 말 속에는 찾아들면서, 전쟁에서 칼을 뽑아 든 우리 같은 친근한 사람들에게는 찾아오지 않다니. 어쨌든 나는 죽음을 찾아내야지. 이제 그자는 브리튼 편이 되었으니, 나는 이제 브리튼 사람 노릇을 그만하고 먼저 가담했던 로마 편으로 돌아가야겠다. 여기서 옷을 다시 바꿔 입어야겠어. 더는 싸우지 않을 테야. 내 어깨를 건드리는 자가 있다면 그가 하찮은 농부라도 항복할 테야. 로마인들이 여기서 어마어마한 살육을 했으니, 브리튼 사람들이 그것에 보답할 거야. 내게는 죽음이 보상이지. 나는 양편에서 다 살았다. 그러나 어디에서도 살고 싶지 않으니, 이모젠을 따르기 위해 어디에서라도 죽고 싶다.

브리튼 부대장 둘과 병사들 등장.

부대장 1 위대하신 유피테르 신의 도움으로, 루키우스가 포로가 되었다. 그 노인과 두 아들은 천사라는 소문이다.

부대장 2　또 한 사람 있었다던데. 초라한 차림을 한 사람이라더군.

부대장 1　그런 보고가 들어오긴 했는데, 그를 찾지 못했네. 거기 섰거라, 너는 누구냐?

포스트무스　로마 사람이다. 동료만 있었다면 이렇게 주눅이 들어 있지는 않았겠지.

부대장 2　그를 잡아라. 개 같은 놈! 로마인은 한 놈도 돌려보내지 않겠다. 브리튼에서는 까마귀가 어떻게 쪼아 먹더라고 말하기 위해서 너희들을 잡는다. 큰소리를 치는 걸 보면 무훈이라도 제법 세운 모양이군. 전하께 끌고 가자.

심벨린, 벨라리우스, 기데리우스, 아르비라구스, 피사니오, 로마 포로들 등장. 장교들이 포스트무스를 심벨린에게 바치자, 심벨린은 그를 교도관에게 넘긴다. 모두 퇴장.

〔제5막 제4장〕

브리튼. 감옥.
포스트무스와 두 명의 교도관 등장.

교도관 1　이렇게 쇠고랑을 채웠으니 이제 너는 도망칠 수 없다. 좋은 풀을 찾거들랑 네 양식으로 삼으렴.

교도관 2　그래, 그렇게 해서 네 배나 불리거라. (교도관 1과 함께 퇴장)

포스트무스　내가 바라던 노예 생활, 이건 자유로 가는 길이 될 거야. 이렇게 살아가는 게 통풍으로 고생하는 것보다 백배 낫지. 좋은 의사를 만나서 치료받을 때까지는 고통스럽겠지만, 이 쇠고랑에는 죽음만이 열쇠이리라. 내 팔목이나 정강이보다 내 양심이 더 꽁꽁 묶였기 때문이지. 선한 신들이여, 저를 뉘우치게 하시어, 제 양심에 가로지른 빗장을 벗기시고 영원히 자유롭게 해주소서. 속세의 신부들에게 참회하듯, 뉘우치는 것만으로 충분하오리까? 신들은 그보다는 더 자비로운 죽음을 안겨주시겠지요. 참회를 해야 합니까? 참회가 필요하다면, 스스로 죽음의 쇠고랑을 차는 것이 가장 훌륭한 참회의 방법이 되리라. 구속된 몸이니 잘되겠지. 강요된 것이 아니니, 즐거이 할 수 있어. 신들이여, 속죄로 저의 자유를 바쳐야 한다면 오늘 이대로 받아주소서. 당신은 저 못된 인간들보다는 너그러우시지요. 인간들은 파산한 채무자로부터 3분의 1, 6분의 1, 10분의 1, 이렇게 액수를 줄여가며 다시한 번 일어서도록 기회를 주지만, 저는 그렇게 하고 싶지는 않습니다. 이모젠의 거룩한 생명에 대한 보상으로 저의 목숨을 거두어 주소서. 보상이 될만큼 귀한 것은 못 되오나, 이 목숨을 바치겠나이다. 당신께서 찍어내신 것입니다. 인간 사회에서 화폐는 그 무게에 따라 값이 달라도 국왕의 얼굴이새겨져 있으면 쓸 수 있습니다. 이 목숨은 당신 것이니, 위대하신 신들이시여, 저의 청산서를 받아들이시고, 이렇게 차갑게 속박된 저를 받아주소서. 오, 이모젠! 그대에게는 침묵 속에서나 이야기하리다. (잠든다)

엄숙한 음악 소리. 포스트무스의 죽은 아버지 시칠리우스 레오나투스의 망령이 무장한 노인의 모습으로, 포스트무스의 어머니 망령의 손을 잡고 등장. 악사들이 따르고 포스트무스의 두 형의 망령도 전사할 때 입은 상처를 보이며 등장. 그들은 잠든 포스트무스를 둘러싼다.

시칠리우스 천둥의 신 유피테르여, 파리 목숨 같은 인간을 미워하지 마소서. 차라리 군신 마르스와 싸우시든지, 그대의 음란한 행실을 비난하며 복수를 꿈꾸는 그대의 아내 유노 여신을 나무라소서. 부모의 얼굴도 모르는 제 아들이 무슨 일을 할 수 있었을까요? 그가 아직 세상에 태어나지 못하고 어머니 배 속에 있을 때 저는 죽었습니다. 그러니 '고아의 아버지'라는 그대 유피테르 신이여, 그대는 이 아이의 아버지가 되어, 이 땅의 성가신 고통으로부터 그를 보호해 주셨어야 합니다.

포스트무스의 어머니 출산의 여신 루키나는 저를 도와주시지는 않고 산고에 시달리던 제 목숨을 거두어 가셨습니다. 이 때문에 포스트무스는 첫 울음소리와 함께 원수들 손에 들어갔지요. 아, 가엾기도 해라, 내 아들.

시칠리우스 조상에게 이어받은 위대한 자질과 그토록 훌륭한 그의 용모는 위대한 시칠리우스의 아들로서 칭송받았습니다.

형 1 그가 어른이 되었을 때 브리튼에서는 그와 어깨를 나란히 할 훌륭한 사람은 없었습니다. 그러니 브리튼의 고귀한 여인, 이모젠의 눈에는 그보다 더 멋진 젊은이가 있었을까요?

포스트무스의 어머니 두 사람은 결혼했으나, 이것이 화근이 되어 추방을 당하고 가문에서도 쫓겨나, 사랑하는 이모젠과도 헤어지게 되었습니다. 어찌 이럴 수가 있나요?

시칠리우스 신이여, 왜 그대는 하찮은 이탈리아인 이아치모에게 쓸데없는 시기심을 갖게 하여, 제 아들이 고귀한 마음을 더럽히고, 악독한 술책에 넘어가 어리석은 자가 되게 하셨나이까?

형 2 그래서 지하 세계로부터 부모님과 저희 형제가 이렇게 왔습니다. 저희 형제는 조국을 위해 용감히 싸우다 목숨을 잃었습니다. 심벨린 왕의 부왕(父王) 테난티우스의 권리를 지키려 충성을 다했습니다.

형 1 포스트무스도 심벨린 왕을 위해 같은 무훈을 세웠습니다. 신들의 왕 유피테르여, 어째서 그에게 무훈에 대한 보상으로 은혜를 주시지 않고 비탄만을 주시나요?

시칠리우스 그대의 수정 같은 두 창을 활짝 열어 보십시오. 용감한 사람들에게, 더는 가혹한 재앙을 주지 마소서. 깊은 상처를 남기지 마소서.

포스트무스의 어머니 유피테르 신이여, 착한 제 아들에게서 불행을 거두어 가소서.

시칠리우스 그대의 대리석 신전으로부터 굽어살피소서. 그렇게 해주시지 않으면 저희 망령들은 다른 신들에게 그대의 폭정을 호소하렵니다.

형 1과 형 2 도와주소서, 유피테르여, 아니면 그대를 떠나 다른 신들께 호소할 수밖에 없습니다.

천둥과 번개가 치는 가운데 유피테르가 독수리를 타고 하늘에서 내려오니, 망령들이 모두 무릎을 꿇는다.

유피테르 명부(冥府)의 망령들아, 조용히들 하라. 망령들이 어찌 하늘의 신을 원망하는가? 너희들은 모르는가, 나의 힘을? 반역하는 자는 용서하지 않음을? 지하 세계에 머물러 있는 미약한 망령들아, 영원히 시들지 않는 꽃이 핀 둑 위에서 잠들라! 세상 사람들에게 일어난 일일랑 걱정 말고. 내가 가장 사랑하는 이에게, 나는 고통이라는 선물을 먼저 주노라. 고통이 길수록 다가올 기쁨도 크니니, 망령들아, 근심하지 말라. 그대들의 아들은 고통에서 벗어나리라. 내가 비추어 준 별의 운명을 받아 탄생했고, 나의 성전에서 결혼했으니 나의 도움을 받으리라. 어서 일어나 떠나거라. 그는 이모젠의 남편이 될 것이며, 그동안 받아온 고통으로 하여 더욱더 행복한 나날을 보내게 되리라. 이 약을 그 가슴에, 행복이 가득 담겨 있던 그 가슴에 주리라. 떠나거라, 망령들아, 성급히 재촉하여 나를 화나게 하지 말라. 날아라, 독수리야, 나의 수정궁으로 돌아가자. (올라간다)

시칠리우스 천둥과 함께 내려오신 유피테르 신의 숨결은 유황 냄새를 풍겼으며, 성스러운 독수리는 우리를 움켜쥘 듯한 기세로 내려왔지만, 올라갈 때 그의 숨결은 축복받은 들판의 꽃들보다 더 향기로웠다. 그가 머무르는 곳은 우리가 있는 지하 세계보다 훌륭한 곳이지. 그의 새인 독수리는 불사(不死)의 날개를 펼치고, 언제나 부리를 날카롭게 세우며, 그 등에 오른 주인의 마음을 기쁘게 하는구나.

망령 모두 감사합니다, 유피테르 신이여!

시칠리우스 아, 그의 대리석 길이 닫혔구나. 그는 빛나는 궁전 안에 드셨다. 자, 이제 우리도 떠나자. 신의 은총을 받으려면 그의 명령에 따라야 하느니라. (망령들 모두 사라진다)

포스트무스 (깨어난다) 잠이여, 그대는 나의 할아버지처럼 나를 불쌍히 여기고, 나의 아버지와 어머니, 그리고 형 둘을 내게 보내주었구나. 하지만 슬프게도 그들은 이제 가버렸다. 그들은 오자마자 바로 사라져 버렸어. 그렇게 속히 내 잠에서 깨어났지. 왕후(王侯)의 은총을 바라고 사는 불쌍한 자들도, 나처럼 꿈을 꾸겠지. 깨어나고 나면 아무것도 없는 거야. 아니, 내가 잘못 생각한 거야. 많은 사람들이 꿈을 꾸고, 그 꿈을 기억하지 못하지만, 은총에 젖어 살고 있지. 나도 마찬가지구나, 이 황금 같은 기회를 얻고도 어찌할 바를 모르니 말야. 이곳에는 어떤 요정들이 다니지? 책인가? 아주 귀한 것처럼 보이는군. 헛된 이 세상처럼 보기에만 좋은 것이 아니기를! 만일 너도 그럴듯하게 약속만 해놓고 실행하지 않는다면, 궁궐에 사는 이들과 다를 바 없는 존재지. (읽는다)

새끼 사자가 자신도 모르게, 스스로 구하지 않아도 우연히 부드러운 공기에 포근히 감싸이며, 훌륭한 향나무 가지가 줄기에서 떨어져 몇 해 동안 죽었다가 다시 줄기에 붙어 자라게 되면 포스트무스의 불행은 끝날 것이다. 브리튼은 번영을 이룰 것이며, 평화와 행복을 누리게 되리라.

이 또한 꿈이겠지. 그렇지 않다면 미친 놈들이나 이런 헛소리를 할 테니까. 그렇잖다면 꿈과 광기가 합해진 것이거나, 둘 다 아무것도 아니거나, 아니면 쓸데없는 소리거나, 풀 수 없는 수수께끼일 거야. 어쨌든 내 삶도 이렇게 수수께끼 같은 것이니, 아주 닮았다는 점에서 내 목숨도 먼저 보전해 두기로 하자.

교도관들 다시 등장.

교도관 1 자, 죽을 준비는 되었나?

포스트무스 너무 뜸이 들었지요. 각오는 벌써 되었소.

교도관 1 매달리면 되는 거지. 각오가 되었다니 잘 구워지겠군.

포스트무스 구경꾼들의 비위에 맞으면 큰 잔치가 되는 거죠.

교도관 1 정말 안됐네. 그러나 위안도 있지. 이제부터 너는 술값을 치르지 않아도 될 테니. 술집은 들어갈 때는 즐겁지만, 나올 때는 괴롭거든. 배가 고파서 들어가지만 너무 많이 마셔서 비틀거리고 나와야 하니까. 돈을 너무 많이 써서 걱정, 두통이 나서 걱정, 돈주머니와 머리가 다 같이 텅텅 비게 된단 말이지. 머리는 빌수록 무겁고, 돈주머니는 무거운 걸 꺼내고 나면 텅 비어 버리니, 이런 어처구니없는 일상으로부터 너는 떠나는 거야. 아! 몇 푼 안 되는 밧줄에 달린 목숨이라! 몇천 냥일지라도, 한순간에 깨끗이 해결해 버릴 수가 있단 말이지. 과거도 미래도 모두 청산해 버리니까 진정한 채권자도 채무자도 없는 거지. 펜과 장부와 계산기 대신 네 모가지로 빚을 막는 거야.

포스트무스 그대가 악착같이 살고 싶어하는 것보다, 나는 죽는 것을 더 즐겁게 여긴다오.

교도관 1 그야 물론이지. 잠자는 사람은 치통을 모르니까. 그러나 네가 말하

5막 4장, 포스트무스와 교도관들 H.C. 셀루스

는, 잠을 자는 자와 그자를 잠들게 하는 사형집행인을 비교한다면, 잠자는 자가 사형집행인을 부러워하는 처지겠지. 지금 너는 자신이 어디로 가는지 모르니까.

포스트무스 물론 알고 있죠.

교도관 1 그럼 너의 죽음은 머리에 눈이라도 달렸나 보군. 하지만 죽음은 거의 눈이 없는 해골이던데…… 아는 체하는 어떤 자에게 끌려가는 것이든, 아니면 다가오는 심판을 피하려고 모험을 하려는 것이든, 너에게 그것은 파멸일 텐데. 얼마나 빨리 여행을 다녀왔는지, 너는 돌아와 말할 수 없게 될 거야.

포스트무스 여보시오, 죽음이 나의 길을 이끄는 데 눈은 필요하지 않소. 눈을 감고서 사용하지 않는 거요.

교도관 1 그건 참 우스꽝스런 이야기군. 캄캄한 길이 더 잘 보인다니, 목을 베는 일이 눈을 감기는 것임은 잘 알고 있지만 말이야.

사자 등장.

사자 그의 쇠고랑을 풀고, 전하께 데리고 가라.

포스트무스 반가운 소식이군요. 나를 자유롭게 해주기 위해 전하께서 부르시오?

교도관 1 그럼 내 목이 달아나게?

포스트무스 그대 목이 떨어지면 교도관보다는 자유롭게 될 거요. 죽은 사람에게 속박이란 없으니까. (교도관 1만 남고, 모두 퇴장)

교도관 1 교수대와 결혼해서 그 새끼들을 낳겠다는 건지, 저렇게 사형당하고 싶어 환장하는 자는 처음 보는군. 로마인인 주제에 살려고 발버둥치는 놈이 있는가 하면, 살고 싶어하면서도 억지로 제 목숨을 끊어버리는 자도 있지. 아마 나도 그럴 거야. 모든 사람의 마음이 하나이고, 다 같이 선량하기만 하다면 얼마나 좋을까! 이런 침울한 교도관이나 사형집행인 같은 직업이 없어도 될 텐데. 지금 나는 내 직업에 대한 불평을 하는 게 아니야. 그런 세상이 되면 교도관보다 더 좋은 일자리가 생길지도 모르지! (퇴장)

심벨린의 군막.

심벨린, 벨라리우스, 기데리우스, 아르비라구스, 피사니오, 귀족들, 장교들, 시종들 등장.

심벨린　나의 왕좌를 지키려고 공을 세운 그대이니, 내 옆에 서시오. 그러나 그토록 용감하게 싸워 준 병사를 찾지 못한 것은 너무나 안타깝군. 그 남루한 옷으로 번쩍이는 갑옷을 무색케 하며, 그 맨가슴으로, 철로 된 방패를 가진 병사들보다 앞서 나아가 싸운 그 사람을 찾지 못했다니! 그를 찾는 사람에게는 상을 주리라.

벨라리우스　그처럼 초라한 차림으로, 그처럼 고귀한 정신을 드러내는 사람은 일찍이 보지 못했습니다. 거지와 같은 차림을 하고 그토록 귀한 공적을 세우다니 말입니다.

심벨린　그 사람에 대한 소식은 없는가?

피사니오　죽은 사람들과 산 사람들을 모두 뒤져보았지만 찾을 수 없었습니다.

심벨린　그가 받아야 할 대가를 내가 받고 있으니 슬프도다. (벨라리우스, 기데리우스, 아르비라구스를 향해) 그대들은 이 브리튼의 간이며, 심장이며, 머리가 되었소. 그대들로 인해 이 나라가 이렇게 존속할 수 있게 되었으니 말이오. 이제 묻노니, 그대들은 어디서 왔소? 어서 말해 주오.

벨라리우스　전하, 저희들은 캠브리아에서 출생한 귀족이옵니다. 그 이상이라고 자랑한다면, 그건 진실도 아니오며 염치없는 사람들이라 하겠으나, 저희는 정직한 사람들이옵니다.

심벨린　거기에 무릎을 꿇으오. 기사 작위를 내리겠소. 일어나시오. 기사들이여, 내 곁에서 봉사해 주오. 그대들에게 높은 관직을 주겠소.

코넬리우스와 시녀들 등장.

심벨린　무슨 일이 일어났나 보구나. 아니, 승리한 우리를 어찌 그리 슬프게 대하는가? 승리한 브리튼 사람이 아니라 패전한 로마인 같구나.

코넬리우스 전하, 황송하오나, 전하께서 기뻐하시는 이때에 슬픈 소식을 가져오게 되었습니다. 왕비마마께서 승하하셨습니다.

심벨린 의사라는 직업에 걸맞지 않는 보고를 하는구려. 그러나 다시 생각해 보면, 의사가 환자를 치료하는 것은 의무이나, 의사도 인간의 죽음을 막을 수는 없으며 언젠가는 자기 스스로도 겪게 되는 일이 아닌가. 왕비가 어찌된 건지 말해 주게.

코넬리우스 그분의 일생을 말해 주듯이, 두려움에 떠시며 광란의 상태에서 돌아가셨습니다. 세상 사람들에게 잔인하셨던 그분은, 자기 자신에게도 가장 잔인하게 돌아가셨지요. 전하께서 허락하신다면, 그분이 고백하신 말씀을 아뢰겠습니다. 제가 만일 잘못 아뢰오면 여기 시녀들이—그분이 운명하실 때 옆에서 함께 눈물을 흘렸던 이들이오니—저의 말을 보충해 주리라 믿사옵니다.

심벨린 어서 말하게.

코넬리우스 첫째, 그분은 전하를 사랑하지 않았다는 고백을 하셨습니다. 다만 전하를 통해 높은 지위를 얻고자 한 것뿐이라고 말씀하셨습니다. 전하의 왕위와 결혼을 한 것이며, 전하가 계시는 왕실의 아내였을 뿐, 한 인간으로서의 전하는 증오하셨다고 합니다.

심벨린 왕비 말고는 아무도 몰랐던 사실이군. 임종 때가 아니었다면, 그렇게 말하는 것을 들었어도 믿지 않았을 거다. 어서 계속하라.

코넬리우스 공주님에 대해서는 가장 사랑하는 것처럼 가장하면서, 실제로는 독사와 같은 눈초리로 언제나 죽일 생각을 하고 있었으나, 공주님이 실종되었기 때문에 뜻을 이루지 못하셨다 합니다.

심벨린 그토록 섬세한 여인이, 그런 악한 마음을 품었었다니! 누가 짐작이나 할 수 있었을까? 더 한 말이 있는가?

코넬리우스 또 있사옵니다. 좀더 나쁜 것이옵니다. 국왕 전하를 살해할 목적으로 독약을 준비하셨다고 합니다. 그 약은 조금씩 생명을 갉아먹어, 마르고 창백해져서 죽게 되는 약이랍니다. 전하께서 편찮으신 동안 눈물과 간호로 시중들어, 무수한 키스로 전하의 마음을 완전히 사로잡은 다음, 그분의 아들에게 왕관을 물려주게 하려고 계략을 세우셨답니다. 그러나 아드님이 실종되자 부끄러움도 모를 만큼 절망에 빠지셔서, 하늘도 사람도 아랑곳하지 않고 이 모든 계략을 털어놓으셨습니다. 뜻하지 않은 일로 자신의 죄악이 실패로 돌아가자 자포자기 상태가 되어 돌아가셨습니다.

심벨린　그대와 시녀들이 그 이야기를 다 들었단 말인가?

시녀들　전하, 그러하옵니다.

심벨린　그녀는 너무나 아름다웠으니, 내 눈을 탓할 수는 없지. 달콤한 말에 속아온 내 귀나, 그녀의 위선에 속은 내 마음을 탓할 것도 아니지. 그녀를 의심하는 것은 죄악이라고 여겼으니까. 아, 그러나 나의 공주 이모젠, 내가 너에게 잘못을 저질렀구나. 너의 고통으로써 아비를 일깨워, 그 잘못을 말해 주지 그랬느냐! 하늘이여, 저의 잘못을 바로잡아 주소서.

루키우스, 이아치모, 점쟁이, 이렇게 세 사람이 다른 포로 둘과 함께 병사들에게 이끌려 등장. 그 뒤를 따라서, 포스트무스와 이모젠 등장.

심벨린　카이우스, 공물을 바치게 하려고 온 것은 아닐 테지. 그 조건은 이미 우리 브리튼이 뿌리를 뽑아버렸으니까. 그러나 이 때문에 죽은 많은 용사들의 가족들은 망령들을 위로해 주기를 바라는구나. 그들을 위로하기 위해 포로가 된 그대들을 죽이는 것이니, 이 뜻을 알라.

루키우스　전쟁에는 반드시 운도 따른다고 생각합니다. 이번 전쟁에서는 뜻밖에 브리튼이 이겼지요. 우리가 승리했었다면 전쟁이 끝난 뒤에 포로들을 칼로 위협하지는 않았을 것입니다. 그러나 우리의 목숨만이 전쟁의 보상이라고 신들이 이미 이렇게 알려주시니 맘대로 하십시오. 이 로마인은 용기를 내어, 어떠한 고통이 오더라도 달게 받겠습니다. 아우구스투스 황제께서 그 힘이나 능력이 여전하시니, 저 같은 사람은 아무래도 괜찮습니다. 그러나 한 가지만 전하께 간청드리고 싶습니다. 제가 아들로 삼았던, 브리튼 태생인 저 아이의 목숨만은 살려주십시오. 저 아이만은 용서해 주시기를 바라나이다. 친절하고 충직하며, 한결같이 주인을 섬기는 진실한 아이였습니다. 재주도 있고 시중도 잘 드는 아이랍니다. 그의 이런 덕으로써 전하께 청하오니, 물리치지 마소서. 그 아이는 로마군에 들어와 있었으나, 브리튼 군인에게 해를 끼친 적이 없습니다. 국왕이시여, 그 어린 생명을 구하시어 피를 흘리지 않게 하소서.

심벨린 (이모젠을 바라보며) 얼굴이 낯익구나. 애야, 너는 첫눈에 마음에 드는 구나. 내 옆에 머물러 있거라. 너의 옛 주인에게 감사할 것도 없다. 너를 살려줄 것이니, 이 심벨린에게 은혜를 구하여라. 내가 왜 이런 말을 하는지, 나 자신도 잘 모르겠구나. 너에게 적당한 것이고 내가 관대히 베풀 수 있는 것이라면 허락하겠다. 네가 포로들 가운데 가장 귀한 자에게 은혜를 베풀어 달라고 해도 좋으니까.

이모젠 이렇게 고개 숙여, 존귀하신 전하께 감사드리옵니다.

루키우스 나를 위해 은혜를 구하지는 말아라, 네가 그러리라는 것을 나도 알고 있다만.

이모젠 아닙니다. 아, 저는 다른 할 일이 있습니다. 죽음보다 더 고통스러운 것을 저는 지금 보고 있습니다. 그러니 나리! 나리의 목숨은 다른 방법으로 구하시기를 바랍니다.

루키우스 (노하여) 너는 나를 멸시하는구나. 나를 그렇게 조롱하며 저버리다니, 나이 어린 사람의 진실이란 믿을 수 없는 것이로구나. 그런데 무엇 때문에 그토록 난처해하며 서 있는 거지?

심벨린 애야, 무엇을 바라느냐? 네가 점점 더 사랑스러워지는구나. 잘 생각하여 청하려무나. 저 사람을 뚫어지게 보는데, 그를 아느냐? 어서 말해 보아라. 그 사람을 살려주고 싶은 거냐? 그 사람이 너의 친척이냐? 아니면 너의 친구라도 되느냐?

이모젠 그는 로마 사람입니다. 제가 전하와 관계가 없듯이, 저의 친척이 될 수는 없습니다. 이 나라 백성으로 태어났으니 조금 관계가 있다고 말할 수 있을지는 모릅니다만.

심벨린 그럼 왜 그렇게 그 사람을 바라보느냐?

이모젠 전하, 허락하신다면 사사로이 말씀드리겠나이다.

심벨린 그래, 네가 바란다면 너의 말을 들어주지. 네 이름이 뭐냐?

이모젠 피델레이옵니다, 전하.

심벨린 너는 아주 착해 보이는구나. 이제부터 나의 시동이 되어라. 내가 너의 주인이 되어주겠다. 그리고 함께 거닐며 네 이야기를 듣고 싶구나. 마음 놓고 이야기해 보거라. (이모젠과 함께 물러서서 이야기를 나눈다)

벨라리우스　틀림없이 이 아이는 죽었었는데, 다시 살아난 것일까?

아르비라구스　어떻게 이렇게 똑같을 수가 있지? 그 장밋빛 뺨은 죽은 피델레와 꼭 닮았어요. 형은 어떻게 생각해?

기데리우스　죽은 피델레가 다시 살아온 것 같아.

벨라리우스　조용히들 하거라. 좀더 지켜보자. 저 아이는 우리를 쳐다보지도 않더구나. 세상에는 닮은 사람도 많으니, 조금만 참고 기다려라. 같은 피델레였다면 틀림없이 우리에게 말을 건넸을 거다.

기데리우스　우리는 그 애가 죽은 것을 분명히 보지 않았나요?

벨라리우스　조용히 하거라. 좀더 두고 보자.

피사니오　(혼잣말로) 공주님이야. 다행히도 살아 계시는구나. 잘되든 못 되든, 이대로 두고 보자.

심벨린　(이모젠과 함께 앞으로 나오면서) 내 곁으로 가까이 오너라. 네가 바라는 것이 무엇인지, 큰 소리로 말해라. (이아치모에게) 이리 앞으로 나와, 이 소년의 질문에 대답하라. 정직하게 숨김없이 대답해야 한다. 거짓말을 한다면 나의 권한으로 너의 입에서 바른 대답이 나올 때까지 고문을 하리라. 자, 물어보아라.

이모젠　바라옵건대, 저 반지를 어떻게 해서 갖게 되었는지 여쭈어 주소서.

포스트무스　(혼잣말로) 그게 저 소년과 무슨 상관이 있지?

심벨린　네 손에 낀 그 반지 말이다, 어떻게 너의 손에 넣게 되었느냐?

이아치모　제가 말씀을 드리지 않으면 제가 고통을 당할 것이나, 제가 말씀을 드리면 전하께 고통이 될 것입니다.

심벨린　나에게 고통이 된다고? 그건 또 무슨 소리냐?

이아치모　감추고 살면서 늘 죄책감에 시달리던 그 일을, 이렇게 억지로라도 말씀드리게 되어 기쁘게 생각합니다. 저는 사악한 방법으로 이 반지를 손에 넣었나이다. 이 반지는 전하께서 추방하신 레오나투스의 반지였습니다. 그로 인해 전하께서도 가슴이 아프셨을 것입니다. 저도 마찬가지입니다. 레오나투스는 이 하늘 아래 가장 고귀한 사람이었습니다. 전하, 더 들으시겠는지요?

심벨린　하나도 빼놓지 않고 모두 말하거라.

이아치모　이 세상에 둘도 없는, 전하의 아름다운 공주님을 생각하면 저의 심장에서 피가 솟구쳐 나오는 것만 같으며, 이 그릇된 영혼은 스스로 주눅이 들어버리니 용서하십시오. 이대로 쓰러져 죽을 것만 같습니다.

심벨린 나의 공주라고! 공주가 어쨌단 말이냐? 정신 차려라. 내가 너의 이야기를 듣기 전에는 너의 수명이 다하지 않기를 명하노라. 어서 기운을 내어 말을 해보아라.

이아치모 언젠가—시간을 알려주는 시계는 불길한 것이지요—로마에서 일어난 일입니다. 어느 저택에서, 그 자리가 저에게는 원망스럽습니다만 연회가 있었습니다. 차라리 그때 음식에 독이라도 들어 있었더라면—저의 입에 넣은 것만이라도—좋았을 텐데. 선량한 포스트무스는! 뭐라고 이야기할까요? 그는 불량한 자들이 모이는 곳에는 어울리지 않는 선량한 사람이었지요. 드물게 훌륭한 사람들 가운데에서도 가장 눈에 띄는, 그런 사람이었습니다. 저희는 그때 저마다 사랑하는 여자에 대해 자랑을 늘어놓았습니다. 이것을 포스트무스는 슬픈 표정으로 앉아서 듣고 있었는데, 저희 이야기 대부분은 매우 과장된 것들이었지요. 아름다운 외모에 대해 말하며, 거룩한 베누스나 몸매가 빼어난 미네르바도 무색케 할 만큼, 남자가 여자에게 할 수 있는 찬사는 모두 아낌없이 늘어놓았습니다. 거기에다 여자들은 남자를 유혹하는 믿을 수 없는 존재들이라는 점도 지적했었지요.

심벨린 어서 듣고 싶으니, 요점만 말하거라.

이아치모 전하께서 빨리 고통을 느끼고 싶어하신다면 모르겠습니다만, 요점을 말하기에는 너무 이른 것 같습니다. 왕족의 여인을 사랑하는 귀족답게, 포스트무스는 아주 조용히 자기 아내에 대해 칭찬을 하기 시작했습니다. 자신의 온 마음을 다해 쏟아놓는 그 칭찬의 말들이 어찌나 열렬하고 훌륭했던지, 이제까지 저희가 한 칭찬은 부끄러워지며, 그토록 칭찬한 여인들은 한낱 매춘부에 지나지 않는 것 같았지요. 그의 말에 저희는 모두 벙어리처럼 입을 꼭 다물고 말았습니다.

심벨린 그만하면 됐으니, 어서 요점만 말해라.

이아치모 그러다 공주님의 정조에 대해 말하게 되었지요. 그는 말하기를, 순결의 여신 디아나도 음란한 꿈을 꾼다며, 공주님만이 깨끗할 거라고 했습니다. 그 말에 저는 의심을 품고, 그에게 내기를 걸었습니다. 제가 지면 돈으로, 그 사람이 지면 그가 손에 끼고 있던 이 반지를 내놓기로 했지요. 저는 그를 놀려주기 위해, 그녀가 저의 유혹에 넘어와 제가 그의 아내와 간통을 하면 그의 반지를 받기로 한 것입니다. 그는 진짜 기사답게 자기 부인에 대해 절대적인 확신을 하며, 이 반지를 걸었습니다. 저도 곧 그녀에 대해 그렇게 믿는 것이 마땅함을 깨닫게 되었는데, 그는 이 반지의 보석이 태양신 수레에 박힌 붉은 루비라 해도, 아니 수레 전체의 가치에 맞먹는 것이었다 해도 이 내기를 받아들였을 것입니다. 내기를 하기로 결정되자, 저는 서둘러서 브리튼으로 갔습니다. 전하께서도 궁에서 저를 보신 일을 기억하시겠습니다만, 그때 저는 공주님에게서 참된 사랑과 음탕함은 다른 것이라는 교훈을 얻었지요. 이렇게 내기에 완전히 실패하게 되자 저는 이탈리아인의 교활한 머리로 간계를 짜냈습니다. 그럴듯한 증거품을 가지고 가면 고귀한 레오나투스를 미치게 할 수 있을 거라 믿으며, 그녀의 침실을 상세히 설명할 수 있는 가구나 장식들에 대해서 미리 알아두었지요. 즉 벽걸이는 어떻고, 그림은 어떠한 것인지 등을 적어 갔으며, 이 팔찌도 그녀의 손목에서 빼내었습니다. 그뿐만 아니라, 그녀의 몸에 있는 비밀스런 특징들을 알아두었습니다. 이것은 포스트무스를 감쪽같이 의심하게 만들었지요. 그는 공주님의 정조가 무너졌다고 확신하게 되었습니다. 모든 증거물이 그녀의 부정을 거짓 증거해 주었으니까요. (포스트무스를 발견한다) 그런데 지금 그가 눈앞에 있는 것 같습니다……

포스트무스 (앞으로 나서며) 바로 네가 꾸민 짓이었구나, 이 이탈리아 악마야. 아, 나는 세상에서 가장 경솔한 바보로구나. 이 어처구니없는 살인귀, 도둑놈아, 이제까지 너 같은 놈은 없었으며 앞으로도 없을 것이다. 오, 내게 밧줄이든 칼이든 독을 주십시오. 아니면 전하, 엄정한 재판관을 데려다주십시오. 모든 죄 가운데 가장 악한 죄를 저지른 놈은 바로 저 자신입니다. 전하의 따님을 죽인 자는, 바로 저, 포스트무스입니다. 아니 그건 거짓말, 악마 같은 거짓말입니다. 사실은 저보다 작은 도둑을 시켜서 공주를 죽였으니까요. 그녀는 미덕 그 자체였습니다. 저에게 침을 뱉어주십시오, 돌을 던져주십시오, 아니면 진흙이라도 던져주십시오, 거리에 개를 풀어 물어뜯게 해주십시오, 사악한 짓을 한 놈들은 모두 포스트무스 레오나투스라고 부르게 하십시오! 오! 나의 여왕, 나의 생명 이모젠! 나의 아내 이모젠! 이모젠! 이모젠!

이모젠 아, 서방님! 이제 그만하시고, 제 말을 들어보세요!

포스트무스 뭐야, 나를 놀리겠다는 건가? 이 조롱꾼 시동 녀석, 잠자코 있어라. (화가 나서 이모젠을 한 대 치자, 이모젠이 쓰러진다)

피사니오 오, 나리, 잠깐만요! 이분은 우리 공주님이에요. 포스트무스 나리, 나리께서는 이모젠 공주님을 죽이지 않았습니다. 살아 계십니다. 살아 계신 공주님을 지금 나리께서 죽이려 하시는군요. 모두들 도와주세요. 공주님! 공주님!

심벨린 아, 머리가 어지럽구나.

포스트무스 아니, 이게 어떻게 된 거지?

피사니오 공주님, 정신 차리세요.

심벨린 이게 사실이라면 신들은 나를 기쁨에 넘쳐 죽게 하시려나 보다.

피사니오 어떠세요, 공주님?

이모젠 네 얼굴을 보기도 싫다. 너는 나에게 독약을 주었지? 무서운 놈, 어서 사라져 버려. 여기 귀족들 틈에 있지 말고, 어디로든 가버리라고!

심벨린 아, 이모젠의 목소리다!

피사니오 공주님, 그 약이 독약이란 사실을 알고서 제가 드렸다면, 얼마든지 벌을 받겠습니다. 하지만 그것은 왕비께서 귀한 약이라며 주신 것입니다.

심벨린 그건 또 무슨 소리냐?

이모젠 나는 그 약을 먹고 죽었었어.

코넬리우스 오! 신들이여, 왕비님이 한 가지 고백을 빼놓으셨군요. 그대가 정직하다는 사실을 내가 증명해 주겠네. "피사니오에게 귀한 약이라며 주었으니, 그 독약을 그의 안주인에게 주면, 그 애는 내가 실험한 쥐새끼처럼 되고 말 거야." 이렇게 왕비님이 말씀하시는 것을 제가 분명히 들었습니다.

심벨린 (코넬리우스에게) 그건 무슨 약인가?

코넬리우스 왕비께서는 가끔 저에게 독약을 지으라고 하셨습니다. 해로운 쥐나 개와 같은 동물들을 죽이기 위해서라고 핑계를 대셨지요. 왕비님의 목적이 훨씬 더 위험한 것이라고 의심한 저는, 가짜 약을 만들어 올렸습니다. 그 약은 먹고 나면 곧바로 죽은 듯이 보이지만, 얼마 뒤에는 아무런 해도 받지 않고 다시 깨어날 수 있는 약입니다. (이모젠에게) 그 약을 드셨습니까?

이모젠 아무래도 그런 것 같습니다. 저는 죽었다가 다시 살아났으니까요.

5막 5장, 이모젠, 심벨린과 이아치모   H.C. 셀루스

벨라리우스   애들아! 우리가 잘못 알았구나.

기데리우스   그럼 이 아이는 피델레가 틀림없어요.

이모젠   (포스트무스에게) 왜 당신은 아내를 버리려고 했지요? 우리가 위험한
　　　　바위 위에 있다고 생각하시고, 저를 다시 한 번 버리세요. (그를 껴안는다)

포스트무스   오, 나의 영혼이여, 나무에 매달린 과일처럼, 언제까지나 이렇게
　　　　나에게 매달려 주오. 이 나무의 수명이 다할 때까지.

심벨린   (이모젠에게) 오, 내 새끼! 내 딸아! 너는 나를, 이 연극의 멍청한 구경
　　　　꾼 대접을 하려는 것이냐? 왜 나에게는 아무 말도 하지 않느냐?

이모젠   (무릎을 꿇으면서) 아버지, 어서 축복을 내려주소서!

벨라리우스   (기데리우스와 아르비라구스에게) 너희들이 이 여인을 사랑했지만,
　　　　나무랄 수 없구나. 너희들에게는 충분한 이유가 있었으니까.

심벨린 내가 흘리는 이 눈물이 너를 축복하기를. 이모젠 너의 새어머니는 죽었다.

이모젠 애통한 일입니다, 아버지.

심벨린 오, 그녀는 너무나 악했었다. 우리가 여기서 이토록 이상하게 다시 만나게 된 것도 모두 왕비 때문이다. 그런데 그녀의 아들이 행방불명되고 없구나. 그가 어떻게 됐는지, 어디로 갔는지 아무도 모른단다.

피사니오 전하! 이제 두려움이 사라졌으니, 사실대로 말씀드리겠습니다. 공주님이 보이지 않자, 클로텐 나리께서 칼을 빼 들고 저에게 오셔서, 공주님이 어디로 가셨는지 말하지 않으면 저를 죽이겠다고 하셨습니다. 너무나 두려웠기에, 제가 가지고 있던 포스트무스 나리의 가짜 편지를 클로텐 나리께 드렸습니다. 그 편지에는 공주님에게 밀포드 가까운 산으로 오시라는 글이 적혀 있었지요. 그러자 클로텐 나리는 제게 포스트무스 나리 옷을 가져오게 하시고는, 급히 출발하셨습니다. 나리 옷을 입고 공주님을 욕보이려고 하신 거지요. 그 뒤에 일어난 일은 저도 모릅니다.

기데리우스 그 뒤에 일어날 일을 제가 말씀드리겠습니다. 제가 밀포드에서 그를 찔러 죽였습니다.

심벨린 아니, 이럴 수가! 전쟁에 공을 세운 그대에게 나의 입술이 무거운 형벌을 내리지 않게 하여라. 부디 그런 일은 없었다고 말해 다오. 용감한 젊은이여!

기데리우스 이미 말씀드린 대로입니다. 제가 그를 죽였습니다.

심벨린 그는 왕자였다.

기데리우스 무례하기 짝이 없는, 도무지 법도라고는 모르는 자였습니다. 그가 저에게 한 짓은 조금도 왕자답지 못한 부당한 것이었습니다. 그자가 저에게 한 욕설을 들으면 바다라도 성을 내며 파도를 보내어 그를 쳐버렸을 것입니다. 그래서 저는 그자의 목을 베었습니다. 그자가 여기에 버티고 서서 이 이야기를 거꾸로 할 수 없게 되었으니, 아주 다행한 일입니다.

심벨린 오, 안됐구나. 네 입으로 너의 죄를 고백했으니, 어쩔 수 없이 너에게 사형을 내릴 수밖에 없노라.

이모젠 머리 없는 그 시신이 남편인 줄 알았는데……

심벨린 죄인을 묶어 투옥시켜라.

5막 5장, 심벨린, 벨라리우스, 기데리우스, 아르비라구스, 포스트무스 H.C. 셀루스

벨라리우스 잠시만 기다려 주십시오, 전하! 이분은 살해를 당한 자보다 훨씬 고귀하신 몸입니다. 전하의 핏줄을 이어받은 분입니다. 뿐만 아니라 클로텐 같은 작자 수백 명이 할 수 있는 것보다 더 큰 전공을 세운 분입니다. (호위병에게) 묶은 것을 풀어주오. 고귀하신 분이니 묶어서는 아니 되오.

심벨린 무슨 말씀이오? 그대가 나를 위해 세운 공적에 대해 아직 상도 내리기 전에, 벌써부터 이렇게 나의 뜻을 거스를 작정이오? 그 사람이 내 혈통을 이어받은 사람이라니, 무슨 소리요?

아르비라구스 아버지의 말씀이 조금 지나치신 것 같습니다.

심벨린 불경한 말을 하면 그대도 사형이오.

벨라리우스 조금 전에 말씀드린 대로 이 젊은이들의 신분이 평범하다면, 저희 세 사람은 다 함께 죽어도 좋습니다. 아들들아, 너희들에게는 다행히도 복이 돌아올 것이나, 내게는 위험이 닥쳐올 사실을 나는 밝히겠다.

아르비라구스 아버지의 위험이 곧 저희의 위험입니다.

기데리우스 저희의 행운이 곧 아버지의 행운이기도 하고요.

벨라리우스 국왕 전하의 용서를 구하며 이 사실을 밝힙니다. 전하의 신하 가운데에 벨라리우스라는 자가 있었지요?

심벨린 그자가 어쨌다는 말이오? 그자는 추방된 반역자요.

벨라리우스 여기 이 늙은 것이 바로 쫓겨난 그자입니다. 그렇지만 어떻게 해서 이 몸이 반역자가 되었는지는 모르겠습니다.

심벨린 그를 구속하라. 이 세상을 다 준다 해도 그자를 구할 수는 없으리라.

벨라리우스 성급한 말씀을 거두어 주소서. 먼저 전하의 아드님이신 두 왕자님을 양육한 데 대한 보상을 해주소서. 받자마자 빼앗아 가셔도 좋습니다.

심벨린 내 아들들을 양육했다고?

벨라리우스 제가 너무나 무례하고 무법한 짓을 저질렀습니다. 여기 이렇게 무릎 꿇고 비옵니다. 일어서기 전에 저의 아들들을 전하께 바치겠습니다. 다음에 이 늙은 것은 뜻대로 처분하소서. 존귀하신 전하! 이 두 젊은이는 저를 아버지라 부르고, 자기들이 저의 아들인 줄 믿고 있으나, 사실은 제 아들이 아닙니다. 그들은 전하의 소생으로, 전하의 혈통을 이어받은 자손들입니다.

심벨린 뭐라고? 어째서 나의 자식이라는 거요?

5막 5장, 포스트무스와 이아치모, 심벨린 H.C. 셀루스

벨라리우스 전하께서 선왕(先王)의 소생이신 것처럼 아주 틀림없는 사실입니다. 이제는 모건이라 불리는 이 늙은이가 바로, 전하께서 추방하신 벨라리우스입니다. 제가 저지른 잘못이란, 다만 전하를 화나시게 한 것뿐인데, 반역을 저질렀다는 죄명으로 추방을 당했지요. 그 때문에 고통을 당하게 된 것이 제가 지은 죄의 전부이며, 그보다 더한 죄는 기억하지 못하겠습니다. 두 왕자님은 지난 20년 동안 저의 힘이 닿는 데까지 고귀하신 그 신분에 맞는 교육을 하기 위해 최선을 다했습니다. 저의 사람됨은 전하께서 잘 아실 것입니다. 왕자님들이 아주 어렸을 때 유모 유리필레를 시켜 훔쳐 내게 했고, 그 뒤로 저희 두 사람은 부부가 됐습니다. 저는 그때 충성을 다했으나 반역이란 죄목으로 추방당하게 된 것이 너무도 억울했습니다. 그래서 어린 왕자님들을 훔쳐 내어 전하께 고통을 드리려 한 것입니다. 그러나 존귀하신

전하! 이렇게 두 아드님을 전하께 바치나이다. 이제 저는 가장 친절하고 사랑스러운 동반자를 잃게 될 것입니다. 하늘에 계신 신들의 축복이 두 왕자님에게 이슬처럼 내려주시기만을 비옵니다. 두 왕자님은 앞으로 하늘의 별이 되어 빛나실 존귀하신 분들입니다.

심벨린 그대는 말하면서 눈물을 흘리는구려. 그대 세 사람이 세운 공적보다도 지금 그대의 말이 훨씬 내 가슴에 와닿소. 나는 자식들을 잃어버렸었소. 이 두 사람이 내가 잃어버린 왕자들이라면, 이보다 더 귀한 아들들이 세상에 또 어디 있겠는가!

벨라리우스 기뻐하소서, 제가 폴리도어라 부른 이분은 전하의 적자 기데리우스 왕자이십니다. 또 캐드월이라고 불렀던 이분은 바로 작은 아드님 아르비라구스 왕자이신데, 그의 어머니께서 직접 곱게 수놓으신 포대기에 감싸여 계셨습니다. 그 포대기는 증거로 보여드리기 위해 제가 간직하고 있습니다.

심벨린 기데리우스의 목에는 점이 하나 도드라졌는데, 놀랍게도 그건 붉은빛이 감도는, 별 모양의 점이었소.

벨라리우스 왕자님 목 뒤에는 아직도 그 점이 있습니다. 이런 일이 있을 줄 알고 자연이 그런 표시를 미리 남겨 놓은 것이지요.

심벨린 오, 놀랍구나! 갑자기 내가 세 아이의 아버지가 되다니! 자식을 얻어 이보다 더 기뻐할 부모가 있을까! 너희들을 끝없이 축복한다. 하늘의 궤도에서 여행을 떠났던 별처럼, 이제는 제자리로 다시 돌아와 세상을 비추럼. 이모젠! 너는 이 때문에 왕국을 잃게 됐구나.

이모젠 아닙니다, 아버지! 그 때문에 저는 두 개의 세계를 얻었습니다. 다정한 오빠들을 이렇게 만났으니까요. 이제부터는 저를 거짓말쟁이라고 하지 마세요. 오빠들은 나에게 형제라고 했어요, 사실은 누이였는데. 그때 나는 오빠들을 형제라고 했지요. 그 말은 맞네요.

심벨린 너희들은 언제 서로 만난 일이 있었느냐?

아르비라구스 예, 전하. 만난 적이 있습니다.

기데리우스 첫눈에 사랑을 느꼈지요. 이 아이가 죽었다고 생각할 때까지요.

코넬리우스 왕비가 준 약을 공주께서 드신 거지요.

심벨린 한 핏줄이라 서로 끌렸던 거지! 언제 이 이야기를 다 들을 수 있을까? 지금 너희들은 대략적인 이야기를 말했을 뿐인데, 더 상세히 듣고 싶구나. 어디서 어떻게 살았는지 말해 다오. 그런데 어떻게 해서 포로가 된 이 로마인의 시종 노릇을 하게 되었지? 저 애들과는 어떻게 헤어지게 되었느냐? 또 처음에는 어떻게 만났느냐? 궁 밖에는 왜 나갔지? 그래, 궁 밖을 나와서는 어디로 갔었느냐? 또 너희 셋이 어떻게 해서 이번 전쟁에 나가게 되었는지, 그 밖에도 여러 일들이 모두 궁금하구나. 그러나 그런 건 두고두고 듣기로 하자. 지금 이곳에서 그토록 많은 이야기를 다 할 순 없을 테니 말이다. 저것 보아라! 포스트무스가 이모젠을 저렇게 꼭 붙잡고 있고, 이모젠은 해롭지 않은 번개처럼 그 즐거운 눈길을 포스트무스, 오빠들, 나, 그리고 전(前) 주인인 루키우스에게 보내는 것 좀 보아라. 이제 이 전쟁터를 떠나 사원에 올라가 제물을 올리도록 하자. (벨라리우스에게) 이제부터 그대를 내 동생으로 삼으리라. 앞으로 우리는 언제나 의좋은 형제로 지냅시다.

이모젠 저의 수양아버지도 되어주십시오. 이토록 영광스러운 날이 올 때까지 저를 구해 주시고 보호해 주신 그 은혜를 잊지 못할 것입니다.

심벨린 우리는 이제 다 함께 기뻐하게 되었구나, 포로들을 제외하고는 말이다. 그러나 그들도 곧 즐겁게 해주어야지. 이 기쁨을 그들에게도 나눠 주어야겠다.

이모젠 (루키우스에게) 나리, 저는 앞으로도 나리를 섬기겠습니다.

루키우스 그대에게 복이 내리기를.

심벨린 우리를 위해 그렇게 용감하게 싸워 준, 그 이름 모를 병사가 이 기쁨을 우리와 함께했더라면 얼마나 좋을까.

포스트무스 제가 그 병사입니다. 초라한 옷차림으로 이 세 사람을 도와 싸운 것은 바로 저입니다. 일부러 신분을 감추고 군대에 가담했던 것이지요. 이아치모, 내가 그 사람임을 증명하시오. 그때 내가 그대를 쓰러뜨렸는데, 죽일 수도 있었소.

이아치모 (무릎을 꿇으며) 이렇게 당신 앞에 다시 쓰러지겠습니다. 지금은 나의 무거운 양심이 나를 엎드리게 합니다. 그때는 당신이 나를 때려눕혔지만, 이제 이 목숨은 당신의 것, 없애버려도 좋습니다. 그러나 먼저 이 반지를 돌려드립니다. 또 여기 공주님의 순결이 서약된, 가장 충실한 분의 팔찌도 받으십시오.

포스트무스 일어나시오. 그대를 꾸짖고, 그대의 악을 벌할 그 힘으로, 나는 그대를 용서해 주리다. 앞으로는 착한 일들을 하며 살아가시오.

심벨린 훌륭한 판결이다! 내 사위가 보여준 이 너그러운 마음씨를 우리도 배워야겠소. 용서가 우리의 표어가 되게 합시다.

아르비라구스 (포스트무스에게) 당신이 싸움터에서 우리를 도와주셨을 때, '이분은 우리 형제 같은 사람이구나' 생각했었는데, 정말 형제였군요.

포스트무스 왕자님들, 당신들을 위해서라면 무슨 일이든지 기꺼이 하겠습니다. 로마의 귀족이여, 당신의 점쟁이를 부르시오. 내가 잠들었을 때 유피테르 신이 독수리를 타고 나타났었소. 내 가족들의 망령도 함께 있었던 것으로 생각되오. 깨어났을 때 이 종이쪽지를 내 가슴에서 발견했소. 그런데 여기 쓰여 있는 내용을 나 혼자서는 풀 수가 없군요. 점쟁이에게 그것을 해석하게 했으면 하오.

루키우스 필라르모누스!

점쟁이 예, 나리.

루키우스 이것을 읽고 해석해 보아라.

점쟁이 (읽는다)

새끼 사자가 자신도 모르게, 스스로 구하지 않아도 우연히 부드러운 공기에 포근히 감싸이며, 훌륭한 향나무 가지가 줄기에서 떨어져 몇 해 동안 죽었다가 다시 줄기에 붙어 자라게 되면 포스트무스의 불행은 끝날 것이다. 브리튼은 번영을 이룰 것이며, 평화와 행복을 누리게 되리라.

레오나투스, 당신은 어린 사자, 그 이름을 풀어 읽으면 그러하오. (심벨린에게) 부드러운 공기(몰리스 에르)란 여성(물리에르)을 가리키는데, 다시 말씀드리면 전하의 덕망 있는 공주님을 뜻합니다. (포스트무스에게) 바로 당신 아내의 한결같은 정절을 말하는 것입니다. 이 예언이 들어맞은 것이지요. 그래서 지금 당신은 이렇게 신탁 그대로, 자신도 모르게, 또 스스로 구하지 않아도 우연히 부드러운 공기에 포근히 감싸이게 된 것입니다.

심벨린 과연 그렇군!

점쟁이 훌륭한 향나무란 심벨린 왕을 뜻하며, 잃어버린 두 왕자님이 바로 전하의 줄기에서 떨어져 나갔던 두 가지를 뜻하지요. 오랫동안 죽은 줄로만 알았던 왕자님들이, 향나무이신 국왕 전하께 살아 돌아왔으니까요. 이것은 브리튼의 영광과 평화를 말해 주는 게 아니고 무엇이겠습니까.

심벨린 옳은 말인 듯하다. 자, 이제 평화로운 시대가 시작되리라. 카이우스 루키우스, 비록 우리가 승리했으나 우리의 공물을 다시 보내기로 약속하겠으니, 이 뜻을 카이사르에게 전하시오. 사악한 왕비의 권고로 그러한 관례를 깨어버렸으나, 공명정대하신 하늘이 그와 그 아들에게 중죄를 내리셨으니, 이를 다시 실행하겠다고 약속하겠소.

점쟁이 하늘에 계신 신들의 손가락이 평화를 연주하시는 겁니다. 전쟁이 시작되기 직전에 제가 루키우스 장군께 점쳐 드린 것이 이제 맞아들어 가는군요. 로마의 독수리가 높이 날개를 솟구쳐 남쪽으로부터 서쪽으로 날아가 햇살 속에 사라지는 것을 보았으니, 이는 우리의 황제 카이사르께서 찬란히 빛나는 심벨린 왕과 서쪽에서 화합함을 뜻하는 것입니다.

심벨린 신들의 업적을 찬양합시다. 축복받은 제단에 제물을 올려, 그 연기가 신들이 계신 곳에까지 이르게 합시다. 자, 다 함께 갑시다! 로마와 브리튼이 우방 국가로서, 두 나라의 기수가 함께 우호의 깃발을 휘날리게 합시다. 럿즈타운의 큰길을 행진한 뒤에 위대하신 유피테르 신전에서 평화를 약속합시다. 전쟁의 유혈이 채 마르기도 전에 이렇게 평화 조약을 맺은 일은 이번이 처음일 것이오. (모두 퇴장)

The Winter's Tale
겨울 이야기

[등장인물]

레온테스   시칠리아 왕

마밀리우스   시칠리아의 어린 왕자

카밀로
안티고누스
클레오메네스   〉 시칠리아의 귀족
디온

폴릭세네스   보헤미아 왕

플로리젤   보헤미아 왕자

아르키다무스   보헤미아의 귀족

늙은 양치기   페르디타의 양아버지

광대   양치기의 아들

아우톨리쿠스   부랑자, 사기꾼

선원

교도관

헤르미오네   레온테스의 아내, 시칠리아 왕비

페르디타   레온테스와 헤르미오네의 딸

파울리나   안티고누스의 아내

에밀리아   헤르미오네의 시녀

모프사
도르카스   〉 양치기 소녀

시간의 신   해설자

그 밖에 귀족들, 신사들, 관리들, 시종들, 시녀들, 호위병들, 하인, 양치기 남녀들

[장소]

시칠리아와 보헤미아

겨울 이야기

〔제1막 제1장〕

시칠리아. 레온테스의 궁전 홀.
양쪽 끝에 문이 있고, 의자와 탁자들이 놓여 있다. 카밀로와 아르키다무스 등장.

아르키다무스 경께서 저처럼 전하를 모시고 보헤미아에 오시게 된다면, 지금
말씀드렸듯이 우리 보헤미아와 귀국 시칠리아가 얼마나 큰 차이가 있는지
알게 되시겠지요.

카밀로 올여름에는 우리 시칠리아 왕께서 이에 대한 답례로 보헤미아 국왕
전하를 방문하시리라 생각합니다.

아르키다무스 그때 저희들의 대접이 어딘가 부끄러운 것이 되고 말아도, 우
정이라는 이름으로 그저 정당화되겠지요. 사실…….

카밀로 무슨 뜻인지 제발 말씀해 주십시오.

아르키다무스 제가 알고 있는 그대로 말씀드리겠습니다. 저희들은 이렇게 훌
륭하고…… 뭐라고 말씀드려야 할지…… 이토록 귀한 대접을 베풀어 드릴
수 있을지 걱정이 되는군요. 술을 조금 드리면 졸음 때문에 전하의 감각이
둔해지시어, 칭찬이야 못 하시더라도 저희를 나무라지는 않으시겠지요?

카밀로 그저 편하게 준비한 것인데 과찬의 말씀을 하시는군요.

아르키다무스 진심입니다. 제가 알고 있는 만큼 정직하게 말씀드린 것뿐입
니다.

카밀로 시칠리아 왕께서 아무리 보헤미아 국왕 전하를 환대하셔도 지나치
시다고는 할 수 없겠지요. 두 분이 어린 시절 함께 공부하셨으니 그때 내린
우정의 뿌리가 가지를 뻗어 오늘과 같은 날이 온 것입니다. 성인이 되신 뒤
두 분은 국왕으로서 나랏일에 바쁘시니 친히 만나실 기회가 없었지만, 때

때로 우정의 사자를 보내시어 선물과 편지를 주고받고 계시니 비록 서로 뵙지는 못해도 함께 계신 거나 다름없지요. 드넓은 바다를 두고 멀리 떨어져서도 서로 악수를 하고 풍향이 엇갈리는 양극에서도 서로 포옹하시는 거나 마찬가지입니다. 두 분의 우정이 영원하시기를.

아르키다무스 이 세상 어떤 음모나 사건도 두 분의 우정을 갈라놓을 수는 없다고 생각합니다. 그건 그렇고 귀국에는 어린 마밀리우스 왕자님이 계시니 참으로 축하해야겠군요. 미래에 만나게 될 멋진 신사분을 잊지 않고 기다리고 있겠습니다.

카밀로 예, 매우 장래가 촉망되는 왕자님이시죠. 너무나 영특하셔서 온 백성에게 희망을 주시고 노인들에게도 살아가는 기쁨과 활기를 주십니다. 노인들은 왕자님이 성인이 되시는 걸 볼 때까지는 꼭 살고 싶다 말하지요.

아르키다무스 그 일이 아니라면 죽어도 좋다는 뜻인가요?

카밀로 그렇습니다. 뭐 다른 이유가 또 없다면 어찌 그리 오래 살겠다고 하겠습니까.

아르키다무스 전하께서 후손이 없으시면 후손을 보실 때까지 지팡이에 의지해서라도 살겠다고 하겠군요. (모두 퇴장)

〔제1막 제2장〕

같은 곳. 궁전의 한 방.
레온테스, 헤르미오네, 마밀리우스, 카밀로, 폴릭세네스 및 시종들 등장.
레온테스, 헤르미오네, 폴릭세네스는 자리에 앉고 마밀리우스는 장난감을 가지고 논다.

폴릭세네스 양치기들은 내가 왕좌를 비우고 이곳에 온 뒤 아홉 번이나 달이 차고 기울었다 말합니다. 정성어린 대접에 보답하려면 그만큼의 시간 동안 감사의 말씀을 계속 올려도 부족하지만 베풀어 주신 은혜에 무한한 빚만 지고 아주 떠납니다. 동그란 숫자 '0' 하나가 스스로는 아무 가치가 없으나, 앞 숫자들 사이에 보태어져 들어가면 큰 숫자가 되듯이 수천 번 올린 감사의 말씀에 더하여 한 번 더 "감사합니다" 인사를 올립니다.

〈폭풍우, 곰에게 쫓기는 안티고누스〉 조셉 라이트 더비, 1790.
셰익스피어의 가장 유명한 동작에 관한 연극 〈겨울 이야기〉 지문으로 그려진 작품이다.

레온테스   그러한 인사 말씀은 잠시 거두었다가 떠나시는 날에나 하시지요.

폴릭세네스   전하, 내일 떠나겠습니다. 실은 내가 자리를 비운 동안 나라에 무
슨 일이나 일어나지 않았는지 몹시 불안하군요. 어지러운 폭풍이 불어닥쳐
나라 안이 엉망이 되고 나서야 뒤늦게 "역시 예감대로군" 후회하게 되지 않
을까 걱정입니다…… 뿐만아니라 너무 오래 머물러서 폐만 끼치게 되었습
니다.

레온테스   폐라니오? 너무 가혹하신 말씀입니다.

폴릭세네스   더 이상 머무를 수는 없습니다.

레온테스   일곱 밤만 더 머물러 주십시오.

폴릭세네스   내일은 정말 떠나야 합니다.

레온테스   그럼 우리, 나누어 반반으로 합시다. 더 이상은 안 됩니다!

폴릭세네스 그런 억지 말씀을! 제발 간청드립니다! 전하의 말씀보다 더 내 마음을 움직이는 것은 이 세상에는 없답니다. 거절해야 할 때에도 전하의 부탁이라고 하시면 거절하지 못하지요. 하지만 이번만은 나랏일이 이 몸을 끌고 가려 하는군요. 머무르라 하시는 전하의 우정이 나를 채찍처럼 가로막지만, 더 오래 있으면 전하께 짐이 되고 폐가 될 뿐이니 서로를 위해 작별합시다.

레온테스 왕비는 왜 가만히 있나요? 말 좀 하오.

헤르미오네 저는 폴릭세네스 전하께서 떠나신다고 말씀하실 때까지는 가만히 있으려고 했습니다. 그런데 전하의 청이 너무 냉담하시군요. 보헤미아는 평화롭다고 말씀드리세요. 어제 들어온 소식으로는 아주 확실하다고요. 그러시면 전하도 더는 말씀을 못 하시겠지요.

레온테스 말 참 잘했소, 왕비.

헤르미오네 아드님이 보고 싶으시다면 어쩔 수 없겠지요. 그렇게 말씀하시면 보내드리겠어요. 그렇게 맹세하신다면 더는 머무르시라고 하지 않겠습니다. 등을 떠밀어서라도 보내드리지요…… 하지만 제발 일주일만 더 이곳에 머물러 주세요. 그 대신 저희 국왕 전하께서 보헤미아에 가시면 한 달 더 머무르게 하셔도 좋습니다. (레온테스에게) 그렇다고 전하를 흠모하는 제 마음이 어느 아내가 남편을 기다리는 마음보다 조금이라도 부족해서가 아닙니다. (폴릭세네스에게) 머물러 주시는 거죠?

폴릭세네스 죄송합니다, 왕비마마.

헤르미오네 더 머무르시는 거죠?

폴릭세네스 안 됩니다. 진심입니다.

헤르미오네 "진심입니다" 하는 가벼운 맹세로는 저의 청을 물리치실 수 없습니다. 하늘의 별을 떨어뜨린다고 맹세하셔도 "보내드릴 수 없습니다" 말하겠습니다…… 가시면 안 됩니다. 여인의 진심도 남자의 진심에 못지않답니다. 그래도 떠나시겠는지요? 그럼 귀빈으로서가 아니라 볼모로서 붙잡아 두겠습니다. 그러면 떠나실 때 감사의 말씀 대신 청구서를 받게 되실 겁니다. 자, 어느 쪽이죠? 붙잡혀 계실 건가요? 아니면 귀한 손님으로 계실 건가요? 그 두려운 맹세에 걸고 선택하십시오.

폴릭세네스 왕비마마, 손님으로 머무르겠습니다. 볼모가 된다는 건 당신께 죄를 짓는 것이니 그건 있을 수 없는 일입니다. 왕비님이 벌을 내리시는 것보다 더 있을 수 없는 일이지요.

헤르미오네 그럼 저는 교도관 대신 친절한 안주인이 되겠어요…… 자, 그럼 여쭤어 볼게요. 두 분의 어린 시절은 어땠나요? 사랑스런 왕자님들이셨겠지요?

폴릭세네스 예, 왕비마마, 오늘과 같이 왕이 되어 있으리라고는 꿈에도 생각해 보지 못했지요. 영원히 어린아이로 남아 있을 줄 알았답니다.

헤르미오네 두 분 가운데 저의 전하가 훨씬 더 장난꾸러기였나요?

폴릭세네스 우리는 햇살 아래 뛰어놀고 울어대는 쌍둥이 어린 양과 같았습니다. 순수한 마음을 주고받으며 악한 일이 무엇인지도 전혀 알지 못했지요. 죄를 짓는 사람이 세상에 존재한다는 것 또한 상상조차 하지 못했답니다. 늘 그렇게 살면서 어진 마음이 강한 야심에 굴복하지 않았더라면, 우리는 하늘을 보고 당당하게 "우리는 죄가 없습니다!" 소리쳤겠지요. 아담의 원죄와도 멀리하고 있었으니까요.

헤르미오네 그 뒤에 죄지은 일이 있으셨나요?

폴릭세네스 오, 천사 같으신 왕비마마, 수없이 많은 유혹이 있었지요. 하지만 아직 깃털이 나기 전인 유년 시절이라 내 아내는 어린 소녀였고, 귀하신 왕비님도 아직 내 소꿉동무의 눈을 빛나게 하지 않았을 때입니다.

헤르미오네 어머, 그런 말씀을 하시다니! 더 이상 듣지 않도록요. 당신의 왕비와 제가 두 분을 유혹한 악마라는 말을 듣지 않게요. 그래도 계속 말씀은 해보세요. 저희 때문에 저지르신 죄라면 저희가 책임을 지겠어요. 죄를 저지른 처음 상대가 저희들이고, 그 뒤로도 한눈팔지 않고 그 상대가 계속 저희뿐이라면요.

레온테스 어찌 되었소?

헤르미오네 (돌아보며) 머무르실 것입니다, 전하.

레온테스 내가 아무리 간청해도 듣지 않으시더니. (큰 소리로) 내가 가장 사랑하는 왕비의 말이 이처럼 효과가 있었던 적은 처음이오.

헤르미오네 처음이라고요?

레온테스 아니지, 한 번 더 있었군.

헤르미오네 예? 그러면 두 번째라는 말씀인가요? 첫 번째는 언제였죠? 어서 말씀해 주세요. 그 칭찬으로, 길들인 짐승처럼 저를 배부르게 해주세요. 저의 선행이 칭찬받지 못하고 저승에 가면, 이어지는 천 가지 선행도 사라지고 맙니다. 칭찬은 우리에게 주는 보상이지요. 채찍질로는 십 리도 못 달리지만 한 번의 부드러운 키스로는 수천 리 길도 가볍게 달릴 수 있답니다. 하지만 저의 가장 큰 공은 역시 폴릭세네스 전하를 머무르시게 한 일이겠지요. 그럼 첫 번째 것은 뭔가요? 전하의 말씀대로라면 전에도 훌륭한 일을 한 적이 있다는 것인데 그 일도 칭찬받을 만한 멋진 일이었으면! 한 번 더 제가 훌륭한 말을 했다니, 그게 언제인가요? 어서 말씀해 주세요.

레온테스 그건 죽을 것처럼 고통스럽게 기다리던 석 달이 지나고 드디어 왕비가 그 하얀 손을 펼쳐 나의 아내가 되겠다고 허락했을 때였소…… 그때 당신이 "이 몸은 영원한 당신의 사랑이에요" 말했다오.

헤르미오네 얼마나 고마운 말씀인지요. 그렇다면 두 번 훌륭한 말을 했군요. 첫 번째는 훌륭한 남편을 얻었고, 두 번째는 옛 친구를 머무르게 했네요.
(폴릭세네스에게 손을 내민다. 두 사람은 자리에서 일어나 조금 떨어져서 이야기한다)

레온테스 (앉아서 두 사람을 지켜보며 혼잣말로) 너무 뜨겁구나, 너무 뜨거워! 우정과 섞이더니 이제는 서로 피까지 뒤섞는구나. 가슴이 설레고 심장이 뛴다. 하지만 기쁨 때문은 아니야. 절대 아니지. 이 환대는 어떻게 된 거지? 꾸미지 않은 얼굴 표정은 친절함과 너그러움, 따뜻한 마음에서 자연스레 나오는 것인지도 몰라. 나를 대신해 안주인으로서 그래야 마땅하지. 그러나 저렇게 서로 손바닥을 만지고 손가락을 끼면서, 거울을 들여다볼 때처럼 미소를 짓고, 죽어가는 사슴처럼 끝내 한숨을 내쉬다니. 아! 저런 환대는 꼴사납구나! 아, 이러다 결국 아내를 빼앗기고 성난 남편 꼴이 된다면! 마밀리우스, 너는 내 아들이냐?

마밀리우스 (놀이를 하다 말고 고개를 들어 바라보며) 예, 훌륭하신 전하!

레온테스 정말이지? 그래, 착하구나. 이런! 코에 뭐가 묻었네! 다들 나를 쏙 빼닮았다고들 하는데. (아들의 얼굴을 닦아준다) 자, 우리 대장, 코를 씻어라. 아니, 깨끗하게 닦아라. 하기는 수소며 암소며 송아지가 씻고 닦는다고 뿔이 없어지겠는가! 아직도 손바닥을 만지고 있구나…… 아, 장난꾸러기 송아지! 너는 내 송아지란 말이냐?

마밀리우스 예, 전하가 그러시다면요.

1막 2장, 레온테스와 마밀리우스 헨리 코트니 셀루스 그림, 프레데릭 웬트위스 판화

레온테스 (혼잣말로) 너는 나처럼 진한 머리털도 없으니까 나를 닮은 게 아니야. 그런데도 꼭 닮았다고들 하지. 여자들이란 아무튼 뭐든 떠들어대기를 좋아하니까! 하지만 아무리 여자들이 염색한 상복처럼 또 바람이나 물처럼 쉽게 변하고 속임수로 남의 돈이나 빼앗는 주사위처럼 쉽게 거짓말을 해댄다 해도, 이 아이는 나를 꼭 닮았다고⋯⋯ 그래, 아들아, 너의 하늘같이 푸른 눈으로 나를 바라보아라. 귀여운 악당! 가장 소중한 것! 내 핏줄! 네 엄마가? 어떻게 그럴 수 있지? 애정 때문인가! 한번 품은 마음이 사람의 심장까지도 찌르는구나. 불가능한 일도 가능하게 만들어 꿈꾸듯 서로 말을 주고받으니, 어찌 이럴 수 있단 말인가? 현실에 없는 것과 손잡고서 허황된 것을 따르는구나. 그렇다면 욕정이란 현실에 있는 것과도 어울릴 수 있겠지. 저토록 도를 넘은 짓을 하다니, 내 이마가 굳어지며 뿔이 돋을 것만 같구나. (생각에 잠긴다)

폴릭세네스 (레온테스의 행동을 보고 이상하게 여기며 헤르미오네에게) 시칠리아 왕께 무슨 일이라도 있나요?

헤르미오네 무슨 고뇌가 있으신가 보네요.

폴릭세네스 (레온테스의 어깨에 손을 얹으며) 전하, 무슨 일이신지요? 가장 가까운 형제여, 왜 그러시죠?

헤르미오네 몹시 괴로워하시는 것 같았어요. 언짢으신 일이라도 있으신가요?

레온테스 아니, 아니오. 흔히 사람은 마음 약한 자의 어리석음을 폭로하오! 더 굳세고 강한 자들에게 말이오! 왕자의 얼굴을 보고 있으면 23년 전으로 돌아간 기분이라오. 그때 나는 아직 어른 바지는 입을 때가 아니어서 푸른색 벨벳 웃옷을 입고 허리에는 단검을 찼었는데 장식물에 다치는 일이 잦아 주인인 내가 다치지 않도록 칼집에 칼을 넣어 단단히 잠가두었소⋯⋯ 아마 그때의 나는 이 작은 왕자 같았겠지. 자, 꼬마 신사, 달걀을 돈이라고 내밀면 받겠느냐?

마밀리우스 받지 않겠나이다, 전하. 결투를 청하겠습니다.

레온테스 결투를 한다고! 좋다, 부디 행운이 있기를! (폴릭세네스에게) 전하, 내가 왕자를 이토록 사랑하듯 전하도 전하의 어린 왕자를 너무나 사랑하시겠죠?

폴릭세네스 내 나라에 있으면 왕자는 내 모든 일상이고 웃음이며, 또한 골칫

거리랍니다. 아주 친한 친구인가 하면 원수가 되기도 하지요. 한 식구가 되었다가 군인도 정치가도 다 됩니다. 왕자와 함께 있으면 기나긴 7월의 나날들도 동짓달처럼 짧아집니다. 그리고 왕자의 순진무구한 모습들은 내 마음속 우울한 생각들의 치료제가 되기도 하지요.

레온테스 내 어린 친구도 그렇습니다. 전하, 우리 둘은 물러갈 테니 두 분이 함께 천천히 거니시지요. 왕비, 나를 위해 나의 형제인 폴릭세네스 전하를 잘 모시도록 하오. 시칠리아의 아무리 귀한 물건도 값지다고 할 수 없을 만큼 당신과 저 사랑스런 왕자 다음으로 내게 가장 소중한 분이니까요.

헤르미오네 찾으실 일이 있으면 정원으로 알려주세요.

레온테스 좋을 대로 하오. 이 하늘 아래서라면 어디서라도 찾을 수 있겠지요. (혼잣말로) 저들은 내가 이렇게 낚싯줄을 드리우고 있는 줄 모른다. (폴릭세네스와 헤르미오네, 문 앞에 멈춰 서서 웃으며 이야기를 하고 있다) 에잇, 괘씸한 것! 왕비란 여자가 저렇게 입술을 내밀다니! 그러다 입술끼리 부딪히기라도 하면! 아, 남편인 나에게나 할 수 있는 짓 아닌가! 대담하게도 팔을 껴안다니! (폴릭세네스와 헤르미오네, 시종들, 퇴장) 이제 가버렸군. 이마에 뿔이 돋아나고 몸은 무릎과 머리끝까지 온통 시궁창에 빠지는 기분인걸! (왕자에게) 저리 가 놀아라. 네 어미도 놀아나고 있는데, 나도 한바탕 놀아봐야겠어. 나는 망신살이 뻗친 역할이군. 멸시를 받으며 무덤으로 퇴장하면 모욕과 비웃음이 조종(弔鐘)을 대신해 주겠지…… 아들아, 저리 가 놀아라. 어서…… 틀림없이 전에도 부정한 아내를 둔 남편은 많이 있었지. 이 순간에도, 내가 이렇게 지껄이는 순간에도 남편이 없는 동안 누군가 남의 아내 팔을 잡으면, 그 여자는 수문을 열어주고…… 남편의 것이기도 한 그 연못에서 이웃 사는 웃음꾼이 낚시질해대는 것을 꿈에도 모르는 남자들이 얼마든지 있으리라. 다른 남편들도 그 수문이 본의 아니게 내 것처럼 열렸을 거라 생각하니 조금은 위로가 되는구나. 부정한 아내를 가진 남편이 모두 절망으로 미쳐버린다면 남자들의 십분의 일은 아마도 목매달아 죽게 되리라. 이것만은 어떻게 도울 수가 없구나. 음란한 별은 그 아래 있는 모든 것을 파멸시키리라…… 동서남북 어디에도 피할 곳이 없구나. 아랫배를 지켜줄 철조망이란 존재하지 않아. 명심해라, 적은 제멋대로 날뛰면서 들락날락거린다고…… 수많은 남자가 이 병에 걸렸으면서 깨닫지 못하고 있다. 얘야, 왜 그러느냐?

마밀리우스 사람들은 제가 아버지를 닮았대요.

레온테스 그래, 그 얼마나 다행이냐. 이보게, 카밀로!

카밀로 (앞으로 나오며) 예, 전하.

레온테스 가서 놀아라, 마밀리우스…… 죄 없는 왕자여. (마밀리우스 퇴장) 카밀로, 폴릭세네스 왕이 좀더 머무르기로 하셨소.

카밀로 전하께서 그분의 닻을 내리려 애쓰셨지만 실패하시지 않았는지요?

레온테스 알고 있었소?

카밀로 전하께서 아무리 붙잡으셔도 나랏일이 더 중요하다며 거절하셨지요.

레온테스 그대도 이미 알아차렸소? (이마를 치며 혼잣말로) 벌써 여기에 뿔이 났다고 소문이 돌았나 보군. "시칠리아 왕이 이러이러하다"는 소문이 자자한데도 내가 맨 나중에 알았군. 카밀로, 그런데 폴릭세네스 왕이 왜 머무르기로 하셨는지 알고 있소?

카밀로 훌륭하신 왕비께서 간청하셨기 때문입니다.

레온테스 그렇소. 훌륭하다는 그대의 말도 적절하기는 하나 또한 적절하지 않다오. 당신 말고도 눈치채고 있는 영특한 사람들이 있소? 그대의 머리는 뛰어나서 평범한 돌대가리들보다 모든 것을 잘 이해하지…… 눈치 빠른 자들이나 그걸 알고 있겠지? 그런 머리 좋은 인간이 몇이나 되겠소? 비천한 것들은 아마 이 일을 모르겠지? 어떻게 생각하오?

카밀로 아, 그 일 말씀이십니까, 전하? 어느 정도 알고 있으리라 봅니다. 보헤미아 왕이 더 머무르신다고요!

레온테스 아하!

카밀로 이곳에 더 머무르게 되셨지요.

레온테스 그렇소. 그런데 그 이유가 뭐요?

카밀로 레온테스 전하의 만류와 자애로우신 왕비마마의 간청을 폴릭세네스 왕이 들어주신 것입니다.

레온테스 간청을 들어주었다고? 왕비의 간청이라 들어주었다 이 말이오? 됐으니 그만하시오. 카밀로, 나는 이날까지 당신을 신뢰하며, 마음속 비밀까지도 다 털어놓았소. 그러면 그대는 고해신부처럼 내 가슴속 찌꺼기들을 모두 걷어주었소. 그대와 헤어질 때면 나는 고해하고 참회한 듯 마음이 깨끗해지고 후련해졌소. 그런데 나는 지금까지 그대에게 속아왔던 것이오. 말하

1막 2장, 레온테스와 카밀로   H.C. 셀루스 그림, 프레데릭 웬트워스 판화

자면 당신의 진실함은 오로지 겉모습에만 있었던 거요.

카밀로 절대 그럴 리가 없습니다!

레온테스 당신은 정직하지 않소. 당신이 정직하지 않다면 그것은 겁쟁이이기 때문이오. 꼭 해야 할 일에도 진실을 감추고 몸을 도사린단 말이오. 그러니 나의 두터운 신뢰를 무시해 버리는 불충한 신하가 아니고 뭐겠소. 그렇지 않다면 귀중한 승부가 걸린 일을 농담이나 장난쯤으로 여기는 바보일 테지.

카밀로 전하, 저는 게으르고 어리석으며 겁쟁이인지도 모릅니다. 인간은 모두 자신의 약점에서 완전히 자유로울 수는 없습니다. 인간이 살아가는 온갖 행동 속에는 때로 나태와 어리석음과 비겁함이 나타나기도 합니다. 신하로서 일부러 소홀하게 행동했다면 그것은 제가 어리석기 때문입니다. 만일 정성을 다해 전하를 모시면서도 어리석게 보였다면 또한 결과를 제대로 가

늘해 보지 못한 저의 게으름 때문이지요. 일의 결과에 자신이 없어서 행하지 않고, 비난받을 것을 알고서도 머뭇거렸다면 이는 현명한 사람들도 흔히 저지르게 되는, 겁쟁이 같은 행동입니다. 전하! 정직한 사람들도 이런 약점들로부터 완전히 자유로울 수는 없습니다. 전하! 분명하게 사실대로 말씀해 주십시오. 저의 잘못을 있는 그대로 말씀해 주소서. 그때에도 제가 아니라고 한다면 저에게는 잘못이 없다 여겨주소서.

레온테스 카밀로, 그대는 보지 못했단 말이오? 틀림없이 봤을 텐데…… 보지 못했다면 그대 안경은 바람난 아내를 둔 남자들 이마에 돋아난다는 보이지 않는 두 개의 뿔보다 더 두툼한 게로군. 아니면 그대는 듣지 못했나…… 이렇게 분명한 사실이 소문나지 않을 리가 있나. 짐작조차 못 했단 말이오? 생각할 줄 아는 인간이라면 누구나 그렇게 여길 텐데…… 왕비가 부정을 저질렀단 말이오. 당신도 그 사실을 인정하겠지. 무엄하게도 부정한다면 그대는 눈도 귀도 생각도 없는 자요. 그러니 왕비가 부정한 여자라 말하시오. 혼인 서약도 하기 전에 몸을 허락하는 베 짜는 시골 아낙네와 다를 바 없다고 말이오. 자, 이렇게 말하고는 그 정당함을 입증해 보이도록 하오.

카밀로 왕비께 그런 오욕을 씌우는 자가 다른 사람이라면 저는 가만히 듣고만 있지 않고 당장 복수할 것입니다. 절대 있을 수 없는 일이며, 이는 전하답지 않으신 말씀입니다. 혹시 진실이라 해도 그런 말씀을 다시 하실 때마다 말씀하신 죄 못지않은 큰 죄를 지으시게 됩니다.

레온테스 귓속말이 괜찮다고? 뺨도 비벼대는데? 서로 코를 맞대고 있어도 아무것도 아니라고? 입술을 빨아대도 아무것도 아니란 말이오? 웃다 말고 한숨을 내쉬는 건 또 뭐겠소? 틀림없이 부정에 대한 증거일세. 다리를 꼬아대더니 구석에 몰래 숨어들어가는데? 시간이 순간처럼 빨리 지나 한낮이 어서 한밤으로 바뀌기만을 간절히 바라고 기다리는데도? 다른 사람들 눈이 모두 멀어버려 자신들이 하고 있는 짓거리들을 아무도 못 보게 되기만을 바라는데 이 일이 아무것도 아니란 말이오? 그렇다면 세상 모든 일이 다 아무것도 아니고, 대지를 덮고 있는 저 하늘도 보헤미아도 아무것도 아니란 뜻이로구려. 왕비도 그렇고, 이 세상 모든 것이 다 아무것도 아니라는 거요.

카밀로 전하, 그런 병든 생각은 더 늦기 전에 거두시고 어서 고침을 받으소서. 그것은 가장 위험한 생각입니다.

레온테스　하지만 이건 사실이라오.

카밀로　절대 아닙니다. 아닙니다, 전하.

레온테스　그대는 거짓말을 하고 있소, 거짓말을. 그대는 거짓말쟁이로다. 그 대가 밉구려. 분명히 말하겠소. 그대는 바보에다 아무 생각도 하지 못하는 멍청이라고. 아니면 선과 악을 구별할 줄 알면서도 양쪽에 빌붙어 사는 아 첨꾼이든가. 왕비의 병든 인생처럼 왕비의 간장에도 독이 퍼졌다면 숨이 멈 추는 것도 시간문제겠지.

카밀로　누군가가 왕비께 독약을 준다는 뜻입니까?

레온테스　그녀의 초상을 조각해 만든 목걸이처럼 왕비를 목에 걸고 있는 그 사람은 바로 보헤미아 왕이라네. 만일 충성스러운 신하가 있어 내 명예를 자신의 이해득실로 알고 지켜준다면 저들은 더는 부정한 짓을 저지르지 못 할 거요. 오, 그대에게 그자의 술잔을 채우는 임무를 맡기고 나서 모두가 그대를 우러러보도록 그 지위를 올려주리니 하늘이 땅을, 땅이 하늘을 보 듯 그대는 내가 고뇌하는 모습을 확실히 보고 있겠지. 그러니 그대가 그 술 잔에 독을 타서 내 원수에게 마지막 숨을 거두게 한다면, 그것은 내게는 다 시없는 달콤한 한 잔이 될 것이오.

카밀로　전하의 명령이라면 따르겠습니다. 극약을 쓰지 않고도 서서히 독이 퍼져 독살이 아닌 것처럼 보이게 하는 약을 쓸 수도 있습니다. 하지만 저는 정숙한 왕비께서 그런 잘못을 저지르셨다고는 믿을 수가 없습니다! 저는 전 하를 존경하나…….

레온테스　그따위 말들은 다 집어치우게! 내가 판단력이 흐려져서 이렇게 안 절부절못하고 괴로워하며 혼자 화를 내고 있는 줄 아요? 내 침대 이불이 순결하게 간직된 채 제자리에 있다면 바로 단잠에 빠져들 것이며, 더럽혀져 있다면 그 자리는 몽둥이고, 가시며, 쐐기풀이자 벌침이라네. 그대는 내가 그것을 더럽힌다는 것이오? 내 소중한 존재, 사랑하는 내 아들인 왕자에게 이유 없이 출생에 부끄러운 오명을 씌운다고? 내가 이런 인간이란 말이오? 왜 그렇게 놀라 움찔하는 거요?

카밀로　저는 전하의 말씀을 믿습니다. 전하, 보헤미아 왕을 없애버리겠습니 다. 그러나 보헤미아 왕이 죽으면 전하께서는 왕비마마를 처음 대하셨을 때처럼 받아들이셔야 합니다. 왕자님을 위해서도 그렇고, 이웃 나라나 동맹국들 그리고 궁전 안에 나쁜 소문들이 퍼지지 않도록 막기 위해서도 그렇게 하셔야 합니다.

레온테스 훌륭한 충언이오. 나도 그렇게 하려고 마음을 내려놓았소. 왕비의 명예에는 절대로 상처를 남기지 않겠소.

카밀로 그럼 전하, 어서 안으로 드십시오. 향연에서 친지끼리 하듯 반가운 표정으로 왕비마마와 보헤미아 왕과 함께 어울리십시오. 제가 그의 잔에 술을 올리겠습니다…… 그것이 보통 술이라면 저를 전하의 신하라 여기지 마소서.

레온테스 마지막으로 한마디 하겠소. 그렇게 해낸다면 내 마음의 반은 그대의 것이오. 그러나 해내지 못한다면 그대 마음은 파멸해 버릴 것이오.

카밀로 실행하겠나이다, 전하.

레온테스 그대의 충언대로 친절하게 대하리다. (퇴장)

카밀로 아, 가련한 왕비마마! 그런데 나는 왜 이런 처지에 놓여야 하는가? 선량한 폴릭세네스 전하를 독살해야 하다니…… 그 이유가 오로지 군주에 대한 신하의 충성 때문이란 말인가? 국왕은 자신의 본성에 어긋나는 일을 신하에게 하도록 명령하는구나. 명령대로 이 일을 실행하기만 하면 출세가 뒤따르겠지. 하기야 신성한 왕들을 살해한 뒤에 출세한 이야기는 수없이 많아. 그러나 이번 일은 하고 싶지 않구나. 동판, 석판, 양피지 어디에도 그런 기록은 없단 말야. 아무리 악당이라도 꼬리를 뺄 것이다. 나에게 남은 길은 이 궁전을 탈출하는 것뿐…… 명령에 복종하든 불복하든 나는 파멸하고 말 거야. 행운의 별아, 지켜다오! 여기 보헤미아 왕이 오신다.

    폴릭세네스 등장.

폴릭세네스 왠지 이상하구나. 대접이 나빠지기 시작하더니 이제는 아예 말도 하지 않는군! (카밀로를 발견하고는) 안녕하시오, 카밀로 경.

카밀로 전하, 안녕하십니까!

폴릭세네스 무슨 특별한 소식이라도 있소?

카밀로 별로 없습니다, 전하.

연극 〈겨울 이야기〉 도로시 그린 감독, 헤르미오네 역을 맡은 안나 콘스탐   로열셰익스피어 극단. 1943.

폴릭세네스　레온테스 전하는 자기 자신만큼이나 아끼고 소중히 여기던 영토를 잃은 듯한 표정이었소. 방금 뵈었을 때에도 평소처럼 인사를 했는데 다른 곳으로 시선을 피하시더니 경멸하듯 입술을 일그러뜨리며 내게서 재빨리 지나쳐 버렸소. 무엇 때문에 전하의 태도가 바뀌었는지 곰곰이 생각하는 중이라오.

카밀로　저는 감히 알고 싶지 않습니다, 전하.

폴릭세네스　아니! 감히 알고 싶지 않다고? 알면서 알고 싶지 않다는 말이오? 어서 말해 주오. 이런 뜻인가? 자신은 알고 있지만 감히 입 밖에 낼 수 없다, 이 말이오? 카밀로, 그대의 변해 버린 얼굴빛은 내 얼굴빛마저 바꿔 놓으려 하오. 아무래도 이 변화는 나와 관련이 있나 보군. 이렇듯 나도 변하고 있으니 말이오.

카밀로　세상에는 사람들의 마음을 혼란스럽게 하는 병이 있지요. 그 병명을 말씀드릴 수는 없지만, 건강하신 폴릭세네스 전하야말로 바로 그 병의 원인이 되고 있습니다.

폴릭세네스　어떻게 그럴 수 있소? 내가 병의 원인이라고? 나는 한번 훑어보기만 해도 사람을 죽게 한다는 전설의 바실리스크 뱀이 아니오. 이제까지 나는 수천 명의 사람들을 만났소. 그들은 모두 내 눈에 띄어서 출세를 했으면 했지, 죽은 자는 없었다오. 카밀로…… 당신은 틀림없이 신사입니다. 더욱이 선조로부터 받은 그 가문의 이름을 귀히 여기며 신사의 본분을 보여줄 만큼 교양이 있는 분이오. 그러니 그대에게 간청하오. 이 몸에 이로울 만한 일을 알고 있다면, 이 사람을 무지라는 울타리 안에 가두지 말고 부디 이야기해 주오.

카밀로　말씀드릴 수 없습니다.

폴릭세네스　내가 병의 원인이라니, 이토록 건강한데! 대답을 꼭 들어야겠소. 내 말을 들어주오, 카밀로. 명예를 소중히 여기는 모든 이의 이름으로 그대에게 간청하오. 대체 내게 어떤 위험이 다가오고 있는지, 어디까지, 어느 만큼 가까이 왔는지 알려주오. 어떻게 해야 그 위험을 막아낼 수 있는지, 막을 수 없다면 어떻게 해야 좋을지도 부디 말해 주오.

카밀로　전하, 말씀드리겠습니다. 제가 존경하는 전하께서 간청하시니 제 명예를 걸고 말씀드리지요. 그러니 저의 충언을 들으시면 바로 실행해 주십시오. 그렇지 않으면 전하도, 저도 목숨을 잃고 맙니다.

폴릭세네스 어서 말해 주오, 카밀로.

카밀로 저는 전하를 살해하라는 명령을 받았습니다.

폴릭세네스 누가 그런 명령을 했소, 카밀로?

카밀로 레온테스 전하께서 명을 내리셨습니다.

폴릭세네스 무엇 때문이오?

카밀로 그분은 왕비님과 폴릭세네스 전하가 밀회를 하셨다고 생각, 아니 그 렇게 믿고 계십니다. 본인이 눈으로 직접 보셨고, 왕비님을 건드리도록 던져 놓은 덫에 폴릭세네스 전하가 스스로 걸려드셨다고 말씀하십니다.

폴릭세네스 오, 내가 그랬다면 이 몸속 가장 맑은 피가 썩어 굳어버려도 좋 소. 예수님을 배신한 유다라고 내게 멍에를 씌워도 괜찮소! 나의 신성한 명 예는 썩어 악취를 풍기고, 내가 가까이 가면 아무리 코가 둔한 사람이라도 코를 막지 않고는 못 견딜 것이오. 들어본 적 없는 전염병보다 더 나를 멀리 해도, 아니 증오를 퍼부어도 상관하지 않겠소!

카밀로 하늘에 있는 모든 별에 걸고 그 신통력에 의지해 전하의 생각을 맹 세하신다 해도, 바다가 달에 복종하여 일으키는 물결을 거스를 수는 없습 니다. 그 망상은 신념 위에 굳어 있어서, 육체가 살아 있는 한 없어지지 않 을 것입니다.

폴릭세네스 왜 이렇게까지 되었단 말이오?

카밀로 저도 모르겠습니다. 하지만 원인을 캐묻기보다는 바로 눈앞의 사태 를 어떻게 피하시는가가 더 중요합니다. 그래서 감히 말씀드리는데 저를 믿 어주십시오. 제 진실한 마음이 담긴 이 몸을 담보로 받으시고 오늘 밤 안에 떠나십시오! 제가 전하의 신하들에게 몰래 이 사실을 알려서 성채 뒷문으 로 두세 명씩 빠져나가도록 돕겠습니다. 저는 이제 제 운명을 걸고 전하께 충성하겠습니다. 이 일을 입 밖에 낸 이상 저에게는 파멸만이 남아 있을 뿐 입니다…… 의심하지 마십시오. 부모님의 명예를 걸고 진실을 아뢰었습니다. 입증해 보이라 하셔도 저는 떠나야 합니다. 폴릭세네스 전하도 이곳 레온테 스 왕으로부터 사형 선고를 받은 죄인처럼, 안전을 보장받기 어렵습니다.

폴릭세네스 그대를 믿고말고요. 레온테스 전하의 마음을 이미 그 얼굴에서 읽었다오. 그 손을 이리 주시오…… 내 길잡이가 되어주오. 그대에게 관직을 맡겨 내 곁에 머물게 하겠소. 배들은 출항 준비가 되어 있소. 신하들은 이틀 전부터 출발을 대기하고 있다오. 전하의 질투는 귀하신 왕비 때문이오. 절세미인이시라 레온테스 전하의 질투도 강할 것이오. 아! 지엄하신 왕이시니 질투 또한 더욱 격렬할 테지. 그토록 굳게 믿은 사람에게 배반당했다고 생각하면 왕의 복수는 더욱 가혹할 터, 두려움이 나를 뒤덮는구려. 아, 행운의 여신이여, 어서 내 편이 되어 아무 이유 없이 왕의 질투를 사게 된 정숙한 왕비를 보살펴 주소서! 갑시다, 카밀로. 이곳에서 무사히 탈출시켜 주면 그대를 아버지처럼 받들겠소. 어서 떠납시다.

카밀로 모든 문의 열쇠는 제가 권한을 갖고 있습니다. 한순간도 머뭇거릴 수 없습니다. 전하, 어서 가시지요. (모두 퇴장)

〔제2막 제1장〕

시칠리아. 궁전의 한 방.
헤르미오네, 마밀리우스, 시녀들 등장.
왕비와 몇몇 시녀들은 홀 한쪽 끝에, 그 밖의 사람들은 다른 쪽 끝에 앉아 있다.

헤르미오네 어서 왕자를 데려가라. 너무 성가시게 한다. 힘에 겹구나.

시녀 1 왕자님, 이리 오세요. 저하고 함께 놀까요?

마밀리우스 싫어, 너하고는 안 놀아.

시녀 1 왜 그러시지요?

마밀리우스 뽀뽀를 세게 하고, 지금도 나를 아기 취급하니까 그렇지. (시녀 2에게) 나는 네가 좋아.

시녀 2 어째서지요, 왕자님?

마밀리우스 네 눈썹이 더 검기 때문은 아니야. 하지만 검은 눈썹이 잘 어울리는 여자도 있다더라. 눈썹 숱이 적으면 연필로 반원이나 반달 모양으로 그려야 한대.

시녀2 누가 그런 걸 가르쳐 드렸죠?

마밀리우스 여자들 얼굴을 보고 내가 알아낸 거야. 그래, 네 눈썹은 무슨 색

2막 1장, 헤르미오네와 마밀리우스 H.C. 셀루스 그림, 프레데릭 웬트워스 판화

이지?

시녀1 푸른색입니다.

마밀리우스 거짓말. 놀리지 마. 여자 코가 푸른빛을 띤 것은 봤어도 푸른 눈썹은 본 적 없어.

시녀1 왕자님, 왕비마마의 배가 나날이 불러옵니다. 얼마 안 있으면 예쁜 새 왕자님을 모시게 될 거예요. 그리 되면 저희들은 지금처럼 왕자님과 놀아드릴 수 없게 돼요.

시녀2 왕비마마께서는 요즘 눈에 띄게 배가 불러지셨어요. 순산하셔야 할 텐데!

헤르미오네 어떤 지혜가 너희들의 마음을 움직였느냐? 이리 와, 다시 놀아줄게. 자, 어서 우리 옆에 앉으렴. 이야기 좀 해줄래?

마밀리우스 (멀리서 달려온다) 즐거운 이야기? 슬픈 이야기?

헤르미오네 될 수 있으면 즐거운 걸로 하렴.

마밀리우스 겨울 이야기는 슬픈 게 좋은데…… 요정과 도깨비 이야기가 있어요.

헤르미오네 그래, 그 이야기 좀 들어보자. 자, 앉아라. 어서 신나게 요정 이야기를 해서 나를 무섭게 해주렴. 그런 이야기, 아주 잘하잖아.

마밀리우스 옛날에 한 남자가…….

헤르미오네 자, 이리 앉아. 계속 해봐. (마밀리우스, 왕비의 무릎에 올라앉았다)

마밀리우스 교회 묘지 옆에 살고 있었대요…… 작은 소리로 말할게요, 저 귀뚜라미들이 엿듣지 못하게.

헤르미오네 그럼 내 귀에 대고 말해 봐. (마밀리우스가 소곤거린다)

레온테스, 안티고누스, 귀족들, 호위병들 등장. 레온테스, 문 가까이 멈춰 선다.

레온테스 거기서 그를 만났다고? 그의 시종들은? 카밀로도 그와 함께 있었소?

귀족1 소나무숲 뒤편에서 만났습니다. 그들은 서둘러 길을 가고 있었습니다. 배에 오르는 것도 이 두 눈으로 똑똑히 보았습니다.

레온테스 얼마나 다행인가. 내 불신과 예감이 정확히 들어맞았군! 나의 판단력은 틀림이 없단 말이야! 아, 하지만 차라리 몰랐더라면! 그러한 힘에 은혜를 입다니! 그토록 큰 축복 안에 저주가 들어 있구나! 독거미가 빠진 잔의 술을 마시고 자리를 떠나도 독을 마시지 않은 사람처럼 아무렇지 않을 수도 있지. 그건 바로, 모르고 있기 때문이야. 그러나 그 혐오스러운 것을 보고 나서 자신이 마셨다는 걸 알게 되면 목구멍이 갈라지고 옆구리가 뒤틀리기 시작할걸. 나는 마시고 나서야 거미를 보게 된 거야. 카밀로가 뚜쟁이로서 그자를 도왔군. 내 목숨과 왕관을 빼앗겠다는 음모지. 의심했던 일들이 모두 사실로 밝혀졌어. 충성스럽지 못한 역적, 내가 그토록 총애해 주었거늘 보헤미아 왕의 끄나풀 노릇을 해오고 있었다니. 그 반역자가 내 계획을 폭로해 버리는 바람에 나는 웃음거리가 되고, 그놈들의 놀잇감이 되고 말았어······ 그런데 성채 뒷문이 어째서 그리 쉽게 열렸소?

귀족1 카밀로, 그자의 권한 때문입니다. 그의 지시는 전하의 명령과 다름없이 여겨져 왔나이다.

레온테스 그건 이미 알고 있소. (왕비에게 다가가 마밀리우스를 그녀의 무릎에서 끌어내리고는, 둘을 떼어놓는다) 왕자를 이리 주고 물러가오. 왕비가 젖을 주지 않았던 게 천만다행이군. 나를 조금 닮았다고들 하지만 왕비의 피가 너무 많이 섞인 것 같소.

헤르미오네 농담을 하시는 건가요, 전하?

레온테스 (호위병들에게) 왕자를 어서 데려가라. 어미 곁에 두어서는 안 돼. 어서 데려가래도! 저 여인은 배 속의 아기하고나 놀면 된다. 왕비를 임신시킨 것은 폴릭세네스이니까. (마밀리우스, 이끌려 나간다)

헤르미오네 절대로 그렇지 않습니다. 비록 의심이 간다 해도 지금 이렇게 아니라고 말씀드리면 저를 믿어주시겠는지요?

레온테스 그대들은 모두 이 여자를 보오. 아주 똑똑히 보오. "훌륭한 숙녀입니다" 말한다 해도 가슴속에 정의감을 품고 있는 자라면 이렇게 덧붙여야 할 것이오. "안타깝지만 순결도 정숙도······ 지키지 않습니다." 이 여자의 겉모습만 본다면 나도 칭찬하지 않을 수 없소. 그러나 정직한 자라면 어느새 어깨를 으쓱하며 코웃음을 치고 비웃겠지! 비난의 낙인, 아니 자비의 낙인이 찍힐 거요. 정직한 자들은 미덕에도 이리저리 낙인을 찍을 테니. 어쨌든 그대들이 "훌륭한 숙녀"라고 칭찬하는 동안 어깨를 으쓱거리는 그런 행동은 "순결한 여인"이라는 말을 입 밖에 내지 못하게 할 것이오. 하지만 사실을 가장 뼈저리게 느껴야 할 남편으로서 말하겠소. 이 여자는 간통한 여자라오.

헤르미오네 이 세상에서 가장 잔인한 악당이 그런 말을 했다 해도 그 말 한 마디로 그자의 죄는 더욱더 무거워질 것입니다…… 전하께서는 오해하고 계십니다.

레온테스 왕비야말로 저 폴릭세네스를 레온테스로 오해하고 있소. 아, 더럽구나! 그러나 지체 높은 왕비에게 욕은 안 하리다. 무식한 것들이 나를 따라서 왕이건 거지이건 구별 없이 모든 계층 사람들에게 욕설을 퍼붓는 못된 버릇이 생길 테니. 이 여인이 간통한 여자라고 나는 말했소. 또 상대의 이름도 밝혔소. 게다가 저 여자는 반역자라오. 카밀로와 한 패가 되었는데 그자도 알고 있소. 이 여자와 그 더러운 놈이 저지른 부끄러운 짓거리까지. 이 여자가 부부 사이의 정절을 깨고, 천한 자들이 함부로 대하는 부정한 여자란 사실도 알고 있다오. 그리고 이번 탈출에도 관계한 거라오.

헤르미오네 이 목숨을 걸고 말하지만 절대 그렇지 않습니다. 나중에 사실이 밝혀지면 전하께서는 후회하시게 됩니다. 사람들 앞에서 저를 모욕하시다니요! 전하, 그때 가서 잘못했다고 말씀하셔도 저의 명예는 엉클어진 그물이요, 엎지른 물이 되고 말 것입니다.

레온테스 천만에, 내 추측의 근거들이 틀리게 되면 이 세상은 아이들이 팽이치기를 할 만한 땅조차 충분치 않게 될 것이오. (호위병들에게) 이 여자를 감옥으로 데려가라. 이 여인을 변호하려는 자는 입만 열어도 똑같은 죄인으로 다루겠다.

헤르미오네 어떤 나쁜 별들이 세상을 비추고 있나 봅니다. 하늘이 더 자비를 베풀 때까지 참고 기다리겠습니다…… 경들, 나는 보통 아낙네들처럼 눈물을 흘리지는 않겠습니다. 이것이 경들의 연민을 메마르게 할지도 모르지요. 하지만 이 가슴속에는 눈물로도 씻을 수 없는 고귀한 슬픔이 간직된 채 타오르고 있습니다. 경들의 자비심과 분별심에 따라 나를 판단해 주기를 청합니다. 이제 전하의 명령에 따르겠습니다.

레온테스 (호위병들에게) 명령은 들었을 테지?

헤르미오네 (시녀들을 되돌아보며) 누가 나와 함께 가겠느냐? (왕을 향해) 전하,

연극 〈겨울 이야기〉 리츠 다이아몬드 감독, 수잔나 스쿨맨(헤르미오네 역) 출연. 예일 레퍼토리 제작. 2012.

간청드립니다. 시녀들을 데려갈 수 있게 허락해 주소서. 지금 저의 몸 상태를 봐서는 필요하니까요. (시녀들에게) 못난 것들, 울지 마라. 울 까닭이 없지 않느냐. 너희 주인이 옥살이를 할 만한 충분한 죄가 밝혀지거든 그때 가서 실컷 울어라. 내가 이런 고통을 겪는 것은 신의 뜻이다…… (왕을 뒤돌아보며) 전하, 작별 인사를 드립니다! 전하께서 후회하시기를 소망한 적 없으나 이번만은 후회하시게 될 것입니다…… (시녀들에게) 얘들아, 가자. 너희가 나와 함께 가도록 허락하셨다.

레온테스 (호위병들에게) 가라, 명령대로 해. 어서 가! (헤르미오네, 호위를 받으며 시녀들과 함께 퇴장)

귀족1 간청드리나이다, 전하. 왕비마마를 다시 부르소서.

안티고누스 전하, 신중을 기하십시오. 정의의 심판이 잘못되면 전하와 왕비님과 왕자님, 이렇게 세 분 모두 불행해지십니다.

귀족1 전하, 이 목숨을 기꺼이 바쳐 아뢰나이다. 왕비마마는 지금 비난받은 그런 더러운 행동을 하늘에 대해서도, 전하께 대해서도 결코 하시지 않았음을 확신합니다.

안티고누스 왕비님의 부정이 있었다면 저는 재갈 물린 말처럼 마구간에 제 아내를 가두어 놓고 함께 머무르며, 눈으로 보고 손으로 만져보지 않고서는 아내를 믿지 않겠나이다. 왕비마마가 부정을 저지르셨다면 이 세상 모든 여자의 몸을 어디 한 곳이라도 믿을 수 있겠습니까!

레온테스 조용히 하오!

귀족1 국왕 전하.

안티고누스 저희가 아룀은 전하를 위해서이지, 저희들 때문이 아닙니다. 전하는 저주받을 음모에 속으셨습니다. 그 선동자를 알기만 하면 이 손으로 지옥에 처넣고 말 것입니다…… 저에게는 세 딸이 있는데, 큰딸은 열한 살, 둘째는 아홉 살, 셋째는 다섯 살입니다. 왕비님이 부정을 저지르신 게 사실이라면 제 명예를 걸고 딸들에게 속죄를 시켜 모두 거세시키겠나이다. 혼기가 되어도 부정의 씨를 낳지 못하게 하겠습니다. 딸들이 제 상속인이기는 하나 바른 후손을 낳지 못한다면 차라리 그렇게 하겠나이다.

레온테스 그만! 듣기 싫소! 그대들은 죽은 자의 코처럼 차가운 감각으로 이 사건의 냄새를 맡고 있소. 이렇게 그대들이 손에 잡으면 다들 느끼듯 나는 그걸 눈으로 보았소. 그리고 그걸 손으로 느꼈소…… (자신의 코를 비틀며) 또한 이렇게 잡고 느낀 손을 지금 보고 있는 것이라오.

안티고누스 그러시다면 정조를 지킨 사람의 무덤은 필요 없게 됩니다. 이 더러운 세상에는 단 한 명도 순결한 사람은 없을 테니까요.

레온테스 뭐라고! 내 말을 못 믿는 거요?

귀족1 이 사건에 관해서는 제 말보다 전하의 말씀이 거짓이었으면 합니다. 전하의 의심보다 왕비마마의 정결이 진실이었으면 합니다. 그 때문에 전하께서 비난받으신다 해도 말입니다.

레온테스 이 일에 대해서 다시는 그대들과 의논하지 않겠소. 나는 이 괴로운 마음이 정하는 대로 그저 실행하면 그만이오. 그대들의 충고를 구하지 않고 바로 왕의 권한을 행사하겠소. 호의로 말해 준 것뿐이니…… 그런데 그대들은 어리석은 거요, 아니면 지나치게 영리해서 그런 척하는 것뿐이오? 진실을 이해할 수 없다느니 또는 이해 못 할 거라느니 하고들 있으니…… 더는 충고하려 들지 마오. 이번 일에 대한 손해와 이익과 처리는 내가 다 책임지겠소.

연극 〈겨울 이야기〉 그렉 힉스 연출, 켈리 헌터(헤르미오네 역) 출연. 뉴욕 파크 애비뉴 아모리 공연, 로열셰익스피어 극단 제작.

안티고누스 전하, 그러시다면 이 일은 마음속으로만 판단하시고 다른 이들에게는 더 이상 알리지 마십시오.

레온테스 어떻게 그럴 수 있지? 그대는 늙어서 노망이 들었거나 아니면 타고난 바보인가 보오. 카밀로가 달아난 일이며 폴릭세네스와 왕비 두 사람의 은밀한 관계 등은 눈으로 보지만 못했을 뿐, 여러 가지 분명한 증거들을 갖고 있는데 어찌 의심하지 않을 수 있겠소. 그래서 이런 판단을 내린 거요. 그러나 이 일을 조금이라도 소홀히 했다가는 불행한 일이 생길지 모르기에, 나는 그대들도 가장 적임자라고 여기는 클레오메네스와 디온을 델포스에 있는 아폴로 신전으로 급히 보냈소. 그들이 가져오는 신탁에 의해 모든 것이 밝혀질 테니 나는 신탁에 따라 판결을 내리겠소. 잘한 일이 아니오?

귀족1 적절한 조치입니다.

레온테스 나는 확신하고 있으니 더는 알 필요가 없지만 다른 사람들을 이해시키기 위해서는 신탁이 필요하오. (안티고누스를 가리키며) 저기, 저 무지하고 진실을 믿지 않는 자를 위해서 말이오. 그래서 나는 왕비를 멀리해 감옥에 가두기로 결심했소. 그렇게 하면 달아난 두 역적의 모반이 왕비를 통해 이 몸에 나쁜 영향을 끼치지는 못할 것이오. 자, 따르시오. 널리 공포하리다. 들으면 누구든지 분노할 것이오.

안티고누스 (혼잣말로) 전하를 비웃을 테지. 진실이 밝혀진다면 말야. (모두 퇴장)

〔제2막 제2장〕

같은 곳. 감옥의 한 방.
파울리나, 시종들 등장.

파울리나 어서 교도관을 불러 주오. 내 신분도 알리고 말이오······ (시종 한 명 퇴장) 왕비마마, 유럽의 어느 화려한 궁궐도 당신 눈에 차지 않으실 텐데 옥살이를 다 하시다니요!

시종, 교도관을 데리고 다시 등장.

파울리나 자, 내가 누군지 알겠소?
교도관 (절을 한다) 예, 마님. 제가 매우 존경하는 분이십니다.
파울리나 그럼, 왕비마마를 뵙게 해주시오.
교도관 안 됩니다, 마님. 면회를 금지하라는 어명을 받았습니다.
파울리나 이게 웬 소란이란 말이오? 정숙하시고 훌륭하신 왕비마마를 가두어 놓고 점잖은 방문객들의 면회도 금하다니! 그럼 시녀들을 만나는 것은 법으로도 가능하겠지요? 부탁하오. 에밀리아든 누구든.
교도관 마님, 죄송한 말씀이지만 시종들을 물러나게 해주시면 불러드리겠습니다.
파울리나 불러 주오······ 너희들은 물러가 있거라. (시종들 퇴장)
교도관 그리고 마님, 면담하실 때 제가 함께 있어야 합니다.
파울리나 좋소, 그리하오. (교도관 퇴장) 가는 곳마다 이 무슨 온당치 못한 처사란 말인가. 흠 없는 것에 흠을 내기 위해서인가?

교도관, 에밀리아를 데리고 다시 등장.

파울리나 아, 에밀리아, 고귀하신 왕비님은 어떻게 지내시느냐?

에밀리아 지체 높으신 분이 허망한 일을 당하신 것 치고는 잘 견디고 계십니다. 인자하신 왕비마마는 지금까지 겪어보시지 못한 놀라움과 슬픔으로 예정일보다 앞당겨 출산을 하셨습니다.

파울리나 왕자님이냐?

에밀리아 공주님입니다. 귀엽고 건강하고 밝은 아기씨예요. 왕비마마는 많은 위안을 받으시고 "가련한 죄인이여, 나도 너처럼 죄가 없단다" 말씀하십니다.

파울리나 정말 그렇겠구나. 전하의 저 위험천만하고 위태로운 광기를 물리쳐야만 한다! 누군가가 공주님 일로 간언을 해서 반드시 알려드려야 해. 그런 역할은 여자가 하는 게 가장 좋아. 그러니 내가 하겠다. 내가 사탕발림을 한다면 이 혀에 물집이 생겨 다시는 이 치밀어 오르는 분노를 전하는 나팔수가 되지 못하리라…… 에밀리아, 부탁이다. 왕비마마께 나의 간절한 마음을 꼭 전해 다오. 왕비께서 나를 믿고 공주님을 맡겨주신다면, 나는 전하께 공주님을 보여드리고 왕비님을 위해 힘껏 변호하겠다. 공주님을 보시면 전하께서도 마음이 누그러지실지 몰라…… 때로는 능숙한 말들보다 사심 없는 순수한 침묵이 사람의 마음을 움직이니까.

에밀리아 고결한 마님의 덕은 이미 잘 알려져 있습니다. 마님이 스스로 맡아주시면 쌓인 문제들을 해결할 수 있으리라 봅니다. 이런 일을 맡으실 분은 마님밖에 없지요…… 옆방에서 잠시만 기다려 주십시오. 그 뜻을 곧 아뢰겠습니다. 실은 오늘 왕비마마도 그같이 생각하셨으나 거절당할까 두려워 부탁하지 못하셨습니다.

파울리나 이렇게 전해 주게, 에밀리아. 내가 가진 이 혀를 쓰겠다고. 가슴에서 용기가 샘솟듯 내 혀에서도 슬기가 나온다면 틀림없이 성공할 거야.

에밀리아 신의 은총이 함께하시기를! 왕비마마께 전하지요. 마님, 이리 가까이 오십시오. (퇴장)

교도관 마님, 왕비께서 공주님을 내주신다 해도, 제가 허락도 없이 내보내면 나중에 무슨 벌을 받을지 모릅니다.

파울리나 겁먹을 것 없소. 아기씨는 배 속에 갇혀 있다가 대자연의 법칙과 질서에 따라 자유롭게 풀려난 몸이오. 전하의 분노와도 관계없고, 왕비마마께 죄가 있다 해도 공주님과는 아무런 관계가 없는 일이라오.

교도관 알겠습니다.

파울리나 염려 마오. 내 명예를 걸고 당신을 위험으로부터 지켜주겠소. (모두 퇴장)

〔제2막 제3장〕

같은 곳. 궁전의 한 방.

레온테스, 홀로 방 안을 이리저리 걷고 있다.

레온테스 밤이나 낮이나 도무지 마음이 편치 않구나. 그 일로 이렇게 번뇌함은 마음이 약한 탓이다. 순전히 비겁해서야. 이 원인을 없애버려야겠는데…… 그 원인의 한쪽은 간통한 왕비다. 저 음란한 보헤미아 왕은 내 팔이 닿지 않는 곳, 내 지혜의 과녁 밖에 있어 나의 술수가 미칠 수 없구나. 그러나 왕비는 내 손안에 있다. 왕비를 화형에 처하면 마음이 얼마쯤 편해지겠지…… 누구 없느냐?

시종1 등장.

시종1 예, 전하!

레온테스 왕자는 어떠냐?

시종1 간밤에는 잘 주무셨습니다. 병환도 나아지셨습니다.

레온테스 기특한 왕자로다! 제 어미의 부정을 알게 되자 갑자기 풀이 죽고, 그것이 마치 자기 자신의 불명예인 듯 넋이 빠져 식욕도 잠도 잊은 채 갑자기 쇠약해지는구나…… (시종을 기억한다) 나를 혼자 있게 하라. 물러가라. 왕자의 상태를 살피고 오도록 하라. (시종 퇴장) 에잇, 지겨워! 그자에 대해서는 생각하지도 말자. 복수를 하려다 오히려 이 몸이 음모에 휘말려 들지도 모른다. 그자에게는 힘이 막강한 동맹국이 있지. 유리한 시기가 올 때까지는 그대로 두고 보자. 지금은 저 왕비에게 복수하는 거다…… 자, 카밀로와 폴릭세네스, 나의 비통함을 생각하며 실컷 비웃어라. 내 힘이 닿기만 하면 그

때는 웃지 못하리라. 내 손안에 있는 왕비도 어림없지. (앉아서 생각에 잠긴다)

파울리나, 갓난아기를 안고 등장. 그녀를 막으려고 그녀의 남편 안티고누스, 귀족들, 시종들이 재빨리 뒤를 쫓는다.

귀족1 들어가실 수 없습니다.

파울리나 이러지 마시고 제발 도와주십시오. 경들은 왕비님의 목숨보다 전하의 포악한 열정이 더 두려우십니까? 전하께서 아무리 질투심으로 활활 타오르셔도 왕비님의 결백한 영혼에 죄를 씌워서는 안 됩니다.

안티고누스 이제 알았으니 그만하시오.

시종2 마님, 안 됩니다. 전하께서는 간밤에 주무시지 못했습니다. 그래서 아무도 들이지 말라는 어명이 계셨습니다.

파울리나 너무 소란 피우지 마세요. 전하께서 잘 주무시게 하려고 제가 온 겁니다. 당신 같은 사람들이 그림자처럼 전하 곁을 맴돌기 때문에 전하께서 심기가 불편해지셔서 공연히 한숨만 내쉬고 계십니다…… 당신들이 바로 전하의 불면을 부채질하고 있어요. 전하의 편안한 잠을 방해하는 우울병을 한번에 없애드리기 위해 오늘 저는, 입에는 쓰나 약이 될 진실한 말을 가져왔습니다.

레온테스 (돌아보며) 왜들 소란스러우냐?

파울리나 그냥 소란을 피우는 것이 아닙니다. 전하께서 하실 일에 대해 필요한 의논을 하는 것입니다.

레온테스 뭐라고! 저 무례한 여인을 끌어내라. 안티고누스, 저 여인을 내 가까이 오지 못하게 하라 했거늘, 어찌 된 일이오? 나는 그녀가 올 줄 알고 있었소.

안티고누스 분부대로 전했습니다. 전하의 진노를 살 뿐만 아니라 저도 그대로 보고만 있을 수 없어 오지 말라고 했습니다.

레온테스 그런데도 아내를 다스리지 못하오?

파울리나 부정을 저지르지 못하게 막을 수는 있겠죠. 하지만 지금은 남편이 전하를 본받아, 올바른 일을 한 죄로 저를 감옥에 가두지 않는 이상 절대로 저의 행동에 굴레를 씌울 수는 없습니다.

안티고누스　보십시오! 들으셨습니까? 자기 손에 고삐를 거머쥐고 있으니 어쩔 도리가 없습니다. (혼잣말로) 그리고 어디 발이라도 걸려 넘어지지도 않습니다.

파울리나　제가 전하를 뵈러 온 까닭은 소청을 드리기 위해서입니다. 전하의 충신이자 의사이며 가장 온순한 상담가로서 아뢰나이다. 그러나 겉으로만 그런 척하는 간신들과는 달리, 전하의 잘못된 점에 대해서 격려는 절대로 하지 않겠습니다. 저는 정숙하신 왕비님의 사자로 왔나이다.

레온테스　정숙한 왕비!

파울리나　예, 전하, 왕비님은 정숙한 분입니다. 정숙한 분이고말고요. 제가 남자라면, 비록 궁정에서 가장 나약한 남자라 하더라도 결투를 해서 그분의 무죄를 증명하겠나이다.

레온테스　(시종들에게) 이 여자를 당장 쫓아내라!

파울리나　(시종들에게) 두 눈이 박살나도 좋다면 내 몸에 손을 대시오. 나 스스로 나가겠소…… (왕에게) 하지만 먼저 저의 사명을 다하고자 합니다. 왕비마마는 정숙한 분입니다. 정숙한 왕비님이 공주를 낳으셨습니다. 이 아기씨가 바로 공주님입니다. (왕 앞으로 나아가 갓난아기를 내려놓는다) 부디 축복해주소서.

레온테스　물러가라! 사람의 탈을 쓴 마녀야! 어서 이 여자를 문밖으로 내쫓아라. 이 뚱쟁이 요물단지!

파울리나　그렇지 않습니다. 저를 그렇게 부르시는 전하가 모르고 계시듯, 저도 어리석고 부족해서 잘 알지 못합니다. 하지만 전하께서 제정신이 아니신 만큼이나 저는 정직합니다. 그래서 저는 이 세상에서 정직한 사람으로 통할 겁니다.

레온테스　역적들! 저 여자를 쫓아내라는데도! (안티고누스에게) 그 사생아를 저 여인에게 주시오. 노망이 났나 보구려. 그대는 저 수다쟁이 암탉에게 쪼여 횃대에서 밀려났군그래…… 사생아를 안으시오, 안으래도! 저 할멈에게 주시오.

파울리나　전하의 손은 영원히 저주받으실 겁니다. 전하께서 지금까지 하신 적 없는 억지 누명을 공주님에게 씌우신다면요!

레온테스　그대는 공처가로군.

2막 3장, 레온테스, 파울리나와 아기공주 H.C. 셀루스 그림, 프레데릭 웬트워스 판화

파울리나 전하께서도 공처가이셨으면 합니다. 그러면 아기씨를 전하의 핏줄이라 인정하실 테니까요.

레온테스 반역자 패거리!

안티고누스 저는 맹세코 반역자가 아닙니다.

파울리나 저도 아닙니다. 여기 계신 한 분 말고는요. 그분은 바로 전하이십니다. 전하의 신성한 명예와 왕비님, 미래가 희망으로 가득하신 왕자님, 그리고 아직 아기인 공주님을 저버리시고 중상과 비방을 하시니까요. 중상과 비방의 말은 이 세상 어느 칼보다도 날카로운 것입니다. 사정이 지금 이러하니 전하의 말씀은 돌이킬 수 없는 저주가 되어버렸습니다. 전하께서는 그릇된 망상의 뿌리를 뽑아내려 하시지 않는군요. 그 뿌리가 틀림없이 썩었는데도 말입니다.

레온테스 헛바닥을 끊임없이 놀려대는군. 남편을 쓰러뜨리더니 이번에는 나한테까지 덤벼들겠다! 이 아이는 내 자식이 아니다. 폴릭세네스의 아이란 말야…… 당장 데려가라. 그리고 제 어미와 함께 불살라 버려!

파울리나 전하의 아기입니다. 그리고 전하께 들어맞는 옛 속담대로라면 공주님은 전하를 너무 닮아서 더 불행해질지도 모릅니다. 경들, 보십시오. 얼굴은 작아도 제 아버지를 꼭 닮지 않았나요? 눈, 코, 입술, 얼굴을 찌푸리는 버릇, 이마, 움푹 패인 턱, 귀여운 보조개, 그리고 웃는 모습까지도요. 손 생김새, 손톱, 손가락까지 꼭 닮았습니다. 아, 자연의 여신이여, 이 아기가 전하를 닮게 만드셨지만 인간의 마음도 당신 뜻대로 할 수만 있다면 이 아기의 마음속에, 이 세상의 모든 빛깔 가운데서 질투의 노란빛은 물려받지 않게 하소서. 아버지처럼 자기 아이들을 의심할까 두렵습니다!

레온테스 요망한 할멈! (안티고누스를 보고) 아내의 혀도 멈추게 하지 못하는 방탕한 인간 같으니! 그대 또한 교수형감이오.

안티고누스 아내 말을 막지 못한다 해서 그 남편을 목매단다면 전하의 신하로 남아 있을 사람은 하나도 없을 겁니다.

레온테스 다시 말하겠다. 저 여인을 당장 끌어내라.

파울리나 아무리 부덕하고 포악한 왕이라도 이보다 더할 순 없을 겁니다.

레온테스 너를 화형에 처하겠다.

파울리나 상관없습니다. 불을 지르는 자야말로 이단자이지, 불 속에서 타 죽

〈겨울 이야기〉 2막 3장, 안티고누스, 레온테스와 아기공주 존 오피 그림, 장 피에르 시몽 판화. 1805.

는 여자 쪽은 결코 아니지요. 전하를 폭군이라 부르지는 않겠나이다. 하지만 전하 스스로 만들어 낸 망상 때문에 아무 증거도 없이 왕비님을 잔인하게 괴롭히시니, 세상에 포악하시다고 알려져도 어쩔 수 없습니다. 자신의 치부를 세상에 드러내시는 겁니다.

레온테스 그대들에게 충성심이 있다면 이 여자를 끌어내라! 내가 폭군이라면 이 여자는 이미 죽은 목숨이리라. 내가 폭군이 아님을 알기에 내게 저렇게 폭언을 하는 거다. 어서 데려가라! (시종들, 서둘러 파울리나를 방 밖으로 밀어낸다)

파울리나 가겠으니 떠밀지 마시오…… 전하, 공주님을 부탁드립니다. 전하의 아기입니다. 제우스 신이여, 공주님의 행복을 지켜주소서! (시종들에게) 손들을 치워요. 전하의 잘못을 알면서 경들 모두가 이렇게 감싸드리면 오히려 전하께 해를 끼치게 됩니다. 자, 안녕히 계십시오. 갑니다. (퇴장)

레온테스 이 반역자, 그대가 아내를 그렇게 하도록 시켰겠다. (갓난아기를 보면서) 내 딸이라고? 저리 치워! 귀엽다고 생각하는 그대가 당장 가져가서 화형에 처하시오. 반드시 그대가, 다른 사람은 절대 안 돼. 당장 데려가래도. 한 시간 안에, 끝마쳤다는 보고를 증거와 함께 가져오시오. 그렇지 않으면 그대와 그대 가족이 몰살될 줄 아시오…… 만일 거역해 내 노여움을 사고 싶으면 처음부터 싫다고 하시오. 내 손으로 이 사생아의 머리를 박살내리다. 어서 가서 불에 처넣으시오. 그대가 아내를 부추기기까지 했으니.

안티고누스 부추긴 게 아닙니다, 전하. 여기 있는 저의 동료들이 반드시 전하의 의심을 풀어드릴 것입니다.

귀족들 그렇습니다, 전하. 안티고누스의 아내가 여기에 온 것은 그의 잘못이 아닙니다.

레온테스 모두 거짓말쟁이로군.

귀족1 전하, 저희들 말을 믿어주소서. 저희는 언제나 전하께 충성을 다해 왔습니다. 무릎 꿇고 간청합니다. 저희가 그동안 해온 것처럼 앞으로도 변치 않고 전하께 충성을 바치겠으니, 부디 헤아리시어 이 결정을 거두어 주소서. 이는 너무나 처절하고 너무나 잔인하여 반드시 나쁜 결과를 불러올 것입니다…… (무릎을 꿇고) 간청합니다, 전하.

레온테스 나는 바람 부는 대로 이리저리 흩날리는 깃털이란 말이오! 이 사생아가 언젠가 무릎을 꿇고 "아버지!" 부르는 날만을 기다리란 말이오? 그때 저주하느니 차라리 지금 태워 죽이는 게 나으리라…… 그렇다면 이렇게 하시오. 살려두지…… 아니, 살려둘 순 없다…… (안티고누스에게) 자, 이리 오시오. 그대는 저 잔소리꾼 산파 할멈과 이 사생아의 목숨을 구하기 위해 주제넘게 참견하고 있지만 이 아이가 사생아임은 그대의 수염이 회색빛인 것처럼 분명한 일이오. 그래, 이 아이의 생명을 구하기 위해 그대는 어떤 모험을 할 작정이오?

안티고누스 무슨 일이든 하겠습니다, 전하. 제가 할 수 있는 일이라면 덕망 높으신 전하의 명령을 받들겠나이다. 이것만은 단언합니다. 이 죄 없는 아기 씨를 구하는 일이라면 제게 남은 마지막 피 한 방울까지 바치겠습니다. 명령을 내려주소서.

레온테스 물론 할 수 있는 일이오. (칼을 뽑는다) 이 칼에 걸고 내 명령대로 하겠다고 맹세하시오.

안티고누스 (칼자루 위에 손을 얹고) 맹세하나이다, 전하.

레온테스 잘 듣고 실행하오. 알겠소? 조금이라도 실패하게 되면 그대뿐만 아니라 앞서 용서해 준 저 입 더러운 그대의 아내까지 사형이오. 그대는 나의 신하니까 말하겠소. 이 사생아를 이곳에서 데리고 나가, 내 영토에서 멀리 떨어진 황량한 들판에 버리고 오시오. 비바람에 내맡겨 스스로 살게 내버려 두는 것 말고 어떠한 자비도 베풀어서는 안 되오. 기이한 운명으로 태어난 아이이니 죽든 살든 그건 자기 몫. 만약 명령대로 수행하지 않으면 그대의 영혼은 불충에 대한 벌을 받게 하고 그대의 육체 또한 엄벌에 처하겠소. 그 아이를 데려가오.

안티고누스 맹세코 분부대로 따르겠습니다. 당장 죽는 편이 자비라고 할 수도 있겠습니다만…… (갓난아기를 안는다) 아, 불쌍한 공주님! 어느 어지신 천사가 솔개와 까마귀를 시켜 공주님의 유모가 되게 해주소서! 늑대와 곰도 잔인한 본성을 버리고 사람의 자식에게 동정심을 베풀었다 하지 않습니까. 전하, 이 같은 행위를 그만두시고 보다 큰 축복이 있으시기를. 그리고 가엾은 공주님, 하늘의 축복을 받아 제발 이 가혹한 운명과 싸워주소서! (공주를 안고 퇴장)

레온테스 안 될 말이지! 남의 자식을 기를 순 없다.

시종 등장.

시종 아뢰옵니다. 신탁을 받으러 갔던 사절들이 한 시간 전에 돌아왔다고 합니다. 클레오메네스와 디온이 델포스에서 무사히 도착해 뭍으로 올라 이곳 궁전으로 오고 있다 합니다.

귀족1 황공하오나 전례 없이 빨리 돌아온 것 같습니다.

레온테스 출발한 날로부터 23일째요. 이번에는 매우 빨랐소. 위대한 아폴로 신께서 하루빨리 진실을 밝히려 하셨겠지…… 경들, 준비해 주오. 부정한 왕비를 신문하기 위해 재판을 열어야 하지 않소. 공개적으로 죄가 고발된 이상 공정한 재판을 열어줌이 마땅하지. (골똘히 생각한다) 왕비가 살아 있는 한은 이 가슴에 큰 짐 덩어리가 될 뿐이오. 물러들 가오. 그리고 내가 말한 바를 명심하오. (모두 퇴장)

시칠리아. 작은 도시의 거리.
클레오메네스와 디온, 새 말(馬)들이 도착하기를 기다리면서 쉬고 있다.

클레오메네스 기후 좋고 공기 맑고 섬은 풍요롭더군요. 아폴로 신전은 이 세
상 사람들이 칭찬하는 것보다 훨씬 훌륭한 곳이었소.

디온 특히 나를 홀딱 반하게 만든 건—아마 그렇게 말해야 하겠지요—하늘
의 옷이라 할 수 있는 제사복이었소. 그리고 그 옷을 입은 신관들의 엄숙
한 움직임이었소. 오, 희생자를 바치는 의식들도 그렇고! 참으로 장엄하며,
이 세상 것이라 할 수 없는 신성한 의식이었소!

클레오메네스 그 가운데서도 신탁을 알리는 귀청을 찢는 듯 웅장한 소리는
제우스 신의 외침 같아서 그만 정신을 잃고 어쩔 줄 몰라했다니까요.

디온 이번 여정이 우리에게는 신비롭고 즐겁고 순조로웠으나 왕비께도 행운
이 따라준다면—아, 그렇게 되기만 한다면!—여행한 시간들이 보람 있을 텐
데요.

클레오메네스 위대한 아폴로 신이 최선의 결과를 가져다주시겠지요! 헤르미
오네 왕비께 억지로 죄명을 씌운 이번 선고는 마음에 안 든단 말이오.

디온 이렇듯 성급하게 몰아치니 어쨌든 곧 판가름이 나겠지요. (가슴에서 종
이봉투를 꺼낸다) 아폴로 신전에서 신관의 손으로 밀봉된 신탁이 이제 곧 개
봉되어 내용이 세상에 알려지면 놀랄 만한 일이 일어날 테지요…… 자, 새
로 온 말들을 가져오라! 결말이 잘 나와주었으면! (모두 퇴장)

같은 곳. 법정.
무대 뒤쪽 연단 위 왕좌에 레온테스가 앉아 있다. 귀족과 관리들이 레온테스를 둘
러싸고, 많은 군중이 지켜보고 있다.

레온테스 오늘 이 재판은 비통하기 짝이 없으니 가슴이 무너져 내리는 듯한

심정으로 개정하겠소. 피고는 한 나라의 왕비이자 나의 아내로서 지극히 사랑한 여인이라오. 폭군이라는 비난을 피하기 위해 나는 이렇게 공개적인 절차를 밟아 유죄인지 무죄인지 가려내겠소. 죄인을 데려오라.

관리 전하의 명령이오니 왕비께서는 직접 법정에 나오십시오.

헤르미오네가 호위를 받으며 등장. 파울리나와 시녀들 뒤따라 등장. 군중으로부터 분노와 동정의 소리가 한꺼번에 쏟아져 나온다.

관리 조용히 하십시오!
레온테스 공소장을 읽으라.
관리 (읽는다)

시칠리아 왕 레온테스 전하의 왕비 헤르미오네를 대반역죄로 기소하는 바이오. 피고는 보헤미아 왕 폴릭세네스와 간통했으며, 카밀로와 공모하여 부군 되시는 국왕 전하의 생명을 해치려고 음모를 꾸몄소. 그리하여 그 일부가 우연히 발각되자 피고 헤르미오네는 참된 국민으로서의 맹세와 충성을 저버리고, 그들 두 사람의 안전을 꾀하여 야반도주하도록 도와주었소.

헤르미오네 제가 말씀드리려는 것은 그 기소가 사실과 전혀 다르다는 것이며, 그에 관한 증거는 저 자신의 말뿐이어서 아무것도 보여드릴 수가 없습니다. 지금 무죄라고 해보았자 소용없는 일, 저의 진실을 주장한다 해도 거짓으로 받아들여질 테죠…… 그러나 한 가지 말씀드릴 것은 만약에 신들이 인간의 행동을 내려다보신다면, 무죄는 반드시 잘못된 비난을 한 자가 스스로 얼굴 붉히게 하며, 악은 마침내 인내 앞에서 떨게 될 것입니다…… 전하, 전하야말로 모르는 척하시지만 실은 가장 잘 알고 계실 겁니다. 제 과거가 정숙하고 정결하며 충실했음은 현재 제가 불행한 것만큼이나 아주 확실합니다. 관객을 즐겁게 하기 위해 아무리 잘 꾸며진 연극이라 하더라도 저의 불행을 흉내낼 수는 없을 것입니다. 저를 보십시오. 큰 나라의 공주로 태어나 뒷날 전하의 반려자로서 옥좌를 나누던 왕비이며, 미래가 희망으로 가득한 한 왕자의 어머니인 제가 이렇게 누구나 지켜보는 공개 법정에 끌려 나와 스스로 목숨과 명예를 지키기 위해 진술하는 모습을 말입니다. 저에게 목숨은 슬픔과 같은 것이기에 버려도 아깝지 않으나, 명예는 제가 자손에게 물려주는 것이므로 이것만은 꼭 지켜야겠습니다…… 저는 전하의 양심에 호소합니다. 폴릭세네스 왕이 오시기 전에 저는 전하의 은총을 받았으며, 또 받을 만했지요. 폴릭세네스 왕이 오신 뒤로 제가 이렇듯 이 자리에 끌려 나올 만큼 부도덕한 짓을 그분에게 저질렀단 말인가요? 만약 조금이라도 법도에 어긋난 환대를 하며 행동거지에 있어서나 마음속으로라도 그런 뜻을 품었다면 제 말을 듣는 사람들의 심장이 모두 화석처럼 단단하게 변해 버려도 좋습니다. 또 가장 가까운 가족까지도 제가 죽은 뒤 무덤에 대고 저주를 퍼부어도 괜찮습니다!

레온테스 아무리 뻔뻔스러운 악인도 사람의 모습을 한 채 나쁜 짓을 저지르고 나서는 자기가 범한 죄를 아니라고 부인하는 게 보통이오.

헤르미오네 그렇습니다. 하지만 저에게는 그렇지 않습니다.

레온테스 그럼 인정하지 않겠다는 거요?

헤르미오네 실수를 했다고 나무라시면 몰라도 그 이상은 잘못한 기억이 없습니다. 폴릭세네스 왕에 대해서는 귀한 손님으로서 그분에게 마땅히 해야 할 예의를 다했을 뿐이며, 왕비로서 부끄러운 일은 하지 않았습니다. 전하께서 명령하신 그대로 정성껏 그분을 모셨을 뿐입니다. 만일 그렇게 하지 못했다면 전하께는 불손하고 전하의 친구분에게는 은혜를 저버리는 나쁜 왕비가 되었을 겁니다. 그분은 말을 배우기 시작한 아주 어린 시절부터 전하와 허물없는 친구 사이가 아니었는지요. 그런데 음모라 하시니 저는 그게 무슨 뜻인지 모르겠습니다. 맛을 보라고 다그치신다 해도 그 맛을 알 수 없습니다. 제가 아는 것이라고는 카밀로 경은 충직한 분이라는 것뿐, 왜 궁을 떠났는지는 신(神)들조차도 저와 마찬가지로 모르실 거라 생각합니다.

레온테스 왕비가 그자의 도주를 모를 리 없소. 그자가 떠난 뒤 왕비 스스로 자신은 어떤 책략을 꾀해야 할지 알고 있듯이 말이오.

헤르미오네 전하, 무슨 말씀이신지 영문을 모르겠습니다. 제 목숨은 전하께서 스스로 지어내신 망상의 재물로 이미 버려져 있나이다.

레온테스 왕비가 한 짓을 나의 망상으로 돌리다니. 폴릭세네스의 사생아를 낳고도 내 망상이라고! 당신은 정말로 부끄러움도 모르는 여자구려. 부정(不

貞)한 죄를 저지른 사람은 진실을 모르는 척하고 싶겠지만 이를 부정(不定)해도 소용없소. 왕비가 낳은 자식은 아비 없는 자식이니 내버리는 게 마땅하지. 그 아이보다는 왕비한테 죄가 있소. 그러니 당신은 재판을 받아야 하오. 아무리 가벼운 판결이라도 사형을 면치 못할 것이오.

헤르미오네 전하, 그렇게 위협하셔도 소용없습니다. 사형이야말로 제 소망입니다. 제게 목숨은 이제 소중하지 않습니다. 제 삶의 가장 큰 위안이었던 전하의 사랑을 이미 잃었습니다. 그 사실을 느끼고 있지만 왜 잃게 되었는지는 지금으로서는 알 길이 없습니다. 그리고 두 번째 위안이던 제가 낳은 왕자와는 마치 돌림병 환자처럼 격리당하고 말았습니다. 세 번째 위안은 공주이지만, 가장 불운하게 태어나 순진한 입술에 죄 없는 젖을 머금은 채 이 가슴에서 떨어져 죽음의 길로 끌려갔습니다. 저는 부당한 미움을 사서 가는 곳마다 창녀라는 손가락질을 받으며 여인에게 허락된 산후의 특전마저도 거부당했습니다. 그리고 마침내 이처럼 많은 사람들이 모인 법정에 허약해진 몸으로 끌려 나왔습니다. 전하, 제가 죽음을 두려워하며 살아야 할 기쁨이라도 있다면 말씀해 주소서! 어서 처형하십시오…… 그러나 이 말만은 꼭 들어주십시오. 부디 오해는 마시기 바랍니다. 저에게 목숨은 지푸라기 하나만도 못합니다. 그러나 명예만큼은 소중하게 생각합니다. 만일 아무런 증거도 없이 오로지 의심 때문에 전하의 질투심을 불러일으켜 제가 처형된다면 이는 법률을 집행하는 것이 아니라 포악한 행위입니다…… 여러분, 신탁에 호소합니다. 아폴로 신이여, 다스려 주소서.

귀족1 그 요구는 전적으로 옳습니다. (관리들에게) 아폴로 신의 이름으로 신탁을 모시고 오게 하라. (관리들 퇴장)

헤르미오네 제 아버지는 러시아 황제였습니다. 아, 아버지가 살아 계셔서 딸이 재판받는 걸 보셨더라면 복수에 불타는 눈이 아니라 안타까운 연민의 눈길로 이 비참한 모습을 바라보셨겠지요!

관리들이 클레오메네스와 디온을 데리고 다시 등장.

관리 이 정의의 칼을 걸고 맹세하십시오. 클레오메네스와 디온은 델포스에 가서 위대한 아폴로 신 신관의 손으로 밀봉한 이 신탁을 받아왔습니다. 가지고 오는 도중에 성스러운 봉인을 뜯거나 내용을 읽지 않았음을 맹세하십시오.

클레오메네스, 디온 맹세합니다.

레온테스 개봉하여 읽도록 하라.

관리 (읽는다)

헤르미오네는 순결함. 폴릭세네스는 죄가 없음. 카밀로는 충신임. 레온테스는 시샘 많은 폭군임. 죄 없는 아기는 틀림없이 왕의 자식임. 버린 자식을 다시 찾지 못한다면 왕은 후계자가 없을 것임.

귀족들 위대하신 아폴로 신에게 축복이 있기를!

헤르미오네 오, 자비로우신 하늘이여!

레온테스 사실대로 읽었는가?

관리 예, 전하. 여기 적힌 대로 읽었습니다.

레온테스 그 신탁에는 전혀 진실이 없다. 재판을 계속하라. 이 신탁은 순전히 거짓이다.

시종 한 명, 서둘러 등장.

시종 전하, 전하!

레온테스 무슨 일이냐?

시종 전하, 사실대로 아뢰오면 전하께서는 저를 증오하실 겁니다! 왕자님이 왕비마마의 안위를 걱정하고 두려워하시다 그만 돌아가셨습니다.

레온테스 뭐라고! 죽었다고!

시종 예, 돌아가셨습니다.

레온테스 아폴로 신이 진노하셨다. 신들께서 나의 부정행위에 철퇴를 가하셨도다. (헤르미오네, 기절한다) 아니, 어찌 된 일이오?

파울리나 지금 이 소식은 왕비께 치명적이었습니다. 자, 보십시오. 죽음의 신이 저지르고 다니는 일을요.

레온테스 왕비를 모시고 나가시오. 놀라서 정신을 잃었지만 곧 깨어날 것이오…… 나는 지나치게 시기심이 강했도다. 정성껏 보살펴 왕비의 목숨을 구해 주오…… (파울리나와 시녀들이 헤르미오네를 들고 퇴장) 아폴로 신이여! 신탁을 모독한 큰 죄를 용서해 주소서! 폴릭세네스와 화해하겠습니다. 왕비를 다시 아껴주며 선량한 카밀로를 다시 부르겠습니다. 그는 분명히 충직하며 인자한 신하다. 내가 질투로 넋이 나가 피비린내 나는 복수심에 불타서 친구 폴릭세네스를 독살하라고 카밀로에게 명령했을 때, 그때 만일 선량한 카밀로가 나의 불같은 명령을 그대로 따랐더라면 뒤에 카밀로는 독살됐을 것이다. 그런데 그 일을 결행 못하면 사형이며, 완수하면 보상을 내린다고 위협도 하고 격려도 했으니 인정 많고 명예를 존중하는 그는 보헤미아 왕에게 나의 음모를 일러주고는 웬만한 사람은 다 알고 있는 자신의 막대한 재산을 이곳에 버리고 명예 하나를 재산으로 기약 없는 앞날에 스스로를 맡겼구나…… 나의 마음은 녹슬고 병들었지만 그는 빛나고 있구나! 그의 연민과 자비심에 비해 내 행동은 너무 추하구나!

파울리나 다시 등장.

파울리나 아이고, 비통해라! 이 가슴 조이는 끈을 끊어 주세요. 심장이 터질 것 같습니다!
귀족1 도대체 어떻게 된 일입니까?
파울리나 폭군이시여, 어떤 고문을 하시렵니까? 고문 바퀴? 고문대? 화형? 껍질을 벗기시렵니까? 펄펄 끓는 납물이나 기름 가마에 넣으시렵니까? 저는 어떤 오래된 고문, 아니면 새로 나온 고문을 받게 됩니까? 제가 하는 말들은 가혹한 고문을 받아도 마땅하겠지요. 전하의 포악함은 질투와 짝이 되어 어린 사내아이들이라 해도, 아홉 살 난 계집애라 해도 생각해 낼 수 없는 너무나도 유치하고 헛된 망상에 사로잡힌 것입니다. 아, 무슨 일을 하셨는지 생각해 보세요. 미치셨습니다. 완전히 미치셨습니다! 지금까지 전하의 어리석은 행동은 양념에 불과했습니다. 폴릭세네스 왕을 배신한 것도 아무것도 아니었습니다. 그건 전하가 어리석고 변덕스러우며 배은망덕하다는 걸 보여주었을 뿐이니까요. 카밀로의 명예에 독을 뿌려 암살하도록 계획한 것도 별것 아니었습니다. 끔찍한 죄악에 비하면 아무것도 아니었습니다. 갓 태어난 공주를 까마귀밥으로 내던진 것도 큰 죄가 아니라고 할 수 있습니다. 물론 그런 짓은 지옥 불길에 잠겨 있는 악마라도 눈물 흘리게 할 것입니다. 어린 왕자님의 죽음도 굳이 전하 때문이라고 탓하지 않겠습니다. 고귀한 생각을 가지신 아드님이 어리석은 아버지가 정숙한 어머니에게 오명을 씌운 것을 견디다 못해 가슴이 메어 돌아가셨지만 말입니다. 이 모두 전하의 책임으로 돌리지는 않겠습니다…… 그러나 여러분! 제가 하는 이 마지막 말을 들으시고 나면 함께 슬퍼해 주십시오! 왕비님이, 왕비님이, 가장 아름답고 다정하셨던 분이 운명하셨습니다! 그런데도 그분을 죽인 자에 대한 천벌이 내리지 않았습니다.

귀족1 절대 그럴 리가 없소!

파울리나 돌아가셨습니다. 맹세합니다. 맹세를 못 믿으신다면 직접 가서 확인해 보세요. 경들이 왕비마마의 입술에 핏기를, 눈동자에 빛을, 팔다리에 온기를, 몸속에 숨을 돌게만 해준다면 저는 경들을 신을 받들 듯이 모시겠습니다…… 아, 폭군이시여! 후회하신다 해도 벼주머니로 바람 잡는 격, 전하의 죄를 아무리 슬퍼하신들 가벼워질 수 없으니까요. 그러니 절망만이 있을 뿐입니다…… 겨우내 폭풍이 부는, 초목도 자라지 않는 바위산에서 전하가 천 번을 무릎 꿇는다 해도, 맨몸으로 단식하며 만 년을 계속 기도드린다 해도 저는 전하를 거들떠보지 않을 겁니다.

레온테스 (얼굴을 손으로 감싸고 괴로워하며) 더 말하오, 더. 아무리 들어도 부족하니까. 온 백성이 입을 모아 나에게 과격한 비난을 퍼붓는다 해도 받아 마땅하오.

귀족1 그만하시오. 일의 옳고 그름이야 어찌 되었든 부인의 말들은 불경죄를 범하는 것입니다.

파울리나 죄송합니다. 제게 잘못이 있다고 깨달으면 바로 후회하게 되지요. 아, 여자라 말이 너무 많았나 봅니다. 전하께서 마음 아파하시는데…… 지난 일은 어쩔 수 없으므로 슬퍼한들 이미 엎질러진 물입니다. 저의 망언 때문에 상심치 마소서. 잊으셔야 할 일을 들먹인 저를 벌해 주소서. 간청합니다, 전하! 전하, 국왕 전하, 미련한 계집을 용서하소서. 왕비님을 흠모한 나머지, 또 바보가 됐습니다! 다시 입 밖에 내지 않겠나이다. 공주님에 대해서도요. 소식 없는 제 남편도 없는 사람이라 여기고 아무 이야기도 하지 않겠습니다. 부디 고정하소서. 아무 말도 하지 않겠나이다.

레온테스 아니, 그렇게 진실을 말해 주니 동정을 받는 것보다는 훨씬 낫구려. 왕비와 왕자가 잠든 곳으로 안내해 주오. 두 사람이 함께 있도록 하리다. 묘비에 죽게 된 사연을 새겨 나의 치욕을 후세에까지 전하리다. 하루 한 번, 그들이 잠든 성당에 찾아가 눈물 뿌리는 것을 즐거움으로 삼으리다. 내 힘이 남아 있을 때까지 뉘우치며 나는 맹세코 이 참회와 반성의 과정을 실천하겠소. 슬픔이 기다리는 곳으로 어서 나를 데려다주오. (모두 퇴장)

〔제3막 제3장〕

보헤미아. 바닷가 근처 황야.
안티고누스가 갓난아기를 안고 선원과 함께 등장.

안티고누스 그래, 우리 배가 보헤미아에 도착한 것이 틀림없으렷다?

선원 그럼요. 가는 날이 장날이라고, 때마침 하늘이 험악한 걸 보니 폭풍이 몰려오겠는데요. 우리가 하는 일에 하늘이 노하여 험상궂게 찌푸리고 있는 것처럼 보입니다.

안티고누스 신의 뜻대로 하소서! 자, 자네는 배로 돌아가 살피고 있게. 곧 돌아오겠네.

선원 되도록 서둘러 주십시오. 멀리 가시면 절대 안 됩니다. 날씨가 심상치 않습니다. 게다가 이 고장은 맹수가 나타난다고 알려진 곳이라서요.

안티고누스 어서 가보게. 내 곧 뒤따라갈 테니.

선원 (혼잣말로) 잘됐구먼. 그놈의 일을 안 해도 되니. (퇴장)

안티고누스 불쌍한 아기…… 죽은 자의 혼령이 이 세상을 다시 헤매고 다닌다는 이야기는 들었지만 나는 믿지 않았지. 그게 사실이라면, 공주의 어머니가 어젯밤 나에게 보였는데 꿈이지만 꼭 깨어 있는 것 같았거든. 그분이 내 앞에 나타나서 고개를 고즈넉이 숙이고는, 그처럼 슬퍼하는 분에게서 그토록 아름답고 우아한 모습을 나는 본 적이 없는데, 새하얀 옷을 입은 천사의 모습으로 내가 쉬고 있는 선실로 다가오셔서 나에게 세 번이나 절을 하셨지. 숨 가쁘게 무슨 말을 할 듯 하시더니, 어느새 두 눈에 눈물을 쏟아내고 계셨어. 한참 슬픔을 가라앉힌 뒤에 이렇게 말문을 여셨지. "안티고누스 경, 운명의 여신이 경의 어진 성품에 맞지 않게 당신이 서약한 대로 나의 가엾은 아기를 버리게 하신다면, 보헤미아에도 인적 드문 곳이 많으니 그곳으로 가셔서 울고 있는 그 아기를 버려주세요. 그 아이는 영원히 잊힌 아이이니 그 뜻을 나타내는 '페르디타'라 불러주세요…… 국왕의 명령이었다 해도 이 자비롭지 못한 일로 경은 영영 그대의 아내 파울리나를 만나지 못할 것입니다." 그러더니 비명 소리와 함께 왕비는 저 먼 하늘로 사라져 버렸지. 깜짝 놀라서 겨우 정신을 가다듬고 생각해 보니 이는 꿈이 아니었어…… 꿈이란 허무한 것, 하지만 이번만은 마음 깊이 믿고 이 꿈을 쫓아야겠어. 왕비께서는 처형당하셨을 거야. 그래서 아폴로 신은 이 공주가 실은 폴릭세네스의 사생아이므로 살든 죽든 친아버지 영지에 버려라 명령하시는 거지…… (갓난아기를 땅 위에 내려놓으며) 꽃처럼 어여쁜 공주, 신의 자비가 함께하기를! 여기 누워 있으렴. 이곳에 공주에 대한 기록과 물건들을 놓아두어야지. (상자를 내려놓고 그 옆에 서류를 놓는다) 이 물건들은 운이 좋으면 앞으로 공주에게 도움이 될지도 몰라…… (천둥소리) 폭풍이 몰려오고 있다! 불쌍한 공주, 어머니 죄 때문에 이렇게 버림받고 앞으로 어찌 될까! 눈물은 흘리지 않아도 피를 토할 것만 같구나. 맹세 때문에 이런 짓을 하다니. 나는 저주받아 마땅하지. 안녕히! 하늘이 점점 더 험악해지는군. 무서운 자장가 소리를 듣게 될 거야. 대낮에 이처럼 어두운 하늘은 본 적이 없어. (고함 소리) 이 무슨 맹수의 울음소리란 말인가! 빨리 배로 돌아가야겠는데! 이크, 저기 사나운 맹수가 오는군. 이제 나는 끝장이구나! (곰에 쫓기어 퇴장)

늙은 양치기 등장.

양치기 열 살부터 스물세 살까지의 나이는 아예 없으면 좋으련만. 아니면 그 동안 젊은 놈들은 내내 잠만 자든가. 그 나이에는 계집애를 건드려 임신시키거나, 노인에게 행패를 부리기도 하고, 도둑질하지 않으면 싸움박질이나 하니 말야. (피리 소리) 무슨 소리지? 열아홉에서 스물두 살쯤 되는 간 큰 선머슴이 아니고서야 이런 날씨에 누가 사냥을 하겠어? 그 바람에 내 귀한 양 두 마리가 놀라 도망쳐 버렸잖아. 이 주인님보다 늑대가 먼저 알아차리면 어떤다? 이 바닷가 어딘가에 있을 거야. 넝쿨을 뜯어먹고 있겠지…… (갓 난아기를 발견한다) 이크, 이게 뭐지? 행운이 함께하기를…… 과연 무엇일까! (아기를 주워 들며) 맙소사, 아주 귀여운 아기로군! 사내일까, 계집애일까? 예쁘구나, 아주 예쁘게 생겼는걸! 분명히 처녀가 사고를 쳤을 거야. 나는 까막눈이지만 궁궐에서 시녀가 몰래 바람을 피워 아기를 낳았다는 것쯤은 알 수 있지. 계단이나 큰 짐 속에 숨든지 문 뒤에서 배꼽을 맞추었겠지. 그 인간들은 잘살고 있을 텐데, 여기 있는 아기가 가엾구나! 불쌍한 것…… 내가 데려가야겠다. 그러나 아들놈이 올 때까지 기다리자. 지금 그놈이 신호를 보낸 것 같은데…… 워어어, 워, 워워!

광대가 늙은 양치기 뒤로 등장해 그의 귀에 대고 외친다.

광대 여보세요!

양치기 (깜짝 놀란다) 뭐야, 이렇게 가까이 있었잖아! 죽어 없어질 때까지 이야기할 거리를 찾으려거든 이리 와봐라. 왜 그러느냐, 아들아?

광대 (넋 나간 듯이) 두 가지 멋진 것을 봤어요, 바다와 뭍에서! 하지만 바다라 할 수도 없지, 지금은 하늘과 맞붙어 있으니. 글쎄, 바늘 끝조차 들어갈 수 없었다니까요.

양치기 아니, 무슨 소리냐?

광대 아버지에게 보여주고 싶었어요. 바다가 으르렁대며 기슭을 삼켜버렸어요! 그건 아무것도 아니에요. 사람들이 울부짖는 소리라니! 배의 돛대가 큰 술통에 빠진 코르크 마개처럼 보이다가 보이지 않다가 하더니, 마침내 달을 꿰뚫어 버리기라도 할 듯 위로 솟구치다가 그만 물거품 속으로 사라지고 말았어요. 뭍에서는 사람이 곰한테 어깨뼈를 물어뜯기고 있었어요. "사람 살려!" 외치면서 "나는 귀족 안티고누스다" 하지 않겠어요. 아니, 배 이야기부터 끝내야겠군. 바다가 송두리째 배를 삼켜버렸어요. 불쌍한 영혼들이 애처롭게 비명을 질러도 바다는 마냥 조롱하듯 출렁이기만 하고, 가엾은 귀족 나리가 아무리 울부짖어도 곰은 비웃기라도 하듯 으르렁대기만 했지요. 나리와 곰 다투는 소리로 바다 소리, 바람 소리가 안 들릴 지경이었는걸요.

양치기 이런 난리가 어디 있담! 언제쯤이었지?

광대 지금, 바로 지금이요. 그걸 보고 나서 아직 눈 한 번 깜빡하지 않았어요. 물에 빠진 사람들은 아직 죽지 않았을 테고 곰은 나리를 절반도 못 먹었을 거예요. 지금쯤 한참 먹고 있겠죠.

양치기 내가 그곳에 있었다면 나리를 구해 드렸을 텐데!

광대 아버지가 배 가까이 계셔서 도왔더라면 좋았을걸요. 하긴, 그래 봤자 별수 없이 죽을 고생만 하셨을 거예요.

양치기 끔찍하다, 끔찍해! 하지만 애야, 이걸 보렴. 신의 축복에 감사드리자꾸나. 너는 죽어가는 사람들을 만났지만 나는 갓난아기를 만났단다. 자, 이 근사한 걸 봐라. 잘 봐, 값진 나리들 아기의 포대기가 아니냐! (상자를 가리킨다) 잘 봐, 어서 들어올려 보아라. 어서, 열어봐…… 자, 어디 보자. 나는 요정이 주는 복을 받을 거라고 들었었지. 요정이 두고 간 아기다…… 열어봐라. 안에 뭐가 있지?

광대 (상자를 열어본다) 아버지는 대단한 사람이 됐네요. 젊었을 때의 죄만 용서받는다면 크게 될 거예요. 금이다! 금덩어리!

양치기 이건 요정이 주는 금이다, 아들아. 그러니 사람들이 못 보게 감추어야 해. 어서 넣어 감추란 말야. 지름길로 돌아가자. 우리는 운이 좋았어. 이 행운을 붙잡아 두려면 입도 뻥긋해선 안 돼. 양 따위는 어찌 되었든 상관없다. 어서 지름길로 집에 가자.

광대 횡재한 걸 가지고 아버지는 지름길로 가세요. 저는 곰이 나리를 놓고 갔는지, 아니라면 얼마만큼 뜯어 먹었는지 보고 올 테니까요. 곰들은 배가 고프지 않을 때는 사납지 않거든요. 시체가 일부라도 남아 있다면 묻어줘야죠.

양치기 그거 좋은 일이구나. 유품을 봐서 화를 입은 사람이 누군지 알게 되면 나를 불러라. 나도 갈 테니까.

광대 그럼, 그때는 아버지도 나리를 땅에 묻는 일을 도와주셔야 해요.

양치기 운수 좋은 날이다, 아들아. 이런 날에는 착한 일을 해야 한다. (모두 퇴장)

3막 3장, 양치기와 아기 H.C. 셀루스 그림, 프레데릭 웬트워스 판화

해설자 역으로, 시간이 등장.

시간 저는 삶의 모든 과정 속에서 어떤 이들에게는 기쁨을, 또 어떤 이들에게는 시련을 주며, 인간의 선악에 기쁨과 두려움의 대상이 되기도 하고, 오해를 만들기도 하며 풀어서 화해시키기도 하는, 시간이라는 이름으로 날개를 활짝 펴겠습니다. 16년이라는 세월을 훌쩍 뛰어넘어, 그동안 일어났던 일들은 설명하지 않겠으니 너무 재빨리 지나갔다 꾸짖지 마십시오. 어떤 법률을 뒤집어엎거나, 어떤 관습을 새로이 심거나 아주 없애버리는 것도 저의 권한이지요. 저는 질서가 세워지지 않았던 그 옛날이나, 질서가 받아들여지고 있는 오늘에도 똑같이 존재해 오고 있습니다. 과거에 일어난 일들을 저는 보아왔고, 지금 이 순간 세상을 지배하고 있는 가장 새로운 질서를 함께 보고 있으며, 또한 지금 빛을 내고 있는 제 이야기도 언젠가는 낡은 것으로 만들어 버리겠지요…… 여러분이 인내심을 가지고 허락만 해주신다면 모래시계를 뒤집어 여러분이 잠자는 사이에 일어난 것처럼 무대 장면을 되돌려 놓으려 합니다…… 레온테스는 그 뒤 자신의 질투가 빚어낸 참혹한 결과를 비통해하며 두문불출하게 내버려 두겠습니다. 관객 여러분, 이 무대를 아름다운 보헤미아라고 상상해 주십시오. 폴릭세네스 왕에게 왕자가 있었던 것을 여러분이 떠올려 주셨으면 합니다. 그 이름은 플로리젤입니다. 페르디타 공주도 양치기 딸로 자라나 아름답고 우아한 아가씨가 되었습니다. 공주의 뒷이야기는 미리 꺼내지 않겠습니다. 그러나 일이 진전되는 것은 시간이 보여드리는 것으로 해주십시오. 양치기 딸에게 무슨 일이 일어날지, 이 또한 바로 시간이 알려드릴 것입니다. 여러분이 지금까지 지루하게 보내시지는 않았는지 알 수 없지만, 시간은 여러분이 지루하지 않도록 성심성의껏 이야기를 이끌어 나가겠습니다. (퇴장)

보헤미아. 폴릭세네스 궁전의 한 방.

폴릭세네스와 카밀로 등장.

폴릭세네스 카밀로, 더는 귀찮게 조르지 마시오. 그대의 부탁을 거절하는 건 마음 아프지만 승낙하는 것 또한 죽음처럼 괴로운 일이오.

카밀로 고국을 떠난 지도 어느덧 16년이 됐습니다. 오랫동안 외국 땅에서 살아왔지만 뼈만은 고국에 묻고 싶습니다. 뿐만 아니라 옛 군왕이신 시칠리아 왕께서 과거에 잘못한 행동을 후회하시며 저를 부르러 사람을 보내셨습니다. 분에 넘치게도 제가 그 비통함을 조금이라도 위로해 드릴 수 있기를 바라오며, 그러한 이유로 귀국을 허락해 주십사 간청드립니다.

폴릭세네스 카밀로, 그대가 나를 흠모했다면 내 곁을 떠나더라도 그 충성심만은 버리지 말아주오. 그대를 놓아주지 못하는 것도 바로 그 때문이오. 이렇게 떠나보내야 한다면 차라리 만나지 않는 것이 더 나았을 거요. 누구도 제대로 해낼 수 없는 일을 그대는 처리해 주었소. 이곳에 계속 머물면서 나를 도와주지 못한다면, 그야말로 공든 탑이 모두 무너지는 격이 아니겠소? 내가 그대의 일을 너무 배려하지 않았다면—사실 별로 해준 것이 없소—앞으로는 그대에게 더욱 감사의 마음을 갖겠소. 그리하여 우리 우정이 더욱 깊어지면 나에게도 이득이 되겠지. 불길한 시칠리아 이야기는 부디 다시 꺼내지 마오. 지금은 뉘우치고 있다는, 또 지금은 나와의 사이도 나아진 형제 왕의 일은 이름만 들어도 되살아나 가슴이 아프고, 정숙한 왕비며 왕자와 공주를 잃은 슬픔 또한 새롭기만 하오. 그건 그렇고, 그대가 내 아들 플로리젤 왕자를 본 게 언제요? 의젓하지 못한 자식을 둔 왕은 불행하다오. 장래가 촉망되는 자식을 잃은 아비가 겪는 불행에 못지않소.

카밀로 전하, 왕자님을 뵌 지 사흘이 됐습니다. 왕자님이 어떤 색다른 것에 특별한 즐거움을 느끼시는지는 알 수 없으나, 요즘 들어 궁을 자주 빠져나가시는 걸 보았습니다. 왕자로서 자격을 갖추기 위해 애쓰며 품성을 닦는 일에는 거의 관심이 없어 보이십니다.

폴릭세네스 나도 그렇게 생각하고 왕자를 눈여겨보았소, 카밀로. 그래서 왕자가 궁 밖으로 나갈 때 사람을 시켜 지켜보게 했더니, 왕자가 아주 비천한 양치기 집에 자주 드나든다고 하지 않겠소. 그런데 그 가난한 양치기가 어느 날 상상도 할 수 없는 벼락부자가 되어 이웃들을 놀라게 했다는 말도 들었소.

카밀로 양치기에게 보기 드물게 아름다운 딸이 있다고 합니다. 그런데 그 아가씨에 대한 소문을 들으면, 그런 비천한 가문 출신이라고는 도저히 믿기지 않습니다.

폴릭세네스 내가 받은 보고도 그러했소. 아마도 그 처녀는 왕자를 낚으려는 낚싯바늘인가 보오. 카밀로, 나와 함께 그곳에 가봅시다. 변장해 신분을 감추고 양치기에게 물어봅시다. 순박한 촌사람일 테니 왕자가 드나드는 이유를 알아내는 것은 아마도 무른 땅에 말뚝박기일 것이오. 고국으로 돌아갈 생각은 접어두고 서둘러 이 일을 도와주셔야겠소.

카밀로 전하, 분부대로 따르겠나이다.

폴릭세네스 고맙소, 카밀로! 그럼 변장을 합시다. (모두 퇴장)

〔제4막 제3장〕

보헤미아. 양치기의 오두막 근처 들길.
낡은 털옷을 입은 아우톨리쿠스가 즐겁게 노래 부르면서 목장을 가로질러 온다.
울타리 옆 장대에 기대어 서 있다.

아우톨리쿠스 (노래 부른다)

수선화가 살며시 피어나면,
헤이 호! 산골짝 아가씨
새봄이 오네, 창백한 겨울 얼굴에
발그레한 빛 감도네.

울타리 새하얀 무명천 위에
헤이 호! 예쁜 새들 앉아 노래하네.
손끝이 근질근질, 슬쩍한 것 팔아
술 한잔 하고 나면 국왕도 안 부러워.
티라 리라 종달새가 노래하네.

헤이 호! 티티새도 언치새도 노래하네.
나와 아주머니, 마른풀 위에 뒹굴 때
어디선가 여름 노래 들려온다네.

나는 한때 플로리젤 왕자를 모셨는데, 그때는 고급 벨벳 옷을 입었었지. 하지만 지금은 떠돌이 신세구나. (다시 노래 부른다)

그러나 슬퍼할 까닭은 없다네.
밤이면 달빛이 비추어 주고,
여기저기 떠돌다 보면
세상일은 잘도 걸려들지.
땜장이도 목구멍이 포도청이라
돼지가죽 포대를 짊어진다네.
내 장사도 어엿한 장사이니
잘못 걸려드는 건 질색이지.

내 직업은 천 장수야. 솔개는 집을 지을 때 천 조각들을 찾으러 다니지. 아버지가 이름을 아우톨리쿠스로 지은 건 내가 메르쿠리우스 별 아래 태어났기 때문이라나. 그 별의 아들 이름을 따서 지었다더라. 한데 그쪽 아우톨리쿠스도 하찮은 물건을 훔치는 좀도둑이란 거야…… (자신의 누더기를 가리키며) 이 누더기도 주사위와 창녀 덕분에 얻은 것이니 이만하면 속임수가 내 살아가는 밑천이라 할 수 있지. 큰길에서 강도짓을 하면 잔뜩 두들겨 맞고 나서 교수대로 가기 쉬운데, 나는 매 맞고 목 조이는 건 질색이란 말야. 앞날 걱정은 무슨! 푹 잠이나 잘 것이지…… 생각 안 하기로 했다. 아, 한 놈 걸렸다! (수풀 뒤로 숨는다) 봉이다!

광대, 울타리 다른 쪽에서 등장.

광대 (울타리에 올라앉는다) 가만있자, 으음, 양 열한 마리의 털은 28파운드가 되지. 돈으로 치면 1파운드 몇 실링이라 치고, 1500마리 양털을 베면 대강 얼마나 될까?

아우톨리쿠스 (혼잣말로) 덫에 걸려들기만 하면, 내 거야.

광대 이거야 주판알을 퉁겨야 셈을 하지…… 그런데 양털깎기 잔치에는 무엇을 사야 한담? 설탕 3파운드, 건포도 5파운드, 그리고 쌀인데…… 누이동생은 이걸 가지고 어쩌려는 거지? 아무튼 아버지가 동생을 축제의 여왕으로 정했으니, 그래서 그 아이는 흥청망청 돈을 써버릴걸. 털 깎는 패거리에게 준다고 나한테 꽃다발만 해도 스물네 개나 만들게 했어. 삼중창할 사람들도 노래 솜씨가 그럴듯하다더군. 모두 저음인데 청교도 신자가 한 사람 있어서 뿔피리에 맞춰 찬송가를 부른다나…… 배 파이에 쓸 샛노란 사프란 물감도 사야 하고, 육두구 열매 향료에다 대추야자도 필요해. 내 쪽지에는 안 적혀 있지만 육두구는 일곱 알에 생강 한두 뿌리도…… 이거야 공짜로 얻을 수 있지, 뭐. 말린 자두가 4파운드, 건포도도 그만큼은 사야겠지.

아우톨리쿠스 (땅바닥을 기어다니며) 아이고, 왜 태어났는가!

광대 이크, 뭐야!

아우톨리쿠스 사람 살려, 사람 살려! 누더기 좀 벗겨주세요. 나 죽겠소!

광대 저런! 불쌍한 사람! 누더기를 벗어버릴 게 아니라 더 걸쳐야 될 형편인걸.

아우톨리쿠스 여보쇼, 이 더러운 누더기를 입고 있으면 정말이지, 매질당하는 것보다도 더 견디기 힘듭니다. 지금 백만 번이나 매를 맞고 온 판이에요.

광대 원, 가엾구먼! 매를 백만 번이나 맞다니 정말 큰일이오.

아우톨리쿠스 날강도를 만나 매 맞고 돈과 옷가지도 몽땅 빼앗기고는 그 강도놈 대신 내가 이 끔찍한 누더기를 걸치게 된 거죠.

광대 말 탄 놈이오? 아니면 걸어다니는 놈?

아우톨리쿠스 걸어다니는 놈이었죠, 나리. 걸어다니는 놈이요.

광대 그럴 테지, 걸어다니는 놈이었을 거요. 누더기를 입고 있었으니 말이오. 만약 말 탄 놈이라면 어지간한 싸움은 치를 만큼 치른 놈이겠지. 손을 내밀어요. 내가 도와주겠소. 자, 어서요. (아우톨리쿠스를 일으킨다)

아우톨리쿠스 (신음한다) 아, 나리, 가만히…… 어이구!

광대 가엾기도 해라!

아우톨리쿠스 어이구, 나리, 가만히…… 가만히. 어깨뼈가 빠졌나 봐요. (광대

4막 3장, 아우톨리쿠스와 광대 H.C. 셀루스 그림, 프레데릭 웬트워스 판화

에게 바짝 기댄다)

광대 좀 어떻소! 설 수 있나요?

아우톨리쿠스 가만히, 어이구, 나리······ (광대의 지갑을 소매치기한다) 나리, 가
만히요······ 정말 자비로운 분이군요. (광대로부터 떨어져 선다)

광대 돈이 필요하오? 조금은 줄 수도 있소.

아우톨리쿠스 아닙니다, 친절한 나리. 괜찮습니다. 여기서 1마일도 채 못 되
는 곳에 친척집이 있는데 그리 가는 길입니다. 거기 가면 돈이고 뭐고 다 구
할 수 있죠······ 행여 돈 주실 생각은 마십시오······ 난처하니까요.

광대 그래, 그 날강도는 어떻게 생겼소?

아우톨리쿠스 그자는 공굴리기 장사를 하며 떠돌아다니는 놈입니다. 한때
왕자님의 시종이었다나요. 무슨 일인지 알 수 없으나 궁에서 매를 맞고 쫓

겨났다더군요.

광대 뭔가 나쁜 짓을 저질렀을 테죠. 덕이 있는 사람이 궁에서 매 맞고 쫓겨날 리는 없지 않소. 그런 사람이라면 아껴서 곁에 두고 싶어하지 않겠어요…… 사실 그런 나쁜 인간들은 궁에 남아 있으려고도 하지 않겠지요.

아우톨리쿠스 맞아요, 나쁜 짓을 했기 때문이에요. 내가 그놈을 잘 알지요. 놈은 원숭이를 끌고 다니다가 집행관이 되었죠. 뒤에 '탕아'라는 인형극 놀이를 하며 떠돌아다니다가 내 땅과 집에서 1마일도 채 안 되는 곳에 사는 땜장이 마누라를 만나 함께 살았어요. 이래저래 이상한 직업을 전전하더니 마지막으로 자리잡은 게 악당이죠. 아우톨리쿠스라고 부릅니다.

광대 괘씸한 놈! 틀림없이 도둑놈이요. 명절 때라든가, 장이 서거나 곰 곯리기놀이가 있을 때마다 어슬렁거렸을 거요.

아우톨리쿠스 틀림없습니다, 나리. 바로 그 악당놈이 내게 이 누더기를 입혔어요.

광대 그런 비겁한 놈은 이 보헤미아 땅 어디를 가도 찾아볼 수 없소. 그놈도 당신이 대단한 척 으스대며 노려보고 침을 뱉었다면 줄행랑을 쳤을 거요.

아우톨리쿠스 나리에게 솔직히 말하지만 나는 싸움은 못합니다. 싸움에 있어서는 겁쟁이인 걸 그자도 잘 알고 있다고요.

광대 이제 기분은 좀 어떻소?

아우톨리쿠스 덕분에 훨씬 나아졌습니다. 걸을 수 있으니 이제 작별인사를 하고 친척집으로 슬슬 가봐야겠습니다.

광대 내가 데려다줄까요?

아우톨리쿠스 아닙니다, 나리. 괜찮습니다.

광대 그럼 어서 가보시오. 나는 양털깎기 축제 때 쓸 양념을 사러가야 해요.

아우톨리쿠스 복 많이 받으세요, 나리! (광대 퇴장) 양념 사러 간다니 지갑이 여간 헐렁하지 않겠는데. 그래, 그 축제 때 다시 만나자. 이번에 한탕 친 걸 이용해서 또 한탕 치는 거야. 양털 깎는 놈들을 속이고 꾀어먹지 못한다면 차라리 악당의 밥줄을 놓겠다. 착한 사람 명부에 오르도록 하지. (노래 부른다)

터벅터벅 풀밭을 밟고

즐겁게 걸어볼까나, 시골 샛길을.
슬픔에 매달리면 바로 지치나
즐겁게 걷다 보면 하루가 가벼워. (퇴장)

[제4막 제4장]

같은 곳. 양치기의 오두막.
오두막 뒤로 잡풀 우거진 길이 보인다. 페르디타는 꽃으로 장식한 가운을 입고 머리에는 화관을 쓴 꽃의 여신 플로라, 플로리젤은 페르디타를 수행하는 농부로 등장.

플로리젤 이렇게 어여쁜 들꽃들을 꽂으니 생기발랄해 보이는군요. 양치기 딸 같지 않아요. 마치 4월 문턱에 꽃으로 모습을 바꾸어 나타나는 여신 플로라 같소. 이번 양털깎기 축제는 예쁜 신들의 잔치 같고 바로 그대가 여왕이오.

페르디타 자애로우신 왕자님…… 황공하옵니다. 왕자님의 지나치신 말씀을 탓하는 저를 꾸짖어주시고 부디 용서하세요. 오, 지나치시다는 말을 하다니 죄송해요! 모든 백성이 우러러보는 지체 높으신 왕자님은 농부로 변장하셨는데, 하잘것없는 저를 여신처럼 꾸며주려 하시다니요…… 이것이 축제 때면 으레 있는 장난으로 모두가 그러려니 하고 받아들이는 관습이 아니라면, 아마 저는 왕자님의 모습을 보고 얼굴이 빨개졌을 거예요. 거울에 비친 제 모습을 보고는 기절했을 테고요.

플로리젤 나는 내 사냥매가 당신 아버지의 땅 위로 날았던 것을 신에게 감사하고 있소.

페르디타 그 말씀이 진심이시라면 얼마나 좋을까요! 그러나 저는 신분의 차이가 두렵습니다. 지체 높으신 왕자님은 이런 고뇌를 잘 이해하지 못하실 거예요. 지금 이 순간에도 전하께서 왕자님처럼 우연히 이곳에 나타나시지나 않을까 두려워 몸이 떨립니다. 오, 운명의 신이여! 전하께서 훌륭한 아드님이 이렇듯 미천하게 바뀌어 버린 모습을 보신다면 어떻게 생각하실까요? 뭐라 말씀하실까요? 그리고 빌린 옷을 입고서 높은 신분을 이렇게 과시하고 있는 저는 지엄하신 전하를 어찌 대해야 하나요?

플로리젤 아무 걱정 말고 즐겁게 보내요. 신들도 사랑에 빠졌을 때는 스스로 신성함을 낮추고 짐승의 탈을 썼다는 이야기가 있소. 큐피드 신은 황소가 되어 울부짖었고, 바다의 신 넵투누스는 양이 되어 음매음매 울고, 불꽃의 옷을 입은 아폴로 신도 지금 내 모습처럼 농부 옷을 입었다 하오…… 그 사랑의 대상이 된 여인들도 그대보다 더 아름답지는 못했고, 그들의 사랑도 내 사랑만큼 순수하지는 않았다오. 나의 욕망은 결코 내 명예를 짓밟지 않으며, 나의 정욕 또한 진실한 사랑의 도리보다 더 뜨겁지는 않으니까요.

페르디타 하지만 왕자님, 왕자님이 아무리 다짐하셔도 왕의 위엄으로 안 된다고 반대하시면 이 사랑을 지켜 나갈 수가 없습니다. 길은 두 가지 가운데 하나입니다. 왕자님의 뜻을 바꾸시든가, 아니면 제가 이 목숨을 끊든가요.

플로리젤 사랑하는 페르디타, 그런 지나친 망상으로 즐거운 축제를 어둡게 하지 마오. 내가 그대의 것이 되든지, 아니면 아버지와 혈육의 정을 끊겠소. 내가 그대 것이 되지 못하면 나는 나 자신의 것이라 할 수 없으니, 그 누구와 어떤 관계도 맺을 수 없소. 내 결심은 운명이 아니라고 말해도 변치 않아요. 그러니 즐거운 마음으로 내게도 다정하게 대해 주오. 지금 그런 생각들은 털어버리고 바로 눈앞에 있는 것만 바라봐요…… 곧 손님들이 오실 거요. 밝은 표정을 지어 보여요. 오늘이 바로 우리 두 사람의 맹세를 주고받는 결혼식 날인 것처럼 말이오.

페르디타 오, 행운의 여신이여, 부디 좋은 일들이 일어나게 해주소서!

양치기, 광대, 모프사, 도르카스, 마을 사람들이 변장을 한 폴릭세네스와 카밀로와 함께 등장.

플로리젤 저기 봐요, 손님들이 오고 있어요. 활기차게 맞이해요. 뺨이 빨개지도록 신나게 즐겨요.

양치기 (페르디타를 보고) 애야, 왜 그러느냐! 네 어머니가 살아 있을 때는 잔칫날이면 혼자서 먹을 것 마실 것을 준비하고 요리해서 안주인 역할에서부터 하인 역할까지 도맡아 했단다. 접대하고 시중들며 노래도 부르고 춤도 추었지. 식탁 끝에 있다가도 어느새 한가운데 가 있고 이 손님과 춤을 추는가

《겨울 이야기》 플로리젤과 페르디타 찰스 로버트 레슬리. 1837.

하면 벌써 다른 이와 춤추고 있었어. 이리저리 누비고 다니느라 달아오른 얼굴로 손님 한 분 한 분과 축배를 들기도 했단다…… 그런데 너는 손님처럼 구석에만 틀어박혀 있으니, 전혀 이 모임의 안주인 같지가 않구나. 이 아비 말대로 처음 오신 두 분께 인사 올려라. 그래야 낯설지 않고 서로 친해질 수 있다. 얼굴 붉히지 말고 축제의 여주인공답게 손님들을 대하고 양털깎기 축제에 오신 분들께 환영 인사를 드려라. 우리 집안의 번영을 위해서라도.

페르디타 (폴릭세네스에게) 어서 오십시오. 아버지 분부를 받아 오늘 잔치의 안주인 역을 맡았습니다. (카밀로에게) 어서 오십시오! 도르카스, 그 꽃 좀 이리 줘…… 점잖으신 분들께 회상의 꽃 로즈메리와 운향을 드립니다. 겨우내 고운 빛깔과 향기를 간직할 수 있지요. 두 분께 신의 은총과 추억이 가득하시기를 바라며, 양털깎기 축제에 오신 것을 환영합니다!

폴릭세네스 양치기 아가씨, 참으로 어여쁘군요! 우리 늙은이들에게는 겨울꽃이 알맞다, 이 말이겠지요?

페르디타 예, 이해가 저물어 가고 있지만 여름이 간 것도 아니고 추운 겨울 이 온 것도 아니지요. 이 겨울 가장 아름다운 꽃은 부정한 카네이션과 자연 의 사생아라고 부르는 줄무늬 비단향꽃무이지만, 그런 꽃은 이 작은 시골 꽃밭에는 없답니다. 저 또한 한 포기도 원치 않고요.

폴릭세네스 아가씨, 왜 그 꽃들을 싫어하죠?

페르디타 얼룩진 무늬는 위대한 자연의 창조물에 사람의 손길이 부당하게 보태어졌다고 들었기 때문입니다.

폴릭세네스 그럴 수도 있지만 자연에 이러한 손길이 보태어져 훌륭하게 되 다면 그 손길 또한 자연의 것이라고 봐야 하지요. 그러니까 아가씨가 말하 는 '자연'에 대해 뻗치는 '인간의 손길'도, 실은 자연이 만들어 내는 것이란 말이오…… 그러니 예쁜 아가씨, 미천한 어미나무에 씨 좋은 가지를 접붙여 훌륭한 씨눈을 트게 할 수 있는 거라오. 이것은 바로 자연에서 부족한 것을 보충하고 심지어 자연을 바꾸기도 하는 '기술'인데, 이 기술 자체가 바로 자 연의 능력이지요.

페르디타 (플로리젤에게 눈길을 보내며) 정말 그래요.

폴릭세네스 그러니 아가씨 꽃밭에도 비단향꽃무를 피게 해봐요. 사생아라 부르지 말고요.

페르디타 하지만 저는 그 꽃 한 포기를 심겠다고 흙을 파기는 싫습니다. 제 화장한 얼굴을 보고 이분이 예쁘다고 칭찬하면서도 짝을 맺고 자손을 낳 자고 청하시는 것은 원치 않는 거나 같지요. (마을 사람들에게) 자, 여러분, 여 기 꽃들이 있습니다. 향기 짙은 라벤더, 박하, 세이버리, 꿀풀, 그리고 해와 함께 잠자리에 들었다가 이튿날 다시 해와 함께 이슬의 눈물을 머금고 일 어나는 금잔화가 있지요. 이 꽃들은 모두 한여름에 피어나는 꽃들이라 중 년 분들에게 드리고자 합니다. 여러분을 진심으로 환영합니다.

카밀로 내가 아가씨의 양이라면 풀은 뜯어 먹지 않고 그저 아가씨만 쳐다보 고 살 것 같소.

페르디타 어머, 안 돼요! 그러시다가는 야위어서 정월 찬바람에 날아가 버리 게 되실 거예요. (플로리젤에게) 나의 멋진 친구시여, 당신에게는 그 청춘에 어울리는 봄꽃을 드리고 싶군요. (모프사와 마을 처녀들에게) 네 것도, 그리고 당신들 것도요. 당신들은 이제 갓 피어나는 청춘이니까요. 오, 페르세포네

4막 3장, 양털깎기 축제장에서 페르디타, 카밀로와 폴릭세네스, 플로리젤 H.C. 셀루스 그림, 프레데릭 웬트워스 판화

여, 당신이 저승에서 실수로 하데스의 수레에서 떨어뜨렸다는 꽃들을 갖고
싶어요! 제비가 나타나기도 전에 피어난 그 아름다움으로 3월의 바람을 사
로잡는 수선화여, 빛깔은 엷어도 유노 여신의 눈동자보다 어여쁘고 베누스
의 숨결보다 향긋한 제비꽃이여······ 파랗게 시들어 버린 가련한 앵초여, 태
양신 포이보스의 찬란한 모습을 보지도 못하고 시들어 죽는 처녀들처럼 너
도 그렇게 시들어 가는구나! 구륜초와 왕관초, 그리고 여러 종류의 백합꽃,
참붓꽃도 그 가운데 있지요. 오, 그런데 이 꽃들이 없군요. 여러분에게 화
관을 만들어 드리고 제 소중한 연인에게는 꽃을 뿌리고 또 뿌려드리고 싶
건만!

플로리젤 무슨 말이에요, 시체에라도 뿌리듯이 하겠다는 건가요?

페르디타 아뇨, 연인들이 뒹굴며 노는 둑처럼 해드리고 싶다는 거예요. 시체는 아니고. 그래서 땅에 묻는 게 아니라 살아서 제 팔에 안기게 하기 위해서죠. 자, 꽃을 받으세요. 제가 성령강림절 목가극에서 본 여왕의 말을 흉내냈나 보네요. 이렇게 차려입어서 그런 기분이 들었나 봐요.

플로리젤 당신이 하는 일은 무엇이든 돋보이네요. 당신이 말을 하기 시작하면 언제까지나 오래오래 계속해서 들려주었으면 하고 바라게 되죠. 당신이 노래를 부르면 물건을 사고팔 때나 자선을 베풀 때나 기도드릴 때에도, 또 누군가에게 일을 시킬 때에도 모두 그렇게 노래를 불러줬으면 하지요. 당신이 춤을 추면 나는, 당신이 파도가 되어 언제까지나 춤만 추었으면 해요. 그저 춤만 계속 추고 다른 일은 아무것도 안 해도 되지요. 당신이 하는 일은 하나같이 돋보이지요. 지금 당신이 하는 일은 영예롭게 빛을 내며 행동 하나하나 여왕답지 않은 것이 없답니다.

페르디타 어머, 도리클스 님, 당신의 찬사가 너무 지나치시네요. 당신의 그 젊은 얼굴에 언뜻언뜻 드러나는 고귀한 신분이 당신을 순진한 양치기처럼 보이게 하니 망정이지, 그렇지 않았다면 저는 당신이 거짓 구혼을 하신다 여기고 두려워하며 경계했을 거예요.

플로리젤 내게 그런 뜻은 조금도 없으니 두려워하지 말아요. 자, 우리 춤을 춥시다. 당신의 손을 줘요, 페르디타! 절대로 떨어지지 않으려는 멧비둘기처럼 추럽니다.

페르디타 그렇게 하겠어요. (함께 춤을 추러 간다)

폴릭세네스 시골에서는 보기 드문 너무나 어여쁜 아가씨구려. 저 모습과 행동이 어딘지 모르게 자기 신분보다 고상하고, 이런 데와 어울리지 않게 너무 귀티가 나오.

카밀로 젊은이가 무슨 말을 했는지 아가씨가 얼굴을 붉히는군요. 거짓 없고 순수해 보입니다…… 시골 처녀들 가운데 으뜸입니다.

광대 자, 연주를 시작해라!

도르카스 그러나저러나 모프사가 당신의 상대겠죠? 키스한 뒤에 입내를 지우려면 아마도 마늘이 필요할걸요!

모프사 무엇이 어째!

광대 자, 조용히 하게, 조용히. 점잔을 빼야지. 자, 연주해라. (음악이 울리자 양치기 남녀들이 춤을 춘다)

웃음·춤·노래가 어우러지는 축제장 로열셰익스피어 극단 공연. 1999.
이곳에서 페르디타는 '여왕'으로 군림하고 있다.

폴릭세네스 양치기 영감님, 당신 딸과 춤추는 저 잘생긴 젊은이는 누구입
니까?

양치기 다들 도리클스라고 부르지요. 굉장한 목장을 가지고 있다고 자랑하
는데, 본인이 그렇다고 하니까 나도 사실이겠거니 믿습니다. 진실해 보이거
든요…… 내 딸아이를 사랑한다는데 그 말도 믿게 됐지요. 물속을 비추는
달님도 딸아이 눈을 바라보는 저 젊은이의 모습과는 비교도 안 되지요. 실
은 누가 더 사랑한다고 말할 필요도 없이 서로 너무나 사이가 좋다니까요.

폴릭세네스 따님이 춤을 잘 추는군요.

양치기 무엇을 해도 그렇지요. 내 입으로 딸을 칭찬한다는 게 우습지만 말
입니다. 만약 저 도리클스 청년이 딸아이를 아내로 맞이한다면 호박이 넝쿨
째 굴러들어오는 거지요. 꿈도 꾸어보지 못할 행운을 얻는 것이라오.

하인 등장.

하인 주인님! 문밖에 방물장사가 와 있는데, 그의 노래를 들으시면 피리나 북소리 정도로는 다시는 춤을 추고 싶지 않으실 겁니다. 백파이프도 어림없죠. 그 방물장사가, 어르신들이 돈 셈하는 것보다 더 빨리 노래를 불러요. 마치 삼키고 있던 것을 내뱉듯이 한다고요. 그래서 듣는 사람들은 그 소리에 어깨춤이 절로 납니다.

광대 마침 잘 왔구나. 들어오라고 해. 나는 발라드가 입맛에 당기거든. 슬픈 사연을 즐겁게 만들어 부른다든가 즐거운 일을 슬프게 노래 부르는 게 좋아.

하인 남자 노래든 여자 노래든 할 것 없이 척척 부릅죠. 어느 방물장사도 그렇게 손님에게 딱 맞는 장갑을 고루 갖추기는 어려울 겁니다. 처녀들에게는 아주 고운 사랑의 노래를 불러주는데, 묘하게도 상스럽지가 않습니다. 후렴도 희한하고 멋진데, "그 여자를 메다치고 그녀를 세게 때려" 하는 거죠. 입이 걸쭉한 무뢰한이 점잖지 못하게 천한 농담을 노래 사이에 끼워 넣으려 하면 방물장사는 얼른 처녀들에게 노래를 시키죠. 아가씨는 "그러지 마세요, 신사 나리!" 하며 물리쳐 버리죠. "그러지 마세요, 신사 나리!" 하면서요.

폴릭세네스 대단한 녀석이군. 틀림없이 우쭐대는 놈이겠군. 쓸만한 물건을 좀 가지고 왔다더냐?

하인 리본이라면 일곱 빛깔 무지개색이 다 있고, 찌지 붙은 끈이라면 보헤미아 땅의 변호사들이 다 함께 머리를 쥐어짜가며 매달려도 처리 못할 만큼 많습죠. 이 밖에도 납작한 끈, 털실, 리넨 등 좋은 제품들을 잔뜩 갖고 온 거예요. 이것들을 남성 신이나 여신의 이름을 붙여 노래 부르지요. 그러니 여자의 속옷도 천사의 옷으로 바뀌며, 소매며 가슴 장식도 아담한 찬송가로 불린다니까요.

광대 이리 데려와라. 어디 노래를 시켜보자.

페르디타 상스러운 노래는 부르지 말라고 해요. (하인 퇴장)

광대 (페르디타에게) 방물장사들 가운데는 네가 생각하는 것보다 좋은 점들을 가진 사람도 있단다.

페르디타 네, 착한 오빠. 내 생각보다 더 나쁜 사람도 있죠.

아우톨리쿠스, 가짜 턱수염으로 변장하고 노래 부르며 등장. 목에는 여러 가지 상품을 늘어뜨리고 있다.

아우톨리쿠스 (노래 부른다)

눈보다 새하얀 세모시
까마귀보다 검은 무명
장미 향기 그윽한 장갑
가면과 코가리개
대롱 옥 팔찌, 호박 목걸이
부인네 침실용 향수
금실 모자와 가슴 장식은
총각이 연인에게 주는 선물
바늘과 다리미는
처녀들에게는 꼭 있어야 할 필수품
물건 사세요, 물건 사세요, 어서어서요
총각들이 안 사면 처녀들이 울지요
자, 어서 사세요!

광대 내가 모프사에게 반해 있지 않다면 돈을 뜯기지는 않을 텐데, 나는 사
　　　랑의 포로가 되었으니 리본과 장갑을 사주지 않을 수 없지.
모프사 축제 때까지는 사준댔잖아요. 지금이라도 늦지 않았어요.
도르카스 약속한 건 많았지. 시침 떼면 둘 다 거짓말쟁이.
모프사 네게 약속한 건 다 사주었잖아. 그 이상의 것도 해주었을걸. 그래서
　　　저 사람한테 돌려주기 창피하겠지.
광대 계집애들 사이에는 예절도 없나? 친구를 위해 감춰야 할 일도 생판 모
　　　르는 사람들 앞에서 씨부렁대다니? 그런 은밀한 이야기는 양젖 짤 때나 잠
　　　자리에 들 때, 아니면 아궁이 앞에서 소곤거리면 돼. 어찌 여러 손님들 앞
　　　에서 나불대나? 그래도 귓속말을 했으니 다행이지. 이젠 아무 소리도 뻥긋
　　　하지 마.
모프사 입 다물죠. 하지만 비단 레이스와 향기 나는 장갑을 사준다고 약속

했잖아요.

광대 길에서 사기를 당해 돈을 몽땅 잃었다고 아까 말했잖아!

아우톨리쿠스 눈 감으면 코 베어갈 세상이라고요. 그러니 행동거지를 조심해야죠.

광대 걱정 마시오. 이곳에는 그런 놈이 없소.

아우톨리쿠스 그러면 좋겠네요. 나는 값진 물건들을 많이 가지고 있으니까요.

광대 뭘 가졌소? 노래?

모프사 좀 사주세요. 나는 인쇄된 노래가 좋거든요. 활자화됐을 정도면 진짜일 테니까요.

아우톨리쿠스 이건 어떨까요? 아주 슬픈 노래예요. 사채업자의 마누라 이야기인데, 한 번에 돈지갑을 스무 개나 낳고 큰병에 걸리자 살모사 머리나 두꺼비를 조각내 달여 먹고 싶어했다는 이야기죠.

모프사 진짜 있었던 일인가요?

아우톨리쿠스 그럼요, 한 달 전 이야기입죠.

도르카스 사채업자와 결혼하지 않도록 해주소서!

아우톨리쿠스 그 산파의 이름까지 아는데, 수다쟁이 부인이라 하죠. 그 자리에 정직한 아낙네들도 대여섯 명 있었대요. 그러니 이 이야기는 허풍이 아니에요!

모프사 제발, 저것 좀 사주세요.

광대 살 테니 따로 놔둬요. 그리고 노래책부터 구경합시다. 곧 다른 것도 살 테니까요.

아우톨리쿠스 이건 다른 노래예요. 어느 물고기에 관한 노래죠. 4월 80일 수요일에 해저 4만 패덤*¹ 깊이나 되는 바다 밑에서 해안으로 떠올라 그곳에서 매정한 처녀들을 깨우쳐 주려고 불렀다는 노래죠. 그 물고기는 본디 여자였는데 사랑하던 남자와의 동침을 거절해서 차가운 물고기가 되었다지 뭡니까. 실제로 있었던 애처로운 이야기입니다.

도르카스 그 노래도 실화인가요?

---

*1 패덤(fathom)은 주로 바다의 깊이를 재는 데 쓰는 단위. 1패덤=약 1.83미터.

4막 3장, 아우톨리쿠스의 노래   H.C. 셀루스 그림, 프레데릭 웬트위스 판화

아우톨리쿠스 판사 다섯의 서명이 있고, 증인들은 하도 많아서 이 상자 안에 다 들어갈 수가 없어요.

광대 이것도 챙겨두고…… 다른 건요?

아우톨리쿠스 이건 신나는 노래예요. 아주 멋진 노래죠.

모프사 신나는 노래도 몇 개 있으면 좋겠어요.

아우톨리쿠스 아무렴요, 정말 즐거운 노래죠. '두 처녀가 한 사나이를 사랑해'란 노래예요. 서쪽 지방에서는 이 노래를 모르는 처녀가 없습죠. 날개 돋친 듯 다 팔렸어요.

모프사 둘이서 부르면 되겠네요. 그리고 당신이 한 부분을 맡아주면 삼중창으로 부를 수 있어요.

도르카스 우리는 한 달 전에 배웠죠.

아우톨리쿠스 남자 부분은 내가 맡죠. 이건 내 장사이니까요. 자, 해봅시다.

　　(노래 부른다)

　　떠나라, 가야 할 곳이 있어,
　　너희들에게 말하지 않은 곳.

도르카스 어디로?

모프사 오, 어디로 가지?

도르카스 어디로?

모프사 말해 줘, 뭐든지 말해 주겠다고 약속했잖아.

도르카스 나도 함께 갈 테야.

모프사 헛간? 방앗간?

도르카스 어느 쪽이지, 악당 나리?

아우톨리쿠스 둘 다 틀렸어.

도르카스 뭐, 틀렸다고?

아우톨리쿠스 틀렸어.

도르카스 나를 사랑한다고 맹세했지.

모프사 남편이 되겠다고 맹세했지. 어디로 가? 말해 봐.

광대 외워서 우리끼리 불러보자, 우리끼리. 아버지와 저분들이 심각한 이야기를 하시니 방해하지 말자…… 이봐, 짐 가지고 나를 따라오시오. 처녀들, 너희 둘에게 다 사주겠다. 방물장사, 가장 좋은 걸로 파시오. 아가씨들, 어서 따라오라고. (도르카스와 모프사를 거느리고 퇴장)

아우톨리쿠스 돈푼깨나 쓰게 해야지. (노래를 하면서 그들을 뒤쫓아 퇴장)

납작한 끈을 사려는가,
케이프용 레이스를 사려는가,
귀엽고 아리따운 아가씨.
비단천, 꼬아놓은 실, 머리 장식
최신형 최고품이에요.
이리 와서 물건 보오,
돈은 돌고 도는 것,
치장으로 돋보이게 하세요. (퇴장)

하인 다시 등장.

하인 영감님, 짐마차꾼 3명과 양치기 3명, 소치기 3명, 돼지치기 3명이 모두 털투성이가 되어 스스로 반인반수(半人半獸)의 신이라고 하면서 춤 한바탕 추러 왔다고 합니다. 아가씨들이 그러는데, 그들의 춤은 엉망진창 춤이래요. 그러니 공차기밖에 모르는 점잖은 분들에게는 조금 거칠지도 모르지만 자기들 얘기로는 꽤 흥겹답니다.

양치기 안 돼! 어림도 없지. 우리는 이미 어리석은 놀이에 질겁하고 있다고…… 이거 어르신들께 죄송하게 됐습니다.

폴릭세네스 그건 우리를 즐겁게 해주기 위해 온 사람들을 소홀하게 대하는 것이 아닐지…… 자, 우리 세 사람씩 네 패로 나누어 서로 춤을 감상하는 것이 어떻겠소?

하인 그 가운데 한 패가 말하기를, 자신들은 이미 임금님 앞에서 춤을 추었다고 합니다. 가장 춤을 못 추는 자도 정확히 열두 자 반은 뛰어오른대요.

양치기 잔소리는 그만하고, 여기 이분들이 즐거워하시니 들어오라고 해. 곧장 말야.

하인 네, 바로 문밖에 서 있는뎁쇼.

반인반수 모습을 한 자들 열두 명이 나와 춤을 춘다.

폴릭세네스 (양치기에게) 영감님, 그 이야기는 나중에 다시 하기로 합시다. (카
밀로에게) 너무 끼어든 것 아니오? 돌아갈 시간이오. 양치기 영감이 솔직하
게 말도 잘해 주더군. (플로리젤에게) 여보게, 양치기 친구! 뭔가 깊은 생각에
젖어 잔치에는 통 마음이 없는 것 같군. 실은 나도 자네처럼 사랑하는 이가
있었던 젊은 시절에는 하찮은 선물을 사서 연인에게 보냈었지. 방물장사의
비단을 모두 사주고 싶다 생각했었네. 자네는 사지도 않고 장사를 돌려보
내더군. 만일 그 아가씨가 자네를 나쁘게 생각해 애정이 없다느니 인색하다
느니 하면 대답하기가 곤란할걸. 적어도 사랑하는 사람을 행복하게 해주고
싶다면 말이네.

플로리젤 어르신, 제가 사랑하는 사람은 그런 하찮은 건 갖고 싶어하지 않습
니다. 그녀가 저에게 받고 싶어하는 선물은 이 가슴속에 잘 담아두었지요.
하기야 마음속으로는 이미 주었지만 아직 직접 전하지는 못했습니다……
(페르디타에게) 자, 사랑을 경험하신 듯한 이 어르신 앞에서 내 진심을 말
할 테니 들어주어요. 이제, 당신의 손을 잡겠어요. 비둘기 깃털처럼 부드럽
고 하얀 손을, 에티오피아인의 이처럼, 또 북풍에 휘날리는 눈처럼 새하얀
손을.

폴릭세네스 또 무슨 말을 하려는가? 이 젊은이는 본디 고운 손을 더욱 곱게
씻어주려나 보군! (플로리젤에게) 젊은이의 진실된 말을 끊어서 미안하네. 어
디 사랑의 고백을 계속해 보게. 들어보리다.

플로리젤 들으시고 증인이 되어주세요.

폴릭세네스 옆에 있는 이분도?

플로리젤 물론이죠. 이분뿐 아니라 더 많은 사람들도요. 땅이여, 하늘이여,
그리고 모든 존재들이여, 당신들도 제 사랑의 증인이 되어주십시오. 제가
가장 영화로운 지존의 보위에 오른다 해도, 처녀의 눈을 매혹시키는 아름
다운 젊은이라 해도, 인간이 누릴 수 있는 최고의 권력과 지식이 있다 해도
그녀의 사랑을 얻지 못하면 이것들은 제게서 가치를 잃고 말지요. 제가 가

4막 3장, 양치기와 폴릭세네스 H.C. 셀루스 그림, 프레데릭 웬트워스 판화

진 게 있다면 그녀에게 모두 바치겠습니다. 그것들을 쓰고 안 쓰고는, 오직 그녀에게 맡기겠습니다.

폴릭세네스 멋진 맹세로군.

카밀로 진실한 사랑으로 보입니다.

양치기 하지만 내 딸아, 너도 이 젊은이에게 같은 맹세를 하겠니?

페르디타 저는 그렇게 멋진 말은 못하겠어요. 그렇게 말하고 싶지도 않고요. 오직 제 마음이 가는 대로 이분의 깊고 순수한 사랑만을 믿고 따르겠어요.

양치기 자, 손을 잡아라. 이젠 그만해도 된다. 낯선 두 분, 증인이 되어주십시오. 나는 딸을 이 청년에게 주겠습니다. 지참금은 이 젊은이가 가진 재산만큼 주겠소.

플로리젤 아닙니다, 따님의 지혜와 부덕이 지참금이 되게 해주십시오. 어떤 분이 돌아가시면 저는 상상도 할 수 없는 엄청난 부자가 됩니다. 그때는 놀라시겠지요…… 어서 증인들 앞에서 약혼시켜 주십시오.

양치기 자, 손을 이리 주게. 그리고 네 손도.

폴릭세네스 잠깐, 젊은이! 잠깐만 기다리게. 아버지는 살아 계신가?

플로리젤 예, 그런데 그건 왜 물으십니까?

폴릭세네스 아버지가 이 일을 아시나?

플로리젤 모르십니다. 그리고 알릴 생각도 없습니다.

폴릭세네스 아버지란 자식이 혼인 서약을 하는 자리에 가장 떳떳하게 참석해야 하지 않겠나? 다시 한 번 묻거니와 그대 아버지는 세상의 이치도 모른단 말인가? 나이 들어 류머티즘 등으로 이 자리에 함께할 수 없거나, 아니면 치매라도 걸렸나? 말은 하시는가? 들을 수는 있나? 사람을 알아보는가? 자기 권한을 시끄럽게 따져대지는 않으시고? 병으로 침대에만 누워 계시지는 않나? 어린아이같이 되어 철없는 짓이나 하시지는 않나?

플로리젤 아닙니다. 아버지는 건강하실 뿐만 아니라 같은 나이의 다른 분들에 비해 활기가 넘치십니다.

폴릭세네스 그렇다면 이 흰 수염을 걸고 말하겠네. 젊은이의 행동은 불효막심한 것일세. 내 아들이 자기 배우자를 택하는 건 마땅한 일이나 노후에 자손 보는 것을 즐거움으로 삼는 아버지와 의논해야 옳은 일 아닌가.

플로리젤 맞는 말씀입니다. 그러나 어르신께 말씀드릴 수 없는 어떤 이유가 있습니다. 실은 그래서 아버지께 알릴 수 없습니다.

폴릭세네스 알려야 하네.

플로리젤 못 합니다.

폴릭세네스 알리라니까.

플로리젤 그럴 수 없다니까요.

양치기 알리게, 사위. 설마 자네가 택한 신부를 마다하실까.

플로리젤 아니, 안 됩니다. 이 혼약을 지켜봐 주십시오.

폴릭세네스 (변장을 벗어던지며) 파혼의 증인이 되어주겠다, 이놈. 아들이라 부르지도 않겠다. 내 자식이라 하기에는 너무나 야비하구나…… 왕궁을 마다하고 양치기 지팡이를 택하다니! 이 불손한 늙은이, 너를 교수형에 처해 봤자 유감스럽게도 수명이 일주일만 줄겠구나. (페르디타에게) 너는 신분이 다른 주제에 네 상대가 머저리 왕자임을 알면서도 농간을 부리느냐!

양치기 아이고, 맙소사!

폴릭세네스 네 예쁜 얼굴을 찔레로 상처 내어서 지금보다 더 천한 몰골로 만들겠다. 에잇, 잘난 녀석! 만약 앞으로 네가 이 천한 것과 못 만나게 되는 걸 슬퍼해 한숨짓는다면—다시는 못 만나게 할뿐더러—왕위도 물려주지 않겠다. 그렇게 되면 너는 나와 피를 나눈 자식도 아니다. 대홍수를 이겨내고 인류의 조상이 되신 데우칼리온의 훨씬 윗대까지도 거슬러 올라가 인연을 끊겠다…… 내 말을 명심해! 궁궐로 가자. 촌 늙은이, 내 분노는 풀리지 않았지만 이번만은 사형을 면해 주겠다. 그리고 너 요망한 계집, 너는 목동의 아내로는 어울린다. 아니, 저 아이가 왕자만 아니라면 천한 네 배필로서는 안성맞춤이겠지. 앞으로 네가 왕자를 이 오두막에 꾀어들여 왕자의 몸을 얽어매는 날에는, 연약한 네가 감당 못할 형벌에 처할 것이니 그리 알아라. (퇴장)

페르디타 이렇게 끝이 나다니. 그래도 무섭지는 않았어. 한두 번 전하께 분명히 말씀드리려 했었는데…… 왕궁을 비추는 태양이 우리의 이 작은 오두막에도 모습을 감추지 않고 똑같이 그 빛을 비쳐주고 있다고…… (플로리젤에게) 왕자님, 어서 돌아가소서. 이렇게 될 거라고 말씀드리지 않았나요? 왕자님 지위를 소중히 여기소서. 이제 저의 꿈은 깨어졌습니다. 다시는 여왕 흉내를 내지도 않고, 양젖이나 짜면서 울며 지내겠지요. (화관을 벗는다)

카밀로 왜 그러오, 노인! 유언이라도 남기시지?

양치기 못 합니다. 달걀에도 뼈가 있다지만 이젠 말할 수도, 생각할 수도, 제가 알고 있는 것을 감히 안다고도 할 수 없습니다. (플로리젤에게) 오, 왕자님, 당신께서 이 여든세 살 노인을 망쳐놓으셨어요. 조용히 무덤에 들어가려 했는데, 제 아버지가 운명한 그 침대에서 마지막 숨을 거둔 뒤 정직한 그분의 뼈 곁에 나란히 누우려 했는데 이젠 틀렸습니다. 사형집행관이 수의를 입히고 신부님이 흙도 덮어주지 않는 곳에 버려질 신세죠…… (페르디타에게) 이 저주받은 가련한 것! 왕자님인 줄 알면서 사랑의 맹세를 나누다니. 망했다! 망했어! 한 시간 전에만 죽었어도 천수를 누렸다고 했을 텐데. (퇴장)

플로리젤 (카밀로에게) 왜 나를 그렇게 바라보십니까? 나는 슬프지만 두렵지는 않습니다. 내 바람이 조금 미뤄지기는 했으나 아무것도 변함이 없습니

다. 지금의 나는 지금까지의 나와 다름이 없어요. 뒤로 잡아당겨서 버티기
는 힘들지만 억지로 질질 끌려가지는 않겠습니다.

카밀로 왕자님, 부왕의 성정을 잘 아시지요…… 지금은 무슨 말씀을 아뢰어
도 들어주지 않으실 테고, 또 왕자님도 아뢸 생각이 없으실 줄 압니다. 지
금은 왕자님을 보시기만 해도 진노하실까 걱정됩니다. 전하의 노여움이 가
라앉으실 때까지 모습을 보이지 마소서.

플로리젤 나도 그럴 마음은 없어요. 카밀로 경이죠?

카밀로 그렇습니다, 왕자님.

페르디타 (플로리젤에게) 이렇게 될 거라고 제가 여러 번 말씀드렸지요! 왕비
행세하는 것도 이런 사실이 알려질 때까지만이라고 말씀드렸습니다!

플로리젤 내가 맹세를 어기지 않는 한 절대로 그렇게 되지 않을 거요. 어긴
다면 이 지구가 무너져 만물의 씨가 멸종할 것이오! 얼굴을 들어요. 아버지,
왕위계승권을 박탈하소서. 저는 사랑을 택하겠나이다.

카밀로 충언을 받아들여 잘 생각하십시오.

플로리젤 생각했습니다. 내 이성이 그 힘에 이끌려 사랑을 따른다면 내 안에
는 이성이 존재하게 되고, 따르지 않는다면 내 감정이 광기를 택해 그것을
환영하겠지요.

카밀로 그건 자포자기하시는 겁니다.

플로리젤 그래도 좋습니다. 맹세를 지켜야 합니다. 이 사실을 정직하게 생각
해 보아야 합니다. 카밀로, 나는 보헤미아라는 나라와, 또 보헤미아 왕이 됨
으로써 누릴 수 있는 부귀영화와, 또 태양이 비추어 주고 땅이 품고 있거나
저 깊은 바다 밑에 감추어져 있는 온갖 것과 바꾼다 해도 나의 연인과 한
맹세만은 깰 수 없습니다. 그러니 부탁합니다. 그대는 아버지가 존경하는 분
이니 내가 떠난 뒤에—나는 부왕을 다시 뵙지 않으려 합니다—아버지의 진
노를 가라앉혀 주세요. 나는 나 자신과 운명의 힘에 의지해 스스로 미래를
개척하겠습니다. 이 뜻을 부왕께 전하셔도 좋습니다. 나는 바다로 가겠습니
다. 뭍에서는 그녀와 살 수 없으니까요. 때마침 근처에 배 한 척이 정박해
있습니다. 물론 이 때문에 미리 계획해 둔 것은 아닙니다. 내가 어디로 가는
지 그대는 알 필요도 없겠지만, 나 또한 알리고 싶지 않습니다.

카밀로 아, 왕자님! 왕자님이 충고를 순수하게 받아주시든지, 아니면 이 어려

움을 굳세게 헤쳐 나가셨으면 합니다.

플로리젤 자, 페르디타! (페르디타의 손을 끌어당겨 한쪽으로 데리고 가면서 카밀로에게) 그대의 말은 곧 들어보겠습니다.

카밀로 기어이 떠나실 모양이구나. 나도 이 기회에 동행해 도울 수만 있다면 이 얼마나 복된 일이겠는가. 왕자님을 경애와 충성을 다해 위험에서 보호해 드리고, 다시 조국 시칠리아로 돌아가 나의 군주이신 그토록 그리워하던 가엾은 전하를 뵐 수만 있다면 얼마나 좋을까. (플로리셀이 다시 다가온다)

플로리젤 카밀로, 걱정거리가 너무 많아 그만 실례하겠습니다. (곧 돌아서서 자리를 뜨려 한다)

카밀로 왕자님, 왕자님은 제가 비록 미흡하지만 부왕을 경애하여 충심으로 섬겨온 사실을 들으셨으리라 생각됩니다.

플로리젤 경의 충성은 지극했지요. 아버지께서도 그대의 공로를 크게 칭찬하시면서 어찌 보답해야 할지 몰라 고심하셨습니다.

카밀로 그러니 왕자님, 제가 전하를 충직하게 모시며 전하와 가장 가까운 왕자님을 경애하고 있음을 믿어주신다면 부디 제 의견을 받아주십시오. 왕자님이 이미 결정하신 계획을 바꿀 수만 있다면 제 명예를 걸고 왕자님으로서 예우를 받을 수 있는 곳을 알려드리겠습니다. 그곳에서 왕자님의 연인과 함께 계실 수 있습니다. 그 여인과의 이별은 있을 수 없는 일이겠지요. 하지만 왕자님 몸에 무슨 일이라도 생긴다면…… 아, 그때는 신께서 보살펴 주실 겁니다. 사랑하는 분과 결혼하십시오. 왕자님이 떠나 계시는 동안, 저도 최선을 다해 부왕의 진노를 가라앉히고 이 결혼에 대해 동의를 얻겠습니다.

플로리젤 카밀로, 어떻게 하면 그런 기적을 이룰 수가 있겠습니까? 그렇게만 해준다면 그대를 신처럼 받들리다. 그대만 믿겠습니다.

카밀로 가실 곳을 생각해 보셨습니까?

플로리젤 아닙니다, 아직은요. 뜻밖에 이런 일이 벌어졌으니 계획이 있을 리 있겠소? 그러니 우리 자신을 운명에 내맡기고 그저 바람 부는 대로 정처 없이 떠나려 합니다.

카밀로 그럼 제 말을 들어주십시오. 왕자님이 기어이 떠나실 거라면 시칠리아로 가십시오. 그리고 왕자님과 왕자비께서는—이분은 틀림없이 왕자비가 되실 것입니다—레온테스 전하를 만나 뵈십시오. 물론 왕자비께서도 신분에 어울리는 차림을 하셔야 합니다. 전하께서 두 팔 벌리고 눈물을 흘리며 환영하는 모습이 눈에 선합니다. 전하께서는 왕자님을 부왕 대신으로 알고 용서를 구하시며 풋풋한 왕자비의 손에 입을 맞추시겠지요. 지난날을 두고 두고 후회하시면서 새로운 반가움이 용솟음칠 때마다 기쁨과 슬픔이 엇갈리시어, 잘못은 지옥에나 떨어져 없어지고 그 대신 반가움이 생각이나 시간보다 더 앞서주기를 간절히 바라시겠지요.

플로리젤 존경하는 카밀로, 시칠리아 왕을 방문한 이유는 뭐라고 하면 좋겠소?

카밀로 부왕의 사신으로서 안부를 전하기 위해 왔다고 하시면 됩니다. 전하를 어떻게 대해야 하고, 부왕의 사절로서 어떻게 말씀을 전해야 하는지는 우리 세 사람이 이미 알고 있는 바가 있으니 제가 미리 써드리겠습니다. 그것만 있으면 어느 자리에서든 만나실 때마다 참고가 될 것이며, 레온테스 전하께서도 왕자님 말씀이 그대로 부왕의 뜻을 전한다고 믿으실 겁니다.

플로리젤 감사합니다. 덕분에 희망이 보입니다.

카밀로 왕자님의 무모한 계획보다는 훨씬 희망이 보이실 겁니다. 뱃길 없는 바다, 꿈에도 본 적 없는 해변에서 재난을 당할 것은 뻔한 노릇이고, 한 고비를 넘기면 어느새 또 덮쳐오는 재난을 피할 도리가 없지요. 믿을 것은 닻뿐이지만 닻이 하는 일이란 고작해야 머물고 싶지 않은 곳에 발을 묶어놓는 게 전부겠지요. 게다가 사랑을 변치 않도록 계속 이어주는 끈은 바로 부귀영화에 있기 때문에, 어려움에 처하게 되면 사람의 싱싱한 얼굴빛도 그 마음도 모두 변해 버립니다.

페르디타 말씀 가운데 한 가지는 사실이에요. 하지만 어려움에 처해 얼굴빛은 변할지 몰라도 마음만은 변치 않습니다.

카밀로 아, 그렇게 말씀하시는군요? (플로리젤에게) 앞으로 몇십 년이 지나더라도 이 가문에 이런 분은 다시 태어나지 않을 겁니다.

플로리젤 카밀로, 이 사람은 신분은 나보다 낮지만 자라면서 몸에 익힌 품위와 교양은 한 수 위입니다.

카밀로 교육받지 못했다 해서 "그거 참 안됐다" 단정지어 말할 수는 없지요. 이분은 선생들이 스승으로 받들어 모셔야 할 분 같습니다.

양치기 모습의 페르디타 앤서니 프레더릭 샌디스. 1866.
극의 후반에 페르디타는 보헤미아라는 태양이 빛나고 삶을 긍정하는 세계의 중심에 서 있다.

페르디타 그런 말씀은 하지 마세요. 지나친 칭찬으로 몸둘 바를 몰라 얼굴
　　이 다 붉어집니다.

플로리젤 나의 예쁜 페르디타! (그녀에게 키스한다) 우리는 지금 가시밭에 서
　　있어요! 카밀로, 그대는 아버지를 구해 주시더니 이번에는 나를 지켜주시는

군요. 우리 집안의 주치의이신 카밀로, 우리는 어떻게 하면 좋을까요? 왕자 다운 차림새를 갖추지 못한 채 시칠리아에 가도 전하께서 믿어주실까요?

카밀로 왕자님, 조금도 걱정하지 마십시오. 제 재산이 모두 그곳에 있습니다. 왕자님에게 어울리는 옷차림과 그 밖에 필요한 모든 것을 저에게 맡겨주십시오. 전하께 전할 말씀도 제가 써서 드리겠습니다. 안심하시도록 한 말씀만 더 올릴까 합니다. (세 사람, 길 한쪽으로 가서 이야기한다)

아우톨리쿠스 다시 등장. 방이 비어 있음을 깨닫고 혼잣말로 자신의 마음속을 털어놓는다.

아우톨리쿠스 으하하! 정직이란 놈은 정말 바보야! 정직의 의형제인 성실 또한 참으로 미련한 신사지! 드디어 허드레 물건을 몽땅 팔아치웠어. 가짜 보석, 리본, 거울, 향료통, 브로치, 수첩, 노래책, 칼, 테이프, 장갑, 구두끈, 팔찌, 뿔반지까지 이 상자 안이 텅 비었단 말이다. 내 허드레 물건을 사느라 다들 무슨, 복을 부르는 부적이라도 사는 것처럼 몰려들었으니…… 그사이에 나는 어떤 녀석 돈지갑이 가장 불룩한지—나중에 쓸모가 있을 테니—눈독을 들여놨지. 그 광대 녀석, 제대로 사람이 되려면 눈치가 있어야겠는걸. 계집애들 노래에 반해서 곡조와 가사를 외어버릴 때까지 한 발짝도 움직이지 않았단 말야. 그러니 어중이떠중이, 다들 내 곁으로 모여들어 귀를 쫑긋 세우고 노래를 듣느라 넋이 빠졌더군. 치마 속에 감춘 보배를 홀랑 가져와도 몰랐을 거야. 바지 주머니 돈은 그야말로 식은 죽 먹기였지. 쇠줄에 찬 열쇠라도 슬쩍 할 수 있었을걸. 이 신사 나리의 노랫소리 말고는 아무것도 들리지도, 느끼지도 못하는 표정들이었다고. 내 노래에 빠져 있는 틈을 타, 잔치에 쓰려고 가져온 돈지갑을 슬쩍해서 낚아챘다, 이 말씀이야. 만약 그때 그 늙은이가 자기 딸과 왕자 이야기로 법석을 떨어 왕겨에 모여든 갈까마귀 떼들을 쫓아버리지만 않았더라면 나는 전군(全軍)의 돈지갑을 하나도 안 남기고 몽땅 털었을 텐데…… (카밀로, 플로리젤, 페르디타 앞으로 나온다. 아우톨리쿠스, 황급히 군중 뒤로 숨는다)

카밀로 아닙니다. 두 분께서 도착하시자마자 제 편지가 모든 의문을 풀어줄 겁니다.

플로리젤 그대는 레온테스 전하의 답장을 받게 되겠군요?

카밀로 그러면 부왕께서도 흡족해하시겠지요.

페르디타 부디 행복하시기를! 말씀하신 대로 잘될 것 같아요.

카밀로 (아우톨리쿠스를 보며) 누구냐? 저 사람을 이용해야겠습니다. 썩은 새 끼줄도 쓸 데가 있는 법이지요.

아우톨리쿠스 (혼잣말로) 아차, 내 말을 엿들었다면 내 목숨도 이걸로 끝장 이다!

카밀로 (그를 잡아끌며) 이보게, 친구! 왜 그리 떨고 있나? 두려워할 것 없네, 이 사람아. 우리는 자네를 해칠 사람들이 아냐.

아우톨리쿠스 저는 가난뱅이입죠.

카밀로 가난해도 좋아. 자네 가난을 훔칠 사람은 없으니까. 하지만 그 가난 뱅이 모습만은 꼭 바꾸어야겠네. 당장 옷을 벗거나. 절박한 사정이 있어 그 러니 이분과 옷을 바꿔 입게. 물론 자네보다 이분이 손해를 보겠지만 말야. 자, 인정으로 베푸는 돈이니 이걸 받게나. (돈을 준다)

아우톨리쿠스 저는 가난뱅이입니다, 나리. (혼잣말로) 나는 당신들을 잘 알아.

(플로리젤, 모자를 탁자 위에 놓는다. 윗옷 단추를 풀면서 길가로 물러간다)

카밀로 어서 서둘러 주게! 이분은 벌써 다 벗었다네.

아우톨리쿠스 나리, 정말입니까? (혼잣말로) 속셈을 모를 줄 알고!

플로리젤 어서 서두르게.

아우톨리쿠스 베풀어 주시는 돈까지 받았습니다만, 어쩐지 마음이 개운치 않습니다.

카밀로 빨리 벗으래도! (아우톨리쿠스가 플로리젤을 따라 길가로 간다) 행운이 따 르는 왕자비여!—제 예견대로 되시기를 바랍니다! 한쪽 그늘에서 여장을 차리십시오. 왕자님은 모자를 눈썹까지 푹 덮어서 얼굴을 가리시고, 또 웃 옷은 벗어서 본디 모습이 드러나지 않도록 하십시오. 관리들의 눈에 띄지 않아야 배에 오르실 수 있습니다.

페르디타 저도 이 연극에서 역할 하나를 맡아야겠군요.

카밀로 별 도리 없죠. 바꿔 입으셨나요?

플로리젤 (아우톨리쿠스의 누더기 옷으로 갈아입고 앞으로 나오며) 이젠 아버지를 만나 뵈도 나를 아들이라고는 부르지 않으실 겁니다. (탁자 위에 놓여 있는 그

의 모자를 집어 쓰려고 한다)

카밀로 (왕자의 모자를 얼른 잡아채서 페르디타에게 건네며) 안 됩니다, 그 모자를 쓰시면 안 됩니다. 자, 받으소서. (아우톨리쿠스에게) 자네는 가도 돼.

아우톨리쿠스 (왕자의 옷을 대충 몸에 걸치고 앞으로 걸어 나오며 위엄을 가장하여 절을 한다) 자, 안녕히 계십시오.

플로리젤 아, 페르디타! 중요한 일을 깜박 잊었어요. 잠깐만 들어줘요.

카밀로 (혼잣말로) 내가 다음에 할 일은 전하께 두 분의 도피와 목적지를 아뢰는 것이다. 그리고 왕자를 뒤쫓아야 한다고 설득하자. 그러면 전하를 모시고 나는 시칠리아 땅을 다시 밟게 되겠지. 내 바람이 아기를 어서 보고 싶어하는 임신부 같구나.

플로리젤 행운이 함께하기를! 자, 그럼 카밀로, 우리는 바닷가로 가겠습니다.

카밀로 서두르실수록 좋습니다. (플로리젤, 페르디타와 함께 퇴장)

아우톨리쿠스 무슨 일을 꾸미는지 알겠어. 내가 다 들었다니까. 활발한 귀, 예리한 눈, 날쌘 손이 소매치기에게는 절대적이지. 코도 예민해야 돼. 다른 감각들을 도와 작업해야 하니까. 올해야말로 불한당이 활개 치고 다닐 해로구나! 바꿔 입은 옷에다 인정으로 베푸는 공돈까지, 이게 횡재가 아니고 뭐겠어! (자기 다리를 툭툭 친다) 거참, 옷 교환치고는 짭짤한 벌이가 됐군! 올해는 신께서 눈감아 주시나 보다. 무엇이든 척척 되거든. 왕자님이 계집을 데리고 아버지 몰래 줄행랑을 친다? 이 일을 전하께 아뢰는 것이 옳겠지만 안 돼. 그렇게는 못 하지. 숨겨두는 것이 악당다운 짓이란 말이다. 그래야 나도 직업에 충실한 거지.

이때 광대와 양치기, 다시 등장.

아우톨리쿠스 숨자, 숨어! 머리를 쓸 일감이 또 온다! 모든 막다른 길, 상점, 교회, 재판소, 사형장, 그 어디든지 조심성만 있으면 일감이 생긴단 말야. (길가 쪽으로 돌아간다)

광대 어이구, 아버지, 도대체 왜 그러셨어요? 이렇게 된 바에야 전하께 말씀 드려야지요! 그 아이는 하늘이 주신 거지, 우리 피붙이가 아니잖아요.

양치기 그렇지만 내 말 좀 들어봐.

4막 4장, 아우톨리쿠스와 카밀로 H.C. 셀루스 그림, 프레데릭 웬트워스 판화

광대 아니, 제 말 먼저 들으세요.

양치기 어디 해봐.

광대 그 애가 아버지의 친자식이 아니니 아버지의 피와 살이 전하께 죄를 진 게 아니잖아요. 그러니 아버지의 피와 살이 벌받을 이유가 없지요. 그 아이를 주웠을 때 함께 있던 비밀스런 물건들을 모두 보여드려요. 지금 그 애가 한 일은 어쩔 수 없지만, 그렇게 하면 법률 따위도 아버지에게서 멀리 비껴간다고요. 제가 장담한대도요.

양치기 전하께 모든 일을—그래, 왕자님의 못된 계략까지도—낱낱이 아뢰자. 왕자님은 전하께도 나에게도 정직하지 못했어. 나를 전하의 사돈이 되게 하려 했으니 말야.

광대 아버지가 전하의 사돈이 된다니, 말도 안 돼요. 만일 그리된다면 아버지의 피값도 한 근에 얼마인지 모를 만큼 엄청나게 뛸걸요.

아우톨리쿠스 (혼잣말로) 똥개들이 똑똑한 소리를 하는군!

양치기 그럼 어서 왕궁으로 가자…… 이 보따리를 보시면 전하께서 수염을 만지작거리며 무척 놀란 표정을 지으시겠지.

아우톨리쿠스 저 거추장스러운 것들이 전하께 알려서 왕자님의 줄행랑이 탄로 나면 어쩌지?

광대 전하께서 궁에 계셔야 될 텐데요.

아우톨리쿠스 (혼잣말로) 나는 본디 정직한 사람은 아니지만 때로는 착한 사람이 될 수도 있어. 이 방물장사의 지저분한 장식들은 주머니에 집어넣고 가짜 수염도 떼어버리자. (수염을 뗀다) 여봐라, 시골뜨기들! 어디를 가는 거지?

양치기 예, 나리, 궁으로 가는 길입니다.

아우톨리쿠스 무슨 일로 가는 거지? 누구에게 볼일이 있나? 그 보따리는 또 뭐고? 주소, 이름, 나이, 재산, 족보, 그 밖에 신고할 일이 있으면 죄다 말해봐.

광대 나리, 저희는 무식한 놈들이라 아는 것이 없습니다.

아우톨리쿠스 거짓말 말게. 그 투박하고 덥수룩한 몰골은 또 뭔가? 거짓말하면 용서하지 않겠네. 거짓말은 장사꾼이나 하는 거야. 그놈들은 우리 무사들에게도 곧잘 거짓말로 장사를 하지. 그러나 우리는 속아서 돈을 뿌리면 뿌렸지 칼질은 안 해. 그런 놈들에게 거짓말은 장사 밑천이니까, 자기들이 거짓말하고 있다는 사실을 우리에게 알려주지는 않는다네.

광대 나리께서도 잘못한 점을 바로잡지 못하셨다면 거짓말을 할 뻔하셨군요.

양치기 죄송하지만 나리는 궁정인이십니까?

아우톨리쿠스 죄송하든 말든 나는 궁에 사는 사람이다. 아니, 이 궁정인다운 옷차림이 눈에 보이지 않느냐? 나에게서 궁정인의 당당한 걸음걸이를 눈치채지 못했나? 궁정인의 체취가 느껴지지 않느냔 말이다! 비천한 것들에 대한 궁정인의 멸시를 느끼지 못하느냐? 이렇게 자네들 비위를 맞추며 은근히 따져 묻는다고 해서 내가 궁정인이 아니란 말이냐? 나는 머리에서 발끝까지 궁정인이다. 나는 너희들이 하는 짓을 도와줄 수도 있고 훼방 놓을 수도 있다. 그러니 무슨 일인지 숨기지 말고 고하라.

양치기 제 일은 전하께 아뢰야 합니다.

아우톨리쿠스 전하를 만나 뵙게 해줄 변호인은 준비했나?

양치기 나리, 무슨 말씀이신지?

광대 변호인은 궁중어로 꿩을 가리켜요. 그러니 없다고 하세요.

양치기 없습니다, 나리. 꿩도 수탉도 암탉도요.

아우톨리쿠스 바보로 태어나지 않아서 다행이다! 운이 나빴다면 저것들처럼 됐을지도 몰라. 그러니 업신여길 것도 없지.

광대 저 사람은 높은 관리인가 봐요!

양치기 의관은 훌륭한데 입고 있는 꼴이 엉성하단 말야.

광대 저렇게 엉성한 품이 오히려 귀티가 난다고요. 틀림없이 귀족이에요. 멋있게 이 쑤시는 걸 보면 알 수 있어요.

아우톨리쿠스 보따리는 뭐냐? 속에 뭐가 들어 있지? 그 상자는 왜 가져왔고?

양치기 나리, 보따리와 상자 안에는 전하 말고 누구에게도 보여드릴 수 없는 비밀스런 것들이 있죠. 제가 전하를 만나 뵙기만 하면 바로 그 자리에서 보여드릴 것입니다.

아우톨리쿠스 노인, 그러다 헛수고만 하겠군.

양치기 왜요?

아우톨리쿠스 전하께서는 지금 궁에 안 계시다네. 우울한 마음을 떨쳐내시려 새로 만든 배를 타고 바람을 쐬고 계시지. 노인이 그런 중대사를 알 수 있을까 모르지만 전하는 상심하고 계시다네.

양치기 예, 그럴 거예요, 나리. 양치기 딸과 결혼하려는 왕자 때문이겠죠.

아우톨리쿠스 양치기가 붙들리지 않고 달아났으면 좋겠군. 왕자가 받을 저주와 고문은 등허리를 부러뜨리고 괴물의 심장이라도 터지게 하고 말걸.

광대 정말 그럴까요, 나리?

아우톨리쿠스 사람의 머리로 짜낼 수 있는 가장 끔찍한 형벌을 당할 자는 노인뿐만이 아니지. 일가친척들, 50촌까지 모조리 교수형이 틀림없지. 너무나 애처로운 일이지만 어쩔 수 없다고. 늙은 양치기 주제에 양 부르는 휘파람이나 불면 될 것을, 무슨 재주가 있어 자기 딸을 왕자비로 만들려 하는지! 돌로 쳐 죽이라고 하는 사람들도 있다네. 하나 그건 너무 관대한 처벌이야. 왕좌를 양 우리로 끌어내리다니! 온갖 처절한 형벌도 그 죄에 비하면 너무 관대하지.

광대 그 노인에게 아들이 있다는데, 혹시 그 이야기는 못 들으셨나요?

아우톨리쿠스 하나 있다더군. 산 채로 껍질이 벗겨질걸…… 그다음 온몸에 꿀을 발라 왕벌집 앞에 놓고 거의 숨이 넘어가기 직전까지 내버려 뒀다가 독한 약이나 술로 숨을 돌이키게 한 뒤에, 땡볕 쏟아지는 날을 달력에서 알아내어 옷을 벗긴 채로 벽돌담에 기대 놓을걸. 그러면 햇빛이 정남향에서 쏟아져 내리고, 파리떼가 모여들어 쉬를 슬면서 몸뚱이는 흐늘흐늘 썩어간다네. 역적 놈들 이야기를 해서 무엇하겠나. 대역죄를 저질렀으니까 놈들의 불행을 보고 웃어주기나 하라고. 자네들은 정직하고 순박해 보이는군. 전하께 아뢸 게 뭔가? 나한테 적당한 보은을 하면 배로 데려가서 전하를 뵙게 해주겠네. 또 자네들을 위해 소청을 올릴 수도 있네. 전하의 측근에서 소청을 들어줄 사람이 있다면 그게 바로 나일세.

광대 대단한 권세가인가 봐요. 이분께 돈을 주고 빌붙으세요. 권력은 고집 센 곰 같아도 돈을 미끼로 코도 잡아끌 수 있다니까요. 아버지의 돈지갑을 이분 손바닥 위에 올려놓기만 하세요. 더는 떠벌릴 필요도 없을 테니까요. 돌팔매질을 당하고, 산 채로 껍질이 벗겨진다는 것도 잊지 마시고요!

양치기 나리, 죄송하지만 저희를 위해 이 일을 맡아주신다면 여기 이렇게 돈

4막 4장, 양치기, 광대와 아우톨리쿠스 H.C. 셀루스 그림, 프레데릭 웬트워스 판화

을 드리겠습니다. 그리고 이만큼 되는 돈을 더 가져오겠습니다. 돈을 가져오
는 동안 대신 이놈을 잡혀놓고요.

아우톨리쿠스 청을 들어준 뒤에 말인가?

양치기 예, 나리.

아우톨리쿠스 그럼 먼저 반을 받겠네. 자네도 이 일에 관련됐나?

광대 예, 나리, 조금은…… 하지만 불쌍한 놈이니 산 채로 껍질을 벗기진 않
을 테죠?

아우톨리쿠스 그건 양치기 아들놈의 경우이고, 놈은 교수형감이지. 본보기
로 말이네.

광대 (양치기에게만 들리도록) 기운을 내세요, 기운을! 이 진귀한 물건들을 전
하께 보이고 그 여자는 친딸도 아니고 제 동생도 아니라고 하면 돼요. 그렇

게 안 하면 우리는 끝장이라고요. 나리, 일이 잘만 되면 저도 이 노인과 같은 액수를 드리겠어요. 그리고 돈이 올 때까지 제가 나리의 인질로 잡혀 있을 거고요.

아우톨리쿠스 그 말을 믿겠네. 먼저 똑바로 바닷가 쪽으로 걷다가 오른쪽으로 가게. 나는 울타리에 볼일을 보고 뒤따라 가겠네.

광대 나리를 만나서 저희는 정말 운이 좋아요.

양치기 저분 말씀대로 먼저 가자. 신이 보내신 분이야. (광대와 함께 퇴장)

아우톨리쿠스 정직한 사람이 되려고 해도 운명의 여신이 허락하지를 않아. 먹을거리를 입에 넣어주니…… 이번에는 두 몫이 함께 들어와 나를 유혹한단 말야. 돈도 벌고 옛 주인인 왕자님도 도울 수 있으니, 어쩌면 이게 출세의 발판이 될지도 몰라. 눈먼 저 두더지 놈들을 왕자님 배에 태우자. 혹시라도 왕자님이 놈들을 배에서 쫓아내 이들이 전하께 무엇을 호소한다 해도 나와는 상관없는 일이지. "구차한 짓이나 하는 불한당아" 하셔도 나는 아무렇지 않다고. 악당이라 불리는 데 이미 익숙하니까. 왕자님과 만나게 하자. 무슨 수가 있을지도 모르지. (퇴장)

[제5막 제1장]

시칠리아. 레온테스 궁전의 한 방.
레온테스, 클레오메네스, 디온, 파울리나, 그 밖의 시종들 등장.

클레오메네스 전하, 이제 충분합니다. 성자와도 같이 속죄를 하셨습니다. 어떠한 죄인들 지금까지 하신 참회로 보상되지 않을 수 있겠습니까. 전하의 뉘우침은 실로 죄과의 몇 배가 되고도 남습니다. 이제는 신(神)들도 잊었으니 전하께서도 과거에 저지르신 죄악을 잊으시고 부디 자신을 용서하소서.

레온테스 왕비와 그 부덕을 생각하면 왕비를 욕되게 한 일이 잊히지 않소. 내 잘못이 큰 것을 생각하지 않을 수가 없다오. 그 죄로 왕위를 이을 후손마저 끊기고 내 희망의 밑거름인 사랑하는 반려자까지 죽게 했으니……

파울리나 예, 너무나 명백한 사실입니다, 전하. 전하께서 전 세계 모든 여성과 결혼하시어 저마다 가지고 있는 장점만을 취해 완전한 여인을 꾸며보신다 한들 전하께서 죽게 하신 그분과는 비교도 안 될 것입니다.

레온테스 옳은 말이오. 내가 죽였소! 내가 죽였단 말이오! 하지만 그렇게 몰아붙이면 이 가슴은 찢어진다오. 부인이 하는 말들은 내 우는 가슴에 말뚝을 박듯 너무 가혹하기만 하구려…… 자, 그래도 부탁이오. 이따금씩 그렇게 해주길 바라오.

클레오메네스 다시는 그런 말씀 마십시오, 부인. 세상을 더 이롭게 하는 친절한 마음이 담긴 말이 얼마든지 있지 않습니까.

파울리나 경도 전하께 새 왕비를 맞이하시도록 권하는군요.

디온 그 일에 찬성하지 않는다면 부인은 이 나라의 앞날을 걱정하지 않는 겁니다. 왕위 계승은 어떻게 하지요? 좀 생각해 보십시오. 후계자가 없으면 이 나라에 어떤 위험이 닥칠 것인지, 앞길이 막막한 백성들이 얼마나 불안에 휩싸일 것인지를 말입니다. 왕비님이 편히 잠들어 계시기를 그 누가 기원하지 않겠습니까? 왕위를 계승하게 하고 지금 전하의 마음을 위로해 드려야 하며 이 나라 장래를 생각해서 전하께 훌륭한 배필을 천거함은 신께서도 기뻐하실 것입니다.

파울리나 돌아가신 분보다 더 훌륭한 분은 하나도 없습니다. 더구나 신(神)들은 비밀리에 뜻을 실현하실 거예요. 아폴로 신이 신탁의 취지를 밝히지 않았던가요? 레온테스 왕은 잃은 자식을 찾을 때까지 후계자를 못 얻는다고요. 공주를 찾아낸다는 건, 제 남편이 무덤을 헤치고 제 앞에 나타나는 것처럼 인간의 이성으로서는 믿을 수 없는 일이에요. 남편은 공주 아기씨와 함께 죽었으니까요. 여러분은 하늘의 뜻을 어기도록 전하께 권유하시는군요…… (레온테스에게) 후손이 없어도 왕위를 이을 분은 나오십니다. 알렉산더 대왕은 덕이 높은 사람에게 왕위를 물려주셨죠. 가장 훌륭한 후계자였습니다.

레온테스 파울리나, 돌아간 왕비를 지금도 소중히 생각하오? 오, 그대의 충고를 따랐더라면 지금 왕비의 시원한 눈매를 바라볼 수 있고 그 입술에서 쏟아져 나오는 보석과도 같은 귀한 말들을 들을 수 있을 텐데.

파울리나 그 보물들을 아무리 꺼내고 또 꺼내셔도 왕비님 입술은 더욱 영글었을 것입니다.

레온테스 옳은 말이오. 그런 아내를 어찌 잊겠소…… 다시 아내를 맞아들이지는 않으리다. 그만 못한 아내를 맞아 극진히 대접해 주면 왕비의 넋이 다시 시체에 깃들어서는, 이 죄인 앞에 나타나 노하여 이렇게 말할 거요. "왜 저에게 이런 모욕을 주십니까?" 하고.

파울리나 왕비께 그럴 능력이 있으시다면 그렇게 하셔도 마땅하지요.

레온테스 그렇소. 나를 노엽게 만들어 새 왕비를 죽이게 할 거요.

파울리나 저라도 그럴 것입니다. 제가 왕비마마의 영혼이라면 전하께 새 왕비의 눈을 보시라고 하겠습니다. "그 흐릿한 눈빛이 어디가 좋아 택하셨습니까?" 아뢰오며 전하의 귀청이 따갑도록 비통한 소리로 이렇게 말하겠습니다. "저의 눈을 잊으셨나이까!" 라고요.

레온테스 그래, 별, 별 같은 눈이었소. 다른 눈은 모두 불 꺼진 숯덩이 같소! 걱정 마시오. 절대로 새 왕비를 맞이하지 않으리다, 파울리나.

파울리나 전하, 맹세하소서. 제가 좋다고 말씀 올릴 때까지 새 왕비를 맞이하지 않겠다 맹세하소서.

레온테스 맹세하오, 파울리나. 하늘에 내 영혼을 걸고!

파울리나 두 분은 전하의 증인이 되어주십시오.

클레오메네스 이건 전하께 너무 심한 처사입니다.

파울리나 안 됩니다. 왕비님과 꼭 닮은 분이 나타나지 않는 한 전하의 눈을 모독하는 것이지요.

클레오메네스 오, 부인.

파울리나 이제 됐습니다. 하지만 새 왕비를 맞이하려 하신다면…… 전하의 뜻을 꺾을 수는 없는 일이지요. 왕비 간택을 저에게 맡겨주소서. 새 왕비는 돌아가신 분보다 젊으시면 안 됩니다. 왕비님의 혼령이 나타나 전하의 품 안에 계신 것을 보고도 기뻐할 만한 분이라야 됩니다.

레온테스 파울리나, 그대의 허락 없이는 결혼하지 않겠소.

파울리나 돌아가신 왕비께서 다시 살아나실 때까지는 절대로 안 됩니다.

신사 등장.

신사 삼가 아뢰나이다. 폴릭세네스 왕의 아들, 왕자 플로리젤이라 자칭하는 분이 이 세상 사람 같지 않은 아름다운 왕자비와 함께 전하를 뵙겠다고 청하옵니다.

레온테스 무슨 일인가? 찾아온 격식이 한 나라의 왕자답지 않군. 예고도 없이 갑자기 찾아온 것을 보니, 아마도 정식 예방이 아니라 긴급한 사정이 있어 방문한 것 같네. 수행원은 있던가?

신사 미천한 자들 몇 사람입니다.

레온테스 왕자비도 같이 왔다고?

신사 예, 태양도 지금까지 이처럼 아름다운 분을 비추어 본 적이 없을 겁니다.

파울리나 아, 헤르미오네 님, 현재 훌륭한 것은 과거에 좋았던 것보다 더 낫다고 언제나 자랑하는 법. 무덤에 계신 왕비님도 눈앞의 것에 양보를 하셔야겠습니다! 당신은 왕비마마를 칭송하는 말도 하고 글도 쓴 적이 있지요? 한데 그 시의 주제가 벌써 식은 것은 아닌지요? 왕비님을 '지금도 비할 데 없고, 앞으로도 변함없이 그러하실 가장 아름다운 분'이라고 찬미하는 시구가 붓끝에 흐르더니, 어느새 썰물처럼 물러나 이제는 보다 아름다운 미인을 보았다고 하다니요.

신사 용서하십시오, 부인. 왕비마마를 잊을 뻔했습니다. 죄송합니다. 하지만 부인도 그분을 보시기만 하면 할 말을 잃으실 겁니다. 그 왕자비가 만약 한 종파를 만들어 다른 종파의 열렬한 신자들에게 자신을 따라오라는 명령 한 마디만 내리신다면 모두 자기 종파를 버리고 그분을 따라갈 겁니다.

파울리나 그러나 여자는 안 될걸요.

신사 여자들도 그분을 사랑할 겁니다. 세상에 존재하는 그 어느 남자들보다 훌륭한 여자분이니까요. 남자들은 가장 뛰어난 여성이라고 사랑할 겁니다.

레온테스 클레오메네스, 어서 동료들과 함께 가서 이리로 모셔오시오. (클레오메네스, 몇몇 관리들 서둘러 퇴장) 그런데 이상하구려. 미리 알리지도 않고 은밀히 오다니.

파울리나 어린 시절, 보석처럼 빛나시던 왕자님이 살아 계셨다면 보헤미아 왕자님과 단짝이 되셨을 겁니다. 생일이 한 달 차이도 나지 않았으니까요.

레온테스 부탁이니 그런 말 마오. 그렇게 말하면 왕자가 다시 죽는 느낌이라오. 내가 보헤미아의 이 멋진 신사를 만나게 되면 그대의 말이 떠올라 꼭 미쳐버릴 것 같소. 그들이 오는군요.

클레오메네스가 플로리젤, 페르디타, 시종들과 함께 다시 등장.

레온테스 왕자여, 왕자의 어머님은 정숙한 분이셨군. 부왕의 모습을 그대로 왕자에게 물려주셨는걸. 내가 지금 스물한 살 젊은이라면 아버지 모습이 그대로 박혀 있는 왕자에게도 형제라 부르며 둘이서 장난치고 놀던 지난 이야기를 했을 것만 같네. 참으로 잘 왔소! 그리고 아름다운 왕자비도! (페르디타, 베일을 벗는다) 오, 여신 같군요! (그녀를 바라본다) 슬프다, 두 사람처럼 이 하늘과 땅 사이에서 사람들의 칭송을 받았을 두 자식을 나는 잃었으니…… 뿐만 아니라 내가 어리석은 탓으로 그대의 훌륭하신 부왕의 우정과 호의를 잃어버렸소. 그 뒤 나는 괴로운 나날을 보내면서 살아 있는 동안 언젠가는 다시 만날 수 있기를 간절히 바라고 있다오.

플로리젤 저는 부왕의 뜻을 받들어 이곳 시칠리아에 왔습니다. 또 막역한 형제와도 같은 친구로서 전하께 진심어린 인사를 드리라고 말씀하셨습니다. 연로하시어 쇠약해지시지만 않았어도 간절한 바람을 이루셨을 텐데…… 몸소 뭍을 달리고 바다를 건너 이 나라를 방문하셨을 겁니다. 아버지는 이 세상 어느 왕권이나 어느 국왕보다도 전하를 존경하신다 말씀하셨습니다.

레온테스 오, 나의 형제, 훌륭한 신사여! 내가 저지른 잘못이 다시금 이 가슴을 치는구려. 이처럼 부드러운 인사는 이제까지 나의 사죄가 늦어진 데 대해 게으름을 깨우쳐 주는 것 같소. 대지가 봄을 맞듯이 그대들을 환영하오. 한데 부왕이 이 보잘것없는 사람을 위하여 비할 데 없이 아름다운 분을 그 험하고, 비정하기 이를 데 없는 바다 멀리 보내셨단 말이오? 더군다나 생명의 위험을 무릅쓰면서까지 방문할 만한 가치도 없는 이 사람을 위해?

플로리젤 이 여성은 리비아에서 왔습니다.

레온테스 용맹하고 덕망 높으신 스말루스 왕께서 백성의 존경과 사랑을 한 몸에 받는다는 그곳이군.

플로리젤 그렇습니다, 전하. 스말루스 왕께서는 이별의 눈물을 흘리시며 공주의 손을 놓아주셨습니다. 그때부터 저희들은 신의 축복으로 남풍을 받

5막 1장, 레온테스, 페르디타와 플로리젤 H.C. 셀루스 그림, 프레데릭 웬트워스 판화

아 항해하여 아버지가 명하신 대로 전하를 뵙게 되었습니다. 그러고는 시칠리아 해안에 도착하자마자 시종들을 보헤미아로 돌려보냈습니다. 제가 리비아에서 얻은 행운을 전해 드리면서, 왕자비와 함께 이곳에 안전하게 도착했다는 소식도 서둘러 전하기 위해서입니다.

레온테스 신들이여, 두 사람이 이곳에 머무르는 동안 이 나라의 공기에서 독기를 몰아내어 맑게 정화해 주소서! 왕자의 아버님은 성스러울 만큼 덕망이 높으신 어른이오. 나는 그런 성군이신 왕에게 죄를 저지르고 신들의 노여움을 사서 자식들을 잃게 됐소. 그대의 아버님은 성덕으로 인해 하늘로부터 축복을 받아 왕자가 그 뒤를 잇게 되었소…… 내가 지금 두 사람같이 훌륭하게 성장한 아들딸을 볼 수만 있다면 얼마나 좋을까!

귀족 한 명 등장.

귀족 전하, 제가 아뢰올 일은 증거가 가까이 없다면 도저히 믿지 못하실 일입니다. 보헤미아 왕께서 저를 통해 보내오신 소식을 전해드리겠습니다. 왕자를 체포해 주십사 하는 당부 말씀이었습니다. 왕자는 신분과 의무를 저버린 채, 왕위 계승권을 포기하고 양치기 딸과 달아났다 합니다.

레온테스 왕이 어디 계시는지 말하라!

귀족 이곳 도성 안에 계십니다. 저는 지금 그곳에서 왔나이다. 하도 놀라운 일이라 두서없이 아뢰었습니다. 보헤미아 왕은 두 분을 뒤쫓으며 황급히 궁으로 오시는 길에 이 가짜 공주의 아버지와 오빠를 만나셨습니다. 그들도 왕자와 함께 보헤미아를 탈출했다 합니다.

플로리젤 카밀로가 나를 배신했구나. 이제까지 명예와 충성심으로 모진 풍상을 버텨온 그 사람이.

귀족 (플로리젤을 가리키며) 왕자의 죄를 물으십시오. 지금 그는 부왕을 수행하고 있습니다.

레온테스 누가? 카밀로가?

귀족 그렇습니다. 그와 이야기를 했습니다. 그는 가련한 양치기 아버지와 아들을 심문하고 있습니다. 악당들이 그렇게 벌벌 떠는 모습은 처음 보았습니다. 부자는 무릎을 꿇은 채 땅에 입을 대고 다시는 하지 않겠다며 거짓 맹세만 합니다. 보헤미아 왕께서는 귀를 막으시고는 사형에 처한다고 엄포를 놓으셨습니다.

페르디타 아, 가엾은 아버지! 하늘이 우리에게 첩자를 보내시다니! 우리 결혼을 축복하지 않으시려나 봅니다.

레온테스 결혼식은 올렸소?

플로리젤 아직 못 했습니다. 어쩌면 할 수 없게 될지도 모릅니다. 별들은 골짜기부터 먼저 입을 맞춘다지요. 불운은 신분이 높고 낮음에 관계없이 찾아오는가 봅니다.

레온테스 왕자여, 이 아가씨는 왕의 딸이오?

플로리젤 예, 먼저 제 아내가 되면요.

레온테스 부왕이 급히 오신 것으로 미루어 '먼저'란 말은 그리 쉽지 않을 거요. 가엾소, 참으로 가엾소. 왕자가 자식의 도리를 어기고 부왕의 사랑을 저버렸으니, 왕자가 택한 배필이 비록 아름답기는 하나 가문이 좋지 못하다는 이유로 혼인을 허락받지 못하다니.

플로리젤 이봐요, 기운 내요. 운명의 신이, 우리의 적이 되어 부왕과 함께 우리를 뒤쫓아 온다 해도 우리의 사랑을 조금도 바꾸어 놓을 수는 없소. (무릎을 꿇는다) 바라옵건대 전하, 저처럼 젊은 시절이 있었음을 기억하시고 저를 도와주십시오. 그 시절의 사랑을 돌아보시며 제 편이 되어 아버지를 설득해 주십시오. 전하의 부탁이라면 아버지는 어떤 소중한 것이라도 마다하지 않고 들어주시리라 생각합니다.

레온테스 만약 그렇다면 나는 왕자비를 달라고 하겠소. 그대 아버님은 그녀를 하찮게 여기시니까.

파울리나 (레온테스에게) 안 됩니다, 전하. 전하의 안목은 너무나 젊으십니다. 왕비님은 돌아가시기 한 달 전만 해도, 전하는 전하께서 지금 보고 계시는 이 여인보다 훨씬 더 아름다우셨습니다.

레온테스 내가 그녀를 눈여겨본 것은 왕비 생각이 났기 때문이오. (플로리젤에게) 참, 왕자의 청을 아직 들어주지 않았군. 부왕을 만나보리다. 왕자가 사랑의 열정 때문에 명예를 소홀히 여기지만 않는다면, 나는 왕자와 왕자가 사랑하는 이들의 친구가 되어주겠소. 그 사랑의 사자로서 지금 부왕을 찾아가리다. 그러니 왕자는 나를 따라와서 어떻게 하는지 지켜보기만 하오.

자, 왕자, 이쪽으로. (모두 퇴장)

〔제5막 제2장〕

같은 곳. 궁전 앞.
아우톨리쿠스와 신사 1 등장.

아우톨리쿠스 그럼 당신은 그 이야기의 현장에 있었나요?

신사 1 있었어요. 늙은 양치기가 보따리를 풀어헤쳐 놓고는 줍게 된 사연을
말하는 것도 들었지요. 전하께서는 놀란 표정으로 잠자코 듣고 계시다가 우
리에게 물러가라 명령하셨지요. 그때 양치기가 아이를 주웠다는 이야기도
들었습니다.

아우톨리쿠스 그 뒷이야기가 너무 궁금하군요.

신사 1 내 이야기는 그저 토막 소식일 뿐이죠. 하지만 그때 전하와 카밀로
경의 표정이 무척 놀라신 것 같았습니다. 눈에 힘을 주고 서로 쳐다보는 모
습이 금방이라도 눈알이 튀어나올 것만 같았죠. 두 분의 침묵 속에 웅변이
있고, 몸짓 속에 말이 담겨 있었습니다. 세계가 구원을 받았다거나 아니면
망했다는 소식을 들은 것 같은 표정이었죠. 놀란 것만은 확실했지만, 어떤
영특한 분이 보았다 해도 그것이 즐거운 일인지 슬픈 일인지…… 도무지 읽
을 수는 없었을 겁니다. 아무튼 어느 한쪽에만 극단으로 치우치는 것 같았
습니다.

신사 2 등장.

신사 1 저기 오는 분이 자세히 알지도 모릅니다. 새로운 소식이라도 있소, 로
제로?

신사 2 온 세상이 불꽃놀이입니다. 신탁대로 이루어졌소. 전하께서 공주님
을 찾으셨습니다. 한 시간도 채 안 되는 사이에 이상한 일들이 잇달아 일어
나는 바람에 노래 짓는 자들도 뒤따라가지 못할 정도라오.

신사3 등장.

신사 2 파울리나 부인의 집사가 오는군. 저 사람이 더 자세히 알고 있을 거 요. 어떻게 됐습니까? 이번 일이 사실이라고는 하지만 너무나 꿈같은 이야 기라 믿을 수가 없군요. 공주님을 찾으셨다는 게 사실인지요?

신사 3 틀림없는 사실이죠. 여러 정황으로 살펴보아, 실제로 봤다고 할 만큼 귀로 들은 이야기와 모든 증거가 딱 들어맞거든요. 헤르미오네 왕비의 외투, 목걸이에 박힌 보석, 안티고누스 경의 편지도 발견되었지요. 그분의 필적임 이 판명됐고요. 게다가 돌아가신 왕비마마를 꼭 닮으신 기품 있는 자태와 타고난 듯한 고귀함, 그 밖의 여러 증거로 보아 틀림없이 공주님이었어요. 두 전하께서 만나시는 걸 봤습니까?

신사 2 아뇨.

신사 3 그것참 안됐군요. 꼭 봤어야 하는 건데. 말로는 표현할 수 없는 광경 이었죠. 하나의 기쁨이 정점에 이르면 또 다른 큰 기쁨이 꼬리를 물고 생겨 나, 마치 슬픔이 두 분을 떠나보내며 눈물을 흘리듯, 기쁨의 눈물이 강을 이루었지요. 두 손을 높이 쳐드시고 하늘을 우러러 기도하시는 모습들이 실성하신 분들처럼 보였는데, 입고 계신 옷이 아니라면 어느 분이 어느 분 인지 분간할 수 없을 정도였습니다. 전하께서는 공주를 찾은 기쁨으로 정신 을 잃으신 듯 그 기쁨을 슬픔으로 바꾸어 "아, 네 어머니, 네 어머니가!" 이 렇게 외치시더니 보헤미아 왕께 용서를 빌고 사위 되는 왕자님을 끌어안으 셨습니다. 그러고는 공주를 다시 힘껏 껴안으셨어요. 또 양치기 노인에게 깊 은 감사의 말을 하시는데, 양치기는 몇 대에 걸쳐 온갖 비바람을 겪어낸 사 람처럼 우뚝 서 있었지요. 그런 만남은 이제까지 들어본 적도 없는 데다 사 실대로 이야기하려 해도 숨이 차서 제대로 말이 나오지 않는군요.

신사 2 그럼 공주님을 데려간 안티고누스 경은 어찌 됐나요?

신사 3 그저 터무니없는 옛이야기 같았지요. 들으려고도 믿으려고도 하지 않는 사람들도 들어볼 만한 기가 막힌 사연이랍니다. 그는 곰에게 갈가리 찢겨 죽었다는군요. 양치기 아들이 증언했어요. 순진해 보이는 그 젊은이는 파울리나 부인이 자기 남편임을 알아볼 수 있는 손수건과 반지를 가지고 있었답니다.

신사 1 그때 안티고누스 경이 탄 배와 수행원들은요?

신사 3 그들의 주인이 살해되는 순간에 파선되는 걸 그 양치기가 보았다는 군요. 공주를 버리는 일에 나선 사람들은 공주님이 발견됐을 때 모두 목숨을 잃은 거지요. 그건 그렇고, 파울리나 부인 가슴속에는 기쁨과 슬픔이 뒤엉켰더군요. 죽은 남편을 생각하며 슬픔으로 한 눈을 내리깔고 있다가도 신탁대로 이루어짐에 마음이 들떠 또 한 눈을 치켜뜨고 하늘을 바라보았지요. 부인은 공주님을 일으켜 꼭 껴안았습니다. 공주님을 다시는 잃지 않도록 자기 품에서 꼭 지키려는 듯이요.

신사 1 이 거룩한 1막은 온 세상의 왕가들을 관객으로 모셔서 보여드릴 만한 가치가 있군요. 배우도 배우이니만큼 말이오.

신사 3 그 가운데 가장 가슴 아프고 감동적인 사연은—나 자신도 모르게 물고기도 아닌 이 몸이 낚시질당하듯 끌려 눈물바다를 이루게 했는데—바로 왕비마마 죽음에 관련된 이야기를 들었을 때였지요. 전하께서 슬픔을 머금고 지난 잘못을 뉘우치실 때 공주님은 잘 듣고 계시다가 "아아!" 탄식하며 피눈물을 흘리셨습니다. 이 사람의 심장도 피눈물을 참지 못했고요. 본디 돌같이 냉정하던 사람도 얼굴빛이 창백해졌고 어떤 이들은 기절까지 했습니다. 그 비통함을 참지 못해 다 함께 울었지요. 세상 사람들이 모두 보았다면 누구라도 한결같이 슬픔에 젖었을 겁니다.

신사 1 모두 궁정으로 돌아가셨나요?

신사 3 아닙니다. 공주님은 파울리나 부인이 가지고 있는 어머니 조각상 이야기를 들으셨어요. 그건 이탈리아의 명인 줄리오 로마노가 오랜 세월에 걸쳐 이번에 완성한 작품이랍니다. 자기 작품에 영원한 생명을 불어넣을 수 있는 힘이 그에게 있었더라면 조물주를 기만해서라도 그는 틀림없이 자기가 만든 조각상에 생명을 불어넣었을 거랍니다. 그 조각은 왕비님의 모습과 어찌나 비슷한지 사람들이 말을 걸면 바로 대답을 해주실 것만 같다하더군요. 모두 이 조각상을 보러 가셨어요. 식사도 그곳에서 드신다고 합니다.

신사 2 나는 그곳이 파울리나 부인과 어떤 중대한 관계가 있는 줄로만 생각했어요. 왜냐하면 왕비님이 돌아가신 뒤 하루에도 두세 번씩 남의 눈을 피해 그 외딴집을 찾았거든요. 우리도 가서 그 기쁨에 한몫 끼면 어떻겠습니까?

신사 1 허락받을 만한 사람치고 안 갈 사람은 없겠지요. 순간순간마다 새로운 은총이 있을 것만 같군요. 그곳에 가지 않으면 새 소식을 얻지 못하죠. 자, 갑시다. (신사들 퇴장)

아우톨리쿠스 아아, 지금까지 내가 나쁜 짓만 하지 않았더라면 출세는 땅 짚고 헤엄치기였을 것을. 양치기 부자를 왕자님의 배에 태워준 것도 나였고, 그들이 보따리인지 뭔지 이야기하던 것을 왕자님께 아뢴 것도 나였지. 그때 왕자님은 양치기 딸인 줄로만 알았던 공주님에게 흠뻑 빠져서 그 곁에 함께 계셨지. 공주님은 뱃멀미를 심하게 하고, 왕자님은 혹독한 날씨가 계속되면서 몸 상태가 좋지 않아 두 분의 비밀을 캐내지는 못했어. 그러나 내게는 모두 매한가지지. 내가 비밀을 알아냈더라도 지난 행적이 좋지 않아 별소용이 없었을 거야.

멋진 옷으로 갈아입은 광대가 양치기와 함께 등장.

아우톨리쿠스 저기 내가 선심을 베푼 녀석들이 온다. 행운의 꽃이 벌써 활짝핀 것 같군.

양치기 얘야, 나는 이제 나이가 들어 자식을 낳을 수 없다. 하지만 너의 아들딸들은 모두 귀족의 자식으로 태어날 거야.

광대 그래, 잘 만났다. 요전에는 내가 귀족이 아니라서 결투하기 싫다고 했겠다. 이 옷이 보이는가? 차림새가 그렇게 보이지 않으니 귀족이 아니라고 어디 말해 보라고! 이 훌륭한 옷을 보고도 귀족이 아니라고 한다면 거짓말쟁이지! 이제 내가 귀족인지 아닌지 어디 시험해 보라니까.

아우톨리쿠스 이제 당신이 귀족이란 걸 알겠습니다.

광대 그렇다, 네 시간 전부터 쭉 귀족이었지.

양치기 이 늙은이도 그렇단다, 얘야.

광대 그렇긴 하죠. 하지만 제가 아버지보다 먼저 귀족이 됐어요. 왕자님이 제 손을 잡고 "형님"이라 부르시고 나서 두 전하께서 아버지를 "형님!"이라 부르시고, 그리고 제 형제인 왕자님과 누이동생인 왕자비가 아버지를 "아버님!" 하고 불렀지요. 그래서 우리는 울었고요. 그 눈물은 우리가 귀족이 되어서 처음 흘린 눈물이었어요.

양치기 앞으로 자주 그런 눈물을 흘리게 될 거다.

광대 그래요, 안 그러면 운수가 사나운 거죠. 지금 이렇게 믿어지지 않을 만큼 대단한 신분이 되었으니까요.

아우톨리쿠스 부디 간청합니다. 제가 이제까지 두 분께 저지른 모든 잘못을 용서해 주시고 왕자님께 잘 부탁드려 주소서, 나리들.

양치기 그렇게 해주어라, 아들아. 너그럽게 대해야 해. 우리는 이제 귀족이 됐으니까.

광대 마음을 고쳐먹겠나?

아우톨리쿠스 예, 두 분이 바라신다면요.

광대 그럼 악수를 하지. 내가 왕자님께 아뢰겠다고 맹세하지. 네가 보헤미아에서 누구보다도 정직한 사람이라고 말야.

양치기 그래도 좋다. 그러나 맹세는 하지 마라.

광대 이제 저는 귀족인데 맹세를 말라니요? 농부나 지주가 아니라고요. 저는 맹세할래요.

양치기 사실이 아니면 어쩌려고 그러니, 아들아?

광대 아주 잘못된 것만 아니라면, 친구를 위해 맹세를 하는 것이 진정한 귀족이 아니고 뭐겠어요. (아우톨리쿠스에게) 그러니 나는 왕자님께 맹세를 하겠다. 네가 용감한 사람이고 술은 한 모금도 입에 대지 않는다고 말야. 하지만 나는 네가 용감한 자도 아니며 주정뱅이라는 걸 잘 알고 있어. 그래도 나는 맹세하겠다. 나는 네가 꼭 용감한 사람이 꼭 되어주었으면 해.

아우톨리쿠스 예, 있는 힘을 다해 꼭 그렇게 증명해 보이겠습니다.

광대 아무렴, 꼭 그래야지. 용감한 사람이 되어주게. 그런데 아무래도 이상해. 자네는 용감한 주제도 못 되면서 술 마실 용기는 있단 말야. 봐라! 우리 친척인 두 전하와 왕자님, 왕자비께서 왕비님의 조각상을 보러 지금 가시는 길이다. 우리를 따라오너라. 우리가 너의 주인이 되어주마. (모두 퇴장)

〔제5막 제3장〕

같은 곳. 파울리나 별장 안의 예배실.

5막 3장, 레온테스, 폴릭세네스, 파울리나, 플로리젤, 페르디타, 카밀로 윌리엄 해밀턴 그림, 로버트
듀 판화. 18~19세기

무대 뒷면에 휘장을 두른 조각상이 있다. 레온테스, 폴릭세네스, 플로리젤, 페르디
타, 카밀로, 파울리나, 귀족들, 시종들 등장.

레온테스 오, 신중하고 어진 파울리나, 그대가 오늘 나에게 베풀어 준 참으
로 커다란 위안에 어찌 감사해야 할지 모르겠소!

파울리나 전하, 저는 그동안 전하께 넘치는 은총을 입어왔으나, 오늘 제 마
음이 원하는 만큼 정성껏 받들지는 못했습니다. 형제 왕을 모시고 정혼한
후계자들과 함께 이렇게 누추한 곳까지 찾아와 주시어 황공할 따름입니다.
바다 같은 그 은혜는 평생을 두고 갚아도 갚지 못할 것입니다.

레온테스 오, 파울리나, 은혜라니…… 우리는 그대에게 귀찮음의 영광만을
베풀었소. 나는 왕비와 똑같이 생긴 조각상을 보러 온 것이오. 지금 복도를
지나오면서 많은 진귀한 예술품들을 보았소. 그러나 공주가 보고 싶어하는
왕비의 조각상은 아직 보지 못했소.

파울리나 살아 계실 때에도 비할 데 없이 아름다우셨지만 돌아가신 뒤에

만들어진 조각상도 전하께서 이제까지 보신, 사람의 손으로 만든 그 어떤 조각보다도 훌륭합니다. 그리하여 특별히 잘 모셔놓았습니다. 바로 이곳입니다. 잠이 죽음의 모습을 닮은 것처럼 이 조각상은 살아 계셨던 왕비님과 너무나 똑같습니다. 보시고, 훌륭하다 칭찬해 주십시오…… (휘장을 젖히자, 조각처럼 서 있는 헤르미오네가 나타난다) 말씀이 없으신 건, 그만큼 감탄하셨다는 증거입니다. 말씀해 주소서—먼저 전하부터 해주시겠습니까? 꼭 닮지 않았는지요?

레온테스 아, 살아 있는 모습 그대로요! 사랑스러운 조각이여, 그대를 헤르미오네라 부르겠으니 나를 꾸짖어 주오. 아냐, 꾸짖지 않는 모습이 오히려 왕비 같구려. 왕비는 부드럽고 어린아이 같고 자애로웠소. 하지만 파울리나, 이렇게 주름살은 없었소. 이렇듯 나이 들지도 않았소.

폴릭세네스 그랬었지요.

파울리나 그만큼 조각가의 솜씨가 뛰어난 것입니다. 16년을 지내오며 지금까지도 살아 계신 것 같지 않습니까?

레온테스 왕비가 지금 이렇게 살아 있다면 얼마나 많은 위로로 나를 기쁘게 해주겠소! 조각상을 바라보니 내 가슴이 찢어지는 듯 아파오는구려. 오, 저렇게 품위 있고 따뜻하게, 지금처럼 침착하게 서 있었소. 맨 처음 사랑을 고백했을 때처럼! 아, 부끄럽구나. 왜 이 돌로 된 조각상은 내 마음을 돌보다 더 차갑다고 비난하지 않는가? 오, 왕비의 조각상이여! 그대 위엄에는 마력이 있구려. 나의 못된 악행들을 떠오르게 하오. 그리고 우리 공주는 감탄하면서 정신을 빼앗겨 그대와 함께 이렇게 돌처럼 서 있으니 말이오!

페르디타 허락해 주십시오. 제가 무릎 꿇고 어머니 명복을 빌겠으니 미신이라 꾸짖지 마소서. (무릎을 꿇으면서) 어머니, 제가 태어난 뒤 얼마 안 되어 돌아가신 왕비마마, 지금 어머니 손에 입맞추겠나이다.

파울리나 (가로막고 서며) 오, 참으세요. 왕비님의 조각상은 이제 막 완성되었기 때문에 아직 물감이 채 마르지도 않았습니다.

카밀로 전하의 슬픔은 너무나 아프게 남겨져 있습니다. 열여섯 해의 겨울을 삭이지 못한 채 지내오셨고, 그만큼의 여름도 비탄으로 가슴을 저며오셨습니다. 어떠한 기쁨도 이처럼 오래 살지 못했으며, 어떠한 슬픔도 이미 죽었어야 했습니다.

폴릭세네스 존경하는 형제여, 본의는 아니었으나 슬픔의 원인이 된 이 사람에게도 그 많은 슬픔을 나누어 주시오. 그 슬픔이 전하를 찌르는 것만 같습니다.

파울리나 황공하나이다, 전하. 이 평범한 돌조각상이 전하의 마음을 어지럽힐 줄 알았더라면, 이 조각은 제 것이오니 처음부터 아예 보여드리지 않았을 것입니다. (다급하게 휘장을 치려 한다)

레온테스 휘장을 내리지 마오.

파울리나 더는 보시면 안 됩니다. 환각을 일으켜 조각상이 움직이는 것처럼 여겨지실까 염려되나이다.

레온테스 그대로 두시오! 차라리 죽고 싶구려. 그런데 조각상이! 이 상은 누가 만들었소? (폴릭세네스에게) 좀 보십시오, 전하. 숨을 쉬고 있지 않습니까? 혈관에 피가 흐르는 것 같지 않습니까?

폴릭세네스 걸작이오. 입술 위에도 따뜻한 생명이 담겨 있는 듯합니다.

레온테스 고정시켜 놓은 눈이 움직이는 것 같지 않나요? 신묘한 기교에 홀려서 그런가요?

파울리나 휘장을 내려야겠습니다. 전하께서 너무도 감동하시어 돌상이 살아 움직인다고 곧 말씀하실 것만 같습니다.

레온테스 오, 파울리나, 앞으로 20년간은 그런 환각을 갖게 해주오. 하늘과 땅 사이의 모든 정기도 저 광적인 기쁨과는 비할 수 없을 것 같소. 그대로 두오.

파울리나 이토록 전하의 마음을 어지럽혔는데, 더 심려를 끼치게 될까 걱정입니다.

레온테스 괜찮소, 파울리나. 이 고통은 생기를 불어넣는 그 어떤 다정한 위로보다도 더욱 감미롭구려. 지금도 조각상이 살아 숨 쉬는 것만 같소. 훌륭한 장인의 손끝으로 숨까지 불어넣을 수 있단 말인가! 입을 맞출 것이니 나를 비웃지 마시오.

파울리나 전하, 고정하소서. 입술의 붉은 칠이 아직 마르지 않았습니다. 그러시면 칠이 벗겨집니다. 전하의 입술이 기름진 얼룩으로 더럽혀집니다…… 휘장을 쳐야겠습니다.

레온테스 안 될 말! 앞으로 20년은 안 되오.

페르디타 그동안 저도 전하와 함께 바라보며 서 있겠습니다.

파울리나 두 분 모두 그만하십시오. 예배실을 어서 떠나소서. 그렇지 않으면 더 놀라시게 됩니다. 그래도 좋으시다면 제가 조각상을 움직여서 내려오게 한 다음, 두 분께 조각상의 손을 잡아보게 하겠습니다. 그러면 제가 악마의 힘을 빌렸다고 생각하시겠지요. 물론 그렇지 않지만요.

레온테스 돌조각상에 무슨 조화를 부린다 해도 기꺼이 보리다. 무슨 말을 시켜도 들으리다. 움직일 수 있다면 말도 시킬 수 있을 거요.

파울리나 마음속에서 믿음을 일깨워야 합니다. 모두 가만히 계십시오. 제가 마법을 부린다고 생각하시는 분은 지금 떠나주십시오.

레온테스 계속하시오. 아무도 움직이지 않겠소.

파울리나 깨어나시게 음악을 연주해요, 음악을! (음악 소리) 됐습니다. 내려오십시오. 이젠 돌이 아닙니다. 이리 오십시오. 모든 분을 놀라게 해주십시오. 자, 무덤은 제가 막고 있겠습니다. 자, 이제 저쪽으로 가보십시오. 무감각은 죽음에나 넘겨주세요. 그대의 생명이신 그분께서 다시 살아나게 해주셨습니다! (모두에게) 여러분, 보십시오. 움직이십니다. (이때 헤르미오네가 천천히 단에서 내려온다) 놀라지 마세요. 곧 신성한 일이 벌어지게 됩니다. 제 주문도 정법에 맞고요. 그러니 피하지 마세요. 피하시면 왕비님이 돌아가십니다. 그렇게 되면 두 번 죽이시는 셈이 되지요. 자, 손을 내어드리세요. 왕비님이 젊으실 때는 전하께서 구혼하셨지만 세월이 흐른 지금은 왕비님이 구혼자가 되어주소서. (헤르미오네가 레온테스를 껴안는다)

레온테스 오, 따뜻하구나! 이것이 마법이라면 마법도 음식을 먹는 것처럼 떳떳한 일이로다. (헤르미오네와 키스한다)

폴릭세네스 돌조각상이 레온테스 전하를 포옹했소!

카밀로 왕비마마의 돌조각상이 전하의 목에 매달리신다! 살아 계시다면 말씀도 하게 해주시오.

폴릭세네스 그렇소. 그리고 지금까지 어디에 계셨으며, 또 어떻게 해서 죽은 자의 세계에서 탈출하셨는지요?

파울리나 살아 계셨다는 이야기를 들으시면 옛날이야기 같다고 웃으시겠지요? 보시다시피 살아 계십니다. 말씀은 아직 안 하셨지만요. 잠시 기다려주세요…… 공주님, 두 분 사이로 오세요. 무릎을 꿇으시고 어머니께 신의

5막 3장, 레온테스, 페르디타와 헤르미오네   H.C. 셀루스 그림, 프레데릭 웬트워스 판화

축복이 함께하기를 기원하세요…… 이쪽을 보십시오, 왕비마마. 페르디타 공주님입니다. (페르디타 공주를 왕비에게 보여준다. 페르디타, 다시 한 번 무릎을 꿇는다)

헤르미오네 신들이여, 굽어보소서. 내 딸의 머리 위에 성수를 뿌려 축복해 주소서! 공주, 말해 다오. 어디서 구조되었느냐? 어디에 살았고, 어떻게 아버지 궁에 들어왔느냐? 파울리나로부터 네가 살아 있다는 신탁 이야기를 들었기에, 그 사실을 확인하려고 지금까지 이렇게 살아 있었다.

파울리나 그 이야기는 나중에 하십시오, 왕비님. 그런 이야기를 하다가 여러분의 기쁨이 사라지실까 염려되나이다…… 자, 행복을 되찾은 여러분, 다 함께 이 기쁨을 나누어 가지십시오. 이 늙은 비둘기는 시든 나뭇가지로 날아가, 다시 찾을 길 없는 남편을 애도하렵니다. 이 목숨 다할 때까지…….

레온테스 서러워 마오, 파울리나! 내가 그대의 동의를 얻어 다시 아내를 맞았듯이 그대도 내 동의를 얻어 남편을 맞이하시오. 이는 두 사람이 맹세한 약속이 아닌가요? 그대는 나에게 왕비를 찾아주었소. 그 과정은 나중에 들으리다. 어찌 된 일인지 알 수 없으나, 나는 왕비가 죽은 것을 이 눈으로 확인하고는 속절없이 무덤 앞에서 기도만 드리지 않았소? 이번에는 내가 그대에게 훌륭한 남편을 찾아줄 차례요. 먼 곳에서 찾을 것도 없소. 내가 그의 마음을 얼마쯤 알고 있다오. 자, 카밀로, 이 손을 잡으시오. 이 부인의 높은 덕과 정절은 충분히 존경받고 우러를 만하다오. 우리 두 왕이 증인이 되어주리다…… 자, 이곳을 나갑시다…… 참! 나의 형제를 지나칠 뻔했소. 두 분 모두, 나를 용서해 주시오. 두 분의 깨끗한 시선 속에 터무니없는 의심을 품다니…… 이 왕자가 왕비의 사위요. 하늘의 축복을 받아 당신 딸과 약혼을 했다오. 그럼 파울리나, 안내하시오. 한가로이 앉아 함께 이야기를 나눕시다. 그때 헤어진 뒤로 그 기나긴 세월 동안 어떻게 지내왔는지를…… 자, 어서 안내하시오. (모두 퇴장)

The Tempest

폭풍우

[등장인물]

알론소 나폴리 왕

세바스티안 알론소의 동생

프로스페로 전(前) 밀라노 공작. 지금은 지중해의 어느 섬에 살고 있는 마법사

안토니오 프로스페로의 아우. 현(現) 밀라노 공작

페르디난드 알론소의 아들

곤잘로 알론소의 정직한 대신. 프로스페로의 동무

아드리안, 프란치스코 나폴리 귀족

칼리반 프로스페로의 하인

트린쿨로 알론소의 어릿광대

스테파노 알론소의 집사

선장

갑판장

선원들

미란다 프로스페로의 딸

아리엘 공기의 정령

이리스 무지개의 여신

케레스 풍요의 여신

유노 최고의 여신. 유피테르의 아내

님프들 자연에 사는 정령들

리퍼들 풀 베는 일을 하거나 개 사냥을 하는 사람들

개들

[장소]

무인도

폭풍우

〔제1막 제1장〕

바다 위에 떠 있는 배 한 척. 천둥 벼락과 함께 거센 폭풍이 몰아친다. 배 갑판이 보이고, 그 위로 파도가 덮친다. 선장과 갑판장 등장.

선장 (배 뒤쪽 갑판에서) 갑판장!

갑판장 (가운데 갑판에서) 여기 있습니다, 별일 없으십니까?

선장 물론이지, 선원들한테 잘들 하라고 해. 잘못하다간 암초에 걸린단 말야. 자, 기운을 내, 기운을. (퇴장)

선원들 등장.

갑판장 여보게들! 용기를 내게, 용기를…… 정신 차려야 해. 단단히 꼭대기 돛을 내리란 말야. 선장님의 호루라기 소리에 집중해. (거센 바람을 향해) 얼마든지 불어라, 네 숨이 끊어질 때까지…… 바다는 넓다!

알론소, 세바스티안, 안토니오, 페르디난드, 곤잘로, 그 밖의 사람들 등장.

알론소 이봐, 갑판장, 부디 조심하게. 선장은 어디 있지? 선원들을 모두 부르게.

갑판장 어서 선실로 내려가 계십시오.

안토니오 선장은 어디 있지, 갑판장?

갑판장 선장님 말을 듣지 못하셨나요? 일에 방해가 됩니다. 선실로 가 계십시오. 이러시면 폭풍에 부채질하시는 격입니다.

곤잘로　아니, 이보게, 좀 참게나.

갑판장　예, 바다만 잠잠해진다면야…… 자, 어서들 가세요! 폭풍이 국왕인들 무서워할 줄 아십니까? 자, 선실로 가세요. 참견은 말아 주십시오. 방해는 딱 질색이니까요!

곤잘로　이보게, 이 배에 어떤 분이 타고 계시는가를 잊지 말게.

갑판장　제 몸보다 소중한 것이 있을라고요…… 당신은 고문관입니다. 어디 한번 이 풍랑이 멎도록 명령을 해보실까요? 그렇게 해주신다면 저희는 한평생 밧줄에 손을 대지 않겠습니다. 그 위력을 한번 보여주시지요. 그걸 못하신다면 여태까지 산 것만도 고맙게 생각하시고 선실로 내려가 만약의 경우에 대비하고 각오나 하고 계십시오. 자, 여보게들, 기운을 내게 기운을…… 어서 내려가시라니까요. (퇴장)

곤잘로　(배가 앞뒤로 흔들릴 때마다 말이 끊어지면서) 저 친구를 보니 마음이 든든합니다. 아무리 봐도 물에 빠져 죽을 얼굴은 아니에요. 관상을 보니 교수형감입니다. 아, 운명의 신이여, 저 녀석이 교수형을 받게 될 때까지 부디 그 숙명의 밧줄을 저희들의 닻줄로 쓰게 해주소서. 이 배는 아무래도 불안하니까요…… 저놈이 교수형을 받을 팔자가 아니라면 우리 처지가 아주 비참해질 겁니다.

갑판장이 고물(배의 뒷부분) 쪽에 다시 등장. 손님들은 그 앞을 지나 퇴장.

갑판장　꼭대기 돛대를 내려라. 모두들 정신 차려, 더 내려, 더! 큰 돛만으로 달리게 해라. (아래서 외침 소리) 제기랄, 누가 저렇게 악을 쓸까? 폭풍이나 내 호령보다도 더 큰 소리를 내는군…….

세바스티안, 안토니오, 곤잘로 다시 등장.

갑판장　다들 또 오셨군요. 무슨 볼일이십니까? 저희더러 하던 일을 집어치우고 빠져 죽으란 말씀입니까? 물속에 빠지는 맛을 보고 싶으신가요?

세바스티안　이 녀석 하는 말 좀 보게, 고얀 놈 같으니. 개같이 인정머리 없이 왜 이렇게 떠들고 욕을 해!

1막 1장, 난파선의 선원들, 이를 지켜보는 프로스페로와 미란다 조지 롬니 그림, 벤자민 스미스 판화. 1797.

갑판장 그렇게까지 말씀하신다면 당신이 직접 해보시지요. (상대를 하지 않고 옆을 본다)

안토니오 이 고얀 녀석 같으니, 목을 매서 죽일까 보다. 버릇없이 누구 앞에서 큰소리야! 빠져 죽는 걸 무서워하는 건 네놈들이야.

곤잘로 제가 보증합니다. 저자는 빠져 죽지 않을 거예요. 이 배가 호두 껍데기처럼 약하고 오줌줄 짧은 계집애같이 줄곧 물이 새더라도 그것만은 걱정 없습니다.

갑판장 (큰 소리로) 바람을 따라 배를 돌려라, 돌려! 앞 돛과 큰 돛을 세게 잡아당겨라. 바다로 다시 나가자, 멀찌감치! (자포자기가 되어) 멀리 육지를 떠나

버려!

배가 암석에 부딪친다. 로프와 쇠사슬, 그리고 이물(배의 앞부분)에서 고물에 이르기까지 여기저기 도깨비불이 날아다닌다. 흠뻑 젖은 선원들 등장.

선원들 이젠 틀렸어! 기도나 드리자고, 기도나! 모든 게 끝났어!

갑판장 (천천히 술병을 호주머니에서 꺼내면서) 이제 우리의 입은 차디차게 얼어붙어야 한단 말인가?

곤잘로 전하와 왕자께서도 지금 기도하시는 중입니다! 우리도 함께 기도드립시다, 다 같은 운명들이니까.

세바스티안 나는 더 참지 못하겠소.

안토니오 우리가 주정뱅이들한테 감쪽같이 속아서 생명을 빼앗기고 마는 것인가. 요 합죽이 녀석 같으니…… 이 녀석, 목을 매서 열흘만 밀물에 담가 놓을까 보다.

곤잘로 저 녀석은 언젠가는 교수형에 처해질 운명입니다. 설령 바닷물의 물방울 하나하나가 한결같이 아니라고 단언하면서 입을 딱 벌리고 저 녀석을 삼키려 하는 일이 있더라도 말이죠.

배 안에서 들려오는 혼란스러운 소리 저런! 배가 부서지네, 배가! 그럼 잘 있어, 부인, 그리고 내 아들딸아! 잘 있어요, 형제여! 배가 부서지네, 부서져, 배가!

안토니오 전하와 함께 모두 가라앉읍시다.

세바스티안 전하께 작별 인사나 드립시다. (안토니오와 함께 퇴장)

곤잘로 이제는 몇만 평 바다보다도, 메말라도 좋으니 한 마지기 땅이 그립구나. 키가 큰 잡초건 갈색 전나무건, 이 밖에 뭐가 자라 있어도 좋아. 하늘의 뜻이라면 할 수 없지만, 그래도 운명은 땅에서 마치고 싶구나! (모두 퇴장)

〔제1막 제2장〕

섬. 프로스페로의 동굴 앞.

섬에는 위아래 이층 절벽이 있다. 아래 절벽에는 풀이 자라고, 위 절벽으로부터 참

《폭풍》폭풍을 일으켜 배가 암초에 부딪쳐 부서지게 하는 아버지 프로스페로의 마술을 지켜보는 미란다
존 윌리엄 워터하우스. 1916.

피나무 사이로 내려오는 길이 있다. 위 절벽에는 동굴 입구가 천막으로 가려져 있다.

미란다가 바다를 바라보고 있다. 마법사 망토를 입고 마법 지팡이를 든 프로스페로가 동굴에서 나온다.

미란다 (돌아다보면서) 아버지, 아버지가 마법으로 바다를 저렇게 으르렁대게 해놓으신 거라면 다시 잔잔하게 해주세요. 바닷물이 하늘의 얼굴에 닿아서 번갯불을 끄지 않는다면, 하늘에서는 냄새 고약한 역청(瀝靑)이 쏟아질 것만 같아요. 아! 저기 저 고통당하는 사람들을 보면 저도 같이 고통을 느껴요. 저 용감한 배에는 틀림없이 훌륭한 분이 타고 계실 텐데 박살이 나버렸어요. (흐느껴 울면서) 아, 울음소리가 제 가슴을 울려요. 가엾게도 모두 죽어버렸어요. 제가 힘을 가진 어떤 신이라면, 바다를 땅 밑에 가라앉게 해서, 그 좋은 배와 배에 타고 있는 분들을 삼키게 내버려 두지 않을 거예요.

프로스페로 진정해라, 더 이상 놀랄 것 없다. 그리고 그 따뜻한 가슴에 전해라. 모두 무사하다고.

미란다 아, 가엾어라!

프로스페로 무사하다니까. 실은 다 너를 위해서 한 일이란다. 아가, 귀여운 내 딸아, 너는 모르고 있어. 네 신분도, 아버지의 고향도…… 아버지가 아주 보잘것없는 이 동굴의 주인 프로스페로가 아니라 신분이 더 높은 사람이란 사실을 너는 조금도 모르고 있단다.

미란다 (다시 바다 쪽으로 몸을 돌리고) 그것을 알고 싶다고 생각한 적은 한 번도 없었어요.

프로스페로 이젠 때가 왔으니 이야기하겠다. 자, 이 마법사 옷을 좀 벗겨다오. 음, 그렇게, (망토를 벗어서 옆에 놓는다) 마법이여, 거기 놓여 있거라. 그런데 아가, 너는 눈을 씻고 마음을 가라앉혀라. 난파선의 무서운 광경에 네가 동정심을 느낀 모양이로구나. 내가 미리 마법으로 안전하게 해놓아서, 울부짖음이 들리고 바닷속으로 가라앉는 광경이 보이고는 했지만 그 배 안에서는 한 사람도 죽지 않았다. 아니, 머리카락 하나 잃은 사람도 없다. 앉아라, 자, 더 해줄 말이 있다.

미란다 아버지는 가끔 저에 대한 이야기를 시작하다가도 그만둬 버리시고, 물어봐도 "가만있거라, 아직은"하며 말씀을 맺곤 하셨어요.

프로스페로 이제는 때가 왔어. 지금 이 시각이 네게 명하여 귀를 열라고 하니, 잘 들어보려무나. (바위 위에 앉는다. 미란다가 그 곁에 앉는다) 너 기억하니, 이 동굴에 오기 전의 일을? 아마 기억하지 못할 게다. 그때 너는 세 살도 채 못 됐으니까.

미란다 아니에요, 기억해요.

프로스페로 뭘로? 어떤 집이나, 사람으로? 그럼 뭐든지 좋으니 네 기억에 남아 있는 걸 말해 보렴.

미란다 까마득하지만…… 그리고 꿈만 같고, 기억도 또렷하지 않지만 여인들이 너덧 명 제 곁에 있지 않았나요?

1막 2장, 프로스페로와 미란다 헨리 코트니 셀루스 그림, 프레데릭 웬트위스 판화

프로스페로 그랬다. 더 많은 수였단다. 아가, 하지만 그 일이 네 기억에 남아
있다니 참으로 신통하구나. 그럼 컴컴한 지난날의 어두운 구렁 속에서, 그
밖에 또 본 것은 없니? 이곳에 오기 전 일을 기억한다면, 어떻게 이곳에 왔

는지도 기억할 것 같다만.

미란다 그건 생각나지 않아요.

프로스페로 애야, 12년 전에는, 12년 전 네 아버지는 밀라노 공작으로 세도 있는 군주였단다.

미란다 그럼, 제 친아버지가 아니신가요?

프로스페로 네 어머니는 참으로 덕을 갖춘 여인이었어. 네 어머니 말이, 너는 내 딸이라더라. 네 아버지가 밀라노 공작이고, 외동딸인 너는 당당한 가문의 공주였단다.

미란다 오, 세상에! 그러면 무슨 음모 때문에 이곳에 오게 되신 건가요?

프로스페로 그렇다, 그래. 애야, 네 말마따나 음모에 휘말려 고국에서 쫓겨났지만, 물결에 떠밀려 다니다가 다행히도 이 섬에 다다랐다.

미란다 아, 가슴이 찢어지는 것 같아요. 저 때문에 아버지가 얼마나 고생이 많으셨을까! 하지만 기억은 없어요. 그럼, 어서 그다음 이야기를……

프로스페로 너에게는 삼촌이 되는 내 아우 안토니오가…… 좀 들어봐라, 그 아우가 그렇게까지 뒤통수를 치다니…… 세상에서 너 다음으로 내가 사랑하고, 나라의 통치를 맡긴 아우가 말이다. 그 무렵 우리 공국(公國)은 여러 나라 가운데에서도 으뜸가고, 수석 공작인 프로스페로는 권세뿐만 아니라 학문에서도 비길 자가 없을 만큼 유명했단다. 그런 학문에만 열중해서 정치는 아무에게나 맡긴 채 나랏일을 멀리하고, 마법 연구에만 몰두해 있었지. 그랬더니 신의를 저버린 네 삼촌이…… 듣고 있니?

미란다 (바다로부터 눈을 돌리면서) 네, 열심히 듣고 있어요.

프로스페로 청원을 허락하거나 거절하는 법, 사람들을 등용하는 법, 또 너무 출세한 자를 누르는 법 등을 충분히 이해하고 나니까, 그놈은 내가 임명해 놓은 자들을 물갈이하여 직책을 옮기거나 새 인물로 바꾸더구나. 그렇게 관직과 권세의 열쇠를 둘 다 쥐고 있으니 온 나라 사람들이 그놈의 장단에 맞출 수밖에. 어느새 그놈은 프로스페로라는 큰 나무의 줄기를 덮는 담쟁이덩굴이 되어서는 그 나무의 진액을 빨아먹더란 말이야. 애야, 듣고 있지 않니?

미란다 오, 아니에요, 듣고 있어요.

프로스페로 잘 들어봐라. 나는 그렇게 세상일을 등한히 하고 틀어박혀 버렸지. 그렇게 은퇴하지 않았으면 좋았을 것을…… 세속의 눈에도 무엇보다 좋게 보일 마음 수양에 열중하고 있는 틈에, 신의를 저버린 내 아우는 사사로운 욕심이 눈을 떠서, 착한 부모가 나쁜 자식을 낳듯이, 나의 신임과는 정반대로 그 마음속에 배반이 일어나게 됐다. 사실 나의 신임은 한이 없고 믿음은 끝이 없었지. 그렇게 컸던 만큼 아우가 한 짓거리에 대한 배신도 컸다. 아우는 그렇게 군주가 다 되어서 집안 수입뿐만 아니라 내 권력 아래서 제멋대로 행동을 했단다. 거짓말이 심한 자는 결국 자기의 거짓말을 믿게 될 만큼 기억을 죄인으로 만드는 법인데, 그 녀석은 나의 대리가 되고 나서는 자신이 정말로 공작이나 된 것처럼 대권을 행사하는 왕족 행세를 대놓고 하게 됐지. 그래서 야심은 더욱더 커지고…… 얘야, 듣고 있니?

미란다 예, 이런 이야기는 귀머거리 귀에도 들릴 거예요.

프로스페로 그래서 실제로 하는 역할과 칭호 사이의 틈을 메우기 위해 그놈은 기어이 명실공히 밀라노 공작이 되려고 했단다. 형은 서재만 가지고도 영토로서는 충분하고, 나랏일은 도저히 볼 수 없다고 생각했던 모양이야. 그래서 지배욕에 목이 마른 나머지 나폴리 왕과 모의하여 해마다 공물(貢物)을 바친다, 신하의 예를 취한다, 뒷날 왕관을 나폴리 왕관에 예속시킨다는 둥, 한 번도 무릎 꿇어본 일이 없는 밀라노 공국—아, 불쌍한 밀라노여!—을 어처구니없는 비열한 치욕 속으로 몰아넣더구나.

미란다 어머나…….

프로스페로 그놈이 그때 맺은 조약과 그 결과를 들려줄 테니, 그래도 친아우라고 할 수 있겠는지, 얘야, 말 좀 해봐라.

미란다 할머니를 의심하는 것은 죄송하지만 착한 배 속에서도 나쁜 자식들이 태어나잖아요.

프로스페로 그 조약 말인데, 나에게는 오래전부터 원수인 나폴리 왕은 내 아우의 청을 듣고, 일정한 신하의 예(禮)와, 액수는 알 수 없으나 일정한 조공을 받는 대신, 바로 나와 내 처자식을 공국으로부터 몰아내고 아름다운 밀라노 공국을 그 모든 영예와 더불어 내 아우에게 주겠다고 약속했단다. 그래서 안토니오는 미리 정해 놓은 어느 날 밤중에 반란군을 부려서 밀라노의 성문을 열고 죽음 같은 암흑 속에서 졸개들을 시켜 나와 너를 성 밖으로 내쫓아 버린 거란다.

미란다 (눈물을 흘리면서) 아, 가엾어라. 그때 어떻게 울었는지 생각이 나질 않으니, 지금 다시 울어볼래요. 정말이지, 눈물이 펑펑 쏟아지는 이야기예요.

프로스페로 좀더 들어봐라. 그래야만 지금 우리가 처한 현실을 이해할 수 있다. 그렇지 않고서는 우리와 관계없는 이야기가 되고 말아.

미란다 그때 왜 우리를 죽이지 않았을까요?

프로스페로 잘 물었다, 얘야. 으레 그런 의문이 일어날 거다. 우리가 백성들의 사랑을 받고 있었기에 차마 죽일 수는 없었던 거란다. 또한 피를 뿌리는 잔인한 짓은 감히 하지도 못하고, 그저 자신들의 더러운 목적에 그럴듯한 색칠을 했을 뿐이지…… (말을 더듬다가 빠른 어조로) 결국 우리를 배에 태워서 바다로 데리고 나갔다. 그곳에는 다 썩은 배 한 척이 떠 있었는데, 배에는 밧줄도, 돛도, 돛대도, 그 어떤 장비 하나 없었지. 쥐들조차도 본능적으로 알아챘는지 벌써 달아나고 없더구나. 거기서 그놈들은 나와 너를 이 배에 버리고 갔는데, 아무리 외쳐 봐도 바다는 뒤끓고 있을 뿐이고, 또 한숨을 쉬어 봐도 바람은 깊은 탄식만 되돌려줄 뿐이어서 오히려 야속하더구나.

미란다 아마 그때 저는 아버지의 커다란 걱정거리였을 거예요.

프로스페로 아니, 너는 나를 구해 준 천사였어. 하늘이 내려주신 강인함을 온몸으로 드러내며 방긋 웃는 너를 보면…… 바다를 짜디짠 눈물로 적시며, 가슴을 억누르는 무거운 짐 아래 신음하면서도 어느새 내 안에서는 참아내겠다는 용기가 샘솟고, 어떤 어려움이 닥치더라도 견뎌낼 힘이 생기더구나.

미란다 뭍에는 어떻게 오르게 되었어요?

프로스페로 하늘이 도와주셨다. 식량과 마실 물도 조금 있었지. 이건 그때 호송해 준 나폴리 신사 곤잘로의 자비심 덕분이란다. 그 사람이 옷가지니, 속옷이니, 생활에 필요한 소품이나 일용품 같은 것을 우리에게 남겨 놓았는데, 그 뒤에 크게 도움이 되었다. 그뿐 아니라 그는 어찌나 친절한지, 내가 책을 좋아한다는 사실을 알고, 내 장서 가운데에서 내가 공국보다 더 소중히 여기던 몇 권의 책도 건네주더구나.

미란다 그분을 한번 만나보고 싶어요.

프로스페로 이제 일어나야겠다. (망토를 다시 입는다) 아니, 그대로 앉아서 바다에서 겪은 마지막 고난들에 대해 들어봐라. 이 섬에 닿은 뒤 나는 너의 선생님이 되어 보통 수준 이상으로 너를 가르쳐 왔다. 대체로 공주들은 곧 잘 헛되이 시간을 보내고 교사들도 나처럼 정성을 들이지는 않는 법이란다.

미란다 하늘이시여, 저의 아버지께 감사를 드리게 해주세요. (아버지에게 키스한다) 그럼 이제 저…… 아직도 가슴이 울렁거려요. 이번에 바다에 폭풍을 일으켜 놓은 까닭을 말씀해 주시겠어요?

프로스페로 그럼 이 이야기만 해주겠다. 참으로 이상하게도, 자비로운 운명의 여신이 이번에는 내 편이 되어, 나의 원수들을 이 섬 가까이 데리고 오셨더구나. 그런데 점을 쳐보니 내 운명의 최고 정점은 어떤 별에 걸려 있는데, 만약 그 성스러운 힘을 받아들이지 않고 나 몰라라 하면 내 운세는 이제부터 기울어 가게 된단다. 이제 그만 물어라. 네가 졸린가 보구나. (두 손으로 딸의 얼굴을 가리자, 미란다는 곧 잠이 든다) 편안해 보이는구나. 그대로 잠에 빠지거라. 잠이 들 수밖에 없겠지. (풀밭 위에 마법의 원을 그리면서) 아리엘, 나오너라. (마법의 지팡이를 들어올리면서) 어서 나오너라!

아리엘 등장.

아리엘 안녕하세요, 주인님! 근엄하신 주인님, 안녕하세요. 무엇이든 분부하세요. 이렇게 와서 기다리고 있으니까요. 하늘을 날고, 물속을 헤엄치고, 불속에 뛰어들고, 뭉게구름을 타고…… 뭐든지 주인님 명령이라면 이 아리엘은 있는 기술을 다해 복종할 테니까요.

프로스페로 정령아, 그래, 폭풍을 일으키라는 명령은 실행했느냐?

아리엘 예, 하나하나 분부대로 실행했어요. 왕의 배에 올라타서, 뱃머리에 번뜩, 상갑판 중앙부에 번뜩, 갑판에 번뜩, 그리고 선실마다 나타나 무섭게 불을 질러 이곳저곳에서 타오르게 하고, 가운데 돛대와 활대와 기움 돛대에서 따로따로 피어오르던 불길이 합쳐져 하나가 되고는 했지요. 무서운 천둥소리의 선구자인 유피테르 신의 번갯불도 날쌔기로 치면 어림없었지요. 그렇게 번뜩이며 드르렁대는 천둥소리가 바다의 신에게 소리치고 울부짖으며 용감한 파도를 에워싸고는 떨게 만들었답니다. 맞아요, 그의 무서운 창끝을 휘둘렀어요.

프로스페로 잘했다, 정령아. 그만한 고통 속에서는 아무리 굳건하고 침착한 자라도 미쳐버리고 말 것이 아니냐?

아리엘 모두들 미치광이처럼 열에 들떠 절망적인 행동을 취하더군요. 선원들 말고는 다들 불붙은 배를 포기하고 거품 이는 바닷물 속에 뛰어들었답니다. 그때 왕자 페르디난드는 머리카락이 곤두서서 가장 먼저 바닷속으로 뛰어들며 이렇게 외치더군요. "지옥은 텅 비고, 악마들은 다 이곳에 와 있구나."

프로스페로 잘했다. 그래야 내 정령이지. 그런데 이 섬 근처에서 일어난 일이 아니었느냐?

아리엘 예, 바로 이 근처였어요.

프로스페로 그런데 말이다, 다들 무사할까?

아리엘 머리카락 한 올도 빠지지 않았고, 물 위에 몸을 떠받쳐 주던 옷들은 얼룩 하나 남기지 않았을 뿐더러, 오히려 그 전보다 더 말쑥해졌습니다. 그리고 명령하신 대로 저는 그들을 여러 무리로 나누어서 이 섬 여기저기에 흩뜨려 놓았지요. 왕자만은 일부러 따로 떨어져 있게 하고는, 한숨을 불어넣어 호흡을 시킨 뒤, 섬 구석진 곳에서 팔짱을 끼고 비탄 속에 홀로 앉아 있게 내버려 두고 왔습니다.

프로스페로 왕이 탔던 배와 선원들은? 또 다른 배들은?

아리엘 왕이 탔던 배는 무사히 항구에 들어와 있어요. 언젠가 밤중에 저를 깨우시고, 이슬을 가져오게 하셨던, 언제나 폭풍만 몰아치는 마의 섬 버뮤다제도*¹ 한구석에 배를 감춰 놨지요. 그리고 선원들은 모두 갑판 밑에 가두었는데 몹시 지친 데다가 마법에 걸려 있어서, 그냥 잠이 든 채로 놔두었습니다. 그리고 흩어졌던 다른 배들은, 모두 다시 모아서 지중해 바다 위에서 슬픔에 잠긴 채 나폴리로 돌아가는 중입니다. 그 사람들은 왕의 배가 난파한 뒤 왕이 물에 빠져 죽은 것처럼 착각하고 있습니다.

프로스페로 아리엘, 너는 사명을 정확하게 이행하였구나. 그러나 더 할 일이 있다. 지금 몇 시쯤 되었느냐?

아리엘 정오가 지났습니다.

프로스페로 두 시는 지났나 보다. 이제부터 여섯 시까지 우리는 가장 소중하게 시간을 보내야 한다.

---

*¹ 북대서양 서부에 있는 영국령 자치 식민지. 산호초로 이루어진 300여 개 작은 섬의 무리.

아리엘 아직 일이 남았나요? 일을 시키시려면 약속한 것을 잊지 말아 주십시오. 아직도 지키지 않고 있는 그 약속 말이에요.

프로스페로 그건 또 무슨 말이냐? 너의 요구는 뭐지?

아리엘 제 자유요.

프로스페로 기한도 되기 전에? 듣기 싫다.

아리엘 제발 잊지 마세요. 저는 거짓말도 하지 않고, 실수도 저지르지 않고, 불평불만도 없이 시중들어 왔어요. 주인님은 그 기한에서 일 년을 줄여 주시겠다 하셨지요.

프로스페로 너는 내가 너를 어떤 고문에서 구해 주었는지를 벌써 잊었느냐?

아리엘 잊지 않았어요.

프로스페로 아냐, 너는 잊었어. 그래서 깊은 바다 밑 소금 진흙을 밟고, 살을 에는 듯한 된바람을 타고, 서리에 푸석푸석해진 땅속에서 일을 하는 정도를 대단한 봉사처럼 생각하는 거야.

아리엘 아니에요.

프로스페로 거짓말 마라, 못된 것 같으니. 그래, 잊어버렸단 말이냐, 늙음과 시샘 때문에 몸뚱이가 고리처럼 휜 저 나쁜 마녀 시코락스*²를? 감쪽같이 잊어버렸단 말이냐?

아리엘 잊지 않았어요.

프로스페로 아냐, 너는 잊어버렸어. 그럼 그 마녀가 어디서 태어났느냐? 어디 말해 봐.

아리엘 예, 알제예요.

프로스페로 음, 맞았어. 내가 한 달에 한 번씩 네게 일어났던 이야기를 해주지 않으면 너는 잊어버린다니까. 그 빌어먹을 마녀 시코락스는 갖가지 흉계와 듣기도 무서운 마법을 행한 죄로, 너도 알다시피 알제에서 쫓겨나지 않았느냐. 그러나 한 가지 공로를 생각해서 목숨만은 거두지 않았어. 안 그런가?

아리엘 예, 그렇습니다.

프로스페로 파란 눈의 그 마녀는 임신한 채 선원들에게 호송되어 와서 이 섬

---

*2 사악하고 힘이 강한 마녀이자 이 작품 속에서는 프로스페로를 좋지 않게 생각하는, 반은 짐승이고 반은 사람인 칼리반의 어머니.

에 버려졌어. 네 말마따나 그때 너는 그 마녀의 종이었으나, 너무나도 가냘픈 정령이라서 그녀의 사악하고도 가증할 명령에 놀라 그 중대한 명령을 따르지 않으니까, 그 나쁜 마녀는 지독한 분풀이로 너보다도 힘이 센 하인들에게 소나무를 쪼개어 그 속에다 너를 끼워 놓게 했지. 그래서 너는 그 속에 끼인 채 12년을 고생하지 않았느냐. 그동안 그녀는 죽고, 너는 그곳에 그대로 버려져 있었는데, 네 신음 소리는 물방아 소리처럼 줄곧 새어 나왔다. 그때 이 섬에는 그 마녀가 낳은 자식인 얼룩무늬 괴물 한 놈이 있었고, 사람이라고는 그림자도 볼 수 없었지.

아리엘　마녀의 아들 칼리반이지요.

프로스페로　그렇다, 지금 내가 부리고 있는 칼리반이다. 내가 왔을 때 네가 어떤 어려움에 빠져 있었는지는 네가 가장 잘 알고 있지 않느냐. 네 신음 소리는 늑대조차 겁을 내서 짖게 하고, 늘 성나 있는 곰의 가슴속까지 파고들었다. 그건 지옥에 떨어진 자나 받는 고문이었는데, 시코락스 자신도 풀어놓을 순 없었지. 그때 마침 내가 와서 신음 소리를 알아채고 나의 마법의 힘으로 소나무를 베어서 너를 끌어낸 것이다.

아리엘　고맙습니다, 주인님.

프로스페로　다시 불평만 해봐라. 떡갈나무를 쪼개어 매듭투성이인 그 속에 처넣고, 다시 12년 동안 울부짖게 할 테니.

아리엘　용서해 주세요, 주인님. 이제는 정령으로서 주어진 명령을 순순히 따르겠습니다.

프로스페로　그래야지. 그렇다면 이틀 뒤에는 자유의 몸이 되게 해주마.

아리엘　고맙습니다, 주인님. 무슨 일을 할까요? 말씀해 주세요, 무슨 일을 할까요?

프로스페로　그럼 가서 바다의 님프로 둔갑해 오너라. 너와 나밖에는 아무에게도 보이지 않도록 해라. 자, 어서 님프가 되어 다시 오너라…… 어서, 빨리. (아리엘 퇴장. 프로스페로가 미란다를 들여다본다) 눈을 떠라, 아가, 눈을 떠. 잘 잤겠지, 그만 일어나라. (미란다가 잠에서 깨어난다.)

미란다　아버지가 들려주신 놀라운 이야기들이 저의 눈꺼풀을 무겁게 했나 봐요.

프로스페로　정신 차리거라. 자, 종놈 주제에 사근사근하게 대답한 적이 한

1막 2장, 프로스페로, 미란다 및 칼리반 H.C. 셀루스 그림, 프레데릭 웬트워스 판화

번도 없는 칼리반에게 가보자.

미란다 (일어나면서) 그놈은 빌어먹을 놈이에요, 아버지. 옆에서 보는 것조차 구역질 나거든요.

프로스페로 그렇기는 하지만, 지금 우리 형편으로는 아쉬운 존재란다. 불도 지피고, 땔감도 날라 오고, 우리에게 이로운 일을 하고 있잖니. 야, 이놈! 칼리반! 흙강아지 같은 놈아, 대답해라!

칼리반 (안에서) 장작은 안에 많이 있어요.

프로스페로 어서 나와, 또 시킬 일이 있으니. 나오라니까, 거북이 같은 놈아, 아직 멀었느냐?

아리엘이 바다의 님프 모습으로 다시 등장.

프로스페로 음, 좋다, 좋아. 나의 예쁜 아리엘, 이리 와서 들어봐. (아리엘의 귀에 대고 소곤거린다)

아리엘 그렇게 하겠습니다. 주인님. (퇴장)

프로스페로 (칼리반에게) 이 사악한 종놈아, 악마와 흉악한 암컷 사이에서 나온 놈아, 어서 이리 나와.

칼리반 등장.

칼리반 나의 엄마가 썩은 늪에서 까마귀 깃으로 쓸어 모은 독 이슬아, 저 두 사람 위에 떨어져라! 갈마바람아, 불어와서 저들 온몸에 물집을 잡히게 하라!

프로스페로 그런 욕을 하면, 이놈, 오늘 밤 네 손발에 경련을 일으키게 하고, 옆구리를 쑤시게 해서 숨도 못 쉬게 해줄 테다. 한밤중에 잡귀들이 활개치고 다니는 동안 모두 네놈에게 덤벼들어 온몸을 벌집같이 퉁퉁 붓게 해서 벌한테 쏘인 것보다 더 아프게 해줄 테다.

칼리반 밥을 먹어야겠다. 이 섬은 엄마가 나한테 주셨는데, 당신이 빼앗아 갔어. 당신이 처음 와서 나를 쓰다듬으며 소중히 하고, 딸기 넣은 물도 줬어. 그리고 낮과 밤에 번쩍이는 것 가운데 큰 놈은 뭐고 작은 놈은 뭔지도 가르쳐 주었어. 그래서 나도 당신을 좋아하고, 섬의 물건들을 모두 구경시켜 줬어. 맑은 샘도, 소금물도, 거친 땅과 기름진 땅도. 나는 참 바보짓을 했지. 엄마의 부적이란 부적은 두꺼비고, 딱정벌레고, 박쥐고, 몽땅 당신 몸에 내려라! 지금은 당신의 하나밖에 없는 부하지만, 나도 처음에는 나 혼자서 왕이었어. 그런데 당신은 나를 단단한 바위 속에 집어넣고, 이 섬을 빼앗아 갔어.

프로스페로 이놈, 온갖 거짓말만 늘어놓는구나. 친절은 소용없고, 매를 쳐야만 움직이려느냐. 더러운 네놈이지만 인정을 가지고 대하여 굴속에서 우리와 함께 머무르게 했더니, 마침내 딸아이의 순결을 빼앗으려고 한 놈.

칼리반 하하! 참 아까워 죽겠네! 당신만 없었으면, 이 섬은 칼리반들로 우글거렸을 텐데.

미란다 아, 끔찍해. 너는 좋은 일에는 조금도 관심이 없고 나쁜 짓에만 금세

1막 2장, 페르디난드를 노래로 유혹하여 데려오는 아리엘 H.C. 셀루스 그림, 프레데릭 웬트워스 판화

물드는구나. 내가 너를 불쌍히 생각해서 애를 먹으며 말도 가르쳐 주고, 늘 이것저것 알려주었어…… 이 야만종 같으니! 네 말의 뜻도 모르고 하등 동

물처럼 그저 중얼대기만 하던 무렵에 내가 말을 가르쳐서 뜻이 통하게 해주었어. 그런데 천성이 하도 더러워서 말을 배웠어도 너랑은 선량한 사람들이 함께 있을 수 없단 말이야. 그러니까 네가 이 바위 속에 갇히는 것은 마땅하지. 네 죄는 감옥에 집어넣어도 시원찮을 정도야.

칼리반　네가 나에게 말을 가르쳐 주었지. 그러나 내가 배운 것은 욕뿐이야. 내게 말을 가르쳐 준 대가로 붉은 발진이 생기는 전염병에나 걸리려무나.

프로스페로　마녀의 씨알머리 같으니, 저리 가! 어서 땔감이나 가져와. 네게 이로우려거든 빨리 해, 또 시킬 일이 있으니. 어깨 움츠리는 것 좀 보게, 요놈이? 네가 내 명령을 무시하거나 마지못해서 하거나 하면, 손발에 경련을 일으키게 하고 뼈마디가 욱신욱신하여 비명을 지르게 만들어서, 짐승들조차 그 소리에 벌벌 떨게 해놓을 테다.

칼리반　(움츠리면서) 제발 용서해 주십쇼…… (혼자서 중얼중얼) 이젠 복종해야겠구먼. 저 사람 마법은 하도 세서 엄마의 수호신인 세테보스까지도 휘어잡아 놓는다니까.

프로스페로　음, 그래야지, 가봐! (칼리반 퇴장)

눈에 보이지 않는 아리엘이 음악을 연주하고 노래를 부르며 등장. 페르디난드가 뒤를 따라 등장.

아리엘　(노래한다)

여기 황금빛 모래밭으로 와서
손을 맞잡아라.
인사하고 키스를 하면
파도는 잠들지.
멋지게 춤추어라 여기저기에서,
요정들아 불러라, 멋진 후렴을.
들어라, 들어!

(안쪽 여기저기에서) 멍멍!

망보는 개가 짖네.

(안쪽 여기저기에서) 멍멍!

들어라, 들어.
점잔 빼는 수탉 울음소리를.
꼬끼오, 꼬꼬!

페르디난드   대체 이 노래는 어디서 들려오는 걸까? 공중에서? 땅에서? 이젠
그쳤네. 아마 이 섬의 어떤 신에게 올리는 노래일지도 몰라. 바닷가에 앉아
서 아버지의 배가 부서진 것을 한탄하고 있으려니 음악이 바다로부터 살그
머니 들려와서, 그 감미로운 노래로 바다의 분노와 나의 슬픔을 달래주는
구나. 그 노래를 따라서…… 아니, 노랫소리에 이끌려서 여기까지 왔는데, 그
만 그쳐버렸네…… 아니, 다시 시작되는구나.

아리엘   (노래한다)

다섯 길 바닷물 속에 그대 아버지 누웠으니,
그의 뼈는 산호로 변하고,
그의 눈은 진주가 되었다네.
그 몸은 삭지 않고
바닷물 속에
귀하고 신기한 보물로 변했네.
바다의 님프들은 틈만 나면 슬픔의 종을 울리네.

(후렴) 딩동
들어라, 저 슬픔의 종소리를. 딩동.

페르디난드   저 노래는 물에 빠진 아버지를 기리는 노래로구나. 이건 사람 사
는 세상의 일이 아니며, 이 음악도 사람 사는 세상의 음악은 아니다. 이젠
저 위에서 들려오는구나.

프로스페로 아가, 네 눈의 술 달린 장막을 걷어 올리고, 저기 뭐가 보이는지를 말해 보아라.

미란다 저게 뭐예요? 정령? 어머나, 여기저기 두리번거리네요. 오, 정말 훌륭한 모습이에요. 아마 정령일 거예요.

프로스페로 그렇지 않단다. 저것도 음식을 먹고, 잠도 자고, 우리와 똑같은 감각을 가지고 있다. 네 눈에 보이는 것은 저기 난파된 한 사람이다. 아름다움을 좀먹는 슬픔 때문에 좀 상해 있기는 하지만 꽤 잘생긴 젊은이란다. 동행을 잃고 지금 찾아다니는 중이지.

미란다 (자기도 모르게 앞으로 나오면서) 제가 보기에는 신 같아요. 이 세상 사람치고 저렇게 훌륭한 분을 보지 못했어요.

프로스페로 (뒤로 물러서서 혼잣말로) 음, 내 계획대로 잘되어 가는군. (아리엘에게) 정령아, 잘했구나, 잘했어. 그 상으로 이틀 뒤에는 너를 자유롭게 해주마.

페르디난드 (미란다를 발견하고) 아까 그 음악에 나오는 여신인가 보다. 간청합니다, 부디 가르쳐 주십시오. 당신은 이 섬에 사시는 분입니까? 그리고 내가 이곳에서 어떻게 행동해야 좋은지 가르쳐 주실 수 있나요? 또 내가 가장 먼저 알고 싶은 것은, 묻기는 가장 나중에 묻게 되었습니다······ 신비로운 당신이여! 당신은 결혼하지 않은 처녀입니까?

미란다 저는 신비롭지 않아요. 그저 평범한 처녀예요.

페르디난드 우리나라 말이구나! 오, 이럴 수가! 이 말이 사용되는 나라에서라면, 나는 가장 높은 지위를 가진 사람입니다.

프로스페로 (앞으로 나오면서) 뭐? 가장 높은 지위? 나폴리 왕이 들으면 크게 화를 낼 텐데?

페르디난드 이렇게 지금 혼자 남았는데 나폴리 왕에 대해 듣다니, 참으로 신기하군요. 왕은 내 말을 듣고 계시는데, 그것이 나에게는 슬픔이지요. 이 사람이 바로 나폴리 왕입니다. 이 눈은 부왕의 배가 난파되는 것을 목격하고는 눈물이 마를 겨를도 없습니다.

미란다 어머나, 가엾어라!

페르디난드 예, 사실입니다. 그리고 부왕의 고관들도 모두 운명을 같이했습니다. 밀라노 공작도 그 가운데 한 사람입니다.

1막 2장, 미란다에게 구애하는 페르디난드　윌리엄 호가스. 1736~1738

프로스페로　(혼잣말로) 이 밀라노 공작과 훌륭한 딸은 왕자님의 생각을 바꿔
　　줄 수 있지만, 때가 될 때까지 좀더 기다리자. 첫눈에 둘이 눈빛을 나누었
　　다…… 예쁜 아리엘, 그 상으로 너를 자유롭게 해주겠다. (좀 엄하게 페르디난
　　드에게) 저기, 할 말이 있네. 당신 말에 좀 잘못된 것이 있지 않나? 말 좀 해
　　보게.

미란다　아버지가 왜 이렇게 차갑게 말씀하실까? 저분은 내가 만난 세 번째
　　남자이고, 그리운 분으로는 처음인데, 아버지도 저분을 불쌍히 여기셔서 나
　　와 같은 마음이 돼주셨으면 좋겠는데.

페르디난드　오, 아직 처녀의 몸이고, 누구에게도 마음을 주고 있지 않다면,
　　나는 당신을 나폴리의 왕비로 삼겠습니다.

프로스페로　가만있게, 한마디 더 해야겠네. (혼잣말로) 두 사람이 서로 넋을
　　잃었구나. 하지만 이대로 쉽게 진행되어선 안 되지. 너무 손쉽게 얻은 물건
　　은 소홀히 할 염려가 있으니 말야. (페르디난드에게) 더 할 이야기가 있다. 내

말을 잘 들어보란 말이야. 당신은 가짜 이름을 내세워 간첩으로서 이 섬에 침입하여, 섬의 주인인 나한테서 섬을 빼앗으려고 하는 게 아닌가?

페르디난드　남자의 명예를 걸고, 절대로 그렇지 않습니다.

미란다　저렇게 훌륭한 몸속에 나쁜 것이 살 리는 없어요. 악마가 저렇게 좋은 집에 살고 있다면 착한 영혼들도 그 속에 살고 싶어 서로 경쟁할 거예요.

프로스페로　(페르디난드에게 명령조로) 나를 따라오게. (미란다에게) 저자에 대한 변명은 그만둬, 저자는 역적이니까. (페르디난드에게) 이리 와, 네 목과 두 발에 고랑을 채워야겠다. 너에게는 개울에서 캔 홍합, 시든 뿌리와 도토리 껍데기를 먹일 테니까. 따라와.

페르디난드　상대가 나보다 더 우세하다면 몰라도, 그런 대우는 받기 싫다. (칼을 빼 든다. 그러나 프로스페로의 마력에 눌려 꼼짝 못한다)

미란다　오, 아버지, 성급하게 그분을 시험하려고 하지 마세요. 훌륭하시고, 비겁한 분은 아니잖아요.

프로스페로　아니, 네가 나를 가르치려 드는 거냐! (페르디난드에게) 그 칼을 거두어라, 역적 같으니! 시늉은 하지만 치지는 못한다. 양심에 부끄러울 거다. 자, 그런 태도는 집어치워. 이 지팡이로 너를 무장해제시키고, 그 칼을 떨어뜨려 버릴 테니까. (페르디난드의 칼이 그 손에서 떨어진다)

미란다　(아버지의 망토를 잡아당기면서) 아버지, 제발, 부탁이에요.

프로스페로　비켜라! 내 옷에 매달리지 마라.

미란다　저분을 좀 용서해 주세요. 제가 보증할게요.

프로스페로　시끄럽다. 이제 더 무슨 말만 해봐라, 너를 미워하지야 않겠지만 혼을 내주겠다. 뭐냐, 사기꾼을 변호하겠단 말이냐! (미란다가 울기 시작한다) 조용히 해라. 너는 저보다 더 훌륭한 남자가 없는 줄 알지만 저자와 칼리반밖에 보지 못한 탓이다. 바보 같으니, 대부분의 남자들과 비교하면 저자는 칼리반 같고, 저자와 비교하면 수많은 남자들은 다 천사와 같단 말이다.

미란다　그렇다면 제 마음이 너무 겸손한가 봐요. 저는 저이보다 더 훌륭한 분을 보고 싶은 욕심은 없어요.

프로스페로　(페르디난드에게) 자, 항복해. 네 몸의 신경이 모두 아이 시절로 되돌아가서, 이젠 아무 기력도 없지 않느냐.

페르디난드　정말 그렇구나. 내 마음은 마치 꿈속처럼 온통 묶여 있어. 아버지의 죽음도, 지금의 무기력도, 동료들의 난파도, 대항하지 못할 이 노인의 위협도 내게는 대단치 않아. 감옥 창 사이로 날마다 한 번씩 이 처녀를 볼 수만 있다면 말이야. 이곳 말고 다른 세계는 자유인들이나 차지하라지…… 그런 조건이라면 감옥도 내게는 넓디넓은 곳이니까.

프로스페로 (혼잣말로) 잘 진행되어 가는구나. (페르디난드에게) 따라와. (아리엘에게) 참으로 수고했구나, 예쁜 아리엘. (페르디난드에게) 나를 따라오게. (아리엘에게) 얘야, 네게 또 한 가지 부탁할 게 있다.

미란다 안심하세요, 제 아버지는 말씨와는 달리 사실은 좋은 분이에요. 여느 때는 방금 전처럼 행동하지 않으세요.

프로스페로 (아리엘에게) 머지않아 저 산꼭대기에 부는 바람처럼 너를 자유롭게 해줄 테니, 그 대신 꼭 명령대로 모두 처리해야 한다.

아리엘 한 마디도 어기지 않겠습니다.

프로스페로 (페르디난드에게) 따라와. (미란다에게) 이자를 감싸고돌지 마라. (모두 퇴장)

〔제2막 제1장〕

섬의 다른 곳. 숲 사이 빈터.
알론소 왕은 얼굴을 풀숲에 파묻은 채 엎드려 있다. 그 곁에 곤잘로와 아드리안이 서 있고, 세바스티안과 안토니오는 좀 떨어진 곳에서 소곤대고 있다.

곤잘로 (왕에게) 마음을 즐겁게 가지십시오. 그럴 만한 이유가 있습니다. 저희들도 물론이고요. 우리가 목숨을 건지게 된 것은 우리가 입은 손실과는 비교가 안 되는 아주 큰 행운입니다. 우리가 당한 비운은 세상에 흔히 있는 일로서 날마다 어떤 선원의 아내나, 어떤 상선의 선장이나 화물주가 우리와 같은 불행을 당하고 있습니다. 그러나 우리가 만난 기적은, 우리처럼 목숨을 건진 이야기는 백만 명 중에 몇 사람이나 있을까요? 그러니 부디 마음을 지혜롭게 가지시고, 우리의 슬픔과 기쁨을 저울에 달아 비교해 보십시오.

알론소 제발 그만하게.

세바스티안 전하는 위로의 말씀을 식은 죽 바라보듯 하시는군요.

안토니오 그러나 위로를 그만둘 상대가 아니지요.

세바스티안 저것 좀 보시오. 지금 지혜의 시계에 밥을 주고 있소. 좀 있으면 종을 치게 될 겁니다.

곤잘로 (왕에게) 전하!

세바스티안 하나를 쳤소. 세어봅시다.

곤잘로 우리에게 주어지는 모든 슬픔은, 그 슬픔을 기꺼이 맞아들이는 사람에게만 다가오는 법입니다.

세바스티안 금화(dollar)가 남지요.

곤잘로 슬픔(dolour)이 남지요. 슬픔은 실제로 그렇게 옵니다. 본디 생각은 어떻든간에요.

세바스티안 아니, 곤잘로 경의 해석이 내 생각보다 더 지혜롭네요.

곤잘로 (왕에게) 그러니까, 전하…….

안토니오 제길, 짓궂은 잔소리로군요.

알론소 (곤잘로에게) 그만두라니까, 제발.

곤잘로 예, 그만두겠습니다. 하지만 전하…….

세바스티안 저 사람이 입을 가만둘 리가 없지요.

안토니오 저 사람과 아드리안, 둘 가운데 누가 먼저 '꼬끼오'하는지 우리 내기를 해볼까요?

세바스티안 늙은 수탉이겠죠.

안토니오 어린 수탉이죠.

세바스티안 그럼 좋소. 내기는 뭘로 걸까요?

안토니오 한바탕 웃기로 합시다.

세바스티안 그렇게 하죠!

아드리안 (왕에게) 이 섬은 사막 같습니다.

안토니오 하하하!

세바스티안 그럼 내기의 빚은 해결됐소.

아드리안 사람이 살 수도 없고, 가까이 갈 수도 없는…….

세바스티안 그래도…….

2막 1장, 안토니오, 곤잘로, 세바스티안 및 알론소 H.C. 셀루스

아드리안 그래도…….

안토니오 그 말이 나올 수밖에 없죠.

아드리안 기후는 미묘하면서도 부드럽고, 우아하면서도 온화한 곳이 분명합
니다.

안토니오 온화함은 성미가 까다로운 처녀였지요.

세바스티안 아무렴요. 그리고 미묘하죠. 저 사람의 유식한 말마따나.

아드리안 이곳은 바람도 참 순조롭게 불고 있습니다.

세바스티안 마치 허파라도 있는 것같이 말이오. 그것도 썩은 허파가.

안토니오 또는 늪에서 불어오는 향기 같다고나 할까요.

곤잘로 이곳은 생활에 필요한 것이 모두 갖추어져 있습니다.

안토니오 사실이죠, 생계 수단만 빼면.

세바스티안 그런 편의는 전혀, 아니 거의 없소.

곤잘로 수풀은 매우 우거지고 활기로 넘쳐 있습니다. 얼마나 푸른지!

안토니오 땅은 황토빛이오.

세바스티안 한 점만이 푸르오.

안토니오 그러니까 많이 틀린 건 아니군요.

세바스티안 음, 진실은 아예 틀려먹었죠.

곤잘로 그러니 진귀한 것은…… 사실 믿지 못할 정도입니다만…….

세바스티안 진귀한 것이란 대개 그런 거요.

곤잘로 우리 옷은 바닷물에 흠뻑 젖으면서도 오히려 깨끗하게 윤기가 흐르
고, 소금물에 더러워지기는커녕 다시 물들인 것 같습니다.

안토니오 저 사람의 호주머니 가운데 하나가 입이 있어 말할 수만 있다면,
거짓말하면 안 된다고 추궁하지 않을까요?

세바스티안 음, 아니면 저 사람의 거짓말을 알고도 슬쩍 호주머니 속에 할
말을 넣어 감춰 두지 않겠소?

곤잘로 우리 옷은 전하께서 클라리벨 공주님과 튀니스 왕의 결혼식 날 아프
리카에서 처음 입으셨던 때나 다름없이 새 옷처럼 보입니다.

세바스티안 그건 행복한 결혼이었소. 그래서 우리가 돌아가는 길이 이렇듯
행복한 거죠.

아드리안 튀니스 역대 왕들은 이번처럼 훌륭한 왕비를 한 번도 맞이해 보지
못했습니다.

연극 〈폭풍〉 안토니 셔(프로스페로 역)·아탄드와 카니(아리엘 역) 출연. 케이프타운 백스터 극장 공연. 2009.

곤잘로 과부 디도*³ 이후로는 한 번도 맞이해 보지 못했지요.

안토니오 과부? 몹쓸 사람 같으니, 어쩌자고 그 과부를 예로 드는 걸까요? 아, 과부 디도라고!

세바스티안 '홀아비 아이네이아스'마저 예로 들면 어떡하려고요? 쓸데없는 소리를 하는군요.

아드리안 (곤잘로에게) 과부 디도라고 말씀하셨어요? 그 말을 들으니 생각나는 일이 있습니다. 디도는 카르타고 여왕이지 튀니스의 왕비는 아니었어요.

---

*3 그리스 로마 신화. 아이네이아스를 사랑한 카르타고의 여왕. 아이네이아스가 다시 트로이 사람들을 이끌고 떠나자 불 속에 뛰어들어 자살했다.

곤잘로 그렇소, 오늘의 튀니스가 옛날의 카르타고였지요.

안토니오 저 사람 말은 성벽을 지었다고 하는, 저 기적을 일으키는 하프보다 더 신기하군요.

세바스티안 그는 성벽뿐 아니라 집까지 지어 놓았구려.

안토니오 다음에는 무슨 불가능한 일을 손쉽게 이룩해 놓을까요?

세바스티안 이 섬을 호주머니 속에 넣어 집으로 돌아가서는, 사과 하나 건네 주듯이 아들에게 주지 싶네요.

안토니오 그리고 그 씨를 바다에 심어서 더 많은 섬들을 새끼 치게 하겠죠.

곤잘로 아!

안토니오 음, 마침 잘됐군요.

곤잘로 전하! 저희들은 왕비가 되신 공주님의 결혼식 날, 튀니스에서 입었던 옷이 지금도 이렇게 새 옷 같다는 이야기를 하고 있었습니다.

안토니오 튀니스로서는 더할 나위 없는 왕비죠.

세바스티안 제발 과부 디도 이야기는 더는 꺼내지 말기를.

안토니오 오, 과부 디도! 으음, 디도여!

곤잘로 (알론소에게) 전하! 이 조끼는 처음 입었던 모습과 다름없이 새 옷 같지 않습니까? 그러니까, 어느 정도는 말입니다.

안토니오 그 '정도'라는 것도 아마도 의도된 것이겠죠.

곤잘로 공주님 결혼식 날 입었을 때 말입니다.

알론소 (일어나 앉으며) 그대는 그 말을 억지로 내 귀에다 다져 넣었지만, 나는 듣기 싫다. 딸아이를 그 집안과 결혼시키지 않았으면 좋았을 것을…… 돌아오는 길에 내 아들을 잃었잖아. 그리고 나로서는 딸도 잃은 거나 마찬가지 아닌가. 이탈리아에서 그렇게 멀리 떨어진 곳이니, 어디 다시 만날 기회인들 있을라고. 오, 나폴리와 밀라노를 물려받을 내 자식이 이름도 모르는 바닷고기의 밥이 되지는 않았을까?

곤잘로 전하, 왕자님은 살아 계실 겁니다. 이 눈으로 봤습니다. 왕자님은 큰 파도를 헤쳐서 파도 등 위에 올라타고 계셨습니다. 그리고 짓궂은 파도를 헤치고 다니시며 집채같이 밀려오는 성난 파도를 가슴으로 받으면서, 머리는 사나운 물결 위로 용감하게 쳐드시고 늠름한 그 두 팔로 세차게 바닷가 언덕 쪽으로 헤엄쳐 가셨습니다. 언덕은 물결에 파인 해안선 위에서 허리

굽혀 절하며, 왕자님을 구하려는 것 같았습니다. 왕자님은 틀림없이 무사히 뭍에 오르셨을 겁니다.

알론소 아냐, 아냐, 이미 물귀신이 되어버렸을 거야.

세바스티안 전하, 이번에 전하께서 입으신 큰 손실은 자업자득이십니다. 공주님을 유럽 왕족과 인연을 맺어주는 축복을 받으신 것이 아니라 아프리카 사람에게 내주시는 손실을 입으셨으니, 사정이야 어떻든 간에 공주님은 전하의 눈에서는 쫓겨난 셈입니다. 따라서 전하의 눈은 비탄의 눈물을 흘리실 까닭이 있으십니다.

알론소 제발, 아무 말 말아주게.

세바스티안 그러지 마시라고 저희들은 무릎을 꿇어도 보고, 다른 방법으로도 애원했습니다. 공주님 스스로는 가기 싫은 마음과 효심을 저울에 달고 어느 쪽이 무거운지 결정을 내리지 못하고 있었지요. 왕자님은 영영 사라지신 것 같습니다. 밀라노와 나폴리는 이번 일로 해서 우리가 데리고 돌아갈 남자 숫자보다 과부 숫자가 더 많아지게 되었으니, 전하의 잘못된 선택 때문입니다.

알론소 내게도 가장 큰 손실이었다.

곤잘로 세바스티안 경, 옳은 말씀이시지만 좀 예의에 어긋나신 것 같습니다. 더구나 지금은 그런 말씀을 하실 때가 아닙니다. 고약을 붙여드려야 할 종기를 오히려 긁어 놓는 격입니다.

세바스티안 그 말도 일리는 있소.

안토니오 외과 의사를 뺨칠 정도로요.

곤잘로 (알론소에게) 전하의 얼굴에 구름이 끼면, 저희들 마음의 날씨도 험해집니다.

세바스티안 날씨가 험하다고요?

안토니오 아주 험했고말고요.

곤잘로 제가 이 섬을 개척한다고 가정한다면, 전하.

안토니오 쐐기풀 씨를 심으려고요?

세바스티안 아니면 소리쟁이나 아욱이라도 심으라지요.

곤잘로 그리고 제가 국왕이 된다면, 어떻게 할 것 같습니까?

세바스티안 술은 마시지 않으니까, 술 먹은 개가 되지는 않을 거요.

곤잘로 그 국가에서 저는 모든 것을 보통 때와는 정반대로 처리하겠습니다. 그러니까 어떠한 상거래도 인정하지 않고, 관직도 없애고, 학문도 금지하고, 빈부 차이도 없게 하며, 고용(雇傭)도 없애버리겠습니다. 계약, 상속, 경계선, 소유지, 경작지, 포도밭 같은 것도 전혀 없을 것입니다. 금속, 곡물, 술, 기름 등도 없으며 직업도 존재하지 않고, 남자는 할 일이 없어 모두 한가로이 지내고, 여자들 또한 죄를 짓지 않고 순수하게 살아가며, 통치권도 없고…….

세바스티안 통치권도 없다면서 국왕이 되겠다는 거요?

안토니오 저 사람은 군주론의 끝에 가서 그 첫머리를 잊어버렸군요.

곤잘로 모든 것을 땀도, 노력도 필요없이 자연이 생산해 줄 것이며, 반역이나 살인 강도도 없고, 긴 칼, 창, 단도, 총 같은 전쟁 무기도 필요 없게 되고, 자연은 풍요로운 오곡을 생산하여 순박한 백성들을 먹일 것입니다.

세바스티안 백성들 간에는 결혼도 금지할까요?

안토니오 그렇게 하고말고요. 모두 하는 일 없이 놀고먹는 사람들뿐이고, 갈보에다 악당 천지가 될 테니까요.

곤잘로 황금시대*⁴를 넘어서는, 완전하고 흠잡을 데 없는 정치를 펼칠 것입니다.

세바스티안 전하 만세!

안토니오 곤잘로 전하 만세!

곤잘로 듣고 계십니까, 전하?

알론소 제발 그만두게. 그대는 쓸데없는 이야기를 하고 있네.

곤잘로 전하 말씀이 옳습니다. 저분들은 허파가 너무 예민하고 민첩해서 별것 아닌 일에도 늘 웃어대시는데, 저는 저분들에게 웃음거리를 드린 것입

---

*4 황금시대(黃金時代, Golden Age) : 기원전 750년에서 650년 사이에 활발하게 작품 활동을 펼친 고대 그리스 시인이자 사학자인 헤시오도스(Hesiodos)가 그리스의 역사와 시대의 성격을 구분하기 위해 쓴 용어들 가운데 하나. 그가 지은 교훈시인 〈노동과 나날들(Works and Days)〉에 나오는 다섯 종류의 시대(황금시대-은시대-청동시대-영웅시대-철기시대) 가운데 첫 번째 시대인 황금시대에 대해서 헤시오도스는 평화로웠을 뿐만 아니라 모든 것이 조화를 이루고 안정적이었으며, 사람들이 일을 하지 않더라도 굶음에 대한 걱정이 없었던 풍요로웠던 시대, 신(神)처럼 살 수 있었던 시대, 가장 이상적(理想的)인 시대로 보고 있다. 지금 널리 쓰이고 있는, 가장 잘나가는 때를 뜻하는 '황금기'라는 용어도 여기에서 비롯된 것이다.

니다.

안토니오 우리는 당신을 비웃는 것이오.

곤잘로 사실 그런 어처구니없는 바보짓을 하는 저야 뭐, 당신들에게는 쓸모 없는 존재겠지요. 당신들이 더 지켜본다 해도, 결국 별것 아닌 것을 보고 웃 게 될 되실 겁니다.

안토니오 이거 한 대 얻어맞았구려!

세바스티안 그래도 옆치기로 완전히 쓰러뜨린 것은 아니오!

곤잘로 당신들은 참 기억력도 좋으시군요. 달을 그 궤도에서 끌어내리려고 까지 하실 분들입니다. 달이 다섯 주일이나 그대로 변치 않고 보름달인 걸 보신다면요!

아리엘이 엄숙한 음악을 연주하며 공중에 등장.

세바스티안 그야 물론이죠. 밤을 컴컴하게 해놓고 박쥐 사냥이나 하러 갈 텐 데요. (곤잘로가 얼굴을 피한다)

안토니오 아니, 그렇다고 노하진 마시오.

곤잘로 노하다니, 천만의 말씀. 제가 그렇게 쉽사리 분별력을 잃을 것 같습 니까? (눕는다) 자, 실컷들 웃으시고 저를 잠들게 해주십시오. 아, 왜 이렇게 졸리지?

안토니오 그럼, 주무시면서 우리 이야기나 들으시구려. (그와 알론소, 세바스티 안을 제외하고 모두 잠이 든다)

알론소 아니, 다들 이렇게 쉽게 잠이 드는구나! 내 눈도 마음의 번민과 함께 잠들었으면 좋겠는걸. 아, 이제 나도 잠을 청해야겠는데…….

세바스티안 전하, 졸리시거든 주무십시오. 슬플 때는 잠이 잘 오지 않습니다 만, 주무시면 마음이 편해지실 겁니다.

안토니오 저희 두 사람은 전하께서 주무시는 동안 그 곁을 지키며, 만일의 일에 대비해 엄중히 감시하고 있겠습니다.

알론소 고맙네…… 이상하게 졸립구먼. (잠이 들자 아리엘은 퇴장)

세바스티안 다들 묘하게 잠에 빠져드는군요!

안토니오 날씨 탓이지요.

세바스티안 그럼 왜 우리 둘의 눈꺼풀은 잠기지 않을까요? 나는 조금도 졸리지 않아요.

안토니오 나도 그렇소. 내 정신은 말똥말똥하오. 다른 사람들은 모두 약속이라도 한 것처럼 쓰러져 잠들었소. 마치 벼락을 맞은 것처럼 벌렁 나자빠졌단 말이오. (자고 있는 사람들을 가리키면서 낮은 목소리로) 그런데 말입니다, 세바스티안 경, 이럼 어떻게 되겠습니까? 그러나 입 밖에 내진 않겠소…… 하지만 당신 얼굴에는, 경이 앞으로 무엇이 될 것인지 나타나는 것 같구려. 기회는 당신에게 아첨을 하고 있습니다. 더구나 나의 강력한 상상에는 왕관이 경의 머리 위에 떨어지고 있는 것이 보입니다그려.

세바스티안 아니! 당신, 지금 꿈을 꾸고 있소?

안토니오 내 말이 안 들리시오?

세바스티안 들리긴 들리오. 하지만 틀림없는 잠꼬대가 아니오? 당신은 지금 잠결에 잠꼬대를 하는 것이오. 아까 무슨 말을 했지요? 참 묘한 잠도 다 있구려. 자면서 눈을 활짝 뜨고, 서서 이야기도 하고, 움직이고…… 그러면서도 곤히 자고 있으니 말이오.

안토니오 오, 세바스티안 경, 당신은 자기 행운을 잠재우고 있소. 아니, 죽게 버려두고 있단 말이오. 깨어 있는 동안에도 꾸벅꾸벅 졸고 있다오.

세바스티안 당신은 분명히 코를 골고 있소. 그 코 고는 소리에 의미가 있구려.

안토니오 나는 평소보다 진심이오. 내 이야기를 들어보실 마음이라면, 당신도 그러셔야 합니다. 그렇게만 하면 경은 세 배나 더 훌륭한 인물이 되실 겁니다.

세바스티안 아, 지금 나는 고인 물이랄까요.

안토니오 그럼 밀물이 되는 방법을 가르쳐 드릴까요?

세바스티안 제발 부탁하오. 본디 타고나길 나무늘보처럼 게을러서 나는 썰물밖에 배우지 못하고 있으니까요.

안토니오 오, 자기 스스로를 비웃는 경의 그 말투 속에, 실은 계획이 성장을 하고 있다는 걸 알아야 합니다. 그걸 벗어던지려는 것이 오히려 몸에 더 꽉 지니게 하는 결과가 된다는 걸 알아야 합니다. 사실 썰물 같은 사람들은 거의 타고난 소심함이나 게으름 때문에 밑바닥 근처를 지나가는 법입니다.

연극 〈폭풍〉　칼리반(잭 호킨스 분)·프로스페로(존 길구드 분)·아리엘(마리우스 고링 분)·페르디
난드(알렉 기네스 분). 런던 올드빅 극장 공연. 1940.

세바스티안　어서 말을 계속하오. 당신의 눈치며 얼굴빛이며 무슨 중대한 일
　이 있는 것만 같고, 그것을 감추느라 또한 몹시 고통스럽게 보이오.

안토니오　(곤잘로를 가리키면서) 실은 이렇소. 저 건망증 양반이, 글쎄 땅속에
　파묻히면 그다지 돌아다봐 줄 사람도 없을 이 양반이 말이오, 아까 전하
　를 설득하다시피 했소. 하긴 설득의 명인이니까, 설득을 직업처럼 삼고 있지
　만…… 글쎄, 왕자는 무사하다고 말이오. 하지만 왕자가 물에 빠져 죽지 않
　았다는 건, 여기 잠든 자가 헤엄을 치고 있다는 거나 마찬가지로 있을 수
　없는 일이라오.

세바스티안　왕자가 살아 있을 가능성은 없소.

안토니오　글쎄, 그럴 희망이 없다는 것이, 경에게는 커다란 희망이라는 겁니
　다! 곧 다른 쪽에 희망이 있음을 말해 주는 거지요. 그 희망은 얼마나 높은
　희망인가 하면, 야욕의 눈도 그 이상은 꿰뚫어 보지 못하고, 보는 눈을 의
　심할 정도란 말이오. 그럼 경도 페르디난드 왕자가 죽었다는 사실을 인정하
　시겠소?

세바스티안 그렇소, 그는 죽었소.

안토니오 그럼, 말해 보시오. 나폴리 왕의 후계자는 누구겠소?

세바스티안 클라리벨 공주요.

안토니오 튀니스의 왕비가 된 분, 사람이 평생 가도 갈 수 없는 곳에 사는 분, 저 달 속 남자는 너무 느리니까 해가 우편집배원이라면 몰라도…… 갓난아이 턱에 수염이 나서 면도가 필요할 때까지는 나폴리 소식을 듣지 못할 분, 그분과 작별하고 돌아오는 길에 우리는 모두 바닷속에 빠졌다가 더러는 다시 솟아나오고, 이러저러한 운명에 따라 한 막을 상연하기로 돼 있으나, 이제까지는 서막에 지나지 않으며 앞으로 경과 내가 등장할 차례요.

세바스티안 그게 무슨 소리요? 무슨 말씀이 그러하오? 사실 내 형님의 딸은 튀니스의 왕비이며, 나폴리의 후계자요. 이 두 나라 사이에 좀 거리는 있소만.

안토니오 그 거리가 한 자(尺) 반이 될 때마다 "어떻게 클라리벨이 우리를 지나쳐서 나폴리까지 되돌아갈 수 있을까? 클라리벨은 튀니스에 계속 있도록 하고, 세바스티안을 잠에서 깨워라"라고 외치는 것 같지는 않습니까? 그런데 지금 저렇게 자고 있으니, 이 잠이 죽음이라면 어쩌겠소. 뭐, 그렇게 되더라도 저들의 운명은 지금의 저 상태나 마찬가지일 테지만요. 여기에 잠든 자에 못지않게 나폴리를 통치하실 분은 있습니다. 저기 저 곤잘로에 못지않게 쓸데없는 소리를 실컷 지껄일 귀족들도 얼마든지 있습니다. 내가 까마귀를 길들이면 그 정도는 지껄이게 해놓을 수 있지요. 아, 경도 나와 같은 마음이시라면 오죽이나 좋겠소. 그렇다면 이 잠은 경의 출세를 위해 참 좋은 기회라오! 내 말 알아들으시겠습니까?

세바스티안 알 것 같소.

안토니오 그렇다면 경의 마음속에서는 이 행운을 어떻게 생각하시오?

세바스티안 생각이 나서 하는 말인데, 당신은 친형 프로스페로의 자리를 빼앗았지요?

안토니오 그렇소. 자 보시오, 지금 입고 있는 옷은 이전 것보다 훨씬 잘 어울리지 않습니까? 그때만 하더라도 내 형의 신하들은 내 동료였지만 이제는 나의 신하라오.

세바스티안 하지만 당신의 양심은 어떻게 되었소?

안토니오 예, 양심이 어디 있소? 그게 발에 생긴 동상이라면 신발이라도 신
기겠지만 내 가슴에는 그런 신(神)이 없습니다. 아무리 많은 양심이 나와 밀
라노 사이에 서서, 얼어붙고 녹고 하더라도 나는 괴롭지 않소. 여기 경의 형
이 있지만, 누워 있는 흙보다 나을 건 없잖소. 예를 들어 그가 저런 모습으
로 (목소리를 낮추고) 죽어 있다고 생각해 봅시다. 사실 나는 이 순수한 칼을
가지고, (단도에 손을 대면서) 이 세 치의 칼끝을 가지고 그를 영구히 재울 수
있지요. 한편 경은, 이렇게 늙으신 몸을, (곤잘로를 가리키면서) 이 신사분을
영원히 잠들게 할 수 있습니다. 물론 이자한테 비난받을 염려도 없고요. 나
머지 것들은 우리가 암시만 주면, 고양이가 우유를 핥듯이…… 그러니까 우
리가 시간만 정해 주면 무슨 일이든 제시간에 해놓을 무리들이죠.

세바스티안 그럼 나도 당신의 전례를 따르겠소. 당신이 밀라노를 얻은 솜씨
로 나도 나폴리를 얻어보겠소. 자, 칼을 빼시오. 한 번만 찌르면, 이제까지
바쳐오던 조공은 면제될 것이오. 나 또한 왕으로서 당신을 존경하리다.

안토니오 자, 같이 칼을 뺍시다. 내가 손을 들어올리거든, 경도 나처럼 하셔
서 곤잘로를 내리치시오. (두 사람이 저마다 칼을 뽑는다)

세바스티안 가만, 한 마디만 합시다. (안토니오와 한쪽으로 물러가서 이야기한다)

음악이 연주되면서, 사람들 눈에는 보이지 않는 아리엘이 등장.

아리엘 (자고 있는 곤잘로에게) 주인은 마법으로 친구인 당신의 위험을 미리 아
시고는, 당신을 살리도록 나를 보내신 거예요. 그냥 두면 주인님 계획은 실
패하고 말 테니까요. (곤잘로의 귀에 대고 노래를 한다)

여기에 코 골며 누운 사이,
눈을 뜬 음모는
기회를 노리지요.
목숨을 소중히 여긴다면
잠을 떨어내고 경계하시오.
일어나요, 일어나!

안토니오 (세바스티안에게) 그럼 곧 시작합시다.

곤잘로 (잠을 깨면서) 아, 천사들이여, 전하를 지켜주소서! 아니, 어떻게 된 거지? 전하! 그만 일어나십시오! (왕을 깨운다)

알론소 (세바스티안에게) 왜, 어쩐 일이야? 왜 깨웠어? 칼은 왜 빼 들고 있나? 왜 그렇게 섬뜩한 표정을 짓고 있지?

곤잘로 (세바스티안에게) 무슨 일인가?

세바스티안 전하께서 휴식을 취하시는 동안 이렇게 호위하고 서 있는데, 방금 들소인지 사자인지 으르렁대는 소리가 터져 나왔습니다. 그래서 잠을 깨워드리지 않았습니까? 제 귀에는 어찌나 무섭게 들리던지요.

알론소 나는 아무것도 듣지 못했는데.

안토니오 괴물도 겁을 먹고, 지진도 일으킬 듯한 소리였습니다. 사자 떼가 으르렁댄 것이 아니었을까요?

알론소 경은 들었는가, 곤잘로?

곤잘로 예, 콧노래 같은 소리가 들리긴 했습니다. 그거참 묘한 소리였습니다. 그 소리에 벌떡 일어나 전하를 흔들어 깨우며 불렀던 것입니다. 그런데 제가 눈을 뜨고 보니 두 분이 칼을 빼 들고 있잖겠습니까? 사실 무슨 소리가 나긴 났었습니다. 경계를 엄중히 하든가, 이곳을 떠나시는 것이 좋을 것 같습니다. 칼을 빼 듭시다.

알론소 그럼, 이곳을 떠나서 불쌍한 왕자를 찾아보기로 하지.

곤잘로 하늘이시여, 왕자님을 맹수로부터 지켜주소서. 왕자님은 틀림없이 이 섬에 계실 겁니다.

알론소 그럼 앞장서게.

아리엘 (모두 일어서는 것을 보고 혼잣말로) 프로스페로 주인님께 이 일을 보고 해야지…… 그럼 전하, 마음 놓으시고 왕자님을 찾으러 가세요. (모두 퇴장)

〔제2막 제2장〕

섬의 다른 곳.
장작 한 단을 짊어진 칼리반 등장. 때마침 천둥소리.

칼리반 저 높은 해가 수렁과 늪과 진창에서 뽑아들이는 독기란 독기는 죄다 프로스페로 녀석에게 떨어져서, 한 치도 틀림없이 온몸에 병이나 옮아라. 그의 정령들이 엿듣고 있겠지만 그 녀석이 시키지만 않는다면 정령들도 나를 꼬집고, 도깨비를 보여 놀라게 하고, 늪 속에 팽개치고, 또 횃불이 되어 캄캄한 밤에 길을 잃게 하는 일들을 하지는 않을 것 아닌가. 그렇지만 하찮은 일에 나를 못살게 굴거든. 어떤 때에는 원숭이로 둔갑하여 낯짝을 찌푸리고 지껄이다간 나를 물어뜯는다니까. 또 어떤 때에는 고슴도치가 되어서 맨발인 내가 다니는 길목에 자빠져 있다가, 내가 발을 디디면 가시를 곤두세운다고. 또 어떤 때에는 독사한테 온통 포위당하고 마는데, 그놈들의 갈라진 혓바닥이 씩씩대는 바람에 나는 미칠 지경이라니까.

트린쿨로 등장.

칼리반 야, 이런! 그 녀석의 정령 하나가 오네. 너무 늦게 장작을 가져오니까, 나를 혼내주려고. 딱 엎드리자…… 그러면 나를 몰라볼 거야. (바닥에 엎드리고 웃옷을 뒤집어쓴다)
트린쿨로 (하늘을 쳐다보면서 비틀비틀 걸어오며) 맙소사, 여기는 날씨를 피할 만한 덤불도 떨기나무도 없는데…… 또 폭풍우가 몰아칠 것처럼 바람 소리가 심하구나. 저기 먹구름은, 저기 저 커다란 놈은 술을 쏟을 것 같은 더러운 술 항아리처럼 보이네. 아까처럼 벼락이 치면, 도대체 어디다 머리빡을 감춰야 좋을까. 저기 저 구름 꼴로 봐서는, 마구 쏟아지지 않고는 가만있지 않을걸. (칼리반에 걸려서 쓰러질 뻔하면서) 아이코, 이게 뭐야? 사람이냐, 생선이냐, 죽었냐, 살았냐? (냄새를 맡아보면서) 생선이다, 생선 냄새가 나. 아주 곯아 빠진 냄새야. 오래 묵은 대구 종류인가 보다. 이상한 생선이로구나. 전에 가봤던 잉글랜드 땅에 지금 내가 있다 치고 이 생선을 간판에 그려 놓는다면, 휴일의 놈팡이 구경꾼치고 은전 한 닢 선뜻 내놓지 않을 친구는 없을 거야. 잉글랜드에서라면 이 괴물을 가지고 신세를 고칠 텐데. 어떤 괴상한 동물이든 가지고만 가면 그곳에서는 팔자를 고치니까 말이야. 그곳 사람들은 절름발이 거지에게는 동전 한 푼 주지 않으면서 죽은 인디언을 구경하기 위해서는 그 열 배도 아깝게 여기지 않으니. (칼리반이 걸치고 있는 망토를 들어

올리며) 사람 다리 같고, 지느러미는 팔 같은데! (가만히 몸뚱이를 만져보며) 이크, 따뜻하네! (깜짝 놀라 물러서며) 내 평가는 포기해야겠어, 아니, 취소해야겠어. 이건 생선이 아니라 아까 그 벼락을 맞은 섬사람인가 보다. (또 번갯불이 번쩍하며 천둥 소리가 울려 퍼진다) 아이코! 폭풍우가 또 몰려오는군. 이 녀석의 옷 밑으로 기어들어가는 게 좋겠다. (칼리반의 망토 자락 밑으로 기어들어간다) 이 근처에는 달리 몸을 피할 곳도 없잖은가. 얼마나 아쉬우면 이런 묘한 것하고도 동침을 하느냐고. (칼리반의 망토 자락을 잡아당겨 덮으면서) 비바람이 잦아들 때까지 이렇게 숨어 있는 수밖에.

손에 술병을 든 스테파노 등장.

스테파노　(노래한다)

나 다시는 바다로 가지 않으리, 바다로는.
여기 뭍에서 죽겠노라…….

장례식에서 부르는 노래치곤 너무 천박하군.
그건 그렇고, 내 위안거리가 있지. (술을 마신다. 다시 노래를 부른다)

선장과 갑판닦이와 갑판장과 나도.
포수와 그 조수도,
몰과 메그와 마리안과 마저리를 사랑했으나
아무도 케이트를 좋아하지 않았지.
글쎄 그녀는 째지는 소리로
선원만 보면 뒈지라고 소리 질렀기 때문!
타르나 역청은 냄새도 맡기 싫다느니,
근질근질하면 재봉사보고 긁어 달라면 된다느니.
뱃놈들은 바다로, 그녀는 교수대로나 가라.

이 또한 천박한 노래 아닌가. 그건 그렇고 내 위안거리나 마시자꾸나. (술을 마신다)

2막 2장, 트린쿨로, 칼리반 H.C. 셀루스

칼리반 나를 못살게 굴지 마…… 아이고!

스테파노 무슨 일이야? (돌아다보면서) 여기에 악마가 사나? 그래, 야만인이나
인디언을 가지고서 나를 한번 곯려 먹잔 거냐? 그 네 개의 다리에 겁을 집
어먹자고 물귀신 손아귀에서 벗어난 내가 아니지. 네 발로 다니는 이름 높
은 분들도 이 사람한테는 이기지 못한다는 평가를 받는 나인데 말이야. 이
스테파노가 콧구멍으로 숨을 쉬는 동안은 그와 같은 말을 되풀이하게 해
주지.

칼리반 아이고, 정령이 나를 못살게 구네. 아이고!

스테파노 이건 이 섬에서 사는 괴물이구나. 아마 발작을 일으킨 모양이
야…… 대체 어디서 우리나라 말을 배웠을까? 그것 때문이라도 좀 도와줘
야겠다. 병을 고쳐서 길들여 가지고 나폴리로 데려가면, 가죽 구두를 신는
어떤 왕한테라도 좋은 선물이 되잖겠는가.

칼리반 (얼굴을 내보이면서) 제발 그만 못살게 해. 이제부터는 장작을 빨리 가지고 갈게.

스테파노 발작이 일어났는가 보다. 그래서 헛소리를 하는 거야. 내 술자루를 좀 갖다대 보자. 술맛을 아직 모른다면 이 술로 발작쯤은 가라앉을 테니까. 이것을 치료해서 길들일 수 있다면, 아무리 많은 값을 불러도 비싸진 않을 거야. 사겠다는 사람만 나타나면 실컷 바가지를 씌워야지. (칼리반의 어깨를 붙든다)

칼리반 지금은 나를 다치게 하진 않지만, 이제 곧 시작할 테지. 네가 그렇게 떨고 있는 걸 보면 알아. 지금 프로스페로가 네게 마법을 걸고 있는 거지 뭐야.

스테파노 이리 대. (술병을 갖다대면서) 입을 벌려. 이건 네게 말을 하게 할 신통한 약이니까. 이걸 마시면 그렇게 떨리는 것도 떨쳐버릴 수 있다니까. (칼리반이 술을 마신다) 난데없이 친구도 생기는 법이야. 자, 한 번 더 입을 벌려.

트린쿨로 귀에 익은 목소리야, 확실히 저 목소리…… 하지만 그 작자는 물에 빠져 죽지 않았다. 그럼 이건 악마들인가 보다. 아이고 맙소사!

스테파노 다리는 네 개에다 목소리는 두 개라. 참 묘한 괴물이구먼…… 앞소리는 이제 자기 친구를 좋게 말하고, 뒷소리는 마구 욕을 하며 비난을 하지 않는가. 이 술을 모두 먹여서라도 고칠 수만 있다면 발작을 고쳐줘야지. 자, (칼리반이 마신다) 좋아! 그럼 또 다른 입에다 부어줘야지.

트린쿨로 스테파노!

스테파노 (깜짝 놀라 물러나면서) 다른 쪽 입이 나를 부르는가? 아이고 맙소사! 이건 악마지 괴물이 아니다. 달아나자. 악마 입에 떠넣을 기다란 숟가락은 가지고 있지 않으니.

트린쿨로 스테파노! 자네가 스테파노라면 나를 좀 만져보고 말을 해주게. 나는 트린쿨로야. 무서워하지 마, 자네의 좋은 친구 트린쿨로야.

스테파노 자네가 정말 트린쿨로라면 이리 나오게. (트린쿨로의 발목을 붙들고) 자, 작은 쪽 두 다리를 이렇게 잡아당겨 봐야지. (잡아당기다 말고) 어느 쪽인가가 트린쿨로의 다리라면, 분명 이쪽일 거야. (칼리반의 망토 아래에서 그를 밖으로 끌어당기더니) 아이고, 자네는 진짜 트린쿨로로구먼. 대관절 자네는 어찌하여 이 귀신딱지 같은 자식의 똥 노릇을 하게 됐단 말인가? 또 이 자식이 자네를 똥같이 싸놓을 수 있단 말인가?

트린쿨로 (휘청휘청 일어서면서) 나는 이 자식이 벼락을 맞아서 죽은 줄 알았지. 그런데 자네는 물에 빠지지 않았나, 스테파노? 물귀신이 되진 않았나 보군. 폭풍우는 지나갔나? 폭풍우가 두려워서 죽은 천치 같은 녀석의 웃옷 밑에 숨어 있었어. (스테파노를 얼싸안고) 그래 살아 있었나, 스테파노? 오, 스테파노, 나폴리 사람이라곤 우리 두 사람만 살았군!

스테파노 제발 이렇게 빙빙 돌리지 마. 내 위장은 멀쩡하지 않으니까.

칼리반 (혼잣말로) 정령들이 아니라면, 아마 틀림없이 훌륭한 존재들인가 보다. 훌륭한 신(神)이 천국의 술을 가져온 거야. 저들 앞에 무릎을 꿇어야지. (무릎을 꿇는다)

스테파노 (트린쿨로에게) 자네는 어떻게 살아났나? 그리고 어떻게 이곳에 왔나? 나는 선원들이 내던진 술통을 타고 살아났지. 이 술을 걸고서 맹세하건대 정말이야! 이건 내가 바닷가에 떠밀려 온 뒤 나무껍질로 만든 술통이야.

칼리반 (앞으로 나와서) 그 술통을 걸고서 맹세합니다만, 저는 이제부터 나리의 충실한 부하가 되겠습니다. 왜냐하면 그 술은 이 세상 물건이 아니니까요.

스테파노 자, (트린쿨로에게 술병을 내밀면서) 맹세하고 말해 보라니까, 자네가 어떻게 살아났는가를.

트린쿨로 헤엄쳐서 바닷가로 나왔지, 여보게, 오리같이 말이야. 나는 오리같이 헤엄을 잘 칠 수 있다고 맹세할 수 있어.

스테파노 자, (트린쿨로에게 술병을 내밀면서) 이 성경에 입맞춤을 하게나. (트린쿨로가 술을 들이켠다) 오리처럼 헤엄을 칠 수 있는지는 몰라도, 자네는 바로 거위같이 생겨 먹었는걸. (술병을 도로 빼앗는다)

트린쿨로 아이고, 스테파노, 더 없는가?

스테파노 여보게, 통으로 있어. 바닷가 바위 속에 저장되어 있어. 그곳에다 술을 감춰 놓았어. (칼리반을 보면서) 천치 같은 놈, 이젠 좀 어때? 발작은 그쳤나?

칼리반 나리는 천국에서 내려오신 분이죠?

스테파노 암, 달님한테서 내려왔다고 분명히 장담하지. (술을 따라 마시면서)

나는 이전엔 달님 속 사람이었지.

칼리반 (절을 하면서) 나리가 달님 속에 계시는 걸 저도 봤고, 또한 나리를 숭배하고 있습니다. 제가 모시던 아가씨가 달님 속 나리와 나리가 키우는 개와 싸릿대를 가르쳐 주었거든요.

스테파노 그럼, 그렇다고 맹세를 해. 그리고 이 성경에 입맞춤을 해. 지금 바로 새 술을 가득 담아다 줄 테니까. 맹세하라고. (칼리반이 술을 들이켠다)

트린쿨로 저 해님에 두고 말이지만, 이 녀석은 참 바보 같은 괴물이로구먼. 내가 이런 녀석을 다 무서워했었나? 아주 약해빠진 괴물. 달님 속 사람? 아주 불쌍하고 어수룩한 괴물이잖아! (칼리반이 빈 술병을 빨아 마시는 걸 보고) 참 잘도 들이켠다. 괴물아, 정말 잘 들이켜는구나.

칼리반 이 섬의 기름진 땅이란 땅은 죄다 안내해드리겠습니다. 그리고 나리 발에 입맞춤하겠습니다. 제발 저의 신이 되어주십쇼.

트린쿨로 저 해님에 두고 말이지만, 이 녀석은 정말 신을 안 믿는 주정뱅이인 걸. 자기 신이 자고 있을 때 술자루를 훔쳐 갈 녀석이라니까.

칼리반 나리 발에 입맞춤하겠습니다. 그리고 나리의 부하가 되겠습니다.

스테파노 그럼, 이리 와서 엎드리고 맹세해 봐. (이 말에 칼리반은 트린쿨로에게 등을 돌리고 무릎을 꿇는다)

트린쿨로 이 천치 같은 괴물 좀 보게, 우스워 죽겠네. 아주 야비한 괴물, 한 대 후려갈길까 보다.

스테파노 자, 입맞춤을 해. (그의 발에 칼리반이 입을 맞춘다)

트린쿨로 요 미련한 괴물이 술만 취하지 않았다면…… 흉측한 괴물 같으니!

칼리반 가장 좋은 샘물로 안내해 드리죠. 딸기도 따다 드리겠습니다. 물고기도 잡아 오고, 땔감도 잔뜩 가져오겠습니다. 저를 부려먹고 있는 그 폭군 녀석은 염병에나 걸리라죠. 앞으로 그 녀석한테는 나뭇가지 하나도 안 가져다주고, 나리를 따르겠습니다. 당신은 훌륭한 분이에요.

트린쿨로 참 어처구니없는 괴물이군. 하찮은 주정꾼을 굉장한 인물로 생각하다니!

칼리반 제발 야생 능금이 열려 있는 곳에 나리를 안내하게 해주십쇼. 그리고 이 기다란 손톱으로는 땅콩을 파드리겠습니다. 어치 둥지도 보여드리고, 날쌘 마모셋원숭이 잡는 법도 가르쳐 드리죠. 그리고 개암 열매가 송이송이

연극 〈폭풍〉 샘 멘데스 연출. 로열셰익스피어 극단 공연. 1993.

달려 있는 곳에도 안내해 드리고, 바위에서 새끼갈매기도 잡아다 드리겠습
니다. 함께 가보시겠습니까?

스테파노 그럼, 제발 그만 떠들고 어서 안내나 해. 여보게 트린쿨로, 전하와
다른 일행들은 모두 물귀신이 되고 말았으니, 이 섬은 우리가 차지하세. (칼
리반에게) 이봐, 이 술병을 들고 가. (트린쿨로의 팔을 잡으면서) 여보게 트린쿨
로, 곧 또 이 술병에 가득 채워 보세나.

칼리반 (취해서 노래한다)

  주인과는 작별이다, 작별이야, 안녕.

트린쿨로 악을 쓰는 괴물, 술 취한 괴물 좀 보게!

칼리반 (노래한다)

  이제는 물고기 잡는 둑을 만들지 않으리.

땔나무도 나르지 않으리.
명령을 받아도
나무 쟁반도 닦지 않고,
접시도 씻지 않으리.
반, 반, 카—칼리반은
새 주인 만났으니
새 사람 구하려무나.
자유다, 야호! 야호, 자유다!
자유, 만세, 자유다!

스테파노   오, 용감한 괴물아, 어서 길 안내를 하렴. (모두 비틀거리며 퇴장)

〔제3막 제1장〕

프로스페로의 동굴 앞.
페르디난드가 장작을 들고 등장.

페르디난드   노는 것도 때로는 고통스럽지만, 그 재미에 고통은 잊히거든. 천한 일도 고상해질 수 있고, 아무리 하찮은 일도 훌륭한 결과를 맺을 수 있지. 내가 하는 이 천한 일은 보통 때 같으면 불쾌하고 비참할 테지만 이것도 그녀를 위한 일이라 생각하면 죽음 같은 일에도 생기가 돌고, 고통이 오히려 즐거움으로 바뀌는구나. 오, 그녀는 저 심술궂은 아버지에 비하면 열 배나 더 상냥하거든. 아버지 쪽은 가혹하기 그지없지 않은가. (앉는다) 이 통나무 몇천 개를 날라다 쌓아 올리라는 엄명을 내리지만, 그 상냥한 딸은 내가 일하는 것을 보고 눈물을 흘리면서, 이렇게 천한 일은 처음 해봤을 거라고 말하잖는가. 아차, 깜빡 잊고 있었구나…… (일을 계속하려고 일어서면서) 하지만 이렇게 달콤한 생각에 젖어 있으면 힘드는 줄도 모르겠어. 나는 이런 생각을 하느라 바쁘니까.

미란다가 동굴에서 나온다. 프로스페로는 조금 떨어진 곳에 있으나, 미란다와 페르디난드에게는 보이지 않는다.

미란다 아, 그렇게 너무 애쓰지 마세요. 쌓아 올리도록 명령받은 이 통나무들이 모두 번갯불에 타버렸으면 좋겠어요. 제발 앉아서 쉬세요, 네? 그 통나무들이 탈 때에는 당신을 괴롭힌 걸 생각하며 울고 말 거예요. 아버지는 열심히 마법을 공부하시는 중이에요. 그러니 자, 이제 그만 쉬세요. 앞으로 세 시간은 안전해요.

페르디난드 오, 가장 소중한 아가씨, 내가 아무리 열심히 해도 할 일을 마치기도 전에 해가 질 것 같습니다.

미란다 당신이 여기 앉아 계시면, 그동안 제가 그 통나무를 나르겠어요. 자, 그걸 이리 주세요. 제가 갖다 쌓을 테니.

페르디난드 귀한 분이, 안 될 말이죠. 나는 한가롭게 앉아 있고 당신이 이런 천한 일을 하는 걸 볼 바에야 차라리 내 힘줄이 끊어지고 등뼈가 부서지는 게 낫습니다.

미란다 그 일이 당신께 알맞으면, 제게도 알맞을 게 아니겠어요? 당신은 마지못해 하시지만, 저는 좋아서 하는 거니까 훨씬 수월하게 하겠지요.

프로스페로 (혼잣말로) 불쌍한 것, 사랑병에 걸려버렸군. 이렇게 찾아온 걸 보면 알 수 있지.

미란다 지치신 것 같아요.

페르디난드 천만에요, 지체 높은 아가씨. 당신만 곁에 있으면 밤도 아침같이 상쾌할 거예요. 그런데 부탁이 있습니다. 실은 기도할 때 부르기 위해서입니다만…… 이름을 좀 가르쳐 주십시오.

미란다 미란다예요. 오, 아버지, 분부를 어기고 그만 말해 버렸어요!

페르디난드 감탄할 이름 미란다! 오, 너무나 아름다운, 세상에 둘도 없는 소중한 당신! 나는 수많은 여인들을 보아왔는데, 그녀들의 아름다운 목소리가 너무도 부지런한 내 귀를 사로잡은 적도 여러 번 있었지요. 몇 가지 장점 덕분에 몇몇 여인들은 내 마음에 든 적도 있습니다. 그러나 그 타고난 장점에 어울리지 않는 몇 가지 결점들 때문에 그 아름다움이 흐려지고 말아서, 어떤 여인도 진심으로 사랑해 보지는 못했습니다. 그러나 당신은, 오,

당신만은 완전무결하고, 그 누구와도 비할 데 없으며, 모든 인간의 가장 아름다운 장점을 한 몸에 지니고 태어난 분입니다.

미란다 저는 여자를 한 사람도 몰라요. 여자의 얼굴도 거울에 비치는 제 자신의 얼굴밖에는 본 적이 없지요. 남자라고 부를 수 있는 사람도 당신과 제 아버지밖에는 본 적이 없어요. 다른 사람들이 어떤 모습을 하고 있는지 저는 알지 못해요. 하지만 제가 소유한 것 가운데 가장 소중한 이 정조에 두고 맹세하건대, 세상에서 당신 말고는 좋아하고 싶은 사람의 모습을 마음속에 그려볼 수도 없어요. 어머나, 제가 너무 버릇없이 조잘대다 그만 아버지 분부를 잊고 있었나 봐요.

페르디난드 미란다, 나는 신분을 말하면 왕자입니다. 왕인지도 모르죠. 실은 그렇게 되길 바라지는 않습니다! 그리고 장작 나르는 일은, 쉬파리가 내 입에 들어오는 것을 참을 수 없는 거나 마찬가지로 견디기 힘듭니다. 하지만 나의 진심을 말하면, 당신을 본 순간 나의 마음은 당신에게로 날아가 "나를 당신의 노예가 되게 해주십시오"라고 말하고 있습니다. 당신을 위해서 나는 이렇게 참으면서 통나무 나르는 일도 하고 있습니다.

미란다 저를 사랑하세요?

페르디난드 오, 하늘이여, 오, 땅이여, 이 말의 증인이 되어 주십시오. 그리고 내 말이 진실이라면 이 고백에 친절한 결과를 내려주십시오. 만약 거짓이라면 내게 마련된 어떤 행운도 불행으로 바꾸어 주십시오. 나는 이 세상의 그 무엇보다도 당신을 사랑하고, 소중히 여기며 존경합니다.

미란다 저는 참 바보예요, 기쁜 일에 다 울다니…….

프로스페로 (혼잣말로) 두 사람의 만남은 참으로 보기 드문 아름다운 사랑이로구나. 하늘이여, 저 두 사람의 자손에게 은혜의 비를 내려주소서.

페르디난드 왜 웁니까?

미란다 제가 부족한 탓이에요. 드리고 싶은 것도 감히 드리지를 못하고, 목숨을 걸고 바라는 것도 달란 말을 못하고…… 하지만 이건 쓸데없는 소리예요. 실은 제 본심을 숨기려고 하면 할수록 더 크게 나타나거든요. 수줍은 잔꾀는 물러가렴! 솔직함과 순수함이여! 할 말을 좀 가르쳐 다오. 저를 맞아주신다면 저는 당신의 아내가 되겠어요. 아내로 맞기 싫으시다면 당신의 종 노릇이라도 하겠어요. 당신이 저를 좋아하시든 좋아하지 않으시든 상관

없어요.

페르디난드 (무릎을 꿇고) 나의 여왕, 그리운 당신! 이렇게 나는 영원히 당신을 위해 시중들겠습니다.

미란다 그럼, 저의 남편이 돼주시겠어요?

페르디난드 예, 노예가 자유를 얻은 때와 같은 기쁜 마음으로. 자, 이제 내 손을 잡아요.

미란다 저도 진심으로 이 손을 내어드리겠어요. 그럼 안녕히…… 반 시간 뒤에 다시 뵙겠어요.

페르디난드 안녕히, 안녕히. (미란다와 따로따로 퇴장)

프로스페로 뜻밖의 행운이라 무척이나 기쁜 모양이나, 나는 저렇게 기뻐할 자격이 없지. 그래도 나로서는 무엇보다도 기쁘구나. 그럼 책 있는 곳으로 가보자. 저녁 식사 전까지는 해놓아야 할 여러 중요한 일들이 있잖는가. (퇴장)

〔제3막 제2장〕

섬의 다른 곳.
스테파노, 트린쿨로, 칼리반이 앉아서 술을 마시고 있다.

스테파노 입 닥쳐. 술통이 텅 비면 그때나 물을 마시겠어. 그 전에는 물은 한 방울도 마시지 않을 테야. 자, 마셔라, 어서, 하인 괴물아. 나를 위해서 축배를 올려라.

트린쿨로 하인 괴물이라고? (스테파노에게 축배를 올린다) 어처구니없는 섬을 다 보겠네! 이 섬에 사람이 다섯밖에 없다는데, 우리는 그 가운데 세 사람이야. 나머지 둘의 머리마저 우리 같다면, 이 나라는 휘청거리다 무너지겠군.

스테파노 하인 괴물아, 마시라는데 왜 안 마셔. 네 놈의 두 눈은 인제 머리빡에 달려 있구나.

트린쿨로 머리빡이 아니고 어디 다른 곳에 달릴라고? 하기야 눈이 꼬리에 달렸더라면, 거참 근사한 괴물이 아니겠는가.

스테파노 내 하인 괴물은 술자루에 혀를 담가버렸군. 나로 말하자면, 바다조 차도 빠뜨리진 못하지. 나는 삼십오 리나 헤엄쳐서 겨우 바닷가에 닿았어. 이리저리 떠밀려 다니면서 말야. 저 해에 두고 선언하지만 괴물아, 나는 너 를 내 부관 아니면 기수(旗手)로 삼겠다.

트린쿨로 부관이 나을 거야. 볼품이 없어놔서 기수는 어림도 없지.

스테파노 우리는 도망치지 않는다, 이 괴물 나리야.

트린쿨로 도망치지 않다 뿐인가, 걷지도 못하는걸. 개같이 나자빠져서 이것 저것 중얼대지만, 어디 제대로 말이 돼야지.

스테파노 이봐, 귀신딱지 같은 놈! 어디 한 마디쯤 하지 못하는가.

칼리반 나리, 안녕하십니까? 구두를 핥아 드릴까요? 저 사람의 하인 노릇은 하지 않겠습니다. 저 사람은 용감한 위인이 못 되거든요.

트린쿨로 요, 무지한 괴물 좀 보게. 거짓말 마. 경찰하고도 싸울 수 있는 나 야. 이런, 썩어빠진 생선 같은 것이. 오늘 나만큼 술을 마신 사람치고 겁쟁 이가 있더냐 말이다. 그래, 네가 괴상한 거짓말을 해볼 테냐? 반은 생선, 반 은 괴물인 주제에?

칼리반 허, 내가 멍텅구리인 줄 아시나 봐! (스테파노를 보고) 그래, 저런 사람 을 가만 두시렵니까, 나리?

트린쿨로 나리라고 말했냐? 괴물이 이처럼 천치인 줄은 몰랐구먼!

칼리반 하, 또! 제발 저 사람을 물어서 죽여보십쇼.

스테파노 이봐 트린쿨로, 말 좀 조심해. 상관한테 반항하면, 이 곁에 있는 나 무에 달아맬 테니까! 이 괴물은 내 부하야. 내 부하를 모욕하지 말란 말 이야.

칼리반 고맙습니다, 나리. 아까 말하던 청을 한 번 더 들어주시겠습니까?

스테파노 좋아, 그러지. 무릎을 꿇고 어디 다시 말해 봐라. 나는 일어서지. 트 린쿨로도 서거나. (칼리반이 무릎을 꿇자 트린쿨로와 함께 비틀비틀 일어선다)

아리엘, 아무도 모르게 등장.

칼리반 아까도 이야기했지만, 저는 지독한 놈의 종이죠. 그놈은 마법사인데, 마법으로 저한테서 이 섬을 빼앗아 갔습니다.

3막 2장, 아리엘, 칼리반, 트린쿨로 및 스테파노 H.C. 셀루스

아리엘 (트린쿨로의 목소리로) 거짓말하지 마.

칼리반 (트린쿨로를 올려다보면서) 당신이나 거짓말하지 마. 익살 부리는 원숭이
　　　　같이. 용감한 나리가 당신 같은 건 죽여줬으면 시원하겠어! 나는 거짓말은

하지 않는 사람이야.

스테파노 트린쿨로, 이제 저 녀석 말을 방해만 해봐. 이 손에 두고 맹세하지만, 자네 이를 몇 개쯤 뽑아버릴 테니까.

트린쿨로 아니, 나는 아무 말도 하지 않았는데.

스테파노 그럼, 입 닥치고 아무 말도 하지 마. (칼리반에게) 계속해.

칼리반 예, 마법을 써 가지고 이 성을 빼앗아 갔어요. 저한테서 빼앗아 갔지요. 나리께서 그 복수를 해주신다면…… 나리라면 꼭 하실 수 있을 테니까요. 저 사람은 어림없는 일이지만…….

스테파노 그야 물론 그렇지.

칼리반 나리를 이 섬의 왕으로 모시고 저는 신하가 되겠습니다.

스테파노 그래, 어떻게 일을 해야 하지? 그 패들이 있는 곳으로 나를 안내할 수 있겠나?

칼리반 물론 할 수 있지요. 그놈이 자고 있을 때 안내해 드리겠습니다. 그러면 그놈의 대가리에 못을 때려 박을 수 있을 테니까요.

아리엘 (트린쿨로의 목소리로) 거짓말하지 마.

칼리반 요 엉터리 같은 바보! 요 빌어먹을 어릿광대! 나리, 제발 저놈을 좀 때려눕히고 술병을 빼앗아 주십쇼. 술병이 없어지면, 저놈은 소금물밖에는 못 마시게 될 거예요. 샘물 있는 곳은 제가 알려주지 않을 테니까요.

스테파노 트린쿨로, 모험은 그만하지. 앞으로 한 마디만 더 괴물을 방해해봐. 이 손에 맹세하지만 자비고 뭐고 다 집어치우고, 말린 대구 신세를 만들어 줄 테니까.

트린쿨로 아니, 내가 어쨌단 말이야? 나는 아무 말도 안 했는데. 저만큼 물러가 있어야겠다.

스테파노 저 녀석에게 거짓말을 했다고 하잖았나?

아리엘 (트린쿨로의 목소리로) 네가 거짓말하고 있지.

스테파노 내가 거짓말하고 있다고? 한 대 맞아봐라. (트린쿨로를 때린다) 이게 마음에 든다면, 한 번 더 나더러 거짓말쟁이라고 해보지.

트린쿨로 거짓말쟁이라고 한 적 없어. 정신이 나가더니 이제는 귀까지 먹었나? 제기랄 놈의 술자루 같으니, 이게 다 술 탓이지 뭐야. 염병할 놈의 괴물 같으니, 손가락이나 악마한테 물어뜯겨라!

칼리반 하하하!

스테파노 자, 이야기 계속해 봐. (트린쿨로를 위협하면서) 자네는 좀 더 멀찍이 물러가 서 있어.

칼리반 실컷 좀 두들겨 주십쇼. 좀 있으면 저도 그를 두들겨 주겠습니다.

스테파노 저만큼 떨어져 서 있으라니까. (칼리반에게) 자, 계속해 봐.

칼리반 예, 아까 이야기한 바와 같이, 그놈은 언제나 저녁때면 낮잠을 자니까, 그때 책만 뺏어버리면 머리통을 내리칠 수도 있지요. 통나무로 골통을 때려 부수건 몽둥이로 배를 가르건, 식칼로 모가지를 자르건 마음대로 할 수 있어요. 그러나 무엇보다 책을 빼앗는 일은 잊지 마십쇼. 그 책만 없어지면 그놈도 저와 한가지로 바보에 지나지 않고, 정령을 한 놈도 부리지 못하게 될 테니까요. 정령들도 죄다 저같이 그놈을 깊이깊이 미워하고 있습니다. 먼저 그 책을 불살라 버려야 해요. 그놈은, 그놈 말마따나 근사한 가구들을 가지고 있답니다. 집을 갖게 되면 그걸로 안을 꾸민다나요. 하지만 무엇보다도 그 녀석은 자기 딸년이 천하에 둘도 없는 보배라고 말하죠. 저는 엄마 시코락스와 그 아이밖에는 여자를 보지 못했지만, 그 애와 시코락스는 태산과 먼지 같다 할까요.

스테파노 그렇게 근사한 아가씨인가?

칼리반 암요, 나리 이불 속에 꼭 맞을 거고, 정말이지 좋은 씨를 낳아줄 겁니다.

스테파노 이봐 괴물, 그 녀석은 내가 없애버리겠다. 그리고 그 녀석 딸과 나는, 왕과 왕비가 될 테야…… 고귀한 부부 만세! 그리고 트린쿨로와 네놈은 부왕(副王)을 시키겠다. 그래, 이 계획에 찬성하나, 트린쿨로?

트린쿨로 훌륭하구먼.

스테파노 자, 악수하세. 아까는 때려서 미안하네. 하지만 평생 입만은 조심하게.

칼리반 반 시간 안에 그 녀석이 잠이 듭니다. 그때 가서 없애버리실 겁니까?

스테파노 암, 없애고말고.

아리엘 (혼잣말로) 어서 가서 이대로 보고를 드려야지.

칼리반 덕분에 신이 납니다. 참 재미있군요. 기분을 냅시다. 아까 가르쳐 주신 그 노래 안 부르시겠습니까?

스테파노 괴물아, 네 청을 들어주지. 이치에 닿는 일은 뭐든지 하겠다. 자, 트린쿨로, 함께 노래 부르세. (노래를 부른다)

조롱을 하건 놀려 먹건,
놀려 먹건 조롱을 하건,
생각은 자유라네.

칼리반 장단이 맞지 않는뎁쇼. (아리엘이 작은북과 피리를 연주한다)

스테파노 이게 뭐지?

트린쿨로 우리 노래의 곡조인가 본데, 그림자 같은 놈이 연주를 하는구나.

스테파노 (눈에 보이지 않는 연주자에게) 이봐, 네가 인간이라면 인간같이 나타나고, 악마라면 네 멋대로 나타나 보려무나.

트린쿨로 아이고, 내 죄를 용서해 주소서!

스테파노 죽으면 모든 것이 깨끗이 정리되지. 마음대로 해봐…… 저런!

칼리반 그래, 무서우십니까?

스테파노 천만에, 하나도 안 무서워.

칼리반 무서워하실 것 없어요. 이 섬에서는 언제나 무슨 좋은 음악 소리가 나는데, 재미를 주지 마음을 아프게 하지는 않거든요. 어떤 때에는 수많은 음악들이 제 귀 언저리에 울리는가 하면, 어떤 때에는 긴 잠에서 깨어났는데도 노랫소리가 들려와 잠들게 합니다. 그러다 꿈을 꾸면, 구름들이 열리고 보물들이 바로 머리 위로 떨어지나 싶을 때 잠에서 깨는데, 그럴 때면 다시 한 번 꿈을 꾸고 싶어서 울음이 터져 나오곤 했죠.

스테파노 나에게 멋진 왕국이 될 것 같구먼. 공짜로 음악을 들을 수 있다니.

칼리반 프로스페로만 없애버리면요.

스테파노 머지않아 없애버리고말고. 네 이야기는 잊지 않고 있어.

트린쿨로 음악이 점점 멀어져 가네. 자, 따라가 보자. 그러고 나서 우리가 할 일을 하자.

스테파노 괴물아, 앞장서라. 우리가 따라갈 테니까. 저 작은북 치는 놈을 볼 수 있었으면 좋겠네…… 잘도 치는군.

트린쿨로 (칼리반에게) 안 가겠나? 나는 스테파노를 따라가겠네. (모두 퇴장)

섬의 다른 곳.
알론소, 세바스티안, 안토니오, 곤잘로, 아드리안, 프란치스코, 그 밖의 사람들 등장.

곤잘로 정말이지, 이제 더는 걷지 못하겠습니다. 이 늙은 뼈마디가 쑤십니다. 곧은길과 꼬부랑길을 어찌나 돌아다녔던지요. 황공합니다만 저는 잠시 쉬어야겠습니다.

알론소 나이를 많이 먹었으니, 나로서도 그대를 탓할 수만도 없는 노릇이지. 나 또한 어찌나 지쳤는지, 정신까지 멍해진 것 같네. 자, 앉아서 쉬구려. (곤잘로, 아드리안, 프란치스코와 함께 앉는다) 이제는 희망을 버리고, 그만 단념해야겠다. 이렇게 우리가 헤매며 찾아다니는 왕자는 물귀신이 되어버리고, 바다는 우리가 헛되이 뭍에서 찾아다니는 것을 지켜보며 비웃는 것만 같네. 이제는 할 수 없는 노릇이지.

안토니오 (세바스티안에게만 들리도록) 왕이 절망한다는 것은 기쁜 소식이구려. 한 번 퇴짜 맞았다고 해서 당신이 이루고자 결심했던 목적을 포기해서는 안 됩니다.

세바스티안 (안토니오에게만 들리도록) 다음번에는 기회를 철저하게 활용합시다.

안토니오 (세바스티안에게만 들리도록) 오늘 밤에 큰일을 일으킵시다. 저들은 먼 길을 오느라 피로에 지쳐 있기 때문에 처음에 길을 떠날 때처럼 철저하게 경계를 하지 않을 뿐만 아니라, 할 수도 없을 테니까요.

세바스티안 (안토니오에게만 들리도록) 오늘 밤입니다, 더는 말하지 않겠습니다.

묘한 음악이 엄숙하게 흘러나온다. 프로스페로가 절벽 꼭대기에 나타난다. 사람들 눈에는 그의 모습이 보이지 않는다.

알론소 이건 웬 음악 소리지? 다들 들어보라!
곤잘로 참으로 묘하게 아름다운 음악입니다!

이상한 형체들 몇몇이 잔칫상을 들고 나타나, 잔칫상 주위를 춤추며 돌면서 공손히 인사한다. 그리고 왕과 그 동행자들을 보며 먹으라고 권하면서 퇴장한다.

알론소 하늘이시여, 보살펴 주소서. 지금 이 형체들은 무엇이란 말인가?

세바스티안 살아 있는 꼭두각시들인가 봅니다. 이러고 보니 일각수(一角獸)란 동물이 있다는 걸 믿게 되네요. 그리고 아라비아에는 봉황이 사는 나무가 있다는데, 지금 봉황 한 마리가 그 나무 옥좌 위에 앉아 군림하고 있는지도 모르죠.

안토니오 양쪽 이야기가 모두 믿을 만합니다. 믿어지지 않는 다른 이야기도 나한테 오면, 나는 그걸 사실이라고 단언하겠습니다. 여행가들 이야기는 결코 허풍이 아닙니다. 그걸 믿지 않는 건 우물 안 개구리들뿐이지요.

곤잘로 나폴리에 가서 이런 이야기를 하면 사람들이 곧이들을까요? 제가 그런 섬사람들을 봤다고 이야기하면 말입니다. 확실히 그건 섬사람들일 테니까요. 형체는 괴상하지만 그 태도가 바르지 않습니까! 우리 인간 사회에서 볼 수 있는 많은 사람들에 못지않을뿐더러, 아니, 그 누구보다도 예의 바르군요.

프로스페로 (혼잣말로) 음, 그 말 잘했어. 글쎄, 거기 있는 너희들 가운데에는 악마보다 더한 놈도 있으니 말이야.

알론소 감탄하지 않을 수 없구려. 그 형체, 거동, 음악…… 혀를 쓰지 않고서도 미묘한 표현을 하다니.

프로스페로 (혼잣말로) 끝까지 보고 나서 칭찬하라고.

프란치스코 묘하게 사라져 버렸습니다.

세바스티안 상관없소, 음식은 남겨놓고 갔으니까. 마침 배도 고프고 (굶주린 듯 음식을 훑어보며 왕에게) 전하, 잡수시겠습니까?

알론소 나는 먹지 않겠네.

곤잘로 전하, 염려하실 건 없습니다. 저희들의 소년 시절 같으면, 턱 아랫살은 소같이 늘어지고, 목에는 자루같이 살이 붙어 있거나, 머리가 가슴에 붙어 있는 산사람들이 있단 말을 누가 곧이들었겠습니까? 그러나 이제는 무사히 돌아오면 배 다섯 척을 차지하기로 내기하고 떠난 여행가도 충분히 증거를 가지고들 돌아올 것입니다.

알론소 그럼 용기를 내어 식사를 하겠네. 이게 내 마지막이 된다고 해도 상

《폭풍》 3막 3장, 연회를 벌이는 정령들과 마주친 알론소와 안토니오, 세바스티안과 곤잘로 모든 상황을 프로스페로가 지켜보고 있다. 로버트 더들리가 에칭 기법으로 그린 판화(1890).

관없어. 내 황금기는 이미 지난 것 같으니까. 내 형제인 존경하는 경들, 용기를 내서 함께 듭시다. (세바스티안, 안토니오와 함께 식탁 쪽으로 다가가 앉는다)

번갯불이 번쩍 하더니 천둥 소리. 아리엘이 날개 달린 여신 하르퓌아의 모습으로 나타나 날개로 식탁을 치자 교묘하게 잔칫상은 사라져 버린다.

아리엘 이 세 죄인들아, 이 하계(下界)와 이 하계에 속한 모든 것을 지배하시는 운명의 신이, 아무리 집어삼켜도 물릴 줄 모르는 바다로 하여금 너희들을 이 무인도에 토해 놓게 하신 거다. 너희들은 인간 사회에 살기에는 맞지 않는 존재들이야. 내가 너희들을 화나게 만들어 놓았지만, 바로 그런 어리석은 용기 때문에 사람들은 스스로 목매거나 또는 물속에 뛰어들어 목숨을 잃기 마련이지. (알론소, 세바스티안, 안토니오 세 사람이 칼을 빼 든다) 이 바보들! 나와 나의 동료들은 운명의 신을 섬기고 있단 말이야. 너희들의 그 칼로 내 날개의 깃털 하나라도 잘라낼 수 있다면 시끄러운 바람을 상처낼 수도, 아무리 세차게 내려쳐도 이내 비웃으며 상처를 오무리고 마는 물을 죽일 수도 있을 것이다. 나의 동료들 또한 불사신이다. 해칠 수 있다 하더라도 이제 너희 칼은 너무 무거워서 들지 못할 것이다. 하지만 돌이켜 생각해 봐라. 그렇게 하는 것이 나의 임무다. 너희 세 놈은 밀라노에서 선량한 프로스페로를 추방하여, 그 죄 없는 아기와 함께 바다에 버리지 않았던가. 바다는 그 복수를 하신 거다! 너희들의 악행을 보고 잠시 내버려 두셨으나 잊지는 않으시고, 바다며 육지며…… 아니, 온갖 창조물을 분노케 하여 너희들을 벌하신 거다. 알론소, 네 아들도 신들이 빼앗아 간 거고, 나를 시켜 이렇게 선고하게 허락하신 거다. 단 한 번의 죽음보다 더 고통스러운 파멸이 너희들과 너희가 저지른 행위에 오래도록 따라다닐 것이니, 그 형벌이 이 거친 섬에서 너희들 머리 위로 내릴 것이다. 그 벌을 면할 오직 하나의 길은 진심으로 슬퍼하고, 앞으로는 깨끗한 생활을 하는 것밖에는 없느니라.

아리엘은 천둥 속으로 사라지고, 고요한 음악과 더불어 다시 기묘한 형체들이 등장하여, 비웃거나 찡그린 얼굴로 춤추다가 잔칫상을 들고 나가버린다.

프로스페로 (혼잣말로) 너의 그 하르퓌아 역할은 참으로 근사했다. 아리엘, 음식을 채가는 그 모습도 참으로 보기 좋았다. 내가 하라고 시킨 말도 하나도 빼놓지 않았구나. 그리고 나머지 녀석들도 씩씩하게 잘 순종하여 저마다 역할을 다해 주었구나. 나의 강력한 마법이 위력을 나타내어 이 원수들은 미칠 듯한 흥분 상태에 빠져서, 이젠 모두 내 손안에 놓여 있다. 이것들을 이 상태로 그냥 내버려 두고 나는 찾아가 봐야겠다. 물에 빠져 죽었다고 다들 생각하고 있는 젊은 페르디난드와 그의 애인이 된 나의 사랑스러운 딸. (퇴장)

곤잘로 (알론소에게) 아니, 신성한 이름을 가지신 분께서 왜 그렇게 이상하게 노려보고 계십니까, 전하?

알론소 오, 괴상하구나 괴상해…… 내가 생각하기로는 파도가 말로써 그 일에 대하여 나에게 따지고 바람은 그 일을 노래하는구나. 또한 바다 깊은 곳의 무시무시한 음관(音管)은 프로스페로의 이름을 말하면서 낮은 목소리로 나의 잘못을 꾸짖는구나. 그러니 나의 아들은 바다의 진흙 속에 묻혀 버린 것이지. 그 깊이를 알 수 없는 곳까지 찾아 내려가서 아들 옆에 함께 묻히

고 싶구나. (퇴장)

세바스티안 일대일로 맞설 악마라면 얼마든지 덤벼라.

안토니오 내가 도와드리죠. (세바스티안과 함께 칼을 빼 든 채 퇴장)

곤잘로 세 분 모두 실성하셨나 보오. 크나큰 죄가, 한참이 지난 뒤에야 서서히 작용하는 독약처럼 이제서야 영혼을 좀먹기 시작하는 것 같소. (옆에 있는 무리에게) 여러분, 나보다는 관절이 부드러울 테니, 어서 좀 뒤쫓아 가서 미리 막아주시오. 저렇게 실성하신 탓에 무슨 일을 저지르실지도 모르니까요.

아드리안 그럼, 뒤따라 오시오. (모두 퇴장)

〔제4막 제1장〕

프로스페로의 동굴 앞.
프로스페로, 페르디난드, 미란다 등장.

프로스페로 (페르디난드에게) 내가 자네를 너무나 가혹하게 대했는지 모르지만 그 대가로 내 삶의 삼분의 일을, 아니 내 삶의 전부인 딸을 자네에게 주었네. 다시 한 번 이 아이를 자네 손에 건네주겠네. 자네를 괴롭힌 것은 오로지 자네 마음을 시험해 보기 위해서였네. 자네는 그 시험을 잘 이겨냈어. 자, 이젠 하늘에 맹세하고 나의 보배를 선사하겠네. 여보게 페르디난드, 내가 이렇게 자랑하는 것을 보고 웃지는 말게나. 자네도 차츰 알게 되겠지만, 아무리 칭찬해 봐도 칭찬이 모자라는 아이니 말일세.

페르디난드 신탁(神託)이 반증을 하더라도 그 말씀을 믿겠습니다.

프로스페로 그럼 내 선물로서, 그리고 자네 자신이 그만한 덕이 있어 맞이하게 된 내 딸아이를 받아주게. 격식대로 거룩하게 식이 올려지기 전에 그 아이의 정조의 띠를 끊는 날이면 하늘은 이 약혼을 익게 할 감로를 내리시기는커녕 오히려 서로 미워하게 하여 자식도 없을 것이며, 보기에도 시커먼 멸시와 불화가 늘어가서, 부부의 침실에는 보기 싫은 잡초만이 깔리고, 두 사람이 다 그것을 싫어하게 되고 말 것이네. 그러니 결혼의 여신이 화촉을 밝혀주실 때까진 조심해야 하네.

페르디난드 저는 지금 같은 사랑으로 평화로운 나날과 훌륭한 자손과 장수를 누리기를 바라는 만큼 아무리 컴컴한 굴이나, 아무리 기회가 좋은 장소나, 악마가 할 수 있는 아무리 강한 유혹이 있더라도 절대로 저의 명예를 떨어뜨리는 행동으로 혼인날의 날카로운 기쁨을 무디게 하지는 않겠습니다. 태양신 포이보스의 말(馬)이 넘어졌는지, 밤의 신이 하계에 묶여 있는지, 안타깝게 기다리는 그날이긴 합니다만.

프로스페로 좋은 말이네. 그럼, 앉아서 저 애와 이야기를 나누게. 이제 저 아이는 자네 사람이니까. (두 연인은 조금 떨어진 곳에 있는 바위 위에 앉는다) 얘야, 아리엘, 나의 충복 아리엘!

아리엘 등장.

아리엘 무슨 일이십니까, 주인님? 여기 왔습니다.

프로스페로 너와 네 부하들은 아까 그 일을 잘 처리했다. 그런데 한 번 더 그런 일을 해야겠다. 네게 신통력을 주겠으니, 가서 부하들을 바로 이곳으로 데려오너라. 어서, 서둘러 와야 한다. 이 젊은 두 남녀에게 내 마법의 환상을 좀 보여줘야겠으니. 그건 내 약속인데, 두 사람이 보고 싶어하니 말이다.

아리엘 지금 바로 말씀이십니까?

프로스페로 그렇다, 눈 깜짝할 사이에 다녀오너라.

아리엘 "다녀오너라" 말씀도 채 떨어지기 전에, 숨을 두 번 쉬시기 전에, "그래, 그렇지" 말씀하시기도 전에 가볍게 뛰면서, 찌푸린 얼굴로 이리 오도록 하겠습니다. 그런데 저를 좋아하세요, 싫어하세요, 주인님?

프로스페로 그야 좋아하지, 귀여운 아리엘. 부를 때까지는 곁에 오지 마라.

아리엘 예, 잘 알겠습니다. (퇴장)

프로스페로 (페르디난드에게) 약속을 지켜야 하고, 시간을 너무 끌어도 안 되네. 굳은 맹세도 열정의 불길에 비하면 지푸라기와 한가지니, 한층 더 절제하게나. 그렇게 하지 않으면 아까 그 맹세도 헛일이 되고 마네.

페르디난드 걱정 마십시오. 제 차가운 흰 눈 같은 동정(童貞)이 이 심장의 뜨

연극 〈폭풍〉 로열셰익스피어 극단과 남아프리카 공화국 백스터 극장 소속 배우들 합동 공연 장면. 2009. 〈폭풍〉에서 생기있는 독창적인 음악과 춤이 효과적임을 증명했다.

거운 불을 끄니까요.

프로스페르 좋네. 그럼, 아리엘, 나오너라. 하나라도 부족하지 않게 부하들을 여러 명 데리고 오너라. 어서들 나타나라. (페르디난드에게) 입을 다물고 잘 보게. 쉿!

부드러운 음악이 흐르며 〈가면극〉이 시작된다.
무지개의 여신 이리스 등장.

이리스 풍요의 여신 케레스여, 밀, 호밀, 보리, 살갈퀴, 귀리, 완두콩이 자라는 그대의 밭에서, 양떼들이 풀을 뜯는 그대의 푸르른 산이나 양떼들이 먹을 여물로 지붕을 이은 그대의 너른 목장에서, 도랑과 이랑이 나 있고 개울물이 졸졸 흐르는 그대의 둑이나 차디찬 님프에게 순결한 화환을 만들어 주려 찾아온 나긋나긋한 사월이 그대의 명령을 받아 꽃을 피우는 그 둑에서, 애인한테 버림받은 젊은이가 그 그늘 아래 쉬는 금작화숲이나 가지를 쳐낸 그대의 포도밭이나, 그대가 휴식을 취하는 바닷가 메마른 바위에서 떠나 이곳으로 나오시라. 하늘의 여왕님께 시중들고, 하늘에 물다리를 놓는 내가 여왕님의 명을 받아 알리노니, 바로 이곳 풀밭으로 나와서 즐거움을 누려보시오. 여왕님 수레를 끄는 공작새들이 바쁘게 날갯짓하여 이리로 오고 있으니. (유노 여신의 수레가 하늘에서 나타난다) 여신 케레스여, 어서 나와 여왕님을 맞이하시라.

케레스 등장.

케레스 여보세요, 유노 여왕님 말씀에 순종하시는 일곱 빛깔 사자(使者)여, 그대의 향기로운 날개로 나의 꽃들 위에 감로같이 상쾌한 소나기를 내리시며, 파란 다리를 산과 숲에 펼치어 나의 자랑스런 대지를 아름답게 감싸주시는 그대여, 그대 여왕님이 무슨 일로 나를 이 푸른 풀밭에 부르셨나요?

이리스 진실한 사랑의 서약을 축하해 주고, 축복받는 두 연인에게 몇 가지 선물을 아낌없이 해주기 위해서랍니다.

케레스 말씀해 주세요, 하늘의 무지개 님. 당신은 아시겠지요, 베누스 여신과 그 아들 큐피드는 지금도 여왕님과 함께 있나요? 이 어머니와 아들은 음침한 저승의 신과 공모하여 나의 딸아이를 훔쳐 갔으니, 베누스와 그 눈먼 소년 큐피드와의 불명예스런 교제는 영영 끊기로 나는 맹세했어요.

이리스 베누스와 만날까 염려하진 마시오. 내가 봤지만 베누스 여신은 구름을 헤치고 자기 고향 파포스로 떠났는데, 어머니와 아들은 비둘기 수레를 타고 있었습니다. 처음 이 두 사람의 계획은 화촉의 불이 켜지기 전에는 잠자리를 같이하지 않기로 맹세한 저 두 남녀에게 음탕한 요술을 부리려는 것이었으나, 여의치 못하여 군신(軍神)의 정부 베누스는 다시 돌아가고, 그 아들 큐피드 또한 벌침 같은 촉을 부러뜨려 버리고는 맹세했지요. 앞으로는 활을 버리고 새들과 놀며, 평범한 소년이 되겠다더군요.

케레스 한없이 높고 높으신 여왕님, 위대하신 유노 여신이 오십니다. 걸음걸이로 알 수 있지요.

유노 내 동생 오곡의 여신, 그래 잘 지냈느냐? 나와 함께 가서 그 두 남녀가 잘살고, 자식 복도 많도록 해주자꾸나. (노래한다)

4막 1장, 가면극 H.C. 셀루스

명예와 부귀와 부부의 복,
장수와 자식 복을 누리며,
그대들에게 날마다 기쁨 있으라!
유노가 축복을 노래하노라.

케레스 (노래한다)

대지 위에 풍요로움이 넘치리라.
광과 곳간 가득 차고,
포도송이 주렁주렁,
나뭇가지 늘어질 때까지.

봄이 늦게 온다 해도
가을걷이에 이어 바로 오라!
부족이나 결핍은 오지 말지니.
케레스의 축복을 그대들에게 내리노라.

페르디난드 참으로 장엄한 광경입니다. 참으로 아름답고 기쁨이 넘치는 음악입니다. 이들을 정령이라고 생각해도 좋을까요?

프로스페로 정령들일세. 내가 마법으로 그들이 머무는 곳으로부터 불러내어, 지금의 내 생각을 환상으로 보여주게 한 것이네.

페르디난드 언제까지나 이곳에서 살게 허락해 주십시오. 이처럼 놀라운 아버지와 아내가 있으니 이곳은 낙원이 될 것입니다.

유노와 케레스는 속삭이더니, 이리스를 심부름 보낸다.

미란다 여보세요, 잠깐만 조용히, 유노와 케레스가 뜻깊은 이야기를 속삭이고 있어요.

프로스페로 더 할 일이 있나 보구나. 쉿, 조용히. 안 그러면 내 마법이 풀려버리니까.

이리스 나이아데스, 물의 정령들이여, 향부자 화환을 쓰고 언제나 순진한 얼굴을 한 님프들이여, 잔물결 이는 개울물을 떠나, 부름에 응하여 이곳 풀밭으로 오너라. 유노 여왕님이 부르신다. 순결한 님프들아, 어서들 와서 함께 진실한 사랑의 약속을 축하해 주자꾸나. 늦지들 마라.

몇몇 님프들 등장.

이리스 지루한 팔월의 햇볕에 그을린 농부들아, 이랑을 버리고 이곳으로 와서 즐겁게 놀아라. 일손을 멈추고 밀짚모자를 쓰고 나와, 활기 넘치는 님프들과 손을 맞잡고 전원 음악에 맞춰 춤을 추어라.

일꾼 차림을 한 리퍼들이 등장하여, 님프들과 아름다운 춤을 춘다. 춤이 끝날 무렵 프로스페로가 갑자기 나타나 말을 꺼낸다.

프로스페로 (혼잣말로) 짐승 같은 칼리반과 그 공모자들이 흉악하게도 내 목숨을 노리는데, 깜빡 잊고 있었구나. 그것들이 음모를 계획한 시간이 가까워왔구나. (정령들에게) 수고했다. 저리들 가라. 이젠 됐다.

정령들이 기묘하고 힘이 없으며, 당황한 듯한 표정으로 모두 사라진다.

페르디난드 (미란다에게) 이상하시군요. 아버지께서는 어쩐지 몹시 흥분하신 것 같습니다.

미란다 아버지가 저토록 화를 내시는 데다 저기압이신 건 오늘 처음 봤어요.

프로스페로 (페르디난드에게) 이보게, 자네는 흥분하여 놀란 사람 같네그려. 이봐, 기운을 내게. 이제 잔치는 끝났어. 우리가 본 배우들은 아까도 말했지만 모두 정령인데, 이젠 공기 중으로 사라져 버렸지. 그런데 이 환상에서 본 가공의 모습처럼, 구름을 이고 있는 탑도, 찬란한 궁궐도, 장엄한 사원도, 이 대지 자체도, 아니 이 땅의 모든 것은 다 녹아서 이 허망한 야외극처럼 사라지고 자국조차 남기지 않는단 말이야. 우리의 육체는 꿈이나 매한가지 물질로 이루어져 있으며, 우리의 얼마 안 되는 짧은 인생 또한 잠에 둘러싸여 있다네. 이보게, 지금 나는 화가 나 있네만, 내 약점을 용서해 주게. 이 늙은 머리가 괴로워서 그러니, 이 늙은이의 망령을 상관하지 말아주게. 괜찮다면 내 동굴로 물러가서 쉬도록 하게. 나는 한두 바퀴 산책하면서 흥분한 마음을 좀 가라앉혀야겠네.

페르디난드, 미란다 (물러가면서) 안녕히 다녀오세요.

프로스페로 어서 나오너라. 여봐라, 아리엘, 어서.

아리엘 등장.

아리엘 명령에 순종하겠습니다. 무슨 분부십니까?

프로스페로 아리엘, 우리는 칼리반에 대한 준비를 해야겠다.

아리엘 예, 주인님, 아까 제가 케레스 역할을 하고 있을 때에 그 말씀을 드릴까 했지만, 혹시 화를 내시지나 않을까 해서…….

프로스페로 한 번 더 말해 봐라. 그 악당들을 어디에 놔두고 왔느냐?

아리엘 아까 말씀드린 것처럼 그놈들은 술에 잔뜩 취해 벌게져 가지고는 대단한 기세로 바람이 얼굴에 불어온다며 바람을 때리고, 땅이 발에 닿는다며 땅바닥을 차고 하면서도, 음모는 잊지 않고들 있습니다. 그래서 제가 작은북을 치자, 그놈들은 한 번도 사람을 태워보지 않은 망아지처럼 귀를 쫑긋하더니, 눈꺼풀을 치켜들고 코를 벌름거리며 마치 음악을 냄새 맡기라도 할 것 같더군요. 그런데 제가 그놈들에게 마법을 걸어 놓으니 송아지처럼 음악 소리를 따라 가시덤불, 가시금작나무, 가시풀, 찔레덩굴 속을 끌려다니면서 부드러운 정강이를 찔리곤 했습니다. 끝으로 저는 그놈들을 저 건너 더러운 오물이 쌓인 웅덩이에 내버려 두었는데, 턱 밑까지 푹푹 빠지는 그 더러운 웅덩이에서는 그놈들의 발보다도 더 냄새가 풀풀 나고 있었습니다.

프로스페로 거참 잘했다, 잘했어. 너는 지금 그대로 남들 눈에 보이지 않도록 해라. 그리고 안으로 들어가서 겉보기만 그럴듯한 옷가지를 내오너라. 그 도둑놈들을 꾀어 잡을 덫으로 쓰겠다.

아리엘 예, 예. (퇴장)

프로스페로 악마 같으니, 타고난 악마라서, 뭘 가르쳐 봐도 본성을 고칠 수는 없구나. 자비심을 가지고 돌봐준 내 수고는 모두 헛일이 돼 버리고, 나이와 함께 육체도 점점 더 보기 싫어지더니, 마음속까지 썩어 가는구나. 아우성을 칠 때까지 그놈들을 모두 혼내줘야겠어.

아리엘이 번쩍거리는 옷들을 들고 다시 등장.

프로스페로 자, 그 옷들을 줄에 걸어놓아라.

아리엘, 그 옷들을 줄에 걸어 놓는다. 프로스페로와 아리엘은 등장인물의 눈에는 보이지 않는다. 칼리반, 스테파노, 트린쿨로가 온몸이 젖은 채로 등장.

칼리반 제발 눈 없는 두더지 귀에도 들리지 않게 살금살금 걸어오십쇼. 이젠 동굴에 거의 다 왔습니다.

스테파노 괴물아, 정령은 아무런 해도 주지 않는다고 네가 말했지만, 악당 못잖게 우리를 혼내줬지 않았느냐.

트린쿨로 괴물아, 나는 온몸에서 풍기는 말 오줌 냄새 때문에 코가 견디지 못할 지경이다.

스테파노 내 코도 그래. 내 말이 들리나, 괴물아? 만약 내 비위만 건드려 봐라, 네 목숨은 없는 거다, 이놈. (주머니에서 칼을 뺀다)

트린쿨로 네놈이 살 수 있을까 보냐?

칼리반 (엎드려서) 나리, 제발 그러지 마시고 좀 용서해 주십쇼. 이제 굉장한 것을 믿게 해드릴 테니까요. 그러면 이만한 재앙쯤은 잊힐 것입니다. 그러니 조용조용 말씀하십쇼. 아직도 주위는 밤중같이 잠잠하니까요.

트린쿨로 이런, 술병들을 웅덩이 속에다 잃어버리다니……

스테파노 그런 망신살 뻗치고 치욕스런 일에다, 야, 이 괴물아, 지독한 손실 까지 입지 않았느냐 말이다.

트린쿨로 그건 내가 젖은 것보다 더 큰일이야. 더구나 그건 네가 해치지 않 는다고 말한 정령이 한 짓이 아니고 뭐란 말이냐, 괴물아.

스테파노 술병을 도로 찾아와야겠어. 귀 밑까지 푹푹 빠지는 한이 있더라도.

칼리반 제발, 임금님, 조용히 해주십쇼. (동굴로 기어올라 가면서) 여기 보이잖 습니까, 동굴 입구입니다. 조용히 하시고, 들어가세요. 멋들어지게 처리하십 시오. 이제 이 섬은 영원히 나리의 것이 되고, 이 칼리반은 언제까지나 나리 의 부하가 되겠습니다.

스테파노 자, 악수를 하자꾸나. 이젠 잔인한 생각에 입맛이 당기기 시작했어.

트린쿨로 (줄에 걸려 있는 웃옷을 알아보고) 오, 스테파노 전하! 오! 귀하신 분! (옷을 손에 들면서) 이거 참 좋은 옷이 그대를 기다리고 있잖은가!

칼리반 내버려 둬, 이 멍텅구리 같으니…… 그건 쓰레기야.

트린쿨로 어허, 요 괴물 좀 보게나. (옷을 입어본다) 우리는 넝마 옷과 친숙한 처지잖아. 오, 스테파노 전하! (좋아서 팔짝팔짝 뛴다)

스테파노 싹 벗어 놓으라고, 그 옷. 이 손에 맹세하지만 그 옷은 내가 입을 테다.

트린쿨로 (아까운 듯이 벗어주면서) 귀한 분이 입으시게.

칼리반 물종기 속에 빠져 뒈질 멍텅구리 좀 보게나! 그런 시시한 물건에 그렇게 눈이 어두워지다니, 대체 어쩌자는 겁니까? 어서 가서 먼저 그놈부터 죽이자고요! 만약에 그놈이 눈만 뜨는 날이면 발끝부터 머리빡까지 온몸을 꼬집어서 우리를 괴상한 몰골로 만들어 버린다니까요.

스테파노 괴물아, 입 닥쳐! 줄 님, 이건 내 털조끼가 아닙니까? 조끼가 줄 아래로 끌어내려졌네. 그러면 이제 조끼 너는 털이 빠져서 맨숭이 조끼가 되잖을까.*⁵

트린쿨로 그렇고말고! 전하의 뜻이 그러하시다면, 저희들은 규칙에 따라 도둑질을 하죠.

스테파노 그 농담 고맙네. 상으로 이 옷 하나를 주겠다. 내가 이 섬의 왕인 동안은, 영리한 자에게는 반드시 상을 주지. "규칙에 따라 도둑질을 한다", 거참 멋진 대답이구먼. 자, 상으로 하나 더 받게.

트린쿨로 괴물아, 네 손가락에 끈끈이를 묻혀 가지고 와서, 나머지 옷들도 끌어내려라.

칼리반 나는 그런 거 필요 없어. 시간을 놓치고 있다간, 우리는 죄다 따개비나, 이마가 오종종하고 흉악한 원숭이가 되고 말겠네.

스테파노 괴물아, 손을 좀 빌리자. 이걸 내 술통이 있는 곳까지 지고 함께 가자. 지고 가지 않겠다면 내 왕국에서 쫓아내겠다. 자, 어서 지고 나가자니까.

트린쿨로 이것도. (칼리반에게 짐을 지운다)

스테파노 아, 이것도. (칼리반에게 짐을 지운다)

사냥꾼들 소리. 집개와 사냥개로 둔갑한 여러 정령들이 등장하여 세 사람에게 달려든다. 프로스페로와 아리엘이 개들을 부추긴다.

프로스페로 야, 마운틴, 달려들어!

아리엘 실버, 거기다, 실버!

프로스페로 퓨리, 퓨리! 저기다, 타이런트, 저기다! 어서, 어서! (칼리반, 스테파노, 트린쿨로 개한테 물려서 퇴장) 너는 가서 내 정령들에게 저놈들 뼈 마디마디를 부수고 힘줄을 잡아당겨 늙은이같이 쥐가 나게 하고, 얼룩 이상으로

---

* 5 'line'은 '줄'이란 뜻 말고도 '적도(赤道)'의 의미로 쓰였는데, 적도 남쪽으로 가면 성적으로 문란해져서 성병에 걸려 몸의 털이 빠진다는 속설에 빗대어 한 말이다.

4막 1장, 프로스페로, 아리엘, 칼리반, 트린쿨로 및 스테파노 H.C. 셀루스

멍이 들게 꼬집어 놓으라 일러라.

아리엘 이크, 저렇게 아우성을 치고 있는데요.

프로스페로 완전히 몰아내도록 놔두어라. 이제는 내 원수들이 모두 내 손 안에 있구나. 그리고 너도 곧 어디로든 마음대로 갈 수 있게 된다. 조금만 더 내 곁에서 일을 해다오. (퇴장)

〔제5막 제1장〕

프로스페로의 동굴 앞.
마법 옷을 입은 프로스페로, 아리엘 등장.

프로스페로 나의 계획이 차츰 이루어져 가고 있구나. 마법은 풀리지 않고, 정령들은 잘 복종하여 시간은 짐을 짊어지고서도 똑바로 가고 있다. 지금 몇 시냐?

아리엘 여섯 시쯤이에요. 여섯 시에 일이 다 끝난다고 말씀하셨어요.

프로스페로 음, 그렇게 했지, 그건 처음 폭풍을 일으켰을 때 이야기야. 그런 데 정령아, 그 시종들은 지금 어찌 되었느냐?

아리엘 말씀하신 그 장소에 가두어 놓았습니다. 동굴 바람막이를 하는 참피 나무 숲속에 모두들 포로가 되어 붙들려 있지요. 주인님께서 놓아주시기 전에는 꼼짝도 못합니다. 왕과 왕의 동생과 주인님 동생 셋은 다 넋이 나가 있고, 그 밖의 사람들은 이 세 사람에 대해 슬퍼하며 한탄만 할 뿐입니다. 그러나 그중에도 '착한 노인 곤잘로'라고 주인님께서 말씀하신 분은, 턱수 염 위로 초가집 처마 아래 녹아 떨어지는 고드름 같은 눈물을 뚝뚝 흘리고 있습니다. 주인님의 마법이 어찌나 효력이 센지요. 지금 눈앞에서 보신다면, 주인님 감정도 누그러지실 겁니다.

프로스페로 정령아, 그래, 너도 그렇게 생각하니?

아리엘 예, 저도 인간이라면 그렇게 생각할 거예요.

프로스페로 내 감정도 그럴 거다. 공기에 불과한 너까지 그자들의 고통을 동 정하는데 같은 인간으로서, 그자들 못지않게 모든 감정을 예리하게 느끼는 내가 너보다도 동정심이 못할 리가 있겠느냐? 그자들의 흉악한 행위가 내 뼛속에 사무치기는 하나, 나는 더 고귀한 이성을 따라 분노를 누르고 있던 참이다. 복수보다는 자비야말로 더 드물고 고귀한 행위이지. 그자들이 뉘우치고 있다면, 그 잘못을 더 책망할 마음은 조금도 없다. 아리엘, 가서 풀어 줘라. 나도 그만 주문을 풀어서 그자들의 정신을 회복시켜 주고, 본디 그들 자신의 모습으로 돌아오게 하겠다.

아리엘 그럼 이곳으로 데리고 오겠습니다. (퇴장)

프로스페로 (마법의 지팡이로 원을 그리면서) 언덕과 개울과 호수, 그리고 숲의 정령들아, 모래밭에 발자국 하나 남기지 않고 썰물을 쫓고 밀물에 도망치는 정령들아, 양들도 먹지 않는 시디신 초록빛 동그라미를 달밤에 만들어 놓는 허깨비들아, 그리고 밤에는 버섯들을 만들고 즐거워하며 엄숙한 소등(消燈)의 종소리를 듣고 흥겨워하는 자들아…… 미약한 너희들이기는 하나 나는 너희들의 힘을 빌려 한낮의 해를 흐리게 하고, 엄청난 바람을 불러내어 푸른 바다와 파란 하늘 사이에 으르렁대는 전쟁을 일으키고, 무섭게 드르렁대는 천둥 벼락에게 불을 주어 유피테르 신 번개로 건장한 떡갈나무를 쪼개내고, 바닥이 튼튼한 곳을 흔들어 소나무, 참나무를 뿌리째 뽑아 놓곤 했다. 무덤도 내 명령을 받들어 그 속에 잠자는 자를 일으켜 깨우고 입을 벌려 강력한 마법의 힘으로 시체들을 토해 놓곤 했지. 그러나 이 맹렬한 마법을 이젠 그만 포기하겠다. 그리고 지금 바로 필요한 것인데, 어떤 신성한 음악을 연주케 하여 (마법의 지팡이를 올린다) 음악의 힘으로 내 원수들의 정신을 회복시켜 주고 나서 마법의 지팡이를 부러뜨려 땅속 깊이 파묻고, 마법 책은 다림추도 닿지 않는 깊은 바닷속에 묻어버리겠다.

장엄한 음악이 흐르며 아리엘 등장. 그 뒤에 곤잘로가 제정신이 아닌 알론소를 시중들며 등장. 이어서 아드리안과 프란치스코가 미친 듯 날뛰는 세바스티안과 안토니오를 시중들며 등장. 이들 모두 프로스페로가 그려 놓은 원 안으로 들어가서는, 주문에 걸린 듯 서 있다. 프로스페로는 이 광경을 보면서 다시 말을 계속한다. 먼저 알론소에게 다가간다.

프로스페로 어지럽고 혼돈스러운 마음에게는 가장 좋은 위로가 되는 장엄한 음악에 그대의 뇌가 회복되기를 바라노라. 머리뼈 속에서 지금 뇌가 쓸데없이 뒤끓고 있다! 그대는 거기 선 채 주문에 걸려 있노라. 성스러운 곤잘로, 고결한 사람이여, 그대 눈물에 공명하여 내 눈에도 동정의 눈물이 맺히는구나. 주문의 효력이 빠르게 물러가고 있다. 그리고 아침이 살며시 스며들어와 어둠을 녹여버리듯, 이자들의 감각도 되살아나 명철한 이성을 덮은 어리석고 무지한 연기를 차츰 몰아내고 있다네. 내 생명의 은인이며, 왕에게 충신인 곤잘로, 그대의 은혜는 말이 아니라 행동으로 갚겠네. 알론소, 그대는 나와 내 딸에게 너무도 심한 짓을 했지. 그대의 아우는 그 악행을 도왔어. 세바스티안, 그 일 때문에 그대는 지금 양심의 가책을 받고 있는 거야. 나와 피를 나눈 동생아, 너는 야욕을 품고 자비심도 인정도 버렸지. 또한 세바스티안과 공모하여, 이 때문에 세바스티안은 한층 더 양심의 가책을 받고 있겠지만, 자신들의 왕을 살해하려고 하지 않았느냐. 천륜을 저버린 아우이기는 하나 너를 용서하겠다. 다들 조금씩 이성을 되찾아 가는구나. 이대로 가면, 지금은 흐리고 탁한 마음의 둑 위로 이성의 밀물이 곧 가득 차게 되겠지. 이 가운데 아직 한 사람도 나를 보지 못하는구나. 그야, 봐도 알아보지 못할 테지. 아리엘, 동굴에 가서 내 모자와 칼을 가지고 오너라. (아리엘이 동굴 속으로 들어간다) 이 마법의 옷은 벗어버리고 밀라노 공작 시절의 차림으로 나타나겠다. 서둘러라, 정령아. 이제 곧 자유롭게 해줄 테니.

아리엘이 노래하며 주인의 옷을 한 아름 안고 다시 등장.

아리엘 (노래한다)

벌이 꿀을 빠는 곳에서 나도 꿀을 빨아 먹자.
앵초꽃 속에 누워,
올빼미 우는 소리 들어봐.
박쥐 등 걸터타고
여름을 따라 즐겁게 날아다니자.
즐겁게, 즐겁게 살아가자꾸나,

가지마다 늘어진 꽃들 아래서.

프로스페로 음, 귀여운 아리엘, 네가 없으면 아쉬울 테지만, 그래도 자유롭게
해주마. 음, 그래, 그래. (아리엘이 옷을 입혀준다) 그렇게 남의 눈에는 보이지
않게 왕의 배로 가봐라. 선원들은 갑판 아래서 자고 있을 거다. 선장과 갑판
장은 눈을 떴을 테니, 이곳으로 데리고 오도록 해라. 자, 어서.

아리엘 바람을 들이켜고 날아가, 주인님 맥박이 두 번도 뛰기 전에 곧 돌아
오겠습니다. (퇴장)

곤잘로 이 섬에는 온갖 고뇌와 고통과 기적과 경탄이 있는 듯하구나. 오! 하
늘의 힘이시여, 이 무서운 나라에서 우리를 구해 주소서.

프로스페로 (알론소에게) 전하, 학대받은 밀라노 공작 프로스페로를 보소서.
살아 있는 공작이 지금 전하에게 말을 하고 있음을 보다 분명하게 확인시
켜 드리기 위해 제가 전하의 몸을 안겠습니다. (알론소를 안는다) 또한 전하
와 전하의 일행을 진심으로 환영합니다.

알론소 당신이 과연 그분인지 아닌지, 또는 아까처럼 나를 혼내주려고 무슨
마법을 걸고 있는 건지 나는 모르겠소만, 당신 맥박은 틀림없이 피와 살을
가진 인간의 맥박이구려. 그런데 당신을 만난 뒤로 내 마음의 고뇌는 누그
러졌소. 내가 정신이 이상했던 것도 그 고뇌 때문이 아니었을까요? 이 모든
일이 사실이면 어지간히 기묘한 사연이 있어야 할 것 같소. 당신의 공국은
돌려드리겠소. 나의 죄를 용서해 주시기 바라오. 그런데 프로스페로가 어떻
게 살아서 여기 있게 된 것이오?

프로스페로 (곤잘로에게) 옛 친구여, 먼저 연로하신 그 몸을 한번 안아봅시다.
한없이 덕이 높은 옛 친구여.

곤잘로 이게 꿈인지 현실인지 도무지 알 수가 없군요.

프로스페로 아직도 이 섬의 환상들에서 벗어나지 못하고 있어서, 확실한 일
들도 믿어지지 않나 보구려. 그러나 모두 잘 왔소. (세바스티안과 안토니오에게
만 들리게) 그러나 두 사람은, 내가 마음먹기에 따라 그 자리에서 왕의 노여
움을 사게 하여 역적으로 끌어낼 수 있다. 지금은 이야기해 주지 않겠다.

세바스티안 (혼잣말로) 저 사람 마음속에 자리 잡은 악마가 말하는구나.

프로스페로 (안토니오에게) 내 입이 더러워질까 봐 아우라고 부를 수조차 없

을 만큼 극악무도하지만 너의 흉악한 죄과는 모두 용서해 주겠다. 내 요구는 공국이다. 그것은 어쩔 수 없이 도로 찾아야겠다.

알론소 당신이 프로스페로라면, 어떻게 생존하게 된 것인지 이야기해 주시오. 어떻게 이곳에서 우리를 만나게 되었소? 세 시간 전만 해도 우리는 이 바닷가에서 난파를 당해 이곳에서 불행히도…… 생각만 해도 가슴이 아픕니다만 내 아들 페르디난드를 잃었소.

프로스페로 참 안되셨습니다.

알론소 돌이킬 수 없는 상실이고 보니 인내를 가지고도 어찌할 수 없구려.

프로스페로 전하께서는 인내라는 부드러운 은총의 도움을 찾지 않으시는구나, 하는 생각이 듭니다. 저도 그와 같은 상실에 대해 인내라는 최고의 도움으로 스스로를 위로하고 있습니다.

알론소 그와 같은 상실이라고요?

프로스페로 최근에 같은 상실을 겪었습니다. 그런데 제가 이 큰 슬픔을 참기 위한 수단은, 전하께서 스스로를 위로하기 위해 불러내실 그것보다는 훨씬 적습니다. 저는 딸을 잃어버렸습니다.

알론소 따님을? 오, 두 사람이 살아서 나폴리의 왕과 왕비가 되었더라면 좋았겠는데! 그렇게만 된다면 내가 아들 대신 저 바다 밑 진흙 속에 파묻혀도 좋으련만. 그래, 따님을 언제 잃었소?

프로스페로 아까 그 폭풍으로요. (주위를 돌아보며) 보아하니 경들은 이렇게 만난 것에 몹시 놀라서 이성을 잃고, 자신의 눈조차 의심하시는 것 같은데, 이 말은 살아 있는 인간이 하는 말입니다. 그러나 어느 정도 넋이 나가 있더라도 확실히 아실 것은, 내가 프로스페로라는 것입니다. 참 기묘한 일이지만 나는 여러분이 난파된 그 바닷가에 상륙해 이 섬의 주인이 되었습니다. 이젠 그만해 둡시다. 이 이야기는 두고두고 말해야 할 연대기와 같아서, 아침 식사 때 떠올릴 만한 화젯거리도 아니며, 이렇게 만나자마자 할 이야기로는 어울리지 않습니다. (동굴의 장막을 걷어 올리면서 알론소에게) 자, 환영합니다. 이 동굴이 저의 궁정이랄까요. 이 안에 시종 몇이 있을 뿐 바깥에는 부하가 한 사람도 없습니다. 자, 들어가 보십시오. 제 영토를 돌려주셨으니까, 저도 그만한 보답을 하겠습니다. 적어도 기적을 보여드리고, 공국을 다시 찾은 저에 못지않을 만큼 만족시켜 드리겠습니다.

여기서 프로스페로는 체스를 두고 있는 페르디난드와 미란다를 보여준다.

미란다 (페르디난드에게) 어머, 그렇게 눈 감고 아웅하시면 싫어요.

페르디난드 아니오, 정말이오, 천하를 얻는데도 그런 짓은 안 한다니까.

미란다 하지만 왕국을 수십 개나 얻을 일이라면 있는 힘을 다 해서 싸우셔야죠. 그때는 저도 상관하지 않을 테니까요.

알론소 이것 또한 이 섬의 환상으로 그친다면, 나는 귀한 아들을 두 번 잃는 셈이 되오.

세바스티안 참으로 놀라운 기적입니다!

페르디난드 (알론소를 보고는 앞으로 나아간다) 위협을 주었어도 바다는 참으로 인자하군요! 알고 보니 괜히 바다를 저주하고 있었습니다. (아버지 앞에 무릎을 끓는다)

알론소 (아들을 껴안으며) 기뻐하는 아버지의 축복이란 축복은 모두 너를 감싸주기 바란다. 자, 일어서라. 그리고 어떻게 이곳에 왔는지 이야기해 봐라. (페르디난드가 일어선다)

미란다 (일어서더니 앞으로 나서면서) 어머나, 신기해라! 이렇게 많은 훌륭한 분들이 이곳에 다 계시네! 인간이란 참 아름답기도 하지! 오, 새로운 세계는 정말 멋지구나, 이렇게 사람들이 많이 살고 있다니!

프로스페로 (슬픈 듯이 미소 지으면서) 네게는 새로운 세계겠지.

알론소 (페르디난드에게) 너와 함께 놀이를 하는 이 처녀는 누구지? 사귄 지는 아무리 길어도 세 시간밖에 되지 않을 텐데. 우리를 떼어놓았다 다시 만나게 해준 여신은 아니더냐?

페르디난드 아버지, 이 여인은 사람입니다. 그러나 신의 뜻으로 제 사람이 되었습니다. 제가 이 여자를 택할 때는 아버지의 허락도 구하지 못했을 뿐만 아니라 아버지가 살아 계신 것도 몰랐습니다. 이 여인은 유명한 밀라노 공작님의 따님인데, 공작의 명성을 저도 듣기는 했으나 이렇게 만나뵌 것은 처음입니다. 공작님 덕분에 저는 다시 생명을 얻었고, 그 따님 덕분에 공작님은 저의 또 다른 아버지가 되셨습니다.

알론소 그럼 나는 이 여인의 또 다른 아버지이겠구나. 그러나 아, 내 아이에게 용서를 구해야 한다는 것이 얼마나 이상하게 들리겠느냐!

프로스페로 그러지 마십시오. 지나간 슬픔으로 마음을 괴롭히지 맙시다.

곤잘로 저는 마음속으로 우느라고 지금껏 아무 말도 못했습니다. 신들이시여, 아래를 내려보시고 이 두 남녀 머리에 축복의 왕관을 씌워 주시옵소서. 저희들을 이곳까지 인도하신 신들이시여.

알론소 아멘! 나도 그렇게 비오, 곤잘로.

곤잘로 밀라노 공작이 밀라노에서 쫓겨난 것은 그 자손이 나폴리 왕이 되기 위해서였나요? 오, 보통의 기쁨 이상으로 기뻐들 하십시오. 그리고 황금으로 영원한 기둥에 이렇게 새겨 둡시다. '오직 한 번의 항해로 클라리벨 공주는 튀니스에서 남편을 얻었고, 그 오빠 페르디난드 왕자는 난파한 곳에서 아내를 만났으며, 프로스페로 공작은 하찮은 섬에서 영토를 되찾았고, 우리 일행은 모두 제정신을 잃었다가 다시 회복했노라.'

알론소 (페르디난드와 미란다에게) 자, 손을 이리 다오. 너희들의 행복을 바라지 않는 가슴속에는 언제나 고통과 슬픔이 함께하리라.

곤잘로 그렇게 되기를! 아멘.

아리엘 등장. 그 뒤를 선원과 갑판장이 놀란 표정으로 멍하니 따라 들어온다.

곤잘로 오, 저것 보십시오. 우리 일행이 여기 또 옵니다. 제가 예언하잖았습니까, 교수대가 육지에 있는 한은 (갑판장을 보고) 저 작자는 물귀신이 될 운명은 아니라고요. 이봐, 욕쟁이, 아까는 마구 욕을 퍼붓고 은총을 배 밖으로 내던지더니, 뭍에 올라오니 할 욕이 없나? 그래, 무슨 소식은 있나?

갑판장 가장 좋은 소식은 전하와 여러분이 무사하신 일입니다. 다음은 세 시간 전까지도 부서진 줄로만 알았던 배가, 처음 출항할 때나 다름없이 튼튼하고 다루기 쉬운 상태로 장비도 아주 훌륭하게 갖추어져 있다는 사실입니다.

아리엘 (프로스페로의 귀에 대고) 그건 다 제가 가서 해놓은 일입니다.

프로스페로 (아리엘의 귀에 대고) 너는 참 영리한 정령이야.

알론소 이건 심상치 않은 일이오. 점점 더 이상해져만 가는구려. 그래, 너희들은 어떻게 이곳에 왔느냐?

갑판장 제가 정말 깨어 있는 것인지 모르겠지만 말씀드리겠습니다. 저희들은 죽은 듯이 잠이 들었는데, 글쎄…… 그 까닭은 알 수 없지만 모두 갑판 아래 갇혀 있다가 으르렁대는 소리, 비명, 울부짖음, 쇠사슬 부딪치는 소리, 온갖 기묘한 소리 외에도 여러 가지 무서운 소리에 이제 막 깨어났는데…… 곧바로 몸은 자유로워졌고, 차림새도 멀쩡했으며, 타고 있던 배는 훌륭하고 당당하게 산뜻한 위풍을 갖추고 있었습니다. 선장님은 그걸 보고 뛰며 좋아했답니다. 그런데 눈 깜짝할 사이에 마치 꿈을 꾸고 있는 것처럼 저희는 무리와 헤어져 멍하니 이리로 이끌리듯 오게 된 것입니다.

아리엘 (프로스페로의 귀에 대고) 제 솜씨가 그만이죠?

프로스페로 (아리엘의 귀에 대고) 음, 잘했다, 잘했어. 이제 곧 자유의 몸이 되게 해주마.

알론소 일찍이 사람이 밟아 보지 못한 이상한 미로라고나 할까요. 이번 일은 자연의 힘을 가지고는 풀 수 없고 오직 신탁(神託)의 힘으로써만 제대로 확인될 것 같소.

프로스페로 전하, 이번의 이상한 일로 심려하지 마십시오. 머지않아 알맞은 때에 지금까지 일어난 일들을 모두 말씀드리겠습니다. 그때까지 기운 내시고 모든 것이 잘되었다고만 생각해 주십시오. (아리엘 옆으로 가서) 정령아, 가서 칼리반과 다른 두 사람의 마법을 풀어주어라. (아리엘 퇴장) 전하, 어떻습니까, 기억이 잘 나지 않으시겠지만 무리 가운데 몇몇이 아직 보이지 않는군요.

도둑질한 옷을 입은 칼리반과 스테파노, 그리고 트린쿨로를 아리엘이 몰고 등장.

스테파노 사람은 다 남의 일에 힘을 써야 되고, 자기 자신만 챙겨서는 안 되지. 글쎄, 모든 것이 운명이라고. 자, 기운을 내! 기운을! 이 괴물아!

트린쿨로 내 머리에 달린 눈이 믿을 만한 거라면, 굉장한 것이 보이는군.

칼리반 아이고, 굉장한 정령들이로구먼. 이 훌륭한 차림 좀 보게! 혹시 나를 혼내주려는 건 아닐까?

세바스티안 하하! 대체 뭣들일까요? 안토니오 경, 돈으로 살 수 있는 물건들일까요?

안토니오 살 수 있는 물건들 같은데요. 하나는 틀림없이 생선이니까 시장에 가면 살 수 있고말고요.

프로스페로　여러분은 저것들의 차림만 보셔도 어떤 위인인지 아시겠지요. 이 기형으로 생긴 악당은 그 어미가 마녀인데 그 마법이 어찌나 강력하든지, 달을 좌지우지하여 밀물과 썰물을 마음대로 하고, 달의 힘을 무력하게 만들어 자신의 명령에 따르도록 조종할 정도였습니다. 이 세 사람이 내 물건을 도둑질해 갔답니다. 그리고 이 반(半)악마는…… 악마의 사생아입니다만 두 사람과 공모하여 내 생명을 노렸지요. 저 두 사람은 여러분도 알아보시겠지만 여러분의 부하입니다. 이쪽 어둠의 씨는 내 하인이고요.

칼리반　이제 죽을 지경으로 꼬집어 뜯길 판인가 보다.

알론소　아니, 술을 좋아하는 집사 스테파노가 아니냐?

세바스티안　저렇게 술에 취해 있는데, 대관절 술이 어디서 났을까요?

알론소　트린쿨로도 잔뜩 취해서 비틀비틀하는구나. 도대체 이 굉장한 술이 어디서 나서 저렇게들 벌게졌을까? 대체 자네는 어떻게 해서 그렇게 술독에 빠졌다 나온 사람 같은가?

트린쿨로　요전에 뵌 뒤로 쭉 간장독에 빠져 가지고는 소금이 뼛속까지 배어 있어 영영 씻겨질 것 같지가 않은뎁쇼. 덕분에 구더기 걱정은 없겠습니다만.

(이때 스테파노가 신음 소리를 낸다)

세바스티안　아니, 스테파노가 왜 저러지?

스테파노　아이고, 제게 손을 대지 맙쇼. 저는 지금 스테파노가 아니고, 온몸이 저 혼자 씰룩대는 쥐 덩어리니까요.

프로스페로　그래, 네가 이 섬의 왕이 되겠다고, 응?

스테파노　왕이 됐더라면 무서운 왕이 됐겠죠.

알론소　(칼리반을 가리키면서) 이제까지 보지 못한 기묘한 거로구나.

프로스페로　생김새랑 똑같이 마음보도 비뚤어진 녀석입니다. (칼리반을 보고) 내 동굴로 가봐. 일당도 함께 데리고. 내 용서를 얻으려거든 동굴이나 말끔히 치워.

칼리반　예, 그렇게 하겠습니다. 이제부터는 정신 바짝 차리고 용서만을 구하겠습니다. 나도 참 어지간히 멍텅구리였습죠. 저런 주정뱅이를 다 신인 줄 알다니! 저런 멍텅구리 녀석을 다 숭배하다니!

프로스페로　그만 가봐, 어서!

알론소 (스테파노와 트린쿨로에게) 그럼, 그 옷일랑은 발견한 곳에 다시 갖다놓아라.

세바스티안 정확하게는 도둑질한 곳에다. (칼리반, 스테파노, 트린쿨로 퇴장)

프로스페로 전하, 그럼 전하와 여러분을, 누추합니다만 제 동굴로 모시겠습니다. 오늘 밤 그곳에서 쉬십시오. 그때 좀 시간을 내어 말씀드리겠습니다. 그리고 내일 아침에는 배로 안내하여 나폴리로 돌아가게 해드리겠습니다. 그곳에서 저는 두 애들의 결혼식에 참석하겠습니다. 그리고 다시 고향 밀라노로 돌아가서, 오직 무덤에 들어갈 준비나 하겠습니다.

알론소 나는 공작에게 일어난 일들에 대해 무척 듣고 싶소. 이상하게 내 귀가 자꾸 공작의 이야기에 사로잡히는 것만 같구려.

프로스페로 모두 말씀드리겠습니다. 그리고 잔잔한 바다 위에서 상서로운 바람을 타고 배가 빨리 나아가 멀리 간 다른 배들을 따라잡게 해드리겠습니다. (아리엘에게 다가가) 아리엘, 이 일을 하고 나서 너는 자유의 몸이 되어 잘 살아가거라. (모두에게 절을 하면서) 자, 이리로 오십시오. (모두 동굴로 들어가고, 막이 내린다)

〔막을 내리는말〕

프로스페로 등장.

프로스페로 이제 저의 마법은 사라지고, 남은 것은 연약한 저 자신뿐, 여러분에 의해 이곳에 갇히거나 나폴리로 보내지게 되었습니다. 공국을 되찾고 반역자는 용서했으니, 여러분의 주문으로 메마른 이 섬에 머물게 하지 마시고, 힘찬 박수의 힘으로 저를 속박에서 놓아주십시오. 여러분의 따뜻한 입김이 저의 돛을 채우지 못한다면, 즐거움을 주려던 제 꿈은 어긋나고 맙니다. 이제 제가 부리던 정령들도, 마법도 사라졌습니다. 기도로써 자비의 귀를 뚫어 모든 허물을 용서받지 못하면 저의 최후는 절망뿐입니다. 여러분도 죄에서 용서받기를 바라실 테니, 그 관대함으로 저를 자유롭게 해주십시오. (퇴장)

The Two Noble Kinsmen
두 귀족 친척

[등장 인물]

아르시테
팔라몬 } 테베 왕 크레온의 조카

테세우스 아테네 공작

히폴리타 테세우스의 아내

에밀리아 히폴리타의 여동생

교도관, 교도관의 딸, 교도관 딸의 구혼자, 교도관의 동생, 교도관의 두 친구

의사

피리토우스 테세우스의 친구

아르테시우스 테세우스의 무관

아르시테를 따르는 기사 셋

팔라몬을 따르는 기사 셋

발레리우스 테베의 귀족

에밀리아의 시녀

왕비 셋 테베를 포위하다 죽은 왕들의 아내들

소년 결혼식 행렬 앞에서 노래함

히멘 결혼의 신

제럴드 학교 교사

시골 사람 여섯 그들 가운데 한 사람은 개코원숭이 차림새

북 치는 사람 티모시

시골 여자 다섯 바바리, 프리츠, 루스, 모들린, 넬

여는말 담당, 맺는말 담당

그 밖에 귀족들, 시종들, 사자들, 전령관, 신사, 병사들, 하인들, 하녀들, 요정들, 사형집행인, 보초
병들

[장소]

아테네와 테베

두 귀족 친척

〔제1막 막을 올리는말〕

화려한 나팔 소리. 막을 올리는말 담당 등장.

막을 올리는말 담당 새 연극은 처녀와 같아서, 돈푼깨나 들어도 모두들 들떠서, 큰 기쁨을 얻으려 간절히 바랍니다. 숨죽여 막을 열면, 연극의 첫날밤이지요. 얼굴을 붉히며 사랑을 얻지 못할까 두려워하나, 설렘은 더욱 크답니다. 연극은 멋이 있어야 하니, 이 또한 아가씨와 같지요. 사랑을 얻으려 그토록 애쓴 보람이 있을 것입니다. 저희의 연극 또한 그러하길 바라오니, 이는 성품이 고결하고 순수하며 학식이 뛰어난 저 시인, 포강과 은빛 트렌트강 사이*¹에서는 가장 존경받는 초서*²의 이야기인지라, 사람들에게 언제까지나 생생한 감동을 안겨줄 것입니다. 혹시라도 처음 내놓은 이 작품이 관객들로부터 좋지 못한 평이라도 듣게 된다면, 초서가 지하에서 그 앙상한 몸을 부르르 떨며 이렇게 외치겠지요. "집어치워라, 이 머저리들아, 나의 작품을 로빈 후드 이야기보다 더 하찮게 만들어, 내 명성을 이리도 깎아내리다니!" 사실 초서처럼 되기를 바라는 것은 지나친 욕심이라 말할 수 있겠지요. 저희들은 아주 보잘것없는 힘이나마 이 깊은 바다를 헤엄쳐 나아가겠습니다. 그러니 관객 여러분께서 박수와 갈채로 격려해 주신다면, 저희 배우들은 돛의 방향을 조정하여 모든 어려움을 극복하게 될 것입니다. 앞으로 두 시간의 항해 동안 초서만큼은 아니더라도, 최선을 다해 저희들의 연기를 보여드림으로써 여러분께 큰 기쁨을 드릴 수만 있다면, 그분 또한 한시

---

*1 포강은 이탈리아 북부에, 트렌트강은 영국 중부에 있으므로 서유럽 전체를 일컫는다.
*2 제프리 초서(Geoffrey Chaucer, 1343~1400) 영국 시인. 근대 영시의 창시자로, '영시의 아버지'라 불린다. 《캔터베리 이야기》로 중세 유럽 문학의 기념비를 세웠다.

름 놓으시겠지요. 부디 이 연극으로 여러분의 시간이 지루하지 않기를 바랍니다! 그러하지 못하면 저희의 실패가 너무나 커서*3 그만두어야만 합니다. (화려한 나팔 소리. 퇴장)

〔제1막 제1장〕

아테네. 신전 앞.

음악. 결혼의 신 히멘이 횃불을 들고 등장. 그 앞에서 흰색의 예복을 입은 소년이 노래하며 꽃을 뿌린다. 히멘의 뒤에는 머리카락을 길게 늘어뜨린 요정 하나가 처녀를 상징하는 밀짚 화관을 쓰고 있다. 그리고 같은 화관을 쓴 다른 두 요정 사이로 테세우스 등장. 이어서 신부 히폴리타가, 그녀 머리에 쓴 화관을 잡아주는 사람과 피리토우스의 안내를 받으며 등장. 신부의 머리카락도 길게 늘어뜨려져 있다. 에밀리아가 신부의 드레스 뒷자락을 잡고 따른다. 무관 아르테시우스와 시종들 뒤이어 등장.

소년 (노래한다)

뾰족한 가시가 사라진 장미는
그 향기만이 아니라
빛깔도 왕족이라네.
은은한 향기를 품은 각시패랭이꽃,
향기가 없으나 매혹적인 데이지꽃,
달콤한 꿀을 지닌 진실한 백리향.

봄의 첫아이, 달맞이꽃은
그늘 속 실잔대와 더불어
즐거운 봄의 전령이라네.

---

*3 1613년 6월 29일 영국 런던의 글로브 극장에서 일어난 화재 사건을 말한다.

그리스 아테네 아크로폴리스의 파르테논 신전과 그 주변 유적   유네스코 지정 세계문화유산 제1호
(1987).

요람에서 자라는 키다리풀꽃,
묘지에서 숨을 쉬는 금잔화,
깔끔한 참제비고깔.

(꽃을 뿌리며) 사랑스런 자연의 모든 자녀들아,
신랑 신부의 발아래 모여들어
이들을 축복하여라.
하늘에서 울려오는 천사의 목소리로
아름다운 가락을 전하는 고운 새가
어찌 여기에 없을쏘냐.

너희들 까마귀, 입이 험한 뻐꾸기*4

불길한 큰까마귀, 늙어버린 붉은다리까마귀,

그리고 시끄러운 까치들아,

결혼식에 찾아와

불협화음을 노래하지 말고,

멀리 저 멀리, 날아가라.

검은 상복을 입은 세 왕비가 머리에 쓴 왕관 아래 검은 면사포로 얼굴을 가린 채 등장. 첫째 왕비는 테세우스의 발아래, 둘째 왕비는 히폴리타의 발아래, 셋째 왕비는 에밀리아 앞에 무릎 꿇고 머리를 조아린다.

첫째 왕비 (테세우스에게) 자비로우며 고귀한 분이시여, 저희의 간청을 들어주소서.

둘째 왕비 (히폴리타에게) 어머님을 위해, 그리고 아름다운 자손들을 두어 번창하기를 바라신다면, 저희의 간청을 들어주소서.

셋째 왕비 (에밀리아에게) 유피테르 신의 뜻으로 당신의 침실을 허락받으신 분의 사랑과 그 순결에 맹세하여, 저희의 고통을 해결해 주소서! 이러한 선행을 베풀어 주신다면, 모든 인간들이 벗어날 수 없는 지옥의 기록부에서 그 이름을 지우게 되시나이다.

테세우스 (첫째 왕비에게) 슬퍼하는 부인, 어서 일어나시오.

히폴리타 (둘째 왕비에게) 어서 일어나세요.

에밀리아 (셋째 왕비에게) 무릎 꿇으실 필요는 없어요. 저도 고통에 빠진 여러분을 도울 수 있기를 바라고 있답니다.

테세우스 (첫째 왕비에게) 어떻게 해주기를 바라오? 모두를 대표해서 말해 보시오.

첫째 왕비 저희 세 왕비의 남편인 세 왕들은 저 잔인한 테베 왕 크레온의 노여움 앞에 쓰러지고 말았나이다. 지금 이들의 몸은 저 역겨운 전쟁터 테베에서 큰까마귀 부리에 쪼이고, 솔개 발톱에 찔리며, 까마귀 주둥이에 찢겨

---

*4 뻐꾸기 소리 'cuckoo'는 오쟁이 진 남자를 뜻하는 'cuckold'를 연상시키므로, 잠자리를 빼앗긴 남편을 상징한다.

연극 〈두 귀족 친척〉 에밀리아 역을 연기하는 프랜시스 맥나미　스트랫퍼드어폰에이번 스완 시어터.
2016.

져 나가고 있나이다. 그 유해를 화장하는 것도 그 재를 단지에 모시는 것
도, 그 참혹한 모습을 신성한 태양신의 눈길로부터 치우는 것도 허락되지
않으니, 살해당한 분들의 시신 썩는 냄새가 바람을 더럽히고 있나이다. 오,
가엾게 여겨주소서, 공작님! 이 땅의 악을 깨끗이 하시는 분이여, 이 세상
을 선하게 만들기 위해 그 두려운 칼을 뽑으시어, 세상 떠나신 왕들의 유골
을 돌려받고 신전에 편히 모시게 해주소서. 그리고 그 한없는 자비를 저희
세 왕비에게도 베풀어 주소서. 저희는 비록 왕관을 쓰고 있으나 오늘 머무
를 곳이 없어 사자, 곰들과 같은 지붕 아래 살고 있음을 살펴주소서!

테세우스　자, 일어나시오. 그 말에 귀 기울이느라 무릎 꿇고 있는 것도 잊었
구려, 미안하오. 세상 떠나신 왕들의 운명을 들으니 비통하기 그지없소. 내
안의 복수심을 불러일으켜 그분들의 원수를 갚고 싶은 마음 간절하오. 당
신의 남편은 카파네우스 왕이었소. 내가 처음 그를 본 것은, 그와 당신의 결
혼식 날 군신 마르스의 제단에서였소. 그도 오늘의 나처럼 봄철의 신랑이

었소. 그때 당신은 너무나 아름다웠소. 당신의 긴 머리카락은, 여신 유노의 망토보다 더 아름답고 풍성했었소. 당신의 밀짚 화관은 도리깨도, 비바람도 맞지 않았소. 운명의 여신도 당신에게 볼우물 진 미소를 선물했다오. 나의 사촌 형 헤라클레스도 당신의 눈에 매혹되어 곤봉도 떨어뜨린 채, 네메아에서 잡은 사자 가죽 위로 넘어지면서 온몸의 힘이 빠져나가는 것 같다고 말했다 하오. 아, 슬픈 세월이여, 무서운 파괴자여, 모든 것을 집어삼키려는가!

첫째 왕비 아, 신이여! 어느 신이시든, 이분의 용맹함에 자비로운 마음을 더하시며, 신성한 능력을 불어넣으시어, 저희의 구원자가 되게 해주소서.

테세우스 오, 부인(夫人), 어서 일어나요! 나 대신 전쟁의 여신 벨로나에게 무릎 꿇으시오. 그리고 여러분의 전사인 나를 위해 기도해 주오. (첫째 왕비 일어선다) 사실 나는 걱정이 앞선다오. (고개를 돌린다)

둘째 왕비 영예로우신 히폴리타 님, 남자들이 가장 두려워하는 아마존의 여왕이여, 엄니가 날카로운 멧돼지를 잡고, 그 희고 힘센 팔로 남자를 여성인 그대의 포로로 만드시려던 분이여, 그러나 지금 당신의 남편께서는 자연이 첫 번째로 내려준 남성의 명예로서 만물을 다스리기 위해 태어나신 분이라, 당신의 넘쳐흐르는 힘과 기세를 억눌렀나이다. 여전사여, 준엄하시며 인정 많으신 당신은 남편께서 당신을 지배하는 힘보다 더 큰 힘으로 남편을 다스릴 수 있나이다. 그분의 힘과 사랑을 당신이 차지하고 있으니, 남편께서는 당신의 말씀이라면 무엇이든지 따르실 것입니다. 숙녀들의 귀감이 되는 당신이 부디 그분께, 참혹한 전쟁에 시달린 저희가, 그분이 쥐고 계신 칼의 그늘 아래 마음 놓고 지낼 수 있도록 간청해 주소서. 그 칼로 저희를 지켜주게 해주소서. 저희 셋이 말하는 것처럼, 그분께 다소곳이 말씀해 주세요. 실패하시는 일이 없도록, 그분께 눈물로 호소해 주세요. 저희를 위해 무릎을 꿇어주세요. 목이 뜯긴 비둘기가 잠시 몸을 움직이듯이 아주 잠시 땅에 무릎을 대주세요. 만일 그분께서 피비린내 나는 전쟁터에서 쓰러져, 해를 원망하고 달을 비웃으며 누워 계시다면, 당신은 어떻게 하실지 말씀해 주소서.

히폴리타 가여운 분, 이제 그만해요. 저는 결혼식을 위해 가는 마음에 못지 않은 간절함으로, 이 선한 일을 하기 위해 함께 길을 가겠습니다. 제 남편께서도 가슴 깊이 여러분과 고통을 함께하시면서, 그분 나름대로 계획하는 게 있으시리라 생각합니다. 제가 바로 여쭈어 보지요. (둘째 왕비 일어선다)

셋째 왕비 (에밀리아 앞에 무릎 꿇으며) 아, 저희의 소망은 얼음 위에 쓴 것과 같답니다. 뜨거운 슬픔으로 녹아 눈물방울이 되니까요. 슬픔은 생김새를 알 수 없으나 더 큰 무게로 짓누른답니다.

에밀리아 어서 일어나세요. 당신의 슬픔은 그 뺨에 적혀 있어요.

셋째 왕비 오, 슬픔은 그것만으로는 알 수 없어요. (일어선다) 이 눈물 때문에 반짝이는 냇물 속 조약돌처럼 이지러져 보일 테니까요. 아가씨, 아가씨, 아! 이 땅의 보물들을 모두 가지려면, 먼저 그 보물들이 어디에 묻혀 있는지 알아야 합니다. 저처럼 하찮은 물고기 같은 존재도 낚으려면 이 마음속 깊이 낚싯줄을 내려야 하지요. 아, 용서하소서! 궁지에 내몰린 이 마음이 온갖 생각으로 날카로워져서, 스스로를 바보로 만든답니다.

에밀리아 이젠 정말 그만하세요. 비를 맞으면서도 느끼지도 보지도 못하는 사람은, 젖었는지 젖지 않았는지도 알 수 없으니까요. 만일 당신이, 어느 화가가 그린 그림이라면, 저는 당신의 고통을 깨닫고 가슴 찢기는 슬픔을 이해하기 위해 그 그림을 사들이겠어요. 너무나 가여운 분, 같은 여자라는 사실만으로도, 여러분의 애통함이 타오르듯 이 몸을 부추깁니다. 이는 형부의 마음에도 비치어, 마음이 차가운 사람도 애처로움을 느낄 것입니다. 그러니 부디 편하게 있어요.

테세우스 (앞으로 나오면서) 자, 신전으로 갑시다. 신성한 결혼식을 조금도 소홀히 해서는 안 되니까요.

첫째 왕비 아, 이 결혼식은 시간도 오래 걸리고 비용도 많이 드나, 저희들이 간청하는 전쟁은 그렇지 않나이다. 기억하소서, 당신의 명성이 이 세상의 귀에 널리 퍼져 나가리라는 것을. 당신께서 바로 행동으로 보여주신다 해도 결코 경솔한 것이 아닙니다. 당신께서 생각하신 그 일에는, 다른 사람들이 오랫동안 심사숙고한 것보다 더 많은 뜻이 담겨 있답니다. 당신께서 미리 계획하시는 일은 다른 사람들의 행동보다 더 앞서는 것입니다. 오, 유피테르 신이여, 당신의 행동은 물수리가 물고기를 잡은 듯하여 더 따져볼 것도 없나이다. 부디 헤아려 주십시오, 공작님, 살해된 왕들이 머무르던 침상을 생각해 보소서!

둘째 왕비   사랑하는 남편이 누울 자리가 없다면 저희들의 잠자리는 비탄에 잠길 것입니다.

셋째 왕비   죽은 자가 다가갈 수 없는 잠자리입니다. 이 세상의 빛에 피곤해져서, 스스로 무시무시한 죽음의 사자가 되어 목을 매거나, 칼로 베거나 또는 약을 먹거나 높은 곳에서 뛰어내리거나 했어도 묘지를 마련해 주는 것이 자비심이라 여기나이다.

첫째 왕비   그러나 저희들의 남편들은 살아서는 훌륭한 왕이었는데, 이제는 내리쬐이는 햇볕 아래 썩어가고 있나이다.

테세우스   사실이오, 그러니 내가 여러분을 위로해 주리다. 세상 떠난 그대들의 남편이 머무를 묘소를 만들어 주겠소. 그러려면 크레온과 한바탕 일을 치러야겠구려.

첫째 왕비   그 일을 바로 시작해 주소서. 오늘은 그 일이 되어갈 듯이 보여도, 내일이면 곧 식어버리고 만답니다. 그렇게 헛수고가 되어버리면, 땀 흘린 노력도 보람이 없어지지요. 지금쯤 클레온은 자신이 안전하다고 자만하며, 저희들이 당신께 올린 탄원, 눈물어린 이 탄원이 이루어지리라는 것을 꿈에도 생각지 못할 것입니다.

둘째 왕비   오늘이야말로 승리감에 취해 있는 그자를 쓰러뜨릴 수 있나이다.

셋째 왕비   지금 그의 군대는 배불리 먹고 흠뻑 취해 있나이다.

테세우스   아르테시우스 그대가 가장 잘 알고 있으니, 이 계획을 실행에 옮기기 위해 가장 뛰어난 자들을 뽑아, 필요한 인원수를 확보하도록 하게. 가장 훌륭한 부대들을 소집하라. 그사이에 나는 내 삶에서 무엇보다 중요한 행사에 나아가, 결혼이라는 운명에 첫발을 내딛겠다.

첫째 왕비   (둘째와 셋째 왕비에게) 이제 작별 인사를 하는 게 좋겠습니다. 다시 슬픔에 빠진 과부로 돌아갑시다. 싸움이 늦어지면, 우리의 희망도 시들 테니까요.

왕비들   안녕히 가십시오.

둘째 왕비   알맞지 아니한 때 찾아온 걸 용서하소서. 슬픔은 고통 없이는 판단을 내릴 수가 없나이다. 그러니 어찌, 가장 알맞은 때를 고를 수가 있겠나이까?

테세우스   아니, 훌륭한 부인들, 오늘 나는 어느 전쟁보다 더 중요한 나의 결혼식에 가려는 것이오. 이는 이제까지 내가 해온 싸움들, 또 앞으로 맞이하게 될 어떤 일보다 더 중요한 일이오.

첫째 왕비 그러시면 유피테르 신을 회의에 못 가게 할 만큼 매혹적인 부인의 팔이, 달빛의 보호 아래 당신을 껴안게 된다면, 저희들의 탄원을 소홀히 하시게 될 것입니다. 오, 부인의 앵두 같은 두 입술이 달콤하게, 당신의 그 감성적인 입술 위에 와 닿으면, 부패한 왕들이나 눈물범벅이 된 왕비들이 어찌 생각나시겠나이까? 느낌도 없는 것에 무슨 관심을 가지시겠나이까? 군신 마르스가 북도 내던지고 즐겼다고 하듯이, 당신께서도 그렇게 되시지 않겠나이까? 단 하룻밤을 부인과 함께 보내신 뒤에라도, 그다음에는 순간순간이 백배나 길게 여겨지리니, 모든 것을 맛보신 뒤에는, 그 뒤에 얻게 될 기쁨만을 생각하게 되실 것입니다!

히폴리타 (테세우스에게) 당신께서 그처럼 정신을 잃으실 리가 없으며, 저로서도 결혼식을 뒤로 미루자고 말씀드리기는 죄송합니다. 그러나 생각하건대, 즐거움을 누르면 욕망은 더욱 깊어지므로 지금 바로 치료를 바라는 이분들의 간청을 들어드리지 않는다면, 저는 모든 여성들로부터 비난을 듣게 될 것입니다. 그러니 (무릎 꿇으며) 당신께 지금 이렇게 빌어보겠어요. 제 기도에 어떤 힘이 있으리라고 기대하든지, 그렇지 않으면 소용없는 짓이라며 영원히 입을 다물어야겠지요. 저희들이 하려고 한 이 의식을 미루어 주세요. 그리고 방패로 가슴을 가리고 그 목을 지키며 싸움터로 나아가세요. 그것은 저의 몫이지만 이 가련한 왕비들을 위해 기꺼이 빌려 드리겠습니다.

왕비들 (에밀리아에게) 오, 도와주소서! 저희들을 위해 무릎을 꿇어주소서.

에밀리아 (테세우스 앞에 무릎 꿇고) 언니가 그렇게 온 마음으로 바라는 것을 형부가 바로 들어주지 않으신다면, 이제부터는 저도 단단히 마음 먹고, 다시는 형부께 어떠한 부탁도 드리지 않을 것이며, 저 자신의 남편도 맞아들이지 않을 것입니다.

테세우스 자, 일어나요. (히폴리타와 에밀리아 일어선다) 두 사람이 무릎 꿇고 간청하는 것을, 지금 내게도 타이르고 있다오. 피리토우스, 신부를 신전으로 안내해 주게. 거기서 내가 이기고 돌아올 수 있도록 신들에게 기도해 다오. 예정된 축하 행사의 어느 내용도 빠뜨려서는 안 된다. 왕비 여러분, 여러분의 병사인 나를 따르시오. (아르테시우스에게) 조금 전 이야기한 대로 어서 떠나라. 병사들을 되도록 많이 모아서, 아울리스 둑 위에서 우리가 도착할 때까지 기다려라. 그곳에서 미리 기다리고 있던 군대와 합치면, 더 대단한 거사가 되리라. (아르테시우스 퇴장) (히폴리타에게) 이 일을 급히 서둘러야 하니, 먼저 그 입술에 맹세를 해야겠소. 나의 사랑이여, 이 입술을 사랑의 증표로 받아주오. 먼저 가요. 이제는 당신을 보내야 하오. (결혼 행렬이 신전이 있는 쪽으로 서서히 나아간다) 잘 가오, 나의 귀여운 처제. 피리토우스, 잔치는 성대하게 치러 주게. 한 시간도 줄여서는 안 되네.

피리토우스 곧 뒤따라가겠습니다. 결혼식 잔치는 공작님께서 돌아오셔야 제 모습을 찾을 것입니다.

테세우스 명령이다, 친구, 아테네를 떠나지 말아라. 잔치가 끝나기 전에 돌아오겠다. 잔치의 규모를 조금도 줄여서는 안 된다. 다시 한 번, 잘 있어요, 여러분. (그와 왕비들만 남고 모두 퇴장)

첫째 왕비 이렇게 하시면 당신은 세상의 칭송을 받게 될 것입니다.

둘째 왕비 군신 마르스와 대등하신 신격을 갖추시었나이다.

셋째 왕비 인간이신지라, 군신을 넘나들 수는 없으나, 베푸시는 그 사랑으로 신과 같은 명예를 누리소서. 신들조차도 에로스의 힘에는 시달린다고 합니다.

테세우스 우리는 인간이기에 이렇게 해야 하오. 정욕의 지배를 받게 되면 인간성을 포기하는 게 되지요. 힘을 내시오, 왕비들. 여러분을 위로하고자 이제 출전하리다. (화려한 나팔 소리. 모두 퇴장)

〔제1막 제2장〕

테베.
팔라몬과 아르시테 등장.

아르시테 팔라몬, 혈연보다는 우정으로 맺어진 멋진 사촌, 인간의 본성이 저지르는 죄에 스스로 무감각해지기 전에, 또 우리의 빛나는 젊음이 희미해지기 전에 도시 테베와 그 유혹으로부터 벗어나는 게 어때? 이곳에 계속 머무르는 것은 방탕한 삶에 빠지듯이 부끄러운 일이야. 흐름을 따라서 헤엄처 가지 않으면 물에 빠질 것이 뻔하지 않은가. 그동안의 노력도 헛된 것이 되고 말 거라네. 그렇다고 흔한 흐름만을 따라가면 소용돌이 속에 휘말려 빠져 죽기 알맞고, 억지로 다시 헤엄쳐 나온다 해도 겨우 목숨이나 구하고 무력한 상태로 남고 말 거라네.

팔라몬 바른말을 하는군, 바로 그거야. 우리가 함께 학교에 다닐 때부터 이미 알게 되었지만, 테베에서는 아주 타락한 놈들이 너무나도 당당히 거리를 걸어다니고 있잖은가! 군인들이 얻은 것은 상처와 누더기 옷뿐이라네. 이들은 떳떳하게 명예와 금화를 차지할 만했으나, 승리하고 돌아왔어도 가진 것 하나 없고, 이제는 자신들이 싸워 얻은 평화로부터 비웃음이나 당하고 있으니, 보잘것없는 군신 마르스의 제단에 그 누가 공물을 바치려 하겠는가? 평화로 얼이 빠져 있는 놈들을 만나면 피가 솟구친다니까. 위대한 여신 유노께서 지난날 시샘을 다시 일으켜서 군인들을 일하게 하여, 풍요에 찌든 평화가 병을 씻고, 다시금 자비의 마음을 되찾아야 할 때라네. 지금은 투쟁이나 전쟁을 하던 때보다 사람들의 마음이 더 거칠고 냉정해졌으니 말이야.

아르시테 어디 그뿐인가? 테베 골목길에서 만난 불쌍한 자들이 군인뿐만은 아니잖아? 수많은 부류의 사람들이 딱하게 된 것을 보았다는 듯이 말하던 자네가, 이제는 부당하게 대우받는 군인들만 처량하다는 건가?

팔라몬 딱한 처지에 놓인 이들을 보면 모두가 안됐지. 그러나 명예를 위해 땀 흘린 이들이, 그 땀을 얼음처럼 싸늘하게 식혀 버리는 차가운 대접을 받는 현실이 너무 지나치다는 거야.

아르시테 내가 말하려는 것은 그것뿐만이 아니야. 그런 일은 테베가 아닌 곳에서도 볼 수 있다네. 나는 테베에 대해서 말하는 건데, 여기서는 명예를 지킨다는 게 너무나도 위험한 일이라네. 포악한 일도 멋진 색깔로 위장하고 다니니, 선하게 보이는 것도 속은 악하다니까. 여기서는 바로 그런 것들과 똑같이 지내지 않으면, 이상한 존재가 돼버리지. 그렇게 되면, 괴물딱지가 되고 마는 거라네.

팔라몬 원숭이가 사람 흉내를 내기 위해 가르침을 받아야 하는 게 아니라면, 우리는 자기가 할 일을 스스로 정할 권리가 있지 않나. 그런데 왜 내가 다른 사람들의 걸음걸이를 따라야 하지? 스스로에 대한 믿음이 있다면, 군이 남이 하는 것을 따라갈 것도 없지. 왜 다른 사람들이 말하는 방식을 받아들여야 하는 거지? 자기가 말하는 식으로도 올바르게 이해될 수 있을 텐데 말야. 진실을 말한다면 구원의 길도 있지 않겠나? 내가 왜 귀족이라는 이유로, 재단사의 말에 따라 옷을 맞춰 입는 다른 귀족들을 따라야만 한단 말인가? 너무 오래 뒤좇다가 쫓기는 자가 될지도 모르는데 말이야.*5 어째서 내 이발사도, 내 턱수염도 운수가 불길하다고 말하는 거지? 그저 유행에 따르지 않은 것뿐인데 말이야. 칼을 허리춤에서 뽑아 달랑달랑 손에 들고 다니며 거리를 시끄럽게 한 것도 아닌데. 흙이 묻지 않게 발끝으로 살살 걸어야 한다고들 하는데, 그건 또 무슨 기준이란 말인가? 앞장서서 가는 건 좋지만, 뒤따라가기는 딱 질색이란 말야. 이런 하찮은 상처는 고약도 필요 없다고. 가슴을 찢어 심장마저…….

아르시테 우리 숙부 크레온 왕은…….

팔라몬 그는 끝을 모르는 대단한 폭군이지, 승리감에 넘쳐 하늘도 두려워하지 않으니까. 자기 위에는 아무도 없는 듯이 나쁜 짓을 저지르며, 신앙심은 시들어 버린 지 오래야. 그는 기회만 되면, 다른 이들의 업적도 모두 자기 힘으로 이룬 거라 말하며, 그들의 활약과 전리품으로 얻은 이익이나 영광도 아무렇지 않게 자기 것으로 취하여 못된 짓을 일삼고, 선한 일은 아예 하려 들지도 않지. 그런 자와 이어져 있는 나의 피를 거머리로 하여금 빨아내게 하고, 이 몸에 새로운 피를 넣어 깨끗해진다면 좋겠네!

아르시테 마음이 깨끗한 사촌, 나와 함께 이 궁전을 떠나세. 저 숙부에 대한 시끄러운 악명과는 관계를 끊어버리는 거야. 우유도 풀밭의 상태에 따라서 맛이 달라지는 거라고. 타락하고 싶지 않으면 저항할 수밖에. 우리의 성품은 그와는 다르니 피로 맺은 친척이라고 할 것도 없네.

팔라몬 그건 사실이야. 그의 부끄러운 행동들이 너무 크게 울려 퍼져서, 정의의 여신 귀도 멀게 했다네. 과부들의 울부짖음도 그들 목구멍 속으로 다시 기어들어가서, 신들에게는 들리지도 않았지.

발레리우스 등장.

---

*5 귀족들이 옷값을 내지 못할 경우, 재단사들이 그 귀족들의 뒤를 쫓아다니며 돈을 달라고 재촉하는 모습을 비웃는 말이다.

연극 〈두 귀족 친척〉 블랑쉬 매킨타이어 감독, 제이미 윌크스(아르시테 역)·제임스 코리건(팔라몬 역)·앨리슨 매켄지(히폴리타 역)·프랜시스 맥나미(에밀리아 역) 출연. 스트랫퍼드어폰에이번 스완 시어터. 2016.

팔라몬　발레리우스!

발레리우스　전하께서 두 분을 부르십니다. 그러나 전하의 노여움이 가라앉으실 때까지는, 무거운 발걸음으로 가십시오. 태양신 아폴로가 마차를 끄는 말들을 야단치며 채찍 손잡이를 꺾어버릴 때 퍼붓던 욕설도, 그분의 노기 어린 말소리에 비하면 속삭임에 지나지 않습니다.

팔라몬　잔바람이 사람을 떨게 하는 거라네. 그런데 무슨 일이지?

발레리우스　화가 나면 온몸이 오싹해질 만큼 사람들을 두려움에 떨게 한다는 테세우스가, 테베를 파멸시키겠다며 크레온 왕에게 도전장을 내던졌는데, 그 노여움이 한 맹세를 실행하기 위해 바로 가까이 오고 있습니다.

아르시테　올 테면 오라고 해. 테세우스를 움직이는 신들은 두려우나, 테세우스란 인간은 조금도 겁낼 것 없다. 하지만 그가 하려는 일은 정말 옳은 것일까? 행동은 망설이는 마음과 더불어 흐려지는 법이고, 인간은 살아가면서 그 능력의 3분의 1 정도만 발휘한다던데 말이야.

팔라몬　그런 건 생각할 것도 없어. 우리는 크레온을 위해서가 아니라 테베를 위해 싸우려는 거야. 그렇다 해도 왕에게 중립을 지키면 불명예를 얻고, 반기를 들면 역적이 되는 거라네. 그러니 우리는 운명의 신이 자비를 베풀어 주시기만을 바랄 수밖에. 우리의 마지막 순간은 운명이 정하는 것이니까.

아르시테 그렇게 할 수밖에. (발레리우스에게) 싸움이 시작되었는가, 아니면 어떤 이유로 상황이 바뀌려는가?

발레리우스 시작되었습니다. 도전장이 도착하자 마자, 바로 전쟁이 시작되었다는 보고가 들어왔습니다.

팔라몬 전하께 가자. 적이 얻은 명예의 4분의 1만큼만 그분에게 명예가 남아 있다 해도, 피를 걸고 하는 이 모험이 우리에게 이롭게 돌아올 거야. 그러한 피는 헛되이 뿌려지는 게 아니지, 명예를 얻을 수 있으니까. 하지만 아, 마음은 내키지 않는데 이 손만 움직여서 칼을 뽑아 내리친다고, 어떤 타격을 줄 수 있으려나?

아르시테 그건 결과에 따라 달라진다네. 공정한 심판이 우리에게 모든 것을 알려줄 테니 기회의 손짓을 따라가 보세. (모두 퇴장)

〔제1막 제3장〕

아테네 성문 앞.
피리토우스, 히폴리타, 에밀리아 등장.

피리토우스 이제 됐나이다.

히폴리타 어서 가세요. 위대하신 공작께 다시금 나의 바람을 전해 주세요. 그분의 성공을 감히 걱정하지는 않습니다. 부당한 운명의 시련이 닥쳤을 때 견디어 내시도록, 넘쳐흐르는 힘을 그분께 보태어 주세요. 그분께 영광이 있기를. 이는 아무리 많아도, 훌륭한 통치자에게는 해가 되지 않으니까요.

피리토우스 공작의 넓으신 바다에 저 같은 하찮은 물방울이야 필요없을 테지만, 이 몸은 그리로 가야 하나이다. (에밀리아에게) 고귀한 아가씨, 하늘이 최고의 솜씨로 부어주시는 가장 큰 사랑이, 아가씨의 가슴속 옥좌를 차지하게 되기를 빕니다!

에밀리아 고마워요. 훌륭하신 형부께 안부를 전해 주세요. 위대한 전쟁의 여신 벨로나께 그분의 성공을 기도하겠습니다. 이 속된 세상의 기도에는 으레 선물이 따르는 것이므로, 여신께서 무엇을 좋아하시는지 여쭈어 보고 그것을 바치려 합니다. 우리의 마음은 그분의 군대와 그분의 막사 안에 있어요.

히폴리타 그분의 가슴속에 있죠. 우리도 전사라서 나약하게 울고 있지만은 않겠어요. 우리 동족들이 투구를 쓰고 바다로 나아갔다거나, 아기가 창에 찔렸다는 이야기를 듣거나, 배고픔으로 자기 아이를 끓여 먹고 정신을 차린 뒤에 통곡하며 울었다는 여자의 이야기를 들어도 말입니다. 그러니 당신이 여기에 남아서 우리가 그렇게 나약한 여자들임을 보기를 바라신다면, 언제까지라도 머무르셔야 할 거예요.

피리토우스 당신에게 평화만이 깃드시기를! 이 전쟁이 이어지는 한, 그 이상 바랄 게 없나이다. (퇴장)

에밀리아 정말 대단한 우정이에요. 친구의 뒤를 따라 바삐 가시는군요. 형부가 떠나시자 저분은 여가 생활에는 관심도 두지 않았지요. 자신에게 이익이 될지 손해가 될지도 상관하지 않고, 손은 손대로 움직이게 두고 머릿속은 늘 진지하게 다른 일을 꾀하여 행동하기를 열망하고 있으니, 그분 마음은 서로 너무나 다른 쌍둥이를 동시에 다루는 유모 같아요. 형부가 떠나신 뒤에 저분이 하시는 행동을 봤나요?

히폴리타 나도 눈여겨봤단다. 그래서 저분을 좋아하게 된 거지. 두 분은 몇 번이나 위험하고 참혹한 싸움터에서 군사력이 터무니없이 부족한 상황에서도, 위협해 오는 적을 상대로 함께 용감하게 싸우셨단다. 두 분이 작은 배를 타고 바다를 건너실 때에는 가장 작은 물결조차 무서울 만큼 파도가 사납게 울부짖으며 부딪쳐 왔단다. 죽음의 신이 사는 곳 문턱에까지 다다른 적도 있었지. 하지만 운명의 신이 두 분을 죽음에서 구해 낸 거야. 두 분이 맺은 우정의 매듭은 참으로 오랫동안 솜씨가 뛰어난 손가락으로 묶이고, 엮이고, 얽히어져 왔으니, 시간이 지나면 아마 느슨해지긴 해도 절대로 풀리지는 않을 거란다. 테세우스 자신도 판단하지 못하실걸! 만일 스스로 자신의 마음을 둘로 쪼개어 어느 쪽이든 공평하게 대한다면, 둘 가운데 어느 쪽을 자신이 더 사랑하는 건지 말이야.

에밀리아 틀림없이, 그건 언니겠죠. 그토록 훌륭하고 이성적인 분께서, 언니가 아니라고 하실 리가 없어요. 나도 예전에 친구와 가까이 지낸 적이 있어서 알아요. 언니가 싸움터에 나가 있을 때 그 아이가 죽어서 무덤을 풍요롭게 했으니 죽음의 신은 아주 신이 났었죠. 그 아이는 달의 여신에게 작별 인사를 했고, 달의 여신은 그 아이와 헤어지면서 얼굴이 창백해졌지요. 우리가 열한 살 때 일이었어요.

히폴리타 플라비나 이야기구나.

에밀리아 맞아요. 언니는 피리토우스와 테세우스 두 분의 우정을 말하는데, 그 우정은 아주 기초가 단단하고 성숙한 것이지요. 강한 신념으로 묶인 우정이기 때문에 두 분이 서로를 필요로 하는 것은, 마치 사랑으로 얽힌 뿌리에 물을 주는 것과 같아요. 하지만 이렇게 한숨지으며 말하는 나와 그 아이는 마냥 순진무구한 아이들이었죠. 그저 서로 너무 좋아하다 보니, 무엇 때문인지는 몰라도 어떤 작용으로 놀라운 결과를 만들어 내는 원소들처럼, 둘의 영혼도 서로에게 작용한 것이겠죠. 그 아이가 좋아하는 것은 나도 좋아했고, 그렇지 않은 것은 나도 싫어했으니, 더 생각해 볼 것도 없었어요. 내가 꽃을 뜯어, 그 무렵 꽃봉오리처럼 봉긋 올라오기 시작한 두 젖가슴 사이에 꽂으면, 그 아이는 자기도 그렇게 해야 할 것처럼, 똑같은 꽃을 따다가 그 순결한 요람 같은 곳에 꽂았는데, 그 꽃은 불사조 같은 향기를 남기며 서서히 시들어 갔죠. 그 아이는 내 머리 장식도 똑같이 따라서 했고, 그 아이가 무심코 즐겨 입던 옷을―그건 아주 귀여운 것이었는데―나도 아주 중요한 때에만 입기로 마음먹었죠. 내가 어떤 새로운 노래를 마음에 담았다가 무심코 중얼거리면, 그 아이는 그 노래에 흠뻑 빠져서, 자면서까지 그 노래를 불렀어요. 이런 이야기는 순수한 사랑에 달아올라 본 적이 있는 이들이라면 누구나 잘 알 수 있는, 오래전부터 사랑에 대해 들어온 흔한 말이기는 하지만, 결론을 내리자면, 아가씨들 사이의 참된 우정은 남녀 간의 사랑보다 더 강하다는 거예요.

히폴리타 숨차겠구나, 그렇게 숨도 쉬지 않고 말하는 걸 보니. 너는 남자라고 불리는 자들을, 플라비나만큼은 사랑할 수 없다는 거로구나.

에밀리아 절대로요.

히폴리타 안됐지만 마음 약한 동생아, 이런 점에서는 네가 하는 말을 더는 믿을 수가 없구나. 물론 너 스스로는 그렇게 믿고 있겠지. 식욕이 당기지 않을 때는 아무리 좋은 음식도 지겨워지는 거니까. 하지만 에밀리아, 네 말은 다시 생각해 보면, 저 고귀한 테세우스의 팔에서 나를 잡아떼 내겠다는 것과 같아. 나는 그분의 행운을 빌며 이렇게 무릎 꿇을 거야. 그리고 그분의 마음속에, 피리토우스보다는 너와 내가 훨씬 더 높은 자리를 차지한다고 믿을 거란다.

에밀리아 언니의 말이 틀리다는 게 아니라, 그저 내 믿음을 지켜 나갈 뿐이에요. (모두 퇴장)

〔제1막 제4장〕

테베 앞 싸움터.
코넷이 울려 퍼지고 전투 소리, 이어서 퇴각 소리. 다시 화려한 나팔 소리. 승리자 테세우스와 전령관, 병사들, 영구차에 실린 팔라몬과 아르시테 등장. 세 왕비는 테세우스를 만나, 고개 숙여 인사한다.

첫째 왕비 찬란한 별이 공작님께 비치기를!

둘째 왕비 하늘과 땅이 영원히 당신의 친구가 되길 바랍니다.

셋째 왕비 당신의 머리 위로 온갖 좋은 일들이 내리시기를, 이렇게 소리 높여 외칩니다!

테세우스 공정한 신들께서는 저 높은 하늘에서 언젠가는 죽게 될 우리 가련한 인간들을 내려다보면서 누가 잘못을 저질렀는지 살피시어, 때가 되면 벌하시게 될 거요. 자, 어서 가서 세상 떠난 왕들의 유골을 찾아, 장례식을 세 배로 크게 거행하여 애도를 드리시오. 장례를 소홀히 해서는 아니 되오. 나도 함께하고 싶으나, 대리를 보내겠소. 나는 급히 돌아가게 되었으니, 그가 필요한 모든 위엄과 격식을 갖춰 줄 것이오. 자, 안녕히 가시오. 선하신 신들의 눈길이 여러분을 살펴주시기를! (왕비들이 퇴장한 뒤 영구차를 바라보며) 이들은 누군가?

전령관 차림새를 보아도 고귀한 신분입니다. 테베 사람들이 말하기를, 이들의 어머니들은 서로 자매로서, 이들은 왕의 조카들이라고 합니다.

테세우스 군신 마르스의 투구에 맹세하건대, 싸움터에서 이들을 보았다. 사냥감의 피로 뒤범벅이 된 두 마리 사자처럼 적진인 우리 진영에 뛰어들어

깜짝 놀라게 한 적이 있지. 신께서도 눈여겨볼 만한 활약을 펼쳤으니 나도 이들을 늘 지켜보았다. 포로에게 이들의 이름을 물었을 때 뭐라고 했더라?

전령관 이들은 아르시테와 팔라몬이라고 했습니다.

테세우스 그래 맞아, 그랬었지. 이들이 죽은 건 아니지?

전령관 살아 있다고도 말할 수 없습니다. 이들이 마지막 일격을 당하기 전에 붙잡혔더라면 살아날 수도 있었을 것입니다. 그래도 숨은 쉬고 있으니, 아직은 살아 있다고 부를 만합니다.

테세우스 그렇다면 남자답게 다루어라. 훌륭한 포도주는, 마시고 남은 찌꺼기라도 다른 평범한 것들보다 백배는 낫다고 말하지. 의사들을 모두 불러 모아 치료하게 하고, 가장 훌륭한 약재를 아낌없이 쓰게 하라. 이들의 목숨은, 나에게는 테베보다 한결 더 가치 있다. 오늘 아침처럼 활기에 넘쳐서 아무렇게나 설쳐대는 것보다는 죽는 게 더 낫겠으나, 지금은 죽는 것보다는 우리의 포로가 돼주는 것이 4만 배는 더 바람직하리라. 신선한 공기가 우리에게는 부드러우나, 환자에게는 해로우리니, 어서 이들을 안으로 옮겨라. 나를 위해 사람이 할 수 있는 일은 모두 해다오. 아니, 그보다 더 해야 하느니라. 공포, 노여움, 친구의 부탁, 도발적인 사랑, 열정, 연인의 노력, 자유를 향한 갈망, 열광, 광기 등은, 어떤 계기가 주어져야만 인간이 다다를 수 있는 징후이나, 간절한 바람과 의지는 이성의 한계를 넘어설 수 있다. 우리의 정성과, 위대한 치료의 신 아폴로의 자비심을 걸고, 가장 훌륭한 의사가 가장 훌륭한 기술로 이들을 치료하라. 자, 거리로 나가자. 흩어진 일들을 정리하고, 군대보다 먼저, 아테네로 말을 달려 가자. (화려한 나팔소리. 모두 퇴장)

〔제1막 제5장〕

테베 앞 싸움터의 다른 곳.
음악. 세 왕비가 그들의 기사들이던, 남편들의 관을 받쳐 든 시종들과 함께 엄숙한 장례 행렬을 이끌고 등장.

장송곡

유골 단지 앞에 향을 피워 올리네.
향불과 한숨 속에서 하루도 저물어가네.
우리의 비탄은 죽음보다 더 치명적이리.
주검에 향유를 바르고 관에 넣는 애처로운 얼굴들이여,
신성한 약병은 눈물로 가득하니,
험한 바람을 뚫고 소리 높여 울부짖노라!
오너라, 슬프고 엄숙한 모습이여,
한순간 반짝이는 기쁨은 우리의 원수로다!
우리는 오직 슬픔만을 부른다.
우리는 오직 슬픔만을 부른다.

셋째 왕비 이 행렬은 당신의 선조들이 잠드신 묘지로 간다오. 다시 기쁨을
찾으시어, 편히 잠드소서!
둘째 왕비 이 길은 당신의 길.
첫째 왕비 당신이 가야 할 길도 이 길이오. 하늘은 많은 길을 허락해 주었으
나, 마지막 닿는 곳은 오직 한 곳이랍니다.
셋째 왕비 이 세상은 우리의 발길 닿는 곳마다 굽이굽이 길을 잃고 헤매게
하는 미로의 도시라, 우리가 저마다 맞닥뜨리게 될 죽음의 장터라오. (모두
따로따로 퇴장)

〔제2막 제1장〕

아테네. 감옥 창문으로 내다보이는 정원.
교도관과 구혼자 등장.

교도관 내가 살아 있는 동안 내놓을 수 있는 건 얼마 안 되네. 별로 줄 게 없
어. 아, 기껏해야 교도관에 지나지 않으니까. 때로는 대단한 사람들도 들어

오기는 하나, 아주 드물지. 연어보다는 피라미 새끼가 걸린다고 봐야 해. 내가 부자라고 소문을 내고 다니는 사람들도 있지만, 글쎄, 그 소문대로라면야 얼마나 좋겠는가. 아무튼 나의 재산은 어떤 것이든, 내가 죽게 되는 날에는 딸아이한테 남겨야지.

구혼자 주겠다고 말씀하신 것 말고는 더 바라는 게 없습니다. 약속드린 대로 따님 일에 관한 한 제가 모두 돌보겠습니다.

교도관 공작님 예식이 끝난 다음에 더 이야기를 하세. 그런데 딸아이에게서는 모든 약속을 받아낸 건가? 사실이 확인되면, 나도 허락하겠네.

교도관의 딸, 등심초를 가지고 등장.

구혼자 틀림없습니다. 저기, 그녀가 오네요.

교도관 (딸에게) 얘야, 너의 친구와 그 일에 대해 이야기하고 있었단다. 이제 그 이야기는 그만하고 궁전 일이 끝나는 대로, 우리 일도 매듭짓기로 하자꾸나. 그동안 두 죄수를 잘 돌보거라. 말해 두지만, 그들은 왕자님이시다.

딸 두 분 방에 등심초를 깔아 드리려고요. 감옥에 갇혀 계시다니 가엾기 그지없지만, 여기서 나가셔도 마찬가지지요. 두 분은 어떤 고난도 부끄럽게 할 만큼 인내심이 강하신 것 같아요. 감옥이 두 분을 모신 것을 영광스러워해야죠. 두 분은 그 좁은 감옥 안에서도 온 세상을 가진 분들이니까요.

교도관 흠잡을 데 없는 신사들이라는 소문이다.

딸 제 생각에 그 소문이란 건 어눌한 명성일 뿐이에요. 두 분은 우리가 들은 것보다 한 단계 더 높으시죠.

교도관 싸움터에서도 가장 훌륭하게 활약하셨다고들 하더구나.

딸 그렇겠죠, 고난을 훌륭하게 이겨낸 분들이니까요. 그런데 승리하셨다면 어떤 모습일지 궁금해요. 갇히신 몸인데도 언제나 고결하고 자유로우시며, 고난을 즐겁게, 고통을 장난거리 정도로 여기시니까요.

교도관 그런가?

딸 제가 스스로 아테네의 지배자가 아니라고 생각하는 것처럼, 자신들이 포로로 잡힌 몸이 아니라고 느끼시는 것 같아요. 식사도 잘 하시고, 언제나 명랑하시죠. 여러 일을 말씀하시는데, 붙잡혀 있어서 괴롭다고는 한마디도

하지 않으시니까요. 그런데 이따금 어느 한 분이 살짝 한숨을 쉬다가 다 죽어가는 것처럼 툭 끊어버리기라도 하면, 다른 분이 눈치채시고 바로 부드럽게 꾸짖으시는데, 저도 그렇게 야단맞는 한숨이 되거나, 적어도 그렇게 위로받는 사람이 되고 싶을 정도예요.

구혼자 저는 아직 본 일이 없어요.

교도관 지난밤에는 공작님이 남몰래 오셔서 두 분을 데리고 가셨지. 그 사정은 나도 잘 모르지만.

팔라몬과 아르시테, 2층 무대에 등장.

교도관 봐라, 저 두 분을! 밖을 내다보시는 분이 아르시테다.

딸 아니, 아닌데요. 저분은 팔라몬이에요. 키가 작은 분이 아르시테인데, 그분 몸이 살짝 보이네요.

교도관 아니, 손짓은 하지 마라. 자신들이 우리의 이야깃거리가 되기를 바라지 않으실 거다. 보이지 않게 어서 이리 오너라.

딸 저분들을 보면 축제처럼 즐거운 기분이 된다니까요. 아, 똑같은 인간인데도 이토록 차이가 나다니! (교도관, 구혼자와 함께 퇴장)

〔제2막 제2장〕

아테네. 정원이 내려다보이는 감옥의 방.
팔라몬과 아르시테 등장.

팔라몬 어떤가, 귀족 사촌?

아르시테 팔라몬, 너는 어때?

팔라몬 뭐, 비참한 처지에서도 크게 웃으면서 전쟁에 따르는 운은 견뎌내야지. 그런데 우리는 평생 포로가 되어버렸군, 사촌.

아르시테 그렇게 되고 말았네. 운명이 그렇다면, 앞으로의 인생도 체념할 수밖에 없지.

팔라몬 아, 아르시테 사촌, 지금 테베는 어디 있지? 고귀한 우리 조국은? 우리 친구들은, 우리 동족들은? 이제 다시는 이들을 보는 위안도 없겠지. 늠름한 젊은이들이 여성들로부터 받은 아름다운 사랑의 선물을 몸에 달고, 돛을 올리고 가는 함선처럼 명예로운 승부를 겨루는 모습도 볼 수 없다는 건가. 우리는 그들 사이에서 시작해 샛바람처럼 날아서, 모두를 게으른 구름처럼 뒤쪽에 남겨두고, 팔라몬과 아르시테가 한 발짝 내딛으면 구경꾼들의 칭찬보다 빨리, 승리하라는 외침이 들려오기도 전에 우리 둘이 승리의 월계관을 차지했었지. 그러나 이제는 명예로운 쌍둥이처럼 무기를 휘두르며, 당당한 파도처럼 사나운 말을 달려 나아가지도 못하겠지. 눈이 붉은 전쟁의 신도 갖지 못한 우리의 훌륭한 칼도 이제 허리에서 빼앗기고 녹이 슬어버려, 테베를 증오하는 신들의 신전을 꾸미게 될 거야. 우리의 손은 결코 그 칼을 뽑아 군사들을 모두 번개와 같이 날려버리지도 못하겠지.

아르시테 맞아, 팔라몬, 그러한 희망들도 이제 우리와 함께 붙잡혀 포로가 된 거라네. 우리는 여기에 있고, 여기서 우리의 젊음은 너무 이른 봄에 피어난 꽃처럼 시들어 버릴 거야. 여기서 늙을 수밖에. 가장 비참한 것은 팔라몬, 결혼도 하지 못하는 거라네. 사랑스러운 아내가 품에 안겨 수없이 입맞춤을 하거나, 큐피드로부터 천 번의 사랑 고백을 받기라도 한 듯이 우리 목에 매달리는 일도 없을 거야. 자손을 가질 수 없으니 우리와 꼭 닮은 모습들을 바라보며, 늘그막의 즐거움을 누릴 수도 없지. 어린아이에게 태양을 노려보는 어린 독수리처럼 대담하게 빛나는 갑옷을 바라보라고 가르칠 수도 없으며, "아버지의 늠름한 모습을 떠올리며 정복의 꿈을 펼쳐 나아가라!"고 말할 수도 없어. 아가씨들은 고운 눈에 눈물을 가득 머금고 우리가 추방된 사실을 슬퍼하면서, 앞날을 내다보지 못하는 운명의 여신을 저주하는 노래를 부르겠지. 여신이 젊음과 천성에 잘못을 저질렀음을 부끄러워하며 스스로 뉘우치게 될 때까지 말이야. 앞으로 우리에게는 이런 일들만이 일어나게 될 거라네. 여기서 우리는 서로에 대한 것 말고는 아무것도 모르게 되지. 들려오는 거라곤, 우리의 애통한 심정을 말해 주는 시계 소리뿐이겠지. 포도나무 줄기가 자라는 것도 보지 못하고, 여름이 다가와 온갖 기쁨을 노래해도 여기서는 죽음과 같은 차가운 겨울만이 머무르게 될 거야.

팔라몬 그건 확실해, 아르시테. 깊은 숲속에서 울부짖는 테베의 사냥개들에게, 이제는 소리쳐 줄 수도 없다네. 우리의 분노를 뒤로하고 도망가면서 되돌아보고 활을 쏘는 파르티아인처럼, 등에 화살을 꽂은 채 달아나는 성난 멧돼지에게 뾰족한 쇠창을 던질 수도 없네. 고귀한 마음의 양식이며 자양분이 되는 용감한 활약상도 여기 있는 우리 둘에게는 사라져 버리고 말겠지. 우리는 죽게 될 거고, 우리의 명예는 저주를 받아 마지막에는 비애와 망각이라는 자손들만이 남게 되겠지.

아르시테 하지만 사촌, 운명이 우리에게 무슨 짓을 가하더라도, 이런 비참한 밑바닥에서나마 두 가지 위안이 있네. 이는 하늘이 주신 두 가지 순수한 기쁨을 말하지. 신들이 허락하신다면—하나는 이곳에서 꿋꿋이 인내하는 것이며, 또 하나는 이러한 슬픔을 우리가 함께 즐기는 거라네. 만일 내가 팔라몬과 함께 있는 이곳을 오직 감옥이라고만 여긴다면 차라리 죽게 해줘!

팔라몬 그렇고말고. 우리의 운명이 함께 얽힌 것은 오히려 다행이라네. 확실한 것은, 두 영혼이 고귀한 두 육체에 서로 따로 머무르더라도 혹독한 고통에 맞서서 함께 헤쳐 나아간다면, 절대로 저 밑바닥으로 가라앉을 리도 없으며, 그렇게 되어서도 안 된다는 거야. 뜻이 있는 인간에게는 죽음이란 잠자는 것에 지나지 않으니, 모든 것을 이룰 수 있는 거라네.

아르시테 그렇다면 모든 사람이 역겨워하는 이곳을 한번 멋진 곳으로 만들어 볼까?

팔라몬 어떻게 말이야, 사촌?

아르시테 이 감옥이야말로, 부패한 악인들의 세계로부터 우리를 지켜주는 성역이라고 생각하는 거지. 우리 둘 다 아직 젊고, 또 명예로운 길을 걷기를 바라고 있어. 그러나 우리에게 자유나 흔한 사교는, 여인들이 그렇듯이 순수한 정신에 스며드는 독소처럼, 명예로운 길에서 우리를 곁돌게 한단 말이네. 우리의 상상으로 만들어 간 세계가 우리를 명예롭게 해준다면, 하늘이 내려주신 것 가운데 이보다 더한 축복이 어디 있겠는가? 여기 이렇게 함께 있으면 우리는 서로에게 더없이 소중한 존재가 될 거야. 서로 아내에게 하듯이 언제까지나 새로운 사랑을 만들어 나아가며 아버지, 친구, 친지가 되어주기도 하는 거지. 서로에게 가족이 되어주는 거야. 나는 너의 상속자이며, 너는 나의 상속자가 되지. 이 감옥이 우리의 재산이야. 어떠한 압력을 받아도, 이곳을 감히 우리에게서 빼앗아 갈 순 없어. 여기서 조금 참고 지내다 보면, 오래도록 복을 누리며 서로 사랑할 수 있어. 서로 지겨워할 일도 없고, 전쟁이란 손길이 우리를 상처 낼 수도 없으며, 저 사나운 바다가 우리의 젊음을 삼켜버릴 수도 없지. 만일 우리가 자유롭다면 아내나, 우리를 둘러싼 일들이 우리 사이를 그럴듯하게 떼어놓을 거라네. 싸움으로 목숨을 잃을 수도 있고, 악한 자들의 시샘이 우리 사이를 갈라놓을 수도 있을 거야. 내가 병이 들어도, 네가 알지 못하는 곳에서, 너의 그 고귀한 손으로 나의 눈을 감겨줄 수도 없으니, 너의 기도를 받지 못하고 나는 숨을 거두게 되겠지. 이 감옥에서 나가게 된다면 수천 가지 기회들이 마침내 우리 둘 사이를 갈라놓고 말 거야.

팔라몬 고마워, 아르시테. 네 덕분에, 포로인 몸인데도 왠지 신바람이 나는구나. 감옥 밖에서 살아가는 삶이란, 어딜 가나 비참한 것뿐이니! 짐승과 다름없는 삶이지. 이 감옥이 바로 궁궐이라네, 여기가 한결 더 좋아. 사람들이 제멋대로 빠져버리는 쾌락도 결국은 허영심일뿐이야. 이제 모든 것을 알게 되었으니, 이 세상에 큰소리치며 말해 주고 싶네. 이 화려한 삶은 시간이 지나면, 보잘것없는 그림자가 되어버린다고. 우리가 아직도 크레온의 궁궐에 있었다면, 어떻게 되었을까? 그곳은 죄가 정의이며, 욕망과 무지가 높은 나리들의 미덕이잖은가. 이봐, 아르시테, 자애로운 신들께서 우리를 이곳으로 이끌어 주시지 않았다면, 우리는 남들과 꼭 같이 불운한 노인이 되어 저승길에 오르게 되었을 테니, 서러워하는 이 하나 없이 비문에는 사람들의 저주가 새겨졌을 거라네. 계속 말해 볼까?

아르시테 더 듣고 싶네.

팔라몬 그렇다면 계속하지. 아르시테, 우리의 사랑보다 더 훌륭한 사랑의 기록이 세상에 있을까?

아르시테 물론 그런 사랑은 있을 수 없지.

팔라몬 우리의 우정이 사라져 버리는 일은 아마도 없을 거라네.

아르시테 죽음이 찾아올 때까지는 있을 수 없지.

정원에 에밀리아와 시녀 등장.

아르시테 우리가 죽고 나면, 우리의 영혼은 영원히 사랑하게 될 존재들이 머무르는 천국으로 가게 될 거야. 계속 말해 봐. (팔라몬이 에밀리아를 본다)

연극 〈두 귀족 친척〉 다코 트레스냑 감독, 조셉 팝 퍼블릭 시어터

에밀리아 (시녀에게) 이 정원은 온갖 기쁨들로 가득하구나. 이건 무슨 꽃이
　지?

시녀 이것은 수선화입니다.

에밀리아 미소년*⁶이기는 하나, 자기 자신을 사랑한 바보라지. 여자아이들 숫
　자가 모자랐던가?

아르시테 (에밀리아를 보고서 깜짝 놀란 팔라몬에게) 계속해, 제발.

팔라몬 그러지.

에밀리아 (시녀에게) 아니면 마음씨가 나쁜 여자애들뿐이었나?

시녀 그만한 미소년에게, 그럴 리가 있겠어요.

에밀리아 너라면 그렇게 하지 않겠지.

시녀 그래서는 안 되겠죠, 아가씨.

─────────
＊6 그리스 신화에 나오는 미소년 나르키소스(Narcissos, narcissus)는 호수에 비친 자기 모습을 사
　랑하여 그리워하다가 빠져 죽어 '수선화'가 되었다고 한다.

에밀리아 착한 여자네! 하지만 남에게 친절을 베풀 때는 조심스러워야 해.

시녀 왜요, 아가씨?

에밀리아 남자들이란 착한 존재들이 못 된단다.

아르시테 (팔라몬에게) 계속하라니까, 사촌?

에밀리아 (시녀에게) 너는 이런 꽃들을 비단 위에 수놓을 수 있느냐?

시녀 네.

에밀리아 이 꽃들을 가득 수놓은 옷을 입고 싶어. 이 꽃들의 빛깔도 너무나 예쁘구나. 치마에 수놓아도 괜찮을까?

시녀 앙증맞겠네요, 아가씨.

아르시테 (팔라몬에게) 이봐, 사촌, 왜 그러지? 이봐, 팔라몬!

팔라몬 아직은 갇힌 몸이 아니었어, 아르시테.

아르시테 왜 그래, 무슨 일이지?

팔라몬 (에밀리아를 가리키며) 저길 보라고, 놀라운 일이지! 하늘에 맹세컨대, 그녀는 여신임에 틀림없어.

아르시테 (에밀리아를 바라보며) 아!

팔라몬 무릎을 꿇게. 그녀는 여신이잖아, 아르시테.

에밀리아 (시녀에게) 온갖 꽃들 가운데서도 장미가 으뜸인 것 같아.

시녀 왜 그렇지요, 상냥한 아가씨?

에밀리아 그건 바로 처녀의 상징이니까. 하늬바람이 불어오면, 장미는 수줍은 듯 꽃을 피우며, 햇살을 순결한 붉은빛으로 물들이지! 된바람이 불어오면, 순결함을 말해 주듯 그 아름다움을 꽃봉오리 속에 다시 감추어 버릴 테니, 된바람은 가시에 찔리고 말겠지.

시녀 하지만 아가씨, 어떤 때는 얌전만 빼다가 땅바닥에 떨어지겠죠. 정조를 지키는 처녀라면 장미를 보고 본보기로 삼지는 않을 거예요.

에밀리아 너는 바람둥이로구나.

아르시테 (팔라몬에게) 놀라울 만큼 아름답다.

팔라몬 세상에서 가장 아름다운 아가씨야.

에밀리아 (시녀에게) 해가 높이 떴으니, 이 꽃들을 가지고 안으로 들어가자. 수놓은 꽃의 빛깔과 얼마나 비슷한지 알아봐야겠다. 생각만 해도 즐거워서 웃음이 터져나오는구나.

시녀 저라면 분명히 드러눕고 싶어요.

에밀리아 누구하고?

시녀 흥정에 달렸답니다, 아가씨.

에밀리아 그렇다면, 그렇게 하자. (시녀와 함께 퇴장)

팔라몬 저 아름다운 아가씨를 어떻게 생각하나?

아르시테 보기 드문 미인이지.

팔라몬 그저 보기 드문 정도?

아르시테 그래, 비할 데 없이 아름다운 아가씨야.

팔라몬 남자라면 자기 자신을 잃고서 사랑에 빠져버리지 않을까?

아르시테 너는 어떨지 몰라도 나는 그래. 이 몹쓸 눈 때문이야! 족쇄에 채워
    진 기분이니.

팔라몬 그럼 그녀를 사랑한다는 건가?

아르시테 사랑하지 않을 수 있을까?

팔라몬 그녀를 갖고 싶어?

아르시테 이 몸의 자유보다 더.

팔라몬 그녀를 처음 본 사람은 나야.

아르시테 그건 아무 의미 없어.

팔라몬 사실이 그렇단 말이야.

아르시테 나도 그녀를 봤어.

팔라몬 그래, 하지만 너는 그녀를 사랑하면 안 되는 몸이야.

아르시테 네가 하는 것 같은 사랑은 하지 않을 거야. 하늘에서 내려온 신성
    한 여신을 바라보듯이 숭배하지는 않겠단 뜻이야. 나는 그녀를 한 여자로서
    사랑하며, 즐길 거야. 서로 사랑을 주고받으면서 말야.

팔라몬 절대로 그녀를 사랑해서는 안 돼.

아르시테 안 된다고! 누가 내 사랑을 막을 수 있지?

팔라몬 그녀를 처음 본 건 나야. 그리고 그녀가 인류에게 드러낸 그 모든 아
    름다움을 처음 눈으로 확인한 것도 바로 나야. 만일 네가 그녀를 사랑하든
    지 해서 나의 소원을 망쳐버리려고 한다면 아르시테, 너는 배반자가 되는
    거라고. 너에게 그녀를 사랑할 권리 같은 건 없어. 만약 네가 그녀를 한 번
    이라도 생각한다면 나는 우정, 혈통, 그리고 우리 둘 사이의 모든 연결된 매

듭을 포기하겠다.

아르시테 그래, 나는 그녀를 사랑해. 내 모든 일가친척들의 목숨이 거기에 달려 있다고 해도 나는 반드시 그녀를 사랑할 거야. 내 영혼에 걸고 사랑할 거야. 그래서 너와 헤어지게 되더라도 말이야. 잘 가, 팔라몬! 한 마디 더 하지. 나는 그녀를 사랑하고, 그녀에 대한 나의 사랑은 고귀하고 명예로운 사랑이야. 그녀의 아름다움에 대한 권리에서는 어떤 팔라몬이라도, 어떤 자의 아들 앞에서도 나는 당당하다고.

팔라몬 내가 너를 아직까지 친구라고 불렀던가?

아르시테 그래, 지금도 그래. 왜 그렇게 마음이 흔들리지? 냉정하게 따져보자. 나는 네 피의, 네 영혼의 일부가 아니야? 네가 분명히 나는 팔라몬이고 너는 아르시테라고 말하지 않았어?

팔라몬 그렇게 말했지.

아르시테 그렇다면 나는 친구가 겪는 감정들, 다시 말해 기쁨과 슬픔, 노여움과 두려움을 함께 겪는 게 아니란 말이야?

팔라몬 아마도 그렇겠지.

아르시테 그런데 왜 그토록 못되고 유별나게, 그리고 기품 있는 친척답지 않게 혼자서만 그녀를 사랑하려는 거지? 솔직하게 말해 봐. 내가 그녀를 바라보는 게 잘못됐다는 건가?

팔라몬 아니야, 하지만 네가 그녀의 모습을 좇아 바라보는 것은 옳지 않아.

아르시테 그럼 다른 누군가가 맨 처음 적을 봤다면, 나는 자신의 명예도 내려놓은 채 적과 싸워서는 안 된단 말인가?

팔라몬 물론 그렇지, 적이 한 사람뿐이라면.

아르시테 그런데, 그 한 사람이 나하고 싸우겠다고 한다면?

팔라몬 그야 적이 그렇게 나온다면, 네 맘대로 해. 하지만 그렇지 않은데도 그녀를 바란다면, 저주받은 자처럼 자기 나라를 증오하게 될 테니, 너는 반역자로 낙인 찍히고 말지.

아르시테 네가 정신줄을 놓았구나.

팔라몬 마땅히 그래야 하고말고, 네가 존경받는 인물이 되기까지는 말이다. 아르시테, 이건 나의 명예와 관련된 거야. 그리고 이런 광기로 너에게 상처를 주거나 목숨을 앗아가도, 나는 정당한 행동을 하는 거야.

아르시테 에잇! 너는 정말 어린아이처럼 구는구나. 나는 그녀를 사랑할 거야. 나는 그녀를 사랑해야 하고, 또 그렇게 할 거야. 그리고 감히 말하건대, 이 모든 것은 정당한 행동이야.

팔라몬 아, 지금 바로, 지금 바로 잘못 되어가는 너 자신과 너의 친구에게 한 시간 동안만 자유롭게, 손에 칼을 쥘 수 있는 행운이 주어진다면, 남에게서 사랑을 훔치면 어떤 꼴을 당하게 되는지 똑바로 가르쳐 줄 텐데! 너는 소매치기보다 더 비열한 놈이야. 이 창문 밖으로 좀더 머리를 내밀어 보렴. 이 영혼에 걸고서, 너의 목숨을 그 자리에 못질해 주겠다!

아르시테 해볼 테면 어디 해봐, 이 멍청아, 너는 그럴 용기도 없고 힘도 없어. 머리를 내밀어 보라고? 몸까지 내밀어서 마당으로 뛰어내리겠다, 다음에 그녀를 보게 되면 말이다. 그녀 팔 사이로 이 몸을 던져, 네놈의 화를 돋우어 줄 테다.

교도관 등장.

팔라몬 그만해, 교도관이 오고 있어. 나의 족쇄가 네놈 골통을 쳐부술 때까지는, 나는 살아 있을 거야.

아르시테 그렇게 해봐!

교도관 실례합니다, 신사 나리들.

팔라몬 무슨 일이오, 충직한 교도관 나리?

교도관 아르시테 나리, 공작님께서 바로 오라고 하십니다. 그 이유는 저도 아직 모릅니다.

아르시테 준비는 돼 있소, 교도관.

교도관 팔라몬 왕자님, 훌륭하신 사촌 분을 잠시 모시고 가겠습니다. (아르시테와 함께 퇴장)

팔라몬 나로서는 언제든지 환영이고말고, 원한다면 그 목숨마저도 기꺼이. 그런데 왜 그를 데려가는 거지? 그녀와 결혼시키려는 건가? 그 녀석은 잘 생겼으니, 공작이 그의 혈통이나 체격에 주목할 만도 하지. 그러나 그놈의 거짓된 행태라니! 왜 친구를 배반하는 거지? 그렇게 해서 고귀하고 아름다운 아내를 얻을 수 있다고 한다면, 정직한 자가 사랑을 얻긴 다 틀린 거지.

한번 더 아름다운 그녀를 보고 싶구나. 축복받은 정원이여, 그리고 더 많은 축복을 받은 과일과 꽃들이여, 그녀의 아름다운 눈길이 그대에게 반짝이며 쏟아져 내리니, 내 삶의 운명이 앞으로 어떻게 되더라도, 저 작은 나무, 피어오르는 살구나무가 되고 싶구나! 내 무례한 팔을 벌려, 그녀의 창문으로 거침없이 뛰어들고 싶다! 신들이 드시는 달콤한 과일을 그녀에게 가져가리라. 그녀가 맛을 보면 젊음과 기쁨이 두 배가 되리니, 그녀가 하늘의 신이 아니더라도, 신들과 가까운 존재로 모시어, 사람들로 하여금 그녀를 공경하게 하리라. 그러면 그녀는 반드시 나를 사랑하게 되리라.

교도관 다시 등장.

팔라몬 어찌 됐소, 교도관? 아르시테는 어디 있지요?

교도관 추방되었습니다. 피리토우스 경께서 그분을 자유롭게 해드렸지요. 그러나 목숨을 걸고 맹세하신 대로, 나리께서는 두 번 다시 이 왕국에 발을 내딛지 못하게 되었습니다.

팔라몬 (혼잣말로) 축복받은 자로군! 다시 테베로 돌아가, 용감한 젊은이들에게 무기를 들라고 외쳐대겠지. 그가 명령하자마자, 모두들 불같이 일어나 싸우게 될 거야. 아르시테는 운이 좋은 놈이니, 그녀를 위해서 싸움터에서 명예롭게 싸워, 멋진 애인이 될 수 있을 거야. 만일 패배하여 그녀를 잃게 된다면, 한심한 겁쟁이가 되고 마는 거지. 고결한 마음의 아르시테라면, 그녀의 마음을 얻기 위해서 얼마든지 용감하게 행동할 수 있을 거야, 수천 번이라도! 만일 내가 자유의 몸이라면 아주 멋지게 일을 해치워서, 그 수줍은 아가씨가 남자처럼 힘차게 나에게 달려와 포옹하게 할 텐데.

교도관 나리, 나리께도 전달할 명령을 가져왔습니다.

팔라몬 내 목숨을 끊으라는 분부이신가?

교도관 아닙니다, 이 장소에서 다른 곳으로 옮기시랍니다. 이곳 창문이 너무 열려 있어서요.

팔라몬 악마야, 나에게 시샘 부리는 자를 붙잡아라! 부탁이니, 나를 죽여다오.

교도관 그러다간 제가 교수형을 당합니다!

연극 〈두 귀족 친척〉 제이미 월크스(아르시테 역)·제임스 코리건(팔라몬 역)·폴 맥이완(교도관 역)
출연. 스트랫퍼드어폰에이번 스완 시어터. 2016.

팔라몬 이 밝은 빛에 걸고, 나에게 칼이 있다면 너를 죽일 테다.

교도관 그건 왜죠, 나리?

팔라몬 울화통 터지는 하찮은 소식만 계속 전해 주니 말이다. 너는 살아갈
　　　가치도 없어. 나는 이곳에서 나가지 않겠다.

교도관 꼭 가셔야 합니다, 나리.

팔라몬 정원을 볼 수 있는 곳인가?

교도관 보실 수 없습니다.

팔라몬 그럼 결정했다. 나는 가지 않겠다.

교도관 그럼 강제로라도 나리를 모셔가야 합니다. 거칠게 반항하신다면, 족
　　　쇄를 더 채워서라도요.

팔라몬 그렇게 해보아라. 그럼 나는 그걸 마구 흔들어서, 네가 잠도 못 자게
　　　해주지. 나는 쇳소리를 내며 모리스 춤을 추겠다. 내가 정말 가야 하느냐?

교도관 어쩔 수 없습니다.

팔라몬 잘 있거라, 친절한 창문이여. 거친 바람으로 상처 입지 않기를! 아,
　　　내 사랑, 그대가 슬픔을 느낀 적이 있다면, 내가 얼마나 괴로워했을지 생각

해 주오―자, 이제 나를 매장하라. (모두 퇴장)

아테네 부근의 시골.
아르시테 등장.

아르시테 왕국에서 나를 추방한다고? 잘된 일이군, 그 자비에 감사해야겠지. 하지만 내 목숨을 걸고 사랑하던 그 얼굴을 마음껏 바라보고 즐기는 것으로부터 추방된다니, 오, 이것은 가장 끔찍한 처벌, 죽음과 다를 바 없는, 상상할 수도 없는 일이지! 내가 나이 먹어서까지 사악하게 살아와, 그 모든 죄업을 나에게 지운다 해도 이런 앙갚음을 당할 수는 없다. 팔라몬! 이제 네가 먼저 손을 쓰게 되었다. 너는 여기에 남아, 아침마다 너의 창문으로 그녀의 밝게 빛나는 눈을 바라볼 테니, 그녀가 너에게 생명을 불어넣어 주겠지. 이제까지 그리고 앞으로도 없을, 자연이 낳은 가장 고결하고 아름다운 이의 달콤함을 맛보겠구나. 착하신 신들이여! 팔라몬은 얼마나 행복할까요! 틀림없이 그는 그녀에게 말을 걸겠지. 그리고 그녀가 아름다운 만큼 상냥하다면, 그의 사랑을 받아주리라. 그 녀석은 폭풍도 길들이며, 단단한 바위도 바람둥이로 만드는 혀를 가지고 있으니. 될 대로 되라지, 기껏해야 죽음인 것을. 나는 절대로 왕국을 떠나지 않으리라. 내 몸은 잿더미이고, 되돌릴 방법은 없지. 내가 가버리면 그녀는 그의 소유가 되고 말겠지. 그렇다면 이제 나는 다른 모습으로 나를 바꾸어 버리든지, 아니면 나의 행운을 끝내 버리겠어. 어떤 선택을 하든 나는 행복하다. 그녀를 바라보며 그녀 곁에 있거나, 그렇지 않으면 끝이야. (퇴장)

시골 사람 넷, 그 가운데 한 사람은 화관을 들고 등장. 아르시테가 옆으로 비켜선다.

시골 사람 1 여보게들, 나는 거기 꼭 가고 말 거라네.
시골 사람 2 나도 갈 거야.

시골 사람 3 나도.

시골 사람 4 그래, 알았어! 욕이나 얻어먹기밖에 더하겠나. 오늘은 푹 쉬라고, 그래야 내일은 말꼬리를 잡고 달리듯 신나게 놀 수 있으니.

시골 사람 1 분명히 마누라가 칠면조처럼 시샘을 부리며 괴롭힐 텐데, 그래도 어쩔 수 없어. 아무튼 가는 거야, 마누라야 징징거리든 말든.

시골 사람 2 그야 내일 밤 한바탕 일을 치러 주면 돼. 그러면 모든 게 제자리로 돌아온다니까.

시골 사람 3 그래, 마누라 손바닥에 굵직한 막대기를 하나 쥐어 주면, 그녀도 뭔가 새로운 가르침을 깨닫고는 순진한 아가씨가 될걸. 그럼 우리 모두 오월제 맞이 준비를 하고 있나?

시골 사람 4 준비라니? 무슨 문제라도 있나?

시골 사람 3 아르카스가 올 거야.

시골 사람 2 그리고 세누아와 리카스도. 춤 잘 추는 세 아가씨와 푸른 나무 아래서 함께 어울리게 한다면, 이보다 더 바랄 게 없지. 아가씨들도 참으로 당차다니! 그런데 그 까탈스러운 학교 선생도 올까? 무슨 일이든 혼자 설치고 다니니 말이야.

시골 사람 3 오지 못하면 아이들 글씨판이나 쓸어대고 있겠지. 이봐! 선생하고 무두장이 딸 사이가 갈 데까지 간 것 같더군. 그런데 그 딸이 반드시 공작을 보면서 춤을 춘다는 거야.

시골 사람 4 우리 신나게 즐길 거지?

시골 사람 2 아테네 놈들이 숨이 차서 헐떡거릴 때까지 몰아부치자. 그런데 나는 말이야, 이렇게 신이 나서 여기서 얼씨구 저기서 절씨구 할 거라네. 우리 아테네를 위해, 다시 한 번 여기서 얼씨구 저기서 절씨구 해야지. 하, 녀석들, 베 짜는 것처럼 잘들 추어대는군!

시골 사람 1 이 춤은 숲속에서 춰야 하는 거야.

시골 사람 4 아, 참 안됐군!

시골 사람 2 아무튼 선생이 그렇게 말했어. 우리를 대표해서 자기가 멋지게 공작을 가르치겠다고. 숲속에서는 그가 최고라네. 넓은 뜰로 나오면, 큰소리칠 형편도 못 되면서 말이야.

시골 사람 3 먼저 그 경기를 보고 나서 춤을 추는 거다! 친구들, 부인들이 보기 전에 먼저 이리저리 연습을 해두게. 제대로 장단이 맞아야, 즐겁게 보낼 수 있을 테니까.

시골 사람 4 바로 그거야. 경기가 한바탕 끝이 나면, 우리가 해보는 거야! 다들 가서 잘 놀아보자고!

아르시테 (앞으로 나오며) 실례합니다, 여러분, 모두들 어디로 가시는 길입니까?

시골 사람 4 어디로라니? 아니, 그것도 질문이라고 하오!

아르시테 그렇소, 모르니까 이렇게 물어보는 겁니다.

시골 사람 3 경기하는 데라오.

시골 사람 2 그것도 모르고 있다니, 대체 어디서 온 거요?

아르시테 먼 곳은 아닙니다. 오늘 어떤 경기가 있나요?

시골 사람 1 물론 있고말고요, 아마도 보신 적은 없겠지만요. 오늘은 공작께서 직접 나오신다는군요.

아르시테 어떤 경기입니까?

시골 사람 2 레슬링하고 달리기요. (다른 쪽으로 가면서) 괜찮은 녀석이네.

시골 사람 3 함께 가지 않겠소?

아르시테 지금은 그럴 수 없습니다.

시골 사람 4 그렇다면 형편대로 하시오. 자, 다들 가자.

시골 사람 1 (다른 동료들에게만 들리게) 왠지 심상치 않은걸. 이 친구, 허리 쓰는 솜씨가 대단해 보이니 말이야. 이런 체격이라면 레슬링에는 제격이거든.

시골 사람 2 (다른 동료들에게만 들리게) 감히 경기에 나가다니, 어림없지. 한심한 꼴이라니! 레슬링을 한다고? 달걀이나 구우라지! 자, 다들 어서 가자. (시골 사람들 퇴장)

아르시테 이건 내가 감히 바라지도 않았던 기회야. 레슬링이라면 문제없어, 그 분야의 권위자들이 실력이 뛰어나다고 인정해 주었으니까. 달리기도 문제없지, 옥수수밭에 나부끼는 바람보다 더 빠르니 말이야. 어쨌든 해볼 만하겠는걸. 초라하게 변장하고 가보자. 누가 알아? 내 이마가 화관으로 장식되어, 그녀를 바라볼 수 있는 곳에 살게 되는 행복이 찾아올지? (퇴장)

아테네. 감옥의 한 방.
교도관의 딸 홀로 등장.

딸 왜 그분을 좋아하게 됐지? 그분이 결코 나를 좋아할 리도 없는데. 나는 신분이 낮아. 나의 아버지는 죄수를 지키는 하찮은 교도관이고, 그분은 왕자님이잖아. 그분과는 결혼할 수 없어. 그분의 정부(情婦)가 된다는 것도 말이 안 돼! 여자들이란 나이가 열다섯이 되면, 어떻게 돼버리고 만다니까! 나는 처음 그분을 보고 훌륭한 남자라고 생각했지. 그분은 여자가 충분히 좋아할 만해. 나는 이제까지 그렇게 멋진 분은 본 적이 없거든. 그런 다음에는 그분이 애처로워졌지. 젊은 아가씨들은 다 그랬을 거야. 오, 내 양심에 두고, 그분 꿈을 꾸면서 나의 처녀성을 젊고 아름다운 그분에게 바치겠노라, 맹세하게 된 거지. 그렇게 나는 그분을 사랑하게 됐어. 그분을 너무나 사랑하고, 앞으로도 영원히 사랑할 거야. 그분에게는 그분만큼 멋진 친척도 있지만, 그래도 내 마음에 들어온 사람은, 팔라몬, 바로 그분이었어. 그대여, 내 마음을 이렇게 소용돌이치게 하시다니요! 저녁 무렵 당신의 노랫소리를 들을 때, 나에게는 천국이 따로 없답니다! 당신의 노래는 슬픈 것들뿐이로군요. 또 신사답지 않게 부드러운 말씨로군요. 어느 날 아침 물을 들고 간 나에게 당신은 고귀한 몸짓으로 먼저 인사를 하시며, 이렇게 말을 건네셨죠. "아름답고 상냥한 아가씨, 안녕하세요. 당신은 마음씨가 고운 분이니, 틀림없이 훌륭한 남편을 맞이하게 될 거예요!"라고. 그러면서 내게 키스해 주셨죠. 그 뒤로 나는 열흘이 지나도록 이 입술을 애지중지했답니다. 날마다 그렇게 해주신다면 얼마나 좋을까요! 그런데 당신은 너무나 슬퍼하고 계시니, 당신이 깊은 슬픔에 잠긴 걸 보면 나도 서글퍼진답니다. 어떻게 해야 당신이 나의 사랑을 알게 될까요? 당신 품에 안기고 싶어요. 큰 마음 먹고 당신을 도망치게 해드린다면? 그러면 법은 뭐라고 할까요? 법도 가족도 알게 뭐람! 해볼 테야, 오늘 밤이나 내일, 그분이 나를 사랑하게 만들 거야. (퇴장)

아테네. 드넓은 장소.
무대 안쪽으로부터 짧고 화려한 코넷 소리와 외침 소리. 테세우스, 히폴리타, 피리
토우스, 에밀리아, 시골 사람으로 변장하고 화관을 쓴 아르시테, 시종들, 그 밖의
사람들 등장.

테세우스 (아르시테에게) 훌륭한 솜씨로구나. 헤라클레스 이래로 그대처럼 근
육이 단단한 자는 처음 보네. 그대가 누군지는 모르겠으나 발놀림도 최고
로 빠르고, 요즈음 보기 힘든 대단한 격투였네.

아르시테 마음에 드신다니 영광입니다.

테세우스 그대는 어느 나라 사람인가?

아르시테 이 나라 사람입니다, 조금 멀기는 합니다만.

테세우스 그대는 귀족인가?

아르시테 아버지께서 그렇게 말씀하셨고, 또 그렇게 교육받았습니다.

테세우스 상속자인가?

아르시테 막내입니다.

테세우스 아버지는 틀림없이 행복하시겠군. 그대는 무슨 일을 할 수 있지?

아르시테 고귀한 일들을 조금씩은 합니다. 저는 매를 키웠는데, 사냥개가 크
게 짖어대는 소리에 맞추어서 매를 부르기도 합니다. 감히 말타기 솜씨를
자랑할 생각은 없으나, 저를 아는 사람들은 이것이 제가 세상에서 가장 잘
하는 일이라고들 말합니다. 그러나 가장 중요한 것은 무인(武人)으로서 인정
받게 되는 거지요.

테세우스 그대는 완벽하군.

피리토우스 참으로 멋진 남자군요.

에밀리아 그러네요.

피리토우스 (히폴리타에게) 어찌 생각하시나요?

히폴리타 탄복했습니다. 그의 말이 사실이라면, 이제까지 이토록 고귀한 젊
은이는 본 적이 없습니다.

에밀리아 틀림없이 그의 어머니는 굉장히 아름다운 분이었을 거예요. 저 사

연극 〈두 귀족 친척〉 모리스 춤을 추는 장면과 이를 바라보는 테세우스(규리 사로시 분). 로열 셰익스피어 극단. 스트랫퍼드어폰에이번 스완 시어터. 2016.

람 얼굴은 아마도 어머니를 닮았겠지요.

히폴리타 하지만 체격이나, 불같이 뜨거운 성품은 용감한 아버지를 그대로 닮았겠지요.

피리토우스 그의 볼품없는 옷차림에서도 구름에 가려진 해처럼 기품이 엿보이고 있습니다.

히폴리타 이 사람은 틀림없이 고귀한 집안 출신입니다.

테세우스 (아르시테에게) 어떻게 해서 이곳에 오게 되었지?

아르시테 테세우스 공작님, 저의 명예를 구하고, 제 모든 힘을 기울여 고귀하신 공작님을 받들고자 합니다. 온 세상에서 아름다운 눈길을 지닌 명예로운 분이 사시는 곳은 오직 이곳밖에 없나이다.

피리토우스 훌륭한 말이오.

테세우스 (아르시테에게) 여기까지 와주어 참으로 고맙네. 그대의 기대를 저버리지 않으리다. 피리토우스, 이 멋진 신사를 잘 대접해 주게.

피리토우스 감사합니다. (아르시테에게) 당신이 누구이든지, 내가 책임지고 가장 고귀한 대접을 하겠소. (에밀리아에게 인도하며) 젊음으로 빛나는 이 아가씨를 최선을 다해 지켜주기를 바라오. 당신은 아가씨의 생일에 훌륭한 덕을 베풀어, 그 보상으로 아가씨 것이 되었으니, 이 손에 입을 맞추어 예를 표하도록 하오.

아르시테 고귀한 직위를 선사해 주심에 감사드립니다. 아름다우신 분께 이와 같이 충성의 맹세를 새기나이다. (에밀리아의 손에 입맞춤한다) 가장 보잘것 없는 자가 아가씨의 충복이 되었나이다. 만일 잘못을 저지른다면 죽음을 명하여 주십시오. 기꺼이 따르겠나이다.

에밀리아 그건 너무나 잔인한 일이죠. 당신이 그만한 가치가 있는 분이라면, 나도 곧 알게 되겠죠. 나의 충복이라고는 하나, 그보다는 높은 신분으로 대하겠어요.

피리토우스 (아르시테에게) 옷차림을 반듯이 하오. 말타는 솜씨가 있다고 하니, 오늘 오후에는 말을 다루어 봅시다. 다루기 쉽지 않은 말이긴 하네만.

아르시테 그럴수록 좋습니다. 안장 위에 가만히 앉아 있기만 하는 건 바라지 않으니까요.

테세우스 (히폴리타에게) 자, 이제 준비를 해요. 그리고 에밀리아, (피리토우스에게) 그리고 자네도, 또한 모두들 내일 아침 해 뜨기 전에 디아나의 숲에서 5월 꽃축제 의식에 참여하도록 하오. (아르시테에게) 여주인을 잘 모셔주게. 에밀리아, 그를 걷게 해서는 안 된다.

에밀리아 그건 부끄러운 일이죠, 말이야 얼마든지 있답니다. (아르시테에게) 당신이 말을 고르세요. 그리고 바라는 게 있으면, 언제라도 나에게 말씀만 해 주세요. 충실히 봉사해 주시면, 나도 사랑이 넘치는 여주인이 되어 드릴 테니까요.

아르시테 제가 맡은 임무에 소홀히 한다면, 제 아버지께서 미워하시던 치욕과 채찍질을 기꺼이 받아들이겠나이다.

테세우스 자, 승리의 대가이니, 어서 앞장서게. 나의 바람대로, 승리의 명예에 걸맞은 모든 보상을 그대가 받게 하리라. 그렇지 않으면 도리가 아니지. 처제, 실은 내가 여자라면 주인으로 받아들이고 싶었던 남자가, 그대의 충복이 된 거야. 처제는 지혜로우니, 무슨 뜻인지 이해하겠지.

에밀리아 아주 신중히 생각해야겠죠. (화려한 나팔 소리. 모두 퇴장)

아테네. 감옥 앞.
교도관의 딸 홀로 등장.

딸 공작이든 악마든 모두 나와 울부짖어 보아라, 그 사람은 자유의 몸이 됐다! 나는 그이를 위해 모험을 했어. 그 사람을 여기서 1마일 떨어진 작은 숲까지 데리고 갔지. 거기에는 다른 나무들보다 훨씬 키가 큰 삼나무 한 그루가 있는데, 가까이 시냇물이 흐르고 플라타너스처럼 나뭇가지들이 넓게 펼쳐진 바로 그곳에, 그 사람을 숨겨 놓았어. 내가 줄칼과 음식을 갖다줄 때까지 그이는 그곳에 있어야 해. 아직 수갑이 채워져 있으니 말야. 오, 사랑의 신 큐피드여, 그대는 어린 소년인데 참으로 용감하구나! 나의 아버지라면, 이런 짓을 하기보다는 차디찬 족쇄라도 견뎠을 테지. 그이에 대한 나의 사랑은 사랑도 이성도 뛰어넘는 사랑, 상식을 벗어난 위험한 사랑이지. 그이에게 그걸 알게 한 거야. 아무래도 좋아, 법에 따라 잡혀가서 죽임을 당해도 좋아. 순진한 처녀들이 나를 위해 진혼곡을 불러주며, 내 죽음을 갸륵하게 여기고, 순교자처럼 죽었다며 나의 이야기를 하게 될 거야, 그가 가는 길이 나의 길도 되기를. 설마 나를 이곳에 두고서 그가 혼자 갈 리 없어. 그런 사나이답지 못한 짓을 할 리가 없어. 만일 그렇게 한다면, 아가씨들이 다시는 쉽게 남자들을 믿으려 하지 않겠지. 그런데 그 사람은 내가 해준 일에 대해서 감사의 인사도, 거기에 어울리는 키스조차 해주지 않았어. 그런데 그건, 아무래도 좋은 일은 아니야. 자유로운 몸이 되라고 설득하는 것도, 여간 힘든 게 아니었으니. 나와 아버지에게 나쁜 짓을 하는 거라며, 어찌나 망설이던지. 그런데 그이가 좀더 깊이 생각한다면, 나의 사랑이 좀더 깊이 그 마음속에 뿌리내리게 될 텐데. 그 사람이 좀더 자기가 하고 싶은 대로 내게 해주면 좋으련만. 그러면 나에게 다정하게 대해 줄 테고, 내가 그이의 것이 될 수도 있을 텐데. 아니면 그이의 얼굴을 바라보며, 남자답지 않다고 말해 줄 텐데. 이제 그에게 필요한 물건들을 꾸리고 나의 옷가지들도 싸야겠다. 그이와 함께라면 아무리 작고 초라한 길이라도 좋아. 그 사람 곁에서 그의 그림자처럼 살아갈 거야. 이제 한 시간도 채 안 되어, 이 감옥이 발칵 뒤

집어지겠지. 그때면 나는 그들이 찾고 있는 사람에게 입맞춤하고 있을 거야. 아버지, 안녕히 계세요. 이 세상에 이런 탈옥수들과 이런 딸들뿐이라면! 얼마 지나지 않아 아버지는 갇히는 신세가 되시겠군요. 이제 그이에게 가봐야겠다! (퇴장)

〔제3막 제1장〕

아테네 가까운 숲.
여기저기서 코넷 소리가 들려온다. 오월제를 축하하는 소리와 사람들의 외침 소리.
아르시테 홀로 등장.

아르시테 공작은 히폴리타를 놓쳤다. 서로 다른 곳에 자리를 잡은 거지. 이것은 꽃 피는 5월에 바치는 엄숙한 의식이라, 아테네인들이 온 마음으로 정성을 다하며 축하하는 거야. 오, 나의 여왕 에밀리아, 5월보다 더 싱그럽고 나뭇가지에 움튼 황금빛 새싹보다, 목장이나 정원을 물들이는 온갖 화려한 꽃들보다 더 향기로운 그대여! 냇물을 꽃처럼 반짝이게 하는 둑 위의 요정들에게 감히 도전하려는 건가요! 아, 숲의 보석, 이 세상의 보석인 그대여, 당신이 머무는 그곳은 그대라는 존재 하나만으로 축복받은 땅이 되었소. 당신이 깊은 생각에 잠겨 있을 때, 아, 가엾은 내가 바로 나타나, 그 차가운 생각을 멈추게 할 수만 있다면! 어떠한 기대조차 하지 않았건만 그토록 아름다운 여인을 모시게 되었으니, 이 얼마나 축복받은 기회인가! 오, 에밀리아 다음으로 나의 여왕이신 운명의 여신이여, 내게 가르쳐 주오. 내가 이토록 자랑스러워해도 될까요? 그 여인도 나에게 깊은 관심을 보이며 나를 가까이 부르고는, 일 년 가운데 가장 아름답다고 하는 이 오월제 날 아침에, 나에게 말을 두 마리나 주었어. 두 왕이 왕관을 겨루며 전쟁터를 오갈 때 타고 다닐 것 같은, 아주 빼어난 군마야. 그런데 딱하기도 하지, 가엾은 팔라몬 사촌, 가엾은 죄수 신세라니 말이야. 너는 지금 내가 누리는 행운 같은 것은 꿈도 못 꾸고, 네가 에밀리아와 가까운 곳에 있다고 생각하며 행복해하겠지. 내가 테베에서 비록 자유의 몸이기는 하나 비참하게 지내고 있을 거라고, 너는 믿고 있겠지. 그러나 그녀의 입김이 닿을 만큼 가까운 곳에서, 그녀의 말을 들으며 그녀의 눈 속에서 내가 살아가고 있음을 네가 알게 된다면, 아, 사촌, 너는 얼마나 격한 감정에 휩싸이게 될까!

족쇄를 찬 팔라몬이 숲속에서 등장하며, 아르시테에게 주먹을 흔들어 보인다.

팔라몬 이 배반자 사촌 놈, 내가 얼마나 분노하고 있는지 알려줄 텐데, 이 죄수의 상징이 떨어져 나가고 이 손에 칼이 쥐어져 있다면 말이다! 모든 맹세에 걸고, 나와 내 사랑의 정당함으로 네가 배반자임을 밝혀줄 텐데! 아, 언제나 신사처럼 보이면서도 그토록 믿을 수 없는 이중인격자라니! 명문가에 태어나고서도 명예라는 것은 털끝만큼도 없는 놈! 핏줄로 맺어진 사촌 사이임에도, 너는 그 여인이 너의 것이라고? 네가 거짓말쟁이, 사랑을 훔쳐간 도둑, 악당이라고 부를 가치도 없는 왕겨투성이 같은 한심한 귀족임을 이 족쇄를 찬 빈손으로 증명하리라! 내게 칼이 있다면, 내 다리에 이런 방해물만 없다면······.

아르시테 친애하는 사촌 팔라몬······.

팔라몬 거짓말쟁이 아르시테, 넌더리 나는 너의 행실에 걸맞게 말을 해라.

아르시테 내 가슴속에는 너를 나쁘다고 말하는 못된 생각이 없으니, 이렇게 점잖게 대답하겠다. 네가 그처럼 오해하고 함부로 말하는 것은 너의 격정 탓이고, 그게 바로 너의 적이라는 거다. 명예와 성실, 이 둘은 내가 늘 소중히 여기며 의지하는 거야. 내게 그런 것이 없다고 너는 우기고 있지만, 사촌, 나는 앞으로도 그런 것들을 지키며 살아갈 거야. 부디 너의 고뇌에 대해서도 점잖게 말을 해줘. 너의 상대도 너와 같은 처지지. 진정한 신사답게 마음과 칼로써 자신의 길을 헤쳐 나가려고 하니 말이야.

팔라몬 개수작 부리지 마라, 아르시테!

아르시테 이봐, 사촌, 내가 감히 할 수 있으리라는 것은 너도 잘 알고 있을 텐데. 내가 두려움에 굴복하여 칼을 내려놓는 일이 결코 없다는 사실을 잘 알고 있을 거야. 물론 누군가가 나에 대해 미심쩍게 말하더라도 너는 들으려고도 하지 않았을 테지. 비록 그곳이 성역이라 해도 너는 침묵을 깨고, 내가 그런 사람이 아니라고 말했을 거라고.

팔라몬 그래, 싸움터에서 네가 사나이다운 기개를 드러내는 것도 봤고, 훌륭하고 용맹한 기사라고 불렸던 것도 알고 있지. 하지만 하루라도 비가 오면, 그 한 주일은 완전히 맑았다고는 말할 수 없다. 그러니 사람이 배반을 하게 되면 용맹한 기질은 시들어 버리고, 쇠사슬에 매인 곰처럼 싸우다 사슬이 풀리면 도망치게 되는 거지.

아르시테 사촌, 너를 경멸하는 자의 귀에 대고 말하기보다는, 차라리 거울을 보면서 자신에게 그렇게 말하고 행동하는 게 나을 텐데.

팔라몬 이리 와서, 이 차가운 족쇄를 풀어라. 그리고 칼을 줘. 녹슨 칼이라도 좋으니, 단 한 번의 은혜를 빌려주게. 그리고 너의 손에 단단한 칼을 쥐고 내 앞으로 와서, 에밀리아가 네 것이라고 말해 봐라. 그러면 네가 나에게 저지른 죄는 용서해 주지. 그래, 뿐만 아니라 네가 이기면 나를 죽여도 좋다. 남자답게 죽어간 용감한 영혼들이 나에 대한 소식을 알아보려 한다면 이 말만을 듣게 되겠지—너는 용감하고 고귀한 놈이라고.

아르시테 부탁이니, 다시 산사나무가 있는 곳으로 돌아가라. 밤이 되면 몰래 음식물을 갖다주겠다. 그 방해물도 풀어주지. 옷도 주고 감옥 냄새를 지울 향수도 건네주마. 그리고 네가 기지개를 쭉 펴면서 "아르시테, 이제 몸이 거뜬해졌어" 말하면, 너에게 칼과 갑옷을 고를 수 있게 해주겠다.

팔라몬 아, 하늘이시여, 어쩌면 이리도 품위 있게 죄를 지을 수 있을까요? 그런 인간은 오직 아르시테 말고는 없겠지요. 아르시테만이 이토록 대담한 일을 할 수 있겠지요.

아르시테 (껴안으려 하며) 다정한 내 사촌 팔라몬.

팔라몬 나도 너를 껴안고, 너의 제안을 받아들이겠다. 오직 너의 제안만을 받아들이는 거다. 진실을 말하면, 내가 바라는 것은 나의 칼끝으로 너를 찌르는 거다. (뿔피리 소리)

아르시테 뿔피리 소리다. 너의 은신처로 어서 돌아가. 우리가 다음에 만나 치르게 될 결투가 방해받아선 안 될 테니. 자, 악수하자. 어서 가, 필요한 건 모두 갖다주마. 마음을 편히 갖고, 빨리 기운을 차리도록 해.

팔라몬 약속은 꼭 지켜야 하네. 눈썹을 찌푸리게 될 일이지만 해줘. 네가 나를 좋아할 리는 없겠지. 그러니 네 말에서 기름칠은 빼고, 험한 말도 상관없으니 있는 그대로 말해라. 사실은 그따위 말이 들려올 때마다 너에게 주먹을 날리고 싶다. 울화가 치밀어 오르면 내 비위는 이성으로는 어쩔 도리가 없어.

아르시테 솔직하게 이야기하는군. 그래도 거친 말투는 사양하고 싶은걸. 나
는 말에다 박차를 가할 때도 야단을 치지는 않아. 내 마음이 만족스럽든지
화가 났든지, 내 얼굴은 언제나 똑같거든. (다시 뿔피리 소리) 흩어진 사람들
을 연회장으로 불러 모으고 있다. 너도 짐작하겠지만 나는 그곳에서 해야
할 일이 있어.

팔라몬 네가 끼어든다고 하늘이 기뻐하시지는 않아. 네가 맡은 직책도 물론
부당한 방법으로 얻은 게 뻔해.

아르시테 아무래도 우리 둘 사이의 문제는 피를 흘리지 않고는 고칠 수 없
나 보군. 부탁이니, 이 일은 칼에 맡겨 두기로 하고, 이제 더는 서로 헐뜯는
말들을 하지 않기로 하세.

팔라몬 한마디만 더하겠다. 너는 지금 내 여자를 보러 가겠지만, 잘 기억해
둬, 그 아가씨는 내 거라는 걸.

아르시테 천만에.

팔라몬 천만에라니, 너는 내가 기운을 차릴 수 있게 먹을 걸 주겠다고 말하
는데, 너야말로 오늘 너에게 힘을 주는 해를 보러 가는 거다. 그런 점에서는
네가 나보다 유리한 처지에 있다는 것이지. 하지만 그것도 내가 다시 기운
을 차릴 때까지만이다. 잘 가라. (모두 퇴장)

〔제3막 제2장〕

숲의 다른 곳.
교도관의 딸 홀로 등장.

딸 내가 말해 준 숲을 그이가 잘못 알았나 봐. 자기 마음대로 다른 곳으로
가버리고 없는걸. 벌써 아침이 되었는데 말이야. 아무렴 어때, 차라리 영원
한 밤과 어둠이 이 세상을 덮어버렸으면! 저건, 늑대 소리야! 내 안에서는
슬픔이 공포를 죽여버렸으니 아무래도 괜찮지만, 오직 한 가지, 팔라몬 님
이 걱정이구나. 늑대가 나를 잡아먹어도 괜찮아, 그의 족쇄를 끊어줄 이 줄
칼을 그에게 줄 수만 있다면. 그이를 큰 소리로 불러볼까? 안 돼. 큰 소리로

외치면, 그다음에는 어떻게 될까? 만일 그이가 대답하지 않으면 늑대를 부르는 꼴밖에 안 돼. 그럼 나는 계획하던 일도 이루지 못하고, 그분도 늑대에게 당하고 말 거야. 이 기나긴 밤 내내 이상한 늑대 울음소리가 들려오고 있어. 혹시 늑대들이 그이를 잡아먹은 건 아닐까? 그이는 무기가 없으니, 도망칠 수도 없어. 땡그랑거리는 족쇄 소리를 늑대들이 들었는지도 몰라. 무기를 갖고 있지 않은 사람이 있다는 사실을 알아차리고, 저항의 낌새를 냄새 맡아서 놈들이 그를 공격할 수도 있어. 그이의 몸이 갈기갈기 찢기고 늑대 무리들이 몰려들어, 그이를 먹어치웠다고 적어 놓아야지…… 이 정도면 됐겠지. 조종을 울려야겠다. 그러면 나는 어떻게 되는 거지? 그이가 세상을 떠나면, 모든 게 끝나는 거야. 아니, 아니, 나는 지금 거짓말을 하고 있어, 아버지는 그이를 놓아주었다는 이유로 교수형을 당하게 될 거야. 만일 내가 목숨이 아까워, 내가 한 짓이 아니라고 말한다면, 나는 거지로 살아가겠지, 하지만 그럴 순 없어, 몇 십번이나 죽게 되더라도 말이야. 정신이 흐릿해지는구나, 이틀 동안 아무것도 먹지 못했어, 물만 조금 홀짝거렸을 뿐. 눈도 감아보지 못했어, 눈꺼풀 아래로 흐르는 눈물을 닦을 때 말고는. 아, 흩어져 버려라, 내 숨결이여! 그래도 정신을 차리고 싶구나, 물에 빠져 죽거나, 칼로 찌르거나, 목을 매달고 싶진 않아. 오, 생명의 실체여, 한순간에 사라져 버려라, 너의 가장 단단한 버팀목이 틀어져 버렸으니! 그럼 이젠 어디로 가야 하지? 가장 좋은 길은 묘지로 가는 길이야. 다른 잘못된 곳으로 들어서면, 고통만 있을 뿐이니. 저것 봐, 달님은 기울어 귀뚜라미 울어대고, 부엉이는 새벽을 부르고 있어! 할 일은 모두 끝이 났어, 내가 실패한 것 말고는. 요점은 바로 이거지— 이젠 끝이라는 것. 모든 게 끝나고 말았어. (퇴장)

〔제3막 제3장〕

아테네 가까운 숲.
아르시테가 음식물과 포도주, 족쇄를 풀어줄 줄(연장)을 가지고 등장.

아르시테 이 근처였을 텐데. 이봐, 팔라몬 사촌!
팔라몬 (숲속으로부터) 아르시테?

아르시테 그래. 음식물과 줄칼을 가져왔어. 아무도 없으니 어서 나와. 테세우스 공작도 없어.

팔라몬 등장.

팔라몬 떳떳한 자는 없나 보군, 아르시테.

아르시테 그런 건 중요하지 않으니, 나중에 따지기로 하지. 자, 용기를 내라고! 이렇게 짐승처럼 살다 죽게 두지는 않을 거야. 자, 이걸 좀 마셔봐. 너는 거의 정신을 잃고 있었어. 이 이야기는 나중에 더 하기로 하지.

팔라몬 아르시테, 이런 상태라면 내게 독을 섞어 줄 수도 있겠구나.

아르시테 그럴 수도 있겠지. 하지만 나는 먼저 너를 걱정하게 되는걸. 어서 앉아봐, 이제 이런 쓸데없는 다툼은 그만하자. 우리는 줄곧 좋은 평판을 들어왔으니, 앞으로도 바보나 겁쟁이라는 말을 들어선 안 되겠지. 너의 건강을 위하여! (마신다)

팔라몬 마셔라.

아르시테 어서 앉아봐, 그리고 이건 부탁이야. 너의 모든 정직함과 명예에 걸고, 그 아가씨 이야기는 그만해. 우리 사이만 갈라놓게 될 테니까, 앞으로도 우리에게는 시간이 충분해.

팔라몬 좋아, 자네를 위해 잔을 비우지. (마신다)

아르시테 자, 몽땅 마셔버려. 피를 맑게 한다니까. 그래, 피로가 풀리는 게 느껴지나?

팔라몬 잠깐 기다려, 한두 잔 더 마시고 말해 줄게.

아르시테 아낄 것 없네, 사촌, 공작은 얼마든지 갖고 있으니. 자, 음식도 먹어.

팔라몬 그래. (먹는다)

아르시테 네가 잘 먹으니까 나도 기분이 좋군.

팔라몬 나는 더 좋아, 고기를 실컷 먹게 되었으니 말이야.

아르시테 이 거친 숲속에서 지내는 건 미친 짓 아니야?

팔라몬 그렇지, 양심이 거친 놈들에게는.

아르시테 음식은 어떤가? 배가 고프니 양념도 필요 없겠지.

팔라몬 그다지 필요 없지. 그런데 네 건 톡 쏘는구나, 다정한 사촌, 이건 뭐지?

아르시테 사슴고기야.

팔라몬 아주 맛있어 보이는군. 포도주를 더 마시겠네. 자, 아르시테, 지난날
우리가 만난 아가씨들을 생각하며 잔을 비우세! 시종장의 딸! 혹시 기억
하나?

아르시테 너부터 말해 봐.

팔라몬 그 아가씨는 머리카락이 검은 남자를 사랑했지.

아르시테 그랬지, 그런데 그게 어떻다는 거지?

팔라몬 누군가가 그에게 아르시테! 하고 부르더군, 그리고…….

아르시테 감추지 말고 어서 말해 봐.

팔라몬 둘은 어느 정자에서 만났지. 그런데 거기서 그녀가 뭘 했을까, 사촌?
버지널을 연주*⁷했을까?

아르시테 뭔가를 했겠지.

팔라몬 그 덕에 한 달은 괴로워했을 거야. 아니 두 달, 석 달, 더하여 열 달일
수도 있지.

아르시테 집행관의 누이동생도 똑같은 꼴을 당했겠지, 아니면 헛소문이기만
할까, 사촌? 그녀를 위해 잔을 비우지 않을래?

팔라몬 그러지. (마신다)

아르시테 갈색 머리칼을 한 귀여운 아가씨였지. 언젠가 젊은이가 사냥을 나
갔는데, 숲이 있었고 커다란 너도밤나무가 보였지—바로 거기서 이야기 하
나가 탄생했단 말이야. 세상에, 이를 어쩌나!

팔라몬 온통 에밀리아 생각뿐이군! 이 멍청아, 억지로 즐거운 척하지 말라
고! 다시 이야기해 주지, 그 탄식도 에밀리아 때문에 하는 거야. 치사한 놈,
네가 먼저 약속을 깨고 있잖아?

아르시테 너는 교활한 놈이야.

팔라몬 하늘과 땅에 걸고, 너는 도무지 진실함이라고는 찾아볼 수도 없는
놈이다.

---

*7 버지널(Virginal)은 명사로는 '건반이 딸린 긴네모꼴 현악기'를, 형용사로는 '처녀의, 동정녀의'
를 뜻한다. 따라서 '버지널을 연주한다'는 말은 '처녀가 남자와 성관계를 가진다'라는 뜻으로
도 해석될 수 있다.

아르시테 그럼 나는 가봐야겠어. 오늘 너야말로 짐승과 다를 바 없지.

팔라몬 이게 다 너 때문이다, 배신자야!

아르시테 필요한 건 다 가져왔어—줄칼, 셔츠, 향수. 두 시간쯤 뒤에 모두를 조용하게 해줄 물건들을 가지고 다시 오겠다.

팔라몬 칼과 갑옷.

아르시테 걱정 마. 너 지금 너무 고약해. 이따 봐, 족쇄나 풀어 놓아라. 원하는 건 다 갖다줄 테니.

팔라몬 이봐…….

아르시테 더 듣고 싶지 않아. (퇴장)

팔라몬 다시 오면 죽여버릴 거야. (퇴장)

〔제3막 제4장〕

숲의 다른 곳.
교도관의 딸 등장.

딸 여긴 너무 추워. 이젠 별들도 사라졌어. 장식용 술같이 보이던 작은 별들까지 말이야. 저 해도 나의 바보 같은 모습을 봤을 거야. 팔라몬! 아, 아냐. 그이는 천국에 있어. 나는 지금 어디에 있는 거지? 그곳에는 바다도, 배도 있어. 그런데 배가 뒤집히면 어쩌지! 물밑에서 바위가 노려보고 있어. 아, 안 돼, 부딪칠 것만 같아. 아, 어쩌면 좋아! 구멍이 났어, 꽤 커다란 거야. 소리도 들려! 맞바람을 치며 빠져나가지 못하면, 모두 헛수고가 되고 말 거야. 돛을 하나둘 올려서 나아가는 길을 바꿔야 해, 얘들아! 안녕, 안녕, 가버렸어. 배가 너무 고파. 멋진 개구리를 찾을 수 있을까! 세상의 모든 소식들을 알려줄 텐데. 그러면 나는 새조개의 껍데기로 커다란 돛단배를 만들어, 동쪽과 북동쪽으로 파도를 헤치고 나아가, 피그미족 왕에게 갈 거야. 그는 미래를 점치는 데는 대가이니까. 내일 아침이면 아버지는, 아마도 눈 깜짝할 사이에 목이 달아나 매달리게 될 거야. 나는 절대로 말하지 않을 거야. (노래한다)

무릎에서 한 자 위로 초록빛 외투를 자르겠어.
눈에서 한 치 아래 노란색 머리카락을 자르겠어.
이봐요, 애송이, 애송이, 애송이 나리.

그이가 백마를 사주실 거야, 그걸 타고 다녀야지.
이 넓은 세상을 모두 뒤져서, 그이를 찾아낼 거야.
이봐요, 애송이, 애송이, 애송이 나리.

아, 나이팅게일처럼, 가시가 이 가슴을 찌르는구나! 아니면 편히 잠들 수 있으련만. (퇴장)

〔제3막 제5장〕

숲의 다른 곳.
학교 교사 제럴드와 시골 사람 여섯. 한 사람은 개코원숭이 차림, 다섯 사람은 시골 처녀 차림으로 작은북을 치고 춤을 추며 등장.

교사 그만, 그만! 어찌 그리도 재미없고 서투르기만 한지! 기초 수업을 그렇게 오래해 줬건만, 내가 아는 모든 것들 가운데 알짜배기만 골라, 감칠맛 나게 가르쳐 주어도 "어디요?" "어떻게 하라고요?" "왜요?" 이렇게 큰 소리로 묻기만 할 건가? 그저 그런 재능에다, 판단력이 보잘것없는 놈들인 걸 알고, 내가 "이러이러하니" "그게 그런 거라" "그래서 그다음은" 해가며 가르쳐 주었건만, 아무도 내 말을 이해 못하겠다는 거야? 프로흐 데움, 메디우스 피디우스(오, 신이시여, 도와주소서)! 너희 모두 저능아들이야! 잘 보라고, 여기에 내가 서 있는데 공작님이 이리로 오고 계셔. 그리고 너희들은 거기, 숲속 깊은 곳에 있고. 공작님을 보면 나는 인사를 드리고 나서 학문적인 것들과 여러 인물에 대해 이것저것 여쭈어 보는 거야. 공작님이 들으시면서 고개를 끄덕이기도 하시고 "흠흠" 하시다가, 갑자기 큰 소리로 "정말 멋지군!" 하실 때 나는 앞으로 나오는 거야. 그리고 나는 모자를 하늘 높이 날리는 거라고. 이제 알겠지! 그때 너희들은 그 옛날 산돼지를 잡아온 멜레아그로스와도 같이 산뜻하게, 공작님 앞으로 나오는 거야. 공작님을 존경하는 눈빛으로, 공손하고 품위 있게, 춤을 추듯이 사뿐히 말이다.

시골 사람 1 우리도 공손하게 하겠어요, 제럴드 선생님.

시골 사람 2 다들 모여라. 북 치는 사람은 어디 있지?

시골 사람 3 이런, 티모시!

북 치는 사람 등장.

북 치는 사람 여기 있잖아, 이 멍청이들아. 이거나 먹어라! (북을 친다)

교사 내가 물어보는 거야. 여자들은 어디 갔지?

시골 여자 다섯 등장.

시골 사람 4 프리츠와 모들린은 여기 있어요.

시골 사람 2 다리가 하얀, 작고 귀여운 루스와, 체격이 좋은 바바리도 여기 있어요.

시골 사람 1 주인을 잘 섬기는, 주근깨 넬도 있고요.

교사 너희 리본은 어디 있지, 아가씨들? 헤엄을 치듯이 몸은 가볍고 경쾌하게 해야 한다. 때때로 인사도 드리면서, 발걸음은 사뿐사뿐하게.

넬 걱정 마세요.

교사 다른 악사들은 어디 있지?

시골 사람 3 선생님이 말씀하신 그대로 흩어져 있죠.

교사 그럼 짝을 지어봐라. 어디, 모자란 데는 없는지 살펴보자. 개코원숭이는 어디 있지? 애야, 부인들을 거스르게 해서 쓴소리 듣지 않게 그 꼬리를 잘 간수해라. 몸을 뒤집는 묘기는 대담하고 씩씩하게, 소리를 낼 때는 분위기에 맞추어야 한다.

개코원숭이 역 네, 선생님.

교사 쿠오 우스쿠 탄뎀(얼마나 더 시간을 끌어야 하지)? 여자애 하나가 오질 않았잖아.

시골 사람 4 별수 없군, 이제까지 한 일도 헛탕이 되고 말았어.

교사 유식한 글쟁이들 말대로 홍수에 물 붓기라는 거다. 파투우스(바보)처럼 헛수고만 했군.

시골 사람 2 나쁜 년, 못된 것이 꼭 온다고 약속해 놓고는 고약한 시슬리, 재봉사 딸이야. 다음에 그년에게 선물로 줄 장갑은 개가죽이다! 아니, 어떻게 나를 골탕 먹일 수 있담? 너도 봤잖아, 아르카스, 약속을 어기지 않는다고 맹세하는 걸 말이야.

교사 학식 깊은 시인이 이렇게 말했다. 꼬리와 이빨을 잡지 못하면, 장어와 여자는 빠져나간다고. 친구 사이의 예의를 생각해 보더라도 잘못된 태도지.

시골 사람 1 열병에나 걸려라, 이제 와서 안 하겠다는 건가?

시골 사람 3 선생님, 이제 어떻게 할까요?

교사 어쩔 수 없다. 우리가 계획한 연극은, 너무나 안타깝고 아쉽지만 물거품이 되어버렸어.

시골 사람 4 우리 마을의 명예가 걸려 있는 일인데, 이제 와서 하지 않겠다니, 이게 무슨 심통이냐고! 어디, 그렇게만 해봐라, 가만두지 않겠다!

교도관의 딸 등장.

딸 (노래한다)

남쪽에서 온 조지 알로호가
바바리 해변을 떠난 뒤에
만난 것은 씩씩한 군함들이라네.
한 척, 두 척, 세 척.
"어서 오세요, 어서요, 유쾌한 나리들!
여러분은 어디로 가시는 거죠?
아, 그러시면 저도 함께 데려가 주세요.
바다 어귀에 저를 내려 주세요."

세 바보가 새끼 부엉이 일로 싸움을 벌였다지. (노래한다)

한 사람이 말해요, 이건 부엉이야.

다른 한 사람이 말해요, 아니야,

세 번째 사람이 말해요, 이건 매야,

매달고 있던 방울이 떨어졌나 봐.

시골 사람 3 이 아가씨는 예쁘지만 미쳤나 봐요, 선생님, 3월의 산토끼처럼 미쳐 있으니,*8 딱 알맞은 때에 온 거죠. 그녀에게 춤을 추게 한다면 우리는 다시 연극을 할 수 있어요. 틀림없어요, 아주 멋지게 뛰어다닐 거예요.

시골 사람 1 미쳤다니? 그렇다면 우리도 미쳤겠구나!

교사 (교도관의 딸에게) 그대는 미친 건가요, 사랑스런 아가씨?

딸 그렇진 않죠. 손을 내밀어 주세요.

교사 왜요?

딸 운수를 점쳐 드릴 수 있어요. (교사의 손을 보고 나서) 당신은 바보예요. 열 까지 세어보세요—당황하시는군요. 아이참! 여보세요, 흰 빵을 드시면 안 돼요. 그러면 잇몸에서 피가 나요. 저와 함께 춤출까요, 네? 저는 당신을 알 아요, 땜장이죠. 이봐요 땜장이 아저씨, 자기 게 아닌 구멍은 건드리지 마 세요.

교사 디이 보니(선량한 신들이여)! 땜장이요, 아가씨는?

딸 아니면 주술사지요. 자, 이제 악마를 불러내어, 춤추게 합시다. 방울과 딱 따기를 갖고 나와 키파사 춤을!

교사 그 아가씨를 붙잡고 잘 설득해라. 이제 나는 에트 오푸스 엑세기, 쿠오 드 네크 요비스 이라, 네크 이그니스(할 만큼 다 했으니, 유피테르여, 화를 내시든 지 벼락을 치시든지, 당신 뜻대로 하소서). 북을 치면서 그녀를 안으로 데려가라. (티모시, 북을 친다)

시골 사람 2 자, 아가씨, 함께 춤을 춥시다.

딸 제가 이끌겠어요. (춤춘다)

---

*8 as mad as a March hare. 유럽에 깃들어 사는 토끼인 숲멧토끼(Lepus europaeus)가 번식기인 3월 에는 다른 달과는 다른 모습—흥분하거나 미쳐 날뛰는 모습—을 보이는 것에서 비롯된 성 구(成句)로서, 사람이든 동물이든 평소와는 다르게 흥분하거나 정신줄을 놓았을 때만 할 수 있는 행동을 하는 경우를 이르는 표현이다.

시골 사람 3 그래요, 그래.

교사 호소하듯이 지혜롭게 추어라. (뿔피리 소리) 다들 흩어져라. 아, 뿔피리 소리가 들리는구나! 깊이 잘 생각해야겠다. 기회를 놓쳐선 안 돼. (혼자만 남고 모두 퇴장) 아테네 여신이여, 저에게 영감을 불어넣어 주소서!

테세우스, 피리토우스, 히폴리타, 에밀리아와 시종들 등장.

테세우스 수사슴이 지나간 길이다.

교사 가는 길을 멈추고, 가르침을 받을지어다.

테세우스 여기에 무슨 일이 있는 걸까?

피리토우스 아마도 시골에서 열리는 행사인가 봅니다.

테세우스 (교사에게) 좋네, 계속하게. 우리가 배울 테니. (의자들을 끌고 온다) 부인들, 이리 와서 앉아서 들어요. (히폴리타, 에밀리아와 나란히 앉는다)

교사 용맹하신 공작님 만세! 아름다우신 부인들이여, 환영합니다!

테세우스 (혼잣말로) 시작부터 흥을 깨는구먼.

교사 여러분께서 좋아하신다면, 이 시골놀이는 성공한 것입니다. 어떤 무례한 이들은 하찮은 시골 축제 정도로 여기지만, 이는 꾸며낸 이야기들이 아니라 사실이랍니다. 저희는 즐거운 군중, 아니면 어중이떠중이들, 그 참신함이란, 그리스의 비극 합창대 같죠. 감히 저는 공작님 앞에서 모리스 춤을 추렵니다. 그리고 진행자는 바로 저 자신입니다. 저의 직함은 교사로서, 손에는 회초리가 쥐어져 있는데, 작은 학생은 볼기에, 큰 학생은 손바닥에 따끔한 매를 내리칩니다. 저희가 준비한 작품을 보여드리겠나이다. 명성이 드높으신 공작님, 하늘과 땅 사이에, 여기저기에 무시무시한 용맹스러움이 널리 알려져 있습니다. 당신의 하찮은 벗인 저를 도와주십시오. 이제 안으로 들어올 몸집이 거대하고 힘이 센 무어인을 당신의 빛나는 눈으로 올바르게 바라보소서. 열심히 연습하여 모리스 춤을 추고자 여기로 온 것입니다. 저희의 놀이는 비록 보잘것없으나, 모두가 땀 흘려 함께 노력한 결과물입니다. 첫 출연인지라, 무례하고 어색하며 서툴러 보이겠지만 고귀하신 공작님 앞에 나와 놀이의 큰 뜻을 말씀드리고, 그 발아래 이 작품을 바치고자 하나이다. 다음에 나오는 오월제의 왕과 왕비, 그리고 시녀와 시종, 이들은 밤이 되면 휘장 뒤에서 남몰래 사랑을 나눈답니다. 그다음에는 술집 주인과 그의 뚱보 마누라가 나와, 사랑에 빠진 여행자를 맞이하고, 심부름꾼에게 눈 짓을 보내, 자기들이 마신 술값까지 포함한 바가지 술값을 받게 합니다. 다음으로는, 어리숙한 시골뜨기와 수놈의 긴 꼬리에다 수놈의 긴 연장을 가진 개코원숭이 녀석, 그 밖에 많은 여러 인물들이 나와 춤을 춥니다. "좋다"고 허락하시면 바로 공연을 시작하겠나이다.

테세우스 좋네, 허락했으니 어서 하게, 선생 나리.

피리토우스 어서 하시오.

교사 모두들 들어와라! 들어와 춤을 추는 거다.

음악. 시골 사람들과 교도관의 딸, 무대 위로 나와 모리스 춤을 춘다.

교사 부인 여러분, 어떠셨는지요, 이 즐거운 춤이 마음에 드셨나요? 즐거운 춤이지만 말씀해 주소서, 교사는 광대처럼 능숙하지는 않으니까요. 공작님께서는 어떠셨습니까? 녀석들은 자신들이 할 수 있는 최선을 다했으니, 나무를 한두 그루 선사해 주소서. 오월제의 기둥으로 쓰려 합니다. 그렇게 해주시면 1년이 지나기 전에 다시 웃게 해드리겠나이다.

테세우스 스무 그루를 주겠네, 선생 나리. (히폴리타에게) 어떻소, 나의 사랑?

히폴리타 정말 즐거웠어요.

에밀리아 너무나 훌륭한 춤이었죠. 머리말 내용도 이처럼 훌륭했던 건 처음입니다.

테세우스 선생, 고맙네. 모두에게 이에 대한 보답을 해주어라. (시종이 돈을 건네준다)

피리토우스 이 돈으로, 기둥에 칠도 하시오. (교사에게 돈을 건네준다)

테세우스 이제 사냥터로 돌아가자.

교사 수사슴이여, 오래도록 힘껏 달려라. 사냥개들이여, 빠르고 힘차게 뒤쫓아가 거침없이 잡아라. 부인들이여, 알짜배기 수사슴 고기를 맛보소서! (뿔피리 소리가 안에서 나고, 테세우스와 그의 무리가 떠난다) 연극이 성공적으로 끝이 났습니다. 모든 신들이여, 감사합니다! 춤을 아주 잘 추었소, 아가씨들. (모두 퇴장)

아테네 가까운 숲.
팔라몬이 수풀에서 등장.

팔라몬 칼 두 자루와 훌륭한 갑옷 두 벌을 가지고 다시 찾아오겠노라고, 내
사촌이 약속한 시간이다. 만일 오지 않는다면, 그런 자를 어찌 사나이라고,
또 군인이라고 부르겠는가. 그놈이 떠날 때는 사라지고 없던 체력을 일주일
만에 되찾게 되리라고는 생각지도 못했다. 나는 크게 낙담하여 아무 기력
도 남아 있지 않았었는데. 고맙다, 아르시테, 너는 아주 멋진 연적(戀敵)이
로구나. 이제 나는 기운을 되찾아, 다시 위험에 맞서서 싸워 나갈 수 있게
되었다. 더 늦어지면 세상 사람들은, 내가 군인처럼 보이지도 않고 돼지처
럼 살이 올라 있다는 말을 듣게 될 거다. 그러니 이 성스러운 아침이 마지
막 아침이 될 수 있도록, 그자가 고르고 난 나머지 칼로 그놈을 죽이는 거
다. 그것은 정의로운 행동이지. 그러니 사랑과 운명의 신이여, 나의 편이 되
어주오!

아르시테가 갑옷과 칼을 가지고 등장.

팔라몬 그래, 잘 왔다.
아르시테 안녕한가, 사촌 나리.
팔라몬 굉장한 수고를 끼치고 말았군.
아르시테 네가 굉장하다고 말하는 그것은, 나에게는 명예로운 일이며 또한
나의 의무이기도 하지.
팔라몬 네가 모든 일을 다 그렇게 한다면 좋을 텐데! 적인 나에게 억지를 부
려서 이익을 보기보다는, 사촌으로서 나를 바르게 대해 주기를 바랐어. 그
러면 너를 껴안으며 고맙다고 말하고 난 뒤에는 싸울 일도 사라질 테니 말
이야.
아르시테 서로 껴안든지 싸우든지, 잘만 되면 고귀한 보답이 되는 거지.
팔라몬 그럼 너에게 보답해 주지.

아르시테 그런 멋진 말로 도전을 받으면 연인보다 더한 사이로 보이니, 이제 화는 그만 내라, 명예를 사랑한다면 말이야. 너와 입씨름이나 하려고 여기 온 것은 물론 아니야. 갑옷을 입고 싸울 준비가 되면 우리 사이의 불화를 제대로 씻어버리기 위해서 물결이 거세게 부딪치는 것처럼 제대로 붙어보자는 거다. 그리고 그 아름다운 아가씨를 차지할 권리가 누구에게 있는지, 서로 비난하거나 멸시하거나 하지도 말고, 계집애나 어린 사내아이처럼 입을 삐죽거리지도 말고, 그녀를 누가 차지할 것인지 바로 결판을 내는 거다. 갑옷을 입을 건가, 귀족 나리? 혹시라도 마음이 내키지 않거나, 지난번처럼 기운이 회복되지 않았다면 기다려 주겠다. 그리고 날마다 네가 건강해질 때까지 말벗이 되어주지. 나는 너의 친구이기도 하니까. 내가 그녀를 사랑한다고 말하지 않았으면 좋았을 텐데. 하지만 나는 그녀를 사랑할 수밖에 없었고, 이는 정당한 사랑이니, 나 자신도 결코 피할 수가 없었던 거야.

팔라몬 아르시테, 너는 참으로 훌륭한 적이다. 그러니 사촌도 아닌 자가 너를 죽인다면, 그건 말도 안 되지. 나는 이제 힘이 넘칠 만큼 회복되었다. 그러니 네가 먼저 무기를 골라라.

아르시테 너 먼저 골라라.

팔라몬 너는 모든 일에서 나를 뛰어넘겠다는 거로구나. 그러면서도 나더러 너를 잘 봐달라고 말하는 거냐?

아르시테 그런 생각을 하다니, 그건 오해다. 나는 군인이고, 너를 봐주는 일은 절대로 없을 거야.

팔라몬 그래, 말 잘했다.

아르시테 곧 알게 될 거야.

팔라몬 그렇다면 나도 진실한 남자로서, 내가 한 여자를 사랑하고 있으며, 나의 사랑이야말로 정당하다는 사실을 너에게 알려주마. (갑옷을 고른다) 이걸로 하겠다.

아르시테 그럼 남아 있는 게 내 거다. 먼저 너부터 입혀주지.

팔라몬 좋다. (아르시테가 갑옷을 입혀준다) 그런데 사촌, 이렇게 좋은 갑옷은 어디서 구했지?

아르시테 그건 공작님 거야. 솔직히 말하면, 몰래 가져왔어. 너무 끼지는 않아?

팔라몬 아니.

아르시테 너무 무겁지는 않고?

팔라몬 그동안 가벼운 걸 입어 왔지만 이 정도쯤은 괜찮아.

아르시테 꽉 죄어 주지.

팔라몬 그래 줘.

아르시테 큰 갑옷을 바라는 건 아니지?

팔라몬 아냐, 아냐, 말을 타는 건 아니니까. 너는 말 위에서 창 시합을 하고 싶었던 거로구나.

아르시테 나는 아무래도 괜찮아.

팔라몬 사실, 나도 그래. 그럼 죔쇠를 아주 힘껏 끼워.

아르시테 알겠다.

팔라몬 이번에는 투구다.

아르시테 팔다리에는 아무것도 안 할 거야?

팔라몬 더 빠르고 날쌔게 움직이려고.

아르시테 그래도 장갑은 껴야지. 이게 가장 작은 거야. 내 걸 쓰라고.

팔라몬 고맙다, 아르시테. 어때? 많이 말라 보여?

아르시테 아니, 아주 조금. 이제까지 너에게 사랑은 부드럽고 달콤한 것이었을 테니까.

팔라몬 분명히 말하는데, 제대로 한 방 먹일 거야.

아르시테 뜻대로 해. 나도 그렇게 해줄 거니까.

팔라몬 이번에는 네가 입을 차례다. (아르시테에게 갑옷을 입힌다) 생각해 보니 이 갑옷은, 세 왕이 최후를 맞이한 그날 네가 입고 있던 갑옷과 아주 비슷한 걸, 아니 더 가벼워.

아르시테 그건 아주 좋은 갑옷이었어. 그리고 그날, 오늘도 또렷이 기억하는데, 네가 나보다 훨씬 앞질러 갔어. 이제까지 그런 용기는 본 적이 없었지. 네가 적의 왼쪽을 공격할 때, 나도 네 뒤를 쫓아 있는 힘을 다해 박차를 가했지. 나도 꽤 좋은 말을 타고 있었거든.

팔라몬 정말 훌륭한 말이었지, 밝은 밤색이었어.

아르시테 그래, 하지만 모든 게 헛수고였어. 내가 아무리 온 힘을 다해 너를 따라잡으려 해도 너는 나를 앞질러 갔으니까. 그저 네 흉내를 조금 내는 정

연극 〈두 귀족 친척〉 토드 부커 감독, 이아손 베일리(팔라몬 역)·크리스 힌턴(아르시테 역)·레베카 블럼(에밀리아 역) 출연. 베어 시어터.

도밖에 되지 않았지.

팔라몬 지나친 칭찬이야. 너는 겸손하기도 하구나.

아르시테 네가 먼저 공격해 들어갈 때, 적진에서는 벼락이 치는 것 같은 무시무시한 소리가 들려왔어.

팔라몬 하지만 그 전에도 언제나, 너의 용기는 번개와도 같이 번쩍였어. 아, 잠깐만. 이거 너무 꽉 쥔 거 아냐?

아르시테 아니, 아니, 이 정도면 잘된 거야.

팔라몬 칼이 아닌 다른 것으로 네게 상처를 주면 안 되겠지. 너를 멍들게 하는 건 불명예스런 일이다.

아르시테 이제 준비는 다 됐다.

팔라몬 그럼 떨어져 서라.

아르시테 내 칼을 써라, 이게 더 좋은 거야.

팔라몬 고맙지만 네가 써. 네 목숨이 달린 것이니까. 나는 여기 한 자루 가지고 있으니 됐어. 손에 쥐고 있기만 하면, 더 이상은 바라지 않아. 나의 정당한 이유와 명예가 나를 지켜줄 거야!

아르시테 나의 사랑이 나를 지켜줄 거야! (팔라몬과 떨어져서 예의를 표하고 몇 발자국 더 나아가 멈춘다) 더 할 말은?

팔라몬 이 한마디만 해두지. 너는 나의 이모가 낳은 아들이다. 우리가 흘리게 될 피는 서로의 것, 내 안에는 너의 피가, 네 안에는 나의 피가 흐르고 있어. 나의 손에 칼이 쥐어져 있을 때 네가 나를 죽인다면, 신들도 나도 너를 용서해 줄 거야. 만일 명예롭게 잠든 이들을 위한 장소가 어딘가에 있다면, 그의 지친 영혼이 그곳에 가기를 바란다. 용감히 싸워라, 사촌. 신사답게 악수를 나누자.

아르시테 자, 팔라몬, 이 손은 다시는 그러한 우정으로 너에게 다가가지는 않을 거다.

팔라몬 너에게도 마찬가지야.

아르시테 내가 쓰러지면, 나를 저주하며 비겁한 놈이라고 불러라. 이런 정당한 판결에서 죽는 자는 비겁한 자일 테니까. 다시 한 번 작별 인사를 하겠다, 잘 가라, 사촌.

팔라몬 잘 가라, 아르시테. (아르시테와 싸우기 시작한다. 뿔나팔 소리가 들려오자 싸움을 멈춘다)

아르시테 이봐, 사촌, 우리의 어리석은 짓도 그만둬야겠다.

팔라몬 그건 왜?

아르시테 공작님이야, 사냥 중이시라고 말했잖아. 만일 발각이라도 되면 크게 혼이 날 거야. 지금은 명예와 안전을 먼저 생각할 때이니, 어서 다시 숲 속으로 들어가 숨어라. 죽을 기회는 앞으로도 얼마든지 있을 거야. 고귀한 사촌, 너는 탈옥을 했으니 들키면 바로 사형이다. 만일 네가 나의 정체를 폭로한다면 나는 추방령을 어긴 모욕죄에 걸릴 테니, 그야말로 온 세상이 우리를 비웃겠지. 우리의 다툼은 고상해 보여도, 결투로 판가름하는 것은 비천한 행동이라고들 말할 거야.

팔라몬 아니, 그렇게는 못하겠어, 사촌. 더는 나 자신을 숨기거나, 이 중요한 결투를 다음으로 미루는 일은 없을 거야. 너의 간사한 수법이나 교활한 근성도 나는 잘 알아. 이제 와서 안 하겠다면 부끄러운 일이다! 정신 차리고 네 몸이나 잘 지켜라.

아르시테 너, 미친 거 아냐?

팔라몬 그렇지 않으면 지금 우리만의 이 시간을 이용하여 싸우는 거다. 나는 앞으로 어떤 결과를 얻게 되더라도 이 기회를 놓치진 않아. 알아둬라, 이 비겁한 놈아, 나는 에밀리아를 사랑해. 나의 사랑을 방해하는 놈은, 너라도 무덤으로 보낼 거야.

아르시테 그렇다면 올 게 오고야 말았군. 팔라몬, 너도 잘 알아둬라, 나에게
죽음은 이야기하는 것과 같고, 잠자는 것과도 다를 바 없어. 내가 오직 두
려워하는 것은, 법이 우리에게서 명예를 앗아가 버리지나 않을까 하는 거
다. 네 목숨이나 잘 지켜라!

팔라몬 네 목숨부터 살펴라, 아르시테! (다시 아르시테와 싸운다)

뿔나팔 소리. 테세우스, 히폴리타, 에밀리아, 피리토우스와 시종들 등장.

테세우스 부끄러운 줄 모르고 날뛰는 이 반역자들아. 너희들은 우리 법을 어
기고, 이처럼 기사 차림을 하고는 나의 허락도 구하지 않고, 지켜보는 이도
없이 결투를 하려는 것이냐? 맹세코 너희 둘 모두 사형이다.

팔라몬 말씀을 거두어 주십시오, 공작님. 저희 둘이 법을 어기고 공작님과
그 호의를 저버린 것은 사실입니다. 저는 팔라몬이라는 사람인데, 공작님을
존경하지 않으며, 탈옥까지 했으니 제게 어떤 벌을 내리면 좋을지 헤아려
주십시오. 그리고 이자는 아르시테라고 하는데, 이런 파렴치한 반역자가 이
땅에 발을 내딛게 할 수는 없으며, 이런 거짓된 자가 친구인 척하게 내버려
둘 수도 없나이다. 이자는 사면을 받아 나라 밖으로 추방되었으나, 감히 공
작님을 얕보고 그 명령을 어겼습니다. 그는 변장을 하여 자기 신분을 감추
고는, 공작님의 처제분이신, 저 행운에 빛나는 별, 아름다운 에밀리아 아가
씨를 모시고 있나이다. 하지만 그분을 모실 진정한 권리가 있는 자, 누구보
다 먼저 자신의 영혼을 바칠 정당한 권리가 있는 자는 바로 저뿐이라고 생
각합니다. 그런데 이자는 감히 그 사람이 자기라고 생각하고 있나이다. 그
래서 가장 신뢰하는 사람을 대하듯, 이 배반자의 결투를 받아들였습니다.
공작님께서는 매우 훌륭하시며 덕이 높으신 분으로, 부당한 일도 옳게 판결
하시는 분이라 들었으니, 이 자리에서 "다시 싸워라!" 말씀해 주십시오. 그
러시면 공작님, 공작님 자신도 시샘하게 되실, 그러한 정의를 보여드리겠나
이다. 그리고 나서 저의 목숨을 처리해 주시기를 간청합니다.

피리토우스 아, 하늘이시여, 이보다 더 남자다울 수 있을까요!

테세우스 나는 이미 맹세하였느니라.

아르시테 저희들은 자비로우신 말씀을 구하는 것이 아니니, 공작님께서 죽

으라고 말씀하시면 저는 바로 죽을 것이며, 제게 죽음은 그렇게 중요한 것이 아닙니다. 이자가 저를 반역자라고 말했으니, 이 말씀만은 꼭 드리고자 합니다. 이렇게 아름다운 분을 모시고자 하는데, 이 사랑에 어찌 배반이 있겠습니까? 온 마음으로 사랑을 하며, 그 사랑을 위해서라면 죽음도 두려워하지 않는 제가, 저의 목숨을 걸고 그 사실을 증명해 보이려는 것입니다. 가장 진실하고 명예롭게 그분을 모시는 저는, 이 사실을 부정하는 이 사촌을 죽이려고 합니다. 바라건대 공작님께서는 저를 가장 사악한 배반자라고 부르셔도 좋습니다. 그러나 공작님의 명령을 어긴 점에 대해서는, 그 아가씨에게, 어쩌면 그리도 아름다우신지, 어찌하여 그 눈이 저에게 명령을 내리어, 그분을 사랑하도록 만들었는지 여쭈어 주시기 바랍니다. 그분이 저를 배반자라고 하시면, 저는 죽어서 땅에 묻히지 못하고 내동댕이쳐져야 할 악당입니다.

팔라몬 오, 공작님, 저희들에게 자비는 베풀어 주시지 않더라도, 저희들을 불쌍히 여겨주십시오. 공작님께서 공정하신 분이라면, 저희 둘을 사악한 놈들이라고 일컫는 말들을 듣지 마소서. 용맹하신 공작님, 사촌이신 헤라클레스께서 열두 가지 훌륭한 업적을 남기신 점을 헤아리시어, 저희 둘을 바로 죽게 해주십시오. 하오나 아주 잠시만, 이자가 저보다 먼저 죽게 해주소서. 이자는 그녀를 차지할 자격이 없다고, 제 영혼에게 말해 주고 싶나이다.

테세우스 너의 소원을 들어주겠다. 사실 네 사촌이 너보다 열 배는 더 죄가 크구나. 네가 아는 것보다 더 많은 은총을 내가 너의 사촌에게 내려주었으니 말이다. 너의 죄도 이자와 똑같으니라. 누구도 이들을 편들어서는 안 된다. 이 두 사람은 해가 지기 전에 영원한 잠에 들게 될 것이다.

히폴리타 아, 처량하구나! 바로 지금이야, 동생, 간절한 마음으로 공작님께 청을 올려라. 이 사촌 형제가 죽으면, 너의 미모는 후세에 두고두고 저주를 받게 될 거야.

에밀리아 내 얼굴에는, 언니, 저분들에 대한 노여움도, 저분들을 파멸시킬 힘도 없어요. 저분들의 눈에 찾아온 불운이 저분들 목숨을 앗아가는 것뿐이지요. 하지만 나는 여자로서 저분들을 가엾게 여기고 있어요. 이 무릎이 땅에 뿌리내릴 때까지 자비심을 구하겠어요. 도와주세요, 언니, 이렇게 덕을

연극 〈두 귀족 친척〉 앤서니 로스·대니얼 폴리 출연. 체럽 극단, 영국 영 시어터. 1979.

　　베푸는 일에는 모든 여인들이 우리 편이 되어줄 거예요. (무릎 꿇는다) 우리
　　의 왕이신 형부…….

히폴리타　(무릎 꿇는다) 여보, 우리의 결혼에 걸고…….

에밀리아　오점 없는 명예에 걸고…….

히폴리타　당신이 주신 그 믿음과, 그 정의로운 손길과, 그 참된 마음에 걸
　　고…….

에밀리아　백성들에게 연민의 정을 가지시는, 형부의 드높으신 덕에 걸고…….

히폴리타　용기에 걸고, 당신을 기쁘게 해드린 정숙한 밤에 걸고…….

테세우스　이건 참으로 이상한 주문(呪文)이로군.

피리토우스　아이참, 그럼 저도. (무릎 꿇는다) 우리의 모든 우정에 걸고, 우리
　　가 겪은 모든 위험에 걸고, 가장 사랑하신, 전쟁과 이 아름다운 부인께 걸
　　고…….

에밀리아　얼굴 붉히는 처녀의 간청을 모른 척하시지 않는 그 마음에 걸
　　고…….

두 귀족 친척　477

히폴리타 제가 어느 여자들보다 더, 수많은 남자들보다 더, 소중하다고 맹세한 당신의 눈과 당신의 힘에 걸고, 제 마음이 움직였답니다, 테세우스 님.

피리토우스 이 모든 것 위에, 공작의 고귀하신 영혼에 걸었으니 자비를 베풀어 주시지 않을 리가 없습니다. 그러니 제가 먼저 간청합니다.

히폴리타 그다음으로 저의 기도를 들어주소서.

에밀리아 끝으로 제가 간청을 올리겠나이다.

피리토우스 자비를.

히폴리타 자비를.

에밀리아 이 왕자들께 자비를.

테세우스 내 서약을 비틀거리게 하는군. 내가 이들을 가엾이 여긴다고 말하면, 어떻게 하라고 할 거요? (에밀리아, 히폴리타, 피리토우스 일어선다)

에밀리아 목숨만은 살려서, 추방시켜 주세요.

테세우스 처제는 과연 반듯한 여자로군. 이들을 가엾이 여긴다면 살릴 궁리를 해야지. 이 둘의 목숨을 살리고 싶다면, 추방보다는 더 안전한 방법을 찾아내라. 둘 다 살게 되면 사랑의 고뇌에 빠져서, 서로 죽이지 못해 안달이지 않겠느냐? 처제로 말미암아 날마다 싸우게 될 테니, 틈만 나면 사람들 앞에서 칼을 휘둘러 그대의 이름을 오르내리게 할 것이다. 그러니 생각이 올바른 여인이라면 현명한 방법을 따라야 하니, 이 둘을 다 잊어버려라. 이는 그대의 명성과 관계가 있으며, 내가 서약한 바도 그러하니 말이야. 나는 그들에게 죽음을 선고한다. 서로 죽이는 것보다는 법에 의해 처형당하는 편이 나으리라. 이 일로 하여 내 명예를 굽힐 수는 없다.

에밀리아 오, 존귀하신 형부, 서약은 화가 나셔서 분별없이 하신 거랍니다. 형부의 이성은 그렇게 생각하지 않으실 거예요. 그 서약이 절대로 바뀔 수 없는 거라면, 머지않아 세상에 종말이 오고 말 거예요. 더욱이 그 서약에 어긋나는 또 다른 서약이 있답니다. 더 권위 있고 더 애정이 넘치는 거죠. 이 서약은 홧김에 하신 게 아니라, 주의 깊게 생각한 다음에 하신 거랍니다.

테세우스 그게 무슨 서약이지, 처제?

피리토우스 당신의 주장을 끝까지 밀고 나가세요, 용감한 아가씨.

에밀리아 제가 겸손하게 간청을 드리면, 절대로 거절하지 않고 무엇이든 다 들어주겠다고 약속하셨답니다. 그 말씀으로 지금 형부를 꽁꽁 묶겠어요.

약속을 어기신다면, 형부의 명예가 상처 입게 된다는 것도 생각하세요. 제발 부탁드려요, 자비와 동정의 말씀이 아니라면, 저는 귀머거리라고 말하겠어요. 이 둘을 살려두면 제 명예가 훼손될 거라고는 말씀하지 마세요. 저를 사랑한다는 이유로, 저들을 죽게 하시겠어요? 그것은 잔인한 이치랍니다. 무수한 꽃들을 피어낼 올곧은 어린 가지들을, 언젠가 썩을지도 모른다는 이유로 잘라내시렵니까? 아, 테세우스 공작님, 이 두 사람을 세상에 내보내기 위해 진통을 겪으셨을 선량한 어머니들, 그리고 누군가를 그리워해 본 적 있는 아가씨들은, 형부가 서약을 지키신다면 저와 저의 아름다움을 저주하게 될 것입니다. 그리고 두 사촌의 장송곡은 저의 잔인함을 비웃으며 저를 비난할 테니, 저는 여자들의 멸시만 받게 될 것입니다. 제발 두 사람을 살려서 추방시켜 주세요.

테세우스 어떤 조건으로?

에밀리아 앞으로 다시는 저의 일로 다투지 않고, 저를 아는 척도 하지 않으며, 공작령에 발을 들여놓지도 말고, 세상 어느 곳에서 우연히 다시 만나게 되더라도 서로 남남으로 지나쳐 가도록 서약시키는 겁니다.

팔라몬 그런 서약을 해야 한다면, 차라리 그 종이를 갈기갈기 찢어버리고 말겠습니다. 그녀에 대한 저의 사랑을 잊으란 말씀인가요? 아, 모든 신들이여, 만일 그렇게 한다면 저를 경멸하소서. 그 추방을 못마땅하게 생각해서가 아니라, 저의 칼로 당당하게 제 의지를 주장하기 위해서입니다. 그럴 수 없다면 거침없이 저의 목숨을 빼앗아 주소서. 공작님, 저는 반드시 제가 바라는 사랑을 할 것이며, 그 사랑을 위해서라면 이 사촌을 이 세상 어느 곳에서라도 죽이겠나이다.

테세우스 아르시테, 그대는 어떻게 할 건가? 이 조건들을 받아들일 텐가?

팔라몬 그렇다면 나쁜 놈입니다.

피리토우스 참으로 사내다운 사내들이군요!

아르시테 안 됩니다, 절대로 그렇게 할 수 없습니다, 공작님. 그렇게까지 비겁하게 목숨을 이어가는 것은, 구걸하는 것보다 더 못할 짓입니다. 그녀를 저의 것으로 만들지는 못하더라도, 사랑의 명예를 지키며 그녀를 위해 죽겠습니다. 죽음은 그리 대단한 것이 아닙니다.

테세우스 어떻게 하면 좋지? 나도 이들이 가여운걸. (히폴리타와 에밀리아, 몸을

일으킨다)

피리토우스　그 마음을 소중히 간직하소서.

테세우스　자, 에밀리아, 둘 중 하나가 죽을 수밖에 없으니 그대는 나머지 한 사람을 남편으로 맞아들이겠느냐? 둘 다 그대를 아내로 맞이할 수는 없다. 그대가 보다시피 모두 늠름한 왕자이며, 고귀한 명성을 지닌 분들이다. 잘 생각해 보아라. 그대가 사랑을 바란다면 이 다툼에 끝을 내주겠다. 내가 동의하면 그대들도 동의하겠는가, 왕자들?

팔라몬과 아르시테　진심으로 감사드립니다.

테세우스　그렇다면 처제가 거부하는 자는 죽어야 하느니라.

팔라몬과 아르시테　공작님께서 정하시는 방법으로 죽여주십시오.

팔라몬　그 입에서 저의 이름이 사라지면, 제 기쁨도 사라지겠지요. 그러나 후세의 연인들은 제 이름을 부르며 축복해 줄 것입니다.

아르시테　저를 거절하시면, 저는 묘지에 장가들게 되겠지요. 그러면 병사들이 저의 비문을 노래해 줄 것입니다.

테세우스　(에밀리아에게) 이제 선택하라.

에밀리아　선택할 수가 없습니다. 두 분 모두 너무나 훌륭한 왕자님들이니까요. 이 두 왕자님의 머리카락 한 올도 잃고 싶지 않나이다.

히폴리타　두 사람을 어떻게 하면 될까요?

테세우스　그렇다면 내 명예에 걸고 다시 정하겠다. 만일 따르지 않으면 둘 다 사형에 처하리라. 둘 다 자기 나라로 돌아가, 저마다 이달 안으로 뛰어난 기사 셋을 데리고, 이 자리에 다시 오거라. 이곳에 돌탑을 세워 놓겠다. 그리고 누구든지, 여기에 모인 우리들 앞에서, 기사답게 정당한 방법으로 자기 사촌의 몸을 그 탑에 닿게 하는 자가 에밀리아를 차지하게 될 것이며, 다른 한 사람은 목이 달아나게 되리라. 그 기사들도 마찬가지다. 이 죽음에 대해 불평을 하거나, 이 아가씨를 자기 것이라며 헛된 주장을 해서도 안 된다. 이렇게 하면 되겠느냐?

팔라몬　좋습니다! 자, 아르시테, 그때까지 우리는 다시 친구가 되는 거다. (아르시테에게 손을 내민다)

아르시테　너를 포옹하겠다. (팔라몬과 악수를 한다)

테세우스　이제 됐느냐?

에밀리아 네, 그렇게 할 수밖에 없겠습니다. 아니면 두 분 다 죽게 될 테니까요.

테세우스 자, 이제 다시 악수를 하거라. 둘 다 신사이니, 이 다툼은 그때까지 잠재우거라. 이 방침을 그대로 따라야 한다.

팔라몬 말씀하신 대로 꼭 지키겠습니다. (아르시테와 악수한다)

테세우스 자, 이제는 왕자로서, 그리고 친구로서 서로를 대하거라. 다시 돌아와서 이기는 자는 이곳에 살게 해주겠다. 지는 자에게는, 그 관 위에 눈물을 흘려주리라. (모두 퇴장)

〔제4막 제1장〕

아테네. 감옥의 한 방.
교도관과 교도관의 친구 1 등장.

교도관 더 이상 들은 게 없다고? 팔라몬의 탈주에 대해 말할 때, 모두들 내 이야기는 하지 않던가? 잘 좀 생각해 봐.

친구 1 전혀 들은 게 없어. 일이 다 끝나기 전에 집으로 돌아왔으니까. 하지만 떠나기 전에, 둘은 반드시 사면될 거라고 짐작은 했었어. 글쎄, 히폴리타 님과, 눈이 아름다운 에밀리아 님 두 분이 무릎을 꿇으시고는 간청을 드리고 계시더군. 공작님께서는 자신의 조급한 서약과, 두 분의 자애로우신 연민의 정 사이에서, 어느 쪽을 따라야 할지 무척 망설이고 계신 것 같았지. 여기에 더해서, 공작님의 분신이라고까지 말들 하는 참으로 고귀하신 피리토우스께서 옆에서 거들고 계시니, 아무래도 잘 풀릴 것 같아. 자네의 이름이나 팔라몬의 도주에 대해서는 아무 이야기도 듣지 못했어.

교도관 제발 그렇게만 된다면 좋으련만!

교도관의 친구 2 등장.

친구 2 마음 푹 놓으라고, 친구. 좋은 소식을, 아주 좋은 소식을 가져왔네.

교도관 어서 말해 보게.

친구 2 팔라몬 왕자님이 자네와는 무관하다고 했대. 그래서 자네는 사면을 얻은 거야. 또 사건의 경위도 밝혀졌는데, 누가 그자를 탈옥시켰는가 했더니, 바로 자네의 딸이었는데, 딸아이도 사면이 되었다네. 그리고 갇혀 있던 팔라몬 왕자님이 자네 딸에 대한 고마움을 잊을 수 없다고 하시면서, 딸의 혼사 비용으로 큰돈을 내놓으셨다지 뭔가. 틀림없이, 아주 큰돈일 걸세.

교도관 자네는 정말 좋은 친구야. 늘 이렇게 좋은 소식을 가지고 달려오니 말이야.

친구 1 그래서 어떻게 됐다는 거지?

친구 2 글쎄, 그렇게 됐다니까. 탄원만 올리면 바로 승인받을 만한 분들이 아닌가. 감옥에 갇혔다가 자신들의 목숨도 구하고 소원도 이루게 된 거지.

친구 1 그렇게 될 줄 알았어.

친구 2 하지만 새로운 조건들이 붙었다네. 형편이 좋아지면 알게 되겠지.

교도관 그것들도 좋은 거였으면.

친구 2 명예로운 걸 거야. 얼마나 좋은 건지 아직은 알 수 없지만.

친구 1 곧 알게 되겠지.

교도관 딸의 구혼자 등장.

구혼자 (교도관에게) 아, 나리, 따님은 어디 있지요?

교도관 그건 왜 물어보는 건가?

구혼자 아, 나리, 따님을 언제 보셨나요?

친구 2 (혼잣말로) 생긴 게 왜 저래!

교도관 오늘 아침에 봤네.

구혼자 잘 있나요? 몸은 건강하죠? 지난밤에는 언제 잠들었죠?

친구 1 (혼잣말로) 이상한 질문을 하는군.

교도관 자네 말을 듣고 보니, 그렇게 좋아 보이지는 않았던 것 같네. 마침 오늘 그 아이에게 몇 가지 물어봤는데, 그 대답들이, 이제까지 내가 알고 있던 딸아이답지 않게, 어쩌면 그리도 어린애 같고, 어리석고, 바보 같은 말들만 골라서 하던지, 나는 몹시 화가 났었지. 그런데 그 애가 어떻다는 건가?

구혼자 그저 너무나 안타까운 마음에 여쭈어 보는 거랍니다. 어쨌든 아셔야 할 것 같아서요. 물론 아가씨를 사랑하지 않는 자가 말하는 거나 제가 말씀드리는 거나 같을 거라고 생각합니다만.

교도관 그래서?

구혼자 건강에 문제가 있어요.

친구 1 뭐가 잘못됐나?

친구 2 상태가 좋지 않나?

구혼자 그렇습니다, 그녀는 완전히 미쳐버렸으니까요.

친구 1 그럴 리가 있나.

구혼자 곧 알게 되실 겁니다.

교도관 어쩌면 자네 말이 맞을지도 모르네. 신들이시여, 부디 그 아이를 도와주시옵소서! 그 애가 이렇게 된 건, 팔라몬을 사랑하기 때문인가, 아니면 그 탈옥 사건으로 이 아비가 처벌받게 될까 두려워서인가, 아니면 둘 다란 말인가?

구혼자 그럴 겁니다.

교도관 그런데 왜 이리도 야단법석인가?

구혼자 궁금하실 테니 빨리 말씀드리죠. 좀 전에 궁궐 뒤쪽 큰 호숫가에서 제가 낚시질을 하고 있는데, 갈대와 창포가 우거진 먼 바닷가 기슭에서 소리가 들려왔습니다. 제가 주의를 기울여 들어보았더니, 누군가의 노랫소리였는데, 높고 가는 목소리로 추측컨대, 소년이거나 여자인 것 같았습니다. 그래서 낚싯대를 내려놓고 그곳 가까이 다가갔으나, 갈대와 골풀들이 그 주위를 둘러싸고 있어서 도무지 노래하는 사람을 찾을 수가 없었죠. 그래서 저는 엎드려서 노랫말에 귀를 기울였습니다. 바로 그때 어느 낚시꾼이 베어놓은 작은 수풀 틈새로 따님을 보게 된 것입니다.

교도관 그래서 어찌 되었나?

구혼자 쉬지 않고 노래를 했고, 별 뜻은 없었죠. 그런데 이 말을 종종 되풀이하더군요. "팔라몬은 가버렸어. 오디를 따려고 숲으로 간 거야. 내일은 그이를 찾으러 가야지."

친구 1 가여운 영혼이로구나!

구혼자 "족쇄가 그이를 배반할 거야. 그이는 붙잡히겠지. 그럼 나는 어떻게 하면 좋지? 나처럼 사랑에 빠진 검은 눈의 아가씨들을 백 명쯤 데려와야지. 모두 머리에는 수선화로 화관을 만들어 쓰고, 앵두 같은 입술과 수줍은 장밋빛 뺨으로 공작님 앞에 사뿐히 나아가, 사랑스러운 춤을 추면서 그이를 사면해 달라고 간청할 거야." 그다음에는 나리에 대해서 말하더군요. 내일 아침이면 목이 달아날 거라고요. 꽃들을 꺾어 아버지 무덤에 함께 묻고, 집 안을 멋지게 장식할 거라더군요. 그다음에는 "버들, 버들, 버드나무" 하고 슬픈 듯이 노래하면서 그 사이사이에는 "팔라몬, 멋진 팔라몬" 그리고 "팔라몬은 키가 훤칠한 젊은이" 이렇게 노래했습니다. 그녀가 앉은 자리는 풀이 그녀의 무릎까지 자라 있었고, 흐트러진 머리카락은 큰 골풀로 묶었는데, 온몸에는 신선한 물기를 머금은 꽃들이 온갖 빛깔로 장식되어, 마치 그녀가 호수에 물을 떨어뜨려 주는 아름다운 요정이거나, 하늘에서 막 내려온 무지개의 여신 이리스가 아닌가 생각되었죠. 근처에 있는 무성한 골풀들을 따다가 반지를 만들어 끼고는, 그것을 보고 너무나 아름다운 시를 읊으면서 "이렇게 우리의 진실한 사랑은 맺어져" "당신은 잊어도 나는 잊지 않을 거예요" 이렇게 되풀이 말하고 나서는 울음을 터뜨렸어요. 그리고 또다시 노래하고 한숨 쉬고, 다시 웃기도 하고 자기 손에 입도 맞추었어요.

친구 2 아, 불쌍한 것!

구혼자 저는 가까이 다가갔지요. 그런데 저를 보더니, 그녀는 호수에 몸을 던졌답니다. 그래서 제가 구해 냈죠. 그러고 나서 뭍으로 데려왔더니, 이번에는 살짝 빠져나가서 시내(市內)로 달려가더군요. 어찌나 큰 소리로 외치며 재빨리 달려가던지, 도무지 따라갈 수가 있어야죠. 서너 사람이 그녀를 막아서는 걸 보았는데, 그 가운데 한 분은 바로 나리의 동생분이었답니다. 그녀는 거기서 더 이상 달리지 않고 멈추더니, 그 자리에서 쓰러지더군요. 그래서 그녀를 그분들께 맡겨버렸죠. 이 말을 나리에게 전하려고 여기에 온 것입니다.

교도관의 동생, 교도관의 딸, 그 밖에 다른 사람들 등장.

구혼자 모두들 이쪽으로 오고 있군요.

딸 (노래한다)

연극 〈두 귀족 친척〉 교도관의 딸 역을 연기하는 에이미 토비아스. 화이트 베어 시어터. 2015.

그대는 결코 더 이상 그 빛을 사랑하지 마소서……

이건 좋은 노래죠?
동생 그래, 아주 멋진 노래지!
딸 스무 곡도 더 부를 수 있어요.
동생 할 수는 있겠지.
딸 정말 할 수 있어요. "빗자루"도 "사랑스런 울새"도 노래할 수 있다고요. 당신은 재봉사인가요?
동생 맞아.
딸 내 혼례복은 어디 있죠?
동생 내일 가져오지.
딸 아주 일찍 와야 해요. 내일 일찍 나가서 아가씨들을 부르고, 악사들에게 인사도 해야 하니까. 나도 새벽까지는 처녀를 잃게 되는 거야. 아니면 잘된 거라 말할 수 없지. (노래한다)

오, 아름다워라, 오, 달콤해라……

동생 (교도관에게) 인내심을 가지고 잘 이겨내야 해요.

교도관 그래야지.

딸 안녕하세요, 여러분. 팔라몬이라는 젊은이에 대해 들어보셨나요?

교도관 그래, 아가씨, 우리도 알고 있지.

딸 멋지고 젊은 신사가 아닌가요?

교도관 물론이지, 아가씨.

동생 (교도관에게만 들리게) 거스르는 말을 하면 안 돼요. 그러다간 지금보다 상태가 훨씬 더 나빠질 겁니다.

친구 1 (딸에게) 그래, 멋진 남자란다.

딸 아, 그래요? 당신에게는 누이동생이 있지 않나요?

친구 1 그야 물론 있고말고.

딸 하지만 그 사람을 차지할 순 없을걸요. 이렇게 전해 줘요, 나에게는 좋은 수가 있다고요. 어서 가서 동생을 잘 돌보기나 해요. 동생이 단 한 번이라도 그 사람을 만나게 되면, 그걸로 끝이죠, 끝장나는 거라고요. 한 시간이면 모든 게 끝나버리죠. 이 마을 모든 아가씨들이 그이를 사랑하겠지만 나는 그저 그 아가씨들을 비웃어 줄 뿐이니까 마음대로 하라고 해요. 현명한 짓은 아니겠죠?

친구 1 그렇고말고.

딸 아무리 적게 잡아도 2백 명쯤은 지금 그이 아기를 임신하고 있을 거예요—아니, 4백 명은 될걸. 그렇더라도 나는 입을 꼭 다물고 있어야겠죠, 새 조개같이 꼭 이 몸도 닫고 있겠어요. 태어나는 것은 모두가 사내아이들뿐, 그 사람은 술수를 알고 있죠. 열 살이 되면 모두 거세한 다음 가수로 만들어, 테세우스의 전쟁을 노래하게 만드는 거예요.

친구 2 이상하군.

딸 들었더라도 아무 말 하지 마세요.

친구 1 하지 않을게.

딸 공작님의 영지 어느 곳에서든지 이들은 그이에게 온답니다. 사실이에요, 지난밤에도 몇 사람만 온 게 아니라, 적어도 20명은 해치웠던 것 같아요. 쉬운 때에는, 두 시간이면 충분하지요.

교도관 (혼잣말로) 치료해도 소용없겠어.

동생 맙소사!

딸 (교도관에게) 이리 와봐요, 당신은 지혜로운 사람이니.

친구 1 (혼잣말로) 아버지를 알아볼까?

친구 2 (혼잣말로) 알아보면 좋으련만!

딸 당신은 선장인가요?

교도관 그렇네.

딸 나침반은 어디 있죠?

교도관 여기 있지.

딸 북쪽에 맞춰요. 자, 이제부턴 팔라몬이 나를 간절히 기다리는 숲으로 가세요. 돛을 다루는 건 나에게 맡기고. 자, 어서 닻을 올려요, 여러분, 신나게요!

모두 (배를 조종하는 것처럼) 영차, 영차, 영차, 올라왔어! 바람도 좋아, 버팀줄을 올려! 큰 돛을 올려! 호루라기는 어디 있지, 선장?

동생 저 아이를 안아서 들여놔요!

교도관 자, 꼭대기까지 올려라!

동생 항해사는 어디 있소?

친구 1 여기.

딸 뭐가 보이나요?

친구 2 아름다운 숲이 보이네.

딸 그곳으로 가요, 선장. 방향을 틀어요! (노래한다)

달의 여신 킨티아가 빌려온 빛으로……. (모두 퇴장)

〔제4막 제2장〕

아테네. 왕궁의 한 방.
에밀리아가 초상화 두 점을 들고 홀로 등장.

에밀리아 나로 말미암아 생긴 상처가 차츰 더 갈라져서 피를 흘리며 죽음에까지 이르기 전에, 이들의 상처를 묶어줄 수 있을 거야. 두 사람이 싸움을 끝내도록 나도 선택을 해야겠어. 젊고 아름다운 두 남자를 나 때문에 죽게 할 수는 없어. 두 사람의 어머니가 죽은 아들의 차가운 재를 따라가며 울면서 나의 잔인함을 저주하게 해선 안 되겠지. (초상화 한 점을 보며) 어쩌면 이렇게도 잘생겼을까, 아르시테! 온갖 재능을 부여하여, 온갖 아름다움을 고귀한 인체로 탄생시키기 위해 씨를 뿌리는 지혜로운 자연의 여신도, 인간인 여자가 되면 젊은 아가씨처럼 수줍어하며 남자를 거부하려 했다고 해도, 틀림없이 이 남자에게는 빠져들고 말리라. 이 눈은, 타오르는 듯 빛나고 풋풋한 멋이 있는 젊은 왕자의 눈이야! 웃는 모습도 사랑 그 자체야! 아름다운 가니메데스를 본 하늘의 왕 유피테르 신은, 아름다운 그 소년을 납치해서 자기가 있는 빛나는 별자리 옆에 두었다고 하지. 이 넓은 이마는 얼마나 고결한가. 유노 여신처럼 커다란 아치형 눈은, 상아로 된 펠롭스*[9]의 어깨보다 훨씬 더 사랑스럽고 부드럽구나! 마치 하늘로 뾰족하게 솟은 갑(岬)으로부터 명성과 명예가 날개를 파닥이며, 여러 신들이나 신 가까이 있는 자들과 사랑을 다투는 이야기들을, 하늘 아래 세상에게 노래하는 것처럼 보이는구나. (다른 초상화를 보며) 팔라몬은 아르시테보다는 못해. 그저 무딘 그림자로 보일 뿐. 얼굴이 거무스름하고 말랐어. 어머니를 잃은 사람처럼 그 눈은 무겁고 활기가 없구나. 그에게는 어떠한 자극이나 의욕도, 이 모든 것을 말해 주는 힘도 날카로움도 웃음도 없으니. 이것을 그의 결점이라고 말할 수 있을지도 몰라. 나르키소스는 슬픈 소년이었으나, 숭고해 보였지. 아, 여자의 마음이 어디로 향하게 될지, 누가 알 수 있단 말인가! 나는 바보가 되었나 보다…… 내 안에서는 이성도 사라지고 없구나. 선택하지도 못하는 데다, 어리석은 거짓말까지 했으니, 여자들에게 뭇매를 맞아도 할 말이 없어. 무릎 꿇고 당신에게 용서를 빌겠어요, 팔라몬. 오직 당신만이 아름다운 분, 당신의 눈은 빛나는 등불, 나를 쏘아보며 사랑을 명령하는군요. 어떻게 젊은 아가씨가 그 눈빛을 거부할 수 있겠어요. 당신의 늠름한 구릿빛 얼굴에는, 대담한 용기와 사람을 사로잡는 힘이 담겨 있어요! 아, 사랑의 신이여, 이제부터는 이 얼굴만이, 내가 바라고 꿈꾸던 모습이 될 거예요. 당신은 거

---

*9 그리스 신화에 나오는 리디아(또는 프리기아) 왕 탄탈로스의 아들. 아버지 탄탈로스가 신들을 시험하기 위해 그를 죽여 요리를 해 신들에게 내놓았는데, 데메테르를 제외한 다른 신들은 음식을 입에 대지 않았다. 그 후 신들은 그의 살점들을 모아 그를 다시 살려냈는데, 데메테르가 먹은 어깨뼈는 상아로 갈음했다고 한다.

연극 〈두 귀족 친척〉 매트 라이틀(팔라몬 역)·사라 클라크(에밀리아 역)·자크 슈트(아르시테 역)
출연. 신시내티 셰익스피어 컴퍼니. 2014.

기에 있어요, 아르시테. (아르시테의 초상화를 내려놓는다) 팔라몬에 비하면 그
리 멋진 것도 아니야. 그저 집시 같은 모습이군. 그런데 이분은 고귀한 몸인
걸? 내가 얼이 빠졌어, 정말 돌았나 봐. 처녀의 조신함마저 사라져 버렸어.
형부가 좀 전에 누굴 사랑하느냐고 물었다면, 정신없이 아르시테에게 뛰어
갔을 텐데. 하지만 지금 언니가 물어본다면, 그야 물론 팔라몬이지. 두 사람
이 함께 있다고 생각해 보자. 지금 형부가 다가와 묻는다면—아, 잘 모르겠
어요! 언니가 묻는다면—대답할 수 없어요! 철없는 어린애 같은 사랑이구
나. 똑같이 아름다운 두 장식품을 놓고 어쩔 줄 몰라하며, 둘 다 갖겠다고
울며 떼쓰는 것과 똑같구나!

신사 등장.

에밀리아 무슨 일이오?

신사 형부 되시는, 고귀한 공작님의 말씀을 전하려고 왔습니다. 기사들이 돌아왔습니다.

에밀리아 싸움을 끝내려고요?

신사 그렇습니다.

에밀리아 내 목숨이 먼저 끝났어야 하는데! 정숙하신 디아나 님, 제가 도대체 무슨 죄를 졌나요! 아무 짓도 하지 않은 저의 젊음이, 왜 왕자들의 피로 더럽혀져야 하나요? 저의 순결이 제단 앞에 놓여지고, 거기에 사랑에 빠진 이들의 목숨이—이렇게 훌륭하고 멋진 두 사람이 태어나, 그 어머니를 즐겁게 한 일도 아직 없었을 텐데—왜 불행한 저의 아름다움에 바치는 제물이 되어야만 하나요?

테세우스, 히폴리타, 피리토우스, 그리고 시종들 등장.

테세우스 어서 이곳으로 데려오너라. 내가 얼마나 기다리고 있었는지 모른다. (에밀리아에게) 그대를 두고 다투던 두 연인이, 훌륭한 기사들을 데리고 돌아왔다. 자, 아름다운 처제, 둘 가운데 하나만 사랑해야 하느니라.

에밀리아 두 분 모두 사랑하고 싶어요. 누구도 저 때문에, 때아닌 죽임을 당해서는 안 됩니다.

테세우스 누가 그들을 보았나?

피리토우스 제가 방금 전에 보았습니다.

신사 그리고 저도 보았습니다.

사자 등장.

테세우스 어디서 왔느냐?

사자 기사들이 보냈나이다.

테세우스 말해 보아라, 그들을 보니, 어떤 자들인가?

사자 말씀드리겠나이다. 제가 생각한 대로입니다. 두 분이 데리고 오신 여섯 명의 용감한 기사들은—얼핏 보아도, 일찍이 보았거나 읽어본 적도 없는 용사들입니다. 아르시테 님이 데리고 온 첫 번째 기사는 아주 건장한 사나이로서, 용모는 왕자다웠나이다. 그의 얼굴은 검다기보다는 구릿빛이며, 준엄하고 고귀하나 단단하며 거침없고 위험에 굴하지 않는 자입니다. 두 눈동자는 그 속에 타오르는 불길을 보여주듯, 격분한 사자와도 같았나이다. 그의 등 뒤로 늘어진 긴 머리카락은 마치 갈까마귀의 날개처럼, 검게 반짝였습니다. 그 어깨는 넓고 튼튼했으며, 팔은 길고 단단하며, 넓적다리에는 띠를 두르고, 교묘하게도 그 위에 칼을 차고 있었나이다. 그가 한번 눈살을 찌푸려 자기 뜻을 결정하고 나면, 제 양심에 걸고, 전사에게는 영원한 친구가 없다고 말할 것만 같았습니다.

테세우스 설명을 잘 해주었다.

피리토우스 그래도 그는 팔라몬이 데리고 온 첫 번째 기사보다는 매우 모자란 것 같습니다.

테세우스 어서 말해 보게, 친구.

피리토우스 그자도 왕자로 보입니다. 아마도 더 훌륭한 왕자일지도 모릅니다. 온갖 명예로운 장식으로 자신을 돋보이게 하고 있으니까요. 이자가 말한 기사보다 좀더 체격이 크고 얼굴 또한 잘생겼습니다. 그의 얼굴빛은 잘 익은 포도와 같이 불그스름하며, 의심할 것도 없이 자기가 무엇을 위해 싸워야 하는지 잘 알고 있으므로 자기 일처럼 용맹하게 싸울 것입니다. 그의 얼굴에는 자기가 하는 일에 대한 정당한 희망이 드러나 있고, 화가 나더라도 용기를 잃지 않고 침착하게, 극단적인 감정에 치우쳐 자신의 몸을 함부로 굴리지도 않으며, 용감하게 자신의 팔을 이끌어갈 것입니다. 그에게서는 두려움 따위는 조금도 찾아볼 수가 없습니다. 금발의 빳빳한 곱슬머리의 그는 담쟁이덩굴처럼 얽히고설켜서, 벼락이 친다 해도 그 엉킨 머리칼이 풀릴 것 같지는 않았지요. 그의 얼굴은 아직 수염이 나지 않았는데, 발그레한 빛이 감돌아서 싸움을 좋아하는 처녀처럼 보입니다. 그리고 생생한 두 눈에는 승리의 여신이 앉아서, 늘 그에게 용기를 불어넣는 것만 같습니다. 높이 솟은 그 콧날은 그의 명예를 나타내 주는 뚜렷한 상징이며, 그 붉은 입술은 승리 뒤에 귀부인들과 입 맞추기에는 딱 알맞습니다.

에밀리아 이들도 죽어야만 합니까?

피리토우스 그자가 말을 할 때면, 그의 혀는 나팔과 같이 울립니다. 그 외모는 남자라면 누구나 갖고 싶어하는 바로 그런 모습으로, 힘이 넘치는 멋진 사람입니다. 그는 제대로 단련된 강철 도끼와 황금 지팡이를 가지고 있으며, 나이는 스물다섯 살쯤으로 보입니다.

사자 다른 기사는 키는 작지만 의지가 매우 강해 보이는 자로, 누구 못지않게 늠름했으며, 제가 한 번도 구경하지 못한 그런 대단한 몸집이었다고 분명히 약속드립니다.

피리토우스 얼굴에 주근깨가 있는 사나이를 말하는가?

사자 그렇습니다. 그만하면 멋지지 않습니까?

피리토우스 그래, 그 정도면 괜찮지.

사자 제 생각에는, 주근깨가 그리 많은 것도 아니고, 그 정도 외모라면 자연의 위대하고 훌륭한 예술 작품으로 보입니다. 머리카락은 밝은 금발이지만 여성적인 느낌보다는 남성적인 갈색에 가깝습니다. 강하고 재빠르며 매우 활달한 사람으로 보입니다. 팔은 구릿빛이며 선이 곧고 힘찬 근육이 돋보이나이다. 어깨 쪽은 갓 임신한 여인처럼 살짝 솟아올라, 부지런히 몸을 움직이는 자로서, 결코 갑옷 무게에 눌리지 않을 것 같아 보였습니다. 또한 굽히지 않는 정신력으로, 한번 움직였다 하면 호랑이처럼 용맹하답니다. 회색 눈은 그가 정복한 자에 대한 동정심을 말해 주나이다. 그는 눈치가 매우 빨라서 기회를 재빨리 붙잡아, 바로 자기에게 이득이 되게 활용합니다. 또 누구에게도 나쁜 짓을 하지 않으며, 그런 짓을 당하는 일도 없나이다. 그 동그스름한 얼굴로 웃으면 사랑에 빠진 사나이처럼 보이며, 눈살을 찌푸리면 용맹한 기사로 보입니다. 머리에는 승리를 상징하는, 참나무 잎으로 엮은 관을 썼는데, 자기 아내에 대한 사랑의 상징을 꽂았나이다. 그의 나이는 서른여섯 살 정도 돼 보입니다. 손에는 은을 돋을새김한 긴 창을 쥐고 있습니다.

테세우스 모두들 그러한가?

피리토우스 그렇습니다. 모두 명예로운 집안의 자식들입니다.

테세우스 내 영혼에 걸고 그들을 어서 만나보고 싶구나. (히폴리타에게) 부인, 사나이들의 결투를 곧 보게 될 거요.

히폴리타 저도 구경하고는 싶지만 그런 이유로 그들이 싸우게 되는 건 바라지 않아요. 두 나라의 권리를 지키기 위해 용감하게 싸워야 할 기사들이니까요. 사랑의 감정이 이토록 난폭해지다니, 이런 일은 일어나선 안 되지요. 아, 마음이 여리디 여리기만한 내 동생아, 너는 어떻게 생각하니? 울지 말아라, 아직 피 한 방울 흘리지 않았으니. 이젠 어쩔 수 없겠구나.

테세우스 (에밀리아에게) 그대의 아름다움이 두 사람의 마음을 강철처럼 단단하게 만들어 버리고 말았구나. (피리토우스에게) 존경하는 친구, 그대가 나 대신 심판이 되어, 참가자들이 질서를 지키며 결투에 응할 수 있게 해주게.

피리토우스 분부대로 하겠나이다.

테세우스 그러면 내가 직접 그들을 보러 가야겠다. 더는 기다릴 수가 없다—이들의 명성이 내 마음에 불을 댕기는구나. 친구여, 이들이 나타날 때까지는 위엄 있게 처신하도록.

피리토우스 그보다 더 용맹한 결투는 다시 볼 수 없을 겁니다. (에밀리아만 남고 모두 퇴장)

에밀리아 서글픈 여인이여, 너도 함께 가서 울어주어라. 누가 이기더라도 고귀한 생명 하나가, 바로 너 때문에 사라지게 된단다. (퇴장)

〔제4막 제3장〕

아테네. 감옥의 한 방.
교도관, 구혼자, 의사 등장.

의사 그녀의 정신이상은, 달이 떠 있을 때 가장 심하지 않나요?

교도관 내 딸아이는 남에게 해를 끼치고 있지는 않으나, 이상한 상태에서 벗어나지 못하고 있어요. 잠도 자는 둥 마는 둥, 아무것도 먹으려 들지 않고 물만 마시며 겨우 목숨을 이어가고 있지요. 그러면서 더 나은 다른 세상을 꿈꾸듯 노래한답니다. 또 말하다가 앞뒤가 맞지 않으면, 팔라몬이란 이름만 계속 부르지요. 모든 말들에 그 이름을 끼워 넣고는, 뭐라고 물어봐도 팔라몬에 대한 이야기만 하고 있습니다.

교도관의 딸 등장.

교도관 보세요, 그 애가 오고 있어요. 하는 짓을 보면 알게 되실 겁니다. (의사, 구혼자와 함께 비켜선다)

딸 몽땅 잊어버렸잖아. 노래의 후렴은 '얼씨구절씨구'였었지. 가사를 쓴 건 누구보다도 훌륭하신 제랄도 선생, 에밀리아의 선생님이지. 그런데 그 선생님도 참 대단하신 것 같아. 저승에서 디도*[10] 여왕이 팔라몬을 만난다면 아이네이아스와의 사랑은 이미 끝이 난 거야.

의사 이게 대체 어떻게 된 거지? 가여운 것!

교도관 종일 이러고 있답니다.

딸 내가 말해 준 이 주문(呪文)을 위해서, 너의 혀끝에 은 조각을 하나 올려 놓는 거야. 그렇게 하지 않으면 나룻배는 떠나지 않아. 그렇게 해서 천사들이 있는 곳으로 가게 되면―그런데, 거기는 아주 멋진 곳이야! 우리 아가씨들은 사랑을 잃고 그 사랑으로 산산조각이 나버렸으니, 그곳에 가서 종일 아무것도 하지 않고, 저승의 여왕 페르세포네와 함께 꽃이나 따며 보내는 거지. 그럼 나는 팔라몬에게 작은 꽃다발을 만들어 줄 거야. 그러면 그이는 나를 물끄러미 바라보겠지…… 그러면…….

의사 이렇게도 귀엽게 미치다니! 좀더 살펴봐야겠군.

딸 정말, 그래. 사람잡기 놀이를 하는 악마에게 잡혀 지옥으로 가지 않고, 축복받은 곳으로 갈 거야. 지옥은 너무나 고통스러운 곳이지―뜨거운 불로 태우고 볶고 끓이고 혼내고 야단치며, 또 지껄이고 저주를 퍼부으니! 아! 심술궂은 벌들을 내리기만 하니! 조심해요! 미쳐서 목을 매고 물에 빠져 죽으면, 바로 지옥으로 가는 거라고요! 유피테르 님, 도와주소서! 그곳에서는 납과 고리대금업자의 기름을 집어넣고 끓이는 커다란 가마솥에, 백만 명은 되는 도둑들이 함께 들어가, 살진 돼지로 만든 베이컨처럼 쉼 없이 끓게 되는 거라오.

의사 머리가 저렇게 돌아버리다니!

딸 귀족들이나 궁궐 사람들이 숫처녀들에게 아기를 낳게 하는데, 그런 자들이 여기에도 있답니다. 배꼽까지는 불 속에 있고, 심장은 얼음 속에 있죠. 그러니 나쁜 짓을 하는 쪽은 불붙고, 속이는 쪽은 얼어붙을 거예요. 사실 그런 대수롭지 않은 짓에 비하면, 그것은 너무나 무거운 처벌이라고 생각해요. 그러니 차라리 문둥병 걸린 무당과 결혼하는 게 낫죠.

---

*10 그리스 신화에 나오는 카르타고의 여왕. 자신이 사랑한 트로이 용사 아이네이아스가 떠나자 불속에 뛰어들어 죽었다고 한다.

의사   이렇게 끊임없이 망상을 하다니! 이것은 광기가 뿌리내린 게 아니라, 우울증이 아주 깊어졌음을 보여주는 증상인걸.

딸   오만한 귀부인과 오만한 마을 아낙네들이 함께 외치는 소리를 들어보세요! 이걸 재미있는 놀이라고 말하는 사람은 짐승이라고 할밖에요. 한 사람이 외쳐요, "아, 여기 연기가 나고 있어요." 다른 사람은 "불이야" 외치네요. 한 사람이 다시 "벽걸이 뒤에 숨었어야 했는데!" 외치면, 다른 사람은 구혼자와 정원에 있는 정자를 원망하는 거죠. (노래한다)

나는 진실할 거야, 내 별들, 내 운명들……. (퇴장)

교도관   이 애 상태가 어떤가요, 의사 선생?

의사   마음이 몹시 혼란스러워 보이는데, 어찌할 도리가 없군요.

교도관   아, 그러면 어떻게 해야 하나요?

의사   팔라몬을 만나기 전에 따님이 다른 남자를 사랑한 적이 있었나요?

교도관   나의 벗이기도 한 이 신사를 딸아이가 좋아해 주었으면 하고, 바란 적은 있었죠.

구혼자   저도 그렇게 생각했습니다. 재산의 반을 내놓아도 좋다고까지 생각했습니다만, 요즘과 같은 상태라면 그녀와 제가 엇비슷한 처지라고 생각됩니다.

의사   지나치게 눈으로만 바라보다 다른 감각들이 탈이 난 거지요. 그 감각들이 되돌아와서 본디 자기 기능을 다할 수도 있겠으나, 지금으로서는 증상이 너무 심각하군요. 반드시 이렇게 해야 합니다. 따님을 빛이 들어오지 않는 어두운 곳에 가두세요. 그리고 그녀의 벗이라는 젊은 당신이 팔라몬인 체하면서, 그녀와 함께 식사를 하고 사랑의 말을 나누기 위해 왔다고 하는 겁니다. 그러면 팔라몬에게 미쳐 있는 그녀의 관심을 곧 끌게 될 것이오. 그녀의 마음이 보는 것과 눈이 보는 것 사이에는 틈이 있으니, 그 사이로 들어온 것은 모두 광기의 장난이며 희롱일 뿐이죠. 팔라몬이 감옥 안에서 불렀다고 하는 그 풋풋한 사랑의 노래를, 그녀에게 불러주시오. 이 계절에 피는 사랑스러운 꽃들로 몸을 장식한 뒤에 그녀를 찾아가, 그 아름다운 향기를 맡게 하시오. 그리고 이 모든 것으로, 바로 당신 자신이 팔라몬이 되는 거지요. 당신이 팔라몬이 되어 노래한다면, 팔라몬은 그녀에게 사랑스러운 존재이니 모든 일이 좋게 풀릴 겁니다. 그녀에게 함께 식사를 하자고 권하며 고기를 썰어주고 그녀에게 건배하며 끊임없이 그녀의 사랑을 구해서, 사랑을 받아들여 달라고 애원을 하시오. 그녀의 벗과 놀이친구들에게 부탁하여, 당신을 '팔라몬'이라고 부르며 나타나게 해요. 마치 팔라몬에게 줄 선물을 가져오는 것처럼 하면서 말입니다. 그녀가 지금 머물러 있는 곳은 허상의 세계이니, 그 허상의 세계와 겨루어 보는 거지요. 이렇게 하다 보면 그녀는 식사도 하고 잠도 잘자게 될 것이며, 현재의 혼란한 상태에서 조금씩 벗어나, 본디 자신이 속해 있던 질서와 규칙을 되찾게 될 것이오. 의사로서 나 자신이 여러 번 그 효과를 확인한 바 있으니, 이번에도 이 치료법이 성공하기를 진심으로 바랄 뿐이오. 이 계획이 진행되는 동안 나도 새로운 처방을 가지고 자주 들르겠소. 자, 어서 서둘러 실천에 옮겨서 하루라도 빨리 성공을 거둡시다. 틀림없이 모두 안심하게 될 것이오. (모두 퇴장)

〔제5막 제1장〕

아테네. 마르스, 베누스, 디아나의 신전 앞.
화려한 나팔 소리. 테세우스, 피리토우스, 히폴리타, 시종들 등장.

테세우스 그들을 들어오게 하여, 신들 앞에 성스러운 기도를 올리게 하라. 신전을 성화로 밝게 비추며 제단 위로 향이 피어오르게 한 다음, 하늘의 신들께 의식을 올리게 하라. 모자람이 없게 모든 것을 준비하라. 곧 그들의 손으로 고결한 결투가 시작되리니, 그들을 아껴주시는 신들께 영예를 바쳐야 하리라.

화려한 코넷 소리. 팔라몬과 아르시테, 그들의 기사들 등장.

피리토우스 그들이 입장합니다.
테세우스 강심장을 가진 용맹한 적들이자, 또한 같은 왕족의 피를 물려받은 원수들이로다. 그러나 오늘 둘 사이를 끌어당기는 뜨거운 핏줄을 흩날려 버리려는 자들이여, 한때의 노여움을 가라앉히고 너희들을 도우시며 모두가 두려워하는 신들의 성스러운 제단 앞에서, 그 고집스러운 몸을 비둘기와도 같이 굽힐지어다. 신들의 분노가 인간보다 더하니, 신의 도움이 없이는 해결할 수 없느니라. 신이 내려다보시는 곳에서, 정의의 이름을 걸고 싸우는 거다. 신께 기도할 것을 두 사람에게 똑같이 허락하며, 둘 다 성공하기를 똑같이 기도하노라.

피리토우스 가장 훌륭한 자에게 명예가 있기를! (테세우스와 그 일행과 함께 퇴장)

팔라몬 둘 가운데 하나가 목숨을 잃게 될 때까지, 모래시계는 멈추지 않으리라. 이것만은 명심하라, 아르시테, 이처럼 나의 한 부분이 나의 적이 되겠다고 도전장을 던진다면, 더군다나 그것이 내 두 눈 가운데 하나의 눈이 다른 눈에게 던지는 도전장이라 하더라도, 또 나의 한쪽 팔을 다른 쪽 팔이 억누르는 것이라 하더라도 나를 거역하는 것은 가만두지 않겠다. 진심이야, 사촌, 나 자신의 일부분이라도 마찬가지야. 그러니 이제부터는 내가 너를 어떻게 다루게 될지 알겠지?

아르시테 나는 너의 이름, 지난날 너와의 우정, 그리고 우리의 핏줄…… 이 모든 것을 내 기억에서 지우고자 애쓰고 있다. 대신 그 자리에 다른 어떤 것을 가져다 놓고 부수어 버릴 거야. 그런 뒤에는 돛을 달고 항구를 떠나 하늘 끝까지라도 가볼 거란다.

팔라몬 나도 그래. 등을 돌리기 전에 너를 다시 한 번 안아보겠다, 사촌. (아르시테와 포옹한다) 다시는 할 수 없을 테니.

아르시테 한 번뿐인 작별 인사가 되겠군.

팔라몬 그래, 그렇게 하자. 잘가라, 사촌.

아르시테 너도 잘가. (팔라몬과 그의 기사들 퇴장) 기사들이여, 친척들이여, 사랑하는 이들이여, 그리고 나의 희생자들이여! 군신 마르스를 존경하는 자들, 그 기사도 정신으로 공포의 씨앗을 물리치며, 남아 있는 공포의 뿌리마저도 물리치는 자들이여, 나와 함께 우리가 따르는 신에게 가자. 그 앞에 나아가, 무서운 사자의 심장과 힘찬 호랑이의 숨결을 달라고 기도하자. 그렇다, 그 용맹함과 그 민첩함도 앞으로 나아가는 것을 뜻한다. 물러난다면 달팽이가 되는 거지. 알다시피 나의 전리품은 피를 흘려서 차지한 것들이다. 힘과 위대한 무공이 나에게 승리자의 관을 씌어줄 수 있으며, 비로소 그녀가 꽃들의 여왕 자리에 오를 수 있게 되리라. 그러니 우리의 기도는, 싸움터를 남자들의 피로 물들이는 군신에게 해야 한다. 나를 도와 그대들의 영혼을 군신 마르스에게 바쳐다오. (모두 제단 앞에 엎드려 절하고 무릎을 꿇는다) 그대 강한 분이여, 푸른 바다를 자주빛으로 물들이는 분이여, 그대가 다가옴을 혜성이 미리 말해 주노니, 드넓은 싸움터에서 수많은 사람들이 죽어 유골들이 땅 위에 뒹굴게 될 것입니다. 그대의 무서운 숨결은 풍작의 여신 케레스의 수확을 날려 보내며, 푸른 구름들 사이로 그 강력한 손길은 석공이 만들어 놓은 망루를 끌어내리고, 마을을 둘러싼 성벽들을 만들기도 부수기도 합니다. 저는 당신의 제자이며, 당신의 북소리를 따르는 가장 젊은 종이니 오늘 저에게 싸움의 기술을 가르쳐 주소서. 그대의 영광을 위하여 군기를 펄럭이며 나아가리니, 당신의 힘으로 제가 오늘의 주인이 되게 하소서. 위대한 마르스여, 희망의 증표를 보여주소서. (모두 앞서 했던 것처럼 엎드릴 때, 짧은 벼락 소리와 함께 갑옷들끼리 부딪치는 소리가 들려와, 싸움이 일어남을 알린다. 그러자 모두 일어나 제단 앞에서 허리를 굽힌다) 아, 악덕으로 가득 찬 시대를 바로잡는 위대한 분이여, 부패한 나리들을 떨쳐내며, 먼지투성이의 오래된 관리들을 심판하시는 숭고한 분, 병든 대지를 피로써 고치며, 인구가 넘쳐나 힘에 겨운 세상을 저주하는 분이여! 그대의 증표를 상서롭게 받아들이며, 그대의 이름을 받들어 저의 뜻을 당당하게 펼쳐 보이겠나이다—자, 가자. (그의 기사들과 함께 퇴장)

팔라몬과 그의 기사들 등장. 앞서와 같은 의식을 올린다.

팔라몬 우리 운명의 별들은 오늘 새로운 불길로 빛나리니, 만일 그렇지 못하면 꺼져버리고 말리라. 우리가 서로 다투게 될 것은 사랑이므로, 사랑의 여신이 허락한다면 우리에게 승리도 안겨주리라. 너그럽고 고귀한 여러분 모두의 마음이 나와 하나가 되게 하라. 그리하여 나의 뜻을 펼쳐 나아갈 수 있도록 자신들의 행운을 나에게 걸어다오. 사랑의 여신 베누스에게 우리가 하는 일을 맡기고, 당신의 힘을 보태어 달라고 기도하자. (모두들 베누스

연극 〈두 귀족 친척〉　브랜트 가버(아르시테 역)·도미니크 자팔라(팔라몬 역)·애슐리 라모스(에밀리아 역)·모니카 고프(히폴리타 역) 출연. 유타 대학 디파트먼트 시어터. 2017.

신전 앞에 나아가 고개 숙이며 앞서 했던 것처럼 무릎을 꿇는다) 만세, 비밀을 관장하는 여왕이시여, 극악무도한 폭군도 그 노여움으로 깨우치어, 소녀의 마음도 눈물겹게 하시는 분. 눈길 한번으로 군신 마르스의 큰 북소리를 가라앉히며, 전투 나팔 소리를 속삭임으로 바꾸어 버리시는 분. 치료의 신 아폴로보다 더 빨리, 절름발이로 하여금 지팡이를 던져버리게 고치시는 분. 군주라 하여도 그 신하인 자를 따르게 하며, 썩어가는 해골조차 춤추게 하시는 분. 젊어서는 큰 횃불들 사이를 지나며 불꽃을 뛰어넘는 말썽꾸러기 소년들이, 번쩍이는 대머리가 되어 칠십이 되도록 홀로 살아도, 베누스에 사로잡힌 몸이라, 비웃음거리가 된 쉰 목소리로 젊은 사랑의 노래를 부르고 있습니다. 어떠한 신의 힘도, 당신의 힘 앞에서는 굴복하고 말 것입니다. 태양의 신마저도 그보다 더 뜨거운 불길로 타오르게 합니다. 저 하늘의 불꽃이 그의 아들마저 태워버렸다고 하나, 그대는 그 태양신마저도 태우고 말 것입니다. 저 축축하고 싸늘한 사냥의 여신마저도 활을 던져버리고 한숨을 쉬었다 합니다. 그대를 따르며 숭배하기로 서약한 이 군인에게, 은혜를 베풀어주소서. 납덩이보다 무겁고 쐐기풀보다 따가운 가시의 멍에를, 장미로 엮은 꽃다발인 듯 이 목에 걸겠나이다. 저는 그대의 율법을 악하다 말한 적 없으며, 사랑의 비밀은 알지도 못하고, 모두 알게 된다 하여도 절대로 발설하지 않을 것입니다. 남의 아내에게 허튼짓을 한 적도, 여자를 모욕하는 음탕한 문서를 읽은 적도 없나이다. 큰 연회가 베풀어지는 곳에서도 미인들의 비밀을 말하려 한 적도 없으며, 히죽거리며 그런 짓을 일삼는 자들만 보아도 낯을 붉힙니다. 여자와 놀아났노라 크게 떠벌리고 다니는 자들을, "그대들에게 어머니가 계시느냐, 나에게도 한 분 계신다. 어머니는 여자, 그대들이 모욕한 여자이니라" 하며 호되게 나무란 적도 있나이다. 또한 여든 번의 겨울을 보낸 노인에 대해 이야기해 주었습니다. 그는 열네 살 소녀와 결혼했는데, 사랑의 여신이 시체나 다름없는 그에게 생명을 불어넣었지요. 이전에는 퇴행성 관절염이 그의 곧은 다리를 비틀어지게 하고, 통풍이 그의 손가락에 매듭을 만들고, 눈알이 빠져나올 듯이 그의 눈이 경련을 일으켜서 그에게는 살아가는 모든 일이 고문을 받는 듯이 괴로웠습니다. 그런데 거의 해골에 가까울 만큼 앙상했던 그의 몸이 젊고 아름다운 아내에게 사내아이를 낳게 했다니, 그가 그렇게 맹세했으므로 저 또한 그렇게 믿었습니다. 그녀도 그렇게 맹세했으니, 그 누구라 해도 어찌 그녀를 믿지 않을 수 있겠나이까? 요컨대 저는, 자기가 한 일을 드러내는 자는 상대하지 않으며, 하지도 않은 일을 떠벌리는 자에게는 도전장을 던졌고, 하고 싶은데 할 수 없어 안타까워하는 자는 기꺼워하였나이다. 더욱이 비밀스러운 일을 치사하게 폭로하거나, 덮어둬야 할 이름을 대담하게 발설하는 자도 결코 좋아하지 않나이다. 그러한 자가 바로 저이니, 저만큼 깊이 한숨짓는 연인은 없으리라고 감히 맹세할 수 있나이다. 아, 그러하오니, 부드러우며 상냥하신 여신이여, 바로 제가 이 결투의 승리자가 되게 해주소서. 이는 참다운 사랑의 정당한 보상이 되리니, 위대한 기쁨의 증표로 저를 축복하소서. (음악 소리. 비둘기의 날갯짓 소리. 모두들 다시 엎드려 절한 다음, 무릎을 꿇는다) 아, 열한 살에서 아흔 살에 이르도록 인간의 마음을 지배하는 여신이여, 당신의 사냥 장소는 바로 이 세상이니, 사냥감 무리인 저희는 그 아름다운 증표에 감사드립니다. 그 증표는 저의 깨끗하고 참된 마음속에 간직되어, 결투에 임하는 이 몸에 단단한 갑옷을 입혀줄 것입니다—일어나서 여신에게 예를 올리자. (기사들이 일어나서 예를 올린다) 때가 왔느니라. (기사들과 함께 퇴장)

조용한 리코더 음악 소리. 흰옷을 입은 에밀리아 등장. 머리카락이 어깨 주위로 흘러내리고 밀짚 화관을 썼다. 흰옷을 입고 머리에 꽃을 꽂은 아가씨가 그녀의 옷자락을 들고 있다. 에밀리아 앞에서 걸어가는 아가씨는 은으로 만든 암사슴을 들고 있는데, 거기에서 향 냄새와 달콤한 향기가 퍼진다. 곧이어 그 사슴은 달의 여신 디아나의 제단에 놓인다. 아가씨들은 떨어져서 서 있고, 에밀리아가 사슴에 불을 붙인다. 모두가 예를 올리고 무릎을 꿇는다.

에밀리아 아, 신성하며 어둡고 차가운 정절의 여왕이시여, 흥청거림을 멀리하고 말없이 깊은 생각에 잠기는 분이여, 상냥하며 고독하고, 새하얗게 순결하며, 흩날리는 눈처럼 순수하고, 당신을 섬기는 여기사들에게는 얼굴을 붉힐 정도의 피만을 허락하는 분이여, 그 붉은 얼굴은 당신의 여기사들이 예의를 갖춰 입는 겉옷입니다. 저는 여기 신성한 제단 앞에 무릎 꿇고 당신을 섬기는 사람이 되겠나이다. 오, 당신의 귀한 푸른 눈으로—그 눈은 일찍이 더럽혀진 바가 없으니—당신을 섬기는 이 처녀를 보아주소서. 그리고 신성한 은빛 달의 여신이여, 당신의 귀를 기울여 주소서. 품위 없는 말이나 음란한 소리가 들어간 적 없는 그 귀로, 이렇게 경외하는 마음으로 가득 찬 저의 간청을 들어주소서. 이것은 처녀로서 저의 마지막 임무입니다. 이렇게 신부 차림을 하고 있으나, 아직도 마음은 소녀입니다. 남편을 정하게 되어 있으나, 아직도 누구인지 모릅니다. 두 사람 가운데 한 사람을 선택하여 그 성공을 빌어주어야겠으나, 저는 누군가를 선택하고 누군가를 버리는, 그러한 죄를 짓고 싶지는 않나이다. 저의 두 눈 가운데 하나를 잃는다 해도 어느 것이나 제게는 똑같이 소중하기에, 어느 것도 포기할 수 없나이다. 죽는 자는, 선고도 받지 않고 사라지게 됩니다. 그러니 사려 깊은 여왕이시여, 두 구혼자 가운데 저를 더욱 사랑하며, 남편으로서 더 올바른 자에게, 제 머리에 쓴 화관을 벗기게 하소서. 그렇지 않으면 지금 저의 신분과 지위를 그대로 유지하며, 당신만을 섬기겠나이다. (이때 암사슴이 제단 아래로 사라지며, 대신 장미꽃 한 송이가 핀 장미나무가 떠오른다) 보아라, 밀물과 썰물을 다스리는 저 달의 여신께서, 신성한 제단으로부터 거룩한 능력을 드러내 보이셨다. 하지만 장미는 오직 한 송이뿐이구나! 나의 영감이 맞다면, 이 싸움은 용감한 기사 둘 다 쓰러져, 처녀의 꽃인 나만이 꺾이지 않고 혼자 남게 되리라. (갑자기

윙 하는 현악기 소리가 울려온다. 그리고 장미가 나무에서 떨어진다) 꽃이 떨어졌다, 나무가 가라앉는구나. 아 여신이여, 이제 저를 보내시나요. 저는 꺾이고 말겠죠, 아마 그럴 거예요. 하지만 당신이 어떻게 하시려는 건지, 저로서는 알 수 없나이다. 그 비밀을 풀어주소서—여신이여, 당신 뜻대로 하소서, 이 증표에 감사드립니다. (모두 무릎을 꿇고 절을 하며 퇴장)

〔제5막 제2장〕

아테네. 감옥의 어두운 방.
의사, 교도관, 팔라몬처럼 차려입은 구혼자 등장.

의사 내 충고가 그녀에게 효과가 있었나요?

구혼자 예, 아주 많이요. 함께 있던 그녀의 친구들이 저를 팔라몬이라고, 반은 믿게 만들었지요. 30분 전에 그녀가 웃으며 다가와서는, "무얼 먹을까요? 키스는 언제 해줄 거죠?" 하고 물었답니다. 저는 "지금 바로요!" 이렇게 말해 주며, 두 번이나 입을 맞췄지요.

의사 잘했어요. 하지만 스무 번이면 훨씬 좋았을 텐데, 치료가 거의 막바지에 이르고 있으니 말이오.

구혼자 그런데 그녀가 오늘 밤에 저를 지켜보겠다고 하더군요. 제가 언제쯤 발작을 일으킬지, 자기가 알고 있다는 거예요.

의사 그렇게 하라고 해요. 그리고 증세가 나타나면, 그녀가 바라는 대로 하게 놔둬요.

구혼자 저더러 노래를 부르라고 하더군요.

의사 노래를 불렀나요?

구혼자 아니요.

의사 그러면 안 됩니다. 무엇이든 그녀가 말하는 대로 해주시오.

구혼자 아, 그게 말입니다, 의사 선생님, 그녀가 좋아할 만한 목소리가 아니라서요.

의사 돼지 멱따는 소리를 내더라도 마찬가지입니다. 그녀가 다시 간청을 해오면, 무엇이든지 해줘요. 그녀가 요구하면, 잠자리를 함께해도 좋습니다.

교도관 그건 안 돼요, 의사 선생!

의사 어디까지나 치료를 위한 것입니다.

교도관 실례지만 여자아이들에게는 순결이 가장 중요하지 않소?

의사 그건 말도 안 됩니다. 순결 때문에 따님을 죽게 내버려 둘 수는 없지요. 이렇게 해서라도 따님의 병을 고쳐야죠. 그리고 순결에 대해서라면, 그녀에게도 나름대로 생각이 있을 겁니다.

교도관 고맙습니다, 의사 선생.

의사 상태를 좀 봐야겠으니 따님을 데리고 오세요.

교도관 그러죠, 그 아이에게 팔라몬이 기다린다고 말해 두죠. 하지만 의사 선생, 아무리 생각해도 그건 잘못된 방법인 것 같소. (퇴장)

의사 가요, 가! 아버지라는 사람이 정말 바보로군요. 따님의 순결요? 처녀라는 사실을 찾아낼 때까지 치료하라는 건가!

구혼자 그녀가 처녀가 아니라고 생각하세요, 의사 선생님?

의사 그 아가씨가 몇 살이지?

구혼자 열여덟 살입니다.

의사 처녀일 수도 있겠죠. 하지만 다 마찬가지이고, 우리와도 아무 상관 없는 일이오. 아버지가 뭐라고 하든, 그녀가 그럴 기분이 되었다고 생각되면 내가 말했던 그것, 그러니까 육체의 사랑을 나누는 거요. 내 말 알겠소?

구혼자 예, 잘 알겠습니다.

의사 아가씨가 바라는 것을 채워 주도록 해요. 충분히 만족시켜 주란 말이오. 그거야말로 가장 확실한 치료법이오. 그러면 그녀의 우울증이 사라질 거요.

구혼자 저도 그렇게 생각합니다, 의사 선생님.

교도관과 교도관의 딸, 딸의 친구 등장.

의사 그 사실을 곧 확인하게 될 거요. 저기, 그녀가 오는군. 자, 기분을 잘 맞춰 주도록 해요. (구혼자와 함께 물러선다)

교도관 어서 오너라, 사랑스런 팔라몬이 너를 기다리고 있다. 이제까지 네가 와주기만을 지루하게 기다리고 있었단다.

딸 친절하게 기다려 주시니, 정말 고맙군요. 점잖으신 신사분을, 제가 너무 오래 기다리게 했나 봐요. 아버지, 저분이 주신 말을 아직 못 보셨나요?

교도관 봤단다.

딸 어때요?

교도관 아주 훌륭한 말이더구나.

딸 저분이 춤추는 건 한 번도 못 보셨나요?

교도관 봤지.

딸 저는 저분이 춤추는 걸 자주 보거든요. 저분은 춤을 아주 멋지게, 잘 추세요. 아주 우아하게 말이에요. 짧게 꼬리를 치며 지그 춤을 추다가, 어느 순간 팽이처럼 핑그르르 돈다니까요!

교도관 정말 멋지더구나.

딸 모리스 춤을 한 시간에 20마일이나 출 수 있어요. 그러다 가는 동네에서 가장 힘센 준마라도 쓰러지고 말 거예요. 저도 알고 있는 곡인데, '사랑의 빛'이란 곡에 맞춰서 아주 재빠르게 달리거든요. 아버지는 그 말을 어떻게 생각하세요?

교도관 그렇게 훌륭한 말이라면, 테니스라도 시켜 보면 좋을 것 같구나.

딸 아, 그런 건 별것 아니죠.

교도관 읽고 쓸 수도 있을까?

딸 글솜씨가 무척 뛰어나서, 자기가 먹을 마른풀이나 여물이 얼마나 되는지 모두 적어 놓는다니까요. 속이려고 든다면, 마부가 아주 일찍 일어나야겠죠. 공작님이 아끼시는 밤색 암말을 알고 계시나요?

교도관 잘 알고 있지.

딸 글쎄, 그 암말이 이 말에게 홀딱 반했다니까요. 가련한 것, 그런데 이 말은 주인을 닮아서, 수줍고 오만하기 이를 데 없죠.

교도관 암말의 지참금은 얼마나 되느냐?

딸 마른풀 2백 다발에 귀리가 20포대죠. 그런데 수말은, 자기는 그 암말과 짝짓기는 절대로 할 수 없다는 거예요. 그는 혀짧배기 소리로 울면서, 자기는 방앗간집 말처럼 날마다 죽도록 일하기 때문에 암말의 꾐에 넘어가 그 짓을 하게 되면 죽을지도 모른다나요.

의사 (혼잣말로) 도대체 무슨 소린지!

교도관 인사를 해야지, 여기 너의 구혼자가 와 있지 않느냐.

구혼자 (의사와 함께 앞으로 다가서며) 어여쁜 아가씨, 오늘은 좀 어때요? (교도관의 딸이 인사한다) 멋진 아가씨! 인사도 해주는군요!

딸 정절에 대한 거라면, 당신의 뜻을 따라야겠죠. 세상 끝까지 가는 데 얼마나 걸릴까요, 여러분?

의사 글쎄, 단 하루의 여행이지, 아가씨.

딸 (구혼자에게) 나와 함께 가주시겠어요?

구혼자 거기서 뭘 할건대요, 아가씨?

딸 스툴볼*11 경기를 하지요. 그것 말고 다른 걸로 뭐 할 게 있어요?

구혼자 좋습니다. 거기서 결혼식까지 할 수 있다면 말이오.

딸 꼭 그렇게 해요. 거기 가면 꼭 눈먼 목사님을 만나서, 우리가 결혼할 수 있게 해달라고 감히 청해야죠. 여기는 까다로운 바보들만 있으니까요. 그런데 아버지는 내일 교수형을 당하게 될 거예요. 그러면 난처한 일이 벌어질 텐데. 당신은 팔라몬이 아닌가요?

구혼자 당신은 내가 누군지 모르겠어요?

딸 잘 알죠. 하지만 당신은 나에게는 조금도 관심이 없죠. 내가 가진 거라고는 이 초라한 치마와 보잘것없는 속옷들뿐인걸요.

구혼자 그런 건 아무래도 좋아요. 나는 당신과 결혼할 작정이니까요.

딸 정말이에요?

구혼자 물론이죠, 이 아름다운 손에 맹세하겠어요. (교도관 딸의 손을 잡는다)

딸 그럼 우리 결혼해요.

구혼자 당신이 원한다면. (교도관 딸에게 키스한다)

딸 (구혼자의 입술을 밀어내며) 잠깐만, 이렇게 할 건가요?

구혼자 왜 내 키스를 밀어내는 거죠?

딸 달콤해요. 결혼 전에 뿌리는 멋진 향수가 되겠군요. (의사를 가리키며) 이분이 사촌 아르시테인가요?

의사 그래요, 아가씨, 사촌 팔라몬이 이렇게 멋진 아가씨를 선택해서 정말 기쁘네요.

---

*11 15세기 영국 남부 서식스주에서 처음 시작된, 공을 이용한 경기. 등받이가 없는 걸상(stool)과 공(ball)을 이용한 것으로서, 지금의 크리켓과 야구 경기의 원형이다.

딸 (의사에게) 이 사람이 나와 결혼해 줄까요?

의사 그럼요, 틀림없습니다.

딸 (교도관에게) 당신도 그렇게 생각하세요?

교도관 그렇고말고요.

딸 아이를 아주 많이 낳아야겠어요. (의사에게) 사촌, 많이 컸네요! 나의 팔라몬도 잘 컸으면 좋으련만, 지금 그이는 자유로워. 아, 가련한 아기, 변변치 못한 곳에서 제대로 먹지도 못하니 기운도 없지. 그러니 내가 키스를 해주고 다시 자라게 해야지.

사자 등장.

사자 여기서 뭘들 하고 있죠? 이제까지 보지 못한 아주 멋진 장면을 놓치고 말겠군요.

교도관 그들이 결투 장소에 가 있나요?

사자 그래요. 거기에서 당신이 할 일도 있을 텐데요.

교도관 지금 곧 가리다. 나는 이만 실례해야겠습니다.

의사 아니, 우리도 함께 가겠습니다. 그 장면을 놓치고 싶지 않군요.

교도관 (의사에게만 들리게) 저 아이는 좀 어떤가요?

의사 사나흘 안에는 틀림없이 회복될 수 있을 겁니다. (구혼자에게) 아가씨 옆에서 떠나면 절대로 안 됩니다. 이런 식으로 계속 지켜봐야 합니다.

구혼자 그렇게 하겠습니다.

의사 그녀를 안으로 들어가게 해요.

구혼자 자, 귀여운 아가씨, 저녁 식사하러 갑시다. 그리고 우리, 카드놀이도 해요.

딸 그리고 키스도 해야겠죠?

구혼자 백 번은 해야죠.

딸 그러고 나서 스무 번?

구혼자 그럼요, 스무 번도 더.

딸 그다음에는 함께 잠자리에 들까요?

의사 (구혼자에게만 들리게) 해달라는 대로 다 해주세요.

구혼자 (딸에게) 물론 그래야죠.

딸 그렇다고 아프게 하시면 안 돼요

구혼자 그렇게 하지 않을게요, 내 사랑.

딸 만일 그러면, 울어버릴 거예요. (모두 퇴장)

〔제5막 제3장〕

정해진 결투 장소 근처.

싸움터 부근. 화려한 나팔 소리. 테세우스, 히폴리타, 에밀리아, 피리토우스, 시종들 등장.

에밀리아 더는 못 가겠어요.

피리토우스 이 장면을 놓쳐 버릴 작정이오?

에밀리아 이 결투를 보느니 차라리, 굴뚝새가 파리를 쫓아가는 걸 바라보는 게 낫겠어요. 칼날이 한 번 부딪칠 때마다, 용맹한 기사들의 목숨이 위태로워지니까요. 칼날이 부딪쳐 떨어질 때마다, 슬픈 조종 소리가 울려 퍼지는 듯이 느껴질 거예요. 저는 여기에 남아 있겠어요. 앞으로 일어나는 일을 듣는 것만으로도 제게는 충분한 벌이에요. 귀머거리가 아니니 어차피 듣게 되겠죠. 하지만 제 눈이 그 두려운 광경을 보게 하고 싶지 않아요.

피리토우스 (테세우스에게) 공작님, 처제분이 더는 가시지 않겠다고 합니다.

테세우스 아니, 그래선 안 돼. 두 사람의 명예로운 행동을 두 눈으로 똑똑히 봐야 하느니라. 그림으로 그려서 보여줄 수도 있겠지만 말야. 이제 자연이 이야기를 꾸며서 펼쳐 가려는데, 제대로 믿으려면 눈으로 보고 귀로 듣고 확실하게 해두어야지. (에밀리아에게) 꼭 봐야만 하느니라. 그대는 승리자에게 주어지는 보상이며 선물이고 영광의 화관이니, 이 결투의 승자에게 그 명예를 안겨주어야 한다.

에밀리아 용서해 주세요. 그곳에 간다 해도 외면하고 눈을 감고 있겠어요.

테세우스 그래도 거기에 가 있어야 하느니라. 이 재판은 밤과 같이 어두운 일이며, 처제야말로 이 어둠을 밝혀주는 오직 하나의 별이지.

에밀리아 저의 별은 빛을 잃고, 이제는 온통 어둠뿐인걸요. 한쪽이 다른 쪽을 비추는 빛에는 질투심이 서려 있답니다. 어둠은 공포를 낳고, 수많은 사람들의 저주를 한 몸에 받겠지만, 지금이야말로 그 검은 망토로 두 사람을 꼭꼭 싸버려서 서로를 알아보지 못하게 한다면, 조금은 좋은 이름을 얻게 되어 그 죄의 결과인 많은 죽음이 상쇄될지도 모르죠.

히폴리타 꼭 가야만 한단다.

에밀리아 정말이지 가고 싶지 않아요.

테세우스 기사들은 그대의 눈을 보며 용기에 불을 붙이게 될 거야. 이 결투에 참가하는 이들이, 그대라는 빛나는 보석에 걸고 힘을 얻을 수 있도록 그대가 함께 있어주어야 해.

에밀리아 용서해 주세요. 왕국이라는 칭호는 왕국 밖에서도 여전히 힘을 발휘하니까요.

테세우스 그래, 그렇다면 마음대로 하라. 그대와 함께 남겠다는 자는, 어떠한 적이라도 지위와 명예만 있다면 결코 마다하지는 않겠구나.

히폴리타 잘 있어라, 동생. 너보다는 내가 아주 조금 먼저 알게 되겠구나. 두 왕자 가운데 누구라도, 신들이 가장 훌륭하다고 여기는 사람이 너의 남편이 된다면 좋겠다. (에밀리아만 남고 모두 퇴장)

에밀리아 (팔라몬과 아르시테의 초상화를 비교하며) 아르시테는 겉으로는 부드러워 보이나, 그의 눈은 탄약을 쏘려는 대포, 부드러운 칼집 속의 날카로운 칼날 같아. 자비로움과 남자의 용맹함이 그의 모습 안에 함께 있지. 팔라몬은 얼굴이 아주 험상궂어. 그 이마에 팬 주름은 눈살을 찌푸리는 자를 파묻을 것만 같아. 하지만 때로는 그렇지 않고, 아주 생각이 깊은 사람으로 보인단 말야. 오랫동안 그의 눈은, 자신이 바라는 것을 그토록 간절한 눈빛으로 바라보고 있었던 것 같아. 그 우울한 표정이 그를 고결하게 만들고 있는데, 아르시테의 밝음이 팔라몬의 슬픔 안에도 엿보이거든. 마치 그의 명랑함이 그를 슬프게 만들고, 그의 슬픔이 다시 명랑함으로 바뀌어, 서로 뒤섞여 버린 것만 같아. 다른 사람들에게는 결코 멋스럽지 않을 어두운 기질들이, 그에게는 아름답게 자리잡고 있지. (코넷 소리. 이어서 결투의 시작을 알리는 듯한 트럼펫 소리) 들어봐, 용기를 북돋우는 저 소리가 두 왕자님을 결투장으로 가도록 재촉하는구나! 아르시테가 나를 차지할지도 몰라. 하지만 팔라몬이 상처를 입혀서, 아르시테의 모습이 엉망이 될 수도 있어. 아, 아무리

가련하다고 말한들, 무슨 소용이 있겠어? 만일 내가 옆에 있다면, 나 때문에 일을 그르치게 될지도 몰라. 두 사람이 내가 있는 곳을 보려고 잠시 한눈을 팔다가, 혹시라도 방어를 소홀히 하게 되거나, 그 순간에 필요한 공격을 놓치기라도 한다면! 그러니 나는 차라리 그곳에 없는 게 나을 거야. 아, 차라리 내가 태어나지 않았더라면, 왕자님들이 이런 험한 일을 겪지는 않았을 텐데! (코넷 소리. 안에서 떠들썩한 소리와 함께 "팔라몬!"이라고 외치는 소리)

하인 등장.

에밀리아 어떻게 됐지?

하인 "팔라몬!"이라고 외치고 있습니다.

에밀리아 그럼, 그분이 이겼나 보네. 그럴 수도 있지. 그분은 어느 모로 보나 품위가 있고, 무슨 일이든 성공하실 것처럼 보였어. 그이야말로 남자 중의 남자지. 어서 달려가서 어찌 되었는지 알아보고 오너라. (떠들썩한 소리와 코넷 소리. 안에서 다시 "팔라몬!"이라고 외치는 소리)

하인 아직도 "팔라몬"이라고 외치고 있습니다.

에밀리아 빨리 가서 알아보고 오너라. (하인 퇴장) (아르시테의 초상화를 보며) 가련한 분, 지고 말았군요. 내 오른쪽 가슴에 언제나 당신의 모습을 간직했었죠. 팔라몬은 왼쪽이었고. 그런데 왜일까, 나도 잘 모르겠어. 그렇게 특별한 이유가 있는 것도 아닌데, 어쩌다 보니 그렇게 된 것 같아. 불길한 왼쪽 가슴에 심장이 있어. 팔라몬은 최고의 행운을 차지하게 된 거야. (안에서 또 다른 외침 소리. 코넷 소리) 이렇게 외쳐대는 걸 보니 결투가 끝났나 봐.

하인 다시 등장.

하인 팔라몬이 아르시테의 몸을 탑 쪽으로 바싹 몰고 갔답니다. 그래서 다들 "팔라몬!"이라고 소리쳤습니다만, 바로 그때 함께 싸우던 기사들이 용감하게 반격을 해서, 이제는 누구도 예측할 수 없을 만큼 치열하고 대담하게 싸우고 있습니다.

에밀리아 그 둘을 섞어서 하나로 만들었으면! 그런데, 왜지? 그토록 진지한 남자에게 어울릴 만한 여자는 없단 말이지! 둘을 하나로 묶으면 그 둘이 저마다 가진 특별한 고귀함이, 이 세상에 존재하는 어떤 여자라도 부족하고 보잘것없이 보이게 할 테니 말이야. (코넷 소리. 안에서 "아르시테! 아르시테!" 라고 외치는 소리) 더 큰 환호성이라니? 아직도 "팔라몬"일까?

하인 아닙니다, 이제는 "아르시테!"라고 외치고 있습니다.

에밀리아 소리를 잘 들어봐. 두 귀를 쫑긋하고 잘 들어보라고. (코넷 소리. "아르시테, 이겼다!" 하는 외침 소리)

하인 저 소리는 "아르시테"와 "이겼다!"라는 겁니다. 잘 들어보세요, "아르시테, 이겼다!" 나팔 소리로 결투가 끝난 것을 알리고 있습니다.

에밀리아 눈을 반만 뜨고 보아도, 아르시테가 어린아이가 아닌 건 알겠어. 신에게도, 그의 풍요로움과 고귀한 정신이 흘러넘치는 게 보일 거야. 그의 본바탕은 아마(亞麻) 속에서 타오르는 불꽃보다 더 감출 수가 없는 걸 거야. 모진 바람에 휘둘려 거칠어진 물결을 상대로 법과 정의를 따져봐야, 낮은 곳에 머물러 있는 둑에게 무슨 소용이 있겠어. 진실한 팔라몬이 잘못될 거라고, 짐작은 했었어. 그런데 왜 그렇게 생각했는지는 나도 잘 모르겠어. 이성의 힘으로는 예언자가 될 수 없으나, 때로 막연히 떠오르는 공상의 힘으로는 예언자가 될 수 있나봐. 모두들 오시는구나. 아, 가련한 팔라몬! (코넷 소리)

테세우스, 히폴리타, 피리토우스, 승리한 아르시테, 시종들 등장.

테세우스 보오, 처제가 부푼 기대 속에서도 저렇게 몸을 떨며 안절부절못하는 것을! 아름다운 에밀리아, 신들은 성스러운 판결로, 이 영예로운 기사를 그대에게 맡겼느니라. 이제까지 이렇게 훌륭한 기사는 본 적이 없노라. 그 손을 이리 주게. 자, 이제 나의 처제 에밀리아를 아내로 받아주게나. 그리고 처제, 그대는 이 사람과 언제나 아름다운 사랑을 키워 가길 바라노라.

아르시테 에밀리아, 나는 당신을 그만한 대가를 치르고 얻었으나, 한편으로는 나에게 가장 소중한 것을 잃었소. 그래도 그 정도 대가라면 치를 만하지요. 당신은 내게는 아주 소중한 분이니까요.

테세우스 아, 사랑스런 처제, 아르시테가 말한 그 젊은이는, 품격 있는 말에 박차를 가한 기사들 가운데에서도 가장 용감한 자였지. 틀림없이 신들은 그 젊은이의 자손이 이 세상에서 너무나 신처럼 보이지나 않을까 염려하여, 그런 일이 없도록 독신으로 죽게 하고 싶었는지도 모른다. 그의 행동은 헤라클레스도 어리석게 여겨지게 할 만큼 나를 매혹했다. 그 젊은이가 가지고 있는 장점들을 하나하나 들어가며 칭찬하더라도, 너의 아르시테를 잃게 되진 않으리라. 그렇게 훌륭한 자가 더 훌륭한 자를 만났기 때문이지. 내가 듣자하니, 경쟁심이 강한 두 마리 나이팅게일이 서로 겨루는 목소리로 밤의 귀를 건드리며, 한쪽이 소리 높여 노래하면 다른 쪽도 소리 높여 울고, 또 한쪽이 다시 상대하여 서로 목청을 드높이다 보니, 둘을 판가름할 수가 없었다고 한다. 실제로 이들 두 사촌도 한동안 서로 다투었으나, 마침내 하늘이 한쪽 손을 들어주었느니라. (아르시테에게) 승리의 기쁨과 함께 머리에 화관을 얹게. 패배한 자에게는 바로 판결을 내리겠다. 살아 있어봐야 괴롭기만 할 테니, 곧 처형하리라. 우리가 그 처형 장면을 볼 필요는 없다. 자, 당당히 기뻐하되 조금은 슬픈 마음으로 어서 떠나자. (아르시테에게) 승리의 대가를 그 품에 안고, 그녀를 놓치지 말아라. 히폴리타, 한쪽 눈에 눈물이 고여, 지금이라도 바로 흘러내릴 것만 같구려.

에밀리아 이것을 승리라고 합니까? 아, 하늘의 신들이여, 자비심은 다 어디 갔나요? 신들의 뜻이 그리해야 한다고 하시면, 제가 살아서 세상의 어떤 여성들보다 더, 자기에게 소중한 한 생명을 저버려야 하는, 친구를 빼앗긴 비참한 왕자를 위로하도록 명하지 않으신다면, 저는 죽어 마땅할 것이니, 차라리 죽어버리겠나이다.

히폴리타 서글프기 그지없어라, 네 개의 눈이 그토록 열정적으로 한 사람만을 바라보았으나, 이제 두 개의 눈은 더 이상 너를 바라볼 수 없게 되다니!

테세우스 삶이란 바로 그런 거라오. (화려한 나팔 소리. 모두 퇴장)

〔제5막 제4장〕

결투장 근처. 단두대가 마련된 곳.
팔라몬과 그의 기사들이 포박당한 채 교도관, 사형집행인, 보초병들과 함께 등장.

팔라몬 자신들의 사랑을 지켜 나가지 못한 채 더 오래도록 삶을 이어가는 이들도 허다하다. 그래, 바로 수많은 아버지들이, 자기 자식이 그렇게 되는 것을 지켜봤던 거야. 그런 생각을 하면 우리에게도 조금은 위안이 되겠구나. 동정심이 없는 사람들 때문에 우리가 죽게 되는 것도 아니야. 물론 그들은 우리가 오래 살게 되기를 바라겠지. 그런데 생각해 보게. 우리는 역겨운 노망의 비참함을 겪지 않아도 되며, 삶의 마지막을 장식하게 될 죽음의 그림자가 슬금슬금 다가오는 자에게 스며드는, 통풍이나 류머티즘 같은 병에 걸릴 걱정도 없지. 젊고 힘이 넘치는 모습으로 신에게로 가면, 그토록 많은 부패를 낳은 죄들에 억눌릴 까닭도 없으니, 때 묻지 않은 우리의 가장 순수한 영혼이 신들을 기쁘게 할 거야. 그러면 우리는 신들과 함께 하늘의 감미로운 과즙을 맛보며 기쁨을 누리게 될 거야. 나와 같은 친족의 피를 나눈 기사들이여, 이런 허망한 위안을 얻기 위해 그대들의 목숨을 바치게 되었으니, 너무나, 너무나 값싼 죽음이로구나.

기사 1 어떤 결말이 이보다 더 우리를 만족시킬 수 있을까요? 우리에게 이긴 자는 잠시 운이 좋은 것뿐, 승리자의 칭호도 우리의 죽음이 그렇듯 덧없는 것이죠. 명예를 생각한다면, 그들은 결코 우리를 앞선 것이 아닙니다.

기사 2 자, 먼저 작별 인사를 합시다. 그리고 우리의 인내심을 걸고, 가장 확실해야 할 순간에서도 비틀거리는 운명의 신의 마음을 건드려 봅시다.

기사 3 자! 그럼 누가 먼저 시작할까요?

팔라몬 그대들을 이 잔치에 초대한 내가 먼저 맛을 가려보겠다. (교도관에게) 아, 친구여, 친구, 마음씨 고운 당신 딸이 지난번에 나를 자유의 몸이 되게 해주었소. 나는 이제 영원히 자유롭게 되었죠. 아가씨는 좀 어떤가요? 상태가 좋지 않다고 들었는데, 너무나 안타깝군요.

교도관 딸아이가 회복되어서, 곧 결혼하게 됩니다.

팔라몬 이 짧은 목숨에 맹세코, 이보다 더 기쁠 수는 없을 겁니다. 나의 기쁨도 이것으로 마지막일 테니, 부디, 그녀에게 내 말을 전해 주오. 너무나 고맙다고요, 그리고 지참금에 보탤 수 있게 이것을 전해 주시오. (교도관에게 지갑을 건네준다)

기사 1 그럼, 우리도 드리기로 하죠.

기사 2 따님이 처녀인가요?

연극 〈두 귀족 친척〉 볼드윈 월러스 대학

팔라몬 틀림없이 그럴 거야. 너무나 마음씨 고운 아가씨지. 내가 아무리 보답하고 칭찬한다 해도, 그 은혜를 모두 갚을 수는 없을 거야.

기사들 (교도관에게) 그녀에게 고맙다고 꼭 좀 전해 주시오. (모두 자신들의 지갑을 교도관에게 건네준다)

교도관 신들이 여러분께 보답해 드릴 것이며, 저의 딸이 너무나 고마워할 겁니다!

팔라몬 안녕, 내 목숨도 내 작별 인사처럼 짧게 되리라. (단두대 위에 머리를 놓는다)

기사 3 먼저 모범을 보여주오, 용감한 팔라몬.

기사 1과 2 우리도 즐겁게 그대 뒤를 따르겠소.

안에서 큰 소리로 "뛰어라! 구해! 멈춰!" 외치는 소리. 사자가 급히 등장.

사자 기다려요, 기다려! 아, 기다리라고요, 잠깐만 기다려요, 잠깐만!

피리토우스가 서둘러 등장.

피리토우스 잠깐, 기다려요! 그렇게 급히 서두르면, 그 조급함 때문에 영원히 저주를 받게 될 것이오. 고귀하신 팔라몬, 신들께서 하늘의 영광을 베푸셨으니, 이제 다시 목숨을 이어갈 수 있게 되었소.

팔라몬 그럴 리가 있나요? 사랑의 여신 베누스가 거짓말이라도 했단 말입니까?

피리토우스 일어나시오, 위대한 자여. 듣자마자 가장 달콤하고 가장 슬픈 소식에 놀라게 될 테니, 어서 귀 기울여 보오.

팔라몬 (일어서며) 무엇이 우리를 꿈에서 깨어나게 한다는 거죠?

피리토우스 잘 들어보오. 당신의 사촌은 에밀리아가 처음 자신에게 준 군마를 탔소. 그 검은색 말에게는 흰 털이 하나도 없었기 때문에, 아주 훌륭한 말임에도 가치가 떨어진다고 하여 어떤 이들은 이 말을 사기를 꺼렸지요. 그런데 바로 그러한 미신이 그대로 나타난 것이오. 아르시테가 이 말을 타고 아테네의 돌길을 달리고 있었는데, 어찌나 빠르던지, 그 말의 편자가 바닥을 밟지도 않고 스치고만 지나가는 듯했다오. 말은 기수의 자부심을 드높여 주며, 한 번에 1마일은 달려 나갈 것만 같았소. 단단한 돌을 깔아 놓은 길을 갈라치면, 말발굽 소리가 가락을 맞추어 이리저리 날뛰니—흔히 음악의 기원은 대장간이라고들 말하지만—그 악마 같은 돌바닥이 늙은 사투르누스처럼 냉정하게, 또는 불덩이처럼 심술궂게 불꽃을 던졌거나, 아니면 세차게 타오르는 유황을 뿌려 놓은 건지 나로서는 알 수 없으나 불같이 뜨거워진 말은 갑자기 뭔가에 홀린 듯이 거칠게 이리저리 날뛰고, 앞발을 들어올리며, 훈련받은 것도 다 잊은 듯, 잘 다루어진 말이 돼지처럼 소리를 지르며, 매섭게 몰아세워도 따라오지 않고 오히려 더 의기양양해져서 온갖 못된 짓으로 타고 있던 주인을 떨어뜨리려고 사납고 난폭하게 굴었지요. 그래도 재갈은 끊어지지 않고, 뱃대끈도 쪼개지지 않았다오. 아무리 달려도 기수가 두 다리를 힘껏 조이고 말에게 바짝 달라붙어서 떨어지지 않자, 갑자기 뒷다리로 성큼 일어서 버린 거요. 이때 아르시테의 다리는 말 머리보다 더 높이 공중으로 날아가, 이상한 재주를 부리기라도 하듯 매달린 꼴이 되었소. 승리자의 화관이 머리에서 떨어지고, 그 말은 곧바로 진저리를 치더니 뒷걸음하다 자빠지면서, 온몸으로 기수를 덮쳐 누르게 되었소. 아르시테는 아직은 살아 있으나, 다음 파도가 언제 밀려올지 모를 망망대해 위에

연극 〈두 귀족 친척〉 볼드윈 월러스 대학

떠 있는 작은 배와 같다오. 그가 당신과 몹시 이야기를 하고 싶어하오. 아,
저기 오는군요.

테세우스, 히폴리타, 에밀리아, 그리고 시종들이 의자가마에 아르시테를 싣고 등장.

팔라몬 우리의 우정이 이토록 서글프게 끝이 나다니! 신들은 위대하시기도
하지, 아르시테. 너의 심장이, 너의 훌륭한 사나이다운 심장이 아직 부서지
지 않았다면, 마지막 말을 나에게 들려줘. 내가 팔라몬이다, 죽어가는 너를
아직도 아끼는 너의 친구다.

아르시테 에밀리아를 맞이하여, 그녀와 함께 세상의 온갖 기쁨을 나누어라.
너의 손을 다오…… 잘 있어라. 마지막 순간이 왔다. 나는 잘못을 저질렀으
나, 결코 너를 배반한 적은 없다. 용서해 주게, 사촌. 오, 아름다운 에밀리아,
나에게 키스를 해주오. (에밀리아가 그에게 키스한다) 이제 됐다. 그녀를 맞이하
라. 나는 죽는다. (죽는다)

팔라몬 용감한 영혼이여, 하늘나라에서 편히 쉬길!

에밀리아 눈을 감겨드리겠어요, 왕자님. 당신에게 신의 축복이 내리소서! 당

신은 참으로 훌륭한 분이었어요. 제가 살아 있는 동안, 해마다 이날만은 당신에게 기꺼이 저의 눈물을 바치겠어요.

팔라몬 나는 명예를 바치리다.

테세우스 둘이 처음 싸운 곳은 바로 이곳이었지. 바로 여기서, 내가 둘 사이를 떼어놓았어. 그대가 살아 있음을 신들에게 감사드리도록 하게. 아르시테는 할 일을 다 마쳤네. 짧기는 했으나 멋진 삶이었지. 그대의 목숨은 연장되었고, 하늘의 행복한 이슬이 그대에게 뿌려질 걸세. 강력한 베누스가 그 제단에 은혜를 내리고, 그대의 품에 사랑하는 여인을 안겼노라. 우리의 주인인 군신 마르스는 신탁에 따라, 아르시테에게 투쟁의 은총을 안겼노라. 그렇게 신들께서는 마땅한 정의를 드러내신 것이다. (시종들에게) 시신을 옮겨라.

팔라몬 오, 사촌! 바라는 것 하나를 얻으면, 또 다른 하나를 잃어야만 하는구나! 소중한 우정을 잃지 않고서는 소중한 사랑을 얻을 수 없다니! (아르시테의 시신이 실려 나간다)

테세우스 운명의 여신이 이토록 교묘한 승부를 보여준 적은 이제까지 없었다. 패한 자가 마침내 이기고, 승리한 자가 졌으니 말이다. 하지만 승부에서 신들은 매우 공평하셨다. 팔라몬, 그대의 사촌은 이 여인을 차지할 권리가 그대에게 있다고 고백했네. 처음 그녀를 본 사람은 바로 그대였으니까. 아르시테는 그대에게서 훔친 보석인 에밀리아를 돌려주며, 그대 영혼의 용서를 받고 떠나기만을 간절히 바랐네. 신들은 손에 있던 정의를 가지고 가서, 자신들 스스로 형의 집행자가 된 걸세. 이 여인을 데리고 나아가, 그대가 아끼는 자들을 죽음의 무대에서 불러내도록 하라. 모두를 나의 벗으로 맞이하겠다. 하루나 이틀은 아르시테의 장례를 엄숙하게 너그러운 마음으로 치르도록 하지. 그리고 장례가 끝나면 그대는 신랑의 얼굴을 하고 있을 테니, 우리도 팔라몬과 함께 곳곳에 웃음을 뿌리겠다. 한 시간, 단 한 시간 전만 해도, 아르시테를 기쁘게 받아들이며 팔라몬을 애처롭게 여겼는데, 이제는 팔라몬이 기뻐하며 아르시테가 애절하게 되었구나. 마법을 부리시는 하늘의 신들이시여, 저희들에게 무슨 일을 하신 건가요? 저희는 자신에게 부족한 것을 몹시 갈망하며, 오늘 가진 것에는 아쉬워하니, 그러한 점에서 저희들 인간은 아직도 어린아이 같습니다. 인간이 스스로 해결하지 못할 문제는 신들에게 맡겨야 할 것이며, 지금 주어진 것에 감사드려야 하리라. 자, 가자. 언제나 때와 상황에 알맞게 행동해야 하리라. (화려한 음악. 모두 퇴장)

〔제5막 막을 내리는말〕

막을 내리는말 담당 등장.

막을 내리는말 담당 자, 여러분, 이 연극을 어떻게 보셨는지요? 그런데 이 말은 학생이 하는 질문 같아, 꺼내기가 조심스럽군요. 또한 몹시 두려워집니다. 이에 대한 말씀은 좀 있다가 해주십시오. 저는 먼저 여러분의 눈치를 봐야겠습니다. 왜 아무도 웃지 않으시나요? 그러시다면 정말 안됐군요. 젊고 예쁜 아가씨를 좋아하시는 분, 얼굴 좀 보여주세요. 아무도 안 계시다니, 참으로 이상하군요. 만일 마음속은 그렇지 않으면서 괜스레 그러시는 거라면, 야유라도 보내시며 연극이 별로였다는 말씀이라도 해주시던가요. 제가 이렇게 기다려 봐야 헛일이겠죠? 그렇다면 최악의 연극이 돼버렸다고 치죠, 뭐! 자, 그럼, 이제 뭐라고 하실 건가요? 그러나 저를 오해하진 마십시오. 저는 배짱이라곤 없는 사람입니다. 저희들에게는 그럴 이유도 없고요. 보신 바와 같이—다른 것이 아닌—바로 이 이야기가 마음에 드셨기를, 제발 그러시기를 진실로 바라고 있답니다. 저희들은 가까운 시일 안에, 여러분에게 더 멋진 연극을 다시 보여드리고 싶습니다. 여러분의 지속적인 성원을 간절히 바랍니다. 저희 배우들 모두, 온 힘을 다해 여러분을 섬기겠습니다. 여러분, 부디 안녕히 가십시오. (화려한 음악. 퇴장)

셰익스피어의 낭만극 세계

셰익스피어의 극작가 활동 끝 무렵인 1608년, 그의 작품에 변화가 생긴다. 비바람 부는 흐린 날씨가 맑게 개듯이, 인생의 어두운 면 또는 비극과도 같은 파국의 소재에서 벗어나 이때부터 갑자기 맑고 낙천적인 낭만극을 쓰기 시작한 것이다. 《페리클레스》, 《심벨린》, 《겨울 이야기》, 《폭풍우》 등이 그러한 낭만극으로 이 작품들은 셰익스피어의 4대 비극과 비교할 때 너그러운 정신으로 가득하다. 처음에는 비극적인 요소나 인생의 불합리한 면들이 나타나지만 모두 다 극복되어 많은 사람들이 결혼에 이르는 멜로드라마적 요소가 짙다. 그래서 희비극(喜悲劇)이라고도 한다. 그러면서도 원만한 해결이 예정되고, 나쁜 마음에서든 단순한 오해에서든 간에 화목했던 가정이 뿔뿔이 흩어진 끝에 여러 해가 지난 뒤 부부나 피붙이가 다시 만남으로써 화합한다는 것이 셰익스피어 낭만기의 공통 주제이다.

낭만극의 분위기는 확실히 이제까지의 셰익스피어 작품 분위기와는 큰 차이를 보인다. 이러한 낭만극의 출현에서 인생에 지친 작가의 모습을 찾아내려는 학자도 있다. 또는 이 낭만극들을 그리스도교적 상징극이나 풍자극으로 풀이하여 셰익스피어가 신교도가 되었을 것이라고 주장하는 학자도 있다. 인생의 비극적 고뇌가 죽음을 겪고 되살아나게 되는데, 이때 재생(再生)의 원동력이 되는 것은 셰익스피어가 지금껏 자주 사용한 바 있는 자연의 힘이지만여기서는 그 위에 초자연적 힘이 덧붙는다.

이 무렵에는 프랜시스 보몬트(Francis Beaumont 1584~1616), 존 플레처(John Fletcher 1579~1625) 등의 활약과 함께 극단의 정세가 바뀌어 순수비극보다는 희비극적 낭만극이 유행했다. 그러나 셰익스피어 낭만극은 다른 작가들의 기법과는 크게 다르며, 셰익스피어가 그러한 유행을 따랐다기보다는 그가 늘그막에 정착한 곳이 재생과 화해와 관용과 연민 등을 추구하는 낭만극 세계였다고 봐야 하리라. 《심벨린》 말고는 모두 딸들의 이야기이며, 아버지와 딸의 만남과 화해는 곧《리어 왕》의 주제이기도 했다. 그런데 코델리아는 천한 병사의 손에 목매달려 죽고, 리어 또한 죽은 딸을 품에 안고 울부짖으며 죽는다. 이렇게 비록 죽음으로 막이 내렸을망정, 이들의 만남에는 재생(다시 태어남)과 화해(용서)가 따랐던 것이다.

셰익스피어의 낭만극은《리어 왕》처럼 비극성을 짙게 드러내지는 않지만 딸에 의한 늙은 아버지의 다시 태어남은, 늘그막의 셰익스피어 자신의 처지였는지도 모른다. 노년은 희극에서는 단지 들러리 역할만 했으나 낭만극에 와서는 확실히 중요한 의미를 지닌다.

《페리클레스》

《페리클레스》는 앞서 말한 특징을 지닌 낭만극들 가운데 하나이다. 다른 낭만극들과 마찬가지로 처음에는 비극적 요소를 담고 있으나, 마침내는 모든 불행의 상처가 아물고 행복하게 끝을 맺는다. 다시 말해 헤어졌던 가족들이 기적적으로 다시 만나고 죽은 줄 알았던 아내가 살아 있는 등 비현실적 내용이 많은 전형적인 낭만극이다.

3막 2장, 〈세리몬, 관 속의 타이사를 발견하다〉 18세기 후반 19세기 초. 폴저 셰익스피어 도서관

5막 1장, 〈페리클레스 앞에서 노래하는 마리나〉 토머스 스토타드. 1825.

《페리클레스》가 과연 셰익스피어의 작품이냐 아니냐에 대해서는 얼마쯤 다른 주장들이 제기되었다. 본디 이 극은 1623년에 발행된 셰익스피어의 첫 번째 이절판 전집(퍼스트 폴리오)에는 실리지 않았다. 이 극에 대한 첫 기록은 1619년 5월 20일로 출판 등록된 사실이 있고, 그다음 해에 작가 셰익스피어의 이름을 넣어 사절판으로 출간되었는데, 이 사절판은 믿을 만한 인쇄본이 아닌 것으로 밝혀졌다.

집필 연도는 1608~09년으로 짐작된다. 첫 상연 때에는 꽤나 인기가 있었던 듯하며 한 지방 극단에서 상연되었다는 기록이 남아 있다. 그런데 어째서 제1이절판에는 포함되지 않았을까? 셰익스피어의 이절판 전집은 조금씩 수정되며 네 번째 이절판까지 출판을 거듭했는데, 1664년에 나온 세 번째 이절판 전집에는 다른 몇몇 희곡과 함께 《페리클레스》도 실렸다. 그러나 함께 실린 몇몇 희곡이 사실은 셰익스피어의 작품이 아닌 것으로 드러났다. 이러한 정황으로 봐서 《페리클레스》를 진짜 셰익스피어 작품으로 단정하기에는 문제점이 있는 것도 사실이다. 더욱이 문체 면에서도 다른 작자가 고쳐 쓴 흔적이 눈에 띈다고 주장하는 학자도 있다. 하지만 셰익스피어의 낭만극을 한 묶음으로 볼 때 《페리클레스》는 그 가운데 한 편임에 틀림없는 듯하다.

이 극은 셰익스피어가 예부터 전해 내려오는 이야기를 희곡으로 다시 만들었다. 그 출전은 존 가워(John Gower 1330~1408)의 《사랑의 고백 *Confession*

5막 3장, 〈그녀는 죽었다〉 디아나 신전 여사제장이 페리클레스를 보자 정신을 잃어버린다.

Amantis》(1390)과 로렌스 트와인(Lawrence Twine)의 《비통한 모험의 전형 *The Pattern of Painful Adventures*》(1576) 등으로 보인다. 그런데 《비통한 모험의 전형》 은 5세기에 그리스어로 쓰인 《티레의 왕 아폴로니우스 이야기》를 영어로 옮 겨서 펴낸 것이다. 이 책은 티레 왕의 기구한 운명을 주제로 하는데, 일찍부터 영국과 프랑스 두 나라에 널리 퍼져 많은 사람들에게 사랑을 받았다.

《페리클레스》는 틀림없이 같은 시대 낭만극들을 떠올리게 하는 점이 많다. 이 작품의 여주인공 마리나가 제3막에서는 갓난아이였다가 제4막에서는 어 엿한 숙녀가 되어 자신을 낳은 어머니를 만나게 되는 것은, 《겨울 이야기》에 서 갓난아이였던 페르디타가 숙녀가 되어 어머니를 만나는 장면을 떠올리게 한다. 또 이 작품에서 배가 폭풍에 시달리는 광경은 《폭풍우》에서의 폭풍 장 면을, 그리고 페리클레스가 꿈을 꿀 때 디아나 여신이 나타나는 장면은 《심벨 린》을 떠올리게 한다.

전체적으로 《페리클레스》는 논란이 많은 작품이지만 원숙한 필치로 쓰 인 훌륭한 곳도 있다. 시인이자 평론가인 앨저넌 스윈번(Algernon Charles

Swinburne 1837~1909)은 제3막에서 주인공 페리클레스가 아내 타이사의 죽음을 슬퍼하는 부분과 제4막을 특히 칭찬한다. 그리고 여주인공 마리나의 성격을 《겨울 이야기》의 페르디타, 《폭풍우》의 미란다와 견줄 만하다고 평가한다. 이 작품 속 유곽 장면을 비난하는 점에 대해서 그는 셰익스피어의 문제작인 《말은 말로 되는 되로》와 《트로일로스와 크레시다》 같은 작품을 예로 들어두둔한다. 이 작품에서 셰익스피어의 노련한 필치가 가장 잘 드러난 부분은 페리클레스가 죽은 줄 알았던 딸 마리나를 만났을 때 나눈 대화이리라. 이 대화 장면을, 아름다움이라는 관점에서 셰익스피어의 모든 작품들 가운데 어느 부분에도 뒤지지 않는다고 높이 평가하는 사람도 있다.

　이 바닷물 같은 기쁨이 한꺼번에 밀려들어와, 내 생명의 해안을 덮쳐 나를 행복의 소용돌이 속에 빠져 죽게 할 것만 같으니. (…) 무릎을 꿇고 신성한 신들에게 우리를 위협하는 천둥보다 더 큰 소리로 감사드리시오. (제5막 제1장 페리클레스의 대사)

　음악이 자주 쓰이는 것 또한 이 극의 특징이다. 우리는 비극을 운명비극과 성격비극으로 나눈다. 그리스 비극처럼 조상의 죄가 자손에게 내린다는 인과응보 개념이 운명비극이라면, 셰익스피어 비극 대작들에서와 같이 주인공의 성격 결함이 빚어내는 비극이 성격비극이다. 그러나 《페리클레스》의 주인공은 운명의 장난을 신(神)이 주는 시련처럼 오로지 수동적인 태도로 극복하여 마침내 딸과 아내를 다시 만나서 행복한 결말을 맞이하게 된다. 페리클레스의 그러한 모습은 가혹한 신의 시련을 견뎌내고 믿음을 굳게 지킨 《구약성경》 속 〈욥기〉의 주인공 욥(Job)과도 같다.

　그러고 보면 인간을 지배하는 것은 세월이다. 세월은 인간의 어버이도 되고 무덤도 되며, 자기가 주고 싶은 대로 아무거나 주면서 이쪽에서 간절히 바라는 것은 주지 않는다. (제2막 제3막 페리클레스의 대사)

《심벨린》
　《심벨린》은 확실히 여기저기에서 주워 모은 재료로 조각보 맞추듯이 만든 작품이다. 그렇다고 그것이 조화를 이루고 잘 녹아들어 전체가 되었다고는 할 수 없다." 토머스 패롯(Thomas Marc Parrott 1866~1960)은 이처럼 비평한다.

여러 겹의 사건들이 복잡하게 얽힌 채 짜임새를 갖추지 못한 이 극은 등장인물들의 심리 묘사에 깊이가 없다. 그래서 《심벨린》은 셰익스피어의 걸작에는 속하지 않는다. 지나치게 많은 재료를 섞어 놓아서 균형이 깨지고 어우러지지 못하기 때문이다.

《심벨린》은 셰익스피어가 《페리클레스》에 이어서

1막 1장, 〈포스트무스와 이모젠〉 헨리 저스티스 포드. 19세기.
폴저 셰익스피어 도서관

두 번째로 쓴 낭만극의 실험작이다. 이 극에서 특별히 눈에 띄는 점은 나중에 발표된 《겨울 이야기》와 《폭풍우》에서 화려하게 꽃피울 낭만극의 싹이 움트기 시작했다는 사실이다. 《심벨린》이 언제 쓰였는지 확실한 자료는 없다. 하지만 작품 주제와 문체 특색으로 미루어 1609~10년에 쓴 것으로 추정한다. 셰익스피어의 나이 마흔다섯 무렵으로, 그의 후기 작품으로 생각된다. 첫 상연 날짜에 대한 기록도 남아 있지 않다. 이 극은 작가가 세상을 떠나고 7년 뒤에 펴낸 1623년 이절판 전집에서 비로소 활자화되었다.

브리튼 왕 심벨린의 딸 이모젠은 포스트무스 레오나투스의 정숙한 아내였으나, 남편이 왕의 분노를 사서 쫓겨난 사이에 로마인 이아치모의 간사한 꾀로 남편에게 정조를 의심받게 된다. 한편 이모젠은 의붓어머니인 새 왕비와 왕비의 아들 클로텐에게 시달리다 못해 궁정을 탈출한다. 도중에 광야에서 길

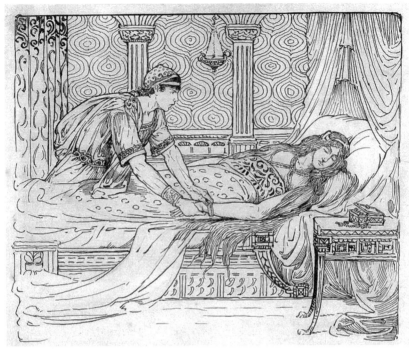

2막 2장, 〈이아치모, 이모젠의 팔찌를 훔치다〉 루이스 르헤드. 1918.

을 잃고 궁지에 빠졌을 때 동굴에 살고 있는 한 노인에게 구조된다. 그 뒤로
온갖 사건을 겪은 뒤 마침내 남편과 다시 만나게 되고, 브리튼 군대의 포로가
된 이아치모의 고백으로 이들 부부는 오해를 푼다. 이모젠을 구해 준 노인은
심벨린의 충신 벨라리우스였음이 드러나고, 벨라리우스의 아들인 줄만 알았
던 두 젊은이는 일찍이 유괴되었던 두 왕자 기데리우스와 아르비라구스였음
이 밝혀진다. 심벨린은 자신이 추방했던 벨라리우스와도 화해한다.

갑자기 내가 세 아이의 아버지가 되다니! 자식을 얻어 이보다 더 기뻐할
부모가 있을까! 너희들을 끝없이 축복한다. 하늘의 궤도에서 여행을 떠났던
별처럼, 이제는 제자리로 다시 돌아와 세상을 비추렴. (제5막 제5장 심벨린의
대사)

이 극은 크게 두 가지 이야기로 나눌 수 있다. 하나는 심벨린 왕과 로마의

관계 및 전쟁을 둘러싼 이
야기, 다른 하나는 이모젠
과 포스트무스 그리고 클
로텐과 이아치모를 중심으
로 한 이야기이다. 제목은
'심벨린'이지만 그의 딸 이
모젠이 더욱 강한 인상을
준다.

작품 소재는 꽤 많은 데
서 끌어다 쓴 것 같다. 심
벨린 왕 이야기 일부는
라파엘 홀린쉐드(Raphael
Holinshed 1525~1580?)의
《연대기》를 참고한 듯 보
이며, 좁은 골짜기 전투는
스코틀랜드 역사에서 덴
마크와의 싸움을 본뜬 듯

3막 6장, 〈남장을 한 이모젠〉 허버트 구스타브 슈멀츠. 1888.

하다. 이모젠과 포스트무스, 이아치모 이야기는 보카치오(Giovanni Boccaccio
1313~75)의 《데카메론 Decameron》 가운데 두 번째 날 제9화에서 소재를 따온
것 같다. 두 왕자의 실종과 추방된 귀족의 동굴 생활 이야기는 《사랑과 행복
이라는 귀한 승리 The Rare Triumps of Love and Fortune》(1589)라는 작품에 이와
비슷한 내용이 실려 있다.

중심 구성과 배경이 조화롭지 못한 것은 틀림없다. 그러나 아기자기하게 이
끌어 나간 점은 셰익스피어의 뛰어난 능력임을 인정할 수밖에 없다. 비록 연결
이 자연스럽지 않고 그 결과가 훤히 들여다보이더라도 극적 긴장감을 충실하
게 엮어 나가는 솜씨에 독자는 끌리기 마련이다.

이런 종류의 다른 극들에서 보면 구성 때문에 인물이나 성격이 희생되는
경우가 흔한데, 이는 곧 감명을 주기에는 모자란 형태의 극임을 스스로 인정
하는 셈이다. 하지만 셰익스피어는 이런 종류의 극에서도 언제나 그렇듯이 도
드라진 인물을 만들어 낸다. 인간에 대한 따뜻한 관심과 공감의 시선을 가지

고 그는 오래도록 기억될 만한 인물을 보여준다.

 이모젠 왜 당신은 아내를 버리려고 했지요? 우리가 위험한 바위 위에 있다고 생각하시고, 저를 다시 한 번 버리세요.
 포스트무스 오, 나의 영혼이여, 나무에 매달린 과일처럼, 언제까지나 이렇게 나에게 매달려 주오. 이 나무의 수명이 다할 때까지. (제5막 제5장)

 이모젠은 아마도 셰익스피어 작품에 나오는 여자들 가운데 가장 강력하게 그려진 인물이리라. 물론 클레오파트라, 포르티아 등도 있지만 이모젠은 첫째 부류에 속한다. 비평가 패롯은 이모젠을 다음과 같이 설명했다. "클레오파트라를 제외하고는 셰익스피어의 모든 여성 인물들 가운데 장점과 단점이라는 면에서 가장 원만하게 그려진 인물이다. 그녀가 클레오파트라와 같은 점은 왕족이라는 신분이며, 다른 점은 선량한 마음이다."
 비슷한 처지에 놓인 《오셀로》의 데스데모나와 비교해 볼 때에도 이모젠은 훨씬 집중되고 강한 인물이다. 데스데모나가 지닌 미덕이나 마음씨는 주로 다른 사람들 설명으로써 드러나지만 이모젠의 모습은 훨씬 적극적으로 그려진다. 그녀는 실제 행동으로 자신의 영리함과 지혜로움을 보여주며, 고운 마음씨를 나타낸다. 그녀의 순결은 그녀의 아름다움과 함께 간다.
 반면 포스트무스는 그녀와 비교할 수 없을 만큼 약하게 묘사된다. 셰익스피어는 분명 포스트무스에 대한 관심이 적었던 것 같고, 오히려 이아치모에게 좀더 눈길을 돌린 듯하다. 이 극에는 두 부류의 악한 인물이 나오는데, 바로 이아치모와 클로텐이다. 그러나 이 두 사람은 매우 대조적이다. 클로텐은 몹시 어리석을 뿐만 아니라 왕비인 어머니의 힘을 믿고 물불을 가리지 못하는 멍청이이다. 그런데 이아치모는 철저하게 악을 위해 존재한다기보다는, 장난으로 시작했던 일이 자신에게 불리하게 돌아갈 때 자기 자존심을 지키기 위해서라면 남이야 죽든 말든 신경 쓰지 않는 인간이다.
 《심벨린》은 비평가들이 이류 작품으로 분류하고 많은 결점을 지적하고는 있으나, 몇몇 긴장된 장면과 이모젠과 같은 훌륭한 인물 묘사 덕분에 읽는 이들의 기억 속에 살아 숨 쉴 수 있는 것이다.

《겨울 이야기》

《페리클레스》,《심벨린》,《폭풍우》와 함께 셰익스피어의 말기 작품이다. 이 무렵 셰익스피어가 인간을 바라보는 시선은, 그의 초기 작품이나 4대 비극에서 보여주던 것과는 완전히 달라져 있었다. 4대 비극에서 셰익스피어는 인간 정신의 고뇌와 갈등에 초점을 맞추고 존재의 본질을 깊이 파고 들어갔을 뿐, 인간 구원 문제에는 그다지 관심이 없었다. 리어 왕과 오셀로가 구원을 받은 거라 해도, 유혈이나 살해라는 처참한 비극이 완전히 끝장을 본 뒤이다. 그런데 작가의 말기 작품에서는 그렇지가 않다. 여기서 독자들은 비극에서 시작하여 비극으로 나아가다가 비극답게 마무리되리라 예감하지만, 마지막에는 비극 차원을 넘어선 구원과 화해로 끝나게 된다.

셰익스피어는 그동안 갈고닦은 노련한 사실주의 기법에 초기의 서정적 전원적인 성향을 더하여, 인간 고뇌라는 세속적 차원을 넘어서야 한다는 철학을 담아냈다. 이것이 바로 《페리클레스》,《심벨린》,《폭풍우》와 더불어 《겨울 이야기》의 본질이다.

《겨울 이야기》는 1611년 2월 5일 궁정에서 상연된 기록과 5월 15일 이 연극을 구경했다는 기록이 남아 있어서, 집필 연도를 1610~11년으로 추정한다. 처음으로 출판된 것은 1623년 제1이절판 전집이다.

작품 줄거리는 영국 작가 로버트 그린(Robert Greene 1558?~1592)의 소설 《판도스토—시간의 승리 Pandosto : The Triumph of

2막 1장, 〈레온테스와 헤르미오네〉 윌리엄 해밀턴. 1751.

4막 3장, 〈플로리젤과 페르디타〉 윌리엄 해밀턴 그림, 조셉 콜리에르 판화. 1793.

Time》(1588)에서 비롯된 것으로 보이는데, 셰익스피어의 경우 늘 그러했듯이 원전과 그의 《겨울 이야기》 사이에는 커다란 차이가 있다. 그린의 소설이 장황하고 호화롭기만 한 문체로 초점 없는 이야기를 늘어놓는 데에 그쳤다면, 셰익스피어 극은 그 이야기를 뚜렷한 목적을 가지고 정리했다. 《판도스토》에서는 포니아에 대한 도라스투스의 구애가 중심 사건이라면 《겨울 이야기》에서는 레온테스의 질투와 헤르미오네의 참을성 있는 정절이 핵심이다. 그리고 파울리나, 안티고누스, 에밀리아, 모프사, 도르카스, 아우톨리쿠스 등은 모두 셰익스피어가 새롭게 만들어 낸 인물들이다.

부정한 아내를 가진 남편이 모두 절망으로 미쳐버린다면 남자들의 십분의 일은 아마도 목매달아 죽게 되리라. 이것만은 어떻게 도울 수가 없구나. (…) 아랫배를 지켜줄 철조망이란 존재하지 않아. (제1막 제2장 레온테스의 대사)

저에게 목숨은 지푸라기 하나만도 못합니다. 그러나 명예만큼은 소중하게 생각합니다. (제3막 제2장 헤르미오네의 대사)

시칠리아 왕 레온테스는 보헤미아 왕 폴릭세네스와 막역한 친구 사이이다. 그런데 그는 아내 헤르미오네와 폴릭세네스 사이를 터무니없이 질투하여 친구의 생명을 위협하고, 신탁까지 무시한 채 정숙한 아내를 처벌하며, 갓 태어난 딸 페르디타를 내다 버리게 한다. 하지만 어린 왕자가 어머니의 불행을 걱정하다 죽고 그 소식에 왕비마저 숨을 거두자, 레온테스는 자신의 잘못을 깨닫고 오랜 세월 속죄를 계속한다. 그리고 시간이 흘러 16년 뒤 뜻밖에도 아름답게 자란 딸과, 죽은 줄로만 알았던 아내를 다시 만나게 된다. 딸 페르디타가 보헤미아 왕

영화 〈겨울 이야기〉 포스터 아키바 골드만 감독, 콜린 파렐·제시카 브라운 핀들레이 주연. 2014.

의 아들 플로리젤과 혼인하게 되면서 재회와 재생, 화해와 관용이 이루어진다. 그러나 이 극에서 레온테스의 속죄 생활은 해설자에 의해 설명될 뿐, 4대 비극에서와 같이 주인공의 내적 갈등이 무대 위에서 펼쳐지는 않는다.

이 극의 비극적인 부분은 딸 페르디타를 내다 버리는 제3막에서 끝나며, 그 뒤로는 앞부분과는 분위기가 전혀 다른 밝은 희극으로 바뀐다. 젊은 남녀 플로리젤과 페르디타를 둘러싸고 벌어지는 풍요로운 생명력은 넘쳐흐를 뿐 아니라, 광대(양치기의 아들)와 사기꾼 아우톨리쿠스의 희극성도 걸작 희극의 웃음 역할에 비해 조금도 손색이 없다. 또한 왕명으로 어쩔 수 없이 페르디타를 바닷가에 버리는 안티고누스는 커다란 곰에게 잡아먹히고, 이들 일행을 실어 온 선원들 모두가 폭풍에 난파당하고 만다. 셰익스피어는 흐름상 불필요하거나 난처한 인물들을 적당히 없애버리고 말지만, 결국 이것은 젊은 생명을 꺾

는 일이 얼마나 무거운 죄인지를 말해 준다.

　제가 가장 영화로운 지존의 보위에 오른다 해도, 처녀의 눈을 매혹시키
는 아름다운 젊은이라 해도, 인간이 누릴 수 있는 최고의 권력과 지식이 있
다 해도 그녀의 사랑을 얻지 못하면 이것들은 제게서 가치를 잃고 말지요.
제가 가진 게 있다면 그녀에게 모두 바치겠습니다. (제4막 제4장 플로리젤의
대사)

　《겨울 이야기》를 읽고 나면 《오셀로》의 마지막 장이 떠오른다. 여러 비평가
들이 말하듯이, 《겨울 이야기》 앞부분의 주제는 아내에 대한 남편의 질투이다.
그런데 오셀로의 비극은 이아고와 같은 악한이 간사한 계략만 꾸며내지 않았
다면 절대 일어나지 않았을 것이다. 반면 레온테스는 주변에 아무런 부추김
이 없었음에도 스스로 질투의 포로가 된 점에서 볼 때, 오셀로보다 더욱 비극
에 어울리는 자질을 지닌 사람이다. 그런데도 결말은 다르게 마무리된다. 《오
셀로》는 비극으로 끝나지만 《겨울 이야기》는 그렇지 않다.

　이 작품의 처음 세 개의 막은 《오셀로》 앞부분에 못지않게 아무런 희망도
보이지 않는 어두운 요소를 짙게 담고 있지만, 마지막 두 개의 막에서는 플로
리젤과 페르디타의 낭만희극으로 갑작스럽게 바뀐다. 처음 세 막이 《오셀로》
와 판박이라면 마지막 두 막은 다분히 《뜻대로 하세요》의 목가적 성향을 닮
았다고 할 수 있다. 결과적으로 이 극에서는 왕자 마밀리우스의 죽음 말고는
비극성을 띤 사건은 일어나지 않으며, 레온테스도 일찌감치 제3막에서 "자신
이 질투로 넋이 나가 피비린내 나는 복수심에 불타서" 엄청난 일을 저질렀다
는 걸 깨달은 덕분에 시작부터 예고되었던 비극은 일어나지 않고 플로리젤과
페르디타의 결혼과 함께 모든 일이 무사히 해결된다.

　아마도 셰익스피어는 4대 비극을 쓰고 난 뒤에 타협이나 절충을 거부하는
비극의 본질(고통으로 얼룩진 현실 세계)에 대해 어떤 불만과 싫증을 느꼈기
때문에 이와는 다른 세계를 그려야겠다는 생각—구원과 화해와 재생을 추구
하고자 하는 바람—으로 낭만극 또는 희비극 기법을 사용했으리라.

　제1~3막 주제가 질투라면 제4~5막 주제는 재생과 탄생이므로 상징적이고
아름다운 표현이 제법 눈에 띈다. 카네이션이 "자연의 창조물에 사람의 손길
이 부당하게 보태어져 만들어졌기" 때문에 싫다고 하는 페르디타의 말에 대

한 폴릭세네스 대답(제4막 제4장)이 대표적이며, 양털깎기 축제장에서 페르디타가 폴릭세네스, 카밀로, 플로리젤 등에게 꽃을 주면서 하는 말(제4막 제4장)이야말로 셰익스피어의 가장 아름다운 서정시들 가운데 하나일 것이다. 그리고 셰익스피어 말기 작품에 곧잘 등장하는 그리스 신화와 로마 신화는 극의 주제인 재생과 밀접한 관계가 있다.

《폭풍우》

셰익스피어의 말기 작품으로 알려진 《폭풍우》는 1611~12년에 쓴 것으로 추정하는데, 이 무렵 그는 이미 런던의 연극계에서 물러나 고향 스트랫퍼드에 머물고 있었으리라 보는 학자들도 있다. 그때는 셰익스피어의 완숙한 낭만극 또는 희비극 시대로 정의한다. 이제껏 격정적인 비극 세계를 그려냈던 작가는 이때부터 용서와 화해가 어우러진 부드럽고 아름다운 목가적 세계를 그린다. 이렇듯 작품 태도가 갑자기 바뀐 것은 인생을 바라보는 시각이 변했기 때문이리라.

《폭풍우》는 1611년 11월 1일 제임스 1세가 참석한 궁정 무대에 올랐다는 기록이 있다. 그 뒤 1612년 끝부터 1613년에 걸친 겨울 동안 궁정에서 상연되었다. 1623년 제1이절판 전집에 처음 실렸는데, 여기에는 특히 무대에 대한 상세한 설명이 붙어 있는 점으로 미루어 틀림없이 궁정에서 겨울에 공연한 극본인 듯하다.

이 극의 구상은 어떤 표류기에 따른 것이다. 1609년 여

1막 2장, 〈페르디난드를 노래로 유혹하여 데려오는 정령 아리엘〉 폴저 셰익스피어 도서관

름 조지 소머스 경(Sir George Somers) 지휘 아래 북아메리카 대륙 버지니아로 출발한 함대가 서인도제도 부근에서 폭풍우를 만나 버뮤다제도로 떠내려갔다. 선원들은 그곳의 온화한 기후를 즐기며 열 달 동안 머물러 있었으나, 섬에 살고 있던 돼지와 이상스러운 소리가 귀에 거슬렸다. 그들은 이 섬이 요정과 마귀들이 사는 곳이라고 생각했다. 다행히 1610년 5월 배 두 척에 나누어 타고서 무사히 버지니아에 도착했는데, 그들의 표류와 관련된 이상야릇한 이야기가 같은 해 9월 영국에 전해졌다. 셰익스피어는 《폭풍우》 제1막 제2장에서 "언제나 폭풍만 몰아치는 마의 섬 버뮤다제도"라는 지명을 언급한다. 또한 이 극의 줄거리 소재를 얻었으리라 생각되는 작품은 독일 극작가 야코프 아이러(Jakob Ayrer 1543~1605)의 《아름다운 시데아의 희극 *Comedia von der schönen Sidea*》(1600)이다.

　폭풍우 때문에 배 한 척이 어느 섬 가까운 바다에서 부서진다. 이 섬에는 프로스페로와 그의 딸 미란다, 그리고 괴물 칼리반이 살고 있다. 바람이 잦아들기 전 프로스페로는 딸에게 지나온 이야기를 들려준다. 그는 지난날 밀라노의 공작이었으나 학문에만 몰두했기에 동생 안토니오에게 실권을 빼앗긴다. 아버지와 딸은 추방되어 바다로 보내졌다가 이 섬에 도착했으며, 10여 년 동안 프로스페로는 마술 연구와 딸의 교육에만 온 힘을 기울인다. 그는 다음과 같이 딸에게 말한다.

　　아니, 너는 나를 구해 준 천사였어. 하늘이 내려주신 강인함을 온몸으로 드러내며 방긋 웃는 너를 보면…… 바다를 짜디짠 눈물로 적시며, 가슴을 억누르는 무거운 짐 아래 신음하면서도 어느새 내 안에서는 참아내겠다는 용기가 샘솟고, 어떤 어려움이 닥치더라도 견뎌낼 힘이 생기더구나. (제1막 제2장)

　이번 폭풍우를 일으킨 것도 바로 그의 마술이다. 조난당한 배 안에는 그의 원수들이 타고 있다. 이러한 이야기를 딸에게 들려주는 동안, 배에 타고 있던 사람들이 무사히 뭍으로 올라온다. 나폴리 왕의 아들 페르디난드는 일행과 떨어져 혼자 헤매게 되고, 프로스페로는 자신이 부리는 요정 아리엘을 시켜 그를 자기 동굴로 데려온다. 페르디난드와 미란다는 서로 사랑하게 된다. 아리

1막 2장, 〈미란다·프로스페로·페르디난드·아리엘·칼리반〉 윌리엄 해밀턴. 1790.

엘은 사람들을 감시하며 여러모로 골려준다. 그러는 동안 프로스페로는 페르디난드의 진짜 마음을 시험하기 위해서 일부러 어려운 일을 시킨다.

> 이 세 죄인들아, 이 하계(下界)와 이 하계에 속한 모든 것을 지배하시는 운명의 신이, 아무리 집어삼켜도 물릴 줄 모르는 바다로 하여금 너희들을 이 무인도에 토해 놓게 하신 거다. 너희들은 인간 사회에 살기에는 맞지 않는 존재들이야. (제3막 제3장 아리엘의 대사)

제4막에서 페르디난드는 진실한 마음을 인정받아 힘든 일에서 풀려난다. 프로스페로는 그와 미란다를 약혼으로 맺어주고, 가면극을 벌여 축하해 준다. 이와 때를 같이하여 프로스페로를 죽이려던 트린쿨로, 스테파노, 칼리반은 아리엘에게 벌을 받는다. 뭍에 올랐던 일행은 제5막에서 프로스페로의 동굴 앞에 이른다. 프로스페로의 정체를 알게 된 그들은 잘못을 뉘우치고, 프로스페로는 지난 일을 모두 용서한다. 페르디난드의 아버지 알론소 또한 젊은 연인들의 약혼을 허락한다. 프로스페로는 마술을 버리고 섬을 떠나 밀라노 영지를 되찾아 고향으로 돌아가게 된다.

> 그자들의 흉악한 행위가 내 뼛속에 사무치기는 하나, 나는 더 고귀한 이성을 따라 분노를 누르고 있던 참이다. 복수보다는 자비야말로 더 드물고 고귀한 행위이지. (제5막 제1장 프로스페로의 대사)

《폭풍우》는 많은 셰익스피어 작품들 가운데 그리스—로마 연극 법칙의 하나인 '시간 일치'를 지킨 작품이다. 극중 대사에 나오는 시간을 따져 보면 어느 날 늦은 2시부터 6시 사이이다. 셰익스피어가 자유분방한 상상력을 마음껏 부린 이 작품에는 《한여름 밤의 꿈》과 마찬가지로 마술과 초자연적 힘이 등장한다. 그러나 두 작품이 나타내는 분위기는 아주 다르다. 《한여름 밤의 꿈》이 가볍고 유쾌한 여름밤의 꿈이어서 그저 재미있다고 느껴진다면, 《폭풍우》는 사상과 철학의 상징으로써 중후하고 심각한 맛을 느끼게 한다.

이 엄숙한 분위기는 몇몇 비평가들로 하여금 온갖 억측을 낳게 했다. 셰익스피어가 자신의 인생관 및 세계관을 구현하기 위해 이 작품을 써서 등장인물을 통해 그 사상을 표현한 것이라고 보는 사람이 있는가 하면, 하나의 비유나 풍자로 작품을 쓴 것이라고 말하는 이도 있다.

작가는 이론적으로 접근했다기보다는 사랑의 관점에서 철학과 특히 원시적인 소박성, 자연의 순결한 자세, 인간, 지혜 등의 상호 관계에서 영원한 문제를 골똘히 명상한 듯하다. 《폭풍우》에서는 자연세계 자유와 인간세계 법률 사이의 갈등도 나오지만, 보다 높은 차원인 감각세계와 정신세계 간의 문제가 제시된다.

지금까지 셰익스피어가 당황스러워하며 다루었던 꿈과 환상이 이제는 객관화된 프로스페로의 대사로써 '이 세상에 존재하는 뚜렷한 모든 실체들이 만들어진 하나의 꿈에 지나지 않음'을 꿰뚫어 본다. 다시 말해 이따금 심각한 인상을 주어 왔던 꿈의 영역이 확대되어 인생을 품에 껴안는다고 할까? 그러나 셰익스피어의 솜씨가 어찌나 미묘한지, 그러한 프로스페로도 마법의 책과 지팡이를 버리고 고향으로 돌아갈 준비를 한다. 원수들과 화해하고 다시 태어

4막 1장, 〈가면극을 펼치는 정령들을 지켜보는 페르디난드와 미란다〉 1951년 공연 장면. 로열 셰익스피어 컴퍼니

나 '마법 세계로부터 현실 세계로 돌아가는 모습'은 셰익스피어 그 자신을 떠오르게 하는 결정적 장면이기도 하다.

영국 비평가 시드니 리(Sidney Lee 1859~1926)는 "중년에 이른 셰익스피어가 차츰 농도가 짙어지는 엄숙한 관념을 품고, 이미 그전에 마음먹고 계획했던 극시의 소재와 인물을 발전시킨 것일 뿐이다"라고 냉정하게 말하기도 했다. 그러나 셰익스피어가 만년에 인생을 관용과 평화라는 여유로운 태도로 바라보았다는 사실은《폭풍우》에서 충분히 엿볼 수 있다. 그는 인생의 희로애락을 승화된 정서로 담아낸 훌륭한 시인이자, 사랑의 미소로써 삶의 아름다움을 증언한 위대한 예술가이다.

《두 귀족 친척》

《두 귀족 친척》은 셰익스피어가 살아 있을 때 나온 사절판에는 실려 있으나 셰익스피어가 죽은 뒤 동료들이 작품들을 묶어낸 이절판에는 빠져 있다.

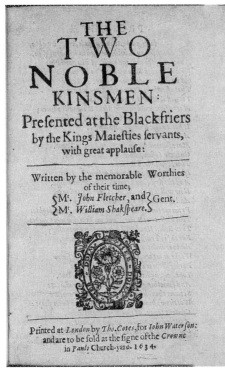
《두 귀족 친척》(1634) 사절판 속표지

1950, 60년대에는 이절판만 인정했기 때문에 우리나라 셰익스피어 전집도 이 관례에 따라 작품의 번역을 미루어 왔다. 하지만 오랜 연구 끝에 《두 귀족 친척》이 1613년에서 1614년 사이에 쓰인 셰익스피어의 희곡이며, 그보다 열다섯 살 아래인 극작가 존 플레처와 함께 쓴 작품으로 인정되었다.

젊은 연인들의 사랑을 그린 이 이야기의 원작은 영국 시인 제프리 초서(Geoffrey Chaucer 1343~1400)가 지은 운문 설화집 《캔터베리 이야기 The Canterbury Tales》이다. 초서를 포함하여 캔터베리 대성당으로 순례 길을 가는 사람들이 여관에서 차례로 주고받은 스물세 가지 이야기를 실은 이 책은 중세 문학의 걸작으로 꼽힌다.

셰익스피어와 플레처는 《두 귀족 친척》의 '제1막 여는말'에서 이야기의 원작자인 초서의 문학적 업적을 칭송하면서, "사실 초서처럼 되기를 바라는 것은 지나친 욕심이라 말할 수 있겠지요. 저희들은 아주 보잘것없는 힘이나마 이 깊은 바다를 헤엄쳐 가겠습니다. (…) 앞으로 두 시간의 항해 동안 초서만큼은 아니더라도, 최선을 다해 저희들의 연기를 보여"주겠노라 말한다. 초서의 명성에는 미치지 못하지만, 그렇다고 원작을 욕되게 하지는 않을 것이라는 자신감이 엿보인다.

《캔터베리 이야기》가 한 사람의 행복에 초점을 둔 철학적인 문제 제기라면, 《두 귀족 친척》은 그러한 개인적 이야기를 사회적 담론으로 바꾸어 남성 귀족 중심의 기사도를 여성과 서민의 이야기와 나란히 놓았다.

이 작품에는 《한여름 밤의 꿈》에 나왔던 아테네 공작 테세우스와 아마존

3막 6장, 〈팔라몬과 아르시테〉 에밀리아가 팔라몬과 아르시테에게 자비를 베풀어 줄 것을 테세우스에게 요청한다.

여왕 히폴리타가 등장한다. 둘은 결혼식을 올리기 위해 신전으로 가던 중 상복을 입은 세 왕비의 호소를 받아들여 테베의 폭군을 물리친다. 이때 포로로 잡혀온 테베 왕의 조카 팔라몬과 아르시테는 히폴리타의 여동생 에밀리아에게 첫눈에 반한다. 누구보다 우애가 깊었던 사촌인 두 사람이 사랑을 놓고 다투면서 사건은 복잡하게 뒤엉킨다.

> **팔라몬** 우리의 우정이 사라져 버리는 일은 아마도 없을 거라네.
> **아르시테** 죽음이 찾아올 때까지는 있을 수 없지.
> (……)
> **팔라몬** 남에게서 사랑을 훔치면 어떤 꼴을 당하게 되는지 똑바로 가르쳐 줄 텐데! 너는 소매치기보다 더 비열한 놈이야. 이 창문 밖으로 좀더 머리를 내밀어 보렴. 이 영혼에 걸고서, 너의 목숨을 그 자리에 못질해 주겠다!

아르시테 해볼 테면 어디 해봐, 이 멍청아, 너는 그럴 용기도 없고 힘도 없어. (제2막 제2장)

극중 에밀리아는 초서 작품의 에밀리아보다 더 적극적이며 능동적이다. 그녀는 모든 사람들이 아르시테와 팔라몬 두 기사의 마지막 시합을 구경하기 위해 모여들 때도 가지 않겠다고 거부하는 의지를 보인다. 물론 그녀가 극 전체의 줄거리에 미치는 영향은 보잘것없는 수준이다. 자기 의지를 내보이지만 끝내 두 기사가 사랑하는 대상으로서 주변 인물로 머무른다. 남성의 전유물인 기사도 이야기에서 그녀가 할 수 있는 역할은 명확한 한계가 있는 것처럼 느껴진다.

그런데 이런 여성적 역할의 아쉬움을 달래주는 사람이 바로 교도관의 딸이다. 《캔터베리 이야기》에서 팔라몬은 친구의 도움으로 탈옥하는 반면, 《두 귀족 친척》에서는 교도관의 딸이 그를 탈출시킨다. 그녀는 사랑을 얻는 데에는 실패하여 정신적인 문제를 일으키게 되고 한동안 고생하다 다른 남자와 결혼하지만, 어느 정도 시대적 현실보다 앞선 여성의 모습을 보여준다.

마침내 에밀리아를 차지하기 위한 결투가 벌어지고 아르시테가 팔라몬에게 승리한다. 그러나 그 기쁨도 잠깐, 아르시테는 말에서 떨어져 크게 다치고 만다. 그는 결투에서 패한 결과로 단두대에서 죽을 위기에 놓였던 팔라몬을 불러 용서를 구하고, 에밀리아와의 사랑을 축복하며 숨을 거둔다. 기쁨과 슬픔이 뒤섞여 치닫던 갈등이 화해와 용서로 막을 내리는 것이다. 인물 하나하나의 성격을 그리기보다는 연극적 사건 전개에 좀더 중점을 둔 작품이라 할 수 있다.

저희는 자신에게 부족한 것을 몹시 갈망하며, 오늘 가진 것에는 아쉬워하니, 그러한 점에서 저희들 인간은 아직도 어린아이 같습니다. 인간이 스스로 해결하지 못할 문제는 신들에게 맡겨야 할 것이며, 지금 주어진 것에 감사드려야 하리라. 자, 가자. 언제나 때와 상황에 알맞게 행동해야 하리라. (제5막 제4장 테세우스의 대사)

이 공동 작업의 다른 결과물은 분실된 《카데니오 *Cadenio*》이며, 아마도 이 또한 젊은이의 열정이 가져오는 위험과 쾌락에 대한 이야기였으리라.

셰익스피어 연보

1557년   아버지 존 셰익스피어, 메리 아든과 결혼하여 영국 중부 워릭셔
           주(州)의 스트랫퍼드어폰에이번에서 살다.

1558   존의 맏딸 조앤 태어나다(9월 15일에 세례를 받았으나 어렸을 때 죽
           음). 존, 마을 보안관에 선출되다(다음 해에도 선출).

1561   존, 마을 재무관에 임명되다(2기 동안 근무).

1562   존의 둘째 딸 마거릿 태어나다(12월 20일 세례를 받고 다음 해에
           죽음).

1564   존의 맏아들 윌리엄 셰익스피어 태어나다(4월 26일 세례).

1565(1세)   존, 마을 참사회 의원에 선출되다.

1566(2세)   존의 둘째 아들 길버트 태어나다(10월 13일 세례).

1568(4세)   존, 촌장에 선출되다.

1569(5세)   존의 셋째 딸 조앤 태어나다(4월 5일 세례).

1571(7세)   존, 참사회 의장 및 촌장 대리에 선출되다. 존의 넷째딸 앤 태어나
           다(9월 28일 세례를 받았으나 1579년 죽음).

1574(10세) 존의 셋째 아들 리처드 태어나다(3월 11일 세례).

1576(12세) 존, 문장(文章) 사용의 허가원을 내다.

1578(14세) 존, 집을 담보로 40파운드를 빚내다.

1579(15세) 존, 아내의 소유지를 팔다.

1580(16세) 존의 넷째 아들 에드먼드 태어나다(5월 3일 세례).

1582(18세) 윌리엄 셰익스피어, 여덟 살 위인 앤 해서웨이와 결혼하다(11월 27
           일 결혼 허가증 발행).

1583(19세) 맏딸 수잔나 태어나다(5월 26일 세례).

1585(21세) 쌍둥이 햄넷(남)과 주디스(여) 태어나다(2월 2일 세례).

1594(30세) 궁내장관 극단의 단원이 되다.

1596(32세) 맏아들 햄넷 죽다(8월 11일 장례). 10월 20일 존에게 문장 사용이 허락되다.

1597(33세) 스트랫퍼드에서 가장 좋은 집을 60파운드에 사들이다.

1598(34세) 벤 존슨의 희곡 무대에 출연하다.

1599(35세) 글로브 극장 개관되다. 글로브 극장 공동 경영자의 한 사람이 되다.

1601(37세) 2월 7일 글로브 극장에서 《리처드 2세》를 상연하다. 아버지 존, 죽다(9월 8일 장례).

1602(38세) 스트랫퍼드 가까운 곳 107에이커를 320파운드에 사들이다.

1603(39세) 5월 19일 궁내장관 극장을 국왕 극장이라 고쳐 부르다. 《햄릿》첫 공연되다.

1605(41세) 스트랫퍼드 및 그 부근 토지의 권리를 440파운드에 사다.

1607(43세) 6월 5일 맏딸 수잔나를 의사인 존 홀과 결혼시키다. 동생 에드먼드, 런던에서 죽다.

1608(44세) 수잔나의 첫딸 엘리자베스 태어나다(2월 3일 세례). 어머니 메리 죽다(9월 5일 장례).

1609(45세) 셰익스피어 극단 블랙플라이어즈 극장을 흡수, 글로브 극장과 함께 두 개 극장을 소유하게 되다.

1610(46세) 은퇴하여 고향으로 돌아가다.

1613(49세) 3월 런던에 140파운드를 주고 집을 사다. 6월 29일 《헨리 8세》공연 도중 글로브 극장이 불에 타버리다. 동생 리처드 죽다.

1616(52세) 2월 10일 둘째 딸 주디스가 토머스 퀴니와 결혼하다. 3월 15일 유서를 작성하다. 4월 23일 셰익스피어 세상을 떠나다. 4월 25일에 묻히다.

1623(59세) 8월 6일 아내 앤 헤서웨이 죽다.

셰익스피어 작품 연대 일람표*

1590~91	《헨리 6세 제2부》
	《헨리 6세 제3부》
1591~92	《헨리 6세 제1부》
1592	《베누스와 아도니스》
1592~93	《리처드 3세》
	《실수 연발》
1593~94	《티투스 안드로니쿠스》
	《말괄량이 길들이기》
	《루크레티아의 능욕(凌辱)》
1593~96	《소네트》
1594~95	《베로나의 두 신사》
	《사랑의 헛수고》
	《로미오와 줄리엣》
	《에드워드 3세》
1595~96	《리처드 2세》
	《한여름 밤의 꿈》
1596~97	《존 왕》
	《베니스의 상인》
1597~98	《헨리 4세 제1부》
	《헨리 4세 제2부》
1598~99	《헛소동》
	《헨리 5세》

---

* E.K. 체임버스의 추정임.

1599~1600	《율리우스 카이사르》
	《뜻대로 하세요》
	《십이야(十二夜)》
1600~01	《햄릿》
	《윈저의 즐거운 아낙네들》
1601~02	《트로일로스와 크레시다》
1602~03	《끝이 좋으면 다 좋아》
1604~05	《말은 말로 되는 되로》
	《오셀로》
1605~06	《리어 왕》
	《맥베스》
1606~07	《안토니우스와 클레오파트라》
1607~08	《코리올라누스》
	《아테네의 티몬》
1608~09	《페리클레스》
1609~10	《심벨린》
1610~11	《겨울 이야기》
1611~12	《폭풍우》
1612~13	《헨리 8세》

신상웅(辛相雄)

일본 교토에서 태어나 경북 의성에서 성장했으며, 중앙대 영문학과를 졸업 대학원에서 문학박사 학위를 받았다. 1968년 〈세대〉지 신인문학상에 중편 「히포크라테스 흉상」이 당선되어 작품활동을 시작한 뒤, 진중한 역사의식과 날카로운 현실인식이 돋보이는 중량감 있는 작품들을 발표하여 한국현대문학을 대표하는 작가의 한 사람으로 자리잡았다. 시대의 모순과 개인적 갈등을 밀도 있게 조명한 그의 소설들은 시대를 뛰어넘어 강한 흡인력을 행사하고 있다. 장편 「심야의 정담(鼎談)」으로 제6회 한국일보문학상을 수상하였다. 중앙대 교수와 예술대학원장 역임, 현재 명예교수이다. 주요 작품 「히포크라테스 흉상」, 「분노의 일기」, 「쓰지 않은 이야기」, 「돌아온 우리의 친구」, 장편 「배회」, 「일어서는 빛」, 「바람난 도시」, 「심야의 정담」 등이 있다. 셰익스피어30년 연구와 열정을 바친 신상웅 옮김 「셰익스피어전집(총8권)」으로 '춘원문학상'을 수상했다.

World Book 288

셰익스피어전집7 [낭만극]

William Shakespeare
PERICLES, PRINCE OF TYRE/CYMBELINE/WINTER'S TALE
THE TEMPEST/THE TWO NOBLE KINSMEN

페리클레스/심벨린/겨울 이야기
폭풍우/두 귀족 친척

셰익스피어/신상웅 옮김

1판 1쇄 발행/2019. 11. 1
발행인 고정일
발행처 동서문화사
창업 1956. 12. 12. 등록 16-3799
서울 중구 다산로 12길6(신당동 4층)
☎ 02-546-0331~6 Fax. 545-0331
www.dongsuhbook.com

사업자등록번호 211-87-75330
ISBN 978-89-497-1732-6 04080
ISBN 978-89-497-0382-4 (세트)